AF110211

www.ingramcontent.com/pod-product-compliance
Lightning Source LLC
LaVergne TN
LVHW081814080526
838199LV00099B/4348
9789358723953

میر عثمان علی خان آصف سابع کے دور کے نامور شعراء

ڈاکٹر کوثر بی بی

ایم۔اے (اردو)، ایم۔اے (عربی)
(U.P.T) - B.Ed., Ph.D (OU)

© Taemeer Publications
Meer Osman Ali Khan Asif Sabe ke Dour ke Shora
by: Dr. Kousar Bibi
Edition: January '2024
Publisher :
Taemeer Publications LLC (Michigan, USA / Hyderabad, India)

ISBN 978-93-5872-395-3

مصنف یا ناشر کی پیشگی اجازت کے بغیر اس کتاب کا کوئی بھی حصہ کسی بھی شکل میں بشمول ویب سائٹ پر اپ لوڈنگ کے لیے استعمال نہ کیا جائے۔ نیز اس کتاب پر کسی بھی قسم کے تنازع کو نمٹانے کا اختیار صرف حیدرآباد (تلنگانہ) کی عدلیہ کو ہو گا۔

© تعمیر پبلی کیشنز

کتاب	:	میر عثمان علی خان آصف سابع کے دور کے نامور شعراء
مصنفہ	:	ڈاکٹر کوثر بی بی
تعلیمی قابلیت	:	ایم۔اے (اردو)، ایم۔اے (عربی)، B.Ed., Ph.D (OU) - (U.P.T)
صنف	:	تحقیق و تنقید
ناشر	:	تعمیر پبلی کیشنز (حیدرآباد، انڈیا)
سالِ اشاعت	:	۲۰۲۴ء
صفحات	:	۳۰۰
ملنے کے پتے	:	اعظم پورہ، حیدرآباد، فون: 07416330554

صفحہ نمبر	فہرست	سلسلہ نشان
7to14	پیش لفظ	
15-71	حیدرآباد کا ادبی پس منظر	

الف : دکنی نثر کی ابتدا   ب : دکنی کا پہلا شاعر اور نظم کی ابتداء

ج: حیدرآباد سے قبل اورنگ آباد کی ادبی مرکزیت

د۔ اورنگ آباد سے ادبی مرکز کی منتقلی   ھ۔ حیدرآبادی ادب میں مثنوی کا نیا تصور

و۔ حیدرآبادی ادبی سرگرمیوں میں غزل کا نیا انداز

ز۔ حیدرآبادی ادبی سرگرمیوں میں حمد و نعت و منقبت کا انداز

ح۔ حیدرآبادی شاعری میں شخصی مرثیے اور وفاتیہ کا جدید انداز

ط۔ حیدرآبادی شاعری میں نظم اور نثر کا امتزاج

ی۔ حیدرآباد کے ادبی ماحول میں دوسری زبانوں کی شعری اصناف کا چلن

ک۔ آصف جاہی دور میں نظم   ل۔ غنائیہ Opera کا اردو میں چلن

م۔ حیدرآباد میں طویل نظم کی روایت   ن۔ منظوم مذہبی شاعری اور مذہبی صحافت:

ق۔ آصف جاہی فلاحی خدمات   ر۔ آصف جاہی ادب نوازی:

| 72-111 | سلاطین آصفیہ کی ادبی خدمات | |

الف۔ اورنگ آباد کی تاریخی حیثیت   ب۔ میر قمرالدین علی خاں کی شہرت:

ج۔ اورنگ آباد میں شعر و ادب کا نشو و نما   د۔ آصف جاہ اول کا کلام:

ھ۔ درگاہ قلی خاں درگاہ   و۔ آصف جاہی دور کے معاصر دہلوی شعراء:

ز۔ آصف جاہی دور کے شاعروں کا امتیاز   ح۔ آصف جاہی دور میں مثنوی کا بدلتا انداز

ط۔ آصف جاہی دور میں غزل کے انداز میں تبدیلی

ی۔ آصف جاہی دور میں نئی نظم اور گیت   ک۔ چھٹویں اور ساتویں بادشاہ کے دور کا ادب

112-151	آصف جاہ سابع کی سوانح اور کارنامے	

I: آصف جاہ سابع کے سوانحی حالات
الف: پیدائش اور ابتدائی تعلیم   ب: ابتدائی دور
ج: آصف جاہ سابع کی حکمرانی   د: پہلی جنگ عظیم کے بعد
ہ: اقتدار کے آخری سال (1939 تا 1948)
و: تعلیمی اداروں کو چندے   ز: اہم عوامی عمارتوں کی تعمیر
ح: اصلاحات کے کام   ط: نظام کی دولت
ی: اولاد اور ان کی کارکردگی   ک: اعزازات اور تمغے

II: آصف جاہ سابع کے کارنامے
الف۔ ساتویں نظام کے عہد کے کارنامے
ب۔ نظام س آرتھوپیڈک ہاسپٹل   ج۔ اسری ہاسپٹل
د۔ پرنسس درشہوار چلڈرنس اینڈ جنرل ہاسپٹل

III: دورِ عثمانی کی بیرونی ادبی تحریکات

IV: عہدِ عثمانی کی فلاحی خدمات

V: ریاست حیدرآباد کے حدود و اربع

152-170	آصف جاہ سابع کی اردو شاعری	

الف۔ آصفِ سابع کی غزل کا انداز
ب۔ آصفِ سابع کے دور میں شاعری کے انداز
ج۔ آصفِ سابع کی شاعری میں اشرافیہ کا انداز
د۔ شاعری میں موضوعات اور صنعتوں کا استعمال
ہ۔ آصفِ سابع کی شاعری میں محاورہ بندی

171-299	آصف جاہ سابع کے دور کے نامور شعراء	

الف۔ انیسویں صدی کے آخری دہائیوں کے عثمانی معاصرین

1. سید علی حیدر نظم طباطبائی 2. راجہ نرسنگھ راج عالی
3. عزیز جنگ ولا 4. ڈاکٹر احمد حسین مائل
5. پروفیسر وحیدالدین سلیم 6. کاظم علی باغ
7. سید جلال الدین توفیق 8. مہاراجہ کشن پرشاد شاد
9. لمعہ حیدرآبادی 10. لقمان الدولہ دل
11. مولانا ظفر علی خان 12. مرزا نظام شاہ لبیب
13. ضامن کنتوری 14. شوکت بلگرامی
15. شوکت علی خاں فانی بدایونی 16. سید حیدر پاشاہ قادری حیدر
17. میر محمد علی مسرور 18. نثار یار جنگ مزاج
19. یاس یگانہ چنگیزی 20. امجد حیدرآبادی
21. عظمت اللہ خاں عظمت 22. حکیم وائسرائے وہمی
23. فصاحت جنگ جلیل 24. ہوش بلگرامی
25. علی اختر مرحوم 26. علامہ حیرت بدایونی
27. مرزا عصمت اللہ بیگ عصمت 28. رگھویندر راؤ جذب
29. سید علی منظور 30. شبیر حسن جوش ملیح آبادی
31. نوشابہ خاتون

ب۔ بیسویں صدی کی ابتدائی نصف صدی کے عثمانی شعراء

1. احمد معین بزمی 2. غلام طیب 3. تمکین سرمست
4. محمد امیر 5. اکبر وفا قانی 6. بدر شکیب
7. ریورینڈ ریحانی 8. علی احمد جلیلی 9. نور محمد نور
10. اثر مجیدی 11. کاوش حیدرآبادی 12. برق موسوی
13. تحسین سروری 14. عبدالقوی 15. متین سروش
16. اختر الزماں ناصر 17. شمس الدین تاباں 18. اختر عادل

19.اکبر حیدرآبادی 20. میر ہاشم 21. قاضی سلیم

22. عبدالرؤف عروج 23. حمایت علی شاعر

24. شفیق فاطمہ شعریٰ 25. عزیز قیسی 26. غفور انیس

27. سکندر علی وجد 28. وحید اختر 29. طاہر علی خان مسلم

30. حمیدالدین شاہد 31.اوج یعقوبی 32. خواجہ شوق

33.امیر احمد خسرو 34. سردار الہام 35. سعادت نظیر

36. عبدالرؤف عروج 37. زبیر رضوی 38. مضطر مجاز

39. ڈاکٹر محسن جلگانوی 40. ڈاکٹر رؤف خیر

41. ڈاکٹر فاروق شکیل 42. حسن فرخ 43. طالب رزاقی

44. خیرات ندیم 45. رحمٰن جامی 46. ابن احمد تاب

47. فضل الرحمٰن 48. عبدالقیوم خان باقی

49. بشیر النساء بیگم بشیر 50. خورشید احمد جامی

51. مخدوم محی الدین 52. نیاز حیدر 53. راشد آذر

54. تاج مہجور 55. ابوظفر عبدالواحد 56. شاذ تمکنت

57. راجیشور راؤ اصغر 58. غلام صمدانی خاں گوہر

59. میر احمد عصر

پیش لفظ

حیدرآباد کو مسلسل 400 سال سے اہم شہر کی حیثیت سے مقبولیت حاصل ہے۔ یہاں سب سے پہلے گولکنڈہ کے بادشاہوں نے حکمرانی کی۔ آخری بادشاہ ابوالحسن تاناشاہ کو مغلیہ شہنشاہ اورنگ زیب عالمگیر نے 1687ء میں شکست دی، جس کی وجہ سے حیدرآباد کی گولکنڈہ کی سلطنت ختم ہوگئی، چنانچہ 1687ء سے لے کر 1707ء تک گولکنڈہ پر مغلیہ شہنشاہ اورنگ زیب عالمگیر کی حکمرانی رہی۔ اورنگ زیب نے حیدرآباد کو پایہ تخت نہیں بنایا، بلکہ اورنگ آباد کو مرکز کا درجہ دے کر وہیں سے حکمرانی شروع کی۔ جب 1707ء میں اورنگ زیب کا انتقال ہوا تو مغل شہزادوں میں تخت کے لئے جھگڑا ہوا، اس وقت برہان پور اور اورنگ آباد کے صوبیدار کی حیثیت سے نظام الملک آصف جاہ میر قمرالدین علی خاں کی کارکردگی مشہور تھی۔ 1724ء میں دہلی کی مغلیہ سلطنت کمزور پڑ جانے کے بعد نظام الملک آصف جاہ نے اورنگ آباد سے اپنی نئی حکومت ''آصف جاہی سلطنت'' کی بنیاد رکھی۔ آصف سلطنت کے دو بادشاہوں نے اورنگ آباد سے حکمرانی کی، جس کے بعد 1771ء میں دوسرے آصف جاہی بادشاہ میر نظام علی خاں نے اورنگ آباد کے بجائے حیدرآباد کو پایہ تخت کا درجہ دے کر حکمرانی کا آغاز کیا۔ حیدرآباد قدیم دور سے ہی قطب شاہی بادشاہوں کا مرکز نگاہ رہا ہے۔ قطب شاہی بادشاہ ایرانی نسل سے تعلق رکھتے تھے اور ان کا مذہب شیعہ عقائد کے تحت تھا۔ ان کی سرکاری زبان فارسی تھی، لیکن ہر بادشاہ کے دور میں اس دور کی عوامی زبان کی ترقی پر توجہ دی گئی۔ چنانچہ قطب شاہی دور میں فروغ پانے والی زبان ''دکنی'' کہلاتی ہے، اسی دکنی میں قلی قطب شاہ کا دیوان موجود ہے، جو اردو کا پہلا صاحبِ دیوان شاعر کہلاتا ہے۔ اس کے علاوہ عبداللہ قطب شاہ اور آخری بادشاہ ابوالحسن تاناشاہ بھی دکنی میں شاعری کی بنیاد رکھ چکے تھے۔ سلطان قلی قطب شاہ کے دور میں ملا وجہی اور عبداللہ قطب شاہ کے دور میں ملا غواصی جیسے شاعروں کو دربار سے ملک الشعراء کا خطاب دیا جا چکا تھا، جس سے اندازہ ہوتا ہے کہ قطب شاہی دور سے ہی اس علاقہ میں اردو زبان کا چلن عام ہو چکا تھا اور دکنی زبان کی حیثیت سے اس زبان میں شاعری اور نثر نگاری کا چلن عام تھا۔ ملا وجہی کی 1635ء میں لکھی ہوئی ''سب رس'' کو اردو کی پہلی داستاں کا درجہ حاصل ہے، جو تصوف کے مسائل اور تمثیل نگاری کے علاوہ رمزیہ نثر کی بہترین مثال قرار دی جاتی ہے۔ غرض گولکنڈہ کے ذریعہ دکنی کا عروج ہوا، دوسرے نظام میر نظام علی خاں کے دور میں بھی سرکاری و درباری زبان فارسی تھی، لیکن

عوام میں مقبول زبان اردو تھی، جس پر دکنی کا لب ولہجہ غالب تھا۔ غرض اسی اردو زبان کو حیدرآباد کی مرکزیت سے فروغ پانے کا موقع حاصل ہوا۔ میرے لئے یہ بات باعث فخر تھی کہ اردو زبان وادب میں ایم اے کی ڈگری حاصل کرنے کے بعد آگے بھی تعلیم حاصل کرسکوں، تاہم معاشی حالات اور سماج کی روایتی بندھنوں کی وجہ سے مجھے آگے بڑھنے کا موقع نہ ملا۔ میرے لئے یہ حقیقت خوش قسمتی کا ذریعہ بنی کہ کالج آف آرٹس میں عموماً لڑکیوں کو داخلہ دیا جاتا تھا، جو روایتی لباس کے ساتھ تعلیم حاصل کرنے کی سہولت سے فیض اٹھا سکتی تھیں، چنانچہ مجھے اس کالج سے ایم اے کا امتحان کامیاب کرنے کے بعد یہ موقع بھی فراہم ہوگیا کہ اس ڈگری کے علاوہ جامعہ عثمانیہ کی سب سے بڑی ڈگری ڈاکٹریٹ حاصل ہونے کے بعد کتاب لکھنے کی جدوجہد جاری رہی۔ حیدرآباد کے مختلف کتب خانوں سے استفادہ کیا، کتابوں کی دستیابی اردو اور انگریزی میں ممکن ہوگئی۔ میر عثمان علی خاں اور ان کے عہد پر اردو میں ڈاکٹر داؤد اشرف اور انگریزی میں ڈاکٹر وی کے باوا کی کتابوں کے علاوہ عہد عثمانی کے مختلف کارناموں پر اردو میں موجود رسائل وجرائد کے علاوہ کتابوں سے استفادہ کیا، جس کا نتیجہ ہوا کہ کتاب کی تدوین کے لئے ابواب مقرر کرکے میر عثمان علیخاں آصف جاہ سابع کیکے دور کے نامور شعراء'' کی بھرپور نمائندگی کے لئے کتاب کو پانچ ابواب میں تقسیم کیا گیا ہے، تاکہ آصف جاہ سابع کے اقتدار سے لے کران کے دور میں پیش ہونے والی شاعری کو بھرپور نمائندگی دی جاسکے، اس خصوص میں لازمی تھا کہ کتاب کے پہلے باب کو حیدرآباد کے ادبی پس منظر سے وابستہ کیا جائے، چنانچہ یہ ضروری سمجھا گیا کہ کتاب کے ذریعہ پہلے باب کو ''حیدرآباد کا ادبی پس منظر'' کے زیرعنوان قائم کیا جائے، اس باب میں نہ صرف حیدرآباد کی تاریخ بلکہ مختلف ادوار میں اس علاقہ کے حکمرانوں اور عوام کی سرگرمیوں کو بھی نمائندگی دی جائے، چنانچہ باب اول میں جہاں قطب شاہی دور سے دکنی زبان کے احیاء کا ذکر کرکے دکن میں حیدرآباد کی حیثیت اور اس دوران باضابطہ قطب شاہی بادشاہوں، مغل بادشاہ اور پھر آصف جاہی بادشاہوں کے ادوار میں اس علاقہ کی ترقی اور مختلف ادوار میں سرکاری زبان فارسی ہونے کے باوجود اردو زبان اور اس کی ترقی کے معاملات کو باب اول میں جگہ دی گئی ہے، جس کا سلسلہ اس طرح قائم ہوتا ہے۔ جنوبی ہند کے علاقہ میں جب بہمنی سلطنت کا شیرازہ بکھرنے کے بعد پانچ نئی مسلمان سلطنتوں کا آغاز ہوا، تو قطب شاہی بادشاہوں نے گولکنڈہ قلعہ کو کاکتیہ راجاؤں کے قبضہ سے نکال کر اس علاقہ میں نئی سلطنت کی بنیاد رکھی اور اس سلطنت کا نام ''قطب شاہی سلطنت'' قرار دیا گیا، کیونکہ قطب الملک جیسا سپاہ سالار اور بہمنی سلطنت کے صوبیدار کی حیثیت سے تلنگانہ کے علاقہ کو 1525ء تک بہمنی سلطنت کا صوبہ بنانے میں قطب الملک کی خدمات کو بہمنی سلاطین نے قدر کی نگاہ سے دیکھا تھا، جب بہمنی سلطنت کے 17 ویں بادشاہ، شاہ کلیم اللہ کے دور میں اقتدار کمزور پڑ گیا تو قطب الملک نے

تلنگانہ کے صوبیدار کی حیثیت سے اپنی آزادی کا اعلان کیا، تب سے یہ علاقہ قطب شاہی سلطنت کے اقتدار میں شامل ہوگیا۔ آج بھی گولکنڈہ میں مشہور قلعہ اور اس کے آثار یہ ثابت کرتے ہیں کہ اس سلطنت کے سات بادشاہوں نے پورے کروفر کے ساتھ حکمرانی کی، جس کی وجہ سے تلنگانہ جیسا غیر معروف علاقہ ساری دنیا کی نظروں میں آ گیا۔ اسی دور کے بادشاہوں نے دنیا کا سب سے عجیب و غریب اور قیمتی ہیرا ''کوہِ نور'' کی وجہ سے عالمی شہرت حاصل کی، وہ دور ہی باضابطہ شاہی اور جاگیرداری نظام کو فروغ دینے کا رہا۔ سلطان قلی قطب شاہ کو گولکنڈہ سے زیادہ علاقہ چچلم سے دلچسپی تھی۔ حیدرآباد کا قدیم نام چچلم ہے، جہاں جھاڑیوں اور کیکر کے کانٹوں کے علاوہ چپل سینٹ کے جھاڑوں کی کثرت تھی۔ سب سے پہلے اس علاقہ میں شہزادہ سلطان محمد قلی قطب شاہ داخل ہوا اور اپنی محبوبہ سے محبت کا دم بھرنے کے لئے اس نے اپنے والد ابراہیم قطب شاہ کے اقتدار کی پرواہ نہ کی، جس سے متاثر ہوکر ابراہیم قلی قطب شاہ نے شہزادے کو گولکنڈہ سے چچلم تک پہنچنے کے لئے موسیٰ ندی پر پل کی تعمیر کی، تاکہ بارشوں کے زمانہ میں شہزادے کو ندی پار کرنے میں سہولت حاصل ہو جائے۔ اسی چچلم کی خاتون کو محمد قلی قطب شاہ نے اپنی مہارانی بنایا، جس کا نام بھاگرتی یا بھاگمتی تھا، اسی کے نام پر پہلے اس علاقہ کا نام بھاگیہ نگر رکھا گیا اور جب بادشاہ کی جانب سے ملکہ کو حیدر محل کا خطاب دیا گیا تب سے یہ علاقہ حیدرآباد کی حیثیت سے شہرت کا حامل ہوگیا۔ اس شہر کی خوبصورتی کے لئے سب سے پہلے سلطان محمد قلی قطب شاہ نے 999ھ م 1590ء میں شہر کے درمیان میں تعزیہ نما عمارت تعمیر کی جو موجودہ دور میں ''چار مینار'' کی حیثیت سے مقبولیت رکھتا ہے۔ قطب شاہی دور کے تمام بادشاہ ایران سے آئے تھے اور ان کا مذہب شیعہ مسلک تھا، جس میں غم حسین منانا اور 10 محرم کو تعزیہ نکالنا اس کے علاوہ ماتم کرنا اور علم ایستادہ کرنا ان کے مسلک کا حصہ تھا، جو انہیں بہمنی دور سے حاصل ہوا تھا، چنانچہ حیدرآباد ہی شیعہ مسلک کا گہوارہ بن گیا، چنانچہ شہر کی خوبصورتی میں اضافہ کرنے کے لئے قطب شاہی بادشاہوں نے سب سے پہلے حسینی علم کا الاوہ قائم کیا، پھر اس کے بعد بادشاہی عاشور خانہ تعمیر کیا، جس کے بعد الاوہ سرطوق کی تعمیر اور الاوہ نعل صاحب، بی کا الاوہ، حضرت عباس کا الاوہ ہی نہیں بلکہ پنجہ شاہ اور قدم رسول کی تعمیر کے ساتھ گولکنڈہ میں بھی الاوہ اور لنگر حوض تعمیر کیا گیا۔ حیدرآباد میں جامع مسجد سب سے پہلے تعمیر کی گئی پھر اس کے بعد مکہ مسجد اور چار مینار کے اطراف میں چار کمانیں تعمیر کر کے شہر کی خوبصورتی میں اضافہ کیا گیا۔ اس طرح بادشاہ وقت کا پایہ تخت تو گولکنڈہ رہا لیکن ہر بادشاہ نے حیدرآباد سے حکمرانی کو جاری رکھا۔ غرض چھوٹے قصبہ چچلم سے بھاگیہ نگر اور اسے حیدرآباد سے موسوم کرنے کی تاریخ اور اس کے توسط سے حیدرآباد کو ہر قسم کی سہولت سے آراستہ کرنے کا ثبوت خود اس بات کی دلیل ہے کہ جنوبی ہند کے اہم شہروں میں حیدرآباد کو امتیاز حاصل ہوا، چنانچہ جب قطب شاہی دور میں مشہور فرانسیسی سیاح ٹیورنیر نے

حیدرآباد کا دورہ کیا تو اس نے اس شہر کی تعریف عراق اور اصفہان کی ترقی سے زیادہ اہمیت دی، جہاں بادشاہوں نے کئی منزلہ عمارتیں تعمیر کر کے شہر کی خوبصورتی میں اضافہ کیا تھا۔ اسی کے ساتھ سرکاری زبان فارسی کے بجائے دکنی میں شعرگوئی کا حق ادا کر کے یہ ثابت کر دیا کہ بادشاہوں کو اپنی شاہی زبان سے نہیں بلکہ عوامی زبان یعنی اس دور کی دکنی اور موجودہ دور کی اردو سے خصوصی رغبت رہی ہے۔ آصف جاہی دور کے ابتدائی بادشاہوں کی اردو شاعری اور ان کے دور میں اورنگ آباد ہی نہیں بلکہ حیدرآباد میں پایہ تخت کی تبدیلی کی وجہ سے شاعروں کی آمد اور شعرگوئی کے مزاج میں پیدا ہونے والی تبدیلی کے اہم مسائل سے گفتگو کی گئی ہے۔ اس طرح کتاب کا باب اول نہ صرف کتاب کے چہرے کا درجہ رکھتا ہے بلکہ اس توسط سے حیدرآباد کی تاریخ اور مختلف ادوار میں اس کے بادشاہوں اور پھر اورنگ آباد کی تاریخ کے ساتھ حیدرآباد کی ادبی سرگرمیوں کا پتہ چلتا ہے۔ اس باب کو کئی ذیلی ابواب سے آراستہ کیا گیا ہے، جو حسب ذیل ہیں اور اس مرکزی باب کو 17 ذیلی ابواب میں تقسیم کرتے ہوئے نہ صرف دکنی نثر کی ابتداء بلکہ دکنی کا پہلا شاعر اور نظم کی ابتداء کے باب حیدرآباد سے قبل اورنگ آباد کی ادبی مرکزیت جیسے عنوانات سے بحث کرتے ہوئے اورنگ آباد سے ادبی مرکز کی منتقلی اور حیدرآبادی ادب میں مثنوی کے نئے تصور کے ساتھ ساتھ حیدرآباد کی ادبی سرگرمیوں میں غزل کا نیا انداز جیسے موضوع کو شامل کر کے حیدرآبادی ادبی سرگرمیوں میں حمد و نعت و منقبت کے انداز اور شخصی مرثیوں کے علاوہ وفاتیہ کے انداز کو نمائندگی دی گئی ہے۔ یہ تمام رویے حیدرآباد کے پس منظر میں شاعری کے توسط سے فروغ پاتے رہے۔ حیدرآباد کے ادبی ماحول میں جہاں نظم اور نثر کا امتزاج دکھائی دیتا ہے، وہیں دوسری زبانوں کے شعری اصناف کے چلن بھی اس باب میں شامل کیا گیا ہے۔ اس پس منظر کے بعد آصف جاہی دور میں نظم نگاری اور طویل نظم کی روایت کے علاوہ غنائیہ یا Opera کی روایت کے ساتھ ساتھ حیدرآبادی ادبی پس منظر مذہبی شاعری، منظوم شاعری اور مذہبی صحافت کے علاوہ آصف جاہی فلاحی خدمات اور آصف جاہی ادب نوازی کا احاطہ کرتے ہوئے اس باب میں حیدرآباد کے ادبی پس منظر کو بھرپور نمائندگی دی گئی ہے، اس قسم کی نمائندگی ابھی تک کسی کتاب یا مقالہ کے علاوہ کسی بھی تحقیق و تنقید کے ذریعہ واضح نہیں ہوئی، اس لئے کتاب کے اس باب کو ہر دور کا احاطہ کرنے والا اور حیدرآباد کی ادبی سرگرمیوں میں تمام شعری اصناف کو فروغ دینے والا جائزہ قرار دیا جائے تو بیجا نہ ہوگا۔ اس قسم کا تجزیہ پہلی بار اس کتاب کے باب اول کا حصہ بنایا گیا ہے۔

''آصف جاہ سابع کے عہد کے شعراء کی خدمات کا تجزیہ'' اپنی جگہ مسلمہ ہے، لیکن یہ بات بھی ضروری سمجھی گئی کہ اس موضوع پر مقالہ لکھنے کے دوران پس منظر کو بھی واضح کیا جائے، جس کے تحت باب اول میں حیدرآباد کا ادبی پس منظر کو نمائندگی دی گئی تو کتاب کے باب دوم میں ''سلاطین آصفیہ کی ادبی خدمات'' کو نمائندگی دی گئی۔

لازمی ہے کہ میر عثمان علی خاں کو آصف جاہ سلطنت کے آخری بادشاہ کا درجہ حاصل تھا، اس سے قبل باضابطہ چھ مختلف بادشاہوں نے آصف جاہی حکمرانی کا حق ادا کیا تھا، جن میں سے دو بادشاہوں نے شہر اورنگ آباد کو پایۂ تخت بنا کر حکمرانی کی پھر حیدرآباد کو صدر مقام کا درجہ حاصل ہوگیا۔ اِن تمام حقائق کو اس باب میں شامل کرنے کے لئے ضروری سمجھا گیا کہ دیگر 9 ذیلی ابواب میں منتقل کیا جائے، تا کہ باب دوم کی مرکزی حیثیت برقرار رہ سکے، اس باب میں اورنگ آباد کی تاریخی حیثیت کا جائزہ لیتے ہوئے پہلے آصف جاہی حکمران کی شہرت اور ان کے کلام کو پیش کرنے کے ساتھ ساتھ اورنگ آباد میں شعر و ادب کی نشو و نما کی توسط سے درگاہ قلی خاں درگاہ کی شعر گوئی اور آصف جاہی دور کے دہلوی معاصرین شعراء کا سوانحی اور فنی جائزہ لیتے ہوئے اس باب میں یہ ثابت کیا گیا ہے کہ آصف جاہی دور کے شاعروں نے اپنے کلام میں امتیاز کو برقرار رکھا اور سابقہ دور کی طرح طویل عشقیہ اور داستانوی مثنویوں کے بجائے اس دور کے شعراء نے سوانحی مثنوی کی روایت کا آغاز کیا، جس کی مثال کمترا اورنگ آبادی کی لکھی ہوئی مثنوی ''داستانِ نظام علی خاں'' سے ثابت ہے، جو مثنوی کے رنگ کو بدلنے کا ثبوت فراہم کرتی ہے۔ آصف جاہی دور کے دورانِ غزل کے انداز میں تبدیلی لانے کے ذکر کو اس باب میں شامل کرتے ہوئے بتایا گیا کہ اسی آصف جاہی دور میں نہ صرف شاعری کے توسط سے نئی نظم اور گیت کا انداز شامل ہوا بلکہ چھٹویں اور ساتویں آصف جاہی بادشاہ کے دور کے ادب کا تجزیہ کرتے ہوئے یہ بتایا گیا ہے کہ اس دور میں لکھے جانے والے آصف جاہی ادب کو ہندوستان کے دوسرے شعری ادب کے مقابلہ میں اس لئے بھی امتیاز حاصل ہے کہ ان شعراء نے غزل کی روایت کو رومانیت سے ضرور وابستہ رکھا، لیکن اس کے ساتھ ہی باضابطہ غزل میں حقیقت پسندی کو اہمیت دیتے ہوئے مبالغہ آرائی سے پرہیز کا طریقہ اختیار کیا، جو آصف جاہی دور کے شعراء کا امتیازی وصف ہے۔ یہی خصوصیت آصف جاہی دور کو شاعری کے پس منظر میں نمایاں کرتی ہے۔

جب کتاب کا موضوع بذاتِ خود آصف جاہی بادشاہوں سے وابستہ ہو اور آخری نظام نواب میر عثمان علی خاں آصف سابع کے دور کے شعراء کو نمائندگی دی جائے تو لازمی یہی رہا کہ اس دور کے شاعروں کا ذکر کرنے کے ساتھ ساتھ شاعری کی سرپرستی کرنے والے بادشاہ کے کارناموں کو بھی منظر عام پر لایا جائے۔ اسی پس منظر میں تحقیقی کتاب کا باب سوم ''آصف سابع کی سوانح اور کارنامے'' سے وابستہ رکھا گیا ہے، جو پانچ مختلف ذیلی عنوانات اور ان کے ساتھ ثانوی عنوانات سے وابستہ ہے۔ باب سوم کا ابتدائی حصہ 9 ذیلی ابواب جیسے آصف جاہ سابع کے سوانحی حالات، پیدائش اور ابتدائی تعلیم، ابتدائی دور، آصف جاہ سابع کی حکمرانی، پہلی جنگ عظیم کے بعد، اقتدار کے آخری سال، تعلیمی اداروں کو چندے اور اہم عوامی عمارتوں کی تعمیر کے علاوہ اصلاحات کے کام، نظام کی دولت،

اولاد اور ان کی کارکردگی کے علاوہ اعزازات اور تمغات سے وابستہ ہے۔ باب سوم کا دوسرا حصہ آصف جاہ سابع کے کارناموں سے وابستہ ہے، جس میں ان کے قائم کردہ دواخانے نظامس آرتھوپیڈک ہاسپٹل، اسریٰ ہاسپٹل، پرنسس درشہوار چلڈرنس اینڈ جنرل ہاسپٹلس کی کارکردگی کو شامل کرتے ہوئے بادشاہ وقت کی اعلیٰ ظرفی اور فراخ دلی کو نمائندگی دی گئی ہے۔ باب سوم کا تیسرا ذیلی حصہ دورِ عثمانی کی بیرونی ادبی تحریکات اور چوتھا ذیلی حصہ عہد عثمانی کے فلاحی خدمات کے علاوہ پانچواں ذیلی حصہ ریاست حیدرآباد کے حدود واربع سے وابستہ ہے، جس سے نہ صرف نظام ہفتم کی کارکردگی اور ان کے سوانحی حالات کے ساتھ ساتھ ان کے دور میں درپیش کارناموں کا احاطہ ہوتا ہے۔ اس طرح تیسرا باب بھی آصف جاہی دور اور آخری فرمانروا کی سوانح اور کارناموں سے وابستہ ہے، جس سے ٹھوس معلومات فراہم کرنے کی کوشش کی گئی ہے۔

''عہد آصف جاہ سابع کی شاعری'' کے بارے میں معلومات فراہم کرنے سے قبل ضروری تھا کہ خود نواب میر عثمان علی خاں کی شاعری کا تجزیہ کیا جائے۔ چنانچہ کتاب کے باب چہارم میں ''آصف جاہ سابع کی اردو شاعری'' کے بارے میں مستند حوالوں کے ساتھ مواد پیش کیا گیا ہے۔ ویسے کتاب کے ہر باب کو تحقیقی بنیاد پر اہمیت دینے کے لئے حوالے اور ذیلی عنوانات سے وابستہ کیا گیا ہے، چنانچہ باب چہارم کو بھی پانچ ذیلی عنوانات سے آراستہ کر کے سب سے پہلے آصف سابع کی غزل کے انداز پر بحث کی گئی ہے، جس کے بعد آصف سابع کے دور میں شاعری کے انداز کی نمائندگی کرتے ہوئے یہ بتایا گیا ہے کہ آصف سابع نے صرف اردو میں ہی نہیں بلکہ فارسی میں بھی شاعری کی تو نہ صرف شاعری کے موضوعات پر خصوصی توجہ دی بلکہ شعری صنعتوں کو بھی پوری دیانت داری کے ساتھ استعمال کیا، جس کے علاوہ آصف سابع کی شاعری میں موجود محاورہ بندی کو بھی باب چہارم کے ذیلی عنوان سے وابستہ کیا گیا ہے، جس سے اندازہ ہوتا ہے کہ میر عثمان علی خاں نے شاعری کے جس انداز کو پسند کیا دیگر شعراء نے بھی اسی انداز کی نمائندگی کی۔ فارسی اور اردو شاعری میں اظہارِ خیال کرنے کے باوجود میر عثمان علی خاں کے کلیات میں اردو شاعری کا ذخیرہ بہت زیادہ ہے۔ انہوں نے اپنے دور کے دیگر شعراء کی طرح خود بھی نئے شعری رویہ کو ضروری اختیار کیا، لیکن ان کی شاعری میں رومانیت اور عشق پرستی کے علاوہ اشرافیہ اور ارسطوئی محبت کا انداز جھلکتا ہے۔ ان تمام معاملات پر پہلی مرتبہ گفتگو کرتے ہوئے اس باب میں مختلف حوالوں کا استعمال کر کے شاعر کی فکر اور فطرت کو واضح کیا گیا ہے۔ اس طرح پہلی مرتبہ کتاب کے چوتھے باب میں میر عثمان علی خاں کی شاعری پر تحقیقی وتنقیدی محاکمہ کرتے ہوئے استدلال کو سہارا بنا کر ثابت کیا گیا ہے کہ میر عثمان علی خاں کی شاعری میں روایت پرستی اور نئی لفظیات کی کھنک محسوس کی جاسکتی ہے، لیکن انہوں نے ترقی پسندی اور جدیدیت کے عنوان پر عریاں پرستی اور اخلاق سے گرے ہوئے کارنامے انجام نہیں دئے بلکہ ان کی تمام تر شاعری تہذیب واخلاق اور شائستگی سے مالا مال ہی نہیں بلکہ اساتذہ کے

صالح افکار سے وابستہ ہے۔ وہ ترقی پسند شاعروں کی طرح حقیقت پسندی کے نام پر عریانیت اور نرگسیت کے علاوہ تانیثیت کو اہمیت نہیں دی اور نہ ہی شاعری میں علامت نگاری، حقیقت پسندی اور تجرباتی روش کو اختیار کر کے شعر گوئی کو مجروح ہونے نہیں دیا۔ اس لئے ان کی شاعری میں سب سے بڑا انداز غزل کا نظر آتا ہے، پھر اس کے بعد حمد و نعت و منقبت کے بعد قطعات اور رباعی کو بھی قبول کرتے ہیں لیکن دوسری شعری اصناف کو انہوں نے کبھی خاطر میں نہیں لیا، البتہ بزرگوں کے نام پر قصائد لکھے۔ مثنوی لکھنے سے پرہیز برتا گو کہ مذہبی نقطہ نظر سے شیعہ مسلک کو اختیار کر لیا تھا، لیکن کربلائی مرثیے اور شخصی مرثیے کی روایت کو فروغ دینے میں ناکام رہے، البتہ شاعری کے ذریعہ نفاست اور نزاکت کے علاوہ حد درجہ شائستگی کو برقرار رکھا جسے ان کے دور کی انفرادیت قرار دیا جائے تو بیجا نہ ہوگا۔

اس طرح باب چہارم کے توسط سے صرف آصف جاہ سابع کے کلام کے احاطہ پر اکتفاء کیا گیا ہے، جبکہ کتاب کا پانچواں اور آخری باب ''میر عثمان علی خاں آصف جاہ سابع کے دور کے نامور شعراء'' سے مطابق ہے۔ اس باب کو دو ذیلی عنوانات سے مربوط کر کے پہلے ذیلی عنوان میں ''انیسویں صدی کے آخری دہائیوں کے عثمانی معاصرین'' کا تذکرہ کرتے ہوئے اس دور کے 31 شعراء کے سوانحی حالات اور ان کے کلام کے تجزیہ سے اس باب کو آراستہ کیا گیا ہے، جس کے بعد اس باب کے حصہ دوم میں ''بیسویں صدی کے ابتدائی نصف صدی کے عثمانی شعراء'' کے توسط سے 60 شاعروں کا سوانحی انداز اور ان کے کلام کی نشاندہی کی گئی ہے، جس سے اندازہ ہوتا ہے کہ اس قسم کا تحقیقی کام کسی بھی کتاب میں ابھی تک پیش نہیں کیا گیا، سب سے پہلی مرتبہ اهوں اس کتاب کی پیشکش پر توجہ دی جارہی ہے۔ اس کتاب کے مواد اور موضوعات ہی نہیں بلکہ ذیلی عنوانات بھی منفرد انداز کے ہیں، اس قسم کی کوئی بھی کتاب اور مقالہ ابھی تک پیش نہیں ہوا اور آصف جاہی دور کے شاعروں کے کلام کا جائزہ لیتے ہوئے اس کے فنی اور فطری خصوصیات کو پیش کیا گیا ہے، اس سے بلاشبہ پہلی مرتبہ نمائندگی کا حق حاصل ہوا ہے۔ جس طرح ہر کتاب کی تکمیل کتابیات کے توسط سے ہی ممکن ہے، اس لئے باب ششم کے توسط سے کتاب کی تحریر اور اس کی تسوید کے دوران مدد گار کتابوں کی فہرست کو حروف تہجی کے پس منظر میں نمائندگی دیتے ہوئے کتاب کی ضروریات کی تکمیل کی گئی ہے۔

ان تمام حقائق کی روشنی میں مجھے امید ہے کہ اربابِ مجاز نہ صرف اس مقالہ کے ذریعہ پیش ہونے والے نئے موضوع اور اس کے ابواب کی نشاندہی پر ایک کتاب نویس کی کوشش کو اہمیت دیتے ہوئے نہ صرف اس کی ہمت افزائی کریں گے بلکہ میری اس کوشش کو ضرور قدر کی نگاہوں سے دیکھیں گے، اس خصوص میں سب سے زیادہ استفادہ جامعہ عثمانیہ کی لائبریری اور اے پی دی ایچ دی نظامس چیرٹیبل لائبریری اور سالار جنگ میوزیم لائبریری کے علاوہ اسٹیٹ سنٹرل لائبریری اور ادارۂ ادبیات اردو کی لائبریری سے بھرپور طور پر فائدہ اٹھانے کا موقع ملا، تاہم کووڈ کی شدید بیماری اور وقت بہ وقت حیدرآباد ہی نہیں بلکہ سارے ہندوستان اور عالمی سطح پر لاگو کئے جانے والے کرفیو اور لاک ڈاؤن کی وجہ

سے مجھے کام کرنے میں کئی دشواریوں کا سامنا کرنا پڑا،لیکن میری استادِ محترم ڈاکٹر فاطمہ آصف اوران کی نگرانی کا یہ اثر رہا کہ میں نے ارادے کے بل بوتے پر اپنے تحقیقی کتاب کی تکمیل کے لئے جدوجہد جاری رکھی اور میری جدوجہد کا پھل بھی اس طرح حاصل ہوا کہ میرے دیگر اساتذہ کے تعاون کی وجہ سے کتاب پیش کرنے میں سہولت حاصل ہوئی۔ میں اپنے تمام دوست احباب اور اہل خاندان ہی نہیں بلکہ رشتہ داروں کا شکریہ ادا کرتی ہوں، کیونکہ انہوں نے موضوع سے مطابق مواد کی فراہمی اور مواد کو یکجا کرنے میں میری رہنمائی فرمائی۔ چنانچہ میں اپنے تمام رہنماؤں کا شکریہ ادا کرتے ہوئے میرے مجازی خدا کا بھی شکریہ ادا کرتی ہوں، جس کے ساتھ ہی بیٹے کا بھی شکریہ ادا کرنا لازمی سمجھتی ہوں، کیونہ ان کے تعاون کے بغیر اس کی تکمیل ممکن نہیں تھی، مگر وہ وقت بہ وقت مجھے لکھنے پڑھنے کی صلاحیت کی طرف مائل نہ کرتے تو کتاب کی تسوید میں رکاوٹ پیدا ہوتی خاص کر نبیرہ زادی فصاحت جنگ جلیل محترمہ فخرالنساء فہیم اقبال بیگم سابقہ پرنسپل کالج آف لنگویجوجس اور میری امی جان خیر انساء بیگم میرے بہنوں بھائیوں اور استاد محترم پروفیسر ڈاکٹر مجید بیدار صاحب دیگر اساتذہ کی رہنمائی کا نتیجہ ہے جن کا میں دل کی عمیق گہرائیوں سے شکریہ ادا کرتی ہوں۔ توقع ہے کہ کتاب کو اربابِ مجاز پسند فرمائیں گے بلکہ کتاب کو قبول کر کے مجھے انعام کا حقدار بننے کا موقع فراہم کریں گے۔ اس کتاب کی پیش کشی کو خدا اور رسولؐ کی مہربانی سے تعبیر کرتی ہوں۔ توقع ہے کہ مجھے ضرور کامیابی اور کامرانی سے ہمکنار کیا جائے گا، جس کے لئے پیشگی شکریہ ادا کرنا بھی میرا اخلاقی اور مذہبی فریضہ ہے، غرض میری توقعات کے عین مطابق میری کتاب کے لئے اجازت مرحمت فرما کر شکریہ کا موقع دیا جائے گا۔

میں اردو اکیڈمی کی بھی بحد مشکور وممنون ہوں کہ میری اس کاوش کو منظر عامہ پر آنے کے لئے مالی اعانت کی گئی۔

حیدر آباد کا ادبی پس منظر

موجودہ دور میں ریاست تلنگانہ کا صدر مقام اور ریاستوں کی تشکیل جدید کے بعد نئی ریاست آندھرا پردیش کے صدر مقام کے علاوہ آصف جاہی سلطنت کے دور میں باضابطہ دوسرے بادشاہ نواب میر نظام علی خاں کے دور سے لے کر آخری نظام نواب میر عثمان علی خان کے دور یعنی 18 ستمبر 1948ء تک باضابطہ ریاست حیدر آباد کے صدر مقام کی حیثیت سے شہرت رکھنے والا مقام حیدر آباد نہ صرف شہر کی حیثیت سے بلکہ صدر مقام کی حیثیت سے بھی اہمیت کا حامل ہے۔ اس شہر میں قدیم دور سے ہی مختلف مذاہب، قوم اور رنگ و نسل کے لوگ آباد ہیں۔ جن میں سب سے بڑی تعداد اس ملک کی اکثریت یعنی ہندو طبقہ کی ہے۔ جس کے بعد دوسرے درجہ پر ریاست کی سب سے بڑی آبادی کی حیثیت سے مسلمان طبقہ کو اہمیت حاصل ہے۔ اس کے علاوہ سکھ، عیسائی، پارسی اور بہائی مذہب کے ماننے والے بھی موجود ہیں۔ ہندو مذہب کے ماننے والوں میں بھی کئی فرقے اور کئی ذاتیں ہی نہیں' بلکہ قبائل بھی موجود ہیں۔ اسی طرح مسلم طبقہ میں باضابطہ شیخ، سید، مرزا، مغل اور پٹھان کے علاوہ کئی دوسرے طبقے بھی موجود ہیں۔ جس سے اندازہ ہوتا ہے کہ شہر حیدر آباد صرف صدر مقام ہی نہیں' بلکہ کئی مذاہب اور ذات اور فرقے کے لوگوں سے وابستہ ہونے کی وجہ سے اس شہر کو کاسموپولیٹن شہر کا نام دیا جاتا ہے۔ اس شہر کی تاثیر یہ ہے کہ اس شہر میں جہاں ہندوستان کے مختلف ریاستوں اور علاقوں کے لوگ آباد ہیں' وہیں دنیا کے مختلف ممالک کے لوگ بھی بہت بڑی تعداد میں بسے ہوئے ہیں۔ اپنے آبائی وطن کو چھوڑ کر دوسرے ملک کو اپنا رہائش گاہ بنانا بھی ایک بہت بڑا رویہ ہوتا ہے۔ کاسموپولیٹن کے معنی یہی ہوتے ہیں کہ ایسے افراد جو مختلف ذاتوں، فرقوں اور قبائل سے تعلق رکھنے کے ساتھ ساتھ مختلف مذہبوں کو ماننے کے باوجود بھی مقامی حدود علاقائی تعصّبات سے پاک ہو کر ایک جیسے ماحول میں زندگی گذارنے کے عادی ہو جائیں اور سماجی اور معاشی رسومات کو بھی قبول کر لیں' تو ایسے شہری کو کاسموپولیٹن شہری کا درجہ دیا جاتا ہے۔ حیدر آباد میں نہ صرف افریقہ کے باشندے اور حبشی ہی نہیں' بلکہ عرب ممالک کی مختلف ذاتوں اور قوموں کے لوگ بھی آباد ہیں۔ اس شہر میں باضابطہ فرانسیسی، جرمنی، اطالوی ہی نہیں' بلکہ لندن، امریکہ، سوئیزرلینڈ اور دوسرے ممالک کے افراد بھی زندگی گذارتے ہیں۔ انہی خصوصیات کی وجہ سے حیدر آباد کو کاسموپولیٹن شہر کہا درجہ

حاصل ہے۔ یہ شہر قطب شاہی دور سے آباد ہے۔ تاریخی پس منظر میں یہ حقیقت واضح ہوتی ہے کہ گلبرگہ اور بیدر کو صدر مقام بنا کر حکومت کرنے والی بہمنی سلطنت کے دور میں جو علاقہ چچلم کہلاتا تھا اس سے قریب کا علاقہ گولکنڈہ، اس دور کے ورنگل کے کاکتیہ خاندان کے بادشاہوں کے زیر اثر تھا۔ جب 1525ء میں بہمنی سلطنت کا شیرازہ بکھرنے لگا اور آخری بادشاہ کلیم اللہ کے انتقال 924ھ مطابق 1527ء میں بہمنی سلطنت کا خاتمہ ہو گیا۔ جس کی صداقت نہ صرف تاریخ فرشتہ میں درج ہے، بلکہ عبدالمجید صدیقی کی کتاب ''سلطنت بہمنیہ'' کے علاوہ عبدالغفور خاں کی کتاب ''تاریخ دکن'' میں موجود ہے۔ غرض بہمنی سلطنت کے خاتمہ کے بعد دکن کے علاقے میں موجود پانچ نئی مسلمان سلطنتوں کا آغاز ہوا۔ یہ قطب شاہی سلطنت گولکنڈہ، عادل شاہی سلطنت بیجاپور، نظام شاہی سلطنت احمد نگر، عماد شاہی سلطنت برار اور برید شاہی سلطنت بیدر میں قائم ہو گئی۔ گولکنڈہ کے علاقے کو پسند کر کے 924ھ مطابق 1518ء میں سلطان قلی قطب شاہ نے ''قطب شاہی سلطنت کی رکھی جس کے سات بادشاہوں میں گولکنڈہ کی حکومت کے ذریعہ سارے علاقے میں شعر و ادب کی رہنمائی کی اور باضابطہ علوم و فنون کے علاوہ فنون لطیفہ کی ترقی میں بڑھ چڑھ کر حصہ لیا۔ سلطان قلی کو قطب شاہی سلطنت کا بانی اور نئی سلطنت کے قیام سے پہلے بہمنی دور کے صوبیدار کی حیثیت سے شہرت حاصل تھی جس نے گولکنڈہ کی صوبیداری قبول کی تھی۔ جب اس نے اپنی خود مختاری کا اعلان کیا تو اطراف و اکناف کے کئی قلعے فتح کر کے اپنی حکومت کو وسیع تر کر دیا۔ بہمنی دور کے آغاز کے ساتھ گولکنڈہ کے علاوہ دوسرے 70-60 قلعوں کو فتح کر کے سلطان قلی نے اپنی حکومت کو وسعت دی اس طرح سلطان قلی قطب شاہ کی حکومت گولکنڈہ سے نکل کر ورنگل کی سرحدوں کو پار کر کے مچھلی پٹنم تک پہنچ گئی تھی۔ گولکنڈہ کو صدر مقام بنا کر سلطان محمد قلی نے ایک باعظمت اور شاندار حکومت قائم کر دی۔ سلطان قلی کے اقتدار کا بہت بڑا وقفہ میدان جنگ میں بسر ہوا لیکن وہ علم و فن کی ترقی سے غافل نہیں رہا۔ اُسی کے دور میں ''آش خانہ'' تعمیر کیا گیا تھا۔ جو خاص محل تھا جہاں شعراء اور ادیب جمع ہوتے اور سلطان قلی بھی ان کے کلام سے استفادہ کیا کرتا تھا۔ عبدالمجید صدیقی نے اپنی کتاب ''تاریخ گولکنڈہ'' میں تمام تفصیلات درج کیے ہیں، جبکہ ڈاکٹر سید محی الدین قادری زورؔ نے اپنی کتاب ''اردو شہ پارے'' میں بھی اُس دور کے نظم و نسق اور علمی ترقی کو تفصیل کے ساتھ پیش کیا ہے۔ اس دور میں عربی، فارسی اور ترکی زبانوں کے علاوہ ملک کی زبان یعنی تلنگی کو بھی اہمیت حاصل تھی لیکن جب گولکنڈہ کو علم و فن کے مرکز کا درجہ حاصل ہو گیا تو بیرونی عربی، فارسی اور ترکی زبانوں کے علاوہ مقامی زبان تلنگی کے ساتھ ہی جس زبان کو فروغ ہوا وہ زبان اُس دور کی مسلم اور ہندو طبقے کے میل ملاپ سے وجود میں آنے والی ''دکنی زبان'' کہلاتی ہے۔ جو دور حاضر میں اردو کی حیثیت سے عالمگیر شہرت کی حامل ہے۔ غرض شمالی ہند سے قبل جنوبی ہند کے علاقے گولکنڈہ اور بعد

میں شہر حیدر آباد کو سب سے پہلے اردو زبان وادب کی نشر واشاعت کا درجہ حاصل ہوا۔ اُس دور میں کاغذ، قلم اور سیاہی کا استعمال سخت دشوار تھا۔ اس لئے اس دور کی قلمی کتابوں کی وجہ سے ادبی سرگرمیوں کا پتہ چلتا ہے۔ اِن قلمی کتابوں کو اردو میں مخطوطہ اور انگریزی میں Manuscript کا درجہ حاصل ہوتا ہے۔

نصیرالدین ہاشمی نے اپنی مشہور کتاب ''دکن میں اردو'' کے توسط سے حیدر آباد اور اس کی علمی وادبی ترقی کے علاوہ باغات اور خوبصورت محلات کا ذکر کرتے ہوئے اس طرح سے تفصیلی جائزہ لیا ہے۔

> ''ابراہیم کا بیس سال کی حکومت کے بعد 988ھ مطابق 1580ء میں انتقال ہوا۔ اس کے انتقال پر اس کا فرزند محمد قلی قطب شاہ گولکنڈہ کے تخت پر متمکن ہوا۔ اس کا عہد حکومت سلطنت قطب شاہی کے انتہائی عروج کا زمانہ ہے۔ لڑائی جھگڑے بند ہو گئے۔ امن وامان صلح اور آشتی کا دور دورہ رہا۔
>
> ۱۰۰۰ھ میں اس شہر حیدر آباد کو آباد کر کے اپنا پائے تخت قرار دیا اور اس شہر کو خوب صورت اور عالی شان عمارتوں، وسیع بازاروں، سرسبز باغوں، پانی کی نہروں اور مدرسوں سے آراستہ کیا۔
>
> سلطان محمد قلی کے عہد میں ایک طرف تمدن اور تہذیب میں دکھنی تمدن اور رسومات داخل کرنے کے لئے کلچر کی بنیاد رکھی گئی تو دوسری طرف دکھنی اور تلنگی زبانوں کی ترقی کے لئے خود ان زبانوں میں شعر کہے۔ اس کا تخلص قطبؔ اور معانیؔ تھا۔
>
> سلطان کے دربار میں علامہ میر محمد مومن کے علاوہ قاضی محمد سمانی میرک معین الدین سبزواری، مرزا محمد امین جیسے اصحاب علم وفن موجود تھے۔ مرزا محمد امین نے خمسہ نظامی کے جواب میں چار مثنویاں، شیریں خسرو، لیلیٰ مجنوں فلک البروج اور مطمح الاشعار لکھ کر اپنی قابلیت کا مظاہرہ کیا جیسا کہ تذکرہ کیا گیا سلطان محمد قلی نے شہر حیدر آباد کو آباد کیا اور اس کو عالی شان عمارتوں، خوبصورت ایوان، سرسبز اور شاداب خوش نما باغوں، نہروں سے آراستہ کیا اور اس شہر کے عمرانی لوازن کو نہایت سلیقہ اور ہنرمندی کے ساتھ جمع کر دیا تھا اور تلنگانہ کے طول وعرض میں بہترین اجتماعی زندگی کی بنیاد ڈالی، اس کو فنون لطیفہ کی ہر شاخ سے دلچسپی تھی جس کی وجہ سے زندگی میں شگفتگوی پیدا کرنے کے اسباب جمع کئے۔ شاعری، موسیقی، مصوری سے دلچسپی تھی اور

ان کوترقی دینے میں پوری کوشش کرتا رہا۔

سلطان محمد قلی کے زمانے میں مدرسے، خانقاہیں، مسجدیں، تعمیر ہوئیں۔ دکھنی (قدیم اردو) شاعری کو بڑی ترقی ہوئی، اس کے عہد کے دکھنی شعراء مشہور ہیں اوران کے کارنامے سے ہمدست ہو چکے ہیں۔

چونتیس سال کی طویل اور کامیاب حکمرانی کے بعد 17 ذیقعدہ 1020ھ مطابق 11 / جنوری 1611ء اس کا انتقال ہوا۔لیکن اس کی عمر صرف اڑتالیس سال کی تھی۔ سلطان محمد قلی کا مقبرہ اپنی شان وشوکت کے لحاظ سے قابل دید ہے۔ اب ادارہ ادبیات اردو کے اہتمام سے سالانہ جشن منایا جاتا ہے''۔(۱)

گولکنڈہ کے پایہ تخت کوحیدرآباد کا نام دینا بھی ایک تاریخی حقیقت کا وسیلہ ہے۔ یہ پورا علاقہ جنگلی خاردار جھاڑیوں اور چپل سینٹ جیسے جھاڑوں سے کھرا ہوا تھا۔ عام طور پر اس علاقہ کے نام کو چچلم کہا جاتا تھا۔ اور اسی چچلم کی بسنے والی تلنگی خاتون سے سلطان محمد قلی قطب شاہ کو محبت ہوگئی۔ اور جب اس نے شادی رچائی تو چچلم کی خاتون کوحیدر محل کے خطاب سے نوازا گیا۔ جس کے نتیجہ میں چچلم علاقہ کوحیدرآباد کی حیثیت سے شہرت حاصل ہوئی۔ گولکنڈہ سے قریب اس آبادی کوحیدرآباد قرار دینے کی ایک وجہ یہ بھی تھی کہ قطب شاہی بادشاہ امامیہ مذہب کے ماننے والے تھے۔ اور وہ شیعہ مسلک کے ذریعہ اثنائے عشری طریقہ کو پسند کرتے تھے۔ اور شیعہ مسلک میں حضرت علی سے محبت اور اہل بیت سے نسبت کے علاوہ بارہ ائمہ کو قبول کرنے کے علاوہ مذہبی زندگی گذارنے کے لئے شرعی طریقوں پر عمل کی خاطر شیعہ فرقہ نے فقہِ جعفری پر خصوصی توجہ دی۔ حیدرآباد کے قیام کے چارسوسالہ جشن کے موقع پر ڈاکٹر حسن الدین احمد نے جو تقریر کی تھی' اس کا مختصر اقتباس پیش ہے جس سے اندازہ ہوتا ہے کہ اس شہر کو آباد ہوئے 400 سالہ دور گزر گیا۔ اور اس شہر کی 400 سالہ جشن کی خوشیاں حیدرآباد کے علاوہ اُن حیدرآبادیوں نے بھی منائی جو دنیا کے مختلف خطوں میں آباد ہیں۔ چنانچہ جدہ میں منعقدہ 400 سالہ جشن پر اپنے خیالات کو ڈاکٹر حسن الدین احمد نے اپنی کتاب ''طلوعِ فکر'' میں اس طرح پیش کیا ہے:

''یہ امر باعث فخر ہے کہ چارسوسالہ جشن حیدرآباد کے سلسلہ میں اس محفل میں شرکت کا موقع ملا۔ میں اس کے لئے اللہ تعالیٰ کا شکر ادا کرتا ہوں۔ شکر صرف اس بات پر نہیں کہ انڈیا ویلفیر سوسائٹی نے بہ تعاون بزم اتحادٗ حیدرآٓ اد اور اس کی خدمات کے عنوان پر سمپوزیم منعقد کیا اور اس میں مجھے مہمان خصوصی کی حیثیت سے شرکت کا

موقع دیا بلکہ اس لئے بھی کہ مسبب الاسباب نے حیدرآبادی نوجوانوں کو اس مقدس سرزمین پر روزگار کے مواقع فراہم کئے۔ ان کو توفیق دی کہ اپنے وطن کے تاریخی اور اعلیٰ روایات کے حامل شہر سے اپنی وابستگی کو باقی رکھیں۔ یہ صلاحیت دی کہ وہ اس وابستگی کا اظہار شاندار طریقہ پر کرسکیں اور آج اللہ تعالیٰ نے اپنے فضل وکرم سے وہ دن بھی دکھایا کہ ہم یہاں اعلیٰ پیمانہ پر جشن منا رہے ہیں۔

آج کے اس سمپوزیم کے لئے ''حیدرآباد کل اور آج'' کے عنوان پر ہندوستان کے اور خاص طور پر حیدرآباد کے نوجوانوں سے کچھ باتیں کرنا چاہتا ہوں۔ جو چیزیں ہندوستان میں مسلمانوں کی دین ہیں جیسے شاہراہیں High Way، خوبصورت عمارتیں وغیرہ۔ ان میں شہر بھی ہیں۔ ان شہروں میں حیدرآباد ایک ممتاز مقام رکھتا ہے۔ جس کی تاسیس کو چار سو سال ہوگئے۔

جس طرح انسانوں کی شخصیت ہوتی ہے' ان کا مزاج ہوتا ہے ان کے طور وطریق ہوتے ہیں ان کا کردار ہوتا ہے اسی طرح شہروں کی بھی شخصیت ہوتی ہے' ان کا مزاج ہوتا ہے جس سے ان کا تعارف ہوتا ہے۔

حیدرآباد کو بسانے والوں نے اس شہر کا ناطہ پیار ومحبت، صلح وآشتی، رواداری، کھلے ذلن، وسیع النظری، تواضع، مہمان نوازی، ذہنی سکون اور تفریح طبع سے جوڑا۔ اس شہر کی بنیاد میں مادی وسائل کو حسن کارانہ انداز میں استعمال کیا۔ لیکن ساتھ ہی ساتھ اس شہر کی تشکیل میں اعلیٰ اقدار کو شامل کیا۔ صرف خوبصورت عمارتوں اور شاندار Layout ہی سے نہیں بلکہ اینٹ اور چونا کے ساتھ ان اقدار کو بھی سمو دینے سے شہر حیدرآباد کی انفرادیت ابھری اور ساری دنیا میں حیدرآباد کو ان اوصاف سے پہچانا جانے لگا۔

شہروں کی شخصیت اور مزاج کا بننا آسان نہیں۔ مثالی بستیاں بسانے کے لئے انسانوں کی تربیت کرنی پڑتی ہے۔ فانی بدایونی کی زبان میں:

بستی بسنا کھیل نہیں ہے' بستے بستے بستی ہے

اعلیٰ اقدار کی نگہداشت کے لئے مثالی کردار کو سامنے رکھنا پڑتا ہے۔ ایثار وقربانی

سے کام لینا پڑتا ہے۔ دل کو بڑا رکھنا پڑتا ہے۔ حیدرآباد کو بسانے والوں نے یہی کیا۔ انہوں نے جو خطوط قائم کئے تھے اہل حیدرآباد نے ساڑھے تین سو سال تک ان پر چل کر اپنے شہر کی لاج رکھی اور اقطاع عالم میں اس شہر کے نام کو اونچا رکھا۔ اور اس کی پہچان سے خود کے لئے باعزت مقام حاصل کیا۔ اعلیٰ اقدار کو قائم رکھنے کی مسلسل کوششوں سے جو نتیجہ انہوں نے برآمد کیا اس کے تعلق سے اور کیا کہا جاسکتا ہے کہ:

ثبت است برصحیفۂ عالم دوام ما

جس شہر کی تشکیل ہوئی اس کی ایک قابل فخر بیٹی سروجنی نائیڈو نے جنہیں قائد ملت نواب بہادر یار جنگ نے ماں کہہ کر پکارا تھا۔ اذان کی آواز کو اس شہر کی نشانی قرار دیا۔ اسی شہر سے مخدوم محی الدین کو چنچل گوڑہ جیل میں گھنٹوں کی صدا آئی ''قید ہے قید کی میعاد نہیں''۔(۲)

قدیم تواریخ ہی نہیں، بلکہ عہد عثمانی کے خاتمہ کے بعد بھی اردو میں ریاست حیدرآباد اور گولکنڈہ کی تاریخیں لکھی گئیں تو اُن تواریخ میں سن عیسوی کے بجائے سن ہجری کا اندراج دکھائی دیتا ہے۔ چنانچہ حیدرآباد کے قیام کی تاریخ بھی سن ہجری میں درج ہے جس کے تحت یہ لکھا گیا ہے کہ اس شہر کی بنیاد سلطان محمد قلی قطب شاہ نے 1000ھ میں رکھی۔ اس ہجری کو عیسوی میں منتقل کرنے کیلئے ڈاکٹر ابوالنصر محمد خالدی اور نظر ثانی محمود احمد خاں پروفیسر جامعہ عثمانیہ کی ''تقویم ہجری وعیسوی'' سے مدد لی گئی ہے۔ جسے انجمن ترقی اردو ہند، دہلی نے 1977ء میں شائع کیا تھا۔ اس جنتری میں 1000 ہجری کو عیسوی میں تبدیل کرتے ہوئے یہ لکھا ہے کہ 1000 ہجری کے موقع پر 1591ء برآمد ہوتی ہے۔ اس طرح قطب شاہی حکومت کے قیام اور پہلے بادشاہ کے گولکنڈہ میں حکمران ہونے کے زائد از 73 سال تک گولکنڈہ کو قطب شاہی دور کے صدر مقام کا درجہ حاصل رہا۔ اور پھر قطب شاہی سلطنت کے قیام یعنی 924ھ سے لے کر 1000ھ تک گولکنڈہ کی حیثیت پایہ تخت کی رہی، جس کے بعد باضابطہ شہر کے بیچوں بیچ تازیہ کی عمارت یعنی چارمینار کے قیام کے بعد چاروں جانب چار کمانیں جو مچھلی کمان، کالی کمان، شہر باطل کی کمان اور چار کمان کے درمیان میں گلزار حوض کی عمارت اور بائیں جانب کتب خانہ کی عمارت کے علاوہ مچھلی کمان سے لے کر پتھر گھٹی تک دونوں جانب پتھر کی بنی ہوئی تین منزلہ عمارتیں اُس دور میں مہمان سرائے یا پھر تاجروں کے قیام کے لئے مفت سہولتوں کا ذریعہ تھا۔ غرض شہر حیدرآباد کی خوبصورتی میں اضافہ کرنے کے لئے بادشاہ وقت نے شہر حیدرآباد میں کئی خوبصورت اور دیدہ زیب ہی نہیں، بلکہ فلک بوس عمارتوں کی بنیاد رکھی۔ اُن عمارتوں کے نام ''دولت

خانہ عالی، چندن محل، سجن محل، اعلیٰ محل اور حنا محل'' کے علاوہ داد محل جو اُس دور کا عدالت العالیہ یعنی کورٹ کی حیثیت رکھتا تھا۔ دوسرے محلات میں چوک، شاہ گنج، محبوب گنج، ندی محل اور قطب منزل جیسی عمارتیں چوک سے لے کر موسیٰ ندی تک قائم کی گئی تھیں۔ تیسری جانب سب سے اہم محل کا نام خداداد محل تھا جس کے ساتھ چھوٹے چھوٹے محلات جیسے الٰہی محل، محمدی محل، حیدر محل، حسنی محل، حسینی محل، جعفری محل اور موسوی محل قائم تھے۔ جن کا سلسلہ منڈی میر عالم سے لے کر دار الشفاء تک قائم تھا۔ تیسری جانب سے سب سے خوبصورت محل کوہِ طور تھا۔ جو موجودہ علاقہ فلک نما کے قریب واقع تھا۔ محل کوہ طور کے علاوہ فلک نما اور جہاں نما کی عمارتیں بھی اس علاقے کی خوبصورتی میں اضافہ کرنے کی دلیل بنتی تھیں۔ باغ محمد شاہی کا محل وقوع اس قدر وسیع تھا کہ اس محل میں مریضوں کی آسائش کا خیال رکھا جاتا تھا۔ اس کے علاوہ حیدرآباد سے کئی نہریں، باغات اور عمارات تک پہنچائی گئی تھیں تاکہ ہر عمارت تک پانی کی فراہمی ممکن ہو سکے۔ غرض! اُس دور میں فرانسیسی مشہور سیاح ٹیورنیر نے حیدرآباد کا دورہ کیا تو اپنے سفرنامہ میں حیدرآباد کی خوبصورت اور اس کی عمارتوں کا اور عوامی خصوصیات کو پسند کرتے ہوئے اس شہر کو عراق، ایران اور انگلستان کے شہروں سے زیادہ خوبصورت قرار دیا ہے۔ جہاں چار مینار کی جانب چار کمانوں میں باضابطہ اطلس اور ریشم کے پردے جھولتے رہتے تھے۔ وہ خود حیران تھا کہ اتنی بڑی چادروں کا ریشم کے ذریعہ تیار کرنے طریقہ کیا تھا معلوم نہ ہو سکا۔ غرض! قطب شاہی دور سے ہی حیدرآباد کو صدر مقام کا درجہ حاصل رہا۔ اور جب مغلیہ سلطنت کی ملک گیری جنوبی ہند تک پہنچی تو مشہور شہنشاہ اورنگ زیب عالمگیر نے اپنی فوجوں کے ذریعہ ابوالحسن تاناشاہ کو 1098ھ مطابق 1687ء میں شکست دی۔ اس طرح قطب شاہی دور کا خاتمہ ہوا تو مغلوں نے شہر حیدرآباد کو فارسی ترکیب سے مربوط فرخندہ بنیاد کے نام سے یاد کیا۔ چنانچہ 1687ء سے لے کر اورنگ زیب عالمگیر کی وفات 1707ء تک شہر حیدرآباد مغلیہ سلطنت کا دار الخلافہ قرار دیا گیا اور 20 سال کے عہد میں شہر حیدرآباد کی رونقوں میں کمی آئی۔ عمارتوں اور دوسرے مقامات کو برباد کیا گیا اور دکنی زبان کے بجائے فارسی کے چلن کو عام کیا جانے لگا۔ جس کی وجہ سے دکنی تہذیب پر رفتہ رفتہ مغلیہ تہذیب یا پھر دہلی کی تہذیب کا تسلط بڑھتا گیا۔ جس کی وجہ سے حیدرآباد کے مقامی رنگ پر دہلی کا غیر مقامی رنگ قابض ہو گیا۔

اگرچہ مغلیہ دور کے شہنشاہ اورنگ زیب عالمگیر کی رحلت کے بعد دکن کے علاقہ میں آصف جاہی سلطانت قائم ہوئی۔ اور شہر اورنگ آباد کو پہلے پایہ تخت کی حیثیت سے شہرت حاصل ہوئی اور اس پایہ دخت پر ابتدائی تین حکمرانوں نے اقتدار سنبھالا۔ اگرچہ اورنگ آباد کو پایہ تخت بنا کر مغلیہ دور کی طرح قمرالدین خاں پہلے بادشاہ کی حیثیت سے حکمران ہوئے تو انہوں نے اپنی ریاست کی سرکاری زبان فارسی رکھی۔ لیکن ریاست میں بولی، سمجھی اور

پھلنے پھولنے والی زبانوں کے بارے میں اظہار خیال کرتے ہوئے یہ حقیقت واضح کی گئی ہے۔

''سابق ریاست حیدرآباد تین زبانوں مرہٹی، کنڑی اور تلگو کے علاقوں پر مشتمل تھی۔ تینوں زبانوں کے اہل علم نے اردو کو اپنایا اور اس میں طبع آزمائی کی اور اپنی فکری اور شعری صلاحیتوں سے اردو ادب کو مالا مال کیا اس جدو جہد میں غیر مسلم اصحاب نے بھی بڑھ چڑھ کر حصہ لیا۔ ان کی کاوشوں کو اور ان کے اردو ادب میں حصہ کو منظر پر لانے کے لئے یہ کتاب لکھی گئی ہے۔ لیکن طوالت سے بچنے کے لئے محدود عہد اور صرف ریاست حیدرآباد کا تعین کیا گیا ہے۔

حیدرآباد کی باہمی یگانگت مثالی رہی ہے۔ یہاں پر ہندو، مسلم، سکھ، عیسائی اور پارسی سب مل جل کر رہتے اور ایک دوسروں کی تیوہاروں میں شریک ہوتے ہیں۔ والئی ریاست آصف سابع کرسمس کے موقع پر بہ نفس نفیس رات میں چرچ جاتے اور عیسائی برادری کو مبارکباد دیتے۔ ریورنڈ ہنس ریحانی نے ''سوغاتِ روح'' مرتب کی جس میں اڑتیس (۳۸) غیر مسیحی شعراء نے حضرت عیسیٰ علیہ السلام کی مدح سرائی کی ہے۔ یہ سارے شعراء سرزمین دکن سے ہی تعلق رکھتے ہیں۔ مہاراجہ کشن پرشاد، رگھو یندر راؤ، جذب عالمپوری، دامودر ذکی، آر آر سکسینہ الہام، نرسنگ راج عالیؔ اور یدھ ویر جی ایڈیٹر ''اردو ملاپ'' وغیرہ نے رسالت مآب صلی اللہ علیہ وسلم کی شان اقدس میں خراج عقیدت پیش کر کے اسلام سے اپنی دلی وابستگی کا اظہار کیا۔ اس طرح شہر حیدرآباد میں ہندو، مسلم، سکھ اور عیسائی مذاہب کے شعراء میں آپسی بھائی چارگی کی فضاء پائی جاتی ہے اور اس بھائی چارہ کو اس موضوع میں سمونے کی کوشش کی گئی ہے۔ اس لئے اس باب میں ملی جلی تہذیب اور اس کے اثرات سے بحث کی گئی ہے۔

قلی قطب شاہ سے لے کر آج تک کے شعراء نے ہندو معتقدات، تصورات اور روایات کے علاوہ ہندو اساطیری اور مذہبی کرداروں پر بہت کچھ لکھا ہے۔ بدھ مت اور سکھ مذہب کے پیشواؤں کے بارے میں دکنی شعراء نے منظور خراج عقیدت پیش کیا ہے۔ ملی جلی تہذیب کے استحکام میں حیدرآباد کی صحافت نے بھی اپنا اہم کردار

ادا کیا ہے اور قومی یکجہتی کو پروان چڑھانے میں اپنا معاون کردار ادا کیا ہے۔ اردو اخبارات میں دیوالی، دسہرہ، کرسمس اور دوسری غیر مسلم تقاریب میں مبارک بادی کے پیامات شائع ہوتے رہے ہیں، جو باہمی اتحاد کی علامت ہے۔

حیدرآباد میں ملی جلی تہذیب کے پروان چڑھانے میں کائستھ برادری کا رول لائق تحسین ہے۔ ان حضرات کا لباس روایتی حیدرآبادی لباس ہوا کرتا تھا۔ اپنے آپ کو آصف جاہی کہتے ہوئے وہ حضرات فخر محسوس کرتے تھے۔ اس برادری نے اردو ادب کے فروغ میں اہم حصہ ادا کیا۔''(3)

اورنگ آباد کو پایہ تخت بنا کر نظام الملک آصف جاہ نے آصف جاہی سلطنت کی بنیاد رکھی تو انہوں نے فارسی کو سرکاری زبان کی حیثیت سے فروغ دیا لیکن ان کے قلمرو میں وہی فارسی کی شعری اصناف پر توجہ دی گئی جو باضابطہ طور پر قطب شاہی دور کے شاعروں کا ادبی افتخار تھا۔ چنانچہ آصف جاہی دور سے ہی ریاست حیدرآباد میں بسنے والے شعراء میں باضابطہ مذہب سے وابستہ ہونے والے افراد نے اردو زبان کی آبیاری کی۔ تو سب سے پہلے عارفانہ اور صوفیانہ کلام کے ذریعہ شاعری کو فروغ دیا۔ جس کی طرف اشارہ کرتے ہوئے ڈاکٹر سید بشیر احمد نے حقائق پر روشنی ڈالی ہے۔

''سرزمین دکن کو اس بات کا افتخار حاصل ہے کہ اردو زبان کے پہلے صاحب دیوان شاعر کا تعلق حیدرآباد ہی سے ہے۔ قطب شاہی عہد میں بیشتر نامور شعراء نے اردو شاعری کی ہر صنف سخن کو مالا مال کیا۔ غزل، مثنوی، قصیدے، مرثیے، نوحے اور دیگر اصناف سخن میں شمالی ہند سے صدیوں پہلے دکنی شعراء نے طبع آزمائی کی ہے۔ سرزمین دکن میں نہ صرف کوہِ نور جیسے ہیرے پائے گئے بلکہ ویسے ہی اردو شاعری کو بلند یعطا کرنے والے متعدد شعراء کا بھی اسی سرزمین سے تعلق رہا ہے۔

خانقاہی شعراء نے اپنے عارفانہ کلام سے احکام شریعت، رموز طریقت، کلید معرفت اور عشقیہ کلام کے توسط سے رسول مکرم صلی اللہ علیہ وسلم کی آتش محبت کو بھڑکایا اور اپنے دامن گرفتوں اور معتقدین کو راہِ سلوک طئے کروایا۔ بزرگانِ دین نے رشد و ہدایات کی اشاعت کے لئے شعری وسیلہ کو مناسب تصور کیا۔ چنانچہ حضرات خواجہ اجمیری اور حضرت امیر خسرو رحمہما اللہ سے یہ سلسلہ حضرت بندہ نواز رحمۃ اللہ علیہ

(گلبرگہ) سے ہوتا ہوا موجودہ بزرگان دین تک پہنچتا ہے۔ حیدرآباد میں خانقاہی سلسلہ سے وابستہ شعراء نے اپنے کلام سے بہرہ ور کیا۔ ان کے عشقیہ کلام سے سامعین اور قارئین کے قلوب میں عشق نبی ﷺ کی آگ بھڑکتی ہے۔

اس کتاب کی تصنیف کا مقصد یہ ہے کہ جن بزرگان دین کے حالاتِ زندگی اور کلام کو پیش کیا گیا ہے اس کو ان کے معتقدین مختلف کتابوں کی ورق گردانی کے بجائے اس مختصر کتاب میں یکجا متعدد بزرگان دین کے احوال اور کلام سے واقفیت حاصل کرسکیں۔

اردو زبان کی ترقی وترویج میں صوفیائے کرام نے ابتداء ہی سے اپنا حصہ ادا کیا ہے۔ شعر گوئی بزرگان دین کا مقصد نہیں بلکہ اس کے ذریعہ عوام کی تربیت مقصود تھی۔ ابتداء میں اپنے کلام میں چاشنی پیدا کرنے اور مریدین و معتقدین کو عمل کی جانب راغب کرنے کے لئے صوفیائے کرام نے اردو شاعری کی مشہور صنف رباعی سے استفادہ کیا۔ بعد میں ان بزرگوں نے اردو شاعری کی ساری اصناف میں طبع آزمائی کی۔

دکن کی سرزمین رشدو ہدایات اور بزرگان دین کی خدمات کا مرکز رہی ہے۔ یہاں پر حضرت بندہ نواز رحمۃ اللہ علیہ سے لے کر حضرت شاہ خاموش رحمۃ اللہ علیہ تک اور تا حال خانقاہی شعراء نے اپنے کلام سے جہاں مریدین و معتقدین کو رموزِ معرفت، اسرارِ تصوف اور رشدو ہدایات سے بہرہ ور کیا وہیں اردو شاعری میں بیش بہا اضافے بھی کیئے۔ انہوں نے ساری اصناف شاعری میں طبع آزمائی کی۔ حمدیہ اور نعتیہ کلام سے بارگاہ ایزدی میں نذرانہ اور رسالت مآب صلی اللہ علیہ وسلم کی محبت سے دلوں میں آتش عشق کو ہوا دی۔ اہلبیت اطہار اور بزرگان دین کی خدمت میں خراج تحسین پیش کیا اور شہدائے کربلا کے واقعات کو قلمبند کر کے اسوۂ حسینی کو اُجاگر کیا۔''(4)

اگرچہ ریاست حیدرآباد کو تین زبانوں کی سرپرستی کا موقع حاصل تھا۔ لیکن فارسی سرکاری زبان کی حیثیت سے مقبول ہونے کے باوجود بھی آصف جاہی بادشاہوں نے اس علاقہ کی ملی جلی زبان کی سرپرستی پر توجہ دی۔ جس کا

نتیجہ یہ ہوا کہ آصف جاہی دور کے ساتویں بادشاہ نے اردو کی سرپرستی کا کارنامہ انجام دیتے ہوئے اردو یونیورسٹی کی بنیاد رکھی جسے بلاشبہ قطب شاہی دور کی مذہبی تعلیم گاہ کی توسیع قرار دیا جائے تو بیجا نہ ہوگا۔ کیوں کہ حیات بخشی بیگم نے اپنی زندگی میں اہم مقام ''حیات نگر'' قائم کیا تو اس علاقہ میں دینی تعلیم کے مذہبی مدرسہ کے قیام کے ذریعہ وہاں تعلیم حاصل کرنے والوں کو باضابطہ اقامت اور تعلیم حاصل کرنے کی سہولت فراہم کی جاتی تھی۔ جس کی وجہ سے قطب شاہی دور میں مذہب کے ساتھ علم وادب کی ترقی میں بھی اضافہ ہوا۔

''سابق ریاست حیدرآباد سہ لسانی ریاست تھی جو کنڑی، مرہٹی اور تلگو بولنے والے علاقوں پر مشتمل تھی لیکن رابطہ کی زبان اردو تھی۔ سلاطین آصفیہ نے مقامی زبانوں کی ترویج کے ساتھ ساتھ اردو کو رابطہ کی زبان کی حیثیت سے ترقی میں خصوصی دلچسپی لی۔ آصف سادس نے جامعہ عثمانیہ قائم کیا اور اس جامعہ میں ذریعہ تعلیم اردو قرار دیا گیا۔ اس طرح ملک میں یہ پہلی جامعہ تھی جہاں کا ذریعہ تعلیم مقامی زبان قرار پایا تھا۔

سقوطِ حیدرآباد کے بعد لسانی بنیادوں پر ریاستوں کی تشکیل جدید کی گئی جس کی وجہ سے ریاست حیدرآباد کے اضلاع اورنگ آباد، گلبرگہ، بیدر، ناندیڑ، پربھنی، رائچور، عثمان آباد وغیرہ کا مرہٹواڑہ اور کرناٹک میں انضمام عمل میں آیا۔ مابقی تلنگانہ کے اضلاع کو آندھرا کے اضلاع کے ساتھ ملا کر ریاست آندھرا پردیش کا قیام 1956ء میں عمل میں آیا۔

اپنے فطرتی میلان کی بناء راقم حیدرآبادی شعراء، ان کی شخصیت اور ان کی شاعری پر کام کرنا چاہتا تھا۔ اس سے قبل حیدرآبادی شعراء پر کوئی تفصیلی کام نہیں ہوا تھا۔ اگر کچھ مواد کہیں ملتا بھی ہے تو وہ انتہائی مختصر اور پراگندہ۔ سابق میں راقم نے ایک کتاب ''حیدرآباد میں غیر مسلم شعراء اور ادباء کا اردو کی ترقی میں حصہ'' (آزادی کے بعد) کے موضوع پر رقم کیا جس کی اشاعت بھی عمل میں آچکی ہے۔ اب موجودہ کتاب ''حیدرآباد میں اردو شاعری'' (آزادی کے بعد) تحریر کی گئی ہے۔ اس کتاب میں صرف ریاست آندھرا پردیش اور اس کا عہد ''آزادی کے بعد'' کا تعین کیا گیا ہے۔ اس کتاب میں روایت پسند شعراء کے ذکر کے علاوہ ان شعراء کا بھی ذکر موجود ہے جو مختلف تحریکات اور رجحانات سے متاثر ہوئے۔ اس طرح اصناف شاعری میں

جو تغیرات اور تبدیلیاں وقوع پذیر ہوئیں ان سب کا اس کتاب میں احاطہ کیا گیا ہے۔‘‘(5)

یہ حقیقت بھی واضح ہوتی ہے کہ مغلیہ دور سے پہلے ہی ریاست حیدر آباد کے مختلف علاقوں میں ایک نئی زبان کی شروعات ہو چکی تھی۔ اور قطب شاہی دور میں صرف مسلم طبقہ نے اس نئی زبان کی نمائندگی کی جبکہ آصف جاہی حکومت کے قیام کے دوران بیشتر کائستھ صاحبان نے بادشاہِ وقت کی زبان کے علاوہ عوام میں پھیلنے والی زبان سے رغبت کا اظہار کیا ہے۔ غرض! محمد تغلق کے دور میں شروع ہونے والی نئی زبان اور اس کی آبیاری کا ثبوت دولت آباد کے اطراف واکناف کے علاقہ میں ملتا ہے جس کی طرف اشارہ کرتے ہوئے یہ بتایا گیا ہے:

’’جب دکن شمالی ہند کی اسلامی حکومت میں شامل ہو گیا تو اسی وقت سے یہاں بول چال میں جدید زبان کا رواج شروع ہو گیا اور پھر جب محمد تغلق نے دولت آباد کو اپنا مستقر حکومت قرار پایا تو اس میں اور ترقی ہوئی اور عالم وجاہل' امیر وغریب اور ادنیٰ و اعلیٰ ہر شخص اسی دکھنی زبان میں گفتگو کیا کرتا تھا۔ صاحب حال درویش بھی اسی زبان میں وعظ ونصیحت کرتے تھے۔ خواجہ بندہ نواز سید محمد حسینی کے والد نے جن کا انتقال 731 ھ میں ہوا۔ اپنا تخلص راجہ رکھا تھا جو آج تک شاہ راجو یا سید راجا کے نام سے مشہور ہیں۔ اسی طرح حضرت زین العابدین خلد آبادی المتوفی 771 ھ کا آخری کلام ’’منجہ مت بلاوہ‘‘ مشہور ہے۔

بیان کیا جاتا ہے کہ جب آپ کے وصال کا وقت قریب ہوا تو آپ کے مرید عرض کرنے لگے کہ وصیت کی جائے اور کوئی خلیفہ مقرر کیا جائے اس پر آپ نے پہلے تو منھ پھیر لیا اس کے بعد جب آپ کے ایک مرید خاص نصیر الدین بدہیری نے دوبارہ یاددہانی کی تو اس وقت آپ نے فرمایا ’’منجہ مت بلاؤ‘‘۔

الف: دکنی نثر کی ابتدا:

اس امر کا بھی کوئی قطعی ثبوت نہیں ملا کہ شمالی ہند میں اردو احاطہ تحریر میں کب آئی مگر بلاخوف تردید یہ دعویٰ کیا جاسکتا ہے کہ دکن میں اس کی ابتداء پہلے ہوئی اور یہاں ہی وہ بول چال کے ابتدائی مدارج سے گزر کر تحریری صورت میں بھی آئی اور چوں کہ اس کی سرپرستی صاحب حال وقال درویشوں نے کی تھی اور وہی اس وقت کے مسلمان

قوم تھے اوران کے مریدوں کی تعداد صدہا بلکہ ہزاروں سے متجاوز ہوتی تھی اور پھر وہ مختلف شہروں میں پھیلے ہوئے تھے۔اس لئے اکثر مرشد اپنے مریدوں کی تلقین اور تبلیغ کی غرض سے رسالے قلمبند فرمایا کرتے۔چوں کہ عام طور سے اب دکھنی زبان کا رواج ہو چکا تھا۔اس لئے اس زبامیں بھی اس قسم کے رسالوں کا لکھا جانا ناگزیر تھا۔

جدید تحقیقات کی رو سے حضرت خواجہ بندہ نواز گیسو دراز سید محمد حسینی المتوفی 825ھ وہ پہلے بزرگ ہیں جنہوں نے اس کی ابتداء کی' اور ''معراج العاشقین'' اور ''ہدایت نامہ'' وغیرہ مرتب فرمائے۔اس کی مزید صراحت آگے درج کی جائے گی اورنمونہ بھی دیا جائے گا۔

ب۔دکنی کا پہلا شاعر اور نظم کی ابتداء:

شاعر کا انسانی ترقی میں خاص حصہ رہا ہے۔اخلاق کی تہذیب اور تمدن کی اصلاح میں جو کارہائے نمایاں اس سے ظہور میں آئے وہ اردو رسائل سے نہیں آئے۔نظم کے باعث ہی فطری ولولے جوش میں آتے اور قدرتی جذبات کو حرکت وجنبش ہوتی ہے۔

اس امر کا ٹھیک پتہ لگانا نہایت دشوار ہے کہ پہلے کس زبان میں نظم کی ابتداء ہوئی۔لیکن یہ کہا جاسکتا ہے کہ دنیا میں جس قدر زبانیں عالم وجود میں آئیں ان میں اول نظم ہی کا رواج ہوا کیوں کہ نظم انسان کو بالطبع مرغوب ہے۔اسی لئے قدیم زمانہ میں مذہبی کتابیں نظم ہی میں قلم بند ہوا کرتی تھیں۔سنسکرت میں عرفان حقیقی اور فلسفہ و حکمت کا اشراقی کام نظم کے ذریعہ ہی سے وابستہ تھا۔زمانۂ جاہلیت میں جبکہ عرب میں کتابت کا دستور نہ تھا، سینکڑوں ہزاروں اشعار عرب یاد رکھتے تھے۔دنیا میں عربوں کے سامنے کوئی قوم خلقی شاعر ہونے کا دعویٰ نہیں کرسکتی۔اسی طرح فارسی زبان میں شاعری سے بڑے بڑے کام لئے گئے اور شاعری کو بادشاہوں کی خلوت جلوت' رزم بزم سے خاص تعلق رہا۔شاعروں کی کافی طور سے عزت افزائی کی گئی اور انہیں ملک الشعراء کا خطاب دیا جانے لگا۔(6)

ج۔ حیدر آباد سے قبل اورنگ آباد کی ادبی مرکزیت:

حیدر آباد کو پائے تخت کا درجہ صرف اور صرف کتب شاہی دور میں دیا گیا جس کے بعد مغلیہ سلطنت کے فرمانروا اورنگ زیب عالمگیر نے قطب شاہی سلطنت کے خاتمہ کے بعد مرکزی حیثیت سے اورنگ آباد کو صدر مقام کا درجہ دے دیا جس کی وجہ سے حیدر آباد کی ادبی مرکزی خصوصیت ختم ہوئی۔ اس خصوص میں تاریخی واقعات کی طرف اشارہ کرتے ہوئے یہ لکھا گیا ہے کہ اورنگ زیب کے انتقال کے بعد دوبارہ اورنگ آباد کو مرکزی مقام کا درجہ حاصل ہوا۔ اس خصوص میں تاریخی واقعات سے استفادہ کرتے ہوئے لکھا گیا ہے:

''اورنگ زیب 1068ھ میں سریر آرائے سلطنت ہوا۔ اس نے دکن کو مکمل طور پر مغلیہ سلطنت میں ضم کرنے کے خیال سے فوجی مہمات کا آغاز کیا اور اورنگ آباد میں سکونت اختیار کی۔ بادشاہ کے ساتھ شمالی ہند خصوصاً دہلی کے امراء، رؤسا، عمائدین سلطنت اور علماء و فضلاء بکثرت اورنگ آباد آنے لگے۔ اورنگ زیب نے 1097ھ میں بیجاپور اور 1098ھ میں گولکنڈہ فتح کیا۔ ان فتوحات کے نتیجہ میں بیجاپور اور گولکنڈہ کے متوسلین ریاست اور اہل کمال جوق در جوق اورنگ آباد میں پناہ لینے لگے۔ اس طرح اورنگ آباد نہ صرف سلطنت مغلیہ کی حکومت و سیاست کا مرکز بنا بلکہ احمد نگر و دولت آباد کی نظام شاہی، بیجاپور کی عادل شاہی اور گولکنڈہ کی قطب شاہی سلاطین کے زوال کی وجہ سے خانماں برد باد ہو چکی تھی۔ رفتہ رفتہ اورنگ آباد میں اپنا نیا آشیانہ تلاش و تعمیر کرنے لگی۔ اورنگ زیب کوئی بیس برس اورنگ آباد میں مقیم رہے۔ اس اثناء میں اورنگ آباد کی رونق، شہرت، عظمت اور دولت روز افزوں ہوتی رہی۔

28 ذیقعدہ 1118ھ م 1707ء کو احمد نگر میں اورنگ زیب کا انتقال ہوا۔ عالمگیر کے انتقال کے بعد اورنگ آباد کو وہ سیاسی مرکزیت حاصل نہیں رہی جو اس کے زمانے میں تھی۔ تاہم یہ دکن کا سب سے بڑا اور اہم شہر برقرار رہا۔ صوبہ دکن کا وہ صدر مقام تھا۔ اس لئے اس کی سیاسی اور ادبی اہمیت ہنوز باقی تھی۔ مغلیہ سلطنت کے عروج کا آفتاب اورنگ زیب کے عہد میں نصف النہار تک پہنچ چکا تھا۔ ان کی وفات کے بعد رفتہ رفتہ مائل بہ زوال ہوتا گیا۔ حالات کا رخ دیکھ کر نظام الملک نے جو محمد شاہ

رنگیلے کے وزیر سلطنت تھے دکن کا رخ کیا اور سلطنت آصفیہ کی بنیاد ڈالی۔ انہوں نے اورنگ آباد کو اپنا پایہ تخت قرار دیا۔

نظام الملک کا اصلی نام میر قمر الدین خاں تھا۔ ان کا سلسلہ نسب سترہ واسطوں سے شیخ الشیوخ حضرت شہاب الدین سہروردیؒ سے ہوتا ہوا بتیسویں پشت میں خلیفہ اول حضرت ابوبکر صدیق رضی اللہ تعالیٰ عنہ سے جاملتا ہے۔

نظام الملک میر قمر الدین علی خاں آصف جاہ اول بانی سلطنت آصفیہ کے جد امجد بخارا (موجودہ ازبکستان) کے قاضی تھے۔ 1655ء میں انہوں نے حج کے لئے عزم سفر باندھا اور سمرقند سے ہندوستان آئے کہ بندرگاہ سورت سے بذریعہ پانی کا جہاز جدہ روانہ ہوں۔ مغل شہنشاہ شاہ جہاں کو جب خواجہ عابد کی آمد اور ان کے علم و فضل اور خاندانی فضیلت کی اطلاع ہوئی تو اس نے نہ صرف ملاقات کی بلکہ ملازمت کی پیشکش بھی کی۔ خواجہ عابد نے ادائیگی فرائض حج کے بعد ہندوستان آنے کا وعدہ کیا اور حج کو روانہ ہوگئے۔ فریضہ حج کی ادائیگی کے بعد جب وہ 1657ء میں ہندوستان لوٹے تو یہاں کی سیاست واقتدار میں کشمکش شروع ہوچکی تھی۔ اورنگ زیب، خواجہ عابد کی آمد سے بہت خوش ہوئے۔ دکن کی سرزمین پر خواجہ عابد کی وابستگی کی یہ ابتداء تھی۔ انہیں کیا پتہ تھا کہ آنے والے دوسونوے برس تک ان کی اولاد اسی سرزمین پر حکمرانی کرے گی۔

اورنگ زیب عالمگیر نے جب مغلیہ تخت پر قبضہ کیا اور اپنی شہنشاہیت کا اعلان کیا تو انہوں نے خواجہ عابد کو ''صدر کل'' کا عہدہ تفویض کیا۔ اورنگ زیب عالمگیر نے ان سے خواہش کی کہ سمرقند سے ان کے بڑے صاحبزادے شہاب الدین کو ہندوستان بلالیں۔ چنانچہ خواجہ عابد صاحب کے حسب حکم شہاب الدین 1669ء میں ہندوستان چلے آئے۔ اورنگ زیب نے انہیں منصب سہ صدی ذات سے سرفراز کیا اور اس 20 سالہ نوجوان کا عقد شاہ جہاں کے وزیر سید سعد اللہ خاں کی صاحبزادی سعید النساء بیگم سے کردیا۔ اور ان سے انہیں 11راگست 1671ء کو ایک لڑکا تولد ہوا۔ مغل حکمرانوں کے دستور کے مطابق اورنگ زیب عالمگیر نے اس بچے کا نام

''میر قمرالدین'' رکھا۔ ''میر'' کا اضافہ شہنشاہ کی طرف سے اس بنا پر کیا کہ نومولود کی ماں سیدانی تھیں۔ میر قمرالدین کا تاریخی نام ''نیک بخت'' (1082ھ مطابق 1671ء) ہے۔ اورنگ زیب عالمگیر انہیں نہایت عزیز رکھتے تھے۔ جب میر قمرالدین خاں 20 برس کے ہوئے تو انہیں 1102ھ میں ان کے دادا کے لقب میں تھوڑی سی ترمیم کرتے ہوئے ''چین قلیچ خاں بہادر'' کے خطاب سے سرفراز کیا گیا۔ اورنگ زیب عالمگیر نے 1109ھ میں پہلی مرتبہ مفسدانِ ناگوری (نواح بیجاپور) کی تنبیہ پر انہیں روانہ کیا۔ اس وقت میر قمرالدین خاں کی عمر 27 سال تھی۔ یہ ان کی پہلی ذمہ دارانہ اور آزادانہ مہم تھی جسے انہوں نے کامیابی سے سر کیا۔(7)

ان حقائق کو اپنے مشہور ایم فل کے تحقیقی مقالے بعنوان ''اورنگ آباد میں اردو شاعری کا تاریخی وتہذیبی پس منظر'' میں شیخ عبدالکریم نے جن حقائق کا ذکر کیا ہے اس کے ذریعہ پتہ چلتا ہے کہ انہوں نے 2006ء میں پیش کردہ تحقیق مقالہ کے صفحہ 17 سے 22 تک ان حقائق کو پیش نظر رکھا ہے۔ انہیں بھی حوالہ ساتھ درج کیا گیا ہے۔ جس سے عالمگیری عہد اور قمرالدین خاں کی سرگرمیوں کا پتہ چلتا ہے۔ اس خصوص میں مزید تفصیلات کا حوالہ دیتے ہوئے شیخ عبدالکریم نے اپنے تحقیقی مقالے میں ان حقائق کی طرف توجہ مرکوز کی ہے۔

قمرالدین خاں کو شہرت اورنگ زیب ہی کے آخری عہد میں حاصل ہوئی تھی۔ اور اسی شہرت کی بناء پر عالمگیر نے انہیں ''آصف جاہ'' کا لقب عطا کیا۔ اور عالمگیر کے عہد میں ہی انہیں بیجاپور کی صوبے داری اور کرناٹک کی فوجداری کی خدمات تفویض کی گئیں۔

اورنگ زیب عالمگیر نے پچاس برس دنیا کے سب سے عظیم اور طویل ملک پر بڑے تزک واحتشام سے حکومت کی ان کے چار شہزادے تھے۔ انہوں نے اپنی اس عظیم مملکت کو چار صوبوں میں تقسیم کیا اور چاروں بیٹوں کو ایک ایک صوبہ عطا کیا لیکن 1707ء میں جب عالمگیر نے داعی اجل کو لبیک کہا تو مغلیہ حکومت کا شیرازہ بکھرنے لگا۔''(8)

اس حقیقت کی نمائندگی کرتے ہوئے محمد محبوب جنیدی نے اپنی کتاب میں اس حقیقت کا اظہار کیا کہ درحقیقت 1707ء میں بمقام احمد نگر اورنگ زیب عالمگیر کی وفات کے نتیجہ میں صرف اورنگ زیب کی موت واقع

نہیں ہوئی بلکہ مغلیہ سلطنت بھی موت کے دہانے پر پہنچ گئی۔ اورنگ زیب کے وفات کے بعد اقتدار پر قبضہ حاصل کرنے کے لئے اس کے چاروں بیٹوں میں آپسی تنازعہ شروع ہوا جس کی طرف اشارہ کرتے ہوئے نہ صرف شیخ عبدالکریم اس دور کی تفصیلات کو اس طرح رقم کرتے ہیں۔

> ''شہنشاہ عالمگیر کی موت دراصل سلطنت مغلیہ کی موت تھی۔ اس زبردست ہستی کا اس دنیائے ناپائیدار سے اٹھ جانا تھا کہ سلطنت مغلیہ کے آسمان سیاست پر خانہ جنگیوں کی کالی گھٹائیں چھانی شروع ہوئیں اور مغل دربار وحکومت کے جاہ وجلال وعظمت میں فرق پڑنے لگا۔''(9)

لازمی ہے کہ محمد تغلق کے دور کے بعد دیوگڑھ یا دیوگری کو''دولت آباد'' کے نام سے شہرت حاصل ہوئی۔ جس پر بہمنی دور اور پھر کچھ عرصہ تک نظام شاہی دور کی حکمرانی رہی۔ اس علاقہ کی ترقی وترویج میں مشہور سپہ سالار ملک عنبر کی دلچسپی کو خصوصی حیثیت حاصل رہی۔ اس نے احمد نگر اور بیجاپور کے بادشاہوں کو مغلیہ حملوں سے بچانے کیلئے اپنے کارکردگی کا مظاہرہ کیا۔ چنانچہ اس نے دولت آباد سے 11 میل کے فاصلے پر ایک نئے شہر کے بسانے کا منصوبہ بنایا۔ کیوں کہ شاہجہاں کی فوج کے حملوں کی وجہ سے دولت آباد ہر وقت تباہ وتاراج ہو رہا تھا۔ چنانچہ اس نے 1609ء میں نئے شہر''کھڑکی'' کے نام سے آباد کیا۔ مغلوں کے خلاف اس کے صاحبزادے فتح محمد کی کامیابی کی وجہ سے کھڑکی کا نام تبدیل کرکے''فتح نگر'' رکھا گیا۔ 1619ء میں جب مغلوں نے شدید حملہ کیا اور ملک عنبر کے انتقال کے بعد فتح محمد کو شکست دی تو اس علاقہ کی فتح کے جشن میں مغلوں نے کھڑکی اور فتح نگر کے نام کو منسوخ کرتے ہوئے باضابطہ''خجستہ بنیاد'' کے نام سے یاد کیا۔ اورنگ زیب کے اس علاقے میں 1631ء میں مغل صوبیدار اسلام خاں کی وفات کے بعد دکن کی صوبیداری حوالے کی گئی۔ اپنے والد شاہجہاں کے حکم پر اورنگ زیب عالمگیر نے شہزادہ کی حیثیت سے''خجستہ بنیاد'' میں کام کرنا منظور کرلیا۔ خود اورنگ زیب کے عہد میں بھی شہر اورنگ آباد کو''خجستہ بنیاد'' کی حیثیت سے یاد کیا جاتا تھا۔ البتہ اورنگ زیب کے شہنشاہ بن کر سارے دکن کے علاقے پر قبضہ کرلینے کے بعد اس شہر کو اورنگ آباد کہا گیا۔ اس کے باوجود پہلے اور دوسرے آصف جاہی بادشاہوں کے دور میں بھی سرکاری کاغذات میں''خجستہ بنیاد'' کا ذکر ملتا ہے۔ غرض! جس طرح قطب شاہی بادشاہوں نے گولکنڈہ نے حکمرانی کے دوران شہر حیدرآباد کی ادبی سرگرمیوں کو جاری رکھا اُسی طرح مغلیہ دور سے لے کر دوسرے آصف جاہی بادشاہ نواب نظام علی خاں کے دور تک اردو کی علمی، ادبی سرگرمیوں کا سرچشمہ اورنگ آباد رہا۔ غرض! حیدرآباد کی ادبی سرگرمیوں سے قبل اورنگ زیب کی شہزادگی کے دور سے لے کر دوسرے نظام نواب نظام علی خاں کے دور 1771ء تک ساری

ادبی سرگرمیوں کا مرکز حیدرآباد کے بجائے اورنگ آباد قرار دیا گیا۔ آصف جاہ اول نے جب دہلی میں سکونت اختیار کی تو ناصر جنگ نے بغاوت کردی۔ جس کو ختم کرنے کے لئے آصف جاہی اول کو اورنگ آباد پہنچنا پڑا۔ جنگ ہوئی۔ اور ناصر جنگ کو گرفتار کیا گیا۔ شاہی خیمہ میں نظر بند رہے لیکن باپ نے اپنے بیٹے کا قصور معاف کردیا۔ اور جب آصف جاہ اول کو مرہٹوں کے دہلی پہنچنے کی خبر ملی تو دہلی کے راستے میں آصف جاہ اول کا انتقال ہوگیا۔ اس وقت تک باپ نے ناصر جنگ کو شاہی رازنموز سکھائے تھے۔ اور وصیت بھی کی تھی۔ چنانچہ میر قمرالدین چین قلیج خاں کی تدفین خلدآباد میں برہان الدین غریب کی درگاہ میں عمل میں آئی۔ ناصر جنگ نے سلطنت کے انتظامات سنبھالے تو اس وقت تک کڑپہ، کرنول اور اَدونی کرناٹک کے علاقوں میں شامل تھے۔ اِن علاقوں پر مقامی سرداروں نے جب سر اٹھایا تو ناصر جنگ نے سرکوبی کی۔ ناصر جنگ کی شہادت کے بعد آصف جاہی اول نے اپنے نواسے مظفر جنگ کو حکمرانی سونپی تھی۔ نواب میر احمد خاں ناصر جنگ 17 / محرم 1164ھ مطابق 1750ء میں انتقال کیا۔ اور والد مرحوم کے قریب دفن کئے گئے۔ اور مظفر جنگ کو حکومت سونپی گئی جوار کاٹ کے مقام پر انورالدین خان اور چندا صاحب کے درمیان صوبیداری کی کشمکش کو ختم کرنے کے لئے گئے لیکن وہاں پر انگریز اور فرانسیسی تاجروں نے اپنی اپنی فوجوں کے ذریعہ مقامی نوابوں کی سرپرستی کی۔ غرض مظفر جنگ نے اقتدار سنبھالتے ہی خانہ جنگیوں میں مصروف ہونے کے سوا کچھ نہ کیا۔ آخر مفسدوں نے 1164ء مطابق 2 فروری 1751ء کو مظفر جنگ کو شہید کردیا۔ ان کی ہلاکت کے بعد فرانسیسیوں نے نظام الملک کے تیسرے بیٹے صلابت جنگ کو حکمران بنایا جو شاہ نواز خان صمصان الدولہ کے مشورے پر حکمران ہوئے تھے۔ صلابت جنگ نے یہ محسوس کیا کہ فرانسیسی امداد کے بغیر کامیابی ممکن نہیں۔ ایسے وقت نظام الملک کے سب سے بڑے صاحبزادے غازی الدین فیروز جنگ نے دکن کی صوبیداری حاصل کرنے کے لئے نومبر 1752ء میں ایک لاکھ 50 ہزار لشکر لے کر اورنگ آباد پہنچے لیکن دوران سفر حیضہ کی وباء میں مبتلا ہو کر انتقال کر گئے۔ اور دونوں بھائیوں میں ہونے والی جنگ کا خطرہ ٹل گیا۔ صلابت جنگ نے گیارہ سال تک حکمرانی کی جس کے بعد انہیں بے دخل کردیا گیا۔ ان کے چھوٹے بھائی اور آصف جاہ اول کے چھوٹے فرزند نواب نظام علی خان نے 7 / جولائی 1762ء کو بیدر کے قلعہ میں نظر بند کردیا۔ ایک سال تین ماہ تک نظر بند رہنے کے بعد وہ فوت ہوگئے۔ اس طرح میر نظام علی خاں نے نظام الملک آصف جاہ ثانی کے لقب سے حکومت کی باگ ڈور کو سنبھالی۔ اور اپنے حسن تدبیر سے آصفیہ حکومت کو زوال سے بچالیا۔ انگریزوں سے دوستی مستحکم کی اور فرانسیسیوں سے تعلقات منقطع کر لئے۔ مرہٹوں کی طاقت اور دوسری سیاسی مصالحت کو آصف جاہ ثانی نے پورا کیا اور بعض دستاویزات کے مطابق 1771ء اور بعض حوالوں کے مطابق 1768ء میں نظام الملک آصف جاہ

ثانی نے پایہ تخت کو اورنگ آباد حیدر آباد منتقل کر دیا۔ غرض 42 سالہ اقتدار کی خصوصیات سے وابستہ آصف جاہ ثانی کا انتقال 1803ء میں ہوا۔ اور انہیں مکہ مسجد کے صحن میں دفن کیا گیا۔ اس اعتبار سے 1724ء میں آصف جاہ اول نظام آملک میر قمر الدین کے دور سے لے کر باضابطہ نظام الملک آصف جاہ ثانی کے دور تک ادبی سرگرمیاں حیدر آباد کے بجائے اورنگ آبادں میں جاری رہیں۔ اور پھر 1771ء کے بعد تمام ادبی سرگرمیوں کا رخ حیدر آباد کی طرف ہو گیا۔ آصف جاہ اول اور ناصر جنگ شہید ہی نہیں' بلکہ مظفر جنگ کو بھی شعر و ادب اور فنون لطیفہ سے بڑی دلچسپی تھی جس کا اظہار کرتے ہوئے محمد عظیم الدین محبت نے اپنی کتاب میں لکھا ہے:

''ناصر جنگ شہید کو عربی، فارسی کے علاوہ سنسکرت میں بھی بدرجہ احسن مہارت تھی۔ موسیقی و مصوری میں ان کا کمال استادانہ منصب پر فائز تھا۔ خطاطی میں بھی انہوں نے کافی مشق کیا۔ سلاطین آصفیہ میں ناصر جنگ سب سے زیادہ خوشخط تھے۔ ان کے دربار میں وہ سارے شعراء اور فضلاء جمع تھے جو نظام الملک آصف جاہ اول کے دربار سے وابستہ تھے ان حضرات کے وجود کو ورثہ پدری سمجھ کر ان کی قدر و منزلت کرتے تھے۔ ان میں قابل ذکر غلام علی آزاد بلگرامی، صمصام الدولہ، شاہ نواز خاں مؤلف ''تاریخ مآثر الامراء'' موسیٰ خاں جرأت، مرزا جاں رسؔا، نقد علی خاں ایجاد وغیرہ۔ ناصر جنگ کی سرپرستی میں آزاد بلگرامی اور صمصام الدولہ، شاہ نواز خاں نے جو علمی کارنامے انجام دیئے وہ ناقابل فراموش ہیں۔'' (10)

اس دور کے شاعروں، ادیبوں اور صوفیائے کرام کے بارے میں شیخ عبدالکریم نے اس طرح اظہار خیال کیا ہے۔

''اورنگ آباد میں آصف جاہی حکومت 1139ھ (1726ء) سے 1185ھ (1771ء) چھیالیس برس قائم رہی۔ یہ وہ زمانہ ہے کہ ولؔی اورنگ آبادی نے اپنے فن شعر سے شمالی ہند کو تسخیر کر لیا تھا۔ داؔؤد اورنگ آبادی، سراؔج اورنگ آبادی، اپنی تخلیقات سے اورنگ آباد میں دبستان گولکنڈہ کی یاد تازہ کر رہے تھے۔ نواب قمر الدین علی خاں آصف جاہ اول اور نواب میر احمد علی خاں ناصر جنگ شہید کے عہد میں داؔؤد اورنگ آبادی، سراؔج اورنگ آبادی، درگاہ قلی خاں، نور الدین خاں رنگین، جمال اللہ عشق، ملا باقر شہید، عارف الدین علی خاں عاؔجز، عارؔف، رونؔق، سید

عبدالولی عزلتؔ، آزادؔ بلگرامی، غلام قادر سامیؔ خواجہ خاں حمیدؔ، میر عبدالقادر مہرباںؔ،
اسد علی خاں تمناؔ جیسے شاعر موجود تھے"۔(11)

قطب شاہی دور میں جس طرح دکنی زبان وادب اور شاعری کا چلن عام ہو گیا تھا اگر چہ درباری اور سرکاری زبان فارسی تھی لیکن عوام میں مقبول ترین زبان کی حیثیت سے دکنی کو اس قدر اہمیت حاصل ہوئی کہ ہر فارسی داں شاعر نے دکنی میں شاعری کر کے قطب شاہی دور کی یادگار اور شہر حیدرآباد کی خصوصیات میں باضابطہ چار چاند لگا دیئے جس کے بعد کچھ عرصہ کے لئے حیدرآباد کی فضیلت متاثر ہوئی۔ لیکن قطب شاہی دور سے زیادہ کامیابی و کامرانی کے ساتھ اردو کو فروغ دینے میں شہر اورنگ آباد کی اہمیت سے انکار نہیں کیا جاسکتا۔ آصف جاہی دور میں اگر چہ فارسی شعروادب کی شہرت تھی' اورنگ آباد میں ابوالمظفر اورنگ زیب عالمگیر کی حکمرانی کی وجہ سے فارسی کے بے شمار اثرات دکنی پر مرتب ہوئے اور دہلوی محاورے کی کثرت عام ہونے لگی اس کی وجہ سے دکنی کے بہت سے الفاظ متروک ہونے لگے۔ اور اس کی جگہ فارسی زبان کے الفاظ کا چلن عام ہوا۔ چنانچہ اورنگ آباد میں عالمگیر کے دور اور آصف جاہی دو بادشاہوں کے دور میں دکنی رفتہ رفتہ ختم ہونے لگی۔ اور اس کی جگہ اردو زبان کا بول بالا ہوا۔ اگر چہ ولیؔ اور سراجؔ جیسے نامور شعراء کی ادب دوستی کا تعلق اورنگ آباد کی سرزمین سے ہے لیکن ان کی زبان کے مطالعہ سے اندازہ ہوتا ہے کہ ان دکنی شاعروں میں باضابطہ ادب دوستی کے لئے سنسکرت کی لفظیات کو دکنی میں استعمال کرنے کے بجائے باضابطہ فارسی الفاظ کو رواج دیا۔ جس کی وجہ سے آصف جاہی خاندان کے بادشاہوں کے ذریعہ اردو شعروادب کی ترقی کا ثبوت ملتا ہے۔

"آصف جاہی خانوادے کے تمام حکمران شعروادب کے دلدادہ، علم پرور، فنون لطیفہ کے شیدائی اور تہذیب وتمدن کے سرپرست تھے۔ نواب قمرالدین خاں آصف جاہ اول نہایت ذی علم، سخن فہم اور علم و ہنر کے قدرداں واقع ہوئے تھے۔ ان کا دربار شاعروں، عالموں اور اہل کمال کا ملجا و ماویٰ تھا۔ آصف جاہ اول کے ادبی ذوق کی تربیت دہلی کی فضاؤں میں ہوئی تھی۔ ان کے ہمراہ اورنگ آباد آنے والے امراء و عمائدین، شعروادب میں فارسی روایت کے اسیر تھے۔ ان کے ساتھ دہلی کی تہذیبی اور ادبی روایات اور وہاں کی ترقی یافتہ اردو زبان بھی اورنگ آباد پہنچی۔ نظام الملک کے عہد میں اورنگ آباد پھر علم وادب کا مرکز بن گیا۔ دہلی کے علاوہ دیگر اضلاع ہند سے بھی اہل علم و اہل کمال اورنگ آباد کی طرف کھینچ کر آنے لگے۔ ان میں میر غلام علی

آماد جیسے یکتائے ہنر، عالم، شاعر، ادیب اور مؤرخ کے علاوہ عبدالجلیل واسطی بلگرامی، میر عبدالوہاب افتخار، عبدالولی عزلت وغیرہ قابل ذکر ہیں۔ آصف جاہ اول کے معاصر اورنگ آبادی شعراء میں وؔلی، غضنؔفر اور ایماء وغیرہ اہم ہیں۔

اورنگ آباد میں شمال کے علماء اور شعراء کی آمد سے یہاں کی علمی وتہذیبی فضاء میں مفید تبدیلی وقوع پذیر ہوئی۔ دکنی شعراء سے شمال کے سخنوروں نے اردو کے شعری معیار لئے اور تبادلہ میں اپنی ترقی یافتہ زبان انہیں دی لیکن اس لسانی اور شعری لین دین میں آہستہ آہستہ اہل شمال کو غلبہ اور تفوق حاصل ہوگیا۔ عالمگیر کے عہد میں اور اس کے بعد آصف جاہ اول کے دور میں شمال والے حاکم کی حیثیت سے آئے تھے۔ اس لئے اہل دکن کے لئے ان کا محاورہ اور روزمرہ معیار بنتا گیا۔ دکن کے سخنور زبان اور اسلوب کے سلسلے میں اہل شمال کی پیروی کرنے لگے۔ چنانچہ اورنگ آباد کے شعراء میں شفیؔق اورنگ آبادی نے یقیؔن کی، تمؔنا نے سوؔدا کی اور جمال اللہ عشؔق نے خواجہ میر دردؔ کی تقلید کو باعث فخر سمجھا''۔(12)

اس حقیقت سے انکار نہیں کیا جاسکتا کہ کتب شاہیوں کے دور میں حیدرآباد کو ادبی نمائندگی اور شعروشاعری کی باریابی کے لئے موقع حاصل ہوا۔ جب مغلوں نے حیدرآباد کا تاریخ وجغرافیہ بدل دیا اور اپنی فتوحات کے اثرات دکنیوں پر مرتب کئے تو اس کی وجہ سے اورنگ زیب عالمگیر کے دکن میں قیام کے دور سے لے کر دوسرے نظام نواب میر نظام علی خاں کے دور تک شہر حیدرآباد کے بجائے اورنگ آباد کو ادبی سرگرمیوں کے مرکز کا درجہ حاصل رہا۔ جب آصف جاہ دوم نواب میر نظام علی خاں نے اورنگ آباد سے منتقل ہوکر اپنے ساتھ تمام سپاہیوں اور اہل فن کو حیدرآباد منتقل کیا تو اس کی وجہ سے دوبارہ شہر حیدرآباد کو ادبی مرکز کا درجہ حاصل ہوا۔ اس خصوص میں اورنگ آباد کی زبان اور شاعری پر مرتب ہونے والے دہلی کے اثرات اور اس کے توسط سے نئی زبان یعنی اردو کے شعروادب پر نمائندگی کرنے والے اہم معاملات کی نشاندہی اس طرح کی گئی ہے۔

''1136ھ سے 1220ھ کے دوران آصف جاہ اول اور ان کے جانشینوں نے شعروادب کی نہایت حوصلہ افزائی کی۔ اس عہد میں اردو کو بہت ترقی ہوئی۔ نامور شعراء پیدا ہوئے۔ اور نہایت اعلیٰ درجے کی شعری ونثری تخلیقات وجود میں آئیں۔ فارسی کے تتبع میں دکنی شاعروں کے تذکرے لکھنے کی شروعات ہوئی۔ اس ضمن میں

1164ھ میں خواجہ خاں حمید نے ''گلشن گفتار'' کے نام سے شعراء کا تذکرہ لکھا۔ اس کے بعد افضل بیگ قاقشال نے 1165ھ میں ''تحفۃ الشعراء'' خواجہ عنایت اسد خاں، فتوت نے 1168ھ میں ریاض حسنی، لالہ لچھمی نرائن شفیق نے ''چمنستانِ شعراء''، شفیق کے شاگرد عبدالوہاب افتخار نے 1172ھ میں تذکرہ بے نظیر اور اسد علی خاں تمنا نے 1193ھ میں گل عجائب کے نام سے تذکرے مرتب کئے۔

اردو کی ادبی تاریخ کا اہم واقعہ یہ ہے کہ اٹھارہویں صدی کے دوران زبان کا مرکز بدل گیا۔ پہلے یہ دکن تھا، اب شمالی ہند ہوگیا۔ اس کا اثر اس کے سربرآوردہ اورنگ آبادی شعراء شاہ سراج، اور سامی وغیرہ سب پر نظر آتا ہے جو شمالی ہند کی ادبی روایات، زبان و بیان، روزمرہ محاورات اور طرز اظہار کو معیاری سمجھتے تھے۔ عاجز جیسے شعراء جو خود شمال سے آئے تھے اور شفیق کی طرح کے شاعر جس کے والد شمال سے آئے تھے اپنے بارے میں یہ سمجھتے تھے کہ وہ دہلی کا محاورہ برت رہے ہیں لیکن واقعہ یہ ہے کہ عاجز اور شفیق کے بشمول اس عہد کے سبھی شعراء کے ہاں یہ رجحان عام ہے۔ چاہے وہ شمال سے آئے ہوں یا خاکِ دکن سے افروختہ ہوں' الفاظ ومحاورات اور طرزِ اظہار میں دکنی رُ ان ایک زیریں لہر کی طرح جگہ جگہ نمایاں ہوتی رہتی ہے۔ اس دور میں صدہا شاعر پیدا ہوئے جنہوں نے عروس سخن کی مشاطگی میں اپنے فکر وفن کے جوہر دکھائے۔ ان میں بعض کی تخلیقات موجود ہیں لیکن شاعر کے نام اور حالات کا پتہ نہیں چلتا۔ بعض کے ناموں کا علم ہے لیکن تخلیقات گردشِ ایام کی نذر ہوگئیں''۔

(13)

د۔ اورنگ آباد سے ادبی مرکز کی منتقلی:

لازمی ہے کہ اس حقیقت کو بہر حال قبول کیا جائے گا کہ حیدرآباد کی رونق قطب شاہی بادشاہوں کے دور سے جاری رہی۔ اور جب اورنگ زیب عالمگیر نے گولکنڈہ کی سلطنت کا خاتمہ کردیا اور اورنگ آباد کو مرکزی حیثیت کا درجہ حاصل ہوگیا تو مغلوں کی حکمرانی کے دوران سرکاری اور دفتری زبان فارسی رہی۔ جب مغلوں کے بعد آصف جاہی بادشاہوں نے اورنگ آباد سے اپنی سرگرمیوں کا جاری رکھا تو سرکاری زبان فارسی ہی رہی۔ لیکن ان کے دور میں دکنی زبان میں تبدیلیاں پیدا ہوئیں اور دکنی کو اردو کی حیثیت سے شہرت حاصل ہوئی۔ 1771ء میں آصف جاہی

سلطنت کے دوسرے بادشاہ نے مرہٹوں کے حملے اور انتظامی معاملات پر نظر رکھنے کے لئے اورنگ آباد کے بجائے شہر حیدرآباد کو پایۂ تخت کا درجہ دیا۔ جس کی وجہ سے اورنگ آباد کی تمام رونقیں تیز رفتاری کے ساتھ حیدرآباد منتقل ہونے لگیں۔ اورنگ آباد میں شمالی ہند کے باشندوں نے دکنی محاورے کو ختم کر کے دہلوی محاورے کو رواج دیا جس کی وجہ سے قطب شاہیوں کے دور میں جس دکنی زبان میں شاعری کو اردو کا مرتبہ حاصل تھا اس کی سنسکرت کی لسانی خصوصیت کو ختم کر کے فارسی کی لفظیات کو اہمیت دی جس کو اورنگ آباد کے اردو شاعروں اور ادیبوں نے بڑی فراخ دلی کے ساتھ قبول کیا۔ یہی وجہ ہے کہ قطب شاہی دور کی دکنی اردو اور مغل کے بعد آصف جاہی دور کے دونوں بادشاہوں کے دور میں لکھی جانے والی اردو زبان میں باضابطہ فرق پیدا ہوگیا۔ اور ولؔی کے دکن سے دہلی کے سفر 1700ء سے باضابطہ دکنی کی خصوصیات میں کمی واقع ہوئی۔ جبکہ ولؔی کی دکنی زبان کے اثرات شمالی ہند کے شاعروں پر ضرور پڑے۔ چنانچہ دہلی کے اُس دور کے قدیم شعراء جیسے شاہ حاتم، شاہ مبارک آبرو، شاکر ناجی، مضمون اور یک رنگ کے علاوہ خود صوفی شاعر مرزا مظہر جانِ جاناں کی دہلوی شاعری میں فارسی کا معیار بلند ہے لیکن جب یہ شعراء ولؔی اورنگ آبادی کی تقلید میں اردو شاعری کرنے لگے تو ان کے کلام میں باضابطہ دکنی خصوصیات کا سلسلہ دراز ہوگیا۔ اس طرح اورنگ آباد میں لکھی جانے والی اردو ادبیات پر فارسی کے اثرات مرتب ہوئے تو اس کے ساتھ ہی دہلی کی زبان پر دکنی کے اثرات مرتب ہوئے۔ اس طرح گولکنڈہ کے دور میں لکھی جانے والی اردو زبان کو دکنی کی حیثیت سے شناخت ہوتی ہے جبکہ اورنگ آباد اور اس کے بعد دوبارہ شہر حیدرآباد میں شعروادب کا سلسلہ شروع ہوتا ہے تو بلاشبہ دکنی زبان کے غیر سبک الفاظ کو سبک بنانے اور اس دکنی کے غیر مانوس الفاظ کو تبدیل کر کے مانوس الفاظ کی طرف توجہ دی جانے لگی تو اس کی وجہ سے حیدرآباد میں دکنی کے بجائے فارسی کی خصوصیات سے وابستہ شعروادب کا ارتقاء ہوا۔ اس لئے 1771ء کے بعد حیدرآباد میں دوبارہ مرکزی حیثیت کا موقف حاصل ہوا۔ تو شاعروں نے پرانی دکنی شاعری کے انداز کو ضرور قبول کیا لیکن دلنی لفظیات سے پرہیز برتتے ہوئے باضابطہ اردو کی اُس روایت کو فروغ دیا جو اُس دور میں دبستان دہلی اور دبستان لکھنؤ کے علاوہ رام پور، بھوپال، اور عظیم آباد کے توسط سے سارے ہندوستان میں فروغ پارہی تھی۔ اس طرح حیدرآباد میں دوبارہ اردو مرکزیت حاصل ہوئی۔ تو وہ دکنی کی روایات سے بے نیاز ہوکر فارسی روایات کی علمبردار قرار دی گئی۔ اگرچہ دکن کے علاقہ میں دکنی کا بول بالا تھا، اور قطب شاہی دور کے مشہور شعراء میں ملاوجہی، غواصی، ابن نشاطی اور ملک خوشنود وغیرہ نے دکنی شاعری کو فروغ دینے کے دوران باضاطہ فارسی شعری اصناف کا استعمال کیا۔ اُسی طرح دکنی زبان میں شعرگوئی کی گئی تو اس کے ساتھ ہی شہادت نامے، نورنامے، بعثت نامے، ولادت نامے، وفات نامے، مثنویاں، مرثیے، غزل، رباعی اور دوسری تمام اصناف کو

فارسی زبان سے حاصل کیا۔اُس دور تک اردو نثر میں کسی قسم کی یادگار تصنیف موجود تھیں۔صرف ملاوجہی کی لکھی ہوئی اردو کی اولین داستان ''سب رس'' لکھی گئی جو رمزیہ اور تمثیلی نثر کی یادگار ہے۔نثر کے دوران بھی دکنی کے شاعروں نے باضابطہ داستان، حکایت، تمثیل، رمز جیسی نثری خصوصیات کو قبول کیا۔اس طرح دکن کی سرزمین میں دکنی نے جس طرح فارسی اصناف اور فارسی لفظیاتت کے علاوہ ان کی تراکیب کو باضابطہ معیاری ادب کی حیثیت سے قبول کیا اس لئے دکنی زبان رفتہ رفتہ اورنگ آباد، مرہٹواڑہ، حیدرآباد، کرناٹک اور تاملناڈ کے علاوہ آہستہ آہستہ ختم ہونے لگی اور اس کی جگہ اردو زبان کی نئی خصوصیت کو اہمیت حاصل ہوئی۔ چنانچہ اورنگ آباد سے حیدرآباد اردو زبان کی منتقلی کے بعد سب سے اہم خوبی یہی سمجھی جاتی ہے کہ دکنی زبان کا چٹخارہ رفتہ رفتہ ختم ہونے لگا۔اور اس کی جگہ نئی اردو زبان کو فروغ حاصل ہوا۔جس کی شعری اور نثری اصناف کا سلسلہ بھی فارسی زبان سے مربوط تھا۔اس لئے حیدرآباد میں دوبارہ اردو کی آمد یعنی 1771ء کے ساتھ ہی یہ حقیقت واضح ہوتی ہے کہ گولکنڈہ کی دکنی زبان روبہ زوال ہوئی اور اس کے بجائے دہلی اور لکھنؤ کے اثرات کے نتیجہ میں اردو زبان فارسی کی خصوصیات سے استفادہ سے ہم آہنگ ہوگئی۔جس کی وجہ سے جب میر نظام علی خاں کے دور میں حیدرآباد کو پایۂ تخت کا درجہ حاصل ہوا تو سب سے بڑا فرق یہی محسوس کیا گیا کہ جب گولکنڈہ کے بادشاہوں کی حکمرانی کے دوران دکنی زبان کا چرچہ تھا اور دوسری مرتبہ حیدرآباد کو مرکزی مقام حاصل ہوا تو دکنی زبان کے بجائے باضابطہ دہلی کے محاورے اور اردو زبان کے چلن کو عام مقبولیت حاصل ہوگئی۔اگرچہ ولیؔ اور سراجؔ کے بعد کا دور باضابطہ اردو کی سرپرستی کا دور رہا لیکن اس دور میں بھی باضابطہ دکنی کے ادیب انداز بھی رواج پاتے رہے۔

ھ۔حیدرآبادی ادب میں مثنوی کا نیا تصور

اگرچہ اورنگ آباد کی سرزمین سے بھی شعر وادب کی آبیاری ہوتی رہی' لیکن حیدرآباد کو پایۂ تخت کا درجہ حاصل ہونے کے نتیجہ میں باضابطہ شاعروں اور ادیبوں کے قافلے اورنگ آباد ہی نہیں' بلکہ دہلی، لکھنؤ اور رام پور کے علاوہ عظیم آباد اور بھوپال سے حیدرآباد منتقل ہونے لگے۔اس کے علاوہ مدراس کی سرزمین شعر وادب کی آبیاری کرنے والے مختلف شاعروں نے بھی حیدرآباد کا رخ کیا۔کیوں کہ حیدرآباد کی سرزمین میں شعر وادب کی آبیاری ہونے لگی تھی۔اور باضابطہ شاعروں کو بادشاہ کی طرف سے اعزازات دے کر درباروں میں مواقع فراہم ہورہے تھے۔یہ کام باضابطہ دوسرے نظام کے دور سے ہی جاری رہا۔نظام دوم کے دور میں غزل کو اردو شاعری کا اعتبار حاصل ہوا جبکہ رباعی، قصیدہ، مرثیہ، قطعہ اور مثنوی بھی اس دور کی شعرگوئی کا اہم وسیلہ بن گئی۔شہر اورنگ آباد میں غزل کی عظمت کو بڑھانے میں جہاں ولیؔ اور سراجؔ کی فکر کو بڑی اہمیت حاصل ہے' وہیں اُس دور میں رفتہ رفتہ غزل کو

مقبولیت حاصل ہونے لگی۔ اور طویل مثنویوں کے بجائے مختصر مثنویوں کا چلن عام ہوا۔ چنانچہ ولؔی اورنگ آبادی نے اپنی مختصر مثنوی ''درتعریف شہر سورت'' لکھی۔ اس مثنوی میں ولی نے نہ صرف شہر کی منظر کشی اور قلعہ کا ذکر کیا ہے' بلکہ 12 گھاٹ پر حسینوں کے بازار کا ذکر کرتے ہوئے یہ حقیقت بھی واضح کی ہے کہ شہر سورت میں اتنے آتش پرست لوگ آباد ہیں کہ اس سے نمرود بھی آتش پرست کا سبق سیکھتا ہے۔ یہاں تک کہ ولؔی نے انگریزوں کے وجود کا بھی ذکر کیا ہے جو سورت میں قیام پذیر تھے۔ جس سے اندازہ ہوتا ہے کہ ولؔی کے دور میں ہی شہر سورت کو کاسمو پولیٹن سٹی کا درجہ حاصل ہو گیا تھا۔ لیکن اس شہر کی سب سے بڑی خرابی کی طرف اشارہ کرتے ہوئے ولؔی نے شہر میں بڑھتی ہوئی امرد پرستی کو بھی اپنی مثنوی کا نشانہ بنایا ہے۔ جس سے اندازہ ہوتا ہے کہ ولؔی دکنی ایسا شاعر ہے جس سے مثنوی کی روایت کو حسن وعشق کے معاملات سے نکال کر باضابطہ انسانی زندگی سے مربوط شعر گوئی کو فروغ دیا۔ تب ہی سے اردو شاعری کی مثنوی نگاری میں انقلاب برپا ہوا۔ دوسرے آصف جاہی بادشاہ نواب میر نظام علی خان کی سوانح حیات کو منظوم انداز میں پیش کرتے ہوئے کمترؔ اورنگ آبادی نے مشہور مثنوی ''داستان نظام علی خاں'' تحریر کی۔ جس کی وجہ سے آصف جاہی دور سے ہی دکنی مثنوی کے موضوعات میں تبدیلی آئی اور وہ موضوعات حسن وعشق کے امکانات سے نکل کر حالات اور معاملات سے وابستہ ہو گئے۔ اگرچہ اس دور میں کئی مثنوی نگار ایسے بھی پیدا ہوئے جنھوں نے روایتی مثنوی کی خصوصیات کو پیش کیا لیکن رفتہ رفتہ حیدرآباد کی شاعری میں مثنوی کی صنف کی روش میں پیدا ہونے والی تبدیلی کو ضرور محسوس کیا جا سکتا ہے۔ جس کا نتیجہ یہ ہوا کہ جب ترقی پسند تحریک کا آغاز ہوا اور اس سے قبل مولانا حالی نے مثنوی کی صنف کو حالات حاضرہ سے مربوط کر کے مشہور مثنویات ''چپ کی داد''، ''مناجات بیوہ'' اور ''حب وطن'' جیسی مثنویوں کے ذریعہ اس صنف کی روایت میں تبدیلی کا آغاز کیا تھا جو بلاشبہ انجمن پنجاب لاہور کے موضوعاتی مشاعروں کی دین تھی۔ اگرچہ سترہویں صدی عیسوی میں ریاست حیدرآباد کے قیام کے بعد اس تمام تر دکنی علاقے میں کسی بھی اصلاحی تحریک کا آغاز نہیں ہوا اور شعر وادب کے پیمانوں کو بدلنے کے تعلق سے بھی کوئی اہم کام انجام نہیں دیا گیا لیکن آصف جاہی دور کی شاعری اور نثر نگاری میں جدت طرازی اور حالات کی گونج ضرور سنائی دیتی ہے۔ کیوں کہ یہ دور 1771ء سے شروع ہو کر 1948ء تک جاری رہا۔ دوسرے نظام کے دور سے ہی شاعری کے موضوعات میں تبدیلی کا سلسلہ شروع ہوا۔ جبکہ شمالی ہند میں مثنوی کے موضوعات کو تبدیل کرنے کا رجحان 1865ء میں لاہور کی سرزمین میں باضابطہ انگریز عہدیداروں کی کوششوں سے نئی اردو شاعری کا چراغ جلایا گیا۔ انجمن پنجاب کے پہلے ڈائرکٹر لائٹنر قرار دیئے گئے۔ جن کے سبکدوش ہونے کے بعد کرنل ہالرائڈ نے مولانا حالی اور محمد حسین آزاد کو نظم کی روایت میں تبدیلی لانے کی طرف توجہ دلائی۔ جس کی وجہ سے اردو کے پہلے نظم نگاری

کے مشاعرے اور ''نیچرل شاعری'' کی بنیاد مستحکم ہوئی۔ جس کے ذریعہ سادہ آنکھ سے دکھائی دینے والے تمام قدرتی مناظر کے علاوہ چرند، پرند، اور زمین و آسمان ہی نہیں' بلکہ ساری کائنات میں موجود مخلوقات اور انسانی ہمدردی کو موضوع بنایا جاتا تھا۔ شمالی ہند میں انجمن پنجاب کی تحریک کی وجہ سے تبدیلی رونما ہوئی۔ جو 1865ء کی یادگار ہے۔ جبکہ دکن کے علاقے میں 1707ء میں اورنگ زیب عالمگیر کی رحلت سے پہلے شاعری میں ماورائی باتیں اور محیر العقل کارناموں کو بیان کرنے سے زیادہ حقائق کے بیان پر خصوصی توجہ دی گئی۔ چنانچہ اورنگ آباد کی سرزمین سے ہی اس تبدیلی کو محسوس کیا جاسکتا ہے جبکہ ولیؔ اورنگ آبادی نے شہر سورت کی تعریف میں مثنوی لکھی' جبکہ کمترؔ اورنگ آبادی نے ''داستانِ نظام علی خاں'' جیسی مثنوی لکھ کر سوانحی حالات کو شاعری میں پیش کرنے کا کارنامہ انجام دیا۔ مثنوی ''در تعریف شہر سورت'' کی تاریخ برآمد کرنا سخت دشوار ہے۔ لیکن اورنگ آباد کی سرزمین میں کمترؔ کی لکھی ہوئی مثنوی کے مطالعہ سے اندازہ ہوتا ہے کہ نظام الملک آصف جاہ ثانی کے حالات بیان کرنے کے لئے یہ مثنوی پیش کی گئی۔ چنانچہ اورنگ آباد میں قیام سے لے کر حیدرآباد میں میر نظام علی خاں کے انتقال تک کے تمام واقعات اور حالات حقائق کے پس منظر میں اس مثنوی کا حصہ بن گئے ہیں۔ چوں کہ مثنوی میں کمترؔ اورنگ آبادی نے آصف جاہ ثانی کے انتقال 17 ربیع الاول 1218ھ مطابق 1803ء کے حالات اور اس کے بعد مزار پر ختم قرآن کے لئے باضابطہ انتظام کے تمام حالات درج کئے ہیں اس لئے پتہ چلتا ہے کہ اس مثنوی کا آغاز شہر اورنگ آباد کی سرزمین سے ہوا جبکہ نظام الملک آصف جاہ ثانی کی پیدائش ہوئی۔ اور اس مثنوی کا اختتام نظام علی خاں آصف جاہ دوم کی رحلت پر مکمل ہونا خود اس بات کی دلالت ہے کہ حیدرآباد کی شاعری میں تیز رفتاری کے ساتھ تبدیلی رونما ہو رہی تھی۔ اور یہ تبدیلی مثنوی کی صنف کو حقیقت سے قریب کرنے اور مافوق الفطرت عناصر سے دوری کا ایک ایسا کارنامہ تھا کہ جسے نظر انداز نہیں کیا جاسکتا۔ غرض! مثنوی کا روایت بہمنی دور سے ہوتے ہوئے قطب شاہی اور عادل شاہی دور کا احاطہ کرتے ہوئے جب اورنگ آباد میں داخل ہوئی تو اس کے انداز میں تبدیلی خود بہ خود نظر آتی ہے۔ جس کے مثالیں ولیؔ اورنگ آبادی کی مشہور مثنوی ''در تعریف شہر سورت'' اور کمترؔ اورنگ آباد کی مثنوی ''داستانِ نظام علی خاں'' سے ثابت کیا گیا ہے کہ دوسرے آصف جاہی حکمران کے دور میں ہی باضابطہ مثنوی کی صنف کو اورنگ آباد ہی نہیں' بلکہ حیدرآباد کے شاعروں نے روایتی خصوصیات سے مختلف کرنے اور اس کے توسط سے نئے حالات کی پیش کشی پر خصوصی توجہ دی۔ تاہم اس دور میں بھی مثنوی نگار وہی روایتی مثنوی کے اجزاء کا استعمال کرتے تھے جس کے ذریعہ حمد، مناجات اور نعت کے بعد آغاز قصہ کے علاوہ باضابطہ مافوق الفطرت عناصر کو پیش کیا جاتا۔ ابتداء میں آغازِ قصہ سے قبل در تعریف شاہ کے توسط سے مثنوی لکھنے کے موقع پر جو بادشاہ حکمران ہوتا اس کی تارف کی جاتی۔ اور

آخر میں دعا کا مرحلہ اختیار کیا جاتا تھا۔ اگر چہ اورنگ آباد اور حیدرآباد کے مثنوی نگار شعراء نے اِن تمام طریقوں کو ذیلی حیثیت دی، لیکن ان کا نظریہ روایت سے انحراف نہیں تھا بلکہ وہ باضابطہ روایت سے استفادہ کر کے نئے انداز کی مثنوی کو فروغ دینا چاہتے تھے۔ اسی لئے اردو میں سب سے زیادہ قدیم اور مقبول ترین صنف مثنوی میں تبدیلیوں کا رجحان دکھائی دیتا ہے۔ وؔلی نے سورت کی تعریف میں مثنوی لکھی اور آصف جاہ دوم کے دور کے شاعر کمترؔ اورنگ آبادی نے ''سوانحی مثنوی'' لکھی جبکہ آصف جاہ دوم کے معاصر شعراء میں سراج اورنگ آباد میں شمار ہوتا ہے۔ اگر چہ نعتیہ، حمدیہ اور تصوف کے موضوعات پر سراج اورنگ آبادی کی کئی چھوٹی چھوٹی مثنویاں موجود ہیں۔ لیکن سب سے اہم اور طویل مثنوی ''بوستان خیال'' اپنے انداز سے مختلف مثنویوں میں شمال کی جاتی ہے۔ اس مثنوی کو اردو کی اولین امرد پرستی کی نشانی کہا جاتا ہے۔ جس میں شاعر نے ایک مرد کا دوسرے مرد سے عشق کا قصہ نظم کیا ہے۔ محققین نے مثنوی کی تحقیق و تنقید کرتے ہوئے حقائق کی نمائندگی کی ہے جس کے تحت جو اہم ترجمانی کی گئی ہے' ان کا اظہار ملاحظہ ہو۔

> ''بوستانِ خیال'' کا قصہ اس عہد کی دیگر مثنویوں کی طرح کسی فرضی یا خیالی داستاں پر مبنی نہیں ہے بلکہ اس میں سراج نے اپنے ذاتی اور نجی واقعات کی ترجمانی کی ہے۔ مثنوی کے ابتدائی ابیات ہی میں سراج نے ذاتی واردات پر مبنی ہونے کا اشارہ دیا ہے۔ بلاشبہ ''بوستانِ خیال'' سراج اورنگ آبادی کی آپ بیتی ہے اور اس واقعہ کو انہوں نے نہایت درد انگیز انداز میں پیش کیا ہے کہ اُنہیں لالہ جی کے خوبرو اور صاحب جمال لڑکے کے ساتھ گہری دوستی ہوگئی تھی جو عشق کے درجہ تک پہنچ گئی۔ اور سارا قصہ انہوں نے اسی امرد پرستی کی نمائندگی میں پیش کیا ہے۔'' (14)

لازمی ہے کہ وؔلی اورنگ آبادی نے شہر سورت جیسے مقام کو اظہار کا وسیلہ بنا کر مثنوی لکھی اور کمترؔ اورنگ آبادی نے نظام علی خاں کے سوانحی حالات کو مثنوی میں پیش کیا اس کے بجائے سراج اورنگ آبادی نے امرد پرستی Homosexuality کی نمائندگی مثنوی کے ذریعہ کی۔ اس کے علاوہ باضابطہ متصوفانہ مثنویوں کا انداز بھی اس دور کی مثنویوں میں نمایاں نظر آتا ہے۔ اورنگ آباد سے جب ادیبوں اور شاعروں کا قافلہ حیدرآباد پہنچا تو اس دور میں رفتہ رفتہ مثنوی معدوم ہونے لگی اور غزل کی صنف کو شہرت حاصل ہونے لگی۔ جس کا نتیجہ یہ رہا کہ دوسرے نظام نواب میر نظام علی خاں سے لے کر ساتویں نظام میر عثمان علی خاں کے دور تک ریاست حیدرآباد میں غزل کی فراوانی سے انکار نہیں کیا جاسکتا۔ اگر چہ مثنوی کے موضوعات بھی ندرت سے وابستہ ہوگئے۔ چنانچہ کہانی، قصہ ہی نہیں' بلکہ

تصوف کی حقیقت، اصلیت اور معرفت پر بھی مثنویاں لکھی گئیں۔ داؤ داورنگ آبادی کی مختصر لکھی ہوئی مثنوی بھی اُس دور میں یادگار ہے۔ ایسا محسوس ہوتا ہے کہ انہوں نے محبوب کی جدائی اور اپنی بے قراری کے علاوہ اشک باری اور تڑپنے کے حالات کو قلمبند کیا ہے۔ اور اپنا سارا تکلیف و درد کا معاملہ سناتے ہوئے انہوں نے صبا کو مخاطب کرتے ہوئے اپنی مثنوی میں اس کی صورتحال کو محبوب تک پہنچادینے کی خواہش ظاہر کی ہے۔ اس اعتبار سے حیدرآباد کی مثنویوں میں دوسرا اہم کمال یہ دکھائی دیتا ہے کہ شاعر نے مثنوی میں اپنی بے چین حالت کو پیش کرنے کا سلیقہ اختیار کیا ہے۔ اس طرح داؤ داورنگ آبادکی مثنوی ''عرض حال'' کی نمائندگی کرتی ہے۔ حیدرآباد کی سرزمین میں مثنوی کی روایت کا تسلسل شہر اورنگ آباد سے قائم ہوتا ہے۔ اس خصوص میں احسن مارہروی نے حقیقت کا اظہار کرتے ہوئے یہ بات ثابت کی ہے کہ حیدرآباد دکن کی مثنویوں کو امتیاز حاصل ہے جس کا اظہار اس طرح کیا گیا ہے۔

> ''ان مثنویوں کے سوا جو عادل شاہی اور قطب شاہی زمانوں میں شعرائے جنوب نے لکھی ہیں، شمالی ہند میں، اس سے پہلے، اس رنگ و انداز میں غالباً کوئی مثنوی نہ ہوگی''۔(15)

اس حقیقت سے بھی اندازہ ہوتا ہے کہ حیدرآباد کو مرکز کا درجہ دینے سے پہلے جن شاعروں نے اورنگ آباد سے مثنوی نگاری کی صنف کو فروغ دیا انہوں نے شمالی ہند کی مثنویوں کی نقل اڑانے کی کوشش نہیں کی۔ بلکہ فطرت کے عین مطابق مثنویاں لکھنے پر خصوصی توجہ دی۔ جس کے بارے میں مختلف ناقدین یہ لکھتے ہیں کہ جگہ جگہ پر حسین مرقع اور دلفریب بیان کے علاوہ عاشقانِ جذبات اور مخصوص حسیناؤں سے بے تکلفی ہی نہیں، بلکہ انجمن کا ماحول اور مثنویوں میں دو چار فیصد دکنی محاورے جبکہ روز مرہ کا استعمال اس طرح کیا گیا ہے کہ مثنوی کے آغاز سے اختتام تک شاعر کے دل کو لبھانے والی ناچنے اور گانے والیوں کے علاوہ شاعر نے سادگیِ بیان، سلاست زبان اور ربط کلام کے ذریعہ اس مثنوی کو بہترین مثنویوں میں شامل کر دیا ہے۔ جو موضوع کے انداز سے بھی مختلف اور اظہار کے اعتبار سے بھی مختلف ہونے کا پتہ دیتی ہے۔ غرض ان تینوں شاعروں کا تعلق اورنگ آباد سے ہے۔ لیکن اس قسم کی مثنوی کا انداز سب سے پہلے دکن کی سرزمین میں فروغ پاتا ہے جو اورنگ آباد سے نکل کر حیدرآباد کے علاقوں کو بھی اپنے گھیرے میں لے لیتا ہے۔ عاشق اورنگ آبادی اُس دور کا مشہور مثنوی گو شاعر ہیں۔ جس نے مثنوی کی شاعری کو تصوف اور تزکیہ نفس سے وابستہ کیا ہے۔ اسے چوں کہ حضرت نظام الدین اولیاء رحمۃ اللہ علیہ سے ارادت ہوئی جو 1143ھ مطابق 1730ء میں پیرو مرشد کی پیروی کرتے ہوئے اسی دور میں ایک مثنوی لکھی جو کتب خانہ ادارہ ادبیات اردو میں ناقص الطرفین حالت میں موجود ہے۔ اس نے کئی کتابیں لکھیں جن میں ''جوہر ہلالی''، ''زینت

المریدین'' اور ''تذکرۃ الاصفیاء'' وغیرہ اہمیت کی حامل ہے۔ جن میں تصوف واخلاق کے مضامین ہی نہیں' بلکہ قرآن وحدیث کے حوالوں سے حقائق بیان کئے گئے ہیں۔ ان کے مثنوی کا نام ''اشارات الغافلین'' رکھا گیا ہے۔ اور شاعر نے اکثر ابیات میں اپنے تخرج کا استعمال کیا ہے۔ اس مثنوی کو مختلف مباحث سے مربوط کیا گیا ہے جس میں فضیلت الوضو، نماز، بدکرداری، سخاوت، حرام، عورت، قیامت، بہشت، بیعت، تصوف اور عقل وعشق کی کارگزاریوں کو اہمیت حاصل ہے۔ اس مثنوی کو عاشق اورنگ آبادی نے اٹھارہویں صدی کی اورنگ آبادی زبان کی ایک اہم مثنوی قرار دیا ہے جبکہ موضوعات کے اعتبار سے اس عہد کی اخلاقی مثنویوں میں کافی قدر و منزلت موجود ہے۔ جب مثنوی کی صنف کا سفر حیدرآباد کی طرف ہوا تو حیدرآباد کے شاعروں نے بھی شمالی ہند کی مثنوی نگاری سے اجتناب برتتے ہوئے وہی انداز اختیار کیا جو دکن کے مثنوی نگاروں کی خصوصیت تھی۔ البتہ گولکنڈہ کے شاعروں کی طرح حیدرآباد کے شاعروں نے کسی وقت بھی عشقیہ اور داستانوی مثنوی لکھنے کی طرف توجہ نہیں دی۔ بلکہ مختصر مثنویوں کی روایت کو فروغ دیتے ہوئے باضابطہ اس صنف کو حیدرآباد کی شناخت کا ذریعہ بنایا۔ جبکہ حیدرآباد شاعروں کی مثنویوں سے قبل شمالی ہند ہی نہیں' بلکہ باضابطہ جنوبی ہند میں بھی کئی ہزار اشعار پر مشتمل طویل مثنویاں اور اس میں حسن وعشق کے واقعات کے ساتھ مافوق الفطرت عناصر کو شامل کیا جاتا تھا۔ 1865ء میں مولانا حالؔی اور محمد حسین آزادؔ کی نیچرل شاعری کی تحریک سے بہت پہلے ہی اورنگ آباد اور حیدرآباد میں مختصر مثنویوں کا رواج عام ہو چکا تھا جبکہ عشقیہ مثنویاں اور داستانوی مثنویاں بھی جاری رہیں لیکن ان کا تسلط رفتہ رفتہ کم ہونے لگا۔

و۔ حیدرآبادی ادبی سرگرمیوں میں غزل کا نیا انداز

جیسا کہ بتایا جا چکا ہے کہ قطب شاہی دور میں غزلیں لکھی گئیں۔ خود سلطان قلی قطب شاہ کی غزلوں کو بھی اہمیت حاصل ہے لیکن قطب شاہی دور کے ہر شاعر کے کلام میں غزل کا انداز فارسی کی روایت کو فروغ دیتا نظر آتا ہے۔ خود سلطان قلی قطب شاہ نے حافظ کی غزلوں اور دیگر فارسی شاعروں کی غزلوں کے خیالات کی نمائندگی کرتے ہوئے ترجمے کے انداز کو فروغ دیا' لیکن جیسے ہی اورنگ آباد میں آصف جاہی دور کے دوران باضابطہ دکنی پر فارسی تسلط ہوا تو دکن کے غزل گو شعراء ہی نہیں' بلکہ ان کے تتبع میں شمالی ہند کے شعراء نے بھی غزل کے اُسی انداز کو فروغ دیا۔ جو دکنی غزل کی روایت کا حصہ تھا۔ لیکن بہت جلد رومانی تصورات، عشقیہ معاملات اور مارواڑی خصوصیات سے دامن بچا کر حیدرآباد کے شعراء نے غزل کی شاعری کو منفرد انداز سے پیش کرنے میں کامیابی حاصل کی۔ اس خصوص میں بہت ہی اہم نکات کی طرف ڈاکٹر محمد علی اثر نے اپنے تحقیقی مقالے ''دکنی غزل'' کے ذریعہ قطب شاہی دور کی غزل اور آصف جاہی دور کی غزل کے درمیان موضوعاتی تنوع اور غزل کے دوران اظہار کی بے ساختگی کو اہمیت دی

ہے۔ ورنہ غزل کے معنی ہی عورتوں سے باتیں کرنا یا حسن وعشق کے جذبات کی نمائندگی کرنا رہا تھا۔ لیکن حیدرآباد کے شاعروں نے غزل کو تجربات سے وابستہ نہیں کیا۔ بلکہ ہر غزل کے لکھنے کے لئے موجود بحر، وزن، قافیہ، ردیف اوراس کے ساتھ ہی خیال کی باریکی کے علاوہ باضابطہ ندرت اور نئے خیال کی پیش کشی کے لئے غزل کے اشعار کو استعمال کرنا شروع کیا۔ کسی حدتک ولؔی اورنگ آباد اور سراؔج اورنگ آبادی کی غزلوں میں حسن وعشق کی واردات اور دلی کیفیات کے علاوہ رنگین بیانی کی تصویریں ابھرتی ہیں۔ ان رنگین بیانی کے معاملات کا سلسلہ صرف دکن میں ہی نہیں، بلکہ غزل کے توسط سے دبستان دہلی اور دبستان لکھنؤ میں بھی اہمیت کا حامل ہوگیا۔ دہلی کے غزل گو شعراء نے ایہام گوئی کے توسط سے اور لکھنؤ کے شاعروں نے ریختی کے تصور سے غزل کی شاعری کو ندرتوں سے وابستہ کیا۔ میر تقی میر دہلی کے وہ منفرد شاعر ہیں جنہوں نے غزل کی شاعری کو زندگی اور مزاج سے ہم آہنگ کر کے غزل کی شاعری کو ریختہ اور واسوخت کی آمیزش سے غزل کے انداز میں تبدیلی پیدا کی۔ اُسی دور میں لکھنؤ والوں نے ریختہ کے بجائے عورتوں کے لب ولہجہ کو استعمال کر کے ریختی نگاری کے ساتھ ساتھ ہزل گوئی کے ذریعہ غزل میں اوچھے پن کو رواج دیا۔ یہ تمام تبدیلیاں شمالی ہند میں دہلی کے اور لکھنؤ کے توسط سے وجود میں آچکی تھیں۔ اورنگ آباد ہی نہیں، بلکہ حیدرآباد کے غزل گو شعراء نے اپنے کلام کو فصاحت و بلاغت سے وابستہ کر کے غزل کے حسن میں ضرور اضافہ کیا لیکن انہوں نے کسی مرحلے میں بھی غزل کی شاعری کو بازاری پن سے وابستہ ہونے نہیں دیا۔ اگر چہ حیدرآباد کے شاعر جو بلاشبہ شمالی ہند سے دکن منتقل ہوئے تھے، اور ان کے مزاج میں دہلی اور لکھنؤ کی نزاکتوں کا انداز شامل تھا، لیکن انہوں نے حیدرآباد میں سکونت اختیار کرنے کے بعد بادشاہ وقت اور اس دور کے شاعرانہ مزاج کے مطابق احتیاط اور سادگی کو بطور خاص غزل کی شاعری کا حصہ بنایا ہے۔ حیدرآباد میں غزل کے مختلف انداز جیسے رنگین غزل، صوفیانہ غزل، عشقیہ غزل، ماحولی غزل کے علاوہ حالات اور معاشرے کے مسائل پر بھی غزلیں لکھی گئیں۔ جن سے اندازہ ہوتا ہے کہ حیدرآباد کے قدیم شاعروں سے لے کر جدید شاعروں کے کلام میں باضابطہ غزل کا رچاؤ اور تہذیب وشائستگی کی عمدہ خصوصیات کا پہلو نمایاں نظر آتا ہے۔ اسی لئے حیدرآباد میں لکھی جانے والی غزل کو غیر اخلاقی اور غزل کے شاعروں کو قابل گردن زدنی قرار نہیں دیا گیا۔ جن شاعروں نے آصف جاہ اول کے دور سے شہر اورنگ آباد کو غزل کی نزاکتوں سے آراستہ کیا ان میں ولی اور سراج کے بعد داؤد اورنگ آبادی، اسد علی خاں تمنا اورنگ آبادی، افضل بیگ قاقشال، عبدالولی عزلت کے علاوہ شاعروں کا ایک بہت بڑا قافلہ اورنگ آباد میں ہی نہیں، بلکہ حیدرآباد میں بھی اردو غزل کی آبیاری میں مصروف تھا۔ جب دوسرے نظام نواب میر نظام علی خاں نے حیدرآباد کو پایہ تخت قرار دیا تو 1771ء سے لے کر 1948ء کے دور میں بے شمار شمالی ہند اور مدراس کے علاوہ کرناٹک اور

مہاراشٹرا کے شاعروں نے حیدرآباد کا رخ کیا۔ اور اُن تمام شاعروں نے اگر چہ شعری اصناف کو مالا مال کیا لیکن ان کے دور میں باضابطہ غزل کو اعتبار کا درجہ حاصل ہو چکا تھا۔ جس کی وجہ سے وہی شاعر عوام کی نمائندگی کرتا تھا جو شاعری کی دوسری اصناف سے زیادہ غزل کی شاعری میں اظہار خیال کی نمائندگی کیا کرتا تھا۔ اُس دور میں عزیز جنگ ولا نے مدراس سے حیدرآباد کا رخ کیا۔ لقمان الدولہ دل کی غزلیں اور دہلی سے حیدرآباد منتقل ہونے والے میر کاظم علی باغ کی غزلوں کے علاوہ لمعہ حیدرآبادی ہی نہیں' بلکہ علی گڑھ سے پروفیسر وحیدالدین سلیم اور پنجاب کی سرزمین سے مولانا ظفر علی خاں، شوکت بلگرامی، نثار جنگ مزاج، مرزا نظام شاہ لبیب، میر محمد علی سرور اور لکھنؤ سے یاس یگانہ چنگیزی، حیدرآباد کی سرزمین سے حکیم وائسرائے وہمی، ہوش بلگرامی جیسے شمالی ہند کے شاعر نے حیدرآباد کا رخ کر کے غزلوں کی دنیا میں تہلکہ مچا دیا۔ میر محبوب علی خاں اور میر عثمان علی خاں کے دور میں جوش ملیح آبادی کی شاعری کے ذریعہ باضابطہ شباب، انقلاب اور شراب کی نمائندگی کو شاعری کا وسیلہ بنایا گیا۔ حیدرآباد سے تعلق رکھنے والی نوشابہ خاتون نے بھی نظموں اور غزلوں سے حیدرآباد کی سرزمین کو مالا مال کیا۔ غلام طیب، تمکین سرمست، محمد امیر، طاہر علی خاں مسلم، اکبر وفا قانی، بدر شکیب، ریورینڈ ہنس ریحانی اور یعقوب عثمانی کی شعر گوئی اہمیت کی حامل ہے۔ حیدرآباد کے اس دور میں جبکہ میر محبوب علی خاں اور میر عثمان علی خاں کی حکمرانی تھی' اُس دور میں جن شاعروں نے شہرت حاصل کی ان کے نام اور کلام کو باضابطہ اہمیت دے کر مشہور کتاب ''حیدرآباد کے شعراء'' کی اشاعت عمل میں لائی گئی۔

> نور محمد نور، اثر مجیدی، کاوش حیدرآبادی، برق موسوی، تحسین سروری، حمید الدین شاہد، اوج یعقوبی، امیر احمد خسرو، عبدالقوی، متین سروش اور شمس الدین تاباں کے علاوہ خواجہ شوق کو امتیاز کا درجہ حاصل تھا۔ اختر عادل، سردار الہام، اکبر حیدرآبادی بھی حیدرآباد کے غزل گو شعراء میں نمایاں مقام رکھتے ہیں۔ مرہٹواڑہ کی سرزمین سے اختر الزماں ناصر، میر ہاشم، قاضی سلیم اور شفیق فاطمہ شعری، حمایت علی شاعر جیسے غزل گو شعراء نے باضابطہ مرہٹواڑہ کی غزل گوئی کی نشاندہی کی۔ اختر عادل کے علاوہ سردار الہام، سعادت نذیر، عبدالرؤف عروج، رضی اختر شوق، عزیز قیسی، غفور انیس، تاج مہجور، حمید الماس کے علاوہ زبیر رضوی، روحی علی اصغر، سلیمان خطیب اور بشر نواز بھی اُس دور کی غزل گوئی کی حمایت کرتے ہوئے حیدرآباد میں غزل کی شاعری کو اعتبار کا درجہ دیا۔(16)

اگر پہلے نظام سے لے کر ساتویں نظام کے دور تک یعنی ہندوستان کی آزادی سے ایک سال بعد یعنی 1948ء کے دوران کے تمام شاعروں کا احاطہ کیا جائے تو لازمی تو طور پر غزل گو شعراء کا ایک ایسا جامع سلسلہ شروع ہو جائے گا کہ جس کے لئے ہزار ہا صفحات درکار ہوں گے۔ اسی لئے حیدر آباد کے چند ممتاز اور عوام میں مقبول شاعروں کے نام اور ان کے ذریعہ غزل کی ترقی اور اس کے موضوعات میں تنوع پیدا کرنے والے شاعروں کو نمائندگی دی جارہی ہے جس سے حیدر آباد کے شعری ادب میں پیدا ہونے والی متنوع خصوصیات میں نیرنگی اور جدت طرازی کا موقف پیدا ہوتا ہے۔ قطب شاہی دور کے شاعروں اور مغلیہ دور کے اورنگ آباد کے شاعروں ہی نہیں، بلکہ حیدر آباد کے شاعروں نے غزل کی زبان کے لئے نئے تجربے کی طرف کوئی توجہ نہیں دی۔ اگرچہ آزادی سے قبل ہی حیدر آباد کی سرزمین میں رومانیت کی تحریک، حلقہ ارباب ذوق، جدیدیت اور دوسرے یوروپی تصورات کو قبول کیا جانے لگا تھا جس میں بطور خاص تانیثیت Feminism کے خوب چرچے تھے۔ شاعرانہ خیالات پر مشرقی تصورات کے بجائے مغربی تصورات کا غلبہ تھا جس کی وجہ سے عریانیت اور نمائشی روش کو فروغ حاصل ہونے لگا تھا۔ لیکن حیدر آباد کے غزل گو شعراء نے جس قسم کی تبدیلی کو غزل میں شامل کرنے سے احتیاط برتا جس کی وجہ سے غزل کی شاعری میں تنوع اور جدت طرازی کا انداز شامل رہا۔ آزادی کے بعد اردو غزل میں تبدیلیوں کو محسوس کرتے ہوئے ہندوستان کی ہی نہیں، بلکہ پاکستان کے شاعروں نے بھی غزل کی تجربہ کاری کے لئے نئے نئے انداز اختیار کئے۔ چنانچہ سب سے پہلے مظہر امام نے آزاد غزل کی بنیاد رکھی۔ جبکہ غزل کے شاعروں میں باضابطہ کہرام مچا دیا جس کی وجہ سے نیلی غزل، پیلی غزل، دہقانی غزل، کالی غزل، سورٹھا غزل، دوہا غزل، سانیٹ غزل اور ایسے کئی تجربوں کی طرف توجہ دی۔ لیکن حیدر آبادی شاعروں نے غزل کے ان نئے عنوانات سے اپنی وابستگی کو جاری نہیں رکھا۔ البتہ، ترقی پسند غزل اور جدید غزل کا انداز حیدر آباد کے شاعروں کے کلام میں دکھائی دیتا ہے۔ حسن و عشق اور معاملات اور واردات کے بجائے سیاسی، سماجی اور معاشی ہی نہیں، بلکہ معاشرتی مسائل اور انسان کی مجبوری کو پیش نظر رکھ کر غزل کی شاعری میں بڑے خاص انداز سے آگہی کا کرب، ہجرت کا کرب اور ذات کا کرب ہی نہیں، بلکہ ہمدردی کے کرب کو بھی غزل کی شاعری میں شامل کر کے جدید غزل اور ترقی پسند غزل کی نمائندگی کی طرف خصوصی توجہ دی۔ اس طرح حیدر آباد کی سرزمین میں سب سے زیادہ مقبول اور شاعروں کے لئے دلچسپی کی نمائندگی کرنے والی صنف کی حیثیت سے غزل کو امتیاز کا مقام حاصل رہا۔ البتہ حیدر آباد کے غزل گو شعراء نے افاعیل کی تبدیلی اور بحر کے ارکان میں ردو بدل کو مناسب نہیں سمجھا۔ اسی لئے حیدر آباد کی اردو غزل میں باضابطہ شعری روایت اور اس کی خصوصیت کی ہم آہنگی محسوس کی جاتی ہے۔ حیدر آباد کا مقام غزل کی پرورش میں اس لئے بلند ہے کہ دہلی کے مشہور

شاعر داغ دہلوی اور لکھنؤ کے مشہور شاعر امیر مینائی ہی نہیں، بلکہ نواب فصاحت جنگ جلیل نے بھی مانک پور سے سفر کرتے ہوئے حیدرآباد کا رخ کیا۔ اسی طرح مدراس سے احمد حسین مائل اور عزیز جنگ ولا کی حیدرآباد میں موجودگی اور غزل کے ذریعہ اپنے فن کا مظاہرہ کرنے کا انداز خود یہ بتاتا ہے کہ اِن شاعروں نے حیدرآباد کی ادبی سرگرمیوں میں اضافہ کیا اور مختصر بحر کے علاوہ طویل بحروں میں صرف غزلیں ہی نہیں لکھیں، بلکہ دوغزلہ اور سہ غزلہ روایت کے ذریعہ غزل کی شاعری کا امتیاز قبول کیا۔ غزل کی شاعری میں غم عشق، غمِ دوراں، غمِ جاناں اور غمِ روزگار کے علاوہ زندگی کی بدلتی ہوئی رنگتوں اور انسانوں کے بدلتے ہوئے رویوں کو پیش کرتے ہوئے باضابطہ غزل کی شاعری کو ہر موضوع اور ہر جذبہ کا نمائندہ بنادیا۔ جس کا نتیجہ یہ ہوا کہ آزادی کے بعد اہم شعراء میں شاذ تمکنت، مخدوم محی الدین، ابن احمد تاب، شاہد صدیقی، علی احمد جلیلی، خیرات ندیم، نیاز حیدر، سعادت نذیر اور ماہنامہ 'صبا' کے مدیر کو بھی حیدرآباد کی شاعری میں امتیازی مقام حاصل تھا۔ خورشید احمد جامی اور دوسرے کئی شعراء اس دور کی نمائندگی کرتے رہے جن میں حضرت ضامن کنتوری اور علامہ قدر عریضی، علامہ نجم آفندی، علامہ حیرت بدایونی کے علاوہ شمالی ہند کے بے شمار شعراء نے حیدرآباد کا رخ کر کے غزل کی زمین کو آراستہ و پیراستہ کردیا۔ ایسے شاعروں میں فانی بدایونی کا مقام حد درجہ مختلف ہے۔ اس دور کے مذہبی شعراء نے اپنی غزلوں کے ذریعہ تصوف اور احسان کی خصوصیات کو بیان کر کے غزل کے موضوعات کو سنوارنے کا کارنامہ انجام دیا۔ یہی وجہ ہے کہ آصف جاہی دور میں اردو غزل نہ صرف اپنے معیار کو پہنچ چکی تھی، بلکہ شاعروں نے جس شعری روش کے ذریعہ باضابطہ اخلاقی اور تہذیبی موضوعات کو پیش کرنے میں کامیابی حاصل کی۔ جس کا اندازہ یہ رہا کہ حضرت شاہ خاموش جیسے بزرگ اور نثار جنگ مزاج، حضرت یحیٰی پاشاہ حاذق، محمد عبدالقدیر حسرت، مولانا شیخن احمد شطاری کامل ہی نہیں، بلکہ اُس دور کے بے شمار بزرگان دین نے باضابطہ غزل گوئی کے ذریعہ اپنے خیالات پیش کئے۔ اس کے علاوہ حمد و نعت و منقبت اور رباعی ہی نہیں، بلکہ مناجات کی شاعری کے ذریعہ غزل کے انداز میں تعریفی اور توصیفی نظموں کا آغاز کیا۔ اور یہ انداز چوں کہ غزل کی روایت کے مطابق ہر شعر میں قافیہ اور ردیف کے استعمال کی خوبی شامل تھی، اس لئے حمد و نعت و منقبت اور رباعی کے علاوہ مناجات کو بھی غزلیہ شاعری کے انداز میں شامل کیا جائے گا۔ جس کے لکھنے والے باضابطہ صوفی منش شاعر اور خدا پرست انسان ہوا کرتے تھے جو حب خدا اور حب رسول سے سرشار ہو کر شاعری کے ایسے رویے کی نمائندگی کرتے ہوئے عقیدت کے موتی لٹاتے۔ اور بسا اوقات فطرت سے بعید محاورے اور تشبیہات کا ایوان سجا کر شاعری کے صنائع اور بدائع کی تکمیل کرتے اور شعر کو معنی خیز ہی نہیں بلکہ فکر و عقیدت کا شاہکار بنا دیتے تھے۔ غرض حیدرآبادی شاعروں نے غزل کی زمین کا انتخاب کر کے عقیدت کے رویے کو بھی غزل کے انداز میں پیش کیا۔ چنانچہ حیدرآباد

کے بیشتر شاعروں کے کلام میں مذہبی رنگ بھی غزل کے انداز پروان چڑھتا ہے۔ یہی نہیں' بلکہ اس دور کے مذہبی شاعر حضرت امجد حیدر آبادی کو اردو رباعی کے شہنشاہ کا درجہ حاصل ہے' اور انہوں نے رباعی کی صنف ہی نہیں بلکہ نعت وحمد کے علاوہ شاعری کے مختلف انداز میں خدا سے محبت اور رسول سے محبت کے ایسے رویے پیش کیئے کہ جن کی مثال سارے ہندوستان کے اردو شاعروں میں موجود نہیں۔ اس لئے امجد حیدر آبادی کو باضابطہ سعدی ہند اور سرمد ثانی کی حیثیت سے اردو رباعی گوئی میں ان کا مقام کافی بلند ہے۔ اس طرح حیدر آباد میں مثنوی کے علاوہ غزل کی صنف کو بھی اعتبار کا درجہ حاصل ہوا۔ جس طرح دہلی اور لکھنؤ میں غزل کے چرچے رہے اور رام پور کے علاوہ بھوپال اور۔۔۔۔۔۔۔ کے ذریعہ اردو غزل کو عالمی سطح پر مقبولیت حاصل ہو رہی تھی۔ اسی طرح حیدر آباد کی سرزمین سے بھی غزل لکھنے والے شاعروں نے بھی اس صنف کی آبیاری کی۔ البتہ حیدر آباد کی ریاست باضابطہ شاہانہ سرپرستی کے ذریعہ ترقی کر رہی تھی۔ لکھنؤ میں بھی شاہی سرپرستی کا دور شروع ہو چکا تھا لیکن غزل کی شاعری میں ابتذال پیدا ہو چکا تھا۔ ریختی اور ہزل کے ذریعہ غزل کے طرز میں اوچھا پن شامل ہو چکا تھا۔ لیکن آصف جاہی دور کے پہلے بادشاہ سے لے کر آخری بادشاہ کے دور تک یعنی 1948ء تک حیدر آباد کی غزل میں کسی بھی قسم کا سوقیانہ پن ظاہر نہیں ہوا۔ حالانکہ حیدر آباد کے شعراء میں حسن وعشق کے معاملات اور واردات قلبی کے علاوہ باضابطہ حسن کی تعریف اور عشق کی جدوجہد کو اپنے کلام میں ضرور پیش کیا لیکن کسی بھی مرحلے میں وہ سوقیانہ انداز سے وابستہ نہیں رہے۔ غرض! حیدر آباد کی غزلیہ شاعری کا وقار قدیم دور میں بھی بلند تھا اور آصف جاہی دور میں بھی غزل کی شاعری کا مزاج اور وقار حد درجہ بلند رہا۔ بلکہ دنیا کے مختلف خطوں میں حیدر آباد کی تہذیب وشائستگی اور اس علاقہ کے باشندوں میں موجود خلوص، اتحاد اور ہمدردی کے علاوہ نیک نفسی کو اس قدر اہمیت حاصل ہوئی کہ کسی بھی علاقے کے باشندے کو ایسا معیار حاصل نہ ہو سکا۔ غرض آج بھی آصف جاہی سلطنت کے خاتمہ کے زائد از 65 سال گزر چکے ہیں۔ لیکن حیدر آبادی تہذیب اور اس علاقہ کی شاعری میں غزل اور مثنوی کو بلند مقام حاصل ہے۔ اس مقام کے مرتبہ کو دہلی اور لکھنؤ کے علاوہ بھوپال اور رام پور کے شاعر بھی پہنچ نہیں سکتے۔ بلکہ حیدر آباد کے اطراف واکناف میں موجود کرناٹک، مرہٹواڑہ اور ٹاملناڈو کے علاقوں میں بھی حیدر آباد کے شاعروں کی طرح اہم شعری روایت کو فروغ دینے والا کوئی شاعر دکھائی نہیں دیتا۔ اس سے اندازہ ہوتا ہے کہ بہر حال ہندوستان کی تہذیب وثقافت میں حیدر آباد کے شعر وادب کو بلاشبہ ہر لحاظ سے بلند مقام حاصل ہے۔

ز۔ حیدر آبادی ادبی سرگرمیوں میں حمد ونعت ومنقبت کا انداز

شعر وادب کی دنیا میں جہاں مختلف اصناف کا تسلسل قائم رہتا ہے' وہیں یہ حقیقت بھی واضح ہے کہ شاعری

ہو یا نثر نگاری ہر دور اصناف کے ذریعہ کارنامے انجام دینا ہی ادبی سرگرمیوں کی علامت ہے۔ حیدرآباد کو عربی مرکز کا درجہ اس لئے حاصل ہے کہ اس سرزمین میں سب سے زیادہ شاعری کی خدمت کی گئی۔ جس طرح بتایا جاچکا ہے کہ شاعری میں سب سے پہلے مثنوی کو حیدرآبادی ادیبوں نے اظہار کا ذریعہ بنایا اور روایتی مثنوی کے بجائے باضابطہ عصری زمانے کی مثنویاں لکھیں۔ جب غزل کی طرف توجہ دی تو اس کے توسط سے حالات، مسائل اور حسن وعشق کے معاملات کو بھی اظہار کا ذریعہ بنایا۔ اسی کے ساتھ حمد ونعت ومنقبت کے انداز بھی اردو شاعری میں اپنا اثر دکھاتے ہیں۔ دکن میں موجود بے شمار مذہبی شعراء نے اپنے کلام کے ذریعہ حمد ونعت ومنقبت کی روایت کو فروغ دیا۔ اس کے علاوہ اردو شاعری کا یہ مزاج رہا ہے کہ ہر شعری مجموعہ کو شائع کرنے والا بلا شبہ اپنی شعری مجموعہ کے آغاز پر حمد ونعت لکھنے کی روایت کو برقرار رکھتا تھا۔ اس کے علاوہ باضابطہ مثنویاں لکھی گئیں تو اس کے توسط سے بھی حمد ونعت کی روایت فروغ پانے لگی۔ ایسی شاعری جس کے ذریعہ خدا کی تعریف اور اس کی بندوں سے رغبت کو ظاہر کیا جائے وہی انداز حمد کہلاتا ہے۔ اس کے بجائے رسول برحق کی تعریف وتوصیف جس شاعری کے ذریعہ اظہار کا ذریعہ بنے اُسے نعت کا درجہ دیا جاتا ہے۔ دکن کی سرزمین میں سلطان قلی قطب شاہ، ملا وجہی، غواصی، ابن نشاطی، ابوالحسن تاناشاہ اور دوسرے بے شمار شاعروں نے گولکنڈہ کی روایت کو فروغ دیتے ہوئے جب شاعری کا اظہار کیا تو باضابطہ حمد ونعت کی خصوصیت کو پروان چڑھانے میں کوئی کمی نہیں کی۔ حمد اور نعت لکھنے والے شاعروں کی طویل فہرست ہے۔ جنہوں نے حسن وعشق کے معاملات کی نمائندگی کرنے کے ساتھ ساتھ خدا اور رسول کی بڑائی کو پیش کرنے میں کامیابی حاصل کی۔ جو حمد ونعت کے علاوہ منقبت اور مناجات کی خصوصیت سے آراستہ ہے۔ اپنے پیر ومرشد یا صوفی صافی انسان کے علاوہ بزرگان دین کی تعریف وتوصیف جس شاعری کے ذریعہ نمایاں کی جاتی ہے اسے منقبت کا درجہ دیا جاتا ہے۔ اس کے بجائے شاعری کے توسط سے خدا کی تعریف اور اسی کے ساتھ مدد طلب کی جائے تو اس قسم کی شاعری کو مناجات کہا جاتا ہے۔ سلطان قلی جیسے گولکنڈہ کے شاعر کے کلام میں بھی حمد ونعت ومنقبت ہی نہیں' بلکہ مناجات کی روایت موجود ہے۔ بعد کے حیدرآبادی شعراء نے اسی روایت کی طرف توجہ دی۔ قطب شاہی آخری دور کے بادشاہوں سے لے کر آصف جاہ اول اور دوم کے دور کے اورنگ آباد کے شعراء نے بھی حمد ونعت ومنقبت کی روایت کو برقرار رکھا جس کے توسط سے مناجات کی حقیقت بھی واضح ہونے لگی۔ یہی وجہ ہے کہ دکن کی سرزمین میں جب آصف جاہی حکمرانوں نے بادشاہت کا سلسلہ شروع کیا تو عربی اور فارسی زبانوں کے شعری اصناف کو اختیار کر کے بطور عقیدت حمد ونعت اور منقبت کے علاوہ مناجات کو بھی فروغ دینے کی مکمل کوشش کی۔ چوں کہ اس قسم کی شاعری کا تعلق مذہب اور عقیدے سے ہے' اس لئے قطب شاہی دور کے شاعروں کی حمد ونعت تو خدا اور رسول کے

لئے مختص رہی، لیکن قطب شاہی بادشاہ چوں کہ شیعہ مسلک کے قائل تھے اس لئے شیعہ شاعروں نے باضابطہ حضرت علی اور حضرت امام حسین اور بارہ ائمہ کی تعریف وتوصیف میں مناقب لکھنے کی روایت کو فروغ دیا۔ اس کے بجائے سنی شاعروں نے چار یار اور چار خلفائے راشدین کی مدح کرتے ہوئے منقبت کی روایت کو پروان چڑھایا۔ حیدرآباد کے شاعروں نے اپنے پیر و مرشد ہی نہیں، بلکہ صوفیائے کرام اور بزرگان دین کی تعریف کو منقبت سے مربوط رکھتے ہوئے اپنی شاعری کے جوہر دکھائے۔ حمد ونعت اور منقبت کے ذریعہ باضابطہ تعریف وتوصیف کے لئے نئی تشبیہات اور جدید استعارے کے علاوہ محاورے کی بندش اور تعریف وتوصیف کے دوران مبالغہ کی ضرورت سے انکار نہیں کیا جاسکتا۔ اس کے علاوہ منقبت کے دوران صاحب شخصیت کے کارناموں میں ان کے مکاشفات اور کرامات کے واقعات کو بھی منقبت کا وسیلہ بنایا جاسکتا ہے۔ دکن کے قدیم دور سے ہی مثنویوں کے دوران حمد ونعت لکھنے کے علاوہ باضابطہ مناقب لکھنے کی روایت قائم رہی۔ آصف جاہی دور میں ہر صنف شاعری علیحدہ علیحدہ مرتبہ دے کر شاعروں نے باضابطہ حمد ونعت ومنقبت کے علاوہ مناجات کی صنف کی طرف خصوصی توجہ دی۔ اگر چہ آصف جاہی دور کے تمام بادشاہوں کے دور کے شاعروں میں ان اصناف کا وجود دکھائی دیتا ہے، لیکن بطور خاص اعظم علی شائق جیسے نواب میر محبوب علی خاں کے دور کے شاعر نے باضابطہ خدائے بزرگ وبرتر کے علاوہ پیغمبر اسلام کی مدح کے لئے شاعری کو بطور نمونہ استعمال کیا۔ ان کے لکھے ہوئے قصائد اُسی دور کی یادگار ہیں، اور اندازہ ہوتا ہے کہ اُس دور میں ہی نہیں، بلکہ دورِ حاضر میں بھی اس قدر حمد ونعت ومنقبت اور مناجات کی صلاحیتوں کو پیش کرنے والا کوئی شاعر حیدرآباد میں پیدا نہیں ہوا۔ سلطان قلی قطب شاہ نے اپنے شہر کی تعریف توصیف کرتے ہوئے جو مشہور مناجات لکھی اس کے چند اشعار ملاحظہ ہوں:

مناجات میرا تو سن یا سمیع   مجھے رات دن رکھ اگن یا سمیع
میرا شہر لوگاں سوں معمور کر   کہ جیسے سمن میں ہوں من یا سمیع

اس دعائیہ مناجات میں 1611ء کے دوران اس دنیا سے کوچ کرنے والے شاعر سلطان محمد قلی قطب شاہ نے دعائیہ لہجہ میں خدا سے استدلال کیا ہے کہ اس کے شہر کو اس قدر لوگوں سے بھرپور کردے کہ جس طرح سمندر میں لاتعداد مچھلیاں ہوتی ہیں۔ حیدرآباد شاعری میں حمد ونعت ومنقبت اور مناجات کو بڑا امتیاز حاصل رہا ہے۔ حضرت شاہ خاموش رحمۃ اللہ علیہ، حضرت شاہ عبدالقدیر حسرت، حضرت خاکی شاہ صاحب، یحیٰی پاشاہ حاذق صاحب اور ایسے بے شمار شعراء گذرے ہیں جنھوں نے حمد ونعت اور مناجات کے علاوہ منقبت کی روش کو پروان چڑھانے میں اہم کارنامہ انجام دیا ہے۔ حضرت یحیٰی پاشاہ حاذق کی حمد سے خود یہ اندازہ لگایا جاسکتا ہے کہ ان کے اعتقادات اور

جذبات میں موجود عقیدت انہیں شعر کہنے پر مجبور کر رہی ہے۔ان کی حمد کے چند نادر و نایاب اشعار بطور نمونہ پیش ہیں جو اپنے دور کے صوفی شاعر کی حیثیت سے شہرت رکھتے تھے۔اشعار ملاحظہ ہوں:

پڑھتا ہوں میں جب سبحان اللہ کس شوق سے فرماتا ہے خدا

کیا خوب کہا کیا خوب کہا سبحان اللہ سبحان اللہ

تین مصرعوں میں قوافی کی خصوصیت کو پیش کرتے ہوئے چوتھے مصرعہ میں خدا کی صفت کو بیان کرنا شاعری کی بڑی اہم خصوصیت ہے۔اس قسم کے تجربے قدیم شاعروں نے ترکیب بند اور ترجیع بند کے ذریعہ پیش کئے ہیں۔ جس سے اندازہ ہوتا ہے کہ حیدرآباد کی ادبی سرگرمیوں میں غزل کی ہیئت میں حمد و نعت اور منقبت کے علاوہ مناجات پیش کرنے کا رواج تو رہا لیکن اسی کے ساتھ شاعری کے کئی انداز کو استعمال کرنے کے لئے آصف جاہی دور کے بادشاہوں نے ہی نہیں، بلکہ صوفی شعراء نے شاعری کے مروجہ سانچوں میں حمد و نعت و منقبت اور مناجات کی شاعری کی پیش کرنے کے بجائے باضابطہ شاعری کی مختلف خصوصیتوں کو اظہار کا ذریعہ بنایا۔اس قسم کا امتیاز صرف حیدرآباد کے شاعروں کے کلام سے ملتا ہے۔جنہوں نے دوسرے آصف جاہی حکمران نواب میر نظام علی خاں کے دور یعنی 1771ء سے لے کر 1848ء تک شاعری کے اُن رویوں کو استعمال کیا جن کے ذریعہ حمد و نعت و منقبت اور مناجات کی روایت فروغ پاتی رہی۔آصف جاہی دور کے آخری بادشاہ نواب میر عثمان علی خاں کے دور میں حیدرآباد کو کاسمو پولیٹن شہر کا درجہ حاصل تھا۔ ہندوستان کا مختلف خطوں سے لوگ اس شہر میں بس گئے تھے۔اس لئے اردو شاعری میں بھی تنوع کی خصوصیات دکھائی دیتی ہیں۔آخری دور کے حمد و نعت و مناجات لکھنے والے شاعروں میں حضرت مولانا شجن احمد شطاری کامل، حضرت لئیق اور حضرت حسرت کے علاوہ کئی شاعر ایسے تھے جنہوں نے تمام تر زندگی میں غزل کی طرف توجہ نہیں کی، بلکہ حمد و نعت و منقبت اور مناجات لکھ کر اپنی زندگی کا سفر طئے کیا۔اسی طرح اہل تشیع حضرات میں باضابطہ حضرت علی اور حضرت امام حسین رضی اللہ عنہما کے علاوہ کربلا کے میدان میں شہید ہونے والے اسلام پسند حضرات جیسے حضرت عباس، حضرت قاسم، حضرت علی اکبر اور حضرت علی اصغر رضی اللہ عنہم کے علاوہ حضرت امام حسین کی مدحت کے ذریعہ باضابطہ مرثیہ نگاری کو فروغ حاصل ہوا۔آصف جاہی بادشاہوں کا مسلک صدیقی اور سنی طریقہ کا نمائندہ تھا۔لیکن نواب میر محبوب علی خاں چھٹے نظام نے شیعہ فرقہ کی سرپرستی کی اور ساتویں نظام نواب میر عثمان علی خاں نے سنی ہونے کے باوجود بھی شیعہ مسلک کی مسلسل نمائندگی کی۔ چنانچہ شیعہ مجالس میں شریک ہونا اور عاشور خانوں کے علاوہ الاؤں پر حاضری دینا، علم کو ڈھٹی چڑھانا اس کے علاوہ اربعین تک غم حسین منانا جیسے شیعہ طریقوں کو اختیار کرلیا تھا۔ بادشاہ کی مرضی کے مطابق عوام نے بھی محرم کے جلوس کو بغیر کسی عقیدت

کے منانے کی روایت کو فروغ دیا۔ جس کا نتیجہ یہ رہا کہ اسلامی شعار سے مغائر رویہ بھی ریاست حیدرآباد کے سماج کا حصہ بن گئے۔ اگر چہ اس قسم کی عقیدت کا اظہار گولکنڈہ کے بادشاہوں نے لازمی کرلیا تھا' کیوں کہ ان بادشاہوں کا عقیدت ہی امامیہ اور بارہ اماموں کی تقدیس کرنے سے متعلق تھا۔ لیکن آصف جاہی کے دور آخر میں باضابطہ ماہ محرم کی عقیدت کا سلسلہ عام ہوا۔ غرض عقیدت کے پس منظر میں حمد و نعت و مناجات کے علاوہ مناقب کے ساتھ ساتھ باضابطہ مبالغہ آمیز مرثیے لکھے جانے لگے۔ تاہم آصف جاہی دور کی حیدرآباد سے متعلق اہم حقیقت یہ ہے کہ اس دور کے شاعرانہ مزاج میں جہاں واقعات کربلا کو بیان کر کے مرثیہ لکھنے کی روایت عام تھی' وہیں مرثیے کی جدید روایت کو بھی فروغ حاصل ہوا جو شخصی مرثیہ اور وفاتیہ کی حیثیت سے شہرت رکھتا ہے۔ چنانچہ شاعری کے اس نئے انداز پر بھی اظہار خیال کرنا ضروری ہے۔ چوں کہ حیدرآباد کی ادبی سرگرمیوں میں ان دونوں شعری رویوں کو بڑی اہمیت حاصل ہے۔

ح۔ حیدرآبادی شاعری میں شخصی مرثیے اور وفاتیہ کا جدید انداز

طویل عرصہ تک دہلی اور لکھنؤ کے شاعروں نے مرثیہ نگاری کو واقعات کربلا سے مربوط رکھا۔ اس کا نتیجہ یہ تھا کہ ہر شاعر میدان کربلا میں حضرت سیدنا امام حسینؓ اور حضرت سیدنا علیؓ کے قافلے پر ڈھائے جانے والے مظالم کا بیان کر کے یہ تصور کرتا تھا کہ کربلا کے واقعات کو تاریخ کے پس منظر میں نمائندگی دینے کے بجائے کہانی اور قصے کے انداز کو روا رکھتے ہوئے مبالغہ اور غلو کو شامل کرنا مرثیہ نگاری کی خصوصیت تصور کیا جاتا تھا۔ کربلا کے میدان کی گرمی کا ذکر ہو یا پھر اس علاقہ کے پانی کی سربراہی بند کرنے اور کربلا کے قافلے پر مظالم کی انتہا کرنے کے معاملے میں لکھنؤ میں شاعروں نے جس انداز سے غلو کا مظاہرہ کیا اس کے لئے چند مصرعے بطور نمونہ پیش کئے جاتے ہیں جنہیں انیسؔ اور دبیرؔ جیسے مرثیے کے شعراء نے اپنے کلام میں زبان و بیان کی خوبی کو شامل کرنے کے لئے بطور نمونہ پیش کیا ہے۔ کربلا کے میدان میں گرمی کی شدت کا حوالہ دیتے ہوئے شاعروں نے یہ مصرعے لکھے ہیں وہ ملاحظہ ہوں جن میں مبالغہ کی حد ختم ہو جاتی ہے' اور غلو کا عنصر شامل ہونے لگتا ہے۔ ایسا غلط بیان جسے کسی حد تک سچ سمجھا جائے اس انداز کو مبالغہ کہا جاتا ہے جو قابل قبول ہے' لیکن کسی بیان میں سرتاپا غلط بات کہی جائے اور اسے قبول کرنے پر مجبور کیا جائے تو اس انداز کو غلو کہا جاتا ہے۔ انیس و دبیر نے اپنے مرثیے میں کربلا کی گرمی کی حالت بیان کرتے ہوئے یہ لکھا ہے کہ 10 محرم کو اس قدر گرمی تھی کہ ''بھن جاتا تھا جو گرتا تھا دانا زمین پر ایسی شدید گرمی تو دنیا میں بھی دیکھی نہیں گئی'' اس کے علاوہ شاعر کا یہ کہنا کہ ''مسکن میں مچھلیوں کے سمندر کا مقام'' اس مصرعہ میں وہ کیڑا جو کئی برس تک آگ جلنے

کے بعد پیدا ہوتا ہے' اسے سمندر کہا جاتا ہے۔ اس کیڑے کی بھی بے چینی کا یہ عالم تھا کہ کربلا کے میدان کی تاب نہ لاتے ہوئے مچھلیوں کے مسکن میں جا کر بیٹھ گیا تھا۔ یہ بھی غلو کا نمائندہ انداز ہے۔ اس کے بجائے حیدرآباد کی مرثیے کی شاعری کا یہ اعزاز ہے کہ حیدرآبادی شاعروں نے کربلائی مرثیے لکھے تو اُن مرثیوں میں مبالغہ کی کثرت اور غلو کے درجہ کو نظر انداز کر دیا۔ اس کے علاوہ اہم شخصیتوں اور صاحب کردار اشخاص کی اموات پر باضابطہ شخصی مرثیے لکھے جانے لگے۔ خاندانی رشتہ یا خونی رشتہ کے علاوہ باضابطہ دوست احباب اور استاد شاگرد کا رشتہ موجود ہو تو ایسے رشتہ دار کی موت پر لکھی جانے والی شاعری کو شخصی مرثیہ کہا جاتا ہے۔ دہلی میں مومن خاں مومن نے اپنے محبوب کی وفات پر شخصی مرثیہ لکھا تھا' جس کے بعد مرزا غالب کی رحلت پر ان کے شاگرد رشید مولانا الطاف حسین حالی نے غزل کی ہیئت میں اپنے استاد کی موت پر شخصی مرثیہ لکھا۔ اس کے علاوہ حیدرآباد کی سرزمین میں چھٹے نواب میر محبوب علی خاں اور ساتوی نواب میر عثمان علی خاں کے دور میں شخصی مرثیوں کے علاوہ وفاتیوں کی تعداد بھی کافی زیادہ ہوگئی۔ جس کسی شخص سے خاندانی رشتہ نہ ہو مگر دلی اور خصوصی لگاؤ ہو تو اس کی موت پر لکھا جانے والا مرثیہ ''وفاتیہ'' کہلاتا ہے۔ کسی امیر، بادشاہِ وقت، وزیر، امیر کبیر اور اہل علم کے علاوہ مذہبی رہنما کی موت پر تحریر کی جانے والی شاعری کو بھی وفاتیہ کا موقف حاصل ہوتا ہے۔ حیدرآباد کے بے شمار شعراء نے امیر و کبیر اور خاندان کے وجاہت رکھنے والوں کی موت پر مرثیہ لکھے جو وفاتیہ کے پس منظر میں اہمیت کے حامل ہیں۔ چھٹے نظام کے وزیر اعظم جنہوں نے ساتویں نظام کے دور میں بھی وزارت کا قلمدان سنبھالا جو شاعر اور ادیب ہی نہیں' بلکہ عمدہ منتظم اور سرکاری امور کو انجام دینے والے قرار دیئے جاتے تھے۔ جب ان کا انتقال ہوا تو حیدرآباد کے کئی شاعروں نے ان کی رحلت پر وفاتیہ لکھے۔ اس کے علاوہ صغرا ہمایوں مرزا، عظمت عبدالقیوم، سر اکبر حیدری کے علاوہ لیڈی حیدری کے علاوہ سروجنی نائیڈو اور سر نظامت جنگ جیسے علم دوست اور ڈاکٹر زور جیسے ادب اور لسانیات کے علاوہ دکنی زبان کے ماہر کی موت پر بھی وفاتیہ کا سلسلہ شروع ہوا۔ اس طرح یہ حقیقت سامنے آتی ہے کہ حیدرآباد کی سرزمین کے شاعروں نے ہندوستان کے مختلف علاقوں میں پیش ہونے والی شاعری سے جداگانہ انداز اختیار کرتے ہوئے کربلائی مرثیے ضرور لکھے اور اپنے خونی رشتوں کے ٹوٹ جانے پر بھی شخصی مرثیے لکھے' لیکن اس سے کہیں زائد اہم اشخاص کے اموات پر وفاتیہ لکھ کر حیدرآباد کی شاعری میں انفرادی خصوصیات کو داخل کیا' جس کی وجہ سے ہندوستان کی ادبی تاریخ میں سب سے زیادہ مرثیے، شخصی مرثیے اور وفاتیے لکھنے کی وجہ سے حیدرآباد کے شاعروں کا مقام و مرتبہ سارے ہند میں منفرد حیثیت کا حامل ہوگیا۔ ہر صنف کی بھرپور نمائندگی کے لئے مثالیں پیش کی جائیں تو ضخامت کے خوف سے صرف حیدرآبادی شاعری کی وجہ سے اس شہر کے ادبی ماحول میں پیدا ہونے والی تبدیلی کو پیش نظر رکھا جا رہا ہے اور یہ ثبوت بھی ملتا ہے کہ حیدرآباد کو

شاعری میں منفرد مقام اس لئے بھی حاصل ہے کہ اس علاقے کے شاعروں نے ہندوستان کے دوسرے علاقوں کے شاعروں کے مقابلے میں جدت طرازی اور شاعری کی نئی گنجائشوں کو قبول کرتے ہوئے روایات کی پاسداری کے ساتھ ساتھ روایت کو پیش کرنے اور روایت سے بغاوت کا سلسلہ بھی شروع کیا۔ جس کی وجہ سے حیدرآباد کی شاعری کے انداز میں پیدا ہونے والی تبدیلیوں کو بطور خاص محسوس کیا جاسکتا ہے۔ نواب میر محبوب علی خاں کے دور میں فارسی کے بجائے اردو کو حیدرآباد کی سرکاری اور عدالتی زبان کا درجہ دیا جاچکا تھا۔ چنانچہ عام باشندوں کے علاوہ مختلف محکمہ جات میں کام کرنے والے افراد بھی اردو زبان اور اس کے کارناموں سے مستفید ہو رہے تھے۔ اس لئے حیدرآبادی اردو زبان کی خصوصیات اور اس سے عوام کو پہنچنے والے فیض سے انکار نہیں کیا جاسکتا۔ قدیم روایتی اصناف کا جائزہ لیتے ہوئے نہ صرف مثنوی، غزل، مرثیہ، شخصی مرثیہ اور وفاتیہ کی خصوصیات بیان کرتے ہوئے یہ ثابت کیا جاچکا ہے کہ حیدرآباد کو اور اس علاقے کے شاعروں کو یہ امتیاز حاصل تھا کہ وہ ادبی روایت کے اسیر نہیں تھے۔ بلکہ ادبی روایت سے فیض اٹھاتے ہوئے نئے کارنامے انجام دینے اور جدت طرازی کو فروغ دینے میں پیش پیش رہے۔ یہی وجہ ہے کہ آزادی سے قبل اور آزادی کے بعد بھی حیدرآباد کے ادب کے ذریعہ جن نئی خصوصیات کو فروغ حاصل ہوا' اس سے نہ صرف شہر کے باشندوں کو فروغ حاصل ہوا بلکہ آصف جاہی بادشاہوں کی قدردانی اور موقع شناسی کا نتیجہ یہ رہا کہ اس علاقہ میں شاعری کے علاوہ نثر اور اسی کے ساتھ اردو کو ترقی دینے کے لئے دکن ریڈیو کا قیام اور مختلف رسالوں اور مجلوں کے ذریعہ ادب کی آبیاری ہونے لگی۔ تو اس کا نتیجہ یہی تھا کہ عوام کے ذہن کو ادب سے آراستہ کیا گیا اور اردو ادب کی تمام اصناف کو بلاشبہ انسانی بھلائی اور خیر خواہی کے لئے استعمال کیا جانے لگا۔ یہی عمل ریاست حیدرآباد کی شعری اور نثری خصوصیات کو فروغ دینے کا وسیلہ ہے۔

ط۔ حیدرآبادی شاعری میں نظم اور نثر کا امتزاج

تاریخی پس منظر میں مولانا الطاف حسین حالی اور محمد حسین آزاد کے نظم کے مشاعرے کی وجہ سے اردو شاعری میں باضابطہ نظم نگاری کا آغاز ہوا۔ ''انجمن پنجاب لاہور'' کے توسط سے 1871ء میں سب سے پہلا نظم نگاری کا مشاعرہ منعقد ہوا جس میں باضابطہ عنوان دے کر نظم لکھنے کا حوصلہ پیدا کیا گیا۔ اس دور میں حالی اور محمد حسین آزاد ہی انجمن پنجاب کے سرگرم رکن تھے اور دیگر شاعروں نے بھی نظموں کی بنیاد رکھی تو اس کی وجہ سے انگریزی ادب سے قبول شدہ ''نیچرل شاعری'' بنیاد مستحکم ہوئی۔ جس کے بعد ہندوستان کے کونے کونے سے فطری مناظر پر نظم لکھنے کی روایت کا آغاز ہوا۔ خود نواب میر محبوب علی خاں آصف جاہ ششم نے 1905ء میں مولانا حالی کو اپنی جوبلی میں مدعو کیا تھا۔ اور ان کا قیام موجودہ نظام کلب کے احاطہ میں رکھا گیا تھا۔ جس سے خود اندازہ ہوتا ہے کہ

حیدرآباد کے بادشاہوں نے نئی نظم اور نئی شاعری کی بنیاد رکھنے والے شاعروں کو اپنے علاقہ میں نہ صرف مدعو کیا بلکہ ان کی قدر و منزلت بھی کی۔

> ''چنانچہ بابائے اردو مولوی عبدالحق نے اپنی مشہور خاکہ نگاری کی کتاب ''چند ہم عصر'' میں لکھا ہے کہ مولانا حالی نے اپنے وظیفہ کے مطابق صرف 16 روپئے ماہانہ کی بنیاد پر حیدرآباد میں محبوب علی پاشاہ کی حکومت میں کام کرنے کا ارادہ ظاہر کیا۔ جبکہ معمولی معمولی عہدوں پر باشاہِ وقت کی مرضی سے ہزار ہا روپئے تنخواہ دے کر ملازمت رکھی جاتی تھی جبکہ مولانا حالی اپنی تنخواہ کا تمام تر سرمایہ علی گڑھ کے حوالے کر دیا کرتے تھے۔ اپنی ذات پر کچھ بھی خرچ نہیں کرتے تھے۔'' (17)

نواب میر محبوب علی خاں نے نہ صرف مولانا حالی کی عزت افزائی کی' بلکہ وقفہ وقفہ سے ان کے مدارج بھی بلند کئے۔ غرض ''نیچرل نظم'' کے لکھنے والے پہلے شاعر مولانا حالی کو حیدرآباد میں قیام کا موقع ملا۔ اُس دور کے شاعروں میں باضابطہ روایتی نظم نگاری کی خصوصیت شامل تھی۔ جن شاعروں نے مولانا حالی کے تتبع میں حیدرآباد کی سرزمین سے نظم نگاری کو فروغ دیا ان میں سب سے قدیم عزیز جنگ ولا ہیں' جن کی تاریخ پیدائش 1860ء اور تاریخ وفات 1924ء تحریر کی جاتی ہے۔ ان کی مشہور نظم ''تصویر نور'' مولانا حالی کی مسدس کی نمائندگی کرتی ہے۔ جس کے بعد لمعہ حیدرآبادی نے نظم نگاری کا وسیلہ اختیار کرتے ہوئے مشہور نظمیں لکھیں۔ ان کی پیدائش 1868ء اور وفات 1924ء قرار دی جاتی ہے۔ جنہوں نے ''شیریں کلامی'' اور ''زنگی آئینہ'' لکھ کر غزل کی ہیئت میں اور اسی کے ساتھ مثنوی کی ہیئت میں نظم نگاری کا طریقہ اختیار کیا۔ علی گڑھ سے حیدرآباد تشریف لانے والے جامعہ عثمانیہ کے پروفیسر وحیدالدین سلیم نے اس دور میں نظم نگاری کی بنیاد مستحکم کی۔ جن کی پیدائش 1869ء اور تاریخ وفات 1929ء درج ہے۔ ان کی نظموں کا سلسلہ بھی اہمیت کا حامل ہے۔ غزل کے ساتھ نظم لکھنے میں انہیں بڑا کمال حاصل تھا۔ 1870ء میں سیالکوٹ میں پیدا ہونے والے ظفر علی خاں نے 1957ء میں اس دنیا سے کوچ کیا۔ 1908ء میں موسیٰ ندی کی طغیانی پر طویل نظم لکھی۔ غزل اور نظم کے علاوہ انہوں نے ادب اور صحافت کا سہارا لیا۔ ان کے شعری مجموعے ''بہارستان''، ''نگارستان'' اور ''چمنستان'' بڑی اہمیت کی حامل ہے۔ اس کے علاوہ تین مجموعے ''روح معانی''، ''حبسیات'' اور ''ارمغان قادیان'' میں شاعری کے علاوہ نثر کا انداز بھی شامل ہے۔ 1957ء میں انتقال کیا۔ ان کی نظموں میں ''دعا''، ''فخر رسل''، ''صدائے آس''، ''صدر جمہوریہ امریکہ'' اور ''مدارج ارتقاء'' کو بڑی اہمیت حاصل ہے۔ انہوں نے سیاسی نظمیں بھی لکھیں۔ 1935ء میں ''استعمار کی بھینس کا انڈا'' اور دوسری نظم

''ناٹال اور ہندوستان'' ہی نہیں' بلکہ'' گاندھی اور سخنوران عہد سے خطاب'' کے توسط سے نظم کی روایت کو فروغ دینے کی کوشش کی۔ میر محمد علی سرور درحقیقت مرثیہ نگار شاعر تھے' جنھوں نے چہرہ مرثیہ حضرت عباس اور حضرت زینب کی بین ہی نہیں' بلکہ تلوار کی تاریخ اور نوحے کے علاوہ سلام لکھ کر مرثیہ نگاری کو فروغ دیا۔ ریاست حیدرآباد میں غزل گو شعراء کی کثرت تھی۔ لیکن غزل ،نظم اور رباعی لکھنے والے شاعروں کی بھی کمی نہیں تھی۔ حکیم وائے سرائے وہمی 1890ء میں حیدرآباد کے کائستھ گھرانے میں پیدا ہوئے۔ ان کی ہندو مذہب پر لکھی ہوئی نظموں میں ''آرتی''، ''سدھ سری گنیش آنمہ'' سے اندازہ ہوتا ہے کہ انہوں نے اپنے مذہب کی عقیدت کو نظموں کے ذریعہ پیش کیا ہے۔ بلگرام میں پیدا ہونے والے 1893ء کے سید ناظر الحسن ہوش بلگرامی 1914ء میں حیدرآباد پہنچے اور ان کا انتقال 1955ء میں ہوا۔ انہوں نے بطور خاص نظم کی شاعری کو وسیلہ کے طور پر استعمال کیا۔ ان کی مشہور نظموں میں ''اعتراف عبدیت''، ''محبت بہ قدر حیات'' اور ''لذت درد'' کو نظر انداز نہیں کیا جاسکتا۔ اس کے علاوہ غزلوں کا ذخیرہ بھی موجود ہے۔ ہوش بلگرامی ہی ایسے شاعر نہیں تھے' جنھوں نے شمالی ہند کے علاقے کو ترک کر کے حیدرآباد بسایا تھا بلکہ اس دور کے سب سے مشہور شاعر جوش ملیح آبادنے 1896ء میں پیدائش کے بعد حیدرآد کا رخ کیا۔ ان کا نام شبیر احمد خاں اور ملیح آباد کے باشندے تھے۔ 1913ء میں علیگڑھ سے ایم اے او کالج میں سینئر کیمبرج تک تعلیم حاصل کی۔ 1918ء میں شانتی نکیتن میں قیام رہا۔ ان کی شاعری غزلوں اور نظموں پر مشتمل ہے جنہیں شاعر شباب، شاعر خمریات اور شاعر انقلاب کا درجہ حاصل ہے۔ ان کے کئی شعری مجموعے شائع ہو چکے ہیں۔ نظموں کے مجموعوں میں ''نقش ونگار'' 1936ء، ''فکر ونشاط'' 1937ء، ''حرف وحکایات'' 1938ء، ''آیات و نغمات'' 1941ء، ''عرش وفرش'' 1944ء، ''رامش ورنگ'' 1945ء، ''سنبل وسلال'' 1947ء، ''سرود وخروش'' 1953ء، ''سموم وصبا'' 1955ء اور ''طلوع فکر'' 1957ء کو بڑی اہمیت حاصل ہے۔ ان کی نظموں میں ''گل بدنی'' عشقیہ اظہار کی نمائندہ شاعری کہلاتی ہے۔ اس کے علاوہ ''لافانی حروف'' اور ''یکتائی'' میں بھی نظم کا انداز واضح ہے۔ انہوں نے ''ماتم آزادی'' جیسے نظم لکھ کر مسدس کے پیرہن کو اختیار کیا۔ ان کی مشہور ''بشارت'' حیدرآباد کی یادگار ہے۔ اس کے علاوہ ان کی مایہ نظموں میں ''فتنۂ خانقاہ'' اور ''ترقی کی خواہش'' ہی نہیں' بلکہ ''کسان'' کو بڑی اہمیت حاصل ہے۔ اپنے عہد کے مشہور نظم گو شاعر کی حیثیت سے جوش ملیح آبادی وقار کا درجہ رکھتے ہیں۔ جس کے بعد ابوظفر عبدالواحد ایک ایسے شاعر ہیں جنھوں نے استاد کی حیثیت سے سٹی کالج میں ملازمت کی اور نظام کالج سے بی ایڈ کرنے کے بعد علیگڑھ سے فارسی میں ایم اے کیا اور وہیں سے انگریزی میں ایم اے کا امتحان کامیاب کرنے کے بعد سٹی کالج میں انگریزی کے لکچرر مقرر ہوئے اور اس کالج کے پرنسپل مقرر ہوئے۔ پنشن ملنے کے بعد چند سال

تک اردو کالج کے پرنسپال کی حیثیت سے کام کیا۔ انہوں نے اردو اور انگریزی میں عروج کا بہر حال مطالعہ کیا ہے۔ ان کی مشہور کتاب ''آہنگ شیر'' عروج کے مطالبہ کی دلیل ہے۔ اسی طرح انہوں نے دنیا کی تاریخ کو ''تمدن عتیق'' جیسی کتاب میں شامل کیا۔ ان کی نظموں میں ''جنت''، ''پپیہا''، ''بادل'' اور ''باغ'' کی اہمیت سے انکار نہیں کیا جاسکتا۔ ہزار ہا طلبہ نے ان سے فیض حاصل کیا۔ خواتین کی فہرست میں نوشابہ خاتون کو حیدرآباد میں نظم نگاری کی حیثیت سے بڑی اہمیت حاصل ہے۔ ان کی پیدائش 1900ء میں ابرہہ کے مقام پر ہی بچپن میں ہی حیدرآباد آ گئیں۔ 1964ء میں بی اے کا امتحان کامیاب کر کے جامعہ عثمانیہ کی پہلی خاتون گریجویٹ کا موقف حاصل کیا۔ ویمنس کالج میں عربی، فارسی اور انگریزی کی لکچرر مقرر ہوئی۔ وہ ملا فخر الحسن لکچرر ٹیچرس ٹریننگ کالج کی اہلیہ تھیں۔ آخری عمر میں ذہنی توازن بگڑ گیا تھا۔ لیکن اخلاقی، اصلاحی اور مدحیہ نظموں کا مجموعہ ''موج تخیل'' کے نام سے شائع ہوا۔ ان کی نظموں میں ''سری نگر کا شاہی باغ'' کی اہمیت سے انکار نہیں کیا جاسکتا۔ غلام طیب اس دور کے ایسے شاعر ہیں، جنہوں نے غزل اور نظم کی آبیاری پر توجہ دی۔ غلام طیب کی پیدائش 1901ء میں ہوئی۔ بارہ بنکی کے ایک گاؤں میں پیدا ہوئے۔ لکھنؤ کے کالج سے بی اے کا امتحان کامیاب کیا۔ 1921ء کی سیاسی ہلچل کی وجہ سے تعلیم جاری نہ رکھ سکے۔ مولوی عبدالحق نے انہیں اورنگ آباد بلالیا۔ 1948ء کے بعد حیدرآباد میں قیام کیا۔ انہوں نے افسانے، نثری خاکے اور غزلیں اور نظمیں بھی لکھیں۔ ان کی نظموں میں ''یاد نشاط''، ''حسن''، ''فوق البشر'' اور اقبال سے اندازہ ہوتا ہے کہ کلام میں شستگی اور بے ساختگی کے علاوہ فن کا رچاؤ موجود ہے۔ تمکین سرمست بھی اپنے عہد کے بہت بڑے نظم نگار تھے۔ انہوں نے ''اعتراف شکست'' اور ''آنکھ مچولی'' جیسی نظموں سے حیدرآباد کے ماحول کو نظمیہ شاعری سے آراستہ کیا۔ محمد امیر کو حیدرآباد کے اہم نظم گو شاعر کا درجہ حاصل جنہوں نے ''میر خواب''، ''شیب و شاب''، ''فرائڈ'' اور ''قرۃ العین طاہرہ'' کے علاوہ ''سفر نا تمام'' نظمیں لکھیں۔ طاہر علی خان مسلم کی نظموں میں ''نامعلوم مصنف کی قبر پر'' اور ''جواب نامہ'' کی اہمیت سے انکار نہیں کیا جاسکتا۔ اکبر وفا قانی نے ساری زندگی نظم نگاری میں صرف کردی۔ ان کی مشہور نظموں میں ''عقل و عرفان''، ''زمانہ اور میں'' اور ''تارامتی'' کو بڑی اہمیت حاصل ہے۔ بدر شکیب اور نیاز حیدر نے تمام عمر نظمیں لکھیں۔ چنانچہ بدر شکیب کی نظموں میں ''کاوش حیات''، ''کمال حیات''، ''آبشار''، ''طلوع آفتاب'' اور ''موج دریا'' کو اہمیت حاصل ہے جبکہ نیاز حیدر کی نظموں میں ''جمال مصر'' اور ''ایک رات ایک دن'' سے انکار نہیں کیا جاسکتا۔ کاوش حیدرآبادی کی نظموں میں ''پجارن'' اور ''برق موسی کی نظموں میں ''بشارت''، ''صبح آزادی''، ''ہم لوگ'' کی اہمیت سے انکار نہیں کیا جاسکتا۔ تحسین سروری نے حیدرآباد میں نظم نگاری کی روایت کو فروغ دیا۔ ان کی نظموں میں ''نئی زندگی''، ''ماضی و حال''، ''اجنبی''، ''ہمسفر'' اور

''قیدی''اہم نظموں کا درجہ رکھتی ہے۔امیر احمد خسرو کی نظم نگاری میں نظم ''فاصلے''، ''دوارا ہا''اور''راہ حق'' کی اہمیت سے انکار نہیں کیا جا سکتا۔ بیشتر شاعروں کے کلام میں پابند نظم کا انداز پایا جاتا ہے۔حیدرآباد کے ترقی پسند شاعروں میں اختر عادل اور سردار الہام کے علاوہ میر ہاشم، عبدالرؤف عروج، حمایتی علی شاعر، شفیق فاطمہ شعریٰ، رضی اختر شوق، عزیز قیسی اور غفور انیس جیسے شاعروں کو ترقی پسند ادب کی نمائندگی کرنے والے شاعر قرار دیا جاتا ہے۔جبکہ تاج مہجور، حمید الماس، زبیر رضوی اور روحی علی اصغر کو جدیدیت پسند شاعروں کی حیثیت سے اہمیت حاصل ہے۔ حیدرآباد کی سرزمین میں جہاں پابند شاعری کا چلن عام ہوا' وہیں آزاد اور معریٰ نظم کی شاعری کو بھی فروغ حاصل ہوتا رہا۔جس کا نتیجہ یہ رہا کہ شہر حیدرآباد کو مولانا حالی کے دور سے ہی نظم کے انداز اختیار کرنے اور اس کے توسط سے سماجی اور معاشی وسائل ہی نہیں' بلکہ فکری اور فطری معاملات کے ساتھ ساتھ سیاسیات کو بھی پیش کرنے کا شرف حاصل ہو گیا۔1936ء کے بعد حیدرآباد کی سرزمین پر باضابطہ مخدوم محی الدین، حمایت علی شاعر، عزیز قیسی اور دیگر ترقی پسند شاعروں نے اشتراکی خیالات کی نمائندگی کا آغاز کیا۔ رفتہ رفتہ نوجوان نسل نے ان خیالات کو قبول کیا۔ جس کی وجہ سے حیدرآباد میں نظم کا ترقی پسند انداز بھی فروغ پاتا گیا۔آزاد نظم، معریٰ نظم، پابند نظم، نثری نظم اور اسی انداز سے روایتی نظم لکھنے والے شعراء کی کوئی کمی نہیں رہی۔اس طرح حیدرآباد کا ادبی ماحول شعر گوئی کے توسط سے اپنی انفرادیت کا ثبوت فراہم کرتا ہے۔

ی۔حیدرآباد کے ادبی ماحول میں دوسری زبانوں کی شعری اصناف کا چلن

حیدرآباد کی سرزمین میں شعر گوئی ہو یا نثر نگاری۔اس علاقہ سے وابستہ فنکاروں نے نہ صرف روایتی اصناف پر خصوصی توجہ دی' بلکہ بعض روایتی شعری رویوں کو اس قدر اعتبار بخشا کہ جس کی وجہ سے حیدرآباد کو اپنے شعری رویے کی وجہ سے شہرت حاصل ہوگئی۔آصف جاہی دور میں اردو غزل کا ستارہ عروج پر تھا۔لیکن سب سے دشوار اور مشکل صنف کی حیثیت سے رباعی کو مقبولیت حاصل تھی۔عام شعراء اس صنف کی طرف اس لئے توجہ نہیں دیتے تھے کہ ان کے نزدیک رباعی بہرحال شجر ممنوعہ کا درجہ رکھتی تھی۔لیکن آصفجاہی دور میں جہاں غزل کی ترقی پر خصوصی توجہ دی گئی' وہیں شاعری میں رباعی کی صنف بھی اپنے وجود کا لوہا منوانے لگی۔اس دور کے آصف جاہی دربار سے وابستہ تو نہیں' لیکن شہر حیدرآباد کے نامور اور ملک گیر شہرت حاصل کرنے والے امجد حیدرآبادی کو رباعی گوئی کی وجہ سے امتیاز کا درجہ حاصل ہو گیا۔جس کے نتیجہ میں سرزمین حیدرآباد میں کئی ایسے شاعر پیدا ہو گئے جو باضابطہ رباعی گوئی کی صنف کو فروغ دینے میں اپنا مقام رکھتے ہیں۔حیدرآباد کی سرزمین کو نواب میر محبوب علی خاں کے دور میں ہی رباعی گوئی کے مرکز کا درجہ حاصل ہو چکا تھا۔جس کی سرپرستی حضرت امجد حیدرآبادی انجام دے

رہے تھے۔ ان کی پیدائش نواب میر محبوب علی خاں کے دور میں ہوئی اور شہرت میر عثمان علی خاں کے دور حاصل ہوئی۔ امجد حیدرآبادی کی رباعی کو اس قدر شہرت حاصل ہوئی کہ کئی غیر مسلم شعراء بھی تیز رفتاری کے ساتھ رباعی گوئی کی طرف مائل ہونے لگے۔ آر آر سکسینہ الہام، رگھویندر راؤ جذب عالپوری، ہریش چندر دکھی جالنوی ہی نہیں بلکہ عبدالقیوم خاں باقی، محمد امین، صمد رضوی سعد، مہیندر راج سکسینہ، بدرالدین خاں شکیب، نبی الحسن شمیم، شنکر مدھولال ارمان جیسے شاعروں نے باضابطہ رباعی گوئی کی طرف توجہ مائل کی۔ جس کی وجہ سے اردو شاعری میں رباعی کی صنف کو نظرانداز کرنے کا سلسلہ ختم ہوا اور اس صنف کو حیدرآباد کے بے شمار شاعروں کا شعور حاصل ہوا۔ اس طرح آصف جاہی دور میں باضابطہ روایتی صنف غزل کے بعد رباعی کو اعتبار کا درجہ حاصل ہوا۔

ک۔ آصف جاہی دور میں نظم

شمالی ہند کے بے شمار فنکاروں کو نواب میر محبوب علی خاں کے دور میں ہی حیدرآباد مدعو کیا گیا۔ اگرچہ سید علی حیدر نظم طباطبائی جیسے شاعر نے حیدرآباد کا رخ کیا۔ اور انہیں انگریزی ادب کی مشہور نظموں کو اردو میں ترجمہ کرنے کا کمال حاصل تھا۔ انگریزی شاعر تھامس گرے کی مشہور ایلجی کا اردو ترجمہ علی حیدر نظم طباطبائی نے ''گورِ غریباں'' کے نام سے کیا تھا۔ ان کے حیدرآباد تشریف لانے کے بعد اس علاقہ میں شاعروں کا ایک ایسا گروپ پیدا ہوا جنہوں نے شعر گوئی کی روایت کو برقرار رکھتے ہوئے اردو شاعری میں منظوم ترجمہ کی روایت کو فروغ دیا۔ جس کی وجہ سے حیدرآباد میں ایسے شاعر پیدا ہوئے جنہوں نے انگریزی زبان ہی نہیں بلکہ عربی، فارسی اور ہندوستانی زبانوں کی مشہور نظموں کے اردو ترجموں کی بنیاد رکھی۔ جس کی وجہ سے حیدرآباد کے ادبی ماحول میں خوشگوار تبدیلی آئی۔ علی حیدر نظم طباطبائی سے استفادہ کرکے حیدرآباد میں انگریزی نظموں کے ترجمے پیش کرنے والے اہم شاعروں میں پروفیسر عبدالقیوم خاں باقی، سید محمد ضامن کنتوری، نادر علی رعد اور ایسے ہی بے شمار شعراء موجود ہیں جنہوں نے حیدرآباد کی سرزمین میں باضابطہ منظور ترجمے کی روایت کو فروغ دیا۔ ان شاعروں اور حیدرآبادی مترجمین کی تفصیلات ڈاکٹر حسن الدین احمد نے ''سازِ مغرب'' کی گیارہ جلدوں اور ''سازِ مشرق'' کی دو جلدوں میں فراہم کی ہیں۔ غرض حیدرآباد کو جہاں اردو شعر و ادب کی نمائندگی کا حق حاصل ہوا وہیں نظم نگاری کی منظوم خصوصیات کو بھی پیش کرنے کی طرف توجہ دی گئی جو بلاشبہ حیدرآباد کی ادبی خدمات میں ایک مکمل اضافہ کا درجہ رکھتا ہے۔

ل۔ غنائیہ Opera کا اردو میں چلن:

عام طور پر شعر و ادب کی دنیا میں منظوم ڈرامے کو غنائیہ کہا جاتا ہے۔ انگریزی ادب میں غنائیہ کی روایت فرانسیسی اور جرمنی زبانوں سے منتقل ہوئی۔ اس شعری منظوم روایت کو ہندوستان کے مختلف علاقوں میں شہرت حاصل

نہیں ہوئی' عام طور پر دوسری زبانوں کی شعری اصناف کو اپنے ادب میں منتقل کرنے کو اُس دور کے فنکار معیوب تصور کرتے تھے۔ بلکہ یہ سمجھا جاتا تھا کہ خود اپنی زبان میں ادبی اصناف موجود ہیں تو دوسری زبانوں سے اصناف کا حاصل کرنا کیا ضروری ہے۔ کیوں کہ انگریزی ادب میں Opera کا چلن عام تھا۔ اور ہندوستان میں انگریزوں کے بڑھتے ہوئے اقتدار کی وجہ سے اس قوم نے ہندوستان کی سرزمین پر بھی کئی اوپیرا ہاؤز بنانے اور وہاں منظوم ڈرامے کی روایت کو انگریزی میں پیش کرنے کا سلسلہ شروع کیا۔ حیدرآباد میں بھی باضابطہ اوپیرا ہاؤز موجود تھے۔ جامعہ عثمانیہ سے تحصیل کی تکمیل کرنے والے سپوتوں نے اس انگریزی اوپیرا کی خصوصیات کو اردو میں منتقل کرنے کی کامیاب کوشش کی۔ اس سلسلہ میں سٹی کالج کے پرنسپل اور اردو کے نامور ادیب اور شاعر ہی نہیں' بلکہ ماہر اقبالیات پروفیسر عبدالقیوم خان باقی مرحوم نے سب سے پہلے ''فاؤسٹ'' کا اردو منظوم ترجمہ کیا۔ اس منظوم ترجمے کو جامعہ عثمانیہ سے ہر سہ ماہ شائع ہونے والے جریدے ''مجلّہ عثمانیہ'' میں شائع کیا گیا۔ جس کے بعد حیدرآباد کے قلم کاروں نے ڈرامہ سوسائٹی ''بزم تمثیل'' کے نام سے آغاز کیا۔ تو اس کے توسط سے اردو غنائیہ بھی پیش ہونے لگے۔ اس زمانہ میں مشہور ادیب اور شاعر مخدوم محی الدین، میر حسن، جلال الدین اشک، ابوظفر عبدالواحد، ناکارہ حیدرآبادی، رشید قریشی اور محشر عابدی جیسے نوجوانوں نے یہ کوشش کی کہ ڈرامے کی صنف کو اردو میں فروغ دیا جائے۔ اور اسی کے ساتھ غنائیہ کی ترقی پر بھی توجہ دی گئی۔ جس کا نتیجہ یہ ہوا کہ حیدرآباد کی سرزمین میں انگریزی اوپیرا کے متبادل اردو غنائیہ کی روایت کا آغاز ہوا۔ جو بلاشبہ انگریزی ادبیات کے ترجمے ہی نہیں' بلکہ خود اردو کے شاعروں کی جدت طبع کے علمبردار تھے۔ اس دور میں انگریزی کی مشہور نظم ''دی پیراڈائز لاس'' کا اردو ترجمہ ''گمشدۂ جنت'' کے نام سے کیا گیا اور اسے باضابطہ غنائیہ کے طور پر پیش کیا گیا۔ جلال الدین اشک کا لکھا ہوا مشہور تخلیقی کارنامہ ''شیطان کا انتقام'' بھی غنائیہ کے طور پر پیش کیا گیا۔ اس دور کے نامور ڈراما نگاروں میں فضل الرحمٰن، میکش حیدرآبادی، خورشید احمد جامی، اور لطیف ساجد کو اہم مقام حاصل تھا۔ جو باضابطہ اردو میں ڈرامے پیش کرنے اور اس کے ذریعہ غنائیہ کی ترقی میں بھی بڑھ چڑھ کر حصہ لیتے تھے۔ غرض آصف جاہی دور میں باضابطہ شاعری کی نمائندگی کرتے ہوئے جہاں نظم کو فروغ دیا گیا' اُسی طرح رباعی کے علاوہ نظم کے منظوم ترجمے اور اس کے ساتھ اوپیرا کی روایت کو بھی فروغ حاصل ہوا۔ جو بلاشبہ اس دور کی شعری روایت میں بہت بڑی تبدیلی کا پیش خیمہ تھا۔

م۔ حیدرآباد میں طویل نظم کی روایت

بلاشبہ حیدرآباد کے معاشرہ میں شعر و ادب کی روایتی خصوصیات کا گہرا اثر تھا۔ شمالی ہند میں باضابطہ مولانا الطاف حسین حالؔی کی لکھی ہوئی طویل نظم ''مسدس حالی'' کی شہرت عام ہو چکی تھی۔ جسے عرف عام میں ''مدوجذر

اسلام‘‘ کا درجہ حاصل تھا۔ مولانا حالی ہی نہیں، بلکہ ان کے علاوہ شبلی نعمانی کے شاگردوں کا بہت بڑا حلقہ حیدرآباد میں موجود تھا۔ اُن شاعروں نے طویل نظم کی روایت کو اہمیت نہیں دی، لیکن حیدرآباد کے آصف جاہی دور سے وابستہ شاعروں نے کئی ایسے فنکار موجود ہیں، جنھوں نے باضابطہ طویل نظم کی روایت کو کامیابی کے ساتھ پیش کرنے میں اپنا حق پورا کیا ہے۔ آصف جاہی دور کے مشہور شاعر گردھاری پرشاد باقی نہ صرف خاندانی امیر تھے، بلکہ میر شمس الدین فیض کے شاگرد کی حیثیت سے شہرت رکھتے تھے۔ نظام کے دربار سے انہیں راجہ محبوب نواز ونت بہادر کا خطاب دیا گیا تھا۔ انہوں نے فارسی اور اردو میں کلام لکھا۔ اردو دیوان ’’بقائے باقی‘‘ کے نام سے شائع ہوا ہے۔ اس کے علاوہ انہوں نے کئی منظوم کارنامے انجام دیئے۔ جن میں ’’مکتوبات منظوم‘‘ ہی نہیں، بلکہ ’’پرنس نامہ‘‘ بھی اہمیت کا حامل ہے۔ اس کے علاوہ ’’تنبیہات باقی‘‘ سے اندازہ ہوتا ہے کہ انہوں نے نہ صرف شعروادب کو طویل نظموں کے پس منظر میں ظاہر کیا، بلکہ مشہور کتاب ’’کنوز التواریخ‘‘ منظوم انداز میں پیش کی۔ جس سے اندازہوتا ہے کہ گردھاری پرشاد باقی اپنے دور کے ایسے اہم شاعر تھے جنھوں نے طویل نظم کی روایت کو جاری رکھا۔ نصیرالدین ہاشمی نے اپنی کتاب ’’دکن میں اردو‘‘ کے ذریعہ گردھاری پرشاد کی تفصیلات اور ان کی وفات 1314ھ مطابق 1896ء میں نواب میر محبوب علی خاں کے عہد میں انتقال ہونے کا ثبوت ملتا ہے۔ اس دور میں حیدرآباد کو شاعروں کے مرکز کا درجہ حاصل تھا۔ اور اس شہر میں نامور شاعروں کو اساتذہ کا درجہ حاصل تھا، جن میں میر شمس الدین فیض کا مقام ومرتبہ سب سے بلند تھا۔ ان کے شاگردوں کی تعداد بڑی طویل تھی۔ ان کے شاگردوں میں ہر ایک نے کافی نام کمایا۔ جس میں بہاری لال رمز اور دیگر کئی شعراء اہمیت کے حامل تھے۔ اس دور میں مذہبی واقعات کو طویل نظم کی شکل میں پیش کرنے والے سید جلال الدین توفیق بھی اپنی امتیازی شناخت رکھتے تھے۔ ان کی شاعری میں تمام اصناف کا انداز پایا جاتا ہے۔ اور انہوں نے تصوف میں خواجہ میر درد کی روش کو اختیار کیا تھا۔ ان کی طویل نظموں میں اسلامی اہم عنوانات جیسے شب معراج، شب برأت، شب قدر ہی نہیں، بلکہ عیدالفطر، روزہ، نماز، حج اور زکوۃ کے علاوہ کئی موضوعات پر طویل نظموں کا ذخیرہ دکھائی دیتا ہے۔ غرض حیدرآباد کی ادبی شناخت میں اس حقیقت کو نظرانداز نہیں کیا جاسکتا کہ اس سرزمین سے تعلق رکھنے والے شاعروں نے آصفجاہی دور میں شعری روایت کو برقرار رکھتے ہوئے نہ صرف اہم کارنامے انجام دیئے، بلکہ اپنے دور کے تقاضوں کے اعتبار سے نظم کی شاعری کو بھی کئی موضوعات اور عنوانات سے وابستہ کرکے اردو نظم کے فروغ میں بڑھ چڑھ کر حصہ لیا۔ جس سے اندازہ ہوتا ہے کہ آصف جاہی دور کی شاعری میں شعرگوئی کے مختلف انداز کی جھلکیاں ملتی ہیں۔

ن۔ منظوم مذہبی شاعری اور مذہبی صحافت:

آزادی سے قبل ہی آصف جاہی سلطنت سے وابستہ اردو شاعروں نے نہ صرف شاعری کی نیرنگیوں کو پیش کرتے ہوئے اپنے زمانے کے اثرات کو شعر گوئی کا حصہ بنانے میں کامیابی حاصل کی۔ یہ حقیقت ہے کہ ریاست حیدرآباد میں مذہبی شاعری کو فروغ حاصل ہو رہا تھا۔ جس کی وجہ سے قادری، نقشبندی، چشتی، شطاری اور ابوالعلائی ہی نہیں، بلکہ کئی سلسلوں سے تعلق رکھنے والے بزرگانِ دین کی بارگاہیں حیدرآباد میں موجود ہیں۔ اور ان سے تعلق رکھنے والے اہلِ سلاسل اور سجادہ نشینوں نے مذہبی شاعری کے رویے کو برقرار رکھا ہے۔ اس کے علاوہ ریاست حیدرآباد کی امتیازی خصوصیت یہ تھی کہ اس مملکت کے صدر مقام یعنی حیدرآباد سے مذہبی رسالوں کا سلسلہ بھی جاری تھا۔ میر عثمان علی خاں آصف جاہ سابع کے دور میں حیدرآباد کی سرزمین سے سب سے مقبول اور مشہور رسالہ ''واعظ'' شائع ہونے لگا۔ جس کے مدیر عبدالوہاب عندلیب ہوا کرتے تھے۔ جن کا کارنامہ یہ ہے کہ انہوں نے حضور اکرم صلی اللہ علیہ وسلم کی احادیث کا اردو میں منظوم ترجمہ پیش کیا۔ اس اعتبار سے مذہبی تعلیمات کو شعری روش میں ڈھالنے کا کارنامہ بھی حیدرآباد کی سرزمین سے انجام دیا گیا۔ یہی نہیں، بلکہ ہندوستان کی آزادی سے کچھ قبل محمد یوسف الدین قادری نے مشہور رسالہ ''ارشاد'' جاری کیا۔ جس کے ذریعہ نہ صرف مذہبی عقائد اور شریعت محمدی صلی اللہ علیہ وسلم کے بارے میں نثر ہی نہیں، بلکہ شاعری میں بھی اظہار خیال جاتا تھا۔ حیدرآباد کی سرزمین میں حضرت یحیٰی پاشاہ حاذق اور ابوالحسنات سید عبداللہ شاہ صاحب کے مریدین کی بہت بڑی تعداد تھی۔ ان بزرگوں نے نہ صرف قرآن کی تفاسیر بلکہ احادیث کی وضاحتوں کو بھی نثر میں پیش کیا۔ کئی شعراء نے ان نثری کارناموں کو منظوم انداز سے پیش کرنے میں کامیابی حاصل کی۔ اُس دور کا مشہور مذہبی رسالہ ''القدیر'' محمد احمد کی ادارت میں شائع ہوتا تھا۔ جس کے ذریعہ مذہبی عقائد اور اہلِ سنت والجماعت کے عقائد کی آبیاری کی طرف توجہ دی جاتی تھی۔ حیدرآباد کا مشہور قومی ترانہ فارسی زبان میں تھا۔ ''القدیر'' کے مدیر نے اپنے شمارے میں فارسی ترانے کا اردو منظوم ترجمہ پیش کر کے میر عثمان علی خاں کے دربار میں پیش کیا۔ تب سے ان کا منظوم ترانہ ہی ریاست حیدرآباد کا اہم ترانہ قرار دیا جاتا رہا۔ جس کی طویل مباحث ''القدیر'' کے شماروں میں موجود ہیں۔ ان حقائق سے خود پتہ چلتا ہے کہ باضابطہ ریاست حیدرآباد میں شاعری کو فروغ دینے میں جہاں منظوم ترجموں کی روایت کو اہمیت حاصل ہے، وہیں مذہبی رسالوں میں شائع ہونے والی تخلیقات اور دیگر دلچسپیوں کو بھی نظر انداز نہیں کیا جا سکتا۔ جب حیدرآباد کی سرزمین میں شاعروں کی جانب سے ''منظوم تاریخ'' کا انداز فروغ نہ پا سکا تو نواب میر عثمان علی خاں نے اردو کے مشہور شاعر اور پنجاب سے تعلق رکھنے والے ابوالاثر حفیظ جالندھری کو اسلام کی منظوم تاریخ مرتب کرنے کی ذمہ داری سونپی جنہوں نے تاریخ اسلام کے منظوم انداز یعنی اردو میں ''شاہ نامہ اسلام'' لکھ کر ساری اردو دنیا میں شہرت حاصل کی۔ اس منظوم اسلامی تاریخ کی

اشاعت کے لئے بھی ریاست حیدرآباد کی شاہانہ سرپرستی کا ثبوت موجود ہے۔ جس کی وجہ سے یہ کہا جائے تو بیجا نہ ہوگا کہ اردو شاعری اور اس کے توسط سے مختلف علوم وفنون کے ذریعہ شاعری میں اظہار خیال کی روایت ریاست حیدرآباد کی امتیازی خصوصیت ہے۔ چنانچہ منظوم اسلامی شاعری اور مذہبی صحافت کی وجہ سے حیدرآباد کی شعر گوئی کے مزاج میں توازن پیدا ہونے کی خصوصیات جلوہ گر نظر آتی ہیں۔

ریاست حیدرآباد کی علمی وادبی ترقی کی نہیں، بلکہ شاعری کو بھی عروج دینے کے لئے اس علاقہ میں مختلف ریاستوں سے اہل فن جمع ہو گئے تھے جو نہ صرف شاعری کے پیچیدہ نکات اور علم عروض کے اہم کارناموں سے بحث کرتے اور عالمانہ انداز کے ذریعہ اپنے خیالات کو نمائندگی دے کر شاعری کے فن کی ترقی اور اس کی اہمیت پر توجہ دیا کرتے تھے۔ ریاست حیدرآباد کی علمی وادبی ترقی کے علاوہ اس دور کی نادر ونایاب خصوصیات یہ بھی ہیں کہ اس دور کے بادشاہ نے حیدرآباد کے باشندوں کو اُن تمام سہولتوں سے آراستہ کیا جو یوروپ کی سرزمین میں تیز رفتاری کے ساتھ ترقی کررہی تھیں۔ چنانچہ آصف جاہی دور کے اُن کارناموں کو بلاشبہ سماجی اور فلاحی خدمات سے وابستہ کیا جائے گا۔ جس کے ذریعہ عمارتوں کی تعمیر سڑکوں اور ریلویز کی ترقی، ہوائی اڈہ اور ٹرانسپورٹ کا نظام، پوسٹ اینڈ ٹیلی گراف کا نظام ہی نہیں، بلکہ ریاست حیدرآباد کو چونکہ تاجدارِ انگلستان کی تائید حاصل تھی اس لئے اس ریاست کی شاہانہ خصوصیات کے ساتھ ساتھ عوامی ترقی پر بھی خصوصی توجہ دی گئی۔ جس کی وجہ سے عوامی بھلائی کے بے شمار کام ریاست حیدرآباد میں میر عثمان علی خاں کے عہد سے ہی مقبولیت کا ذریعہ بن گئے۔ اور ان کارناموں کو انجام دینے میں سب سے زیادہ سرگرمی ہندوستان کی دوسری ریاستوں کے مقابلے میں ریاست حیدرآباد میں دکھائی دیتی ہے۔ جہاں صنعت وحرفت ہی نہیں، بلکہ مفاد عامہ کے کارنامے بھی انجام دیئے جانے لگے۔ اس خصوص میں حیدرآباد کی تاریخی کتابوں میں تمام تفصیلات پیش کی جاچکی ہے۔ مانک راؤ وٹھل راؤ کی مشہور کتاب ''بستان آصفیہ'' سات جلدوں پر مشتمل ہے۔ اور تاریخ حیدرآباد کے مختلف گوشوں کے علاوہ سید علی بلگرامی کی مشہور کتاب ''آثارِ دکن'' اور انگریزی میں لکھی ہوئی مشہور کتاب ''دی گلمسیس آف دی نظام ڈومینین'' سے پتہ چلتا ہے کہ آصف جاہی بادشاہوں نے ریاست حیدرآباد ہی نہیں، بلکہ اضلاع اور شہر کی ہمہ جہت ترقی کے لئے بیشمار کارنامے انجام دیئے اور ان کارناموں کو آزادی کے 73 سالہ دور میں بھی تکمیل نہ ہوسکی۔ جبکہ آخری بادشاہ نواب میر عثمان علی خاں نے صرف 36 سال حکمرانی کی اور ایسے کارنامے انجام دیئے کہ جس کی وجہ سے ان کا نام جنوبی ہند کی تاریخ میں ایک سیکولر فرمانروا کی حیثیت سے شہرت کا حامل قرار دیا جائے گا۔

ق۔ آصف جاہی فلاحی خدمات:

اس خصوص میں بے شمار تاریخی شہادتیں اور تصاویر کے ذریعہ حقائق سامنے آچکی ہیں کہ نواب میر محبوب علی خاں اور نواب میر عثمان علی خاں نے اپنی ذاتی اغراض کے لئے سرمایہ کے استعمال کے بجائے عوام کی فلاح و بہبود اور باشندوں کی ہر قسم کی سہولت کے لئے سرمایہ کا استعمال کیا۔ نواب میر عثمان علی خاں اپنی ذات کے لئے کنجوس واقع ہوئے تھے۔ جبکہ قومی، ملی اور تعلیمی سرگرمیوں کے لئے وہ صرف ہندوستان ہی نہیں، بلکہ سارے ملک کے اداروں کی مالی امداد کے لئے پیش پیش رہتے تھے۔ اگرچہ میر عثمان علی خاں کا عہد 1911ء سے شروع ہوتا ہے لیکن حیدرآباد میں عوامی اور فلاحی خدمات کا سلسلہ نواب میر محبوب علی خاں کے دور سے ہی جاری ہو جاتا ہے۔ چنانچہ ''شوکت عثمانیہ'' کے نگران ڈاکٹر محمد رحیم الدین انصاری نے ان خیالات کا اظہار کیا ہے۔

''1908 کی ہولناک طغیانی آصف سابع کی نظر میں تھی۔ اس بے لگام ندی کو قابو میں کر کے شہر حیدرآباد کے لئے پینے کے پانی کی فراہمی کا مسئلہ تھا۔ چنانچہ انہوں نے 1920ء میں رود موسیٰ پر عثمان ساگر اور 1927ء میں رود عیسیٰ پر حمایت ساگر تعمیر کروایا۔ یہ کہا جاسکتا ہے کہ جدید شہر حیدرآباد کی تعمیر تک بھی یہی دونوں ذخائر آب سے شہر کو پانی سربراہ ہوتا رہا۔ اور اب بھی قدیم شہر کو سیراب کرتا ہے۔ آب پاشی کے لئے بھی نظام کی خدمات ناقابل فراموش ہیں۔ چنانچہ دریائے مانجیرا پر نظام ساگر ڈیم کی تعمیر کا آغاز 1923ء میں ہوا اور 1931ء میں میں تکمیل کو پہنچا۔ اسی سال نظام آباد میں علی ساگر لفٹ اریگیشن پروجیکٹ قائم ہوا۔ جس سے ریاست میں تری کاشت کے رقبے پھیل گئے۔ ریاست حیدرآباد اور ریاست مدراس کے اشتراک سے تنگبھدرا ڈیم کی تعمیر بھی نظام ہی کا کارنامہ ہے۔

نظام دکن نواب میر عثمان علی خاں کی نظر میں ریاستی عوام کی صحت عامہ بھی تھی۔ انہوں نے کئی دواخانے قائم کئے۔ افضل گنج کا دواخانہ جسے سالار جنگ اول نے 1866ء میں تعمیر کروایا تھا۔ 1908ء میں طغیانی کی نذر ہو گیا۔ 1919ء میں برطانوی آرکیٹکٹ ونسنٹ چیروم نے اس کا نقشہ بنایا اور خان بہادر مرزا اکبر بیگ نے اس کی تعمیر کروائی۔ یہ دواخانہ اس وقت 20 لاکھ روپے میں تعمیر ہوا تھا۔ اب اس کے 100 سال گزر چکے ہیں۔ 1926ء میں نظامیہ شفاخانہ چارمینار قائم ہوا۔ اعلیٰحضرت نے اپنے دست مبارک سے سنگ بنیاد رکھا۔ دواخانہ دق وسل کے

دواخانے کے لئے نواب فخر الملک نے اپنا ایک محل ارم نما آصف سابع کو ہدیہ کیا تھا۔ نظام نے اس میں دواخانہ دق وسل قائم کیا۔

علاوہ ازیں اس موذی مرض سے نجات کے لئے دبیر پورہ اور اننت گیری میں بھی سینی ٹوریم قائم کئے۔ نفسیاتی امراض کے علاج کے لئے ایرہ گڈہ اور جالنہ میں دواخانے قائم ہوئے۔ نظامس آرتھوپیڈک ہاسپٹل، نظام چیارٹیبل ٹرسٹ کے ابتدائی عطیہ 55لاکھ سے 1961ء میں قائم ہوا۔

صنعت وحرفت کی ترقی میں اعلیٰحضرت کی خدمات ناقابل فراموش ہیں۔ عثمان شاہی ملز، اعظم جاہی ملز، سر پور پیپر ملز، شاہ آباد سمنٹ فیکٹری، سرسلک، نظام شوگر فیکٹری، نرمل انڈسٹری اس کے علاوہ بیسیوں صنعتی کارخانے ہیں جسے نظام نے قائم کیا۔ ذرائع حمل ونقل کے ضمن میں یہ بات محتاج تعارف نہیں ہے کہ نظام اسٹیٹ ریلوے، روڈ ٹرانسپورٹ ڈپارٹمنٹ، دکن ایرویز، یہ ترقی ریاست حیدرآباد کو نہ صرف ممتاز کرتی ہے بلکہ دنیا کے کسی بھی ترقی یافتہ شہر سے اس کا مقابلہ کیا جاسکتا تھا۔ یہ بات دلچسپی سے خالی نہیں کہ ریاست مدراس حکومت برطانیہ کے زیر نگیں تھی لیکن اس ریاست میں بجلی بعد میں آئی جبکہ حیدرآباد پہلے منور ہو چکا تھا۔ محکمہ موسمیات قائم ہو چکا تھا۔ نینی تال میں رصدگاہ تھی لیکن اُسے حکومت برطانیہ نے قائم کیا تھا۔ حیدرآباد کا اپنا ڈاک وتار کا نظام تھا اور ریاست ٹیلیفون کی سہولت سے لیس تھی۔

نواب میر عثمان علی خاں آصف سابق نے حیدرآباد کو اور بلند کر دیا۔ ریاست ہر سہولت وآسائش سے لیس تھی۔ ترقی یافتہ ممالک سے ہم قدم اس کی ترقی کا شہرہ ولایت تک تھا۔ تعلیم، تدریس، عدالت، زراعت، صنعت وحرفت، آبپاشی، آبرسانی، طب، عصری آلات سے لیس دواخانے بجلی، ڈاک تار، ٹیلیفون، ذرائع حمل ونقل، ریل، بس، ہوائی جہاز، کیا چیز تھی جو ریاست حیدرآباد میں میسر نہیں تھی۔ نواب میر عثمان علی خان کا 36 سالہ دور حکومت نہ صرف ریاست کے عروج کا دور ہے بلکہ آمریت میں جمہوریت کا دور ہے۔ نظام نے جو مشاورتی کونسل ترتیب دی تھی' اس کے فیصلوں سے یہ ثابت ہو جاتا ہے کہ نظام مطلق العنان ہرگز نہیں تھے۔ دنیا نے ان

کی سادہ پوشی، سادہ خوراک اوراپنی ذات کے لئے جز رسی کو ہدف تنقید بنایا ہے لیکن
عوام اور عالم انسانیت کیلئے ان کی دریادلی کی قدر نہیں کی۔'' (18)

ان حقائق کی روشنی میں اندازہ ہوتا ہے کہ علمی و ادبی ہی نہیں' بلکہ فلاحی کام انجام دینے میں ریاست حیدرآباد کا سارے ملک میں کوئی ثانی نہ تھا۔ بادشاہوں نے ہندو مسلم اتحاد کی روایت کوفروغ دیا۔ اور ریاست حیدرآباد میں تمام مذاہب کے افراد اور خاندان کو یکساں ترقی کا موقع فراہم کیا گیا۔ عوام نہ صرف خوشحال اور بحال زندگی گزارتے تھے بلکہ روزگار کی عدم فراہمی بھی ہوتو لنگر سے مفت کھانے کا انتظام موجود تھا۔ اس لئے کسی کو روزگار کی فکر نہیں ہوتی تھی۔ ریاست کی ہمہ جہت ترقی کے لئے کئی محکمے قائم کردیئے گئے تھے۔ جو عدالت، تعلیم اور داخلی امور کے علاوہ سیاسی امور کے نگران تھے۔ عوامی امور کے سلسلے میں جو محکمے موجود تھے وہ عمارات وشوارع، آبپاشی، آفات سماوی، آبرسانی، ٹیلیفون، آثار قدیمہ، رجسٹریشن اور دستاویزی ٹکٹ پر مبنی تھی۔ مالیات کے محکمے کے تحت صدر محاسبی، خزانہ، دارالضرب، اسٹامپ، ریلوے اور برقی کے محکمے شامل تھے۔ محکمہ قانون کے تحت امور مقنّنہ، مشاورت قانونی اور نظام عدلیہ تھا۔ محکمہ افواج کے تحت باقاعدہ اور بے قاعدہ فوج اور شعبہ طب منسلک تھا۔ سیاسی امور کے محکمہ کے تحت محکمہ بلدیہ، امور شہری نگہبانی اور باغ عام تھے۔ اس کے علاوہ عدالت، تعلیم، داخلی امور کے تحت محکمہ پولیس، محکمہ محابس، محکمہ ڈاک، محکمہ تعلیمات بشمول یونیورسٹی اور رسدگاہ شامل تھے۔ صنعت وحرفت کے تحت بلدیہ، اضلاع، لوکل فنڈ، کانکنی، محاصل، زراعت اور امداد باہمی کے شعبے شامل تھے۔ محکمہ مال گزاری کے تحت مال، جاگیرات، انعامات، محکمہ جنگلات اور کروڑ گیری کے شعبے کام کرتے تھے۔ اس طرح ریاست کی عوامی ترقی کے لئے باشاہِ وقت نے سارے محکموں کی نمائندگی کرتے ہوئے باضابطہ احکام جاری کئے تھے۔ تاکہ ہر قسم کی سہولت فراہم کر کے عوام کی بھلائی کو جاری رکھا جائے۔ اس طرح آصف جاہی دور کی فلاحی خدمات سے بھی پتہ چلتا ہے کہ ریاست کی ترقی میں عوام کی نمائندگی اور ان کے لئے تمام سرگرمیوں کو جاری رکھنے کا سلسلہ آصف جاہی بادشاہوں نے اپنے دور میں جاری رکھا۔ اس کی وجہ سے علمی و ادبی ترقی ہی نہیں' بلکہ شعروادب اور ہمہ جہت ترقی کا ماحول حیدرآباد میں پیدا ہوگیا۔ ایسا ماحول ہندوستان کے کسی راجہ، مہاراجہ، رجواڑے اور بادشاہ کے دور میں نہیں تھا۔ اسی لئے آصف جاہی دور کو ہندوستان کی بادشاہت کا زرین دور قرار دیا جاتا ہے۔

ریاست حیدرآباد کو جدید ترقیات سے مالا مال کرنے میر عثمان علی خان کی خدمات کو نظر انداز نہیں کیا جاسکتا۔ ان کے عہد میں ساری ریاست کی ترقی پر خصوصی توجہ دی گئی۔ یوروپ کی نئی ایجادات کو حیدرآباد میں ترقی دی گئی۔ جس کا نتیجہ یہ ہوا کہ ریاست حیدرآباد میں جدید ترقیات کے تمام رویہ کارآمد ثابت ہوئے۔ یہاں تعلیمی نظام

کی اعلیٰ یونیورسٹی قائم ہوئی۔ اور ریاست حیدرآباد کے سپوت نے عثمانین کا درجہ حاصل کر کے ساری دنیا میں شہرت حاصل کی۔ ریاست حیدرآباد کو جنت نشان بنانے میں اس کے آخری بادشاہ کی کارکردگیوں کو نظر انداز نہیں کیا جاسکتا۔ اس سلسلہ میں حیدرآبادی نظام کی تفصیلات تحریر کرتے ہوئے یہ لکھا گیا:

''حیدرآباد میں آبرسانی انتظام اور بجلی کا انصرام ایک دوسرے کے تقریباً ساتھ ساتھ ہیں۔ 1923 میں محلّہ محلّہ نل لگ گئے' جس میں 24 گھنٹے پانی فراوانی سے بہتا تھا۔ صبح صبح ہندو عورتیں اپنے پیتل کے گھڑے، بندیا، لٹیا، نل کے پاس ڈھلی ہوئی ریت سے جھائیں جھائیں یو مانجھتیں کہ پانی بھر کر بندیا اوپر بندیا تین تین کی قطار میں سر پر رکھے جب چلتی تھیں تو سر پر رکھتے رکھتے جو پانی چھلک جاتا تو سورج کی روشنی میں بندیا سونے جیسی دمکتی تو تھی ہی' لیکن بھیگے بدن سے جو بھاپ اٹھتی اسی کو دیکھ کر جوش نے کہا تھا ''ایک بھاپ سی اٹھتی ہے مسامات سے دھانی۔ کیا گلبدنی گلبدنی گلبدنی ہے''۔ عثمان ساگر کی تعمیر کے بعد 1927ء میں حمایت ساگر تعمیر ہوا۔ ان دونوں آبی ذخائر نے شہر حیدرآباد کو ہمیشہ سیراب رکھا۔ نظام کے دور میں گھر گھر پانی کی سربراہی کی لائن کے باوجود برائے نام محصول تھا' جو ششماہی وصول کیا جاتا۔ ان ہی دونوں ذخائر سے اکیسویں صدی کی اوائل تک پانی سربراہ ہوتا رہا۔ آندھراپردیش کے قیام کے 50 برس میں کوئی تین برس پہلے یعنی 2003ء میں تلگو دیشم حکومت کے دور میں کرشنا سے پائپ لائن آئی بھی تو نل سوکھے پڑے ہیں۔ اور جو اگر ٹینکر ہیں بھی تو ان کی اجارہ داری کا حال تو آپ اخبار میں پڑھ ہی رہے ہیں۔ 1924ء میں شہر میں بجلی رواج پائی' لیکن ہر گھر بجلی سے منور نہیں تھا' خال خال گھروں میں بجلی تھی' جس میں عزیز باغ، جلیل منزل، جہاں فصاحت جنگ جلیل رہتے تھے۔ ان میں بجلی اور نل دونوں تھے' بلکہ 1924ء میں ٹیلیفون بھی رواج پا چکا تھا۔ جناب حسن الدین صاحب کی رہائش میں آج بھی 1924ء کی بجلی کی وائرنگ' پیتل کے برطانوی کھٹکے' چھت سے لٹکے ہوئے پنکھے اور ان کے ریگولیٹر نہ صرف دیکھے جاسکتے ہیں'

بلکہ اپنی اصلی حالت میں کارکرد ہیں اور دیکھنے والے کو اس دور میں سفر کرواتے ہیں''۔(19)

ان حقائق کی روشنی میں اندازہ ہوتا ہے کہ حیدرآباد کے ادبی ماحول میں ترقی کے ساتھ ساتھ باضابطہ تعلیمی، سماجی، معاشی اور معاشرتی ہی نہیں' بلکہ فلاحی سطح پر بھی ریاست حیدرآباد کی ترقی میں اس ریاست کے بادشاہوں کا اہم حصہ رہا ہے۔خود نواب میر محبوب علی خاں ایک شاعر تھے۔اور فارسی کے علاوہ اردو میں بھی شاعری کرتے تھے۔ نواب میر عثمان علی خان کو بھی شاعری سے خصوصی شغف تھا۔عثمان تخلص کرتے تھے۔ان کا دیوان بھی شائع ہو چکا ہے۔ان کے مشہور شعر پر اعتراض کیا گیا تھا۔انہوں نے لکھا تھا

سلاطین سلف سب ہو چکے نذر اجل عثماں　　مسلمانوں کا تیری سلطنت سے ہے نشاں باقی

اس دور کے ادب دوست، نقاد اور محققین ہی نہیں' بلکہ شاعروں نے بھی میر عثمان علی خاں کے اس غیر حقیقت پسند شعر پر اعتراض کیا۔حالانکہ وہ بادشاہِ وقت تھے۔لیکن ان کی اعلیٰ ظرفی کا ثبوت اس بات سے ملتا ہے کہ انہوں نے خندہ پیشانی سے اختلاف کو قبول کیا اور پھر اپنے شعر میں تصرف کو جاری رکھتے ہوئے اس طرح کلام میں تبدیلی کو پیش کیا۔

سلاطین سلف سب ہو چکے نذر اجل عثماں　　مسلمانوں سے تیری سلطنت کا ہے نشاں باقی

میر عثمان علی خاں جیسے آصف جاہی سلطنت کے حکمران ہی نہیں' بلکہ ان کے شہزادے اعظم جاہ بہادر کو بھی شاعری سے بڑا شغف تھا اور ان کے حلقۂ احباب میں بے شمار شعراء اور موسیقار موجود تھے۔انہوں نے اپنا تخلص اعظم جاہ شجیع اختیار کیا۔اور ان کے دور میں ہی ان کا کلام ساز پر گانے اور محفلوں میں اعتبار کا درجہ حاصل کرنے لگا۔غرض پہلے آصف جاہی حکمران میر قمر الدین علی خاں آصف اور شاکر کے تخلص سے شعر گوئی کا حق ادا کرتے تھے۔وہ سپہ سالار بھی تھے اور شاعر بھی۔قدیم دور کی یہ روایتیں رہی ہیں کہ سپاہی پیشہ افراد بھی اپنی شمشیر زنی کا تجربے رکھتے ہوئے میدان جنگ میں کارنامے انجام دیتے تھے تو اس کے ساتھ ہی شاعری کی محفلوں میں بھی اپنے کلام کے زور پر اردو ادب اور فارسی ادب کی نمائندگی کیا کرتے تھے۔آصف جاہی دور کے آخری دو بادشاہوں نے ریاست حیدرآباد کی شعری و ادبی ترقی کے لئے اور سارے علاقے میں ادبی ماحول کو پران چڑھانے کے لئے باضابطہ شمالی ہند کے کارنامے انجام دینے والے شاعروں اور قلم کاروں کو حیدرآباد منتقل کیا۔میر محبوب علی خاں کے دور میں ہی نہیں' بلکہ میر عثمان علی خاں کے دور میں بھی شاعروں اور ادیبوں کی باریابی ہوتی رہی۔چنانچہ ملک کے کونے کونے سے قابل افراد کو مدعو کر کے حیدرآباد کی عزت و شان بڑھانے کے ساتھ ساتھ اس علاقہ کی علمی و ادبی سرگرمیوں کو بھی فروغ دینے کا

کارنامہ انجام دیا گیا۔ جس کی وجہ سے ریاست حیدرآباد کے مرکز یعنی حیدرآباد کو علمی وادبی شہر ہی نہیں' بلکہ شعر گوئی کے مرکز کا درجہ حاصل ہوگیا۔ یہ سلسلہ نواب میر محبوب علی خاں سے بہت پہلے سے جاری رہا۔ میر قمر الدین علی خاں آصف جاہ اول خود دہلی سے دکن منتقل ہوئے تو ان کے ساتھ بے شمار سپاہی اور اہل فن کے علاوہ نمایاں کارنامے انجام دینے والے افراد بھی اُس دور کے پایہ تخت اورنگ آباد میں منتقل ہوئے اور پھر رفتہ رفتہ یہ تبدیلی حیدرآباد کی طرف رجوع ہوگئی۔ آصف جاہی دور کے ترک وطن کر کے حیدرآباد منتقل ہونے والے اہم شاعروں اور ادیبوں کی طویل فہرست ہے۔ جسے بطور نمونہ پیش کیا جارہا ہے۔

ر۔ آصف جاہی ادب نوازی:

1771ء میں جب میر نظام علی خاں آصف جاہ دوم نے حیدرآباد کو پایہ تخت قرار دیا تو ان کے ساتھ مشہور مغنیہ ماہ لقابائی چندا نے حیدرآباد کا رخ کیا۔ اس کی قیام گاہ موجودہ پرانی حویلی میں تھی۔ جس کے انتقال کے بعد 1823ء میں کوہ مولاعلی کے احاطہ میں دفن کیا گیا۔ میر عثمان علی خاں نے عثمانیہ یونیورسٹی قائم کرنے کے لئے اس کے اہل خاندان سے اڈکمیٹ کی زمین خریدی اور وہاں عثمانیہ یونیورسٹی کی عمارتیں قائم کیں۔ جس سے اندازہ ہوتا ہے کہ ماہ لقابائی چندا نہ صرف شاعرہ تھی' بلکہ اہل ثروت خواتین میں شمار کی جاتی تھی۔ جس کی زمین پر آج جامعہ عثمانیہ کا قیام عمل میں لایا گیا ہے۔ جب میر عثمان علی خاں نے اس یونیورسٹی کے قیام کا ارادہ کیا تو 1917ء میں جملہ 1400 ایکڑ احاطہ پر اس یونیورسٹی کی بنیاد رکھی۔ موجودہ دور میں نام پلی کے احاطے میں قائم گورنمنٹ پی جی اینڈ ڈگری کالج برائے خواتین کا تمام تر علاقہ ماہ لقابائی چندا کی بیٹی کی زرخریدز مین تھی۔ جس سے اندازہ ہوتا ہے کہ دوسرے آصف جاہی سلطنت کی خواتین کی زمینوں پر آج حیدرآباد کے مایہ ناز تعلیمی ادارے قائم ہیں۔ شمالی ہند سے منتقل ہونے والے شاعروں اور ادیبوں کی طویل تعداد ہے۔ دوسرے نظام کے علاوہ تیسرے اور چوتھے نظام کے اقتدار کے دوران بھی بیرونی ممالک کے افراد کو بھی اس ریاست میں جگہ فراہم کی گئی۔ مشہور فرانسیسی جرنل موسیور ینو کا احاطہ آج بھی موسیٰ رام باغ کے نام سے مشہور ہے۔ جو یوروپ سے حیدرآباد آیا تو بادشاہوں نے اس کی عزت۔ جب سکندرآباد میں انگریزی فوج کا قیام ہونے لگا تو انگریزوں کی یادگار عمارت موجودہ دور کے ویمنس کالج میں تبدیل ہو چکا ہے۔ میر محبوب علی خاں کے دور میں دہلی کے مشہور شاعر داغ دہلوی ہی نہیں' بلکہ لکھنؤ کے مشہور شاعر امیر مینائی نے بھی حیدرآباد کا رخ کیا اور اسی سرزمین کے خطہ خاک میں کا حصہ بن گئے۔ جلیل حسن جلیل بھی اُتر پردیش سے حیدرآباد اور انہیں جلیل مانک پوری کی حیثیت سے شہرت حاصل ہوئی۔ جبکہ حیدرآباد کے آصف جاہی بادشاہ نے انہیں فصاحت جنگ جلیل کے خطاب سے نوازا۔ میر عثمان علی خاں کے ابتدائی دور میں مشہور شاعر

جوش ملیح آبادی، سید علی حیدر نظم طباطبائی اور علامہ نجم آفندی جیسے شاعروں نے حیدرآباد کا رخ کیا۔ اسی طرح فانی بدایونی اور علامہ حیرت بدایونی نے بھی اپنا وطن قربان کر کے حیدرآباد کا رخ کیا اور اس سرزمین میں اہم مقام حاصل کیا۔ ادیبوں اور نثر نگاروں میں طویل فہرست موجود ہے۔ جنہوں نے میر عثمان علی خاں کے عہد میں جامعہ عثمانیہ سے وابستگی اختیار کر کے باضابطہ علم و فن کی خدمت پر خصوصی توجہ دی۔ اردو کے مشہور ناول نگار عبدالحلیم شرر اور مرزا محمد ہادی رسوا کو بھی حیدرآباد کی سرزمین سے وابستگی کا موقع حاصل ہوا۔ سرسید تحریک سے وابستہ بے شمار شاعروں اور ادیبوں کو حیدرآباد میں مدعو کرنے کا سلسلہ اور انہیں حیدرآباد میں ملازمت اختیار کرنے کا موقع بھی دیا گیا۔ 1905ء میں جبکہ نواب میر محبوب علی خاں کا اقتدار تھا' مولانا الطاف حسین حالؔی اور میر عثمان علی خاں کے دورِ اقتدار میں علامہ شبلی نعمانی کو حیدرآباد مدعو کیا گیا۔ اور ان کی خدمات سے استفادہ کا سلسلہ جاری رہا۔ سرسید تحریک سے وابستہ اہم مذہبی مولوی چراغ علی ایک ایسے نابغۂ روزگار تھے' جنہوں نے حیدرآباد کی مذہبی زندگی میں اہم کارنامے انجام دے کر اس قدر شہرت حاصل کی کہ آج بھی حیدرآباد کے علاقہ عابد روڈ پر چراغ علی لین کا وجود ان کی خدمات کا اعتراف کرتا ہے۔ جو میر عثمان علی خاں کے عہد کے نامور شخص اور انہی کے صاحبزادے میر ممتاز علی نے حیدرآباد میں سب سے پہلے خانگی ریڈیو اسٹیشن قائم کیا تھا۔ جس کے بعد باضابطہ عالم اور فاضل شمالی ہند کی سرزمین کے اہل قلم عبداللہ عمادی، سید ہاشمی فرید آبادی، مولانا ظفر علی خاں، خلیفہ عبدالحکیم، قاضی تلمذ حسین، شیخ برکت علی، ہارون خاں شروانی، محمد عنایت اللہ دہلوی، بابائے اردو مولوی عبدالحق، سید ہاشم ندوی، سید محمد ابراہیم ندوی، مولانا وحیدالدین سلیم، پروفیسر الیاس برنی، نواب معشوق یار جنگ، مناظر الحسن گیلانی، معتضد ولی الرحمٰن، عبدالباری ندوی اور ایسے ہی بے شمار افراد ہیں' جنہیں حیدرآباد کے آخری تاجدار نے علم و ادب کی خدمت کے لئے اس علاقہ سے وابستہ کیا۔ اُس دور کے مشہور عالم مولانا عبدالماجد دریابادی کو بھی دارالترجمہ جامعہ عثمانیہ سے وابستہ کیا گیا تھا۔ یہی نہیں' بلکہ شمالی ہند کی طرح جنوب کے مشہور علاقے مدراس سے جناب عزیز جنگ ولا، ڈاکٹر احمد حسین مائل اور کئی ادیبوں اور شاعروں کو حیدرآباد میں ملازمت کا موقع فراہم کیا گیا۔ جس سے اندازہ ہوتا ہے کہ آصف جاہی دور کی حکومت نے دوسرے علاقوں کے افراد کو اپنی حکومت میں شامل کر کے انہیں اعزازات اور ملازمت سے وابستہ کیا۔ اُس دور کی مشہور انگریزی شخصیت مارمیڈک پکتھال کو میر عثمان علی خاں نے قرآن مجید کا انگریزی ترجمہ مدون کرنے کی ذمہ داری دی۔ چنانچہ پہلی مرتبہ نہ صرف پکتھال نے اسلام قبول کیا' بلکہ قرآن مجید کا آسان انگریزی ترجمہ پیش کر کے ریاست کی ساکھ کو بلند کیا۔ عبدالحلیم شرر کو حیدرآباد کے نظام نے اپنی ریاست کی تاریخ مرتب کرنے اور نواب میر عثمان علی خاں کے دورِ اقتدار کی خصوصیات کو پیش کرنے کے لئے منتخب کیا تھا۔ لیکن ان کی طبیعت کی ناسازی کی وجہ سے اس کام کو نظرانداز کر کے نظام نے اپنے خاندان اور حکومت کی تاریخ مرتب کرنے کے بجائے تاریخ اسلام لکھنے

کی ذمہ داری سونپی۔ میر عثمان علی خاں کی ذہانت اور ادب دوستی کا یہ عالم تھا کہ انہوں نے نہ صرف اردو زبان و ادب میں جن چیزوں کی کمی ہے اس کی تکمیل کے لئے اہم اور ذمہ دار اشخاص کو منتخب کیا۔ چنانچہ بابائے اردو مولوی عبدالحق کی خدمات کو اردو لغت کی ترتیب کے لئے ذمہ داری دی گئی۔ حتیٰ کہ دہلی کے مشہور ادیب اور لغت نگار سید احمد دہلوی نے اپنی اردو لغت کو چار جلدوں میں شائع کرنے کے لئے حیدرآباد کے فرمانروا سے اجازت طلب کی تو میر عثمان علی خاں نے ''فرہنگ آصفیہ'' کی چار جلدوں کی خریداری اور اس کے اخراجات ادا کرنے کے احکامات جاری کئے۔ ہر تعلیمی ادارے اور علمی و ادبی کارنامے انجام دینے والے انسٹی ٹیوشنس کو بھی میر عثمان علی خاں نے امداد فراہم کی۔ جب شبلی نعمانی کی تاریخ اسلام کی چار جلدیں شائع ہوئیں تو ان کی اشاعت کی ساری رقم اور ریاست کے لئے 100 نسخے خریدنے کے احکامات جاری کئے گئے۔ علی گڑھ مسلم یونیورسٹی اور بنارس ہندو یونیورسٹی کو رقمی امداد دے کر ان یونیورسٹیوں کے کام کو آگے بڑھایا۔ پونہ کے سائنس انسٹی ٹیوٹ ہی نہیں' بلکہ لندن میں قائم دکن اسٹیڈیز کے مرکز کو بھی میر عثمان علی خاں نے خطیر رقم بطور امداد پیش کی۔ جس سے اندازہ ہوتا ہے کہ بادشاہِ وقت نے اپنے دور میں ہر قسم کی ترقی کی طرف توجہ دی اور ریاست کی ترقی کی رفتار کو آگے بڑھانے کے لئے دوسرے علاقوں کے شاعروں، ادیبوں اور اہم قلمکاروں کو حیدرآباد میں سکونت کا موقع فراہم کیا۔ اس طرح یہ ثبوت ملتا ہے کہ آصف جاہی دور میں ریاست حیدرآباد کی علمی و ادبی طور پر ہی ترقی نہیں ہوئی' بلکہ فکری اور فطری سطح پر ترقی کا سلسلہ جاری رہا۔ حتیٰ کہ ریاست حیدرآباد وہ پہلی ریاست تھی' جس نے یوروپ کے تمام ترقیات کو حیدرآباد میں جاری وساری کیا۔ جن میں بجلی، ٹیلیفون، ریل، ٹرانسپورٹ، ٹیلیگراف، ہوائی جہاز، سڑکیں اور نل کے طریقوں کے ساتھ زیر زمین ڈرینج سسٹم اور خاص طور پر زیر زمین پانی کے استعمال کے لئے میر عثمان علی خاں کے دور میں ہی تین مشہور ڈیم عثمان ساگر، حمایت ساگر اور نظام ساگر کا قیام عمل میں لایا گیا۔ جس سے نہ صرف پینے کے پانی کی فراہمی' بلکہ زرعی زمینات کو پانی فراہم کرنے کی کامیاب کوشش کی گئی۔ اور خود انتظامیہ اس قدر فعال اور مستعد تھا کہ کسی محکمہ میں بھی رشوت کا چلن نہیں تھا۔ اور ہر شخص میں موجود صلاحیت اور قابلیت کی بنیاد پر انہیں روزگار سے وابستہ کیا جاتا تھا۔ اس طرح آصف جاہی سلطنت میں صرف شعر و ادب کو ہی فروغ حاصل نہیں ہوا' بلکہ عوامی زندگی کو تمام سہولتیں فراہم کر کے سماجی خدمات کے کارنامے بھی انجام دیئے گئے۔ حتیٰ کہ دوسرے علاقوں کے افراد کو مدعو کر کے ریاست کی ہمہ جہت ترقی میں حصہ لیا گیا۔ غرض آصف جاہی دورِ اقتدار میں ریاست حیدرآباد اور اس کے علاقے اس قدر ترقی یافتہ تھے کہ دکن کی کسی اور ریاست جیسے کرناٹک اور ارکاٹ میں بھی اس قسم کی ترقی کے امکانات نہیں تھے۔ اسی لئے آصف جاہی دور کو علمی و ادبی ہی نہیں' بلکہ سماجی اور معاشی خدمات کو ہر لحاظ سے قدر کی نگاہ سے دیکھا جاتا ہے۔

سلاطین آصفیہ کی ادبی خدمات

آصف جاہی تاریخ کے اوراق یہ ثابت کرتے ہیں کہ 1724ء میں اورنگ آباد کو پائے تخت بنا کر نواب میر قمرالدین علی خاں نے جس سلطنت کا آغاز کیا، جنوبی ہند میں اس سلطنت کو آصف جاہی سلطنت کا درجہ حاصل ہے۔ تاریخ کے ذریعہ اس سلطنت کے سات بادشاہوں کی حکومت قائم رہنے کا ذکر ملتا ہے۔ حالانکہ جملہ 9 بادشاہ اس ریاست کے حکمراں رہے۔ اس خصوص میں جو بادشاہ تھوڑے سے وقفہ کے لئے حکمران قرار دئے گئے ان کو شمار نہیں کیا گیا بلکہ طویل وقفہ کے لئے ان بادشاہوں نے سلطنت کے کاروبار سنبھالیں انہیں حکمران کی حیثیت سے پیش کیا گیا ہے۔ خاندان آصفیہ کی تفصیلات پیش کرتے ہوئے عبدالمجید صدیقی نے اپنی کتاب ''مقدمہ تاریخ دکن'' کے توسط سے ان خیالات کا اظہار کیا ہے۔

> ''اس خاندان کے بانی حضرت مغفرت ماب آصف جاہ نظام الملک ہیں۔ حضرت مغفرت مآب تو ہندوستان میں پیدا ہوئے تھے لیکن ان کے باپ دادا جو حضرت شیخ شہاب الدین سہروردیؒ کی اولاد سے ہیں ملک ترکستان کے رہنے والے تھے اور اپنے علم و فضل و خاندانی وجاہت کی وجہ سے بہت ممتاز تھے۔ دادا کا نام قلیج خان خواجہ عابد اور باپ کا نام غازی الدین خاں فیروز جنگ تھا۔ یہ شاہجہاں کے آخری عہد میں ترکستان سے ہندوستان آئے اور مغل سلطنت کے ملازم ہوئے تھے اورنگ زیب کے عہد میں انہوں نے بڑی خدمتیں انجام دیں۔ اول الذکر گولکنڈہ کے محاصرے میں فوت ہوئے اور حمایت ساگر کے قریب ان کا مزار ہے۔ ثانی الذکر نے بھی گولکنڈہ اور بیجاپور کے محاصرے میں بہت حصہ لیا تھا اور اس کے بعد دکن کے مختلف صوبوں کی گورنری کی اور دہلی میں دفن ہوئے۔ حضرت آصف جاہ 1671ء میں پیدا ہوئے۔ ان کے باپ دادا کی جلیل القدر خدمات کا لحاظ کر کے شہنشاہ نے ان

کو چین قلیچ خاں خطاب اور مختلف عہدے دیئے۔ چنانچہ شہنشاہ کے انتقال کے وقت یہ بیجاپور کے صوبیدار تھے لیکن جب شہنشاہ کے انتقال کے بعد جو 1707ء م 1118ھ میں ہوا تھا مغل سلطنت کا شیرازہ بکھرا تو مغفرت مآب نے دکن کی صوبیداری حاصل کرلی اور 1724ء م 1135 میں یہاں خودمختار ہوگئے ورنہ یہ بھی مرہٹوں کی تاخت وتاراج کا نشانہ بن جاتا اور طرح سلطنت آصفیہ کی مبارک اور خوش آئند تاسیس ہوئی جو مغل سلطنت کے ساتھ عین وفاداری تھی۔ حضرت مغفرت مآب نے تمام عمر ایک طرف مغل سلطنت کی مدد کی تو دوسری طرف مرہٹوں کی مزاحمتوں کا مقابلہ کرکے دکن کو بچالیا''۔(1)

اس ثبوت کے ذریعہ اندازہ ہوتا ہے کہ اس طرح اورنگ زیب عالمگیر کے عہد میں بھی آصف جاہ اول کو حکومت کرنے اور انتظامی معاملات کو برقرار رکھنے کی ذمہ داری سپرد کی گئی تھی۔ اسی کے ساتھ عبدالمجید صدیقی نے آصف جاہ اول کے خاندان اور ان کے آباواجداد ترکستان سے شاہجہاں کے دور میں دہلی پہنچنے کی تفصیلات پیش کی ہیں۔ مغلیہ سلطنت اور اس کی حکمرانی کی تفصیلات کو پیش کرتے ہوئے دکن کے مایہ ناز ادبی مورخ نصیرالدین ہاشمی نے آصف جاہی سلطنت کے آغاز اور اس کی کارگذاری کا جائزہ اس انداز سے لیا ہے۔

''عالمگیر نے دکن کی فتح کے بعد اپنے سب سے چھوٹے فرزند کا بخش کو یہاں کا صوبہ دار مقرر کیا تھا۔ عالمگیر کی وفات کے بعد خانہ جنگی برپا ہوئی اور شاہ عالم بہادر شاہ کو دہلی کا تخت وتاج نصیب ہوا۔ دکن بھی اس کے زیر حکومت آ گیا۔ بہادر شاہ کے صرف چار سالہ سالہ حکومت کے بعد جہاں دار شاہ اور پھر فرخ سیر یکے بعد دیگرے حکمران ہوئے۔ فرخ سیر کے عہد میں نواب نظام الملک آصف جاہ دکن کے صوبہ دار مقرر ہوئے۔

کچھ عرصہ کے بعد جب حکومت رفیع الدولہ، رفیع الدرجات کے بعد محمد شاہ کے حصہ میں آئی تو آصف جاہ کو دکن سے سنبھل اور مرادآباد پر بدل دیا گیا اور دکن کی صوبہ داری پر حسین علی خاں کو مامور کیا گیا۔ اس زمانہ میں مغلیہ حکومت پر زوال آچکا تھا، شیرازۂ حکومت درہم برہم ہوگیا تھا۔ سکھ، مرہٹے اور راجپوت سر اٹھا چکے تھے۔ بادشاہ چند امیروں کے ہاتھ کٹ پتلی کی طرح تھے۔ نظام الملک جو مرادآباد سے مالوہ

کی صوبہ داری پر منتقل کیئے گئے تھے، آئے دن کی بدانتظامی سے تنگ آکر دکن کی طرف متوجہ ہوئے۔ اس اثناء میں سیدوں کا آفتابِ عروج غروب ہوگیا۔ محمد شاہ نے نظام الملک کو دکن سے طلب کر کے قلمدانِ وزارت آپ کی سپرد کیا۔ (1134ھ) آپ نے ملک کا انتظام شروع کیا تھا کہ نادر شاہ نے اپنا نادری حملہ کیا۔ سلطنت مغلیہ کی حالت گو نہایت کمزور ہوگئی تھی۔ تاہم نواب نظام الملک نے جان توڑ کوشش کی کہ بگڑی ہوئی حالت درست ہوجائے۔ مگر محمد شاہ کو لوگوں نے آپ سے بددل کردیا۔ آپ نے دوری مناسب تصور کی اور بادشاہ سے اجازت لے کر دکن کی طرف متوجہ ہوئے۔ (1136ھ)

آپ کے وزارت دہلی کے زمانہ میں عماد الملک مبارز خاں کو دکن کا صوبہ دار مقرر کیا گیا تھا جب آپ واپس ہوئے تو شکر کہرہ کے مقام پر اس کے سپہ سالار عالم علی خاں سے مقابلہ ہوا۔ بحوالہ تزک آصفیہ مگر آپ منصور و مظفر اورنگ آباد میں داخل ہوئے۔ اس طرح آصف جاہ کی حکومت کا آغاز ہوا۔ سلاطین آصفیہ کی فہرست حسب ذیل ہے:

1. نواب آصف جاہ اول 1136ھ تا 1161ھ م 1724ء تا 1748ء
2. نواب ناصر جنگ 1161ھ تا 1164ھ م 1748ء تا 1750ء
3. نواب مظفر جنگ 1164ھ م 1750ء
4. نواب صلابت جنگ 1164ھ تا 1173ھ م 1750ء تا 1761ء
5. نواب نظام علی خاں آصف جاہ ثانی 1173ھ تا 1218ھ م 1761ء تا 1803ء
6. نواب سکندر جاہ آصف جاہ ثالث 1218ھ تا 1244ھ م 1803ء تا 1829ء
7. نواب ناصر الدولہ آصف جاہ رابع 1244ھ تا 1273ھ م 1829ء تا 1857ء
8. نواب افضل الدولہ آصف جاہ خامس 1273ھ تا 1285ھ م 1857ء تا 1869ء
9. نواب میر محبوب علی خاں 1285ھ تا 1329ھ م 1869ء تا 1911ء
غفران مکان آصف جاہ سادس

10. نواب میر عثمان علی خاں آصف جاہ سابع 1329ھ تا 1368ھ م 1911ء تا 1948ء

آصف جاہ اول کے بعد آپ کے صاحبزادے نواب ناصر جنگ نے عنانِ حکومت اپنے ہاتھ میں لے لی۔ مگر آپ کے بھانجے مظفر جنگ ہدایت محی الدین خاں نے فرانسیسیوں کی تائید سے آپ کا مقابلہ کیا۔ اگرچہ باہم صلح پر جنگ کا خاتمہ ہوگیا تھا لیکن بعض مفسدوں نے ناصر جنگ کو شہید کر دیا اور مظفر جنگ حکمران بنے۔ مگر ان ہی مفسدوں نے ان کو بھی قتل کر دیا۔ اس کے بعد آصف جاہ کے تیسرے فرزند نواب صلابت جنگ مسند نشین ہوئے۔ (1164ھ) فرانسیسیوں نے عروج حاصل کرلیا۔ مرہٹوں نے سر اٹھایا اور ایک بڑے حصہ ملک پر قابض ہوگئے۔ گیارہ سالہ حکمرانی کے بعد صلابت جنگ نے حکومت سے کنارہ کش ہونے پر ان کے چھوٹے بھائی نواب نظام علی خاں آصف جاہ ثانی جانشین ہوئے۔ ابتداً فرانسیسیوں سے آصف جاہ ثانی کو اتحاد رہا۔ مگر آگے چل کر انگریزوں نے رسوخ پیدا کرلیا اور محمد علی خاں والا جاہ صوبہ دار ارکاٹ کی کوشش سے انگریزوں سے آپ کی دوستی مستحکم ہوگئی۔ متعدد مرتبہ آپ نے عساکر آصفی سے انگریزوں کی مدد فرمائی۔ آپ نے ملک کا باضابطہ انتظام فرمایا۔ ایک طویل حکمرانی کے بعد 1218ھ میں آپ کا انتقال ہوا۔ نظام علی خاں آصف جاہ ثانی کی جو لڑائیاں مرہٹوں سے ہوئیں ان سے بعض نمک حرام اسیروں اور غدار وزراء کی وجہ سے قلمرو آصفی کے حدود کم سے کمتر ہوگئے۔ انگریزوں سے جو معاہدے ہوئے اس کی انہوں نے پابندی نہیں کی اور بالآخر 1803ء میں جو معاہدہ نظام اور انگریزوں میں ہوا۔ اس کی رو سے سلطنتِ آصفیہ کی حالت ایک باج گزار ریاست کی ہوگئی۔ انگریزی فوج کی چھاونی سکندرآباد میں قائم ہوئی اور ریزیڈنٹ کا قیام شہر حیدرآباد میں ہوا۔ ایک وسیع قطعہ زمین ان کی اقامت گاہ کے لئے دی گئی اور 1806ء میں رزیڈنسی کی عمارت تعمیر ہوئی۔ (2)

فرانسیسیوں اور انگریزوں کی ریشہ دوانیوں کے نتیجہ میں آصف جاہی سلطنت کو خسارہ بھگتنا پڑا۔ اگرچہ آصف جاہ ثانی کے دور تک حالات بہتر رہے لیکن انگریزوں کی بڑھتی ہوئی طاقت کے نتیجہ میں ان کے مطالبات کی تکمیل کرنی پڑیں۔ چنانچہ حیدرآباد کے علاقہ میں انگریزوں کی رہائش کے لئے 1806ء میں ریزیڈنسی کی بنیاد مستحکم

ہوئی اور انگریز ریزیڈنس کو قیام کے لئے کوٹھی کے علاقہ میں جگہ فراہم کی گئی اور انگریز افواج کے قیام کے لئے سکندر آباد کا علاقہ ان کے حوالہ کردیا گیا۔

آصف جاہی خاندان کی تفصیلات سے یہ پتہ چلتا ہے کہ درحقیقت آصف جاہ اول کے اقتدار کے ساتھ ہی نہ صرف ہندوستان میں فرانسیسیوں کی سازشوں کا سلسلہ شروع ہوا بلکہ انگریزوں نے بھی ممکنہ طور پر اپنے اثر ورسوخ کو استعمال کر کے ہندوستانی ریاستوں میں نا اتفاقی پیدا کرنے اور ان کے علاقوں کو اپنے قبضہ میں لینے کی کوشش کا آغاز کیا۔ چنانچہ جب قمرالدین آصف جاہ اول کا انتقال ہوا تو اس کے بعد ان کی جانشینی کے لئے ہونے والی جستجو کو بھی کتابوں میں درج کیا گیا ہے۔

> ''1748ء میں مغفرت مآب کا انتقال ہوا۔ ان کے کئی بیٹے تھے۔ بڑے بیٹے غازی الدین خاں ثانی ہیں جو دہلی میں تھے۔ دوسرے بیٹے ناصر جنگ اپنے باپ کے جانشین ہوئے۔ لیکن فرانسیسیوں کی سازش سے دوسال کے بعد ہی 1750ء میں مارے گئے۔ فرانسیسیوں نے ان کی جگہ ان کے بھانجے کو جن کا نام مظفر جنگ تھا دکن کا نواب بنایا تھا لیکن یہ بھی چند روز میں مارا گیا۔ اس کے بعد ناصر جنگ کے بھائی صلابت جنگ کو نظام بنایا گیا جس نے گیارہ سال دکن پر حکومت کی لیکن یہ حکومت کے اہل نہ تھے۔ ان سے سلطنت کو بہت نقصان پہنچا چنانچہ ملک میں فرانسیسی دخیل ہوگئے اور باہر سے مرہٹوں نے حملہ کر کے اس سلطنت کے بہت حصے دبا لیے۔ بالآخر 1761ء میں حضرت غفران مآب نواب نظام علی خاں نے ان کو نظر بند کر کے عنان حکومت اپنے ہاتھ میں لے لی۔ غفران مآب نے نہ صرف پچھلے نقصانات کی تلافی کردی بلکہ مرہٹوں اور بیرونی اقوام کا مقابلہ کر کے سلطنت آصفیہ کو بہت مضبوط کردیا جو خدا کے فضل سے اب تک موجود ہے۔ غفران مآب بہت زمانہ شناس اور باتدبیر حکمران تھے ان کے انتقال کے بعد 1803ء م 1244ھ میں غفران منزل نواب ناصرالدولہ بہادر تخت نشین ہوئے جو بڑے مدبر تھے۔ غفران منزل نے وزارت کے لئے مختارالملک جیسے لائق لوگوں کو منتخب کیا اس کا نتیجہ یہ تھا کہ اس عہد میں بہترین ترقیاں ہوئیں جو مغفرت مکان افضل الدولہ بہادر کے عہد میں بھی جاری رہیں۔ حضرت مغفرت مکان افضل الدولہ بہادر اپنے والد کے انتقال کے بعد 1857ء م

1273ھ میں بادشاہ ہوئے لیکن 1869ء م 1285ھ میں یہ بے وقت فوت ہو گئے اور ان کے جانشین حضرت غفران مکان نواب میر محبوب علی خاںؒ بہت کمسن تھے جن کی عمر دو سال سے کچھ زیادہ نہ تھی۔ تاہم ملک میں مختار الملک نواب رشید الدین خاں اور سر آسماں جاہ بہادر جیسی بڑی شخصیتیں موجود تھیں جنہوں نے سلطنت کی خاطر خواہ نگہداشت کی اور اس میں کوئی رخنہ پڑنے نہیں دیا۔ 1911ء م 1329ھ میں حضرت غفران مکان کا انتقال ہوا تو موجودہ علیٰ حضرت خلد اللہ ملکہ سریر آرائے سلطنت ہوئے یہ حیدر آباد کا زرین عہد ہے جس میں ملک کو اس قدر غیر معمولی ترقیاں حاصل ہوئی ہیں کہ ان کا اندازہ لگانا بہت مشکل ہے۔ خدا کرے کہ یہ عہد ہمیشہ قائم رہے''۔(3)

اورنگ زیب عالمگیر نے سب سے پہلے قدیم نام کھڑکی اور جدید نام اورنگ آباد جیسے شہر کو اپنے پائے تخت کا درجہ دیا۔ اس سے قبل اورنگ آباد کا وجود نہیں تھا بلکہ محمد تغلق سے قبل یہ علاقہ دیوگری یا دیوگڑھ کہلاتا تھا۔ جس پر حکمران راجہ رام دیو جیسا بادشاہ تھا جسے یادو خاندان کے حکمران کا مرتبہ حاصل تھا۔ سب سے پہلے یادو خاندان کے ناقابل تسخیر قلعہ کو 1294ء میں دہلی کے بادشاہ علاالدین خلجی نے فتح کیا اور دیوگری کے راجہ کو اپنا باج گذار بنا کر وطن واپس ہو گیا۔ علاء الدین خلجی کے دور سے لے کر محمد تغلق کے دور تک یہ علاقہ مسلمان بادشاہوں کے تصرف میں رہا۔ خلجی خاندان کے زوال کے بعد دہلی میں جب غیاث الدین تغلق نے دہلی پر حکمرانی کی تو اس کے شہزادے کو دیوگری کا علاقہ بہت پسند آیا اور جب محمد تغلق نے باپ کے انتقال کے بعد اقتدار سنبھالا تو 1327ء میں دہلی کے بجائے دیو گری کو پائے تخت بنایا اور اس کا نام دولت آباد رکھا۔ جس کے بعد سے دولت آباد کے قلعہ پر مسلمان حکمرانوں کا قبضہ ہو گیا۔ دیوگری یا دولت آباد کے وجود میں آنے تک شہر اورنگ آباد قائم نہیں ہوا تھا بلکہ مغلیہ فوجیں یہاں کی حکومت کو ختم کرنے کے لئے دولت آباد پر حملے کیا کرتی تھیں۔ اس دور میں دولت آباد کا علاقہ نظام شاہی سلطنت میں شامل تھا۔ اس دور میں موجودہ خلد آباد کو روضہ کے نام سے یاد کیا جاتا تھا۔ اس سرزمین میں سب سے پہلے حضرت منتجب الدین زرزری بخش کے پیوند خاک ہونے کے بعد اس کا نام روضہ پڑا۔ جب اورنگ زیب عالمگیر کی تدفین روضہ کے علاقہ میں ہوئی تو اورنگ زیب عالمگیر کے خطاب کی وجہ سے روضہ کا نام خلد آباد پڑ گیا۔ اس وقت تک بھی شہر اورنگ آباد کا وجود نہیں تھا۔ البتہ روضہ کو خلد آباد اور دیوگری کو دولت آباد اور ان دونوں علاقوں کے درمیان کے علاقہ کو کاغذی گوڑا کہا جاتا تھا۔ جہاں مسلمانوں میں ہاتھ سے کاغذ بنانے کی صنعت کا آغاز کیا تھا جو

سارے ملک میں فراہم کیا جاتا تھا۔ دولت آباد سے 12 میل دوری پر موجودہ اورنگ آباد ہوا جبکہ پانچ میل دوری پر خلد آباد موجود ہے۔ اس طرح محمد تغلق کی آمد سے قبل اور بعد بھی دولت آباد کے قلعہ پر احمد نگر کے بادشاہوں کی حکمرانی رہی۔

الف۔ اورنگ آباد کی تاریخی حیثیت:

جیسا کہ بتایا جا چکا ہے کہ دولت آباد پر محمد تغلق کا قبضہ 1327ء میں ہوا جس کے بعد اس علاقہ کو احمد نگر کی فوجوں کی آماجگاہ بنایا گیا۔ 1008ھ م 1600ء تک مغلوں نے احمد نگر کے قلعہ پر قبضہ کرلیا۔ اس کے باوجود بھی نظام شاہی سلطنت کے اکثر علاقے مغلوں کے تسلط سے آزاد تھے۔ جن کے بارے میں تفصیلات بیان کرتے ہوئے یہ لکھا گیا ہے کہ:

> ''ملک عنبر نامی ایک حبشی غلام نے اس موقع سے فائدہ اٹھا کر حسین نظام شاہ اول کے بھائی شاہ علی کے بیٹے مرتضٰی نظام شاہ دوم کو 1012ھ م 1603ء میں قلعہ دولت آباد میں تخت نشین کیا۔ مغل شہنشاہ شاہ جہاں نے دولت آباد کی تسخیر کے لئے کئی لشکر روانہ کئے لیکن عنبر نے مغل سپہ سالاروں کو پے در پے شکستیں دیں۔ مغلوں کے ساتھ ہی مستقل آویزش اور مقاومت کے دوران اس نے دولت آباد سے کچھ پیچھے ہٹ کر کھڑکی نامی ایک قبضے کو اپنا مستقر بنایا۔ ملک عنبر نے 1604ء کھڑکی کو آباد کیا۔ اس وقت اس کی رونق اور چہل پہل بڑھتی گئی۔ 1626ء میں ملک عنبر کا انتقال ہوا۔ 1043ھ م 1633ء میں شاہ جہاں کی فوجوں نے دولت آباد پر قبضہ کر کے کھڑکی کو بھی مغلوں کے زیر نگین کرلیا۔ دکن کے شمالی حصہ پر تسلط قائم کر کے شاہجہاں نے 1062ھ م 1653ء میں اورنگ زیب کو دکن کا صوبیدار مقرر کیا۔ اورنگ زیب نے کھڑکی کو اپنا صدر مقام بنایا اور اس کا تاریخی نام اورنگ آباد خجستہ بنیاد رکھا۔
>
> اورنگ زیب 1068ھ میں سربر آرائے سلطنت ہوا۔ اس نے دکن کو مکمل طور پر مغلیہ سلطنت میں ضم کرنے کے خیال سے فوجی مہمات کا آغاز کیا اور اورنگ آباد میں سکونت اختیار کی۔ بادشاہ کے ساتھ شمالی ہند خصوصاً دہلی کے امراء، رؤسا، عمائدین سلطنت اور علماء و فضلا بکثرت اورنگ آباد آنے لگے۔ اورنگ زیب نے 1097ھ میں بیجاپور اور 1098ھ میں گولکنڈہ فتح کیا۔ ان فتوحات کے نتیجے میں بیجاپور اور

گولکنڈہ کے متوسلین ریاست اور اہل کمال جوق در جوق اورنگ آباد میں پنا لینے لگے۔اس طرح اورنگ آباد نہ صرف سلطنت مغلیہ کی حکومت وسیاست کا مرکز بنا بلکہ احمد نگر و دولت آباد کی نظام شاہی، بیجاپور کی عادل شاہی اور گولکنڈہ کی قطب شاہی تہذیب وتمدن کا سنگم بن گیا جس کے نتیجے میں اردو شاعری بھی جو عادل شاہی اور قطب شاہی سلاطین کے زوال کی وجہ سے خانماں برباد ہوچکی تھی رفتہ رفتہ اورنگ آباد میں اپنا نیا آشیانہ تلاش وتعمیر کرنے لگی۔اورنگ زیب کوئی بیس برس اورنگ آباد میں مقیم رہے۔اس اثناء میں اورنگ آباد کی رونق ،شہرت،عظمت اور دولت روز افزوں ہوتی رہی''۔(4)

اورنگ زیب عالمگیر نے دہلی کو خیر آباد کہہ کر اورنگ آباد کو اپنا مستقر خلافہ بنالیا۔جس کے نتیجہ میں اس علاقہ میں اورنگ زیب کی طاقت کی وجہ سے کسی بھی دوسرے علاقوں سے مغل شہنشاہ کے خلاف سازشوں کا سلسلہ شروع نہیں ہوا۔اگرچہ اورنگ زیب عالمگیر کو شہر اورنگ آباد میں قیام کا موقع بہت پہلے ہی حاصل ہوگیا تھا۔جب شاہجہاں نے دہلی میں حکمرانی کا سلسلہ شروع کیا تو دکن کی فتح کے بعد انہوں نے اسلام خاں کو دکن کا صوبیدار مقرر کیا۔اسلام خان کے انتقال کے بعد اورنگ زیب عالمگیر کو 1653ھ م 1062ء میں دکن کے صوبیدار مقرر کیا۔اس وقت تک اورنگ زیب عالمگیر شہزادے کی زندگی گذار رہے تھے۔اورنگ زیب نے جب کھڑکی پر قبضہ کرکے اس علاقہ کا نام خجستہ بنیاد رکھا۔ملک عنبر کا رکھا ہوا نام کھڑکی تھا جبکہ مغلوں کو اس کے بیٹے فتح محمد نے شکست دی تو اورنگ آباد کو فتح نگر کا درجہ دیا گیا لیکن جب مغلوں نے دولت آباد کا قلعہ اور اورنگ آباد کو فتح کرلیا تو اس کے تاریخی نام خجستہ بنایاد کے نام سے شہرت حاصل ہوئی۔اورنگ زیب کے مستقل قیام ہونے کی وجہ سے اس علاقہ میں مغلیہ سلطنت کا دور دورہ رہا اس لئے سارا علاقہ اورنگ آباد کے نام سے مشہور ہوا۔اس طرح اورنگ آباد کا نام کھڑکی سے فتح نگر اور پھر خجستہ بنیاد سے اورنگ آباد کے نام سے شہرت حاصل ہوئی۔اورنگ زیب عالمگیر کے دور سے ہی آصف جاہی سلطنت کے خاندان کو بڑے بڑے عہدے دئے جاتے رہے۔جس کے بارے میں یہ لکھا گیا ہے.

''اورنگ زیب عالمگیر نے جب مغلیہ تخت پر قبضہ کیا اور اپنی شہنشاہیت کا اعلان کیا تو انہوں نے خواجہ عابد کو''صدر کل'' کا عہدہ تفویض کیا۔اورنگ زیب عالمگیر نے ان سے خواہش کی کہ سمرقند سے ان کے بڑے صاحبزادے شہاب الدین کو ہندوستان بلالیں۔ چنانچہ خواجہ عابد صاحب کے حسب حکم شہاب الدین 1669ء

میں ہندوستان چلے آئے۔ اورنگ زیب نے انہیں منصب سہ صدی ذات سے سرفراز کیا۔ اور اس 20 سالہ نوجوان کا عقد شاہ جہاں کے وزیر سید سعداللہ خاں کی صاحبزادی سعید النشاء بیگم سے کردیا۔ اور ان سے انہیں 11 اگست 1671ء کو ایک لڑکا تولد ہوا۔ مغل حکمرانوں کے دستور کے مطابق اورنگ زیب عالمگیر نے اس بچے کا نام ''میر قمرالدین'' رکھا۔ ''میر'' کا اضافہ شہنشاہ کی طرف سے اس بنا پر کیا کہ نومولود کی ماں سیدانی تھیں۔ میر قمرالدین کا تاریخی نام ''نیک بخت'' (1082ھ م 1671ء) ہے۔ اورنگ زیب عالمگیر انہیں نہایت عزیز رکھتے تھے۔ جب میر قمرالدین خاں 20 برس کے ہوئے تو انہیں 1102ھ میں ان کے دادا کے لقب میں تھوڑی سی ترمیم کرتے ہوئے ''چین قلیچ خاں بہادر'' کے خطاب سے سرفراز کیا گیا۔ اورنگ زیب عالمگیر نے 1109ھ میں پہلی مرتبہ مفسدانِ ناگوری (نواح بیجاپور) کی تنبیہ پر انہیں روانہ کیا۔ اس وقت میر قمرالدین خاں کی عمر 72 سال تھی۔ یہ ان کی پہلی ذمہ دارانہ اور آزادانہ مہم تھی جسے انہوں نے کامیابی سے سر کیا۔

قمرالدین خاں کو شہرت اورنگ زیب ہی کے آخری عہد میں حاصل ہوئی تھی اور اسی شہرت کی بناء پر عالمگیر نے انہیں ''آصف جاہ'' کا قلب عطاء کیا اور عالمگیر کے عہد میں ہی انہیں بیجاپور کی صوبے داری اور کرناٹک کی فوجداری کی خدمات تفویض کی گئیں''۔(5)

ب۔ میر قمرالدین علی خاں کی شہرت:

مغل شہنشاہیت کو فروغ دینے اور بادشاہوں کی اطاعت گذاری کرتے ہوئے نہ صرف قمرالدین علی خاں بلکہ ان کے خاندان نے شاہ جہاں کے دور سے لے کر اورنگ زیب عالمگیر کے دور تک مسلسل کارنامے انجام دئے۔ جس کی وجہ سے نہ صرف شہاب الدین شاہجہاں اور اورنگ زیب عالمگیر کے لئے آصف جاہی خاندان کی عظمت میں اضافہ ہوا۔ اورنگ زیب عالمگیر کی فرمابرداری اگرچہ میر قمرالدین علی خاں کی فطرت کا نتیجہ تھی لیکن اورنگ زیب کی وفات کے بعد پیدا ہونے والے ہنگاموں سے نجات بھی ضروری تھی۔ قمرالدین علی خاں اور ان کے کارناموں کی نشاندہی کرتے ہوئے اس حقیقت کا اعتراف کیا گیا ہے کہ مغل سلطنت کو مستحکم رکھنے میں آصف جاہی خاندان کے کارناموں کو نظرانداز نہیں کیا جاسکتا۔ اس حقیقت کی طرف اشارہ کرتے ہوئے پروفیسر نسیم الدین فریس نے یہ لکھا

ہے:

''اورنگ زیب کی وفات کے بعد شہزادہ اعظم نے جو تخت دہلی کا دعویدار تھا قمرالدین خاں کو شش ہزاری منصب اور خاں دوراں کا خطاب عطاء کیا۔ تخت نشینی کی جنگ میں شہزادہ اعظم مارا گیا اور شہزادہ معظم شاہ عالم بہادر شاہ کے لقب سے تخت پر بیٹھا۔ اس کے اور اس کے لڑکے معزالدین جہاں دار شاہ کے عہد میں قمرالدین خاں کے مناصب واعزاز برقرار و بحال رکھے گئے۔ 1713ء میں فرخ سیر مغلیہ سلطنت کا وارث ہوا تو اس نے قمرالدین خاں کو نظام الملک اور فتح جنگ کے خطابات سے سرفراز کیا۔ اس کے علاوہ انہیں منصب ہفت ہزاری اور دکن کے چھ صوبوں کی صوبیداری اور کرناٹک کی فوجداری پر مامور کیا۔ نظام الملک اورنگ آباد میں فروکش ہوگئے جو دکن کے چھ صوبوں (برار، خاندیس، بیدر، حیدرآباد، اورنگ آباد، بیجاپور) کا دارالخلافہ تھا۔ (6)

اورنگ زیب عالمگیر کی رحلت کے بعد نظام الملک نے دہلی میں قیام کیا۔ انہیں وزیراعظم کے عہدے پر فائز کیا گیا لیکن بادشاہ کی نااہلی اور خودغرض امیروں کی ظلم و زیادتی سے تنگ آ کر نظام الملک نے دکن کا رخ کیا۔ حالانکہ مغل بادشاہ نے انہیں دکن سے دور رکھنے کے لئے مالوہ کا صوبیدار بنایا اور دکن کی صوبیداری امیرالامراء سید عبداللہ خاں کے سپرد کی گئی جس نے اپنے بھتیجے عالم علی خاں کو فوجدار بنایا۔ میر قمرالدین علی خاں نے مالوہ کی صوبیداری قبول کی اور اپنے صوبہ کو جانے کے بہانے تیزی سے بدلتے ہوئے حالات کا جائزہ لینے کے بعد دکن کو اپنے لئے محفوظ مقام تصور کیا اور دکن کا رخ کیا۔ جس کے بعد کے حالات کے توسط سے نظام الملک نے اپنی علیحدہ سلطنت آصف جاہی حکومت کا آغاز کیا جس کے بارے میں تفصیلات اس طرح درج ہیں:

''نظام الملک نے 1724ء میں مغل حکمراں محمد شاہ کی مرضی کے خلاف شکرکھیڑہ کی جنگ میں مبارزخاں کو شکست دے کر دکن کی صوبہ داری حاصل کی۔ جب محمد شاہ کو شکرکھیڑہ کی جنگ میں نظام الملک کی کامیابی کی اطلاع ملی تو اس نے نظام الملک کے نام دکن کی صوبہ داری کا فرمان جاری کیا اور ''آصف جاہ'' کا خطاب عطاء کیا۔ اس کے علاوہ خلعتِ خاص، فیل و جواہر عربی و عراقی گھوڑے اور دیگر تحائف روانہ کئے۔ چونکہ نظام الملک نے اپنی طاقت کے بل بوتے پر دکن کی صوبہ داری حاصل کی

تھی اسی لئے اب پہلے کی طرح نہ تو مرکزی برتری باقی رہی اور نہ صوبہ دکن کے نظم و نسق میں مرکز کی ضرورت سے زیادہ مداخلت کی گنجائش تھی۔ اس کے باوجود انہوں نے خود کو مغل حکمرانوں کا خادم ہی تصور کیا۔

سن 1724ء میں میر قمرالدین خاں نے خود مختاری کا اعلان تو کر دیا تھا مگر وہ خود کو شہنشاہ دہلی کا صوبہ دار ہی تصور کرتے تھے۔ چنانچہ مشہور ہے کہ سلطنت آصفیہ کا آخری تاجدار میر عثمان علی خاں جب اورنگ آباد پہنچے تو اورنگ زیب عالمگیر کے مزار کی زیارت فرمائی۔ اس وقت چوبداروں نے ویسی ہی آوازیں لگائیں جس طرح مغل درباروں میں لگائی جاتی تھیں۔ تاجدار دکن نے شہنشاہِ دہلی کے مزار پر ایسے ہی سر جھکایا جس طرح کوئی صوبیدار اپنے بادشاہ کے روبرو جھکاتا ہے۔ یہ رشتہ آخر تک باقی رہا۔ اس سے خانوادہ آصفیہ کی فرمانبرداری اور وفاداری کا پتہ چلتا ہے۔

نظام الملک نے دکن میں اپنا موقف مضبوط اور مستحکم کرنے کے بعد امن وامان کی بحالی، نظم ونسق کی بہتری اور عوام کی فلاح و بہبود کے کاموں کی جانب توجہ دی۔

نظام الملک کے عہد میں فرانسیسیوں اور انگریزوں نے کارومنڈل ساحل پر اپنی نوآبادیات قائم کر لی تھی اور اس ساحل پر تجارت میں برتری حاصل کرنے کے لئے ان یورپی اقوام کے مابین کشمکش جاری تھی۔ انگریز اور فرانسیسی مشرقی ساحل پر تجارتی مراعات کے لئے نظام الملک کی خوشنودی حاصل کرنے کے لئے ایک دوسرے پر سبقت لے جانے کی کوشش کرتے تھے۔ نظام الملک جانتے تھے کہ ان دونوں قوموں میں سخت رقابت اور کشمکش ہے۔ اگر ایک کو مراعات دی گئیں تو دوسرے کو بھی دینی پڑیں گی۔ اس لئے انہوں نے غیر جانبداری اختیار کر کے دونوں میں سے کسی کو کوئی خاص رعایتیں نہیں دیں۔ نظام الملک آصف جاہ اول نے نہایت تیزی کے ساتھ ملکی انتظام کی اصلاح شروع کر دی اور اپنے تدبر وحسن انتظام سے تمام دکن کو پرامن کو خوش حال بنا دیا۔ (7)

اگر چہ آصف جاہ اول کو دکن کی صوبہ داری سپرد کر دی گئی تھی لیکن ان کا عہدہ دہلی کی وزارت میں محفوظ تھا۔ چنانچہ ان کو یہ آزادی حاصل تھی کہ جب چاہے دکن میں رہیں اور جس وقت چاہیں دہلی میں سرگرمیوں کو جاری رکھیں

لیکن اسی زمانہ میں دہلی کے مرکزی مقام کو نادر شاہ درانی کا حملہ ہوا اور اس نے دہلی کو تباہ کرنے کا جو منصوبہ بنایا تھا اس کو روکنے میں میر قمر الدین علی خاں کی تدبیر کو بہت بڑا دخل ہے۔ جس کے بارے میں تاریخی حقائق کو اس پس منظر میں پیش کیا گیا ہے:

"مغل شہنشاہ محمد شاہ نے شکر کھیڑا کی فتح کے بعد میر قمر الدین چین قلیچ خاں کے نام دکن کی صوبہ داری کا پروانہ روانہ کیا اور یہ پیغام بھی دیا کہ عہدہ وزارت دہلی میں محفوظ ہے۔ جب تک چاہے وہ دکن میں رہیں اور جب چاہے دہلی آئے۔ آصف جاہ اول نے وقت کو غنیمت جان کر اپنی نئی سلطنت کی بنیاد کو مضبوط کرنے کو پہلے ترجیح دی۔ چنانچہ پہلی فرصت میں انہوں نے گولکنڈہ کے قلعہ کو اپنے قبضہ میں کیا اور پھر کرناٹک کے اضلاع کے بندوبست کی جانب متوجہ ہوئے۔ اسی دوران جب انہیں یہ اطلاع ملی کہ افغانستان کے شہنشاہ نادر شاہ درانی کا ارادہ پنجاب کو فتح کرنے کے بعد دہلی پر حملہ آور ہونے کا ہے تو وہ اپنی نئی مملکت میں اپنے ولی عہد میر احمد علی خاں ناصر جنگ کو اپنا نائب بنا کر دہلی روانہ ہوئے۔ حسب توقع نادر شاہ نے لاہور اور پنجاب کو فتح کرنے کے بعد دہلی کا رخ کیا اور دہلی فتح کرنے کے بعد جامع مسجد میں قیام کیا۔ اس کی فوجوں نے دہلی کا انتظام اپنے ہاتھوں میں لے لیا۔ اسی اثناء یہ افواہ اڑی کہ نادر شاہ قتل کر دیا گیا ہے۔ نادر شاہ کو اس افواہ سے تکلیف ہوئی اور اس نے اپنی افواج کو اہل دہلی کے قتل عام کا حکم دیا۔ نادر شاہ کی فوج نے دہلی کے عوام کے کشتوں کے پشتے لگا دیئے۔ دہلی کے گلی بازار میں نعشوں کے ڈھیر لگ گئے۔ کوئی نادر شاہ کو روکنے والا نہ تھا۔ ایسے میں میر قمر الدین خاں نہتے گلے میں قرآن مجید حمائل کئے نادر شاہ کے روبرو گئے۔ اسے اس ضعیف سپہ سالار پر رحم آیا اور اس نے قتل عام کو موقوف کیا۔ نادر شاہ تاوان جنگ اور تخت طاوس لے کر افغانستان چلا گیا۔ آسف جاہ ابھی اجڑی ہوئی دہلی کو بسانے کی کوششوں میں تھے کہ ان کے نائب ناصر جنگ نے مفسدوں کے اکسانے پر دکن کی آصفیہ سلطنت میں بغاوت اور اپنی آزادی کا اعلان کیا۔
(8)

دولت و امارت بلکہ حکومت کے لئے انسانوں کی نیت بدلنے میں دیر نہیں لگتی۔ ادھر دہلی میں نادر شاہ کے

حملہ کو ناکام کر کے میر قمر الدین علی خاں نے چین کا سانس بھی نہیں لیا تھا کہ دکن سے آنے والی اطلاع ان کے لئے بڑی تکلیف دہ تھی لیکن انہوں نے مردانہ وار اس مصیبت کا بھی مقابلہ کیا۔ چنانچہ تاریخی کتابوں سے ماخذ لے کر حقائق کو اس طرح پیش کیا گیا ہے۔

''آصف جاہ اول نے دہلی میں جب ناصر جنگ کی بغاوت کے بارے میں سنا تو بہ عجلت ممکنہ دہلی سے روانہ ہوئے اور اورنگ آباد پہنچے، بیٹے کو بغاوت سے باز آنے کا پیغام دیا لیکن بیٹے کو اپنی افواج کی طاقت کا غرور تھا نہ مانا۔ جنگ ہوئی اور ناصر جنگ گرفتار ہوئے۔ آصف جاہ نے انہیں شاہی خیمے میں نظر بند رکھا۔ کچھ عرصہ بعد بیٹے کا قصور معاف کیا اور تمام اعزازات اور مراتب بحال کئے۔ اسی اثناء میں اطلاع آئی کہ مرہٹوں نے دہلی کا رخ کیا ہے۔ آصف جاہ اول دہلی کے لئے روانہ ہوئے لیکن راستے ہی میں انہوں نے داعی اجل کو لبیک کہا۔ اپنی وفات سے قبل ناصر جنگ کو سلطنت کے تمام راز و رموز سے واقف کیا اور وصیت نامہ لکھوایا۔

آصف جاہ اول میر قمر الدین چین قلیچ خاں کی تدفین حضرت برہان الدین غریب کی درگاہ میں عمل میں آئی۔ ناصر جنگ نے اقتدار اپنے ہاتھ میں لیا اور سلطنت کا انتظام کرنے لگے۔ کرناٹک کے علاقوں کڑپہ، کرنول اور ادونی میں مقامی سرداروں نے سر اٹھایا تھا۔ یہ علاقہ آصف جاہ اول نے اپنے نواسے مظفر جنگ کو تفویض کیا تھا۔ ارکاٹ میں انور الدین خاں اور چندہ صاحب میں صوبہ داری کی کشمکش چل رہی تھی۔ اس آپسی کشمکش کا خطرناک پہلو یہ تھا کہ انگریز اور فرانسیسی تجار نے اپنی اپنی فوجوں کے ساتھ مقامی نوابوں کی تائید پر کمر باندھی تھی۔ ناصر جنگ ان تمام کا زور توڑنا چاہتے تھے لیکن انہیں اطلاع ملی کہ مغل شہنشاہ محمد شاہ نے انتقال کیا ہے۔ وہ وزارت کے عہدہ کے حصول کی غرض سے دہلی روانہ ہوئے لیکن راستے میں انہیں اطلاع ملی کہ کرنول کے پٹھانوں کی تائید سے ان کے بھانجے مظفر جنگ نے بغاوت کی ہے۔ وہ راستے میں لوٹ آئے اور بغاوت کو سختی سے فرو کیا۔ (9)

آپسی کشمکش اور اقتدار کی لڑائی کو ختم کرنے کے لئے میر قمر الدین علی خاں نے پہلے اپنے بیٹے ناصر جنگ اور پھر مظفر جنگ کو اس معاملہ سے دوری اختیار کرنے کے لئے پوری کوشش کی لیکن انہیں کامیابی حاصل نہیں ہوئی۔ اس

سلسلہ میں رہبر فاروقی نے بجاطور پر لکھا ہے کہ ناصر جنگ شہید 17 محرم الحرام 1164 ھ میں شہید ہوئے اور اپنے والد کے قریب مقبرے میں مدفون ہوئے۔ یہ مقبرہ درگاہ حضرت برہان الدین قریب کی درگاہ میں واقع ہے۔ ناصر جنگ شہید کی تاریخ شہادت ''آفتاب رفت'' اور ''حسن خاتمہ'' سے 1164 ھ قرار دی جاتی ہے۔ جس کی تفصیلات رہبر فاروقی نے اپنی کتاب ''ناصر جنگ شہید'' میں تحریر کی ہیں جو 1943ء میں اشاعت پذیر ہوئی۔ رہبر فاروقی کے بیان کے مطابق 1164 ھ م 1751ء میں مظفر جنگ حکمران ہوئے لیکن مفسدوں نے ان کو ہلاک کر دیا۔ اس طرح میر قمر الدین علی خاں کے بعد ناصر جنگ اور مظفر جنگ نے مختصر سی حکمرانی کی۔ مظفر جنگ کی ہلاکت کے بعد فرانسیسیوں نے نظام الملک کے تیسرے بیٹے صلابت جنگ کو حکمران بنایا۔ امیروں اور فوج کو یہ انتظام پسند آیا۔ آصف الدولہ محمد خاں صلابت جنگ نے محسوس کیا کہ فرانسیسیوں کی امداد کے بغیر اقتدار چلانا ممکن نہیں ہے۔ اسی دوران نظام الملک کے سب سے بڑے صاحبزادے غازی الدین فیروز جنگ نے دکن کی صوبہ داری کے لئے ایک لاکھ پچاس ہزار کا لشکر لے کر 1752ء میں دہلی کی طرف کوچ کیا لیکن دوران سفر ہیضہ کا شکار ہوئے اور ہلاک ہو گئے۔ صلابت جنگ نے 11 سال حکمرانی کے بعد انہیں اقتدار سے بے دخل کر دیا گیا۔ جس کے نتیجہ میں ان کے سب سے چھوٹے بھائی نظام علی خاں نے 7 جولائی 1762ء میں صلابت جنگ کو قلعہ بیدر میں مقید کر دیا جس میں ایک سال تین ماہ نظر بند رہنے کے بعد وہ فوت ہو گئے۔ جس کے بعد میر نظام علی خاں آصف جاہ سوم کے اعزاز سے مشہور ہوئے۔ انہوں نے آصفیہ سلطنت کو زوال سے بچایا اور انگریزوں سے دوستی مستحکم کی۔ آصف جاہ ثانی نے فرانسیسیوں سے خود کو دور رکھا اور 1768ء تا 1771ء کے دوران پائے تخت کو اورنگ آباد سے حیدر آباد منتقل کیا اور 42 سال حکومت کرنے کے بعد 1803ء میں آصف جاہ ثانی کا انتقال ہو گیا اور وہ مکہ مسجد کے صحن کے احاطہ میں مدفون ہوئے۔

ج۔ اورنگ آباد میں شعر و ادب کا نشو و نما:

نظام الملک آصف جاہ اول سے لے کر ناصر جنگ شہید اور پھر مظفر جنگ شہید کے علاوہ غازی الدین فیروز جنگ کے علاوہ آصف جاہ ثانی میر نظام علی خاں کے دور تک اورنگ آباد کو شعر و ادب کے مرکز کا درجہ حاصل رہا۔ پہلے نظام اور سلطنت کے بانی میر قمر الدین علی خاں ایک اچھے سیاستداں اور حکمران کے علاوہ منتظم بھی تھے۔ انہیں سخن فہمی اور سخن سنجی کا کمال حاصل تھا۔ شاعر بھی تھے اور شاعروں کے علاوہ ادب نواز بھی واقع ہوئے تھے۔ شعر و شاعری میں انہوں نے عبد القادر بیدل سے استفادہ کیا تھا۔ ابتداء میں اپنا تخلص شاکر رکھا پھر بعد میں آصف تخلص کے ساتھ شاعری کرنے لگے۔ ان کے فارسی کے دو دیوان ترتیب دئے گئے جو حیدر آباد سے 1301 ھ میں شائع

ہو چکے ہیں۔ ان کی شاعری میں تصوف، معرفت، فلسفہ اور اخلاق کے مضامین شعر کی حیثیت سے نمایاں ہوتے ہیں۔ فارسی کے علاوہ انہوں نے اردو میں بھی طبع آزمائی کی۔ مختلف تذکروں میں ان کا اردو کلام بھی موجود ہے جبکہ فارسی کلام تو خاصہ کی چیز ہے۔ غرض آصف جاہی سلطنت کو ہر بادشاہ کے کلام میں مکمل شعریت اور ادبیت دکھائی دیتی ہے۔

د۔ آصف جاہ اول کا کلام:

میر قمرالدین علی خاں آصف جاہ اول نہ صرف فن سپاہ گری میں ماہر تھے بلکہ انتظام سلطنت اور حکمرانی کے آداب سے پوری طرح آشناء تھے۔ اس کے علاوہ بذات خود فارسی اور اردو کے شاعر تھے۔ ان کی شاعری کا مجموعہ سوانح حیات میں بتایا گیا ہے کہ شائع ہو چکا ہے۔ انہوں نے نہ صرف شعر گوئی کی بلکہ ان کے عہد کے چار مشہور تذکرہ نویسیوں نے ان کی شاعری اور صلاحیت کا اعتراف کیا ہے۔ چنانچہ اورنگ آباد سے شائع ہونے والے اہم تذکروں جیسے گلشن گفتار، ریاض حسنی، تذکرہ تمنا اور چمنستان شعراء میں ان کی شاعری کی تعریف وتوصیف کی گئی ہے۔ ان کا کلام فارسی میں زیادہ ہے جبکہ اردو میں کم، ابتداء میں آصف اور شاکر تخلص کیا کرتے تھے۔ فارسی کے مشہور شاعر عبدالقادر بیدل سے اصلاح سخن لیا کرتے تھے۔ ان کا کلام نصیر الدین ہاشمی نے اپنی مشہور کتاب ''دکن میں اردو'' میں شامل کیا ہے جو اس طرح ہے:

کالی نہ کھو کوئی میرے دلبر کوں حس سے
مجھ دل کی کلی بیچ دعا کی یمنی ہے

شمیم کا کل مشکیں سے جب میں اونگ گیا
تو آئے کہنے لگے اس کو سانپ سونگ گیا

میں تنہا نہ تن بلکہ جاں بیچتا ہوں ہی ہستی کی ساری دکاں بیچتا ہو

دور سے سمجھتا تھا میں منجاف کی تحریر
پاس جا دیکھا تو خوں عاشق کا دامن گیر ہے

ادھر دیکھو تو کس نازو ادا سے یار آتا ہے
مسیحا کی موئی امت کو ٹھوکر سے جلاتا ہے

کس طرح سے ماہِ نور انجم کے عقدے وا کرے

ہویں جہاں لاکھوں گرہ وہاں ایک ناخن کیا کرے

جی سے کہہ دو کہ آہِ سرد کے ساتھ ٹہلتے ٹہلتے چلے تو چل نکلے

اس گلبدن کے غم میں رونا ہے عین حکمت
کرتی ہیں ضعیف دل پر آنکھیں گلاب پاشی

(10)

آصف جاہ اول کو نہ صرف شاعری کا شوق تھا بلکہ وہ شعر گوئی کے ذریعہ تصوف کے خیالات کو بھی اپنے کلام میں پیش کیا ہے بلکہ انہوں نے عشق حقیقی کے ساتھ عشق مجازی کی بھی نمائندگی کی ہے اس طرح آصف جاہی سلطنت کے انہیں پہلے شاعر کا وقار حاصل ہے۔ان کے بیٹے نواب ناصر جنگ شہید بھی شاعر تھے جن کی تفصیلات باضابطہ نصیرالدین ہاشمی نے اس طرح درج کی ہیں:

ناصر:

آصف جاہ اول کے خلاف الرشید نواب ناصر جنگ شہید المتوفی 1164ھ بھی فارسی کے شاعر تھے۔ایک سے زیادہ دیوان موجود ہیں۔آپ نے اردو میں بھی طبع آزمائی فرمائی ہے،چنانچہ فرماتے ہیں:

نین تیرے شکار کرتے ہیں دل ہمارا فگار کرتے ہیں
خوب رو جب سنگار کرتے ہیں آرسی پر بہار کرتے ہیں
کسی بے داد سوں چمن میں آج پھول سارے پکار کرتے ہیں
اہل دل گریۂ ندامت میں سیر ابر بہار کرتے ہیں
چشم بددور کہ دلبریں سارے اپنے ناصر کو پیار کرتے ہیں

یار خورشید جہاں تھا مجھے معلوم نہ تھا ذرہ ذرے میں عیاں تھا مجھے معلوم نہ تھا

مجھے بہاری گلی والا گویا خوش نہیں آتا
کھٹکتا ہے کلیجے میں وہ باریک سر والا

اے کبوتر جا کے کہہ یوسف کو گوہر سے نکل
چاہ سے تیرے زلیخا ہوگئی ہے باؤلی

روزِ بد میں کس سے ہے یاردرفافت کی امید
گر زوال آتا ہے ٹل جاتا ہے سایہ سایہ سے

اب بعض دیگر شعراء کا ذکر کیا جاتا ہے جواس عہد سے تعلق رکھتے ہیں۔ (11)

ھ۔درگاہ قلی خاں درگاہ:

آصف جاہ اول کے ہم رکاب اوران کے اعتماد کے لوگوں میں شمار کئے جاتے ہیں جو دہلی سے سفر کر کے آصف جاہ اول کے ساتھ اورنگ آباد تشریف لائے۔عربی اور فارسی میں بڑا کمال حاصل تھا۔آصف جاہ اول کے دست راست رہے اوران کی ہمیشہ حمایت کی۔ سپاہی پیشہ آدمی تھے اور نظام الملک آصف جاہ نے انہیں بڑے عہدوں پر فائز کیا تھا۔فارسی کے علاوہ اردو میں بھی شاعری کرتے تھے،جن کے بارے میں مشہور ہے کہ نہ صرف شعرگوئی کی بلکہ قصیدہ گوئی میں بھی کمال حاصل کیا۔درگاہ قلی خاں درگاہ کا پہلا تعارف اسدعلی خاں تمنا نے اپنے تذکرہ میں کیا ہے۔دکن میں اردو کے مؤلف نے ان کے حالات زندگی بیان کئے ہیں اور بتایا ہے کہ وہ نہ صرف آصف جاہ اول کے دور میں منصب سے سرفراز ہوئے بلکہ ناصر جنگ اور صلابت جنگ مرحوم کے زمانہ میں اعلیٰ عہدوں پرفائز رہے۔ان کے حالات زندگی اورتفصیلات کا ذکر کرتے ہوئے یہ لکھا ہے:

> درگاہ قلی المتخلص بہ درگاہ مومن الدولہ سالار جنگ بہادر خطاب تھا۔خاندان قلی خاں کا فرزند تھا۔خاندان نواب سالار جنگی کے آپ ہی مورثِ اعلیٰ ہیں۔آصف جاہ اول نے آپ کی سرپرستی فرمائی اور جس وقت آپ کی عمر صرف چار سال کی تھی، جاگیر اور منصب سے سرفراز فرمادیا تھا۔بیس سال کی عمر سے آپ آصف جاہ اول کے ہمرکاب رہنے لگے۔نواب ناصر جنگ اورنواب صلابت جنگ مرحوم کے زمانہ میں آپ کے مدارج میں مزید ترقی ہوئی۔خطاب سے سرفراز کئے گئے۔ایک زمانہ تک صوبہ خجستہ بنیاد کے صوبہ دار رہے۔1179ھ میں خدمت سے علیحدگی اختیار کر کے اپنی جاگیر میں گوشہ نشین ہوگئے۔1180ھ میں آپ کا انتقال ہوا۔جاگیر سے لاش اورنگ آباد لائی گئی اور باپ کے مقبرہ میں دفن کئے گئے۔فارسی کے آپ اچھے شاعر تھے۔اردو میں بھی طبع آزمائی کی ہے۔زیادہ تر مرثیے کہا کرتے تھے۔کتب خانہ سالار جنگ میں آپ کے مرثیے موجود ہیں۔ (12)

سعادت علی رضوی نے درگاہ قلی خاں درگاہ کی سخن دانی کا اعتراف کرتے ہوئے اس حقیقت کا انکشاف کیا ہے کہ وہ بھی آصف جاہی دور کے نمائندہ شاعر تھے اور ان کے ایک شعر کے ذریعہ ان کا تعارف اس طرح کیا ہے:

پڑی ہے آکے گلے ناگہاں بلائے سفر
سفر نہیں ہے سفر بلکہ شعر سے بدتر

(13)

آصف جاہی دور کی شعری حقیقتوں کو نمایا کرتے ہوئے ڈاکٹر حبیب نثار نے اس دور کے شاعروں کا سلسلہ اس طرح بیان کیا ہے:

''اورنگ آباد میں آصف جاہی حکومت 1139ھ سے 1185ھ چھیالیس برس قائم رہی۔ یہ وہ زمانہ ہے کہ ولی اورنگ آبادی نے اپنے فن شعر سے شمالی ہند کو تسخیر کرلیا تھا۔ داؤد اورنگ آبادی، سراج اورنگ آبادی اپنی تخلیقات سے اورنگ آباد میں دبستان گولکنڈہ کی یاد تازہ کررہے تھے۔ نواب قمرالدین علی خاں آصف جاہ اول اور نواب میر احمد علی خاں ناصر جنگ شہید کے عہد میں داؤد اورنگ آبادی، سراج اورنگ آبادی، درگاہ قلی خاں، نورالدین خاں رنگین، جمال اللہ عشق، ملاباقر شہید، عارف الدین علی خاں عاجز، عارف، رونق، سید عبدالولی عزلت، آزاد بلگرامی، غلام قادر سامی، خواجہ خاں حمید، میر عبدالقادر مہرباں، اسد علی خاں تمنا جیسے شاعر موجود تھے۔ (14)

ڈاکٹر حبیب نثار نے اورنگ آباد میں آصف جاہی دور کو 1139ھ سے 1185ھ تک قرار دیا ہے۔ تقویم ہجری و عیسوی 1139ھ سے 1726ء برآمد ہوتی ہے۔ اسی طرح 1185ھ سے 1771ء برآمد ہوتی ہے۔ ابتدائی تاریخ میں تسامح کا امکان ہے کیونکہ آصف جاہی سلطنت کا آغاز 1324ء میں ہوا جبکہ حبیب نثار کی تاریخ سے غلط فہمی کا امکان تازہ ہو جاتا ہے۔ مقدمہ تاریخ دکن کے مؤلف عبدالمجید صدیقی نے اپنی وضاحت کے ساتھ یہ حقیقت پیش کی ہے کہ خاندان آصفیہ کا آغاز 1724ء م 1135ھ میں ہوا۔ اس کے بجائے حبیب نثار نے 1139ھ تحریر کی ہے جو تاریخی پس منظر میں غلط ثابت ہوتا ہے۔ آصف جاہی سلطنت پر لکھی ہوئی بیشتر کتابوں میں 1135ھ لکھی ہے، اس کے بجائے 1139ھ کا تذکرہ درحقیقت چار سال کے فرق کو ظاہر کرتا ہے۔ خود نصیرالدین ہاشمی نے دکن میں اردو کے توسط سے اپنی کتاب میں آصف جاہی دور کے آغاز کو 1336ھ سے شروع کیا ہے جس

سے پتہ چلتا ہے کہ ہر مورخ نے اپنے انداز سے تواریخ درج کی ہیں۔اس کی سب سے بڑی وجہ یہی ہے کہ اردو کے مورخین نے تاریخی کتابوں سے حوالے حاصل کرنے بجائے ادبی کتابوں سے مواد حاصل کیا جبکہ بادشاہوں اور سلطنتوں کے واقعات اور حالات کے بارے میں تاریخی کتابوں سے بھی حوالہ اخذ کیا جانا چاہئے۔حبیب نثار نے اس حقیقت کا اظہار نہیں کیا کہ انہوں نے یہ تاریخ کس کتاب سے حاصل کی ہے بلکہ ظاہر یہی ہوتا ہے کہ انہوں نے نصیر الدین ہاشمی کی تاریخ کو بھی نظر انداز کیا ہے کیونکہ انہوں نے 1136ھ میں آصف جاہ اول کے تخت نشین ہونے کی تاریخ بتائی ہے جبکہ عبدالمجید صدیقی جیسے مورخ نے 1135ھ کو آصف جاہی سلطنت کے آغاز کا دور قرار دیا ہے۔اس سلسلہ میں حقیقت کی وضاحت ضروری ہے چونکہ عبدالمجید صدیقی کو دکن کی تاریخ لکھنے میں کمال حاصل ہے اس لئے ان کی درج شدہ آصف جاہی سلطنت کی تاریخ 1724ء م 1135ھ کو مصدقہ قرار دیا جائے گا جبکہ نصیر الدین ہاشمی اور حبیب نثار کی تواریخ کو کالعدم قرار دینا ضروری ہے۔غرض نصیر الدین ہاشمی نے مشہور شاعر درگاہ قلی خاں درگاہ کے دو اہم مرثیے بطور نمونہ پیش کئے ہیں جو ذیل میں درج کئے جارہے ہیں:

پڑی ہے آگے گلے ناگہاں بلائے سفر — سفر نہیں ہے سفر بل سقر سے ہے بدتر
زبان خامہ ہے اس کے بیان میں عاجز — ہے جس کا شمۂ کلفت حساب صد دفتر
اسیر پنجہ تعذیب صامت و ناطق — غریق لجہ تخریب بے گاہ سب لشکر
نہیں تختہ بازار پر اناج کی جنس — نہ محلّہ بلکہ سبھی نقد و جنس ہے کمتر
گیہوں کی جنس ہے نایاب مثل آدم خوب — مثل میں نظر آتی نہیں ہے اب تو
مگر ذخیرہ کیا ہوئے ماش خوروں نے — ہے دال ان کی رکاکت پہ باکمال ہنر
ہوا ہے قحط سے دیکھو دوباجرا عالم — نہیں ہے ہمت اک جو کسی میں بل کمتر

....

اسی تردد و افکار میں لگی تھی نیند — کہ ناگہ خواب میں دیکھا قریب وقت سحر
کھڑا ہے آکے سرہانے پہ پیر نورانی — لطیف عنصر و خوش منظر و خجستہ سیر
کہا کمال عنایت سے کیا ہے فکر تجھے — ہے تیرے کام کا حامی امام جن و بشر
شہ سریر کرامت امیر کل امیر — ولی حضرت مولیٰ وصی پیغمبر
امام جن و ملک تاجدار ملک و ملک — کہا ہے لحمک لحمی جسے شہ سرور
فزوں جو حد بشر سے ہے منقبت اسی کی — ہوا ہے مشرق خاطر سے مطلع دیگر

جناب اقدس حیدر ہے وصف سے برتر　　یہاں ہے وصف سے عاجز لب و دہانِ بشر
مراد بندۂ درگاہ روز ہے کہ کرے　　ابو تراب کی تربت کی خاک کحل بصر
(15)

و۔ آصف جاہی دور کے معاصر دہلوی شعراء:

ڈاکٹر حبیب نثار کے مطابق آصف جاہی عہد کے ابتدائی بادشاہوں کے دور میں نہ صرف شعرائے کرام کی کثرت تھی بلکہ خود ولی اورنگ آبادی نے دکن سے شمالی ہند کا سفر کر کے اردو شاعری میں غزل کی روایت کو فروغ دیا تھا۔ اس سے قبل اگر چہ قطب شاہی دور میں بھی شعرا غزل لکھتے تھے لیکن 1700ء میں جب ولی نے دہلی کا سفر کیا اور واپسی کے بعد نہ صرف دہلی کی شاعری میں تبدیلی پیدا ہوئی اور فارسی گو شعرا میں اردو زبان میں غزل گوئی کی روایت کو فروغ دیا جس کی وجہ سے دلی کے فارسی شعرا جیسے غلام مصطفیٰ خاں یکرنگ، شاکرناجی، شاہ حاتم، مرزا مظہر جان جاناں، فائز دہلوی، شاہ مبارک آبرو، شیخ شرف الدین مضمون، سراج الدین علی خاں آرزو جیسے شعرا نے ولی کے تتبع میں شاعری کی بنیاد رکھی۔ جس کے نتیجہ میں دہلی کا دبستان اور اس کے عہد متقدمین کے شاعروں کی شعر گوئی کا آغاز ہوا۔ اس طرح آصف جاہی دور کی شاعری کو اس وجہ سے بھی اہمیت حاصل ہے کہ اس دور کے اورنگ آباد کے شاعر ولی اورنگ آبادی نے اردو غزل کی میراث کو دکن سے دہلی تک پہنچادیا۔ اگر چہ شمالی ہند کے اولین شاعر کی حیثیت سے چندر بھان برہمن کو اہم مقام حاصل ہے جو مغلیہ سلطنت میں لاہور میں گورنر کے دفتر میں معزز عہدے پر فائز تھا جس کی وفات کے بارے میں یہ بتایا گیا ہے کہ اس نے 1073ھ م 1662ء قرار پاتا ہے۔ لازمی ہے کہ یہ دور اورنگ زیب عالمگیر کا اہم دور ہے اور اس وقت تک دکن کی پانچ سلطنتوں کو بھی اورنگ زیب عالمگیر نے اپنے قبضہ میں نہیں لیا تھا اس لئے چندر بھان برہمن کو کسی اعتبار سے بھی آصف جاہی دور کے شاعروں میں شمار نہیں کیا جاسکتا بلکہ وہ مغلیہ دور کے اورنگ زیب عالمگیر کے دور کا شاعر ہے۔ البتہ دہلی میں ولی کے معاصرین کی حیثیت سے نامور شعرا میں جنہیں اولیت حاصل ہے و بلاشبہ فائز دہلوی ہے۔ فائز دہلوی کو ہر ادبی مورخ نے ولی کا ہم عصر قرار دیا ہے اور چنانچہ فائز کا دیوان 1172ھ م 1714ء میں فرخ سیر کے دورِ سلطنت میں پانچویں سال مرتب ہو چکا تھا یعنی ولی کے دہلی پہنچنے کے زائد از 14 سال فائز کی شاعری منظر عام پر آئے۔ چنانچہ 1714ء میں آصف جاہی سلطنت کا قیام عمل میں نہیں آیا تھا۔ اس لئے فائز دہلوی کو آصف جاہی دور کے شاعر کی حیثیت سے پیش نہیں کیا جاسکتا۔ البتہ صدرالدین محمد، فائز دہلوی کے والد زبردست خان عالمگیری کے عہد کے 42ویں سال اودھ کے ناظم مقرر ہوئے۔ بعد میں پنجاب کے

صوبہ دار اور اجمیر کے صوبہ دار کی حیثیت سے زندگی گزاری۔ فائز کے بارے میں صرف اتنا پتہ چلتا ہے کہ وہ دہلی کے باشندے اور نہایت ذی علم اور کئی کتابوں کے مصنف تھے۔ فارسی اور اردو نثر اور نظم میں انہیں کمال تھا۔ ان کا دیوان مختصر ہے، جس میں 32 غزلیں شامل ہیں۔ زیادہ تر مثنوی کا اثر غالب ہے۔ نجم الدین خاں، شاہ مبارک آبرو شعر وسخن کے ماہر اور سراج الدین علی خاں کے رشتہ تھے۔ 1165ھ م 1750ء میں وفات پائی۔ انہیں استادِ زمانہ قرار دیا جاتا تھا۔ ان کی غزلوں میں ثقیل اور بھدے الفاظ بھی استعمال ہوئے ہیں جو موجودہ دور میں استعمال نہیں ہوتے۔ غرض دہلی کے شاعروں نے ولی کے دہلی پہنچنے کے بعد مثنوی کی شاعری کو چھوڑ کر غزل کی شاعری کی طرف توجہ دی۔ ایسے شاعروں میں سید محمد شاکر ناجی بھی گذرے ہیں جو محمد شاہ جیسے مغل شہنشاہ کے وزیر عمدۃ الملک تھے۔ 1739ء نادر شاہ نے جب ہندوستان پر چڑھائی کی تو یہ میدان جنگ میں اترے۔ اس طرح ولی کے ہم عصر اور دہلی کے شاعروں میں شاکر ناجی کے علاوہ شیخ شرف الدین مضمون اور غلام مصطفیٰ یکرنگ بھی اہمیت کے حامل ہیں۔ مضمون کا انتقال 1747ء میں بمقام دہلی ہوا۔ ان کا کلام صنعت مراعاۃ النظیر کی بہترین مثال اور حد درجہ ابتذال میں ڈوبا ہوا ہے۔ اسی دور کے یکرنگ بھی شاعر گذرے ہیں جو مرزا مظہر جان جاناں کو کلام لکھاتے تھے۔ محمد شاہی امراء میں قدر کی نگاہ دیکھے جاتے تھے۔ ان کی تاریخ پیدائش اور وفات دستیاب نہیں البتہ ولی کے معاصرین میں دہلی کے اہم شاعروں میں شمار کئے جاتے ہیں۔ غرض دہلی کے ان شعرا میں اپنی شاعری کے ذریعہ مثنوی، قصیدہ، مرثیہ اور دوسری اصناف کی طرف توجہ دینے کے بجائے غزل کی طرف توجہ دی جس سے واضح ہوتا ہے کہ ولی کے اثر کو دہلی کے شاعروں نے قبول کیا اور انہوں نے اس دور تک زندگی گذاری جبکہ آصف جاہی سلطنت کے پہلے نظام نے اس دنیا سے رخصت حاصل کی۔ اس لئے ان کا ذکر اور احوال کا تذکرہ مناسب سمجھا گیا ہے۔

ز۔ آصف جاہی دور کے شاعروں کا امتیاز:

جس دور میں آصف جاہی سلطنت کا دور دورہ تھا اور دکن کے سارے علاقہ میں پہلے اور دوسرے آصف جاہ کی حکمرانی تھی اس دور میں نہ صرف بادشاہوں نے بلکہ خود شاعروں نے بھی اظہارِ خیال کے لئے گو کہ فارسی کی دوسری شعری اصناف کو فروغ دیا لیکن اس حقیقت سے انکار نہیں کیا جاسکتا کہ آصف جاہی دور کی وجہ سے دکن کے سارے علاقہ ہی نہیں بلکہ شمالی ہند میں بھی غزل کی پیشکش اور اس کے اظہار کے دائرے وسیع ہوتے گئے۔ ابتدائی طور پر غزل میں حسن وعشق کی باتیں اور عورتوں سے اظہارِ تمناء کرنے کا طریقہ اختیار کیا گیا۔ اس سلسلہ میں جب قطب شاہی دور اور عادل شاہی دور کے شاعروں کے کلام کا مطالعہ کیا جاتا ہے تو اندازہ ہوتا ہے کہ ان شاعروں نے غزل کے توسط سے عشقیہ اور دنیا داری کی باتوں کو فروغ دیا۔ جس کی وجہ سے دکن میں مثنوی کے علاوہ کسی دوسری

شاعری کوفروغ حاصل نہ ہوسکا۔آصف جاہی دور کے شاعروں کا یہ امتیاز ہے کہ اس دور سے وابستہ شاعروں نے جہاں رنگین غزل کی بنیاد رکھی وہیں عشق ومعرفت کے موضوعات کوبھی غزل میں شامل کرنا شروع کیا۔ولی اورنگ آبادی کے کلام میں اس تبدیلی کومحسوس کیا جاسکتا ہے۔اس طرح آصف جاہی دور کے ابتدائی دو بادشاہوں یعنی میر قمرالدین خاں آصف جاہ اول اور میر نظام علی خاں آصف جاہ دوم کے دور میں جہاں زمینی عشق کی شاعری کوغزل میں مقام حاصل ہوا وہیں تصوف اور معرفت کی دنیا سے آگاہی کے لئے غزل کی شاعری کا استعمال ہونے لگا۔اس طرح ولی اور آصف جاہی دور کے کارناموں میں یہ اہم حقیقت واضح ہے کہ شاعری کے موضوعات میں تبدیلی لاکر آصف جاہی دور کے شاعروں نے بیک وقت عشق حقیقی اور عشق مجازی کی کائنات کے مختلف موضوعات کوغزل کی شاعری کا حصہ بنادیا۔اس قسم کی تبدیلی سب سے پہلے اورنگ آباد کی سرزمین میں محسوس کی جاسکتی ہے جبکہ دہلی اور لکھنؤ کے دبستانوں میں بھی اس تبدیلی کا رجحان دکھائی نہیں دیتا بلکہ عامیانہ پن اور سوقیانہ انداز کو دہلی کی شاعری میں ہی نہیں بلکہ لکھنؤ کی شاعری میں بھی اہم مقام حاصل ہوگیا جس کی وجہ سے شاعری کو ابتذال کا سامنا کرنا پڑا۔ دہلی کے شاعروں نے باضابطہ شاعری میں ''۔۔۔۔۔۔۔۔'' اور لکھنؤ کے شاعروں نے ''ہزل'' اور ''ریختی'' کے ذریعہ شاعری کو بھونڈے پن سے وابستہ کردیا۔جس دور میں دہلی اور لکھنؤ کی شاعری ان غلط رویوں سے وابستہ تھی اس وقت شہر اورنگ آباد کے آصف جاہی دور اور پھر اس کے بعد شہر حیدرآباد کے آصف جاہی حکمرانوں نے وابستہ شاعروں نے نہ صرف میعاری شاعری کی بنیاد رکھی۔جس کے ذریعہ غزل کی شاعری کو نہ صرف بلندی عطاء ہوئی بلکہ آصف جاہی دور کی شاعری کو باضابطہ میعار اور وقار کی شاعری کا درجہ اس لئے حاصل ہوجاتا ہے کہ اس دور کے شاعروں کو آصف جاہی سلاطین نے نہ صرف تہذیب واخلاق سے باندھے رکھا بلکہ جہاں تک ہوسکے اخلاق اور تہذیب سے گری ہوئی باتوں کو شاعری میں شامل کرنے سے روک دیا جس کی وجہ سے آصف جاہی عہد کی غزل گوئی میں دہلی اور لکھنؤ کی غزل گوئی کی طرح عامیانہ پن دکھائی نہیں دیتا یہی آصف جاہی دور کی شاعری کا امتیاز ہے۔

ح۔آصف جاہی دور میں مثنوی کا بدلتا انداز:

اردو مثنوی کے جائزہ سے یہ اندازہ ہوتا ہے کہ تاریخی پس منظر میں طویل مثنویاں لکھنے کا رواج عام تھا جس کے نتیجہ میں نہ صرف بہمنی دور میں لکھی جانے والی مثنوی ''کدم راؤ پدم راؤ'' کے علاوہ ''پرم کہانی'' سے اندازہ ہوتا ہے کہ اردو میں مثنوی کے آغاز کے ساتھ ہی مثنوی نگار شعرا نے باضابطہ ندرتوں انفرادیتوں کو پیش کرنے پر خصوصی توجہ دی۔ یہ سمجھا جاتا تھا کہ حسن وعشق کے قصہ ہی مثنوی نگاری کا وصف ہوتے ہیں لیکن شاعروں نے مثنوی کے دوران رومانی قصوں کے علاوہ باضابطہ داستانوی قصے اور دیومالائی قصوں کو بھی مثنویوں میں شامل کیا۔اگرچہ قدیم

مثنوی کی روایت میں محیر العقل اور مافوق الفطرت عناصر کو اہمیت دی گئی تھی اس کے علاوہ انہوں نے واقعات، جادو ٹونے کا عمل اور بھوت پریت کے علاوہ انسانوں کا مختلف روپ دھارنے کا سلسلہ بھی مثنویوں کا وسیلہ تھا۔ قطب شاہی دور اور عادل شاہی دور ہی نہیں بلکہ دبستانِ دہلی اور دبستانِ لکھنؤ میں بھی طویل اور عجیب وغریب واقعات پر مبنی مثنویاں لکھی گئی، جس کی درجہ بندی کرتے ہوئے مختلف ماہرین مثنوی نے پانچ اہم قسموں کا ذکر کیا ہے جس کے مطابق 1. رومانی مثنوی 2. داستانوی مثنوی 3. عشقیہ مثنوی 4. متصوفانہ مثنوی اور 5. حالات حاضرہ پر مثنوی لکھنے کا چلن اردو مثنوی نگاری کا حصہ بن گیا ہے۔ ایسے طویل قصے اور کہانیاں جن میں مرد اور عورت کی محبت اور اس کے درمیان رکاوٹوں کے علاوہ جن، راکشش اور جادوٹونے کی روایت کو برقرار رکھا جائے تو ایسی شاعری کی نمائندگی کرنے والی مثنوی رومانی مثنوی کہلاتی ہے۔ اس کے علاوہ کسی مثنوی میں داستانوی قصہ پیش کیا جائے جس میں داستاں کے تمام عناصر شامل ہوں تو اسے داستانوی مثنوی کا درجہ حاصل ہوتا ہے۔ بعض ناقدین نے رومانی اور داستانوی مثنوی کو ایک ہی قسم میں شمار کیا ہے۔ حالانکہ داستانوی مثنوی میں بغیر عشق کے ذکر کے بھی مافوق الفطرت عناصر کا ذکر ہوسکتا ہے۔ غرض کسی مرد و خاتون کے بے مثال عشق کے واقعہ کو مثنوی میں پیش کرنا عشقیہ مثنوی کہلاتی ہے۔ دنیا کے معاملات یا انسانی ضرورتوں اور مجبوریوں کے بجائے خدا کی مدد اور خدائی تصرفات کی خصوصیات کسی شعری مثنوی میں شامل ہوگی تو اسے متصوفانہ مثنوی کا درجہ حاصل ہوتا ہے۔ جس کے ذریعہ روحانیات، اخلاقیات اور تہذیب وثقافت کی بھرپور نمائندگی کی جاتی ہے۔ اس لئے متصوفانہ مثنویوں میں حکایتوں کو بھی شامل کیا جاتا ہے۔ اپنے دور کے حالات اور مسائل کو جس شاعری میں پیش کیا جائے اسے مسائل حاضرہ کی مثنوی کا درجہ حاصل ہوتا ہے۔ اردو میں لکھی ہوئی فخر دین نظامی کی مثنوی ''کدم راؤ پدم راؤ'' کو داستانوی مثنوی کا درجہ حاصل ہے جس میں دیومالائی قصہ نظم کیا ہے جس کے تحت روحوں کے جسموں میں تبدیل ہونے کے فلسفہ کو بیان کیا گیا ہے۔ اردو میں لکھی جانے والی ''طوطہ کہانی'' اور ''چندر گپت وماہیار'' کے علاوہ دکن میں لکھی ہوئی بے شمار مثنویاں عشقیہ مثنویوں کی نمائندگی کرتی ہیں۔ بزرگان دین نے انسان کو سبق سکھانے اور خدا کے علاوہ رسولؐ سے محبت دم بھرنے کے لئے جو مثنویاں لکھی ان میں اخلاقی پہلو نمایاں ہوتا ہے۔ ایسی مثنویوں میں حضرت شاہ راجو قتال حسینیؒ کی مثنوی ''سہاگن نامہ'' اور ''حضرت ذین الدین داؤد شیرازی کی مثنوی ''نزلک نامہ'' متصوفانہ مثنویوں میں شمار کی جاتی ہیں۔ اس کے علاوہ فارسی کی مشہور ''مثنوی مولانا روم'' کو بھی متصوفانہ مثنوی میں شمار کیا جاتا ہے۔ مولانا حالی نے سب سے پہلے حالاتِ حاضرہ کی مثنوی لکھنے کی طرف توجہ دی چنانچہ ان کی دو مثنویاں ''چپ کی داد'' اور ''بیوہ کی مناجات'' کے ذریعہ حالاتِ حاضرہ کی مثنوی کی روایت شروع ہوئی۔ ترقی پسند شاعروں میں جاں نثار اختر نے ''امن نامہ'' اور کیفی اعظمی

نے ''خانہ جنگی'' اور علی سردار جعفری نے ''جمہور'' جیسی مثنویاں لکھ کر اِس طرز شاعری کے مختلف انداز کی طرف نمائندگی کی ہے۔ اردو میں ابتدائی دور سے لے کر آصف جاہی دور ہی نہیں بلکہ موجودہ دور میں بھی مثنوی لکھنے کے مختلف انداز کے نشاندہی کی جاچکی ہے۔ ان مختلف انداز کی مثنویوں سے بالکل جداگانہ انداز آصف جاہی دور کے شاعروں نے اپنی مثنویوں میں اختیار کیا اور پہلی مرتبہ آصف جاہی دور کے شاعروں نے مثنوی میں سوانح حیات کو پیش کرنے کا طریقہ اختیار کیا۔ چنانچہ کمتر اورنگ آبادی جیسے شاعر نے اورنگ آباد کی سرزمین سے دوسرے نظام نواب میر نظام علی خاں کے زندگی کے حالات کو اپنی مثنوی ''داستانِ نظام علی خاں'' میں پیش کیا۔ جس سے اندازہ ہوتا ہے کہ آصف جاہی دور تک آگے بڑھتے ہوئے مثنوی کی صنف میں جھوٹے قصے کہانیوں اور ماورائی چیزوں کو پیش کرنے کے بجائے مثنوی کی صنف کے ذریعہ سوانح عمری کو پیش کرنے کا تجربہ کیا جو اپنے اعتبار سے کامیاب اور کارآمد بھی ہے۔ لازمی ہے کہ عشقیہ یا داستانوی مثنویوں سے انسان کو صرف لطف حاصل ہوسکتا ہے اور قصے کہانیوں کی ڈگر سے واقفیت ممکن ہے لیکن کسی بھی انسان کی زندگی کے حالات کو حقائق کے پس منظر میں پیش کرنے کا سب سے پہلا تجربہ شہر اورنگ آباد میں کیا گیا چنانچہ اس کی پہلی نشانی کمتر اورنگ آبادی نظام دوم کی زندگی کے حالات پر لکھی گئی مثنوی ''داستانِ نظام علی خاں'' ہے جس سے اورنگ آباد کی سرزمین میں مثنوی کے قصے میں تبدیلی پیدا کرنے کا رجحان واضح ہوتا ہے۔

کمتر اورنگ آبادی سے قبل ولی اورنگ آبادی کو یہ اعزاز حاصل ہے کہ اس شاعر نے باضابطہ مثنوی کی صنف کو اختیار کرتے ہوئے روایتی مثنوی سے اجتناب برتتے ہوئے اس نے مثنوی کے مزاج کے رخ کو تبدیل کردیا۔ اس اعتبار سے اورنگ آباد کی سرزمین میں بسنے والے ولی اورنگ آبادی کو یہ اعزاز حاصل ہے کہ وہ انہوں نے بجائے حسن و عشق اور داستانوی باتوں کو مثنوی میں پیش کرنے کے ''شہر سورت'' کی تعریف میں مثنوی لکھی یہ مثنوی اپنے اعتبار سے سب سے پہلی آصف جاہی دور کی مثنوی ہے جس میں شاعر نے پہلی مرتبہ مثنوی کی صنف کو شہر کی تعریف کے لئے مختص کیا ہے۔ مثنوی ''شہر سورت'' کے ذریعہ ولی اورنگ آبادی کے خیالات کا انداز ملاحظہ ہو:

> ''ولؔی اورنگ آبادی نے شہر سورت کی تعریف میں ایک مثنوی بھی لکھی ہے جس میں انہوں نے اس شہر کی رونق وہاں کے حسین مناظر اور پری پیکر نازنینوں کی توصیف و ستائش کی ہے۔

عجب شہراں میں ہے پرنور ایک شہر　　　بلاشک وہ ہے جگ میں مقصد دھر

اہے مشہور اس کا نام سورت	کہ جاوے جس کے دیکھے سب کدورت
جگت کی آنکھ کا گویا ہے یہ نور	اچھو اِس نور سوں ہر چشم بددور
شہر جیون منتخب دیوان ہے سب	ملاحت کی وہ گویا کھان ہے سب
سرج سن آب اس کی جگ میں کانپا	سمندر موجِ زن رگ رگ میں کانپا

ولؔی اپنی مثنوی ''درتعریف شہر سورت'' میں آگے کہتے ہیں کہ سورت شہر کے کنارے دریائے تاپتی ہے اور اس دریا کا پانی آبِ خضر کی تاثیر دیتا ہے اور اس کی ٹھنڈی ہوا کشمیر کی یاد دلاتی ہے اور وہاں جب عالم کے لوگ اشنان کرتے ہیں صبح و شام اس کو یاد کرتے رہتے ہیں۔

کنارے اس کے اک دریائے تپتی	کہ دنیا دیکھنے کوں اس کے ٹپتی
کہ آبِ خضر کی ہے اس میں تاثیر	ہوا دیتی ہے اس کی یاد کشمیر
وہاں اشنان جب کرتا ہے عالم	صبح اور شام تپ کرتا ہے عالم

ولؔی شہر میں موجود ایک قلعہ کا ذکر کرتے ہیں کہ وہ نہایت ہی قرینہ سے تعمیر کیا گیا ہے۔ وہ قلعہ انگوٹھی میں نگینہ کی طرح معلوم ہوتا ہے اور اس خوبصورت قلعہ کے نزدیک بارہ گھاٹ ہے اور اس گھاٹ پر ہمیشہ حسیناؤں کا بازار لگا رہتا ہے۔

عجب قلعہ ہے وہاں اک باقرینہ	کہ جیوں انگشتری اوپر نگینہ
نزک قلعہ کے باڑا گھاٹ ہے وہاں	کہ دائم گل رخاں کا ہاٹ ہے وہاں

ولی بلبل کو مخاطب کرتے ہوئے کہتے ہیں کہ:

اے بلبل پاک بنی سوں نظر کر
کثافت کی نظر سوں بس حذر کر

(16)

ولی کے بعد کے شاعروں میں نہ صرف سراج اورنگ آبادی میں مثنوی نگاری کی طرف توجہ دی بلکہ اس دور کے بیشتر اورنگ آبادی شعراء جو آصف جاہی دور سے وابستہ تھے انہوں نے مثنوی نگاری کی قدیم روایت کو خیر آباد کہہ کر باضابطہ نئے انداز کی مثنویاں لکھنے کی روایت کی طرف توجہ دی۔ جن میں جادوئی باتیں اور ماورائی خصوصیات کے بجائے زندگی کی حقیقتوں کو نمائندگی دی جانے لگے، ایسے اہم شاعروں میں آصف جاہی دور کے اہم شاعر سراج

اورنگ آبادی کا شمار ہوتا ہے جنہوں نے جملہ 9 مثنویاں لکھی۔ ہر مثنوی مختصر اور قصہ یا واقعہ سے مربوط ہے لیکن ان کی سب سے بڑی مثنوی اور شاعری کی یادگار کا درجہ رکھنے والی ''کلیاتِ سراج'' میں شامل ''بوستانِ خیال'' کے مطالعہ سے اندازہ ہوتا ہے کہ شاعر اگر چہ مذہبی خیالات کا حامی اور اپنی شاعری میں تصوف کے نکات بیان کرنے میں بڑی اہمیت رکھتا ہے لیکن ان کی لکھی ہوئی مثنوی اردو کی تمام مثنویوں سے جداگانہ ہے۔ چنانچہ ''بوستانِ خیال'' کو تاریخی مثنوی کا درجہ دیا جاتا ہے، جو انہوں نے چند دنوں میں مکمل کی لیکن اس میں ایک نوجوان لڑکے سے عشق کی کہانی کو بیان کیا گیا ہے۔ ایسا محسوس ہوتا ہے کہ امرد پرستی homesexuality کو اسلامی تاریخ میں لواطت بھی کہا جاتا ہے کیونکہ مرد سے مرد کے جنسی تعلقات قائم کرنے کی روایت حضرت لوطؑ کی قوم میں موجود تھی۔ خدا نے اس قوم کو عذاب سے ہمیشہ کے لئے نست و نابود کر دیا۔ یہ طریقہ عرب ہی نہیں بلکہ ایران کی سرزمین میں بھی موجود تھا۔ ہندوستان میں بھی یہ خرابی مروج تھی، مگر کسی شاعر نے شاعری کا موضوع بناتے ہوئے لواطت کو پیش نہیں کیا جبکہ سراج اورنگ آبادی نے اپنی مثنوی اسی جذبہ کے تحت تحریر کی جس کا تاریخی سن 1747ء قرار دیا جاتا ہے، جس کے بارے میں اکثر نقاد یہ لکھتے ہے کہ یہ مثنوی خود ان کے آپ بیتی کا دردانگیز بیان ہے۔ سراج اورنگ آبادی کی سوانح کا اظہار جامع اردو انسائیکلوپیڈیا میں اس طرح کیا گیا ہے:

> ''سید سراج الدین نام تھا۔ اورنگ آباد میں پیدا ہوئے۔ بارہ سال کی عمر تک تحصیل علم میں مشغول رہے۔ اس کے بعد جذب کی کیفیت طاری ہوگئی۔ وہ کبھی صحرانوردی کرتے، کبھی حضرت برہان الدین غریب کے مزار پر جا بیٹھتے۔ ان کی وحشت کم کرنے کی غرض سے والد انہیں گھر لے آتے۔ پا بہ زنجیر رکھتے۔ اس عالم میں ان کی زبان سے فارسی اشعار ادا ہوتے جو صاف سمجھ میں نہیں آتے تھے۔ یہ کیفیت سات سال تک رہی۔ جب طبیعت میں قدرے سکون ہوا تو 1733ء میں شاہ عبدالرحمٰن چشتی (1748ء) سے کلام کیا۔ اردو میں شعر کہے اور چوبیس سال کی عمر میں 1755ء میں دیوان مکمل کیا۔ مرشد نے شعر گوئی سے منع کیا تو فارسی شعراء کے دواوین کا مطالعہ کیا اور پسندیدہ غزلوں کا انتخاب 'منتخب دیوانہا'' 1739ء میں تیار کیا۔ سراج نے تمام اصناف سخن میں شعر کہے ہیں۔ ان کی ایک مثنوی ''بوستاں خیال'' 1747ء میں لکھی گئی جو دردانگیز آپ بیتی ہے۔ یہی تاثر ان کے سارے کلام پر حاوی ہے۔ انہوں نے تجرد کی زندگی گزاری اور 4 شوال 1763ء کو انتقال کیا۔ ان

کا مدفن اب تکیہ شاہ چراغ کہلاتا ہے۔

ولی کے بعد سراج اس دور کے سب سے بڑے شاعر ہیں۔ انہوں نے شمالی ہند کا سفر نہیں کیا۔ ان کی زبان شستہ اور صاف ہے، ان کے اشعار شمالی ہند میں زبان زد خاص و عام ہو گئے تھے۔ سراج کے شاگردوں اور مریدوں میں ضیاء الدین پروانہ، شاہ چراغ اور شاہ تاج الدین نے شہرت پائی''۔ (17)

ڈاکٹر نوری خاتون نے اپنے تحقیقی مقالہ ''اورنگ آباد کی دکنی مثنویوں کا جائزہ'' کے ذریعہ سات، آٹھ دکنی مثنوی نگاروں کی مثنویوں پر اظہارِ خیال کیا ہے، لیکن وہ تمام مثنویاں روایتی انداز کی ہیں، جس طرح مثنوی کی صنف کو دکن میں منفرد مقام کا حامل بنایا گیا اور ولی نے شہر سورت کی تعریف میں مثنوی لکھی جبکہ سراج اورنگ آبادی نے ہم جنسیت کو بنیاد بنا کر اپنا لڑکے سے عشق ظاہر کیا، جو مثنوی کی صنف میں مختلف انداز کی نمائندگی تھی۔ یہ تمام کارنامے آصف جاہی دور کے دو بادشاہوں کے دور میں جاری رہے۔ جس کے بعد 1771ء میں آصف جاہی حکمرانوں نے حیدرآباد کو پائے تخت بنایا اور شہر اورنگ آباد کے بیشمار شعراء ہی نہیں بلکہ دہلی سے حیدرآباد منتقل ہونے والے شاعروں نے بھی مثنوی کی صنف کو اہمیت دیتے ہوئے اس میں جدید اضافوں کی طرف توجہ دی۔ دکن کے اہم شاعروں نے کمتر اورنگ آبادی بھی ایک اہم شاعر گذرا ہے جس نے مثنوی کی صنف کو بادشاہ وقت کی سوانح لکھنے کے لئے استعمال کیا۔ کمتر کی مثنوی ''داستانِ نظام علی خاں'' درحقیقت بادشاہ وقت کی پیدائش سے لے کر وفات تک کی خصوصیات اور بادشاہ کی تدفین کے بعد کے رسومات کو بھی اس مثنوی میں شامل کیا گیا ہے۔ یہ مثنوی بھی اپنے انداز کی منفرد مثنوی ہے۔ کمتر کی زندگی کے حالات کی نمائندگی کرتے ہوئے نصیر الدین ہاشمی نے ان حقائق اظہار کیا ہے۔

''شاہ کمتر ایک صوفی بزرگ تھے۔ عموماً مرثیہ موزوں کرتے تھے۔ اساتذہ کے ہزاروں شعر حفظ تھے۔ حتیٰ کہ مثنویاں بھی نوکِ زبان تھیں۔ 1225ھ م 1829ء میں انتقال ہوا۔ (18)

آصف جاہی سلطنت سے تعلق رکھنے والے صاحبزادہ میر نجم الدین علی خاں نے 1964ء میں مثنوی ''داستانِ نظام علی خاں'' مرتب کی، جس کے ذریعہ اس مثنوی کی انفرادیت کو واضح کیا ہے کہ کمترؔ جیسا شاعر نے اورنگ آباد کی سرزمین سے دوسرے آصف جاہی بادشاہ میر نظام علی خاں کی منظوم سوانح لکھ کر مثنوی کی صنف کو سوانح نگاری کی طرف مائل کیا۔ اس طرح ''داستانِ نظام علی خاں'' اردو کی پہلی منظوم سوانح عمری کی حیثیت سے شہرت

رکھتی ہے جس میں شاعر نے مثنوی کے انداز کو باضابطہ سوانح کی نثری صنف سے وابستہ کر دیا ہے۔

ط۔آصف جاہی دور میں غزل کے انداز میں تبدیلی:

آصف جاہی سلاطین کے آباء واجداد کا وطن ہندوستان نہیں تھا، لیکن ان کے جدِ اعلیٰ نے ہندوستان کا رخ اختیار کیا تو اپنی مذہب پرستی سپاہ گری کو ہاتھ سے جانے نہ دیا۔ اسی انفرادیت کی وجہ سے مغلیہ دور کے اہم سپہ سالاروں اور صوبہ داروں میں شمار کئے جاتے رہے۔ آصف جاہی دور کے بادشاہوں کی مادری زبان فارسی تھی، لیکن ہندوستان میں آنے کے بعد انہوں نے یہاں کی ملی جلی زبان کو اختیار کر لیا تھا۔ چنانچہ وہ فارسی کے علاوہ اردو میں بھی شاعری کرتے تھے۔ ابتدائی آصف جاہی بادشاہوں کے کلام کو اسی باب میں بطور نمونہ پیش کیا گیا ہے۔ ورلی اورنگ آبادی کی جستجو کی وجہ سے دکن کی تمام تر تاریخ پر قدیم دور سے قابض مثنوی کے بجائے غزل کی شاعری کو فروغ حاصل ہوا۔ چنانچہ قمرالدین علی خاں کے دور کے شعراء بھی اردو میں غزل لکھتے اور اس شاعری میں باضابطہ حسن حقیقی کے علاوہ حسن مجازی کی خصوصیات بھی بیان کی جاتی تھیں۔ اس دور تک غزل کے ذریعہ عاشقانہ جذبات اور مجنونانہ کی کیفیت کو بیان کرنا بھی غزل کے مزاج میں شامل تھا۔ عشق حقیقی اور عشق مزاجی کے ساتھ ساتھ باضابطہ رنگین بیانی اور واردات قلبی کو بھی غزل میں پیش کیا جاتا تھا۔ اس دور تک غزل کی شاعری میں مسائل، حالات اور اپنے دور کی کیفیات کو بیان کرنا معیوب سمجھا جاتا تھا۔ بلکہ اکثر شعراء عشق مجازی میں گرفتار ہو کر شعر گوئی کو زندگی کا لازمہ بنا لیتے تھے اور زندگی سے لاپرواہ ہو جاتے تھے۔ اس دور میں باضابطہ اورنگ زیب کے زمانے میں جن محفلوں پر پابندی عائد ہوتی تھی، اس پابندی کو ختم کر دیا گیا۔ جس کی وجہ سے عرس کے محفلوں اور ناچ گانوں کی محفلوں کا رواج ہو گیا۔ نتیجہ یہ ہو گیا کہ غزل تصوف کی محفلوں سے نکل کر عام انسانوں کے جذبات کی نمائندگی کا ذریعہ بن گئی۔ اورنگ زیب کے دور تک سماع کی محفلیں اور عرس کے مراسم پر پابندی تھی، جب یہ آزادی حاصل ہو گئی تو شاعری کے توسط سے غیر حقیقی بیانات، مبالغہ آرائی اور ماورائی تصورات کو پیش کیا جانے لگا۔ آصف جاہی دور کی غزل میں ابتدائی طور پر روایت پرستی کا رنگ جھلکتا ہے، لیکن شاعروں کا یہ کمال ہے کہ وہ یکطرفہ محبت کو اہمیت دیتے ہیں، جسے انگریزی زبان میں ''Aristotle love'' کے نام سے شہرت حاصل ہے۔ اس قسم کی محبت میں شاعر بذاتِ خود کوئی اپنا محبوب نہیں رکھتا بلکہ خیالی محبوب تراش کر اس کے حسن کے گن گانے اور تعریف کرنے کے علاوہ اس سے محبت جتانے کا کام انجام دیتا ہے۔ محبت کا یہ انداز غزل کی شاعری میں آصف جاہی دور کے شاعروں کا امتیازی وصف ہے۔ پہلے نظام کے دور سے لے کر آخری نظام کے دور تک اسی قسم کی غزلیہ شاعری کا چلن عام رہا۔ بلکہ اکثر شاعروں نے غزلوں کے ذریعہ حسن و عشق کی بیش بہاء باتیں اور جذبات کی نمائندگی کا کارنامہ انجام دیا، جو صرف لفاظی تھی، اس

کے پیچھے کوئی حقیقت نہیں تھی۔ اس قسم کی محبت کو اردو میں یکطرفہ محبت کا درجہ دیا جاتا ہے۔ جس کے تحت شاعروں کا خیال یہ تھا کہ میں اسے چاہتا ہوں میری تسکین کے لئے یہی کافی ہے، وہ مجھے چاہے یا نہ چاہے اس سے شاعر کو کوئی غرض نہیں، بلکہ شاعر زندگی میں کبھی اپنے محبوب سے ملاقات بھی نہیں کرتا، لیکن یہ ثابت کرتا ہے کہ خیالوں میں وہ اپنے محبوب سے ملاقاتیں کرنے کا عادی ہے۔ اس قسم کا عشق درحقیقت دیوانگی کی ایک شکل ہے اور اس طرز کی نمائندگی آصف جاہی دور کے غزلوں میں دکھائی دیتی ہے۔ اس دور کی غزلیہ شاعری کے لئے تو ہزارہا شاعروں کے نام موجود ہیں۔ پہلے اور دوسرے نظام کے دور میں شاعری کو عروج حاصل ہوا، حیدرآباد میں منتقل ہونے کے بعد آصف جاہی بادشاہوں نے شعر گوئی کی سرپرستی کی جس کی وجہ سے نہ صرف چندو لال کے دربار سے شاعروں کی وابستگی کا ثبوت ملتا ہے بلکہ ارسطو جاہ کے دربار سے بھی شاعروں کو انعام و کرام سے نوازنے اور آخری دور میں مہاراجہ کشن پرشاد میر عثمان علی خاں کے دربار سے بھی اعزاز و کرام دینے کی روایت قائم تھی۔ شاہی سرپرستی میں مقامی شاعروں کو نظرانداز کر کے شمالی ہند سے آنے والے شعرا کی تعظیم وتکریم میں شاہی خزانے لٹائے جاتے تھے۔ چنانچہ داغ دہلوی، امیر مینائی، فصاحت جنگ جلیل اور حیرت بدایونی ہی نہیں بلکہ فانی بدایونی اور علامہ نجم آفندی جیسے شعراء نے حیدرآباد میں وقار کا درجہ حاصل کر لیا، جو بلاشبہ غزل کی شاعری کی وجہ سے ملک گیر شہرت کے حامل قرار دئے گئے۔ اسی دوران سید علی حیدر نظم طباطبائی اور جوش ملیح آبادی کے علاوہ درد کاکوروی کو شاہی دربار سے جو عنایتیں اور اعزازات حاصل ہوتے رہے اس سے خود اندازہ ہوتا ہے کہ باضابطہ درباداری کے ذریعہ بیرونی شعراء کی خوب تعریف وتوصیف کی گئی۔ اس خصوص میں مشہور کتابیں ''حیدرآباد میں بیرونی شعراء'' اور ''بیرونی ارباب کمال حیدرآباد میں'' جیسی کتابوں سے خود اندازہ ہوتا ہے کہ شہر حیدرآباد کو شاعری کے مرکز کی حیثیت سے اہمیت دینے کا کارنامہ آصف جاہی سلطنت کے بادشاہوں کا دستِ نگر ہے۔ غرض شمالی ہند میں جس قدر غزل کی شاعری کو فروغ حاصل ہوا، اس سے کہیں زیادہ آصف جاہی دور میں غزل کی اہمیت کو تسلیم کیا گیا۔ جس کی وجہ سے حیدرآبادی غزل تہذیب واخلاق کے علاوہ شائستگی سے مقبول ہوگئی، ورنہ غزل کو متروک سمجھا جانے لگا تھا۔ غزل پر اعتراضات شروع ہوچکے تھے، غزل گو شاعر کو قابل گردن زدنی اور اس صنف کو نیم وحشی صنف سخن کا موقف دے کر غزل کی شاعری پر الزامات کا سلسلہ جاری تھا۔ اسی دور میں حلقہ ارباب ذوق اور ترقی پسند تحریک کے علاوہ جدیدیت کی تحریک کے نتیجہ میں دوسری یوروپی تحریکوں کا اثر بھی اردو غزل گوئی پر ہوا۔ چنانچہ آزادی سے پہلے سے ہی غزل کو موضوعات سے ہم آہنگ کر کے اس کے موضوعات کو تبدیل کیا گیا۔ اس قسم کی غزلیں لکھنے کا رجحان حیدرآباد کے شاعروں میں کمیاب ہے۔ اس کے تحت کالی غزل، پیلی غزل، آزاد غزل، معریٰ غزل، دہقانی غزل، کسانی غزل

اور نہ جانے کتنے موضوعات سے وابستہ کر کے اردو کے غزل گو شعراء نے اس صنف شاعری کو مذاق کے طور پر استعمال کرنا شروع کیا۔ حیدر آباد کے ابتدائی شعراء کے گروہ سے لے کر موجودہ دور کے شعراء نے بھی غزل کی اس قسم کی موضوعاتی درجہ بندی پر توجہ نہیں دی۔ البتہ عصر حاضر کے چند ایسے شعراء بھی حیدر آباد سے وابستگی رکھتے ہیں جنہوں نے دنیا میں فروغ پانے والے نئے نظریات کو پیش نظر رکھ کر کالی، پیلی اور نیلی غزل بھی لکھی۔ دنیا میں خوبیوں کے خاتمہ اور اچھائیوں کے علاوہ تہذیب و اخلاق کی خرابی کو بنیاد بنا کر غزل لکھی جائے تو اس غزل کو کالی غزل کا نام دیا گیا، جس میں انسان اپنی تمام صلاحیتوں کو برے کاموں کی طرف راغب کرتا جا رہا ہے۔ اس کے بجائے رشوت ستانی، رشتہ داری کا پاس و لحاظ ختم ہونا اور جنس کو ہوس پرستی کے لئے استعمال کرنے کا انداز جس غزل میں شامل ہوگا، اسے پیلی غزل کہا گیا۔ غرض ہر موضوع کے اعتبار سے مختلف معنویتیں جنم لینے لگیں۔ حیدر آباد کے شاعروں میں مضطر مجازؔ اور رؤف خیر جیسے شاعروں نے اس قسم کی موضوعاتی غزلوں کو پیش کرنے کی طرف خصوصی توجہ دی، جبکہ سارے ملک میں اس قسم کی غزلیں لکھنے والوں کو ہجوم موجود ہے۔ البتہ ارسطو کی محبت کا لحاظ کرتے ہوئے یکطرفہ محبت کی نمائندگی بھی حیدر آباد کے شاعروں کی غزلوں کی خصوصیت ہے۔ ترقی پسندی سے وابستہ کچھ شاعروں نے حقیقت پسندی کے نام پر غزل کی شاعری میں عریانیت اور دوسرے مسائل کو پیش کیا، لیکن یہ انداز غزل کی شاعری کا مزاج نہ بن پایا۔ غزل کے توسط سے دکن کے شعراء ہی نہیں بلکہ شمالی ہند کے شاعروں کی یہ خصوصیت رہی کہ وہ ریختی کی طرف مائل ہو گئے، جس میں مرد کی جانب سے محبت کا اظہار کرنے کے بجائے عورت اپنے جذبات کی نمائندگی پر توجہ دیتی ہے، ایسی غزل کو ریختی کہا جاتا ہے۔ دکن میں کئی ریختی گو شعراء موجود تھے جو آصف جاہی سلطنت سے قبل اپنی شاعری کی خصوصیات کو پیش کرتے تھے جبکہ لکھنؤ میں تو ریختی کا عام رواج ہو گیا تھا۔ حیدر آباد میں شاعروں نے اس قسم کی ریختی کو غزل کی حیثیت سے قبول نہیں کیا۔ البتہ غزل کی شاعری میں ایک ایسے انداز کو بھی شامل کیا گیا جس کے ذریعہ باضابطہ گالی گلوج اور بیہودہ گوئی کو بھی غزل کی حیثیت سے اہمیت حاصل ہوئی۔ شمالی ہند میں اس قسم کی غزلیں لکھنے والے شاعروں میں جان صاحب کو خصوصی حیثیت دی گئی تھی جبکہ حیدر آباد کی شعر گوئی میں چیرکن شاعر ایسا گذرا ہے جس نے غزل کی زبان میں گالی گلوج اور بیہودہ زبان میں شاعری کی بنیاد رکھی۔ ان کی تمام تر شاعری اسی بیہودہ انداز کی نشاندہی کرتی ہے۔ ان کا چھپا ہوا دیوان نایاب ہو گیا تھا، جبکہ اردو کے مشہور نقاد شمس الرحمٰن فاروقی نے اسے دوبارہ شائع کیا۔ دیوان چیرکن سے ایک ایسا شعر پیش کیا جا رہا ہے جو کسی اعتبار سے محفل میں سنایا جا سکتا ہے ورنہ اس کی تمام تر شاعری گالی گلوج سے بھری ہوئی ہے۔ شعر ملاحظہ ہو:

حضرت چیرکن جب گھر سے نکلتے ہیں

عطر کے بدلے موت ملتے ہیں

غرض غزل کے انداز کو بیہودہ گوئی کی طرف مائل کرنے والے ایک شاعر کی نمائندگی کی گئی ہے، اس قسم کی نمائندگی دکن کی سرزمین میں صرف چیرکن کی طرف مختص ہے، جبکہ ترقی پسند غزل اور شمالی ہند کے شاعروں میں غزل کے توسط سے تمام اخلاقی اصول اور تہذیب وشائستگی کو نظر انداز کر کے غزل گوئی کی طرف توجہ دی۔ اس قسم کا بیہودہ اور بھونڈا انداز آصف جاہی دور کے شاعروں نے حیدرآبادی سرزمین میں فروغ کا موقع نہیں دیا، جس سے پتہ چلتا ہے کہ حیدرآباد کے غزل گوشعراء نے ہر دور میں غزل کی صالح روایت کو فروغ دے کر اس صنف شاعری کی قوت کو منوانے کی کوشش کی۔ یہ سلسلہ ولی اورنگ آبادی سے قائم ہو کر دورِ حاضر تک جاری رہتا ہے۔

ی۔ آصف جاہی دور میں نئی نظم اور گیت:

آصف جاہی دور کے باشندوں میں باضابطہ روایت پرستی اور مذہب دوستی کا شدید رجحان پایا جاتا ہے۔ تہذیب واخلاق اور شائستگی کے ساتھ ساتھ شعر وادب میں بھی ان عوامل کو جگہ دینے کی روایت حیدرآباد سرزمین کی امتیازی خصوصیت ہے۔ یوروپی اثرات کے نتیجہ میں ترقی پسند تحریک اور اس کے رجحانات کا باضابطہ اثر آصف جاہی سلطنت کے شاعروں پر بھی نمایاں ہوتا ہے۔ عملی طور پر حیدرآباد کے جن شاعروں نے اشتراکی رجحانات سے وابستگی اختیار کی اور ترقی پسند تحریک سے بے شمار اثرات قبول کئے ان شاعروں کے شعر وادب میں نئی نظم اور گیت کا رجحان ہی نہیں بلکہ یوروپی ادبیات کے توسط سے پھیلنے والی شعری انگریزی اصناف جیسے پیروڈی اور سانیٹ کے علاوہ ترائیلے کی اصناف کو ترقی پسند تحریک کے زیر اثر شہرت حاصل ہوئی۔ نظم کے ان نئے اندازوں کو قبول کرنے والے شاعروں کی سرگرمیوں کو نظر انداز نہیں کیا جاسکتا۔ جس کی وجہ سے حیدرآبادی شعری روش میں بے شمار تبدیلیاں رونما ہوئی۔ سرزمین حیدرآباد میں ترقی پسند تحریک کو فروغ دینے والے عجوبوں میں پیش پیش راج بہادر گوڑ ہے۔ جس کے بعد نئی نسل میں شعری اور عصری تقاضوں کی تکمیل کرتے ہوئے جدید رجحانات کو شاعری کا حصہ بنالیا۔ حیدرآباد میں ہندوستان گیر سطح پر شہرت رکھنے والی اصناف شاعری میں ہی تبدیلی نہیں آئی بلکہ کئی شاعر ایسے پیدا ہوگئے جنہوں نے نئی نظم کو رجحان کو قبول کرتے ہوئے آزاد اور معرٰی نظم ہی نہیں بلکہ ہندی زبان سے عروج پانے والے گیت اور دوہا جیسی اصناف کو بھی فروغ دینے کی کوشش کی گئی۔ حیدرآباد کی سرزمین میں مقامی شعراء کا رجحان نمایاں نہیں ہوتا بلکہ ترقی پسند تحریک سے وابستہ شاعروں نے ہی نئی نظم کا استقبال کیا۔ مولانا حالی اور محمد حسین آزاد نے انجمن ترقی پسند مصنفین کے توسط سے نئی نظم کے یوروپی رجحانات اور میلانات کو قبول کیا۔ صنفی سطح پر ہی نہیں بلکہ موضوعاتی سطح پر بھی

اس تبدیلی کو محسوس کیا جاسکتا ہے۔ مغربی تہذیب کے اثرت تیز رفتاری کے ساتھ پھیلنے لگے، جن میں آزادروش اور اصولوں کو توڑ کر غلام کو چھوڑ دینا اور اس کے ساتھ ہی نئی ادبی روایت کو قبول کرنے کا رجحان تیز رفتاری سے آگے بڑھنے لگا۔ ڈاکٹر سید محی الدین قادری زورؔ، علامہ حیرت بدایونی، فانی بدایونی اور علامہ نجم آفندی ہی نہیں بلکہ سید علی حیدر نظم طباطبائی جیسے اشخاص نے دکن کی شاعری پر اپنا اثر ڈالا، جس کی وجہ سے دکنی شاعری معدوم اور شمالی ہند کی شاعری کی روایت کو پیش کرنا شروع کیا۔ حیدرآباد کی سرزمین نے ریاست حیدرآباد کے نظام اوران کے جاگیردارانہ رویہ کے خلاف تحریک چلانے والے سیاسی قائدین عام طور پر کمیونسٹ نظریات کے تھے۔ ان کے نظریات میں شاہی کو ختم کر کے جمہوریت کو فروغ دینے کا طریقہ اختیار کیا گیا۔ مذہبی اعتبار سے ہم چاہے کتنے بھی پابند کیوں نہ ہوں یوروپ کی نمائش زدہ اور فیشن سے وابستہ تہذیب سے متاثر ہونا لازمی تھا، جس کا لازمی نتیجہ یہ ہوا کہ نئی نظم کے رجحانات نے حیدرآباد کی تہذیب کو متاثر کیا۔ سلیمان اریب، مخدوم محی الدین، صاحبزادہ میکش، کامریٹ جہاں دار افسر اور دوسری شعرا نے نئی نظم کی حمایت کرتے ہوئے نہ صرف نظم کو پابندی سے وابستہ کیا بلکہ کئی شاعروں نے غزل کی بحر اور روایتوں کو نظرانداز کرنے کی شروعات کی، جس کے نتیجہ میں جس کی وجہ سے روایتی شاعروں سے اختلاف کی گنجائش پیدا ہوگئی اور شہر میں روایتی غزل گو شعراء کے ساتھ ساتھ ترقی پسند غزل گو شعراء نے اپنے کلام کی خصوصیات اجاگر کی، جس کا نتیجہ یہ ہوا کہ ترقی پسند تحریک کے اثرات تیزی سے پھیلنے لگے، آزادروش اور آزادی کے علاوہ حقیقت پسندی کے نام پر عریانیت کا چلن عام ہونے لگا۔ جس سے آزاد نظم، معریٰ نظم اور نثری نظم کے علاوہ دوسری زبانوں کے شعری اصناف کو فروغ حاصل ہوا۔ ہندی زبان سے دوہا اور گیت کا چلن اردو میں عام ہوا۔ اس کے علاوہ اردو زبان میں موجود عربی اور فارسی الفاظ کی نمائندگی کے بجائے نئی لفظیات کو فروغ دیا جانے لگا، جس کے ذریعہ نیا املا اور نیا تلفظ کا سلسلہ جاری رہا۔ اردو شاعری میں اسی ترقی پسند تحریک کو عروج حاصل ہوتا رہا۔ مرد اور عورت کے جنسی کے تعلقات کو ادب کا حصہ بنایا گیا۔ حقیقت پسندی کے نام پر مرد وزن کے جنسی اعضاء کی نشاندہی ہونے لگی، یہی نہیں بلکہ شاعری کی روایت میں مساوات کا درس دیتے ہوئے شاعروں نے عورت کو کمزوری کو نمایاں کرکے مرد کی زیادتی کے خاتمہ پر توجہ دی۔ بلکہ انہوں نے یہ کوشش کی کہ یوروپی ممالک کی طرح ہندوستان میں بھی عورت اور مرد کو مساویانہ حقوق فراہم کئے جائیں۔ جس کے لئے آزاد ذہنی معاشرتی کی نمائندگی کرتے ہوئے یہ کہا گیا کہ انسان کو کسی قسم کے بندھن میں نہیں رکھنا چاہیے۔ جس کی وجہ سے یوروپی معاشرہ میں عورت اور مرد کی شادی کے بجائے مرد کی مرد سے شادی اور عورت کی عورت سے شادی کے علادہ جسم کے پوشیدہ اعضاء کی نمائندگی ہی نہیں بلکہ تانیثیت کی تحریک کا آغاز ہوا۔ اس تحریک نے عورتوں کو مردوں کے مساویانہ حقوق فراہم کرنے کی مانگ

کرتے ہوئے حکومت سے اس جانب توجہ دلائی کہ معاشرہ کی روایت کی ڈگر سے ہٹ کر وہ کچھ ایسا کرنا چاہتی ہیں کہ جس کی وجہ سے عورت اور مرد کے فرق کا خاتمہ ہوجائے۔ اس عمل کے نتیجہ میں معاشرہ کے مشرقی انداز میں فرق پیدا ہونے لگا۔ ہندوستان کا معاشرہ مکمل طور پر ایشیائی تہذیب اور مشرقی روایات کا علمبردار ہے۔ جس کے تحت حدو ادب، تعظیم وتکریم، انسانیت اور ہمدردی کے علاوہ چھوٹے بڑے کا پاس ولحاظ اور معاشرہ میں عورت کو علیحدہ مقام دے کر مردوں کی محفلوں میں شرکت سے انکار کیا گیا لیکن آزادی کے نام پر ایسی تحریکیں چلائی گئیں کہ جس کے نتیجہ میں پدرسری معاشرہ رفتہ رفتہ مدرسری معاشرہ میں تبدیل ہونے لگا۔ اس کے علاوہ عورت کی رائے کو اہمیت اور ان کے معاملات کو اہمیت دیتے ہوئے ان کی تعلیم پر خصوصی توجہ دی جانے لگی۔ یہ سلسلہ سرسید احمد خاں کے دور میں ہی شروع ہو چکا تھا لیکن ریاست حیدرآباد میں اس سلسلہ کا آغاز بہت بعد میں ہوا لیکن اس کی تیز رفتاری کی وجہ سے سارے معاشرہ میں بگاڑ کے آثار پیدا ہوگئے۔ جس کے تحت عورت نے مساویانہ معاشرہ کی نمائندگی کرتے ہوئے اولاد کو پیدا کرنے اور دودھ پلانے کے علاوہ اس کی مشکل اور بیماری کے دوران مرد کو برابر کا حقدار بنا کر اس کی ترقی کی طرف کوشش کی۔ مغربی معاشرہ کے دلدادہ لوگوں نے تیز رفتاری کے ساتھ اس روش کا ساتھ دیا۔ 1921ء میں اکبرالہ آبادی کا انتقال ہوا، اس دوران انہوں نے مشرقی اور مغربی تہذیب کے رجحانات کو طنز کا نشانہ بناتے ہوئے ایسے شعر لکھے ہیں جن میں مشرقی تہذیب کی زوال آمادگی کا نوحہ سنائی دیتا ہے۔ 1921ء تک حیدرآباد میں نہ صرف محمد حسین آزاد اور مولانا حالی کی نیچرل نظم کی روایت فروغ پا چکی تھی بلکہ اس کے ساتھ ہی طنزیہ اور مزاحیہ شاعری کی روایت کو فروغ دینے میں حیدرآباد کے شاعروں کو نظرانداز نہیں کیا جاسکتا لیکن اکبرالہ آبادی کا شعری رجحان دکن کے طنز ومزاح کے شاعروں سے حددرجہ بگڑا ہوا رہا۔ اکبرالہ آبادی کے دو اشعار ذیل میں درج کئے جارہے ہیں جن سے اندازہ ہوتا ہے کہ انہوں نے تیز رفتاری کے ساتھ مشرقی تہذیب کے خاتمہ اور مغربی تہذیب کی بڑھتی ہوئی روایت کو نشانہ بنا کر شعرگوئی کے توسط سے طنز کی روایت کو عام کیا۔ اس سے قبل اردو شاعری میں طنز و مزاح کا استعمال نہ ہونے کے برابر تھا۔ اکبرالہ آبادی نے شعری روایت کو طنز ومزاح سے وابستہ کیا جس کا اثر حیدرآباد کی شاعری پر بھی پڑا۔ اکبرالہ آبادی کے دونوں اشعار ملاحظہ ہوں۔

عابدہ چمکی نہ تھی انگلش سے جب بیگانہ تھی
اب ہے شمع انجمن، پہلے چراغ خانہ تھی

اس شعر میں اکبرالہ آبادی نے مشرقی تہذیب کے خاتمہ اور مغربی تہذیب کے بڑھتے ہوئے رجحان پر افسوس کا اظہار کیا ہے۔ اسی طرح یوروپ کے ''ہوٹل کلچر'' پر طنز کرتے ہوئے انہوں نے یہ شعر بھی لکھا، جس سے

اندازہ ہوتا ہے کہ مشرقی تہذیب پر مغربی تہذیب اثر انداز ہو رہی ہے۔ اکبر الہ آبادی کا شعر ملاحظہ ہو:

ہوئے اس قدر مہذب کبھی گھر کا منہ نہ دیکھا
کٹی عمر ہوٹلوں میں مرے ہسپتال جا کر

اِن کا ایک قطعہ بھی موجود ہے جس میں انہوں نے عورتوں کے بے پردہ پھرنے پر طنز کرتے ہوئے لکھا ہے کہ اب عورتوں کا پردہ اب مردوں کی عقلوں پر پڑھ گیا ہے۔ غرض اکبر الہ آبادی حیدرآباد کے شاعر نہیں تھے اور انہوں نے تمام تر شاعری اسلامی اقدار اور تہذیبی خصوصیات سے مربوط ہو کر پیش کی لیکن ان کے بعد کے شعراء نے تمام روایتوں کو نظر انداز کیا۔ جس کا اثر حیدرآباد حیدرآباد کی شاعری پر دکھائی دیتا ہے۔ عام طور پر انسان اپنے اطراف و اکناف سے اثر قبول کرتا ہے۔ اکبر الہ آبادی نے یوروپی تعلیم اور مہذب پرستی کا لحاظ رکھتے ہوئے ایسے اشعار لکھے جس میں قوم کو جھنجھوڑنے اور مغربی تہذیب سے بے نیاز ہونے کی تلقین کی گئی ہے۔ اس قسم کی شاعری کا مزاج یعنی نظموں اور غزلوں میں سنجیدہ طنز کی روایت حیدرآباد کے شاعروں کے کلام میں نہ ہونے کے برابر ہے، جس کی وجہ سے یہ کہا جائے تو بیجا نہ ہوگا کہ حیدرآباد کے شاعروں نے روایت سے انحراف اور ترقی پسند لہجہ کو نظر انداز کیا۔ جس کی وجہ سے حیدرآباد میں آصف جاہی دور کے شاعروں کے کلام میں مغربی اثرات کی جھلک نمایاں ہوتی ہے۔ اگرچہ نئی نظم کا خاکہ ہندوستان کی سرزمین میں رکھا گیا لیکن غزل میں ہی نہیں بلکہ نظم میں استفادہ کی روایت 1936ء کے بعد تخیل پذیر ہوتی ہے۔ اس کی سب سے بڑی یہ بھی تھی کہ ترقی پسند تحریک سے وابستہ سیکولرازم کے بجائے کمیونیزم کو ماننے والوں نے یوروپی تہذیب اور تاثرات کو اختیار کر کے ہندوستانی تہذیب میں رواج دینے کے لئے پوری کوشش کی۔ جس کے تحت بغیر شادی کے عورت مرد کے زندگی گذارنے کو فیشن کا درجہ دیا گیا۔ اس کے علاوہ گرل فرینڈ اور بوائے فرینڈ کی روایت فروغ پانے لگی۔ ہم جنسیت کو بڑھاوا ملا۔ مردوں میں نرگسیت عام ہونے لگی۔ یہی نہیں بلکہ حیدرآباد تہذیب میں لسبن ازم کو بھی بڑھاوا ملنے لگا۔ یہ تمام مسائل حیدرآباد کی شاعری میں اس وقت فروغ پانے لگے جبکہ 1936ء کے بعد ملک میں باضابطہ ترقی پسند تحریک کے توسط سے یوروپ کے تمام فیشنوں اور تمام معاشرتی رویوں کو اختیار کرنے کی طرف توجہ دی گئی، جس کی وجہ سے اردو کے جدید نظم گو شعراء ہی نہیں بلکہ گیت لکھنے والے شاعر بھی پیدا ہوئے۔

دوہا اور گیت جیسی شاعری ہندوستان کی سرزمین کی دین ہے۔ اردو شاعروں نے ہندی کے ان دونوں رویوں سے مستقل طور پر فائدہ اٹھایا۔ حیدرآباد میں عظمت اللہ خاں نے گیت کی روایت کو فروغ دیا جبکہ ساری اردو دنیا میں گیت کی روایت کو اہم مقام دلانے والے شاعروں میں ابوالاثر حفیظ جالندھری اور اہم مقام حاصل ہے۔

اس دور کے بیشتر ترقی پسند شاعروں نے مخدوم محی الدین، سلیمان اریب، شاہد صدیقی اور جہاں دار افسر کی شاعری میں نظم کے جدید انداز اور گیت کے ہندی رویہ کی نشاندہی ہوتی ہے۔ میر عثمان علی خاں کے دور تک یعنی 18 ستمبر 1948ء تک حیدرآباد کے شاعروں میں باضابطہ دوہا لکھنے کا مزاج نہیں تھا بلکہ گائیکی کا خاص رجحان یعنی ٹھمری کا رواج عام تھا۔ اس دور کے بیشتر شعراء میں مہاراجہ کشن پرشاد شاؔد نے اپنے دور میں اچھی ٹھمریاں لکھ کر اردو شاعری کو اس روایت سے وابستہ کیا لیکن ٹھمری کا چلن حیدرآباد کے شاعروں کے مزاج کا ہم آہنگ نہ ہو سکا۔ البتہ آزادی کے بعد حیدرآباد کے بے شمار شعراء نے گیت اور دوہا جیسی ہندی شعری اصناف کو اپنی شاعری کا وسیلہ بنایا۔ اسی طرح انگریزی سے اردو منتقل ہونے والی شعری روایت جیسے پیروڈی، ماہیا، ہائیکو، ترائیلے ہی نہیں بلکہ کئی تجربہ بھی کئے۔ جس سے اندازہ ہوتا ہے کہ سرزمین حیدرآباد میں آصف جاہی دور تک نئی نظم اور گیت جیسی شاعری کو فروغ دینے کا موقع حاصل ہو چکا تھا۔ حیدرآباد کے کئی شاعروں نے فلمی دنیا کا رخ اختیار کر کے نہ صرف فلمی گیت لکھے بلکہ عظمت اللہ خاں کے گیت کی وجہ سے اردو شاعری میں اس صنف کو فروغ دینے کا انداز نمایاں ہوتا ہے۔ آصف جاہی دور میں ظفر علی خاں کی نظموں کی وجہ سے ان کی حریت اور جمہوری مزاج کی نمائندگی ہوتی ہے۔ اگرچہ ظفر علی خاں کی پیدائش حیدرآباد کی نہیں لیکن طویل عرصہ انہوں نے حیدرآباد میں گذارا۔ یہی صورتحال جوش ملیح آبادی کی بھی ہے، جنہوں نے اترپردیش کی سرزمین سے حیدرآباد منتقل ہو کر حیدرآباد کی نظمیہ شاعری کو ہی متاثر نہیں کیا بلکہ باضابطہ اپنے شعری رویہ کی وجہ سے شاعر شباب، شاعر انقلاب اور شاعر خمریات قرار دئے جاتے ہیں۔ جوانی اور حسن کو شباب اور پرانی روایتوں کو توڑ کر نئی روایتوں کو قائم کرنا اور مساوات کا درس دینا انقلاب کی علامت ہے اور اگر شاعری میں شراب اور شباب کے جوش کو پیش کیا جائے تو اسے خمریات کہا جاتا ہے۔ جوش ملیح آبادی نے حیدرآباد میں رہتے ہوئے اس قسم کی شاعری کو فروغ دینے کے ساتھ ساتھ باضابطہ مذہبی شاعری پر بھی خصوصی توجہ دی۔ ان کی شاعری میں حضرت امام حسینؓ لکھے ہوئے مرثیہ بڑی اہمیت کے حامل ہیں۔ انہوں نے حضرت امام حسینؓ کی شہادت کو بنیاد بنا کر جو اہم کارنامے انجام دئے اس کی مثال ان کے مرثیہ کی اس شعر سے مل جاتی ہے۔

اک ذرا قوم کو بیدار تو ہو لینے دو
ساری دنیا یہ پکارے گی ہمارے ہیں حسینؓ

ان کے انقلابی رجحانات کا تصور صرف سماج اور معاشرے کی حد تک محدود نہیں بلکہ مذہب کے معاملہ میں بھی وہ انقلابی رجحانات کے حامل ہیں۔ عورت کے حسن کو بڑی اہمیت دیتے ہوئے انہوں نے مذہب پرستوں کا پول کھولتے ہوئے یہ شعر لکھا ہے، جو ان کی نظم ''فتنۂ خانقاہ'' کی نمائندگی کرتا ہے۔

پڑھ کر وہ فاتحہ جو کسی سمت پھر گئی
ایک پیر کے تو ہاتھ سے تسبیح گر گئی

کس طرح حسن اپنی جولانی کی وجہ سے مذہب کے کٹر پسند انسانوں کو بھی اپنی ریاضت کو ختم کرنے کا ذریعہ بنتا ہے،ان کی نمائندگی کرتے ہوئے اس شعر میں اہم بات کہی گئی ہے۔ان کے یہ تمام اشعار نظموں سے درج کئے جارہے ہیں۔ وہ نظموں کے علاوہ غزلوں کے بھی شاعر ہیں۔ زندگی کا ایک اہم دور حیدرآباد میں گذارا ہے۔ محنت کش طبقہ کو اہمیت دینا جوش ملیح آبادی کی خصوصیت رہی ہے۔ چنانچہ وہ ساری دنیا کے انسانوں کو اناج فراہم کرنے والے کسان کی مشقت کو قبول کرتے ہوئے ایک شعر کے مصرعہ میں باضابطہ طور پر کسان کی عظمت اوراس کی قوم کے لئے خدمت کو قبول کرتے ہوئے اس طرح لکھا ہے۔

ارتقاء کا پیشوا تقدیر کا پرور دگار

جوش ملیح آبادی کا فلسفہ ہی یہی تھا کہ دنیا کی ہر شئے میں خدا نے جستجو کی طاقت رکھ دی ہے اور ہر چیز ترقی کرنا چاہتی ہے۔ اس حقیقت کو واضح کرنے کے لئے انہوں نے اپنی مشہور نظم ''ترقی کی خواہش'' کے ان اشعار سے انسان کو جھنجھوڑنے میں کامیابی حاصل کی ہے۔

ہر شئے کو مسلسل جنبش ہے راحت کا جہاں میں نام نہیں
اس عالم سعی و کاوش میں انساں کے لئے آرام نہیں
ہر موم کو دھن ہے شمع بنے مضطر ہے پگھل جانے کے لئے
ہر سنگ کا سینہ جلتا ہے پارس میں بدل جانے کے لئے

یہ حقیقت ہے کہ حیدرآباد کی سرزمین میں نامور نظم گو شعراء اور گیت لکھنے والے شاعر کثیر تعداد میں پیدا نہیں ہوئے لیکن بیرونی شعراء نے جب حیدرآباد کا رخ کیا اور وہاں اپنی زندگی گذاری تو انہوں نے اپنے گیتوں اور نئی نظم کے رویوں کے ذریعہ حیدرآباد کے شاعروں کو ترغیب دلانے کی کوشش کی جس کی وجہ سے حیدرآباد کی سرزمین میں باضابطہ نئی نظم اور گیت کے علاوہ دوہا جیسی شاعری کو پیش کرنے کا رجحان پیدا ہوا۔ یہ رجحان ہندوستان کی آزادی سے قبل کم کم رہا لیکن آزادی کے بعد اس رجحان کو فروغ حاصل ہوا۔

ک۔ چھٹویں اور ساتویں بادشاہ کے دور کا ادب:

نواب میر محبوب علی خاں کے خداترس اور انسانیت دوست بادشاہ تھے، جنہیں چھٹویں آصف جاہی حکمران کا درجہ حاصل ہوا۔ اس بادشاہ نے باضابطہ شعروادب کے فروغ میں حصہ لینے کے علاوہ تعلیمی اداروں اور ادبی محفلوں

کی ستائش کی طرف توجہ دی۔نواب میر محبوب علی خاں کے دور کے اہم کارناموں میں سب سے اہم کارنامہ یہی ہے کہ انہوں نے اپنے دور کے باشندوں کو مذہب سے وابستہ رکھنے کے لئے حیدرآباد میں سب سے پہلی اسلامی یونیورسٹی ''جامعہ نظامیہ'' کا قیام عمل میں لایا، جو 1882ء میں وجود میں آئی۔اسی طرح عوام کو تعلیم اور مطالعہ سے وابستہ کرنے کے لئے چھٹویں نظام نے ریاست حیدرآباد میں سب سے پہلی عام لائبریری ''کتب خانہ آصفیہ'' کی بنیاد رکھی۔1885ء میں قائم کردہ اس کتب خانہ کو ریاستی حکومت نے اپنے زیرانتظام لے کر موجودہ دور میں اسٹیٹ سنٹرل لائبریری کا نام دیا، جہاں علوم وفنون اور شعروادب کی نمائندگی کرنے والی عربی، فارسی، ترکی، ہندی، تلگو، کنڑی اور ملیالی زبانوں کی لاتعداد کتابوں کے علاوہ قلمی کتابوں کے ذخیرے کو بھی محفوظ کیا گیا۔اسی دور میں آصفیہ لائبریری کی قلمی کتابوں کی فہرستیں مرتب کی گئیں۔نصیرالدین ہاشمی نے دوجلدوں میں اردو،عربی اور فارسی کی کتابوں کی فہرستیں ''آصفیہ لائبریری کی قلمی کتابوں کی فہرست'' مرتب کرکے لاتعداد اردو کی کتابوں کا جائزہ پیش کیا۔اسی طرح ہندی، تلگو، کنڑی اور ٹامل کے علاوہ ملیالی زبان کی فہرستیں بھی تیار کی گئیں۔ساتویں نظام کے دور تک یہ تمام مخطوطات آصفیہ لائبریری کے قلمی کتب خانہ میں موجود تھے۔1970ء کے بعد ریاستی حکومت نے آصفیہ لائبریری کی تمام قلمی کتابوں کو یکجا کرکے ایک نیا محکمہ قائم کیا، جس کا نام ''آندھراپردیش اسٹیٹ مینواسکرپٹ لائبریری'' کی حیثیت سے اس محکمہ کو سب سے پہلے عابدروڈ پر منتقل کیا، پھر بعد میں آرٹس کالج کے پچھلے حصہ میں نئی عمارت تعمیر کرکے تمام زبانوں کے مخطوطات کو منتقل کردیا۔اس طرح نواب میر محبوب علی خاں اور نواب میر عثمان علی خاں کے دور میں جمع کئے ہوئے اردو اور ہندی کے علاوہ سنسکرت اور دوسری ریاستی زبانوں کے قلمی نسخوں کو اس لائبریری میں منتقل کیا گیا۔تلگو، ٹامل، کنڑی اور ہندی کے علاوہ سنسکرت زبان کے بے شمار مخطوطات تاڑ کے پتوں پر لکھے ہوئے اور اپنے دور کی یادگار کا درجہ رکھتے ہیں، جس سے استفادہ کے لئے سارے ملک ہی نہیں بلکہ بیرونی ممالک سے بھی ریسرچ اسکالرس اس لائبریری سے استفادہ کرتے اور حیدرآباد کی سرزمین میں قلمی کتابوں کے اتنے بڑے ذخائر سے فیض اٹھا کر تحقیق کے کام انجام دیتے اور اپنی خدمات میں اضافہ کرتے ہیں۔مخطوطات کی اس لائبریری کو انتہائی محفوظ طور پر رکھا گیا ہے۔تحقیق کے کام کرنے والوں کو نہ صرف مخطوطے کی تصاویر بلکہ ان کی زیراکس کاپی فراہم کی جاتی ہے۔اس کے علاوہ اے پی مینواسکرپٹ لائبریری کی جانب سے ہر سال ریاستی زبانوں کے مخطوطات اور اردو وفارسی کی قلمی کتابوں کو تحقیق کے ساتھ شائع کرنے کے پراجکٹ کو بھی منظور کیا جاتا ہے۔اس قلمی کتب خانہ میں دکنی کے نادر ونایاب نسخے ہی نہیں بلکہ قدیم عربی، فارسی اور ترکی کے علاوہ سنسکرت اور ہندی کے ایسے نسخے محفوظ ہیں جو ہندوستان کی دوسری قلمی، لائبریریوں میں موجود نہیں۔جن سے پتہ چلتا ہے کہ میر محبوب علی خاں اور میر عثمان علی

خاں نے جہاں عوام کی بھلائی اوران کی روزگار کی ترقی کی طرف توجہ دی اور شہر کو خوبصورت عمارتوں اور بہترین انتظامیہ سے آراستہ کیا، تو اس کے ساتھ ہی علمی تشنگی کو مٹانے کے لئے چھپی ہوئی کتابوں کی لائبریری کے ساتھ ساتھ قلمی کتابوں کی لائبریری قائم کر کے باضابطہ اپنے علاقہ ہی نہیں بلکہ پورے جنوبی ہند کو قدیم نسخوں سے آراستہ کردیا۔ نواب میر محبوب علی خاں نے عرب کی سرزمین کی نادر و نایاب قلمی کتابوں کی اشاعت کے لئے منصوبہ بند طریقہ سے ایک اہم ادارہ ''دائرۃ المعارف'' کی بنیاد رکھی، جہاں پر عربی کی نادر و نایاب قلمی کتابوں کی تصحیح اوران پر تحقیق کا طریقہ اختیار کر کے ان کی اشاعت پر توجہ دی جاتی تھی۔ یہ ادارہ آج بھی قائم ہے اور اس ادارہ کو مستحکم کرنے کے لئے ریاستی امداد کے علاوہ مرکز کی امداد اور خود سعودی عرب کی حکومت کی طرف سے مالی تعاون فراہم کیا جاتا ہے۔ اس ادارہ سے حددرجہ نایاب عربی کتابوں کی اشاعت عمل میں آئی ہے۔ ان کتابوں کی نسخے عرب دنیا میں بھی دستیاب نہیں ہیں۔ اس طرح نواب میر محبوب علی خاں نے حیدرآباد کے ادبی ماحول کو ہمہ تہذیبی Multi Cultural بنانے میں بہت اہم کارنامہ انجام دیا، جس کی وجہ سے سرزمین حیدرآباد کو تعلیم اور علم کے مرکز کا درجہ ہی حاصل نہیں ہوا بلکہ تعلیمی اداروں اور قلمی کتابوں کے علاوہ ترقیات کے لئے ماضی کے نسخوں سے استفادہ کی ایسی صورتحال پیدا ہوگئی جو ہندوستان کی کسی ریاست کی خصوصیت نہیں تھی۔ غرض نواب میر محبوب علی خاں نے پوری استقامت کے ساتھ حکمرانی کی ان ہی کے دور میں 1908ء کے دوران جب موسیٰ ندی طغیانی آئی تو عوام کی بھلائی کے لئے نہ صرف لنگر کھولے گئے بلکہ غریبوں کے قرضے معاف کرنے کے علاوہ ملازمین کو کئی ماہ کی پیشگی تنخواہوں کی اجرائی کے علاوہ باضابطہ عوام کو مفت راشن اور ضروریاتِ زندگی کی اشیاء فراہم کرنے کا انتظام کیا گیا جو کسی اور ریاست کی خصوصیت نہیں تھی۔ یہی وجہ تھی کہ ریاست حیدرآباد میں ہر انسان اطمینان کی زندگی اور بیروزگار بھی ہوتو کسی لنگر میں پیٹ بھر کر زندگی گذار سکتا تھا۔ شہر میں مٹرگشتی کرنے والے اور بے مقصد زندگی گذارنے والوں کے لئے مکہ مسجد کے قریب بادشاہ کا لنگر بٹتا تھا، جو پرانے شہر کے شہدوں کا لنگر کہلاتا تھا۔ اس طرح عوام کی بھلائی کے تمام کام انجام دیتے ہوئے میر محبوب علی خاں نے 1911ء میں اپنی رہائش گاہ ''پرانی حویلی'' میں آخری سانس لی۔

ان کے انتقال کے بعد نواب میر عثمان علی خاں نے ریاستِ حیدرآباد کا اقتدار ساتویں بادشاہ کی حیثیت سے انجام دیا۔ میر عثمان علی خاں کی دور کی یادگار ادبی، سماجی، علمی اور فلاحی خصوصیات کو دوسرے باب میں اہمیت دی گئی ہے کیونکہ اس باب کے ذریعہ نواب میر عثمان علی خاں کے سوانحی کارناموں کو پیش کیا جارہا ہے، اس لئے اس باب میں آصف جاہی دور کی علمی وادبی خدمات کے پس منظر میں ان باتوں کا اظہار ضروری ہے کہ اقتدار سنبھالتے ہی میر عثمان علی خاں نے اپنی شاہی کو برقرار رکھتے ہوئے حکومت کی کارکردگی کے لئے ''بابِ حکومت'' قائم کیا۔ عدلیہ کو

انتظامیہ سے علیحدہ کیا اور بے شمار عمارتوں اور عوامی بھلائی کے کاموں کے ذریعہ ریاست حیدرآباد کی شہرت کو ساری دنیا میں پہنچادیا۔ انہیں اپنے دور کے ساری دنیا کے سب سے زیادا میر انسان کا موقف حاصل تھا۔ اپنی دولت اور امارت سے انہوں ذاتی زندگی کو خوشحال بنانے کی کوشش نہیں کی۔ انہوں نے ہمیشہ سادگی کی زندگی اور فقیرانہ رویہ اختیار کر کے عوام کی بھلائی کے کام انجام دئے۔ ان کے دور کے یادگار کارناموں میں اردو کی علمی وادبی کتابوں کی اشاعت کے لئے قائم کردہ ''دارالترجمہ جامعہ عثمانیہ'' کا قیام بڑی اہمیت کا حامل ہے، جہاں 1917ء سے باضابطہ عثمانیہ یونیورسٹی کے جدید علوم کے نصاب کی تعلیم وتدریس کے لئے کتابیں شائع کی جاتی تھیں۔ 1918ء میں اپنی ریاست میں تعلیم کو فروغ دینے کے لئے جدید علوم وفنون کی یونیورسٹی ''جامعہ عثمانیہ'' کا قیام عمل میں لایا گیا۔ اس یونیورسٹی میں سب سے پہلے تمام علوم وفنون کی تعلیم وتدریس اردو زبان میں جاری رکھنے کا اعلان کیا گیا اور یونیورسٹی کی خوبصورت عمارتوں کے ساتھ ساتھ سارے ملک کے مختلف خطوں سے قابل ترین افراد کو یونیورسٹی میں ملازمت فراہم کر کے شہریوں کو معیاری اور اعلیٰ تعلیم کی فراہمی کے لئے تمام تر کوشش کی گئی اور یہ کوشش 1950ء تک جاری رہی۔ 1948ء کے بعد پولیس ایکشن کے نتیجہ میں انڈین یونین کے نگرانکاروں نے اس یونیورسٹی کے اردو ذریعہ تعلیم کو ختم کر کے انگریزی ذریعہ تعلیم میں منتقل کردیا۔ میر عثمان علی خاں کے دور کی شاعری یادگار کا درجہ رکھتی ہے۔ ان کے والد نواب میر محبوب علی خاں کے دور میں ملک کے بڑے بڑے شاعر اور ماہرین کو ریاست حیدرآباد میں مدعو کیا گیا۔ چنانچہ ان ہی کے دور میں باضابطہ علی گڑھ سے مولانا الطاف حسین حالی اور دیگر اشخاص نے حیدرآباد کی طرف رخ کیا۔ میر عثمان خاں سے قبل جن شاعروں نے حیدرآباد کے شعری مزاج کو بلند کرنے میں کامیابی حاصل کی ان میں داغ دہلوی، حضرت امیر مینائی اور ان کے بعد سید علی حیدر نظم طباطبائی، علامہ حیرت بدایونی، علامہ نجم آفندی، فانی بدایونی، جوش ملیح آبادی جیسے شعراء نے میر عثمان علی خاں کے عہد میں نہ صرف شعرگوئی کے مزاج کو بلند کیا بلکہ اردو شاعری میں دوسری زبانوں کے اہم کارناموں کو منتقل کرنے کی روایت کا آغاز بھی کیا۔ اس خصوص میں سید علی حیدر نظم طباطبائی کی جانب سے انگریزی نظموں کا اردو میں ترجمہ اور ضامن کنتوری کی شعری ترجمہ کے علاوہ فصاحت جنگ جلیل کے خانوادوں میں انگریزی نثر اور شاعری کے اردو ترجمہ کی روایت سے اندازہ ہوتا ہے کہ نواب میر محبوب علی خاں کے دور سے زیادہ نواب میر عثمان علی خاں کے دور میں شعر وادب ہی نہیں بلکہ علوم وفنون اور سائنس وٹکنالوجی کے ساتھ ساتھ فن تعمیر اور ہر شعبہ حیات میں ترقیات کا سلسلہ جاری رہا۔ حیدرآباد میں مشہور عمارتیں جن میں ہائی کورٹ، عثمانیہ جنرل ہاسپٹل، نظامیہ طبیہ کالج اور ہاسپٹل، آرٹس کالج کی عمارت اور اس کے علاوہ شہر حیدرآباد کے ریلوے اسٹیشنوں کی خوبصورت عمارتیں جیسے کاچی گوڑہ اسٹیشن اور نامپلی اسٹیشن کے علاوہ ان کے روبرو

مسافروں کو سہولت پہنچانے کے لئے باضابطہ ''سرائے'' کا قیام خود اس بات کی دلیل ہے کہ بادشاہوں میں صرف شعر و ادب کی طرف توجہ نہیں دی بلکہ عوام کی ہر قسم کی سہولت پر توجہ دیتے ہوئے بیرونی علاقوں سے آنے والے مہمانوں کو مفت رہائش گاہ اور ان کے سفر میں آسانی کے لئے ریاستِ حیدر آباد وہ پہلی ریاست ہے جس نے اپنی خانگی ہوائی اڈے کے علاوہ ریلوے، ٹپہ، انتظامیہ اور خود اپنی علیحدہ کرنسی کے ذریعہ حکمرانی جاری رکھی اگر چہ انگریزوں کی برتری کا لحاظ رکھتے ہوئے ان کی ریسیڈنسی یعنی اقامت خانہ اور ہر معاملہ میں ریسیڈنس کی رائے لینا ضروری تھا لیکن حیدر آبادی آخری دو آصف جاہی حکمرانوں نے انگریز ریسیڈنس کے ساتھ تعلقات استوار رکھ کر نہ صرف اپنے انتظامیہ کو مضبوط کیا بلکہ ساری ریاست کے باشندوں کو ریل اور ٹرانسپورٹ کی سہولت سے آراستہ کر دیا۔ شہریوں کو پینے کا پانی اور کھیتوں کو زراعت کے پانی کے فراہم کرنے کے لئے آصف جاہی بادشاہوں نے نہ صرف عثمان ساگر اور حمایت ساگر کا اضافہ کیا بلکہ نظام آباد کے ڈیم کے ذریعہ عوام کو بہترین سہولتیں فراہم کیں۔ خود بادشاہ کے صاحبزادے پرنس معظم جاہ شجیع شاعر تھے اور ان کے دربار میں مشاعرے منعقد ہوا کرتے تھے۔ بادشاہ وقت بھی اپنے دربار میں ہر اہم تقریب کے موقع پر مشاعرے کا اہتمام کیا کرتے اور اردو کی ادبی محفلوں میں شریک ہو کر انعام و کرام سے نوازا کرتے تھے۔ اس زمانہ میں باضابطہ گیارہویں اور بارہویں کی مناسبت سے یوم غوث اعظم دستگیرؒ اور یوم سیرت النبیؐ منایا جاتا تھا۔ اس کے علاوہ بادشاہ وقت کو شیعہ مسلک سے رغبت تھی، چنانچہ ماہ محرم میں غم حسینؓ منانا اور مختلف عاشور خانوں پر حاضری دینا بادشاہ وقت کی زندگی کا بہت اہم مرحلہ تھا۔ جامعہ عثمانیہ کے طالب علموں کی تقاریب میں شریک ہونا نواب میر عثمان علی خاں کے لئے بڑے اعزاز کا درجہ تھا۔ چنانچہ جب حیدر آباد میں ''بزم تمثیل'' کے ذریعہ عثمانیہ یونیورسٹی کے طلبہ نے ڈرامہ ''ہوش کے ناخن'' پیش کیا اور ساتویں نظام کو اس کی اطلاع ہوئی تو اس ڈرامہ کو دیکھنے کے لئے پورے خاندان کے ساتھ ساگر تھیٹر میں شریک ہوئے۔ اس سے اندازہ ہوتا ہے کہ نواب میر عثمان علی خاں نے جہاں علمی و ادبی اور فلاحی ترقی کے کام انجام دئے وہیں اپنے علاقہ کی سرگرمیوں میں دلچسپی دکھاتے ہوئے باضابطہ تحقیقی و تنقیدی عمل کو ہی نہیں بلکہ طلبہ کی سرگرمیوں کو بھی ہمیشہ قدر کی نگاہ سے دیکھا، جس کی وجہ سے نواب میر محبوب علی خاں کے دور کے تمام بڑے عہدیدار نہ صرف شاعر ہوتے تھے بلکہ نواب میر عثمان علی خاں کے دور میں بھی شاعری ہی نہیں بلکہ نثر نگاری کو بھی ہمہ جہت ترقی کا موقع فراہم ہوا، جس کی وجہ سے کئی تحقیقی مقالے پیش ہوئے اور حیدر آباد میں ایک ایسے علمی و ادبی مرکز کا احیاء ہوا جس میں عوام ہی نہیں بلکہ بادشاہ وقت اور اعلیٰ عہدیداروں کی دلچسپی بھی قائم رہتی تھی، جس کی وجہ سے حیدر آباد کی ادبی سرگرمیوں کو ہندوستان کی دوسری ریاستوں کی سرگرمیوں کے معاملہ میں اہم مقام حاصل ہو جاتا ہے۔

باب سوم
آصف جاہ سابع کی سوانح اور کارنامے

آصف جاہی خاندان کے بانی نظام الملک آصف جاہ اول نواب میر قمر الدین علی خاں تھے جو ہندوستان میں ضرور پیدا ہوئے تھے اور مغلیہ سلطنت کی وسعت کے علاوہ اورنگ زیب عالمگیر کے دور میں دکن کو فتح کرنے کے معاملے میں اس خاندان کی خدمات نظر انداز نہیں کی جاتی اگرچہ میر قمر الدین کی پیدائش حیدرآباد میں ہوئی تھی' لیکن ان کے خاندان کے بارے میں کتابوں میں لکھا ہے:

> ''ان کے باپ دادا جو حضرت شیخ شہاب الدین سہروردیؒ کی اولاد سے ہیں ملک ترکستان کے رہنے والے تھے۔ اور اپنے علم وفضل و خاندانی وجاہت کی وجہ سے بہت ممتاز تھے۔ دادا کا نام قلیج خاں خواجہ عابد اور باپ کا نام غازی الدین خاں فیروز جنگ تھا۔ یہ شاہجہاں کے آخری عہد میں ترکستان سے ہندوستان آئے اور مغل سلطنت کے ملازم ہوئے تھے۔ اورنگ زیب کے عہد میں انہوں نے بڑی خدمتیں انجام دیں۔ اول الذکر گولکنڈہ کے محاصرے میں فوت ہوئے اور حمایت ساگر کے قریب ان کا مزار ہے۔ ثانی الذکر نے بھی گولکنڈہ اور بیجاپور کے محاصرے میں بہت حصہ لیا تھا اور اس کے بعد دکن کے مختلف صوبوں کی گورنری کی اور دہلی میں دفن ہوئے۔ حضرت آصف جاہ 1082ھ مطابق 1671ء میں پیدا ہوئے۔ ان کے باپ دادا کی جلیل القدر خدمات کا لحاظ کر کے شہنشاہ اورنگ زیب نے ان کی چین قلیج خاں خطاب اور مختلف عہدے دیئے۔ چنانچہ شہنشاہ اورنگ زیب کے انتقال کے وقت یہ بیجاپور کے صوبیدار تھے۔ لیکن جب شہنشاہ اورنگ زیب کے انتقال کے بعد جو 1118ھ مطابق 1707ء میں ہوا مغل سلطنت کا شیرازہ بکھرا تو مغفرت مآب

نے دکن کی صوبیداری حاصل کر لی اور 1135ھ مطابق 1724ء میں یہاں خود مختار ہو گئے ورنہ یہ بھی مرہٹوں کی تخت وتاراج کا نشانہ بن جاتا اس طرح سلطنت آصفیہ مبارک اور خوش آئند تاسیس ہوئی جو مغل سلطنت کے ساتھ عین وفاداری تھی۔ حضرت مغفرت مآب نے تمام عمر ایک طرف مغل سلطنت کی مدد کی تو دوسری طرف مرہٹوں کی مزاحموں کا مقابلہ کر کے دکن کو بچالیا''۔(1)

آصف جاہ اول کی عمدہ کارکردگی کی وجہ سے دکن کا علاقہ مرہٹوں کے ظلم وزیادتی سے بچ گیا۔اوراس علاقہ میں 1724ء میں آصف جاہی سلطنت کی بنیاد رکھتے ہوئے نواب میر قمرالدین علی خاں نے خود کو کبھی بادشاہ وقت نہیں قرار دیا بلکہ انہوں نے مغلیہ سلطنت کے صوبیدار کی حیثیت سے کارکردگی کا عملی ثبوت دیا۔ پہلے نظام اور آصف جاہی سلطنت کے بانی قمرالدین کا انتقال 1748ء میں ہوا اوران کی وصیت کے مطابق اورنگ آباد سے 21 کیلو میٹر کے فاصلے پر موجود بزرگان دین کی سرزمین جو موجودہ دور میں خلدآباد کہلاتی ہے' اُسی کے علاقہ میں حضرت برہان الدین غریب رحمۃ اللہ علیہ کے احاطہ میں مدفون ہوئے۔ میر قمرالدین علی خان آصف جاہ اول کی رحلت کے بعد سے میر عثمان علی خان کے اقتدار کے بارے میں ان کے خاندانی اقتدار کو مختصر انداز میں عبدالمجید صدیقی نے اس پس منظر میں پیش کیا ہے۔

''1161ھ مطابق 1748ء میں مغفرت مآب کا انتقال ہوا۔ان کے کئی بیٹے تھے۔ بڑے بیٹے غازی الدین خاں ثانی ہیں جو دہلی میں تھے۔ دوسرے بیٹے ناصر جنگ اپنے باپ کے جانشین ہوئے۔لیکن فرانسیسیوں کی سازش سے وہ دوسال کے بعد ہی 1750ء میں مارے گئے۔ فرانسیسیوں نے ان کی جگہ ان کے بھانجے کو جن کا نام مظفر جنگ تھا' دکن کا نواب بنایا تھا لیکن یہ بھی چندروز میں مارا گیا۔اس کے بعد ناصر جنگ کے بھائی صلابت جنگ کو نظام بنایا گیا۔جس نے گیارہ سال دکن پر حکومت کی لیکن یہ حکومت کے اہل نہ تھے۔ ان سے سلطنت کو بہت نقصان پہنچا۔ چنانچہ ملک میں فرانسیسی دخیل ہو گئے اور باہر سے مرہٹوں نے حملہ کر کے اس سلطنت کے بہت حصے دبا لیئے۔ بالآخر 1175ھ مطابق 1761ء میں حضرت غفران مآب نواب نظام علی خاں نے ان کو نظر بند کر کے عنان حکومت اپنے ہاتھ میں لے لی۔ غفران مآب نے نہ صرف پچھلے نقصانات کی تلافی کر دی بلکہ مرہٹوں اور بیرونی اقوام کا

مقابلہ کر کے سلطنت آصفیہ کو بہت مضبوط کر دیا جو خدا کے فضل سے اب تک موجود ہے۔ غفران مآب بہت زمانہ شناس اور باتدبیر حکمران تھے۔ ان کے انتقال کے بعد 1218ھ مطابق 1803ء میں حضرت مغفرت منزل سکندر جاہ بہادر فائز سلطنت ہوئے جو پاکیزہ اخلاق کے حامل تھے۔ مغفرت منزل کی غیر معمولی شرافت سے بے وفا وزراء نے ناجائز فائدہ اٹھایا اور سلطنت کو نقصان پہنچایا۔ 1244ھ مطابق 1829ء میں غفران منزل نواب ناصر الدولہ بہادر تخت نشین ہوئے جو بڑے مدبر تھے۔ غفران منزل نے وزارت کے لئے مختار الملک جیسے لائق لوگوں کو منتخب کیا اس کا نتیجہ یہ تھا کہ اس عہد میں بہترین ترقیاں ہوئیں جو مغفرت مکان افضل الدولہ بہادر کے عہد میں بھی جاری رہیں۔ حضرت مغفرت مکان افضل الدولہ بہادر نے اپنے والد کے انتقال کے بعد 1273ھ مطابق 1857ء میں بادشاہ ہوئے۔ لیکن 1285ھ مطابق 1869ء میں یہ بے وقت فوت ہو گئے اور ان کے جانشین حضرت غفران مکان نواب میر محبوب علی خاںؒ بہت کمسن تھے جن کی عمر دو سال سے کچھ زیادہ نہ تھی۔ تاہم ملک میں مختار الملک نواب رشید الدین خاں اور سر آسماں جاہ بہادر جیسی بڑی شخصیتیں موجود تھیں، جنھوں نے سلطنت کی خاطر خواہ نگہداشت کی اور اس میں کوئی رخنہ پڑنے نہیں دیا۔ 1329ھ مطابق 1911ء میں حضرت غفران مکان کا انتقال ہوا تو موجودہ اعلیحضرت خلد اللہ ملکہ سریر آرائے سلطنت ہوئے۔ یہ حیدرآباد کا زرین عہد ہے جس میں ملک کو اس قدر غیر معمولی ترقیاں حاصل ہوئی ہیں کہ ان کا اندازہ لگانا بہت مشکل ہے۔ خدا کرے کہ یہ عہد ہمیشہ قائم رہے''۔(2)

ان حوالہ جات سے پتہ چلتا ہے کہ آصف جاہی عہد کا آغاز اورنگ آباد کی سرزمین سے 1724ء میں ہوا اور اس سلطنت کے آخری بادشاہ نواب میر عثمان علی خاں کے اقتدار کا اختتام 18 ستمبر 1948ء کو انڈین یونین کے ریاست حیدرآباد پر حملے اور نظام کی فوجوں کے دستبردار ہو جانے کے بعد ریاست کا خاتمہ ہوا۔ اور ریاست حیدرآباد کی مسلم مملکت کو انڈین یونین میں ضم کر دیا گیا۔ حیدرآباد کے آخری نظام میر عثمان علی خاں کی سبکدوشی کے باوجود بھی انڈین یونین نے انہیں ''راج پرمکھ'' کی حیثیت سے قبول کیا۔ اور اس بادشاہِ وقت کی عمارتوں کی حفاظت اور ان کے قائم کردہ اداروں اور ٹرسٹ کی ذمہ داری بادشاہ وقت اور ان کے سپرد کر دی۔ جس کی وجہ سے میر عثمان علی خاں کی

حکومت کے اثاثے جات کو محفوظ رکھنے اوران کی جانب سے فلاحی کام کرنے کی سہولت فراہم کی گئی۔اس سہولت کی وجہ سے بعد کے ادوار میں نواب میر عثمان علی خاں نے عوامی بھلائی کے اہم کارنامے انجام دیئے اوراپنے ذاتی سرمائے سے کئی نئے دواخانوں کے قیام اورعوام کی صحت وسلامتی کیلئے کارنامے انجام دیئے۔

I: آصف جاہ سابع کے سوانحی حالات

ہندوستان کی سرزمین میں شمالی ہند ہی نہیں، بلکہ جنوبی ہند میں بھی قابل، فیاض اورانسانیت دوست افراد کی پیدائش کا سلسلہ جاری رہا ہے۔اس ملک میں بادشاہوں کی پیدائش بھی ہوتی رہی۔اورعوامی باشندے بھی دنیا میں تشریف لاکر زندگی گزاری۔اردو میں مقولہ ہے کہ ''منہ میں سونے کا چمچہ لے کر پیدا ہوا'' قرار دینا ایسے لوگوں کے لئے گوارہ ہے جوامیروں، جاگیرداروں اور مالداروں کے گھروں میں پیدا ہوتے ہیں۔میر عثمان علی خاں درحقیقت مذہبی اعتبار سے ہی اعلیٰ خاندان کے فرد نہیں تھے، بلکہ ان کے والد بھی چھٹے نظام کی حیثیت سے حد درجہ رعایا پرور تھے۔ان کا خاندان، صدیقی خاندان اور وہ حضرت شہاب الدین سہروردی کے خاندان سے تعلق رکھتے تھے اور دنیاوی جاہ وجلال کے اعتبار سے وہ نہ صرف مغلیہ خاندان کی سپہ سالاری کرنے والے فرد کے خاندان سے تعلق رکھتے تھے، بلکہ ریاست حیدرآباد پر 200 سال کا عرصہ حکمرانی کرنے والے بادشاہوں کے خاندان سے تعلق رکھتے تھے۔اس طرح بیک وقت مذہبی پس منظراورشاہی پس منظر کے نتیجہ میں جب میر عثمان علی خاں نے دنیا میں قدم رکھا تو ان کی فطرت میں قلندرانہ مزاج اورفقیرانہ زندگی کا رویہ اس قدر حاوی رہا کہ انہوں نے ساری زندگی باضابطہ اپنی ذات کے لئے نہیں، بلکہ عوام کی بھلائی کے لئے کروڑہا روپئے خرچ کردیا۔جس کی تفصیلات ان کے کارناموں کے پس منظر میں پیش کی جارہی ہیں۔

الف: پیدائش اورابتدائی تعلیم

نواب میر محبوب علی خاں کی دیوڑھی پرانی حویلی میں 6/اپریل 1886ء مطابق یکم رجب 1303ھ کو پیدا ہوئے شاہانہ اعزاز کے ساتھ ان کی والدہ محترمہ امۃ الزہرا بیگم نے ان کی تعلیمی تربیت پر توجہ دی۔اُس زمانہ میں پرانی حویلی کو مسرت محل ؔکے نام سے پہچانا جاتا تھا۔کم عمری سے ہی ان ؔکی مشرقی تعلیم اورمغربی تعلیم پر خصوصی توجہ دی گئی۔اس کے علاوہ ملٹری تربیت اورانتظامی امور بھی سکھائے گئے۔انہوں نے خانگی طور پر تعلیم حاصل کی اوراردو فارسی اورعربی کے علاوہ انگریزی میں مہارت حاصل کی۔نواب محمد علی بیگ کے توسط سے عدالتی اخلاقیات اورفوجی تربیت حاصل کی۔ وائسرائے ہند کی سفارش پر لارڈ ہلگینڈ نے 1898ء اور 1899ء کے اوائل میں ان کی تعلیم و تربیت کا اہتمام کیا اور سر برائن ایجرٹین جو بیکانیر کے گنگا سنگھ مہاراجہ کے سابقہ استاد تھے انہیں میر عثمان علی خاں کی

انگریزی تعلیم کے لئے مقرر کیا گیا۔ اس دوران پرنسپل محل کو کوٹھی سے دور رکھا جاتا تھا۔ ایجرٹین اور دوسرے برطانوی عہدیداروں اور سرپرستوں کی رہنمائی میں میر عثمان علی خاں کو مہذب ماحول میں زندگی گذارنے کا طریقہ سکھایا گیا۔ بطور خاص محل کے کوارٹرس اور ان میں بسنے والے افراد سے میل جول کا موقع نہیں دیا گیا تاکہ وہ اعلیٰ طبقہ کے شریف انسان بن سکیں۔ سر ایجرٹین نے ان کے بچپن سے ہی اس بات کو پیش نظر رکھا ہے کہ میر عثمان علی خاں نہ صرف دلچسپی رکھنے والے' بلکہ کوئی بھی نئی چیز کو سیکھنے کے لئے بے چین رہتے تھے۔ اُس دور کی تہذیب کے اعتبار سے زنانہ محل میں داخل ہونے کی اجازت نہ ہونے کی وجہ سے برطانوی حکومت یہ چاہتی تھی کہ میر عثمان علی خاں کو مزید تعلیم کے لئے حیدرآباد سے باہر بھیجا جائے۔ غرض ان کی تعلیم کے لئے میو کالج بھیجا گیا۔ جہاں پائے گاہ کے خاندان پرنسپل اشرافیہ کی نگرانی میں رہے۔ غرض مذہبی، دینی اور عصری تعلیم کے علاوہ انتظامیہ اور ملٹری کی تعلیم حاصل کر کے میر عثمان علی خاں کو نہ صرف عملی تربیت دی گئی بلکہ انتظام سنبھالنے کے طریقہ بھی بتائے گئے۔ جن سے استفادہ کرنے کی وجہ سے میر عثمان علی خاں کو ہر قسم کی تربیت کا موقع حاصل ہوگیا۔

آصف سابع میر محبوب علی خاں کے خاندان میں یکم رجب 1302ھ مطابق 5 اپریل 1886ء کو پیدا ہونے والے لڑکے کا نام میر عثمان علی خاں رکھا گیا جو آگے چل کر آصف جاہی سلطنت کے ساتویں بادشاہ کی حیثیت سے حکمرانی کرنے کا اہل قرار دیا گیا۔ میر عثمان علی خاں کی پیدائش پرانی حویلی کے احاطہ میں ہوئی۔ جہاں نواب میر محبوب علی خاں رہائش پذیر اور دکن کے حکمران قرار دیئے جاتے تھے۔ شاہی اعزازات کے ساتھ ان کے تمام خاندانی رسوم ادا کئے گئے۔ میر عثمان علی خاں کی والدہ کا نام امۃ الزہرا تھا اور وہ عوام میں ''مادرِ دکن'' کے لقب سے پہچانی جاتی تھیں۔ میر عثمان علی خاں کی دنیاوی تعلیم ہی نہیں' بلکہ دینی تعلیم کا اہتمام بھی کیا گیا۔ دکن کے نامور اور جامعہ نظامیہ کے سربراہ انوار اللہ فضیلت جنگ کو مذہبیات کا استاد مقرر کیا گیا۔ دنیاوی تعلیم کے لئے میر عثمان علی خاں نے نہ صرف عربی اور فارسی' بلکہ انگریزی اور حساب کی تعلیم بھی حاصل کی۔ انہیں مدرسے میں شریک کیا گیا اور عمدہ تربیت کے لئے باضابطہ علماء اور فضلاء سے ربط قائم کیا گیا۔ بعض کتابوں میں یہ لکھا ہے کہ سید علی حیدر نظم طباطبائی کو بھی میر عثمان علی خاں کے استاد ہونے کا شرف حاصل رہا ہے۔ انہوں نے مدرسے کی تعلیم حاصل کرنے کے بعد ہندوستان کی مقامی زبانوں سے واقفیت کی طرف توجہ دی۔ چنانچہ تلگو، مراٹھی، کنڑی زبانوں میں دستگاہ حاصل تھی۔ اس کے علاوہ مذہبی علوم میں تصوف اور اولیائے کرام سے رغبت کا جذبہ پیدا کرنے میں مذہبی علماء کی صلاحیتوں کو نظر انداز نہیں کیا جاسکتا۔ ابتدائی دور سے ہی میر عثمان علی خاں کی تربیت اس انداز سے ہوئی کہ وہ ہندوستان کی ملی جلی تہذیب کے پروردہ تھے۔ گو کہ ان کے دور میں عوامی زبان اردو تھی' لیکن تلنگانہ، مرہٹواڑہ، کرناٹک وغیرہ میں مراٹھی،

کنڑی، تلگو جیسی زبانیں بولی جاتی تھیں۔ بادشاہِ وقت ہونے کے ناطے انہوں نے اِن زبانوں پر عبور حاصل کیا اور ساری زندگی آپسی اتحاد کو برقرار رکھنے میں گذار دی۔ ان کے دور میں ریاست حیدرآباد نہ صرف ہندو مسلم' بلکہ سکھ اور عیسائی کے علاوہ عرب پٹھان طبقوں سے وابستہ تھی۔ اِن تمام طبقات میں میل جول اور آپسی قومی یکجہتی برقرار رکھنے کے لئے میر عثمان علی خاں نے جب 24 سال کی عمر کی تکمیل کی تو 29/اگست 1911ء میں پرانی حویلی کے احاطہ میں والد کے انتقال کے بعد اپنی حکمرانی کا آغاز کیا۔ غرض میر عثمان علی خاں نے 29/اگست 1912ء سے لے کر 18/ستمبر 1948ء تک 37 سال دکن کے فرمانروا کی حیثیت سے کامیاب حکمرانی کی۔ ان کے دور میں شمال کے علاقہ کا برار صوبہ متوسط صوبہ کہلاتا تھا۔

ب: ابتدائی دور

میر عثمان علی خاں ابھی کم عمر تھے کہ ان کے عہد کا عظیم سانحہ وجود میں آیا۔ اگر چہ ان کے والد مرحوم میر محبوب علی خاں نے ان کی کتابی تعلیم اور تربیت کا اہتمام کیا تھا اور عملی تربیت بھی حاصل کر لی تھی چوں کہ بادشاہ وقت کو اپنے شہزادے کی تعلیم و تربیت کے ساتھ ان کی شادی کی بھی بڑی فکر تھی۔ چنانچہ 16/اپریل 1906ء کو شہزادہ میر عثمان علی خاں کی شادی جہانگیر نواز جنگ کی صاحبزادی عظیم النساء بیگم کے ساتھ انجام پائی۔ جس میں ملک اور اطراف کے امیر و امراء بھی شریک تھے۔ اس وقت ان کی عمر 20 سال تھی جس کے بعد بادشاہ وقت نے اپنے علاقوں کے مختلف محکمے جات کی نمائندگی اور عملی انتظامات کے رویے کو دیکھنے کے لئے میدک اور میدر کے دورہ پر روانہ کیا۔ یہاں شہزادہ نے ایک ماہ تک مختلف محکمہ جات کے انتظامی امور کو سمجھنے میں کامیاب حاصل کی۔

ابھی وہ 22 سال کے تھے کہ حیدرآباد کی تاریخ میں بہت بڑا سانحہ نمودار ہوا۔ چنانچہ ماہ ستمبر 1908ء میں موسیٰ ندی کی طغیانی کی وجہ سے شہر حیدرآباد کے باشندوں کی تکالیف میں اضافہ ہو گیا۔ میر محبوب علی خاں اور ان کے پیش کار مہاراجہ کشن پرشاد کی نگرانی میں نہ صرف شہر کا سروے کیا گیا بلکہ جن جن علاقوں میں موسیٰ ندی کی طغیانی کا پانی پہنچا تھا' ان کی نمائندگی کر کے باضابطہ وہاں کے بسنے والوں کو رہائش اور طعام کا انتظام کیا گیا۔ اس وقت شہزادے میر عثمان علی خاں کی عمر صرف 22 تھی۔ یعنی کم عمری میں شہزادہ کو اپنے باشندوں کی تکالیف کا احساس پیدا ہو گیا۔ 1908ء میں حیدرآباد کی موسیٰ ندی میں سیلاب آجانے کی وجہ سے ہزاروں افراد بے گھر ہو گئے' اور ان کی ہلاکتوں کی بھی اطلاعات حاصل ہوئیں۔ موسیٰ ندی کی طغیانی سے شہر کو بچانے کے لئے چھٹے نظام نے سر ایم ویشیشوریا کے مشورے پر موسیٰ ندی کے پانی سے استعمال اور عوام کو سیلاب سے بچانے کے لئے دو بڑے پانی کے ذخائر عثمان ساگر اور حمایت ساگر کی تعمیر کا حکم دیا۔ اس طرح نواب میر عثمان علی خاں کو شہزادہ کے دور میں ہی عوامی

تکالیف اوران کو دور کرنے کے لئے حکومتی انتظامات کے عملی نمونے کا ثبوت دیکھنے کو ملا۔اس طرح شہزادگی کے دوران ہی میر عثمان علی خاں نے اپنی ریاست کے سرد و گرم کو محسوس کر لیا تھا۔

1911ء میں جب نواب میر محبوب علی خاں نے پرانی حویلی میں آخری سانس لی تو ان کے انتقال کے بعد نواب میر عثمان علی خاں کو بادشاہ بنانے کے سلسلے میں شوکت جنگ کی جستجو کامیاب رہی۔ 1911ء سے 1918ء تک میر عثمان علی خاں کا ابتدائی دور قرار دیا جاتا ہے۔آزادی سے قبل ہندوستان کی سلطنت ریاست حیدرآباد کی تھی۔ جس کا رقبہ 86 ہزار مربع میل اور 223 ہزار کیلومیٹر پر واقع تھا۔اس دور کے موجودہ برطانیہ کے رقبے سے ریاست حیدرآباد کا رقبہ بہت بڑا تھا۔اس دور میں آصف جاہ کے شہزادوں کو اعلیٰ زندگی گذارنے کا موقع دیا جاتا تھا۔ برطانوی حکومت نے میر عثمان علی خاں کی اقتدار حاصل کرنے کے بعد بندوقوں کی سلامی سے ان کا استقبال کیا۔ساری دنیا میں حیدرآباد کے نظام پانچویں شہزادہ تھے جن کی رسم تاج پوشی میں برطانوی سلامی دی گئی۔انہیں نہ صرف برطانوی حکومت نے ''نظام'' کے لقب سے یاد کیا' بلکہ انہیں عظمت ہند اور یارِ وفادار حکومت برطانیہ کے خطاب سے نوازا گیا۔انگریزی زبان میں ان کے لئے ہز اگز الٹیڈ ہائینس اور ہز ایکسیلنسی کے خطاب دیئے گئے۔اِس ابتدائی دور میں میر عثمان علی خاں نے دو اہم کارنامے انجام دیئے جس کے تحت انہوں نے ریاست حیدرآباد کے تعلیمی ڈھانچے کے معاملے اور تعلیمی نظام کے تعین کے لئے باضابطہ کمیٹی مقرر کی تاکہ ریاست کے مدارس میں ہر زبان اور علوم وفنون کی تعلیم کو عام کیا جاسکے۔جس کے بعد مولانا شبلی نعمانی کے علاوہ سر سید احمد کے پوتے سر راس مسعود نے ریاست حیدرآباد کے نصاب کے لئے ''تین زبانی فارمولہ'' مقرر کیا جس کے تحت مادری زبان، علاقائی زبان اور عالمی زبان کو تدریسی زبان کا درجہ دیا گیا۔اس سے قبل تک حیدرآباد کی مدارس کی تعلیم صرف اور صرف درس نظامیہ سے وابستہ تھی۔ مذہبی تعلیم کو جدید تعلیم سے علیحدہ کرنے کا کارنامہ سب سے پہلے میر عثمان علی خاں نے اپنی ریاست میں باضابطہ کمیٹی مقرر کر کے رائج کیا۔جس کی وجہ سے عصری مدارس کے نصابات کے مضامین کا تعین ہوا۔دیگر علوم کے ساتھ ہائی اسکول تک تاریخ وجغرافیہ کے ساتھ ساتھ سائنس کی تعلیم لازمی قرار دی گئی۔زنانہ مدارس میں ڈومیسٹک سائنس اور مردانہ مدارس میں جنرل سائنس کی تعلیم ہوتی تھی۔ جب کہ زنانہ مدارس میں ادنیٰ ریاضی کے علاوہ تاریخ انگلستان بطور نصاب شامل تھے۔مردانہ مدارس میں اعلیٰ ریاضی اوراس کے ساتھ سائنس کی جدید تعلیم دی جاتی تھی۔ اکثر مرد حضرات دسویں جماعت یں ناکام ہوجاتے تھے تو اعلیٰ ریاضی اور سائنس جیسے مضامین کے بجائے خواتین کے مضمین جیسے ڈومیسٹک سائنس اورن تاریخ انگلستان مضامین لے کر امتحان میں کامیابی حاصل کر لیتے تھے۔اس دور کا تعلیمی نظام خواتین کے لئے سہل اور آسان رکھا گیا جبکہ مردوں کے لئے مشکل نصاب کا سلسلہ جاری رہا۔اس

کے باوجود بھی دسویں جماعت کے طلباء اور طالبات کا نتیجہ 11 سے 13 فیصد برآمد ہوتا تھا۔ اس مشکل نصاب سے نجات حاصل کرنے کے لئے ریاست حیدرآباد کے بیشتر طلباء اور طالبات علیگڑھ میٹرک یا آندھرا میٹرک کا امتحان دے کر کامیابی حاصل کرتے تھے۔ اس سے پتہ چلتا ہے کہ میر عثمان علی خاں کے دور ہی میں نہیں، بلکہ آزادی کے بعد بھی تعلیم کے محکمے پر سخت نگرانی تھی۔ جسکی وجہ سے امتحان کے نتائج حد درجہ کم ہوا کرتے تھے۔

1918ء میں میر عثمان علی خاں نے ریاست کی تعلیمی ضرورتوں کو محسوس کرتے ہوئے باضابطہ ہندوستانی زبان اردو کی یونیورسٹی کے قیام کا اعلان کیا۔ جس میں جدید علوم کو علوم میں درس و تدریس کے لئے متعین کیا گیا۔ لازمی ہے کہ یونیورسٹی کی اردو نصابی کتابوں کے لئے کسی نہ کسی ادارہ کی ضرورت تھی۔ اسی لئے یونیورسٹی کے قیام سے ایک سال قبل 1917ء میں جامعہ عثمانیہ کا دارالترجمہ قائم کیا گیا جس میں تمام سائنسی علوم، میڈیکل، انجینئرنگ، قانون اور علوم عمرانیات کے تمام مضامین کی کتابیں انگریزی سے اردو میں ترجمہ ہوتی اور وہ نصاب کا درجہ حاصل کر لیتی تھیں۔ دارالترجمہ جامعہ عثمانیہ کے کارناموں میں جہاں آکسفورڈ یونیورسٹی کی اہم نصابی کتابوں کو ترجمہ کرنے کا کام انجام دیا گیا، وہیں اس ادارہ سے وابستہ مترجمین میں اردو کی نئی نئی اصطلاحات کی بنیاد رکھی گئی۔ جس کی وجہ سے سائنسی علوم اور قانون کے علاوہ طب جیسی جدید ٹکنالوجی پر 386 کتابیں اردو میں ترجمہ کی گئیں، جو نصاب میں شامل تھیں۔ اور اس کے علاوہ مختلف علوم کی نئی اصطلاحات تیار کی گئیں جس کی وجہ سے دو مشہور کتابیں ''جامعہ عثمانیہ کی اصطلاحات'' کے زیر عنوان ڈاکٹر جمیل جالبی نے پاکستان سے دو جلدوں میں شائع کیا۔ 1911ء میں حکمران کا آغاز کرتے ہوئے میر عثمان علی خاں نے 1918ء تک دو اہم کارنامے انجام دیئے جو حیدرآباد کے مدارس کے تعلیمی نظام اور اردو یونیورسٹی کے قیام کی حیثیت سے شہرت کے حامل ہیں۔

ج: آصف جاہ سابع کی حکمرانی:

نواب میر عثمان علی خاں اپنی خاندانی وجاہت اور تہذیب و شائستگی کی وجہ سے غیر معمولی شہرت کے حامل تھے۔ وہ روشن دماغ اور روشن دل ہی نہیں، بلکہ تدبیر کے ساتھ اپنے کام کاج انجام دینے کی خصوصیت رکھتے تھے۔ حتیٰ کہ خدا نے دولت و حشمت ان کے گھر کی چوکھٹ پر نچھاور کر دی تھی۔ لیکن وہ ہمیشہ فقیری کی زندگی گزارا کرتے تھے۔ نیک دلی، ہمدردی اور سادگی پسندی ان کے مزاج کا حصہ تھی۔ وہ ریاست کی ہر بلند و پست پر نظر رکھتے تھے۔ امیر و امراء کو نوازنے کے ساتھ ساتھ غریب و غرباء کی خدمت بھی ان کا خصوصی وصف تھا۔ جس وقت نواب میر عثمان علی خاں نے اپنے والد محترم نواب میر محبوب علی خاں سے تخت و تاج حاصل کر کے 1911ء میں حکمرانی کا آغاز کیا، اُس وقت حکومت کا سرکاری خزانہ خالی تھا۔ اس کی سب سے بڑی وجہ یہ تھی کہ نواب میر محبوب علی خاں نہ صرف بادشاہ

تھے' بلکہ اپنی رعایا پروری اور ہمدردی کی بنیاد پر سرکاری خزانہ لٹادینے میں بڑے ماہر تھے۔ یہی وجہ تھا کہ حکومت کا خزانہ خالی تھا۔ایسے حالات میں آصف سابع کو حکمرانی کا موقع حاصل ہوا۔فرض شناسی اور تدبیر کے توسط سے میر عثمان علی خاں نے نہ صرف اپنی ریاست کے کاموں کو استحکام بخشا' بلکہ سرکاری خزانے کو مالا مال کر کے خود بھی دنیا کے امیر ترین انسانوں میں شمار کئے جانے لگے۔

نواب میر عثمان علی خاں کے اقتدار کے موقع پر ریاست کے امیر وامراء اوران سے تعلق رکھنے والے افراد کو قابو میں کرنا اس لئے دشوار تھا کہ ان کے دور تک جاگیرداری نظام کا طریقہ جاری تھا۔عوام میں جس طرح مختلف سماجی طبقے تھے' اُسی طرح ان کو منصب اوراعزاز دیا جاتا تھا۔آصف جاہی حکمرانوں نے اقتدار چلانے کے لئے وہی طریقے اپنائے جو مغلیہ سلطنت کے بادشاہوں نے اپنے اقتدار کے لئے جاری کیا تھا۔جس کے تحت پنج ہزاری اور دس ہزاری منصب اوراعزاز دینے کا اختیار بادشاہِ وقت کو حاصل تھا۔جس کے نتیجہ میں خاندانی زمیندار اور بادشاہ کی جانب سے مقرر ہونے والے جاگیردار نہ صرف غریبوں پر ظلم کیا کرتے تھے' بلکہ کسی ایک جاگیردار کے قبضے میں پانچ ہزار گاؤں ہوں یا دس ہزار علاقے' ایک شخص کے قبضے میں ہوں تو لازمی ہے کہ اس کی جانب سے ظلم وزیادتی کا فروغ پانا انسان کی فطرت کا حصہ بن جاتا ہے۔ان جاگیرداروں اور منصب داروں کی ذمہ داری یہ تھی کہ پنج ہزاری اور دس ہزاری اعزاز حاصل کرنے کے بعد اپنے قبضے میں موجود پانچ ہزار یا دس ہزار دیہاتوں سے محصول حاصل کر کے بادشاہ کے خزانے میں داخل کریں۔لیکن اس دور کا نظام اس قدر ابتر تھا کہ زمیندار اور جاگیردار اپنے علاقوں سے ضرور محصول وصول کرتے اور حاصل شدہ رقم کی بہت بڑی مقدار اپنے ذوق وشوق پر خرچ کر کے بہت ہی معمولی رقم سرکاری خزانے میں پہنچاتے تھے۔جس کے نتیجہ میں سرکاری خزانے کے خالی ہونے اور حکومت کے دیوالیہ ہونے میں کوئی کسر باقی نہیں ہوتی تھی۔اس نظام میں بہتری لانے کے لئے نواب میر عثمان علی خاں نے اپنے دورِ اقتدار میں اگرچہ جاگیرداری اور منصب داری نظام کو جاری رکھا' لیکن اس کے ساتھ ہی باضابطہ دیہاتوں اور گاؤں میں پولیس پٹیل اور مالی پٹیل کی ذمہ داری عائد کردی' جن کی طرف سے گاؤں اور دیہاتوں میں فصل کی پیداوار اس پر جمع ہونے والے محصول کی تفصیلات حاصل ہوجاتی تھیں۔جس کے نتیجہ میں جاگیردار یا منصب دار محصول کو اپنے مقصد کے لئے استعمال کرنے کے بجائے حکومت کے حوالے کرنے پر مجبور تھا۔اس طریقہ کی وجہ سے مال گزاری اور محصول کی بہت بڑی رقم سرکاری خزانے میں جمع ہونے لگی۔اور جس طرح جاگیرار اور منصب دار بہانے بنا کر محصول ضرور وصول کرتے تھے' لیکن حاصل ہونے والے محصول میں کٹوتی کر کے خود اپنے مقاصد کے لئے استعمال کرلیا کرتے تھے۔اُس دور کے سماج میں یہ لازمی تھا کہ جاگیردار یا منصب دار کے گھر میں کوئی بھی خوشی یا غم کی

تقریب ہوتو تمام گاؤں والوں کی طرف سے اُسے انعام یا پھر تحفے دینا لازمی تھا۔ جس سے عوام کے جیب پر بھاری بوجھ پڑتا تھا اس انتظامی رویے کو قابو میں کرتے ہوئے میر عثمان علی خاں نے جاگیرداروں اور منصب داروں کو من مانی سے روکنے میں کامیابی حاصل کی۔ یہی وجہ رہی ہے کہ وہ خزانہ جو نواب میر محبوب علی خاں کے دور میں خالی ہو چکا تھا' دوبارہ اس سرکاری خزانے میں باضابطہ مال گزاری اور محصول کا سرمایہ جمع ہونے لگا۔ جس کی وجہ سے حکومت کی آمدنی میں اضافہ ہوا۔ اور سرمائے کی فراہمی کی وجہ سے بادشاہ وقت کی جانب سے باضابطہ فلاحی کاموں کا آغاز اور عوامی دشواریوں کو ختم کرنے کے ساتھ ساتھ شہر کو خوبصورت عمارتوں سے آراستہ کرنے کی تمام کوششیں کامیاب ہوگئیں۔ میر عثمان علی خاں کی ذہانت اور ان کے اقتدار کی خصوصیت یہی رہی کہ اگر چہ ان کے دور میں جاگیردار اور منصب دار باضابطہ سرمایہ دار ہوا کرتے تھے' لیکن جیسے ہی ان کے اضافی سرمائے کی اطلاع بادشاہِ وقت کو پہنچتی وہ نہ صرف جاگیردار اور منصب دار کو پابند کرتے' بلکہ اُسے مجبور کیا جاتا کہ سرکاری خزانے میں محصول اور مال گزاری کی رقم جمع کردے۔ ورنہ اس کے خلاف تادیبی کاروائی کی جاتی تھی۔ بادشاہ کے احکامات اور اس کی جانب سے تادیبی کاروائی کے ڈر سے جاگیردار اور منصب داروں نے محصول اور مال گزاری کو اپنے صرفے میں لانے کے بجائے حکومت کے خزانے میں جمع کرنا ضروری سمجھا ورنہ ان کی عزت اور حشمت پر حرف آنے کا امکان رہتا تھا۔ اسی ڈر سے جاگیردار اور منصب دار محصول اور مال گزاری ادا کرنے کے پابند ہوگئے جس کے نتیجے میں شاہی خزانے میں سرمائے کی کثرت اور اس کا استعمال عوامی بھلائی کے لئے کیا جانے لگا۔

بادشاہِ وقت میر عثمان علی خاں اگر چہ شاہی حکمرانی کے نمائندہ تھے اور ان کی حکمرانی میں تمام تر احکامات کی تکمیل کے لئے حیدرآباد میں موجود انگریز ریسیڈنسی سے اجازت لینا ضروری ہوتا تھا۔ یہ حقیقت ہے کہ ریاست حیدرآباد میں نواب میر عثمان علی خاں کی حکمرانی تھی' لیکن کسی بھی کام کی تکمیل کے معاملے میں بہترین منصوبہ بھی موجود ہو' لیکن اس منصوبے کو انگریز ریسیڈنس سے اجازت حاصل نہ ہو تو اسے روبہ عمل لانا ممکن نہ تھا۔ نتیجہ یہ کہ بادشاہ وقت اپنے کام کاج کے سلسلہ میں برطانوی ریسیڈنس کا تابعدار تھا۔ یہ سلسلہ اُس وقت سے جاری تھا جبکہ آصف جاہ دوم نواب میر نظام علی خاں کے دور میں انگریزوں اور آصف جاہی حکمرانوں میں معاہدہ ہو چکا تھا۔ اور افضل الدولہ کے دور میں آصف جاہی سلطنت کا خزانہ خالی ہوگیا' اور عوام کی دشواریوں کو دور کرنے کے لئے آصف جاہی حکمران نے برار کا علاقہ انگریزوں کے سپرد کر کے قرض لے لیا۔ تاکہ عوام کو سہولت فراہم کی جاسکے۔ لیکن قرض کی ادائیگی کے باوجود بھی برار کا علاقہ آصف جاہی سلطنت کو واپس نہ مل سکا۔ صرف نواب میر عثمان علی خاں کے بڑے صاحبزادے اعظم جاہ بہادر کو انگریزوں نے پرنس آف برار کا خطاب دیا لیکن برار کے علاقہ کو بادشاہ کے

حوالے کرنے سے درگزر کرتے رہے۔ جس سے ظاہر ہوتا ہے کہ ریاست حیدرآباد میں حکمرانی تو آصف جاہی خاندان کی تھی لیکن بغیر ریسیڈنس کے مشورے سے کوئی کام انجام دیا نہیں جاسکتا تھا۔ اُسی دور میں انگریزوں کو اپنی فوج رکھنے کے لئے سکندرآباد کا سارا علاقہ ان کے قبضہ میں دے دیا گیا تھا۔ نواب سکندر جاہ کے دور میں حیدرآباد کے عقب کے علاقہ کو منتخب کرکے سکندر جاہ کی مناسبت سے اس علاقہ کے نام سکندرآباد رکھا گیا۔ جس پر انگریز ریسیڈنسی نے قبضہ حاصل کرکے اس علاقہ میں انگریز فوج کے قیام کا اعلان کیا۔ اس انگریز فوج کے تمام اخراجات آصف جاہی سلطنت کے بادشاہوں کو ادا کرنے پڑتے تھے۔ جو بلاشبہ برٹش حکومت کی جانب سے حیدرآباد کے بادشاہ پر اضافی بوجھ تھا۔ ان تمام معاملات کو پیش نظر رکھتے ہوئے نواب میر محبوب علی خاں نے منصوبہ بند حکمت عملی پر عمل کرنے کا طریقہ اپنایا۔ چنانچہ سب سے پہلے انہوں نے اپنے وزیر اعظم کی حیثیت سے اس شخص کا انتخاب کیا جو انگریزوں کا پسندیدہ تھا۔ اوران کے توسط سے حکومتی کاروبار کو عملی طور پر لاگو کرنے میں کامیاب حاصل کی۔ اس قسم کی مصلحت کا نتیجہ یہ ہوا کہ ریاست حیدرآباد کے بادشاہ کو اپنی مرضی سے کام کرنے اورعوام کی بھلائی کے سلسلے میں پیش رفت کرنے کا موقع حاصل ہوگیا۔

آصف جاہی دور میں برٹش انڈیا کا تسلط اوران کی طرف سے عائد کی جانے والی پابندیوں پر غور کرنے سے پتہ چلتا ہے کہ برٹش ریسیڈنسی کی جانب سے احکامات جاری ہوتے تھے' کہ ریاست کے تمام اہم عہدوں پر باضابطہ انگریز عہدیداروں کا انتخاب کیا جائے۔ چنانچہ ضلع کلکٹر سے لے کر ہر بڑے عہدے پر مقام باشندوں کو موقع حاصل نہیں ہوتا تھا' بلکہ ریسیڈنسی کے احکامات کو قبول کرتے ہوئے ریاستی حکمرانوں کو بڑے عہدوں پر انگریزوں کا تسلط برقرار رکھنا پڑتا تھا۔ اس خصوص میں جب نواب میر عثمان علی خاں کے دیوان مہاراجہ سرکشن پرشاد مقرر ہوئے تو انہوں نے انگریزوں کی اس بالادستی کو ختم کرنے کے لئے باضابطہ اقدامات کئے اور مقامی باشندوں کی حمایت کرتے ہوئے میر عثمان علی خاں کے عہد میں اعلیٰ عہدوں کے ذمہ دار بنانے کے لئے باضابطہ سرکاری امتحان ایچ سی ایس کی بنیاد رکھی اوراس امتحان میں کامیابی حاصل کرنے والوں کو اعلیٰ عہدوں پر فائز کیا جانے لگا۔ انگریزوں کی عمل داری کو روکنے کے لئے یہ بہترین طریقہ تھا۔ اُس زمانہ میں اعلیٰ عہدوں کے لئے ہندوستان بھر میں مقرر کئے جانے والے امتحان کو IFC کا درجہ دیا جاتا تھا۔ جس میں انگریزوں کی بالادستی قائم تھی۔ جس طرح دور حاضر میں مرکز کی حکومت کی طرف سے آئی اے ایس، آئی ایف ایس اور آئی سی ایس کے امتحانات منعقد کئے جاتے ہیں۔ جن میں شریک اور کامیاب امیدواروں کو بڑے عہدے تفویض کئے جاتے ہیں۔ اسی طرح حیدرآباد کی ریاست نے اپنے علاقے کے ذہین اور دانشور طبقہ کو منتخب کرنے کے لئے ساری ریاست میں ایچ سی ایس کے امتحانات کی بنیاد رکھی۔ جسے حیدرآباد سیول

سروس کی حیثیت سے شہرت حاصل تھی۔ جس میں کامیاب ہونے والے امیدواروں کوکلکٹر اور ڈپٹی کلکٹر ہی نہیں، بلکہ اعلیٰ عہدوں فائز کیا جاتا تھا۔ میر عثمان علی خاں کے دور میں اس قسم کے امتحانات کا آغاز کرکے ہندوستان کی علاقائی حکومتوں میں پہلی مرتبہ ریاست حیدرآباد نے ان امتحانات کا آغاز کیا جو درحقیقت مرکز میں انگریزی حکمرانوں کے زیر اثر منعقد کئے جانے والے امتحانوں کے مقامی رویے سے وابستہ تھے۔ ان امتحانوں سے مقامی باشندوں کو روزگار کے مواقع فراہم ہونے لگے۔ جس کی وجہ سے انتظامی امور میں انگریز عمل داری کے روک تھام کا موقع فراہم ہوا۔ میر عثمان علی خاں نے اپنے وزیراعظم ایسے اشخاص کو بنایا جو مصالحت سے کام کرنے اور ریاست کی آمدنی بڑھانے کے ساتھ ساتھ ریاست کو انگریزوں کے ظلم و جبر سے نکالنے کے طریقے جانتے تھے۔ یہی وجہ رہی کہ آزادی سے قبل ہندوستان کی کسی بھی علاقائی حکومت میں مقامی حکومت کے اثرات موجود نہیں تھے بلکہ ہر قسم کے راجہ اور رجواڑے مکمل طور پر انگریزوں کے احکام کے تابع اور ان کی جانب سے احکامات حاصل کرکے اس کی تابعداری انجام دیا کرتے تھے۔ جس کا نتیجہ یہ تھا کہ ریاستی حکمرانی اپنی جگہ تھی، اور بادشاہت بھی مسلمہ تھی۔ لیکن انتظامی امور میں ہر بادشاہ یا امیر ہی نہیں، بلکہ راجہ اور مہاراجہ کو باضابطہ انگریزوں کے حکم کی تابعداری کرنا پڑتا تھا ورنہ ان کے خلاف کاروائی کرکے انگریز حکمران حکومت کو بدلنے کے لئے سازش رچانے سے باز نہیں آتے تھے۔ اس مسئلہ کو بہت ہی خوش اسلوبی سے مکمل کرتے ہوئے میر عثمان علی خاں نے اپنے وزراء کے ذریعہ مصالحت کا طریقہ اختیار کیا جس کا لازمی نتیجہ یہ ہوا کہ ریاست حیدرآباد میں میر عثمان علی خاں کا عہد اس لئے اہمیت کا حامل ہے کہ ان کے دور میں بہت کم انگریزوں کو اعلیٰ عہدوں پر فائز کیا گیا۔ اور مقامی باشندوں کو پوری سہولت کے ساتھ اعلیٰ عہدوں پر تقرر دے کر انہیں آزادی کے ساتھ کام کرنے کا موقع فراہم کیا گیا۔ میر عثمان علی خاں کے دور کے اس کارنامے کو نظر انداز نہیں کیا جاسکتا کہ انہوں نے انگریزی حکومت کی جانب سے منعقد کئے جانے والے اعلیٰ امتحانات کی طرح ریاست میں حیدرآباد میں بھی ایچ سی ایس کے امتحان کے ذریعہ مقامی باشندوں کے روزگار کے لئے مواقع فراہم کئے جس کی وجہ سے ریاست حیدرآباد اگرچہ برطانوی ریسیڈنسی کی تابع رہی، لیکن اس کے باوجود بھی ریاست کے بادشاہ اور اعلیٰ عہدیداروں کو پوری آزادی کے ساتھ اپنے احکامات روبہ عمل لانے اور شاہی فرامین پر عمل درآمد کا موقع حاصل ہوگیا۔ اس طرح میر عثمان علی خاں کے دور کی حکمرانی کو اس لئے نظر انداز نہیں کیا جاسکتا کہ انہوں نے انگریز عمل داری کی تابعداری کے طریقے کو بھی اختیار کیا۔ اور اس کے ساتھ اپنی حکمرانی کو بھی جاری وساری رکھنے کی سبیل نکال لی۔ یہی وہ کامیابی تھی کہ جس کی وجہ سے میر عثمان علی خاں کے سرکاری خزانے میں کروڑہا روپیہ جمع ہوگیا۔ جس کی وجہ سے وہ دنیا کے سب سے مالدار آدمی قرار دیئے گئے اور انہوں نے خود کے لئے صرف ایک کوٹھی جو کسی زمانے میں "کمال کوٹھی" کہلاتی تھی۔ اسے پسند

کرکے ''کنگ کوٹھی'' کے نام سے شہرت دی ورنہ انہوں نے اپنی زندگی کا بہت بڑا حصہ والد محترم کی دیوڑھی ''پرانی حویلی'' میں گزار دیا۔ دنیا کے سب سے خوبصورت ہیرے اور نگینے ہی نہیں' بلکہ جواہرات بھی میر عثمان علی خاں کی ملکیت تھے۔ ان کی اقتدار کی شکست کے بعد انڈین یونین نے ان کے ہیرے جواہرات کو اپنے قبضہ میں لے لیا جس کا جب بھی ہراج ہوتا ہے کروڑ ہا روپئے کی بولی لگتی ہے' لیکن انڈین گورنمنٹ نے اسے ہراج نہیں کیا۔ کیوں کہ یہ ہیرے جواہرات لاقیمتی ہیں' اور عالمی منڈی میں اس کی ساکھ اس قدر بڑھی ہوئی ہے کہ ہندوستانی حکومت اسے فروخت کرنے کے لئے تیار نہیں۔ بلکہ ملک کے مختلف خطوں میں پورے بندوبست کے ساتھ ان ہیرے جواہرات کی نمائش ہوتی ہے جس کی وجہ سے ہندوستانی حکومت کو کروڑ ہا روپئے کی آمدنی ہوتی ہے۔ غرض میر عثمان علی خاں نے اپنے عہد میں حیدرآباد کی ہمہ جہت ترقی کی طرف ہی توجہ نہیں دی' بلکہ خوبصورت عمارتوں اور اپنے علاقے کے باشندوں کو روزگار سے وابستہ کرنے کا ایسا طریقہ اختیار کیا کہ جس کی مثال سارے ہندوستان میں دکھائی نہیں دیتی۔ غرض انہوں نے انگریزوں کو خوش رکھنے کے ساتھ ساتھ اپنے علاقے کے باشندوں کو روزگار سے وابستہ کرنے میں ایسی حکمت عملی اختیار کی کہ جس کی وجہ سے سانپ بھی مرے اور لاٹھی بھی نہ ٹوٹے کا مقولہ صادق آتا ہے۔ اس طرح انگریزوں کی بالادستی کے زیر اثر کام کرتے ہوئے اپنی شاہی کا ایسا اہتمام کیا کہ جس کی وجہ سے میر عثمان علی خاں کے دور اقتدار کو کامیابی اور کامرانی کا دور ہی نہیں' بلکہ ریاستی اقتدار کے زرین دور سے تعبیر کیا جائے تو مناسب ہوگا۔

میر عثمان علی خاں کے دور کے کارناموں کو نمائندگی دینے کے لئے ریاست تلنگانہ کی اردو اکیڈیمی نے جب اپنی اہم کتاب ''شوکت عثمانیہ'' کی اشاعت 2020ء میں مکمل کی تو نامور شاعروں، ادیبوں اور دانشوروں کے علاوہ اہل قلم حضرات نے نواب میر عثمان علی خاں کی دور کی خدمات کو ستائش پیش کرتے ہوئے جن عنوانات کی تکمیل کی ہے' اس کے تحت یہ بات ظاہر ہوتی ہے کہ حیدرآبادی ادیبوں میں اہل قلم حضرات نے باضابطہ ان کے دور کی ہر خصوصیت کی تعریف کی ہے۔ اس کتاب کے موضوعات سے خود ان کے عہد کے کارناموں کا پتہ چلتا ہے۔ چوں کہ وہ بادشاہِ وقت تھے' لیکن خود کی ظاہری شان و شوکت کے لئے انہوں نے کوئی رقم مختص نہیں کی' بلکہ عوامی بھلائی اور سماجی کارکردگی کے کاموں کی تکمیل کے لئے نہ صرف اپنی حکومت' بلکہ حکومت کے کاروبار کو جمہوری انداز سے پیش کرنے کا طریقہ اختیار کیا۔ چنانچہ کسی بھی مسئلہ کو بادشاہِ وقت خود حل نہیں کرتا تھا' بلکہ وہ مسئلہ ''باب حکومت'' کے روبرو پیش ہوتا اور باب حکومت کے ارکان غور وخوض کرکے جب مسئلہ کی روداد اور اس کا نتیجہ برآمد کرتے تو وہ فائل بادشاہِ وقت کے روبرو پیش کی جاتی اور بادشاہِ وقت مناسب سمجھے تو منظوری دی جاتی تھی۔ اور بادشاہ کی مرضی کے

خلاف باب حکومت میں کوئی فیصلہ کیا جائے تو اُسے بادشاہ وقت نظر ثانی کے لئے باب حکومت کے حوالے کرتا تھا۔ اس طرح شاہی حکومت میں بھی باضابطہ جمہوری نظام کو رائج کر کے میر عثمان علی خاں نے ریاست حیدرآباد کی کارکردگی کو شاہی کے بجائے باضابطہ جمہوری نظام میں تبدیل کر دیا تھا۔ ڈاکٹر داوٗد اشرف نے میر عثمان علی خاں اور ان کے فرامین ہی نہیں، بلکہ دستاویزات کا مطالعہ کر کے کئی کتابیں تحریر کیں۔ اور ان کی مشہور کتاب ''آصف جاہی ساتویں حکمراں۔ میر عثمان علی خاں'' کا انگریزی ایڈیشن بھی دستیاب ہے۔ جس میں انہوں نے واضح کیا ہے کہ ساتویں نظام کے تمام فرامین اور دستاویزات کے مطالعہ سے اندازہ ہوتا ہے کہ کسی سال بھی میر عثمان علی خاں نے بادشاہ وقت کی حیثیت سے باب حکومت کے فیصلے کے خلاف فیصلہ نہیں دیا۔ انہوں نے 37 سالہ دورِ اقتدار میں باب حکومت کے فیصلوں کا احترام کیا، بلکہ انہوں نے اپنے وزیر اعظم مہاراجہ کشن پرشاد کو یہ اجازت مرحمت فرمائی تھی کہ میر عثمان علی خاں کو بھیجی جانے والی تمام ڈاک پر نظر رکھیں اور ان کی دستخط کے بعد پیش کی جانے والی ڈاک کو ہی بادشاہِ وقت منظوری دیا کرتے تھے۔ جس سے صاف ظاہر ہوتا ہے کہ شاہی حکمرانی کے بجائے میر عثمان علی خاں نے باب حکومت کے فیصلوں ہی نہیں، بلکہ عوامی نمائندگیوں کے علاوہ تمام کاروبار کے سلسلہ میں اپنی رائے کو اہمیت دینے کے بجائے جمہوری طرز کو فروغ دیا۔ جس کے سلسلہ میں نہ صرف کئی مضامین لکھے گئے ہیں، بلکہ بے شمار کتابیں بھی موجود ہیں۔ جن سے حقائق کا پتہ چلتا ہے۔ اور میر عثمان علی خاں کی عادت ہی نہیں، بلکہ ان کی رواداری کا بھی اندازہ ہوتا ہے۔ شخصی حکومت کے باوجود میر عثمان علی خاں نے عوام پر شخصی احکامات کی پابجائی ضروری نہیں سمجھی بلکہ باب حکومت کے فیصلے اور جو دستاویزات بادشاہ کے ملاحظہ کے لئے پیش ہوتے تھے۔ ان کو بھی بادشاہِ وقت نے اپنی مرضی کے تابع نہیں رکھا، بلکہ طویل عرصے تک بادشاہ کی ڈاک پر سر نظامت جنگ کی دستخط لازمی تھی۔ جو پہلے ہائی کورٹ اور بعد میں حیدرآباد کی سپریم کورٹ کے چیف جسٹس کے عہدہ پر فائز تھے۔ جس کے بعد حیدرآباد کے نظام نے یہ ذمہ داری مہاراجہ کشن پرشاد کے سپرد کی، جس سے شاہی میں جمہوریت کا انداز اختیار کرنے کا ثبوت ملتا ہے۔ اور پتہ چلتا ہے کہ میر عثمان علی خاں کے اقتدار میں ہر مذہب، ہر فرقے، ہر ذات اور ہر طبقے ہی نہیں، بلکہ دوسرے ممالک سے ریاست حیدرآباد میں منتقل ہو کر روزگار تلاش کرنے والوں کو بھی بے شمار سہولتیں فراہم کی گئی تھیں، تا کہ وہ ریاست حیدرآباد کے باشندے ہونے کے باوجود بھی انہیں سہولت فراہم کی جائے۔ نظام کی فوج میں عربوں کا دستہ بھی ہوتا تھا۔ جن کے جان و مال اور روزگار کی ذمہ داری بادشاہ کے تحت ہوا کرتی تھی۔ بادشاہ کے خاندان سے تعلق رکھنے والوں کی پوری کفالت خود بادشاہ کی ذمہ تھی جس کے لئے باضابطہ اصطلاح ''خانہ زاد'' استعمال ہوتی تھی۔ جن کی نہ صرف باضابطہ تنظیم تھی، بلکہ ان کے تمام کام انجام دینے کے لئے بادشاہِ وقت تک نمائندگی جاری رہتی تھی۔ خانہ

زادوں کے خاندانوں میں کھانے، پینے اور رہنے سہنے کے علاوہ ان کی شادی بیاہ ہی نہیں، بلکہ غم کے معاملات کی تمام نگرانی بادشاہِ وقت کی سپرد تھی۔ چنانچہ صرف خاص مبارک کے فنڈ سے ان کی امداد کی جاتی تھی۔ جس سے اندازہ ہوتا ہے کہ بیرونی ممالک کے باشندوں کو اپنے ملک میں رکھ کر انہیں سہولتیں پہنچانے کا طریقہ سب سے پہلے ریاست حیدرآباد کے بادشاہوں نے شروع کیا۔ حیدرآباد میں عرب باشندوں کے علاوہ حبشی قومیں بھی آباد تھیں۔ جن کے طاقت اور بل بوتے کی کافی اہمیت تھی۔ اوراس قسم کے مضبوط جسم کے انسانوں کو نہ صرف انتظامیہ میں رکھا جاتا تھا بلکہ وہ حد درجہ ایماندار ہونے کی وجہ سے انہیں خصوصی مراعات دی جاتی تھی۔ وہ باڈی گارڈ کی حیثیت سے ہی نہیں، بلکہ سرکاری محکمے اور سرکاری بنکوں کی نگرانی پر مامور کئے جاتے تھے۔ ان کی وجاہت سے ہی دشمن کے دل کانپ جاتے تھے۔ اور وہ اپنی ذمہ داری نبھانے کے معاملے میں جان کی بھی پرواہ نہیں کرتے تھے۔ کسی زمانے میں حبشی غلاموں کی دنیا کے مختلف خطوں میں تجارت ہوتی تھی۔ نظام الملک آصف جاہ اول کے دور سے لے کر آخری نظام کے دور تک یہ احکامات جاری کر دیئے گئے تھے کہ انسانوں کی تجارت ممنوع ہے اوراس میں ملوث ہونے والے فرد یا افراد کو کڑی سے کڑی سزا دی جائے گی۔ چنانچہ ہندوستان کی سرزمین میں غلام گردش کا سلسلہ جاری تھا لیکن آصف جاہی دور کے تمام بادشاہوں نے اس رسم کی روایت کو ختم کیا۔ البتہ گھریلو ملازمین کے معاملہ میں یہ چھوٹ تھی کہ وہ خاندان در خاندان نوابوں اور جاگیرداروں کے گھروں میں کام کرتے اس کا صلہ ہی نہیں، بلکہ انعام واکرام سے بھی نوازے جاتے تھے۔ گھریلو ملازمین کی شادی بیاہ کا خرچہ نہ صرف نواب خاندان کے ذمے، بلکہ جاگیردار گھرانوں کے سپرد ہوتا تھا۔ انہیں کسی قسم کی محنت ومشقت کر کے روپے پیسے جمع کرنا اور شادی رچانے کی ضرورت نہیں پڑتی تھی۔ جس کی وجہ سے سارے معاشرہ میں اعتدال کی فضا ہموار تھی۔

اگرچہ بادشاہِ وقت کا مذہب اسلام تھا، لیکن ہر طبقے اور فرقے کو ترقی کے مواقع فراہم کئے جاتے تھے۔ اس دور میں سب سے زیادہ ہمدردی اور انسانیت دوستی کا ثبوت اس طرح ملتا ہے کہ ہندوستان کے مختلف خطوں میں مذہب، فرقے اور ذات کے نام پر جھگڑے شروع ہو چکے تھے۔ نہ صرف اکثریت اور اقلیت کا ہنگامہ برپا ہو چکا تھا، اور یہ سازش خود ہندوستانیوں نے انگریزوں کی سازش سے یاد کیا تھا جس کی وجہ سے اکثریتی طبقہ کو پوری آزادی کے ساتھ من مانی کرنے کا موقع فراہم ہوگیا تھا۔ جدوجہد آزادی میں گو کہ ملک کی دو بڑی قوموں نے حصہ لیا جسے ہندو اور مسلم کی حیثیت سے شناخت دی گئی لیکن سارے ملک میں یہ ہیجان تھا کہ کسی نہ کسی علاقے میں ہندو مسلم فساد کی لہر اٹھ جاتی تھی۔ جس کا سلسلہ آزادی کے بعد بھی جاری رہا۔ لیکن نواب میر محبوب علی خاں ہی نہیں، بلکہ نواب میر عثمان علی خاں کے دور میں بھی کسی بھی قسم کی فرقہ وارانہ تشدد کی بات پیدا نہیں ہوئی۔ اور تاریخ کے اوراق یہ ثابت

کرتے ہیں کہ بلاشبہ ریاست حیدرآباد ہر مذہب، ذات، فرقے اور طبقے کے لوگوں کے اتحاد کی دلیل تھی۔ جس کی وجہ سے 1724ء سے لے کر 1948ء تک آصف جاہی دور کا کارنامہ یہ رہا کہ انہوں نے اپنی ریاست میں فرقہ وارانہ منافرت کو پھیلنے نہیں دیا۔ جبکہ ہر فرقے اور مذہب کے لوگوں کے ساتھ آپسی اتحاد اور بھائی چارگی کو برقرار رکھتے ہوئے ریاست کے انتظامات میں ہر طبقے کی نمائندگی پر خصوصی توجہ دی۔ جس کا ثبوت مسلمان حکمرانوں کے دکنی دور میں آصف جاہی بادشاہوں نے دومرتبہ ملک کے اکثریتی طبقے کو وزیراعظم کے عہدے پر فائز کیا۔ مہاراجہ چندولال شاداں ہی نہیں' بلکہ مہاراجہ کشن پرشاد کو بھی دکن کی آصف جاہی سلطنت کے بادشاہوں کے دور میں وقفہ وقفہ سے وزارت عظمیٰ کا عہدہ سنبھالنے کا موقع دیا گیا اوران کے دورِ وزارت کو ساری ریاست کی تاریخ میں یادگار کا درجہ حاصل ہوجاتا ہے۔ جو آصف جاہی دور کے ہر بادشاہ کے کارناموں میں یہ نہیں' بلکہ آخری دو بادشاہوں کے دور کیا یادگار قرار دیا جائے تو بیجا نہ ہوگا' بلکہ میر عثمان علی خاں نے ہمیشہ اپنی ریاست میں ہندو مسلم اتحاد کے طریقہ کو فروغ دیا اورانہوں نے ہر دور میں اس حقیقت کا انکشاف کیا کہ اگرچہ وہ مسلمان حکمران اس کے باوجود ہندو مسلم ان کی دو آنکھوں کی طرح ہیں جس طرح انسان اپنی آنکھوں کی حفاظت پر خصوصی توجہ دیتا ہے اُسی طرح میر عثمان علی خاں کے دور میں کسی بھی قوم اور مذہب کے افراد کے ساتھ ناروا سلوک نہیں کیا گیا بلکہ ہر قوم اور مذہب کے لوگوں کے ساتھ مساویانہ سلوک برقرار رکھا گیا ہے۔ میر عثمان علی خاں کے دور میں مسلم طبقے کو حج کو جانے کے لئے نہ صرف رخصت منظور کی جاتی تھی بلکہ حج کی ادائیگی کے لئے مالی امداد فراہم کی جاری تھی۔ جب ان کے روبرو یہ مسئلہ پیش ہوا تو انہوں نے ہندو شہریوں کو تیرتھ یاترا کے لئے رخصت کی منظوری اور پیشگی رقم ادا کرنے کے احکامات جاری کئے۔ جس سے خود اندازہ ہوتا ہے کہ بادشاہ وقت نے ہر مذہب کے افراد کے ساتھ مساویانہ سلوک کا اہتمام کیا تھا۔ اسی لئے آصف جاہی دور کے کسی بھی بادشاہ کے اقتدار کے دوران فرقہ وارانہ فسادات اور اکثریت اور اقلیت کے جھگڑے پیدا نہیں ہوئے جس سے ثبوت ملتا ہے کہ آصف جاہی دور کا معاشرہ اگرچہ غربت کی نذر تھا لیکن ہر انسان کو کچھ حال زندگی گزارنے اور اپنے مذہب پر قائم رہ کر آزادی کے ساتھ فرقہ وارانہ ہم آہنگی کو برقرار رکھنے کا موقع حاصل ہوگیا تھی۔ اس قسم کا شاہی اقتدار بلاشبہ دکن کی سرزمین میں صرف اور صرف آصف جاہی اقتدار کو حاصل تھا۔ غرض میر عثمان علی خاں کے دورِ اقتدار کو اس وجہ سے اہمیت حاصل ہے کہ اس ریاست میں نہ صرف دولت کی فراوانی تھی' بلکہ ہر شخص کو اپنی آزادی کے ساتھ زندگی گزارنے کا حق حاصل تھا اور کسی کو بھی برتری اور کم تری کا احساس نہیں ہوتا تھا۔ کیوں کہ اس دور تک ہندوستانی معاشرہ کئی طبقوں میں بٹا ہوا نہیں تھا' بلکہ عوام میں صرف دو ہی طبقے ہوا کرتے تھے جو امیر و امراء اور جاگیرداروں کے طبقے کو اعلیٰ طبقہ قرار دیا جاتا تھا۔ اس کے بجائے غریب، مفلس اور

نادار لوگوں پر مشتمل معاشرہ غریب طبقہ میں شامل تھا۔ اس دور کے حالات کے اعتبار سے اعلیٰ طبقہ بغیر کسی مذہبی اور علاقائی تعصب کے نہ صرف غریب طبقے کی ہر قسم کی امداد کیا کرتا تھا' بلکہ وہ دور ہی ایسا تھا جس کے توسط سے محنت کے بدلے روپئے پیسہ کے بجائے محنت کے بدلہ میں جنس اور اشیاء کی ادائیگی کے ذریعہ انسانوں کی ضرورتیں پوری ہو جاتی تھیں، پیسہ کا چلن نہ ہونے کے برابر تھا۔ جس کی وجہ سے چھوٹے بڑے کی تفریق اگر چہ موجود تھی لیکن اس کا اظہار نہ ہونے کے برابر تھا۔ عام طور پر بڑی بڑی محفلیں بھی منعقد ہوں تو دعوت میں سب سے پہلے غریب وغباء کو کھانا کھلایا جاتا تھا اور اس کا مقصد یہی تھا کہ غریبوں کو کھلانے کی وجہ سے خدا کی مدد اور برکتیں نازل ہوتی ہیں۔ یہ تصور مسلم طبقے میں ہی نہیں' بلکہ ہر طبقہ میں موجود تھا۔ کسی پر کوئی مصیبت آتی یا پھر وہ کسی تکلیف میں مبتلا ہوتا تو غریبوں کو اجناس دے کر یہ سمجھا جاتا تھا کہ اس مدد کی وجہ سے مصیبت یا تکلیف ٹل جائے گا۔ غرض آصف جاہی دور کے معاشرہ کی چند اہم خصوصیات ہیں۔ جس سے ہندو مسلم اور سکھ عیسائی ہی نہیں، بلکہ شیعہ سنی اور دوسرے طبقے کے لوگ بھی بھرپور فائدہ اٹھاتے تھے۔ جس طرح ہندو طبقے میں بے شمار عید و تہوار موجود ہیں' اسی طرح مسلمان طبقوں میں بھی عید الفطر اور عید الاضحیٰ کے علاوہ عید میلاد، عید نہم، پوریوں کی عید، عید غدیر، کونڈوں کی عید اور اس کے علاوہ ہر طبقہ کے لوگوں نے اپنے اپنے انداز سے عیدوں کا اہتمام کر لیا تھا۔ جس کے نتیجہ میں عربی مہینوں کے نام اُسی انداز سے رکھے گئے تھے۔ جیسے ربیع الاول کو، بارہ وفات اور ربیع الثانی کو دستگیر اور باضابطہ ایک مہینے کو حسین شاہ ولی کے نام سے یاد کیا جاتا تھا۔ جن بزرگوں کی تاریخ پیدائش یا وفات جس مہینہ میں ہوتی' اس مہینے کو باضابطہ ان کی یاد میں مہینے کا نام وہی رکھا جاتا تھا۔ چنانچہ ایک مہینے کا نام غریب النواز اور ایک مہینہ کا نام گیسو دراز بھی رائج تھا۔ جس سے پتہ چلتا ہے کہ مسلم طبقے میں اپنے بزرگوں کی عزت اور ان کے پیدائش کے دن کو اہمیت دینا سب سے بڑی ضرورت کا درجہ رکھتا تھا۔

د: پہلی جنگ عظیم کے بعد

حیدر آباد کے نظام نے تاج برطانیہ کی طرف سے دسمبر 1911ء میں منعقدہ دہلی دربار میں باضابطہ شاہ جارج اور ملکہ کو خراج عقیدت پیش کیا جس کی وجہ سے برطانیہ کے انتظامیہ نے انہیں اعزازات سے نوازا۔ 1919ء میں حیدر آباد کے نظام نے ایگزیکٹیو کونسل کے قیام کا حکم دیا۔ جس کی سربراہی سر سید علی امام نے کی اور 8 دیگر ممبران بھی اس کونسل میں شامل تھے۔ دیگر اراکین میں ہر ایک محکمہ سے ایک سے زیادہ رکن انچارج کی حیثیت سے شریک ہوا کرتا تھا۔ ایگزیکٹیو کونسل کا صدر حیدر آباد میں موجود تھا۔ اور اس کی کمیٹی میں وزیر اعظم کا شامل ہونا بھی

ضروری تھا۔ جب پہلی جنگ عظیم کا آغاز ہوا تو میر عثمان علی خاں نے جنگی کوششوں میں مالی تعاون کے لئے اپنی مدد کا اعلان کیا۔ جس کے تحت 110 اسکوارڈن RAF کی تکمیل اور ایرکورڈ A H19 طیارے عثمان علی خاں نے برطانوی حکومت کو جنگ میں استعمال کرنے کے لئے روانہ کئے۔ ہر طیارہ میں میر عثمان علی خاں کا ایک لکھا ہوا نوشتہ موجود ہوتا تھا۔ جس میں یہ بتایا جاتا تھا کہ یہ یونٹ ''حیدرآباد اسکوارڈن'' کے نام سے پہچانا جاتا ہے۔ اس کے علاوہ انہوں نے رائل نیوی کے جہاز بھی روانہ کئے۔ جنہیں ایچ اے ایم ایس نظام نے 1940ء میں کمیشن شروع کیا اور اس شاہی بحریہ کو آسٹریلیائی بحریہ میں منتقل کر دیا گیا۔ ان اہم کارناموں کے انجام دہی کے ساتھ ہی میر عثمان علی خاں نے حیدرآباد کے علاقہ بیگم پیٹ میں 1930ء کی دہائی میں نظام کے ذریعہ حیدرآباد ایرکلب کا قیام عمل میں لایا ابتدائی طور پر اس کا نام دکن ایرویز رکھا گیا۔ برٹش انڈیا کی ابتدائی ایرلائن نے حیدرآباد کی اس ایرلائنس کو گھریلو اور بین اقوامی ہوائی اڈے کے طور پر استعمال کیا۔ بیگم پیٹ ایرپورٹ ٹرمینل کی عمارت 1937ء میں مکمل کی گئی۔ اس طرح میر عثمان علی خاں نے 1918ء سے لے کر 1938ء تک نہ صرف برطانوی حکومت کو فوج اور بحریہ کی امداد پیش کی، بلکہ حیدرآباد میں ہوائی اڈہ اور اس کے ٹرمینل کی عمارت تعمیر کر کے شہر حیدرآباد ہی نہیں، بلکہ ریاست حیدرآباد کو عالمی شہروں کی طرح ترقی دی۔

ہ: اقتدار کے آخری سال (1939 تا 1948)

اس دور میں حیدرآباد کے نظام میر عثمان علی خاں نے عالمی سطح کے نامور سیاست دانوں اور اہم رہنماؤں سے ملاقات کی۔ اور ان کے رہائش ہی نہیں، بلکہ شاہانہ اہتمام کے لئے بھی انتظامات کئے۔ حیدرآباد کے نظام کے تعلقات سعودی عرب کے شاہ سعود کے ساتھ انتہائی گہرے تھے۔ جب شاہ سعود نے حیدرآباد کا دورہ کیا تو میر عثمان علی خاں نے ان کے شایانِ شان استقبال کیا۔ ترکی کے معزول خلیفہ عبدالمجید دوم سے تعلقات کی بحالی کے لئے انہوں نے ترکی کے خلیفہ کی بیٹی کی شادی اپنے بیٹے اعظم جاہ سے انجام دی جس کی وجہ سے ریاست حیدرآباد اور ترکی کے تعلقات مستحکم ہو گئے۔ عام طور پر یہ خیال کیا جاتا تھا کہ ترکی کے سلطان اور حیدرآباد کے نظام کے تعاون کی وجہ سے عالمی طاقتیں متزلزل ہو جائیں گی۔ لیکن یہ اس لئے ممکن نہ ہو سکا کہ حیدرآباد کے نظام برطانوی سلطنت کے محافظ اور خود مختار بادشاہ تھے۔ تاہم تلنگانہ کی بغاوت اور بنیاد پرست مسلم کی مخالفت کی وجہ سے میر عثمان علی خاں کی حیدرآبادی حکومت کمزور پڑ گئی تھی۔ جس کی وجہ سے بادشاہِ وقت اپنی ریاست کو مسلم حکمرانی تک محدود رکھنا چاہتے تھے۔ 1948ء میں جب ہندوستانی فوجوں نے ''پولیس ایکشن'' کے نام پر ریاست پر حملہ کیا تو نظام کی حکمرانی کا خاتمہ ہو گیا۔ پھر عثمان علی خاں کو راج پرمکھ بنا دیا گیا۔ جس کے بعد وہ 26/جنوری 1950ء سے 31/اکتوبر

1956ء تک راج پرمکھ کے عہدہ پر فائز رہے۔ اسی دوران 1956ء میں یوگوسلاویہ کے صدر جوزف بیروز ٹیٹو نے حیدرآباد کے نظام سے ملاقات کی۔ اس طرح میر عثمان علی خاں کے عہد کا آخری دور کسی سیاسی اور فوجی سرگرمیوں کے بجائے اہم اشخاص سے ملاقاتیں اور ان سے برادرانہ تعلقات کو قائم کرنے میں صرف ہوتا رہا۔ انہوں نے جب 1918ء میں اپنی ریاست کے اعلیٰ تعلیم سے رغبت رکھنے والوں کو عثمانیہ یونیورسٹی کی بنیاد رکھی تو اسے ہندوستان کی سب سے بڑی یونیورسٹیوں میں شمار کیا جانے لگا۔ اس یونیورسٹی کے ساتھ اسکول، کالج اور ترجمہ کے شعبے قائم کئے گئے تاکہ یونیورسٹی کی اردو ذریعہ تعلیم کے لئے نصابی کتابیں فراہم کی جاسکیں۔ میر عثمان علی خاں کے دور میں پرائمری تعلیم مفت دی جاتی تھی۔ اور غریبوں کو نہ صرف تعلیم مفت مہیا کی جاتی تھی؛ بلکہ ان کے گھرانوں کے روزگار کی سہولت بھی فراہم کی جاتی تھی۔

و: تعلیم اداروں کو چندے

میر عثمان علی خاں اگرچہ خود مختار بادشاہ تھے؛ اور ریاست حیدرآباد کے سب سے بڑے مالدار ہی ہی نہیں؛ بلکہ دنیا کے عظیم مالداروں میں ان کا شمار ہوتا تھا۔ انہوں نے ہندوستانیوں کی تعلیم کو عام کرنے کے لئے بنارس ہندو یونیورسٹی کو دس لاکھ روپئے کا عطیہ دیا جبکہ علی گڑھ مسلم یونیورسٹی کو پانچ لاکھ کا عطیہ فراہم کیا۔ اس کے علاوہ ہندوستانی انسٹی ٹیوٹ آف سائنس کے لئے تین لاکھ روپئے عطیہ دے کر ہندوستان کے سب سے زیادہ عطیہ دہندگان میں اپنا نام شامل کروایا۔ اس کے علاوہ کئی مساجد، مسافر خانوں اور سماجی کام انجام دینے والے اداروں اور مندروں ہی نہیں؛ بلکہ ہندو مٹھوں، اور عاشور خانوں کو بھی اپنی امداد سے مالا مال کیا۔ تاکہ ہر مذہب اور فرقہ کے افراد میں بھائی چارگی قائم رہے۔ انہوں سکھ گردواروں کے علاوہ بدھ مت اور جین مت کے سادھوؤں کے سماجی کاموں کے لئے بھی امداد فراہم کی جس سے ان کی اعلیٰ ظرفی اور اپنی مذہب سے بلند ہوکر دوسرے مذاہب کے افراد کی بھلائی کے کام کرنے کے جذبہ کا ثبوت ملتا ہے۔ گوکہ وہ مسلمان بادشاہ تھے لیکن انہوں نے ہر فرقہ، ذات اور مذہب ہی نہیں؛ بلکہ قبیلے کے لوگوں کے لئے اپنی فلاحی خدمات کا سلسلہ جاری رکھا۔ جامعہ نظامیہ حیدرآباد ہی نہیں؛ بلکہ دارالعلوم دیوبند کے علاوہ ترکستان کی میوزیم اور لندن میں ایشیائی زبانوں کے مرکز کے قیام کو کروڑہا روپئے کا چندہ دیا۔ وہ نہ صرف ہندوستان بلکہ بیرونی ملک کے اداروں پر بھی اپنا سرمایہ خرچ کرتے تھے۔ خانہ کعبہ میں پہلی مرتبہ بجلی کی تنصیب اور پورے علاقہ کو منور کرنے کے تمام تر پراجکٹ میر عثمان علی خاں نے اپنے سرمایہ سے فراہم کیا۔ اس کے علاوہ انہوں نے حیدرآبادی رباط قائم کرکے مکہ اور مدینہ میں اپنے ریاست سے حج کو جانے والے افراد کے لئے قیام وطعام کی عمارتیں فراہم کیں۔

ز: اہم عوامی عمارتوں کی تعمیر

میر عثمان علی خاں نے اپنے دورِ عہد میں فلاحی کاموں اور دنیا کے اہم اداروں کی امداد کے علاوہ اپنے علاقہ کو خوبصورت بنانے میں بے شمار عمارتوں کی تعمیر پر خصوصی توجہ دی۔ حیدرآباد کی ایک ایک عمارت کا ذکر کیا جائے تو طویل فہرست تیار ہو جائے گی۔ اس لئے اختصار سے کام لیتے ہوئے میر عثمان علی خاں کے عہد میں تعمیر شدہ عمارتوں کے نام پیش کئے جا رہے ہیں۔ حیدرآباد ہائیکورٹ، جوبلی ہال، نظام آبزرویٹری، معظم جاہی مارکٹ، کاچی گوڑہ ریلوے اسٹیشن، آصفیہ لائبریری (اسٹیٹ سنٹرل لائبریری)، ٹاؤن ہال، اسمبلی ہال، حیدرآباد میوزیم جواب اسٹیٹ میوزیم کہلاتا ہے۔ عثمانیہ جنرل ہاسپٹل حیدرآباد اسٹیٹ بنک کی عمارت تعمیر کی گئی۔ ہر ضلع میں ہی نہیں' بلکہ تعلقہ مقام پر بھی تعلق دار اور کلکٹروں کی عمارتوں اور ان کی رہائش گاہوں کو بھی منظم کیا گیا۔ سرکاری سرمایہ سے ان تمام کی تعمیر کی گئی 1941ء میں میر عثمان علی خاں نے اپنے بینک کا نام حیدرآباد اسٹیٹ بنک رکھا جو بعد میں اسٹیٹ بنک آف حیدرآباد کی حیثیت سے مشہور ہوا۔ یہ بنک 8/اگست 1941ء کو حیدرآباد اسٹیٹ بنک ایکٹ کے تحت قائم کیا گیا تھا۔ اس بنک میں حیدرآباد ریاست کی کرنسی ''عثمانیہ سکہ'' جاری تھا۔ ریاست حیدرآباد ہندوستان کی واحد ریاست تھی جہاں بادشاہ کی اپنی کرنسی تھی۔ اس کے علاوہ برطانیہ ہندوستان میں صرف آصف جاہی خاندان کے حکمرانوں کو اپنی کرسنی جاری رکھنے کی اجازت دی گئی تھی۔ راجا نینی تال پیٹی نے 1935ء میں مرکنٹائل بنک قائم کیا تھا۔ 1956ء میں ریزرو بینک آف انڈیا نے حیدرآباد اسٹیٹ بنک کو اسٹیٹ بینک آف حیدرآباد میں تبدیل کر دیا۔ موجودہ دور میں یہ بینک ایس بی آئی میں ضم ہو چکا ہے۔ اس طرح میر عثمان علی خاں نے ریاست اور عوام کی فلاح و بہبود کے لئے اہم کارنامے انجام دیئے۔

ح: اصلاحات کے کام

حیدرآباد کے نظام نے 1918 میں مرہٹواڑہ کے علاقے پربھنی میں مرکزی تجرباتی فارم قائم کر کے زرعی تحقیق کی بنیاد رکھی۔ بعد میں اسے زرعی تعلیم کا ادارہ قرار دیا گیا۔ جہاں پر جو، روئی اور پھلوں کی فصلوں پر تحقیقی کام انجام دیئے جاتے تھے۔ آزادی کے بعد ہندوستانی حکومت نے اس سہولت کو مزید ترقی دے کر 18/مئی 1972ء کو مرہٹواڑہ زرعی یونیورٹی کا نام دے دیا۔ حیدرآباد کے نظام نے ہندو مندروں کے لئے 10 لاکھ روپئے چندہ دیا۔ بھونگیر کی مندر کے لئے 82 ہزار 825 روپئے، سیتارام چندر مندر بھدرا چلم کے لئے 29 لاکھ 999 روپئے، تروپتی بالاجی مندر کو 150 لاکھ روپئے، سیتارام باغ مندر کے لئے ''50 ہزار روپئے اور ہزار ستون مندر ورنگل کے لئے ایک لاکھ روپئے عطیہ دیا۔ مہاراجہ رنجیت سنگھ نے جب امرتسر کے سنہری گردوارے کے لئے چندہ

جمع کرنا شروع کیا تو میر عثمان علی خاں نے سنہری گردوارے کے لئے سالانہ امداد فراہم کی جو کئی سال تک جاری رہی۔ ہندوستان کی مشہور کتاب 'مہا بھارت'' کی تالیف کے لئے بھنڈارکر اورینٹل ریسرچ انسٹی ٹیوٹ پونے کو میر عثمان علی خاں ہر سال ایک لاکھ کی امداد جاری کیا کرتے تھے۔ اور یہ سلسلہ 11 سال کی مدت تک جاری رہا۔ انہوں نے انسٹی ٹیوٹ کے گیسٹ ہاؤز کی تعمیر کے لئے ہر ماہ 50 ہزار روپئے گرانٹ جاری رکھی۔ جواب بھی نظام گیسٹ ہاؤز کے نام سے موجود ہے۔ قومی دفاعی فنڈ میں جب انڈو پاک کی جنگ ہوئی تو 1965ء میں ہندو اخبار کی اطلاع کے مطابق میر عثمان علی نے پانچ سو کیلو سونا بطور عطیہ شاستری جی کے حوالے کیا۔ ہندوستان کی معاشی بحران کو ختم کرنے کے لئے انہوں نے اکتوبر 1965ء میں قومی دفاعی گولڈ اسکیم کے تحت 425 کیلو گرام سونے کی سرمایہ کاری کی، جس کے ذریعہ 6.5 فیصد سود کی شرح سے ملک کی امداد جاری رہی۔ غرض ریاست حیدرآباد کو علیحدہ ریاست رکھنے کے ارادے سے میر عثمان علی خاں نے ہندوستانی حکومت سے تعلقات قائم کئے۔ غرض جے این چودھری نے حیدرآباد پر حملہ کرکے ریاست حیدرآباد کے ٹینک بریگیڈ کو اپنے قبضے میں لے لیا اور ایک ڈیویژن کو اپنا قیدی بنالیا۔ جس کی وجہ سے ریاست حیدرآباد کا ہمیشہ کے لئے خاتمہ ہو گیا۔

ط: نظام کی دولت

دنیا کے سب سے زیادہ مالدار انسانوں میں میر عثمان علی خاں کا شمار ہوتا تھا۔ 22 رفروری 1937ء کو ٹائم میگزین کے سرورق پر میر عثمان علی خاں کی تصویر شائع کرکے انہیں دنیا کا امیر ترین آدمی قرار دیا گیا۔ جن کی حکومت عروج پر تھی۔ ٹائم میگزین نے 1940ء کی دہائی کے اوائل میں میر عثمان علی خاں کے تمام اثاثوں کی قیمت 660 کروڑ ڈالرس یعنی 93 ملین امریکی ڈالرس مقرر کی تھی۔ جبکہ نظام کے زیورات کا سارا خزانہ 150 ملین امریکی ڈالرس کے درمیان کا تھا۔ جس سے پتہ چلتا ہے کہ اُس دور میں نظام کے زیورات کی قیمت 500 ملین امریکی ڈالرس تھی۔ نظام نے اپنے پیپر ویٹ کی حیثیت سے جیکب ڈائمنڈ 185 قیراط کا استعمال کیا تھا جس کی قیمت کروڑہا ڈالر تھی۔ امریکی GDP کا تناسب 1940ء میں 200 ملین ڈالر تھا۔ اس لحاظ سے میر عثمان علی خاں کی دولت بے حساب تھی۔ ہندوستانی حکومت نے نظام کے زیورات پر قبضہ کرلیا۔ اُن زیورات کی تعداد 173 بتائی جاتی ہے۔ ان کے خزانے میں 40 ہزار موتی اصلی اور سانچے موجود تھے۔ اس مجموعہ میں جواہرات سے بھرا ہوا لباس، پگڑی کے زیورات، ہار اور لاکٹ، بیلٹ اور بکسواں، بالیاں، چوڑیاں، کڑے، پازیب، کفلنس بٹن، گھڑی کی زنجیریں، انگوٹھیاں، پیر کے انگوٹھے اور ناک کے کڑے موجود تھے۔ حیدرآباد کے نظام نے ملکہ الیزبتھ دوم کی شادی 1947ء میں ڈائمنڈ زیورات اور ہار بطور تحفہ پیش کیا تھا جو حیدرآباد کے نظام کے ہار کے نام سے مشہور تھے۔ اور ملکہ انہیں بڑے

اعزاز کے ساتھ پہنا کرتی تھیں۔ میر عثمان علی خاں اپنی بقیہ زندگی کنگ کوٹھی میں گزاردی اور موت تک وہ اپنے پوتے مکرم جاہ کے ساتھ زندگی گزارتے رہے۔ اور انتقال کے بعد اپنی تمام ملکیت کا ذمہ دار مکرم جاہ کو قرار دیا۔ انہوں نے 37 سالہ حکمرانی میں ریاست میں بجلی، ریلوے، سڑکیں اور ہوائی اڈے تعمیر کئے۔ انہیں شکار اور شکاری لباس کا بڑا شوق تھے۔ ان کے مشغلوں میں شکار کھیلنا، شاعری کرنا اور غزل لکھنا شامل تھا۔ وہ اپنی والدہ کی بے حد تعظیم کرتے تھے۔ جبن تک والدہ زندہ رہیں، روزانہ حاضری دیتے اور مرنے کے بعد ہر روز ان کی قبر پر حاضری دینا لازمی تھا۔ غرض 24 رفروری 1967ء کو انتقال ہونے کے بعد مکہ مسجد میں نماز جنازہ ادا کی گئی اور 25 فروری 1967ء کو مسجد جودی کنگ کوٹھی میں اپنی والدہ کے بازو دفن ہوئے۔ ریاستی حکومت نے سوگ اور احترام کا اعلان کرتے ہوئے قومی پرچم سرنگوں کیا۔ جس کی تفصیلات خود نظام میوزیم کے دستاویزات میں موجود ہیں۔ جن سے اندازہ ہوتا ہے کہ ریاست حیدرآباد کا خودمختار بادشاہ نہ صرف اپنے اقتدار سے علیحدہ ہونے کے بعد شاہی سے سبکدوش ہوا لیکن اس نے ریاست کی بھلائی کے کاموں میں حصہ لیتے ہوئے راج پرمکھ ہونے کے باوجود بھی اقتدار کے خاتمے کے باوجود ریاست کے فلاحی کاموں سے دلچسپی دکھائی جس کا ثبوت ذیل کی تفصیلات سے حاصل ہوتا ہے۔ اعظم جاہ اور دُرِّشہوار کے دو بیٹے مکرم جاہ اور مفخم جاہ نے اپنے دادا کے بعد نظام کی حیثیت سے نہ صرف ان کی جائیداد کی حفاظت کی بلکہ ان کے ایک اور پوتے میر نجف علی خاں نے آخری نظام کی متعدد امانتوں کی نمائندگی کرتے ہوئے ایچ دی ایچ دی نظامس چیاریٹیبل ٹرسٹ اور نظامس فیملی ویلفیر اسوسی ایشن قائم کی جس کے ذریعہ عوامی بھلائی کے کام اور میر عثمان علی خاں کے خاندان کے بھلائی کے کام انجام دیئے جاتے ہیں۔ لندن کے بنک میں میر عثمان علی خاں نے پاکستان جیسے اسلامی ملک کی فلاح و بہبود کے لئے کروڑہا روپے محفوظ کرائے تھے جس پر ہندوستان نے بھی اپنا حق جتایا تھا لیکن حالیہ فیصلے کے ذریعہ نظام کی کروڑہا روپئے کی املاک کو پاکستان کے حوالے کرنے کا فیصلہ کیا گیا۔

ی: اولاد اور ان کی کارکردگی

21 سال کی عمر میں نواب میر عثمان علی خاں کی شادی 14 راپریل 1906ء کو عظیم نواب جہانگیر جنگ کی بیٹی اعظم النساء بیگم (دلہن پاشاہ) سے ہوئی ان کے پہلے بیٹے اعظم جاہ نے عثمانی خلیفہ عبدالمجید دوم کی بیٹی درشہوار سے شادی کی جبکہ دوسرے بیٹے معظم جاہ نے ترکی سلطان کی ایک بھانجی نیلوفر سے شادی کی۔ میر عثمان علی خاں کے کل 34 اولادیں تھیں۔ 18 بیٹے اور 16 بیٹیاں۔ اس کے علاوہ مشہور ہے کہ انہوں نے دیگر 49 خواتین کو کنیزوں کی حیثیت سے رکھ کر ان سے 150 اولادیں پیدا کیں۔ ان کی وفات کے بعد بہت ساری اولادوں نے وراثت کے متعدد قانونی مقدمہ دائر کئے۔ 1990ء کی دہائی تک نظام کی جائیداد کے 400 سے زیادہ دعویدار موجود تھے۔

غرض دنیا کا مالدار اور سب سے زیادہ شادیاں کر کے اولادیں پیدا کرنے والے اس بادشاہ کی تمام تفصیلات سے آگاہی کے علاوہ اس کی سوانحی حالات کی تفصیلات سے اندازہ ہوتا ہے کہ امیر و شاندار زندگی گزارنے کے ساتھ انہوں نے شاہانہ زندگی بسر کی۔ ان کے دربار میں سلام کرنے کا انداز بھی جداگانہ تھا۔ خود کنگ جارج پنجم نے میر عثمان علی خاں کو ہز ہائنیس اور ہز ایکسیلنسی کے نام سے یاد کیا تھا۔ انہوں نے بیشمار خاندانوں کو ریاست کے اہم کاموں کی تکمیل کے لئے ذمہ داری سونپی تھی اور ہر ایک امیر نے نہ صرف سپہ سالاری کا کام انجام دیا اور نظام کی وفاداری کو پیش کر کے اس سلطنت کی آبیاری میں بڑھ چڑھ کر حصہ لیا۔ برار کا علاقہ عرصہ پہلے انگریزوں نے آصف جاہی خاندان سے حاصل کر لیا تھا' جسے دوبارہ مملکت کا حصہ بنانے کی کوشش بلاشبہ میر عثمان علی خاں نے جاری رکھی لیکن وہ اپنے مقصد میں کامیاب نہ ہو سکے۔

ک: اعزازات اور تمغے

میر عثمان علی خاں کی ذات اور شخصیت کو عالمی سطح پر اعزاز حاصل تھا۔ اور انہوں نے ساری زندگی تاجدار برطانیہ کے فرمانروا ہونے کی حیثیت سے انگلستان کو ہمیشہ مدد پہنچائی۔ یہی وجہ ہے کہ جب 1911ء میں دہلی دربار مقرر ہوا تو تاج برطانیہ کی طرف سے میر عثمان علی خاں کو دہلی دربار گولڈ میڈل عطا کیا گیا۔ اسی سال میر عثمان علی خاں کو جی سی ایس آئی کا اعزاز دیا گیا۔ اس کے علاوہ انہیں نائٹ گرانڈ کمانڈر آف آرڈر آر اسٹار آف انڈیا سے نوازا گیا۔ اسی دور میں انہیں جہاں گرانڈ گراس آف آرڈر آف سینٹ جان کے بیلف اور جی سی ایس ٹی کے خطاب سے مالا مال کیا گیا۔ 1917ء میں برطانوی حکومت نے میر عثمان علی خاں کو جی بی ای کے علاوہ نائٹ گرانڈ گراس آف دی آرڈر آف برطانوی حکومت کے اعزاز سے مالا مال کیا۔ 1935ء میں کنگ جارج پنجم نے اپنی سلور جوبلی کے موقع پر ساتویں نظام کو سلور جوبلی میڈلس سے سرفراز کیا۔ 1937ء میں جب کنگ جارج کی تاج پوشی کی رسم منائی گئی تو حیدر آباد کے نظام کو تاج پوشی تمغے سے نوازا گیا۔ 1946ء میں میر عثمان علی خاں کو رائل وکٹورین چین کے اعزاز سے نوازا گیا۔ ان اعزازات سے سرفراز کئے جانے کے بعد میر عثمان علی خاں نے اجمیر شریف کی بارگاہ میں خوبصورت کمان نظام دروازے کی بنیاد رکھی۔ وہ ہمیشہ خواجہ اجمیری عقیدت میں نہ صرف صندل کے موقع پر چادر گل اور انعامات سے سرفراز کرتے تھے۔ غرض میر عثمان علی خاں نے اپنی پیدائش سے لے کر وفات تک ہی نہیں' بلکہ وفات کے بعد بھی عوام کی بھلائی اور ریاست کی ہمہ جہت ترقی میں بڑھ چڑھ کر حصہ لیا جس کے سلسلہ میں کچھ اہم کارناموں کی نشاندہی کی جا رہی ہے۔

II : آصف جاہ سابع کے کارنامے

میر عثمان علی خاں کو ساتویں آصف جاہی سلطنت کے بادشاہ کا اعزاز حاصل تھا۔ اور انہوں نے بادشاہت سے علیحدگی کے 19 سال بعد اس دنیا سے سفر آخرت اختیار کیا۔ ان کے جلوس جنازہ کی تصاویر اور عوام کے بڑھتے ہوئے اژدہام کو دنیا نے کسی وقت بھی نہیں دیکھا تھا۔ اس کی سب سے بڑی وجہ بادشاہِ وقت کی عوام دوستی، رعایا پروری، بھائی چارگی اور اپنے سرمائے کو خود کی ذات کے بجائے عوام کی خدمات کے لئے مختص کرنا تھا۔ چنانچہ میر عثمان علی خاں نے نہ صرف اپنے دورِ اقتدار میں اہم کارنامے انجام دیئے بلکہ 1948ء میں راج پرمکھ کے عہدہ پر فائز ہونے کے باوجود بھی عوامی بھلائی کے کاموں اور انسانیت کے فروغ کے لئے کام انجام دیئے۔ اس لئے جہاں ان کی سوانح حیات کا ذکر کیا جاتا ہے وہیں' ان کے کارناموں کو بھی پیش نظر رکھنا اور عوام کے روبرو پیش کرنا لازمی ہے۔

الف۔ ساتویں نظام کے عہد کے کارنامے

نواب میر عثمان علی خاں آصف جاہ سابع اگرچہ خود مکتفی بادشاہ اور مطلق العنان حکمران تھے' لیکن انہوں نے اپانے اقتدار کے دوران شاہی کو بھی جمہوریت میں بدل دیا۔ ان کے عہد کے کارناموں کے اس قدر پہلو ہیں کہ ایک ایک کارنامے کو بیان کیا جائے تو باضابطہ کئی جلدوں میں کتابوں کی تدوین کا کام ہوگا لیکن حقیقت پوری طرح واضح نہ ہوگی۔ جب نواب میر عثمان علی خاں کی سلور جوبلی کے موقع پر 1936ء میں جوبلی ہال تعمیر کیا گیا۔ اور اس کے احاطے میں ساتویں نظام کے اقتدار پر اظہار خیال کیا گیا تو اُس وقت محمد قاضی جیسے مؤلف نے ''جشن عثمانی'' جیسے کتاب شائع کر کے کئی ہزار صفحات پر میر عثمان علی خاں کے دور کے کارناموں کو واضح کیا۔ اُسی دور میں ڈاکٹر سید محی الدین قادری زور نے ''عہد عثمانی میں اردو کی ترقی۔ گذشتہ ربع صدی میں'' تحریر کر کے اُس دور کی تعلیمی، سماجی اور معاشرتی ترقی کا احاطہ کیا۔ پروفیسر عبدالقادر سروری نے ''عہد عثمانی میں تعلیمی ترقی'' کتاب لکھ کر اُس دور کا احاطہ کیا۔ غرض آصف جاہی دور کی حکمرانی کے خاتمے کے بعد ڈاکٹر داؤد اشرف نے باضابطہ اسٹیٹ آرکائیوز کے ریکارڈس کے ذریعہ میر عثمان علی خاں کے عہد کے کارناموں کو جملہ تیرہ (13) کتابوں میں شامل کیا جو نہ صرف اردو میں' بلکہ انگریزی میں بھی شائع ہو چکی ہے۔ حال ہی میں ریاستی اردو اکیڈیمی نے ''شوکت عثمانیہ'' کی اشاعت عمل میں لائی تو اس میں شامل مضامین سے خود اندازہ ہوتا ہے کہ ساتویں نظام کے عہد کے کارناموں کو صرف ہندوستان کی سرزمین ہی نہیں' بلکہ یوروپی دنیا میں بھی اہمیت حاصل ہے۔ اس دور کی خاتون قلم کار طیبہ بیگم نے ''میر عثمان علی خاں کی شخصیت، اخلاق و عادات'' پر مقالہ پیش کیا۔ جبکہ اس کتاب کے ہر موضوع کو بالاشبہ ساتویں نظام کے کارناموں سے وابستہ کیا جائے تو بے جا نہ ہوگا۔ پروفیسر سلیمان صدیقی نے اپنے مضمون ''تذکرۂ عثمانیہ یونیورسٹی''

اور پروفیسر بیگ احساس نے ''جامعہ عثمانیہ کا پس منظر'' پیش کر کے میر عثمان علی خاں کے عہد کے کارناموں کو بھرپور نمائندگی دی۔ جامعہ عثمانیہ کے سپوت بدر شکیب نے ''دارالترجمہ جامعہ عثمانیہ'' جیسا فقید المثال مقالہ لکھ کر جامعہ عثمانیہ کے لئے نصابی کتابوں کی فراہمی کے ادارہ کی ستائش کی۔ غوثیہ بانو نے اپنے تحقیقی مقالے ''آصف جاہ سابع کے فرامین اور دستاویزات کا انداز بیان'' کے توسط سے فرمانروا کی شستہ زبان اور عام فہم انداز کی تعریف و توصیف کی اور اس کے بعد میر عثمان علی خاں کی فرامین کی مقولات سے پتہ چلتا ہے کہ ایک بادشاہ نہیں' بلکہ عوام دوست خدمت گزار نے رعایا کی سرپرستی کے لئے کارنامے انجام دیئے ہیں۔ پروفیسر سید فضل اللہ مکرم نے ''عہد آصف سابع میں حیدرآباد کی تہذیب'' کی نمائندگی کی جس کے ساتھ حیدرآباد کے زیورات کی تصاویر بھی ''شوکت عثمانیہ'' کی زینت ہے۔ پروفیسر مجید بیدار نے ''ساتویں نظام کے دور میں حیدرآباد سے لاسلکی نشریات کا آغاز' جیسے موضوع پر وقیع معمولات فراہم کیں' جبکہ آصف سابق کے دور میں حیدرآباد کی تہذیب پر ڈاکٹر حمیرہ سعید کا مقالہ کتاب میں شامل ہے۔ رائے چوٹی سے تعلق رکھنے والے ڈاکٹر سید وصی اللہ بختیاری نے اپنے مقالے ''مملکت آصفیہ حیدرآباد دکن'' میں سائنسی ترقی کے موضوع کو اظہار کا وسیلہ بنایا جبکہ ڈاکٹر جاں نثار معین نے ''غیر مسلم تنظیموں کو آصف جاہ سابع کی اعانت اور رواداری'' تحریر کر کے بادشاہ کی جمہوریت پسندی کو واضح کیا ہے۔ ڈاکٹر شیلا راج کا مضمون ''سابق حیدرآباد۔ ہندوستان مسلم روایات کا امین'' خود اس بات کی دلیل ہے کہ اُس بادشاہ نے اپنے دورِ حکومت میں کسی بھی فرقے کے خلاف کوئی آواز بلند کرنے کا موقع فراہم نہیں کیا۔ ڈاکٹر آمنہ تحسین نے ''میر عثمان علی خاں کے عہد حکومت میں خواتین کی تعلیم و ترقی'' جیسے موضوع پر تحقیقی مضمون پیش کر کے ثابت کیا کہ آصف سابع کے دور میں خواتین اگرچہ پردے کی پابندی کرتی تھیں' لیکن انہیں بھی تعلیم میں حصہ لینے کے مواقع فراہم کئے گئے تھے۔ ''آصف جاہی حکمرانوں کی رواداری'' پر ڈاکٹر محمد عبدالعزیز سہیل کا مقالہ اہمیت کا حامل ہے۔ جبکہ ڈاکٹر رضوانہ بیگم نے ''میر عثمان علی خاں سلطنت عثمانیہ کی تعلیم و ترقی کے اہم معمار'' جیسے موضوع کو پیش کر کے اُس دور کے تعلیمی مزاج کو فروغ دینے والے اہم اشخاص کا احاطہ کیا ہے۔ جامعہ عثمانیہ کے ڈاکٹر معید جاوید نے ''عہد آصفی سابع میں اردو کا فروغ'' مضمون لکھ کر جامعہ عثمانیہ کے سپوت اور ریاست حیدرآباد کے دوسرے قلم کاروں کے تعارف کو واضح کیا ہے۔ پروفیسر محمد علی اثر کا مقالہ ''عہد عثمانی کا اردو ادب'' سے اندازہ ہوتا ہے کہ شعر و شاعری ہی نہیں' بلکہ نثر کی مختلف اصناف کے فروغ اور افسانوی اور غیر افسانوی نثر کے سلسلہ میں جامعہ عثمانیہ کے سپوتوں اور ریاست حیدرآباد کے قلم کاروں کی خدمات کا جائزہ اس مقالے کا اہم موضوع ہے۔ محمد وسیع الدین نے ''عہد آصفیہ میں عدالتی نظام'' کے توسط سے اس دور کی انصاف پسندی اور حق گوئی کو بھرپور نمائندگی دی ہے۔ میر عثمان علی خاں صرف بادشاہِ وقت اور

انتظامی معاملات سے ہی نہیں دلچسپی رکھتے تھے' بلکہ شعروشاعری کے دلدادہ ہونے کے علاوہ شاعروں اورادیبوں کی خوب پذیرائی کرتے تھے۔ چنانچہ ''آصف سابع کی شاعری۔ایک مطالعہ'' کے زیرعنوان پروفیسر فاطمہ بیگم پروین نے بادشاہِ وقت کے کلام کی بھرپور نمائندگی کی ہے۔ڈاکٹر محمد شجاعت علی راشد نے ''آصف جاہ سابع اورعہد آصفیہ کی شعری روایات'' جیسے موضوع پر اپنے افکار کو پیش کرتے ہوئے میر عثمان علی خاں کے عہد میں موجود نثری اور شعری ادب کے ذریعہ صالح روایات اور تہذیب واخلاق کے نمونے پیش کرنے کی نشاندہی کیگئی ہے۔ پروفیسر نسیم الدین فریس نے اُس دور کے تقاضوں کی تکمیل کرتے ہوئے ''عہد آصفیہ میں یاروصحافت'' کے موضوع کا احاطہ کرتے ہوئے آصف جاہی دور کے روزنامے، ماہ نامے اور مختلف رسائل و جرائد کے علاوہ گلدستوں کا تعارف کرواکر اس دور کی سیاسی اورادبی صحافت کی نشاندہی کی ہے۔ڈاکٹر عقیل ہاشمی نے ''سفر شاہانہ۔دہلی ورامپور ولکھنؤ'' کے توسط سے آصف جاہ سابع کے شاہانہ سفر کی خصوصیات کو منظر عام پر لایا ہے۔ بلاشبہ آصف سابع کے دور کو ریاست حیدرآباد کی ہمہ جہت ترقی کا موقف حاصل ہے۔اسی حقیقت کو نمائندگی دینے کے لئے محمد ارشد مبین زبیری نے ''نظام سابع میر عثمان علی خاں بہادر کی تعمیراتی اور علمی خدمات'' پر اہم مواد پیش کرکے یہ ثابت کیا ہے کہ اس بادشاہ کو اپنے عہد کے ہر کارنامے سے دلچسپی تھی۔ڈاکٹر حکیم رئیس فاطمہ نے ''عہد آصفیہ کے منتخب اردو شعراء'' کے زیرعنوان نظام اول سے لےکر نظام آخر تک کے دوران کے اہم شعراء کے تعارف کو پیش کرنے میں کامیابی حاصل کی ہے۔جبکہ نسیمہ تراب الحسن جیسی ادیبہ نے ''میر عثمان علی خاں آصف سابع کے وزراء، عہدیدار اور امراء'' کے موضوع کا احاطہ کرکے ہوئے اس دور کی اہمیت اور جاگیردارانہ نظام میں پلنے والی تہذیب واخلاق کو نمائندگی دی ہے۔ثریہ جبین کا مقالہ ''عہد آصفی میں خواتین دکن کا شعری ونثری ادب'' کے ذریعہ اندازہ ہوتا ہے اُس دور میں اگرچہ خواتین کو خانہ سازی میں مصروف رکھا گیا تھا لیکن ان کے توسط سے بھی آصف سابع کے دور میں شعری ونثری کارنامے انجام دیئے جاتے رہے۔ڈاکٹر نثار احمد نے آصف جاہی دور کے اہم ادارے ''ادارہ ادبیات اردو'' اور صابر علی سیوانی نے ''نظام ٹرسٹ اردو لائبریری'' جیسے حیدرآباد اداروں اور ان کے کارناموں کو منظر عام پر لایا ہے۔اس کے علاوہ عہد آصفی میں کئی اہم کارنامے انجام دیئے گئے۔جن میں ڈاک کا نظام، ریلوے کا نظام، تار کا نظام، ہوائی جہاز اور پانی کے جہاز کا نظام، ٹرانسپورٹ کا نظام، شہر کے انتظامات کو بروقت انجام دینے کے لئے میونسپلٹی، صحت، تعلیم اور عوامی بھلائی کے نظام کے محکمے قائم تھے جن کے ذریعہ عوام کو مفت سہولتیں فراہم کی جاتی تھیں۔حتیٰ کہ پینے کے پانی اور آب رسانی کا نظام اس قدر مستحکم تھا کہ شہر کی آبادی کی ضرورت کی تکمیل کے لئے میر عثمان علی خاں نے باضابطہ ''عثمان ساگر'' اور ''حمایت ساگر'' جیسے آبی ذخیرے قائم کئے تھے۔ اسی طرح مختلف

اضلاع میں پانی کی سہولت پہنچانے کے لئے نہ صرف نہروں کا نظام جاری تھا' بلکہ نظام آباد میں ''نظام ساگر'' کی تعمیر کے ذریعہ ساتویں نظام نے اس علاقہ کی ہمہ جہت ترقی میں بڑھ چڑھ کر حصہ لیا۔ اس علاقے کی اہم عمارتوں کا ذکر کیا جا چکا ہے' بلکہ میر عثمان علی خاں نے اپنے عہد میں عوامی بھلائی کے کام انجام دے کر ساری ریاست حیدرآباد کو باضابطہ ترقی یافتہ ریاست بنا دیا تھا۔ جہاں روڈ ٹرانسپورٹ، ریلوے اور ہوائی جہاز کے علاوہ خود کرنسی کا نظام بھی بادشاہِ وقت کے زیر اثر تھا۔ اور میر عثمان علی خاں کے عہد کی تمام تر کارکردگی اردو زبان میں انجام دی جاتی تھی۔ اس لئے ان کے عہد کے کارناموں کو پہلی مرتبہ دیسی زبان میں فروغ دینے کی وجہ سے میر عثمان علی خاں کے دور کی خدمات کو کسی اعتبار سے بھی نظر انداز نہیں کیا جا سکتا۔ اردو کو سرکاری زبان قرار دینے کے باوجود بھی دیگر علاقائی زبانیں جیسے سنسکرت، ہندی، تلگو، مراٹھی، کنڑی اور تامل زبانوں کو بھی فروغ کا موقع دیا گیا تھا۔ اور اِن زبانوں کے اخبارات و رسائل ہی نہیں' بلکہ ان کے شاعروں اور ادیبوں کے علاوہ اہم کارنامے انجام دینے والوں کو حکومت کی طرف سے اعزازات اور انعامات سے نوازنے کے ساتھ ساتھ انہیں حکومت میں اہم عہدوں پر بھی فائز کیا جاتا تھا۔ عہد عثمانی کے یہی اہم کارنامے اس دور کی یادگار کا درجہ رکھتے ہیں۔

ب۔ نظامس آرتھوپیڈک ہاسپٹل:

میر عثمان علی خاں نے اپنے ذاتی سرمائے سے حیدرآباد کی سرزمین میں ہڈیوں کی خرابی کی وجہ سے شہریوں کو پریشانی سے دور کرنے کے لئے پنجہ گٹہ کے علاقے میں اپنی ذاتی زمین پر نظامس آرتھوپیڈک ہاسپٹل کا قیام 1961ء میں عمل میں لایا۔ اپنے اقتدار کے خاتمے کے باوجود بھی آخری آصف جاہی حکمران نے اپنے علاقہ کے انسانوں کی ہمدردی کے لئے اس دواخانے کا قیام عمل میں لایا جس میں مفت علاج اور آپریشن کے علاوہ زیر علاج بیماروں کو نہ صرف قیام و طعام کی مفت اجازت تھی' بلکہ وہ دواخانے سے خارج کر دیئے جانے کے بعد باضابطہ روزگار میں رکھنے والوں کو تین ماہ تک اہل خانہ کو کھانے پینے کی چیزیں مفت فراہم کی جاتی تھیں۔ 1948ء میں ریاست حیدرآباد کے اقتدار سے علیحدگی کے 18 سال کے دوران میر عثمان علی خاں نے اس دواخانے کی بنیاد رکھ کر ایسے اہم ڈاکٹروں کا انتخاب کیا کہ جس کی وجہ سے نظامس آرتھوپیڈک ہاسپٹل کا نام ساری دنیا کے اہم دواخانوں میں شمار کیا جانے لگا۔ طویل عرصہ تک اس دواخانہ کی نگرانی اور سرمایہ کی فراہمی میر عثمان علی خاں کے جیب خاص سے انجام دی جاتی تھی۔ بعد میں اس دواخانہ کو ریاستی حکومت نے اپنے ذمہ لیا اور نظامس آرتھوپیڈک ہاسپٹل کو نظام انسٹی ٹیوٹ آف میڈیکل سائنس کے نام سے اس دواخانے کے اخراجات اور آمدنی کی ذمہ داری ایک کمیٹی کے سپرد کی گئی جس سے ریاستی وزیر اعظم منتخب کرتا اور اُسی کے ذریعہ انتظامیہ کی نگرانی کی جاتی ہے۔ میر عثمان علی خاں کے زیر نگرانی اس

دواخانہ میں کسی بھی مریض سے کوئی فیس نہیں لی جاتی تھی۔لیکن جب سے ریاستی حکومت کے قبضہ میں آنے کے بعد اس دوخانہ میں ہرقسم کے علاج کیلئے بیش بہافیس وصول کی جاتی ہے۔شاہی دورختم ہو چکا تھالیکن بادشاہ نےعوام کی بھلائی کے لئے مفت دواخانہ کھولاتو حکومت نے اس دواخانہ کواپنے زیرانصرام لے کر آمدنی کا ذریعہ بنالیا۔چوں کہ ہرقسم کے علاج کے لئے فیس ادا کئے بغیر دواخانہ میں شرکت ممکن نہیں۔اس سے خوداندازہ ہوتا ہے کہ شاہی دور میں عوام کی سہولتوں کا لحاظ رکھا جاتا تھا۔اورموجودہ دور میں جمہوریت کا نعرہ دے کرعوام سے علاج کے لئے بھی سرمایہ دینے پرمجبورکیاجاتاہے۔

ج۔اسریٰ ہاسپٹل:

1967ء میں نواب میرعثمان علی خاں کی رحلت کے بعدان کے پوتے نواب میر برکت علی خاں مکرم جاہ نے اپنے خاندان کی نشانی کےطور پر پرانے شہر کے علاقہ مغل پورہ میں اس علاقہ کے شہریوں کومفت علاج فراہم کرنے کے لئے 1982ء میں شہزادی اسریٰ کے نام پراس دواخانہ کی بنیادرکھی۔دواخانہ کی نگرانی اس دور کے مشہور بیرونی ممالک سے ڈاکٹریٹ کی اعلیٰ ڈگریاں حاصل کر کے حیدرآباد میں شہرت پانے والے ڈاکٹرسیدعبدالمنان کو اس دوخانہ کی نگرانی سپرد کی گئی۔غرض اس دواخانہ کونواب مکرم جاہ ٹرسٹ کےتحت چلایاجاتارہا۔طویل عرصہ کے بعد اویسی ہاسپٹل کے ذمہ داروں نے اس میڈیکل کالج کے لئے دواخانہ کی عدم موجودگی کا احساس دلاکر مکرم جاہ سے معاہدہ کر کے اسریٰ دواخانہ کواپنے ذمہ لے لیا۔مکرم جاہ ٹرسٹ کے تحت چلائے جانے والے دواخانہ میں مفت علاج کیاجاتا تھا۔جبکہ اویسی دواخانہ سے ملحق ہونے کے بعد مریضوں سے معمولی قسم کی فیس لے کرعلاج کیا جاتا ہےاوراس دواخانہ میں اویسی ہاسپٹل کےطلباءاورطالبات کواپنی ٹریننگ مکمل کرنے کی اجازت حاصل ہے۔

د۔پرنسس درشہوار چلڈرنس اینڈ جنرل ہاسپٹل:

پرانے شہر میں نواب میرعثمان علی خاں آصف جاہ سابع کے والدنواب میرمحبوب علی خاں جس دیوڑھی میں قیام پذیر تھے،اس کا نام ''پرانی حویلی'' تھا۔اس دیوڑھی کا ایک حصہ خوبصورت دواخانہ میں تبدیل کر کےنواب مکرم جاہ ٹرسٹ نے پرنسس درشہوار چلڈرنس اینڈ جنرل ہاسپٹل کی 1989ء کی بنیادرکھی۔درشہوار کونواب میرعثمان علی خاں کی بہوکی حیثیت سے شہرت حاصل تھی۔اوروہ ترکی کے عثمانیہ خاندان کے بادشاہ کی صاحبزادی تھیں اوران کا بیاہ حیدرآباد کے بادشاہ نواب میرعثمان علی خاں کے صاحبزادے سے ہوا تھا۔ان کی یادگار کےطور پراس دواخانہ کا قیام عمل میں لایا گیا۔یہ دواخانہ بھی ابتداء میں بہت ہی معمولی فیس کے ذریعہ عوام کے علاج کے لئے شہرت رکھتا تھا۔لیکن جب سے اس ہاسپٹل کوحکومت نے اپنے ذمہ لیاہےتب سے مناسب علاج اوراس کی قیمت پرمریضوں کو

صحت کی سہولت پہنچانے کی طرف توجہ دی جارہی ہے۔جس سے بادشاہت سے علیحدگی اور پھران وں میں بھی عوامی بھلائی کے کاموں سے دلچسپی کا اندازہ لگایا جاسکتا ہے۔حتیٰ کہ نواب میر عثمان علی خاں کی قیام گاہ ''کنگ کوٹھی'' کو بھی آندھراپردیش گورنمنٹ کے چیف منسٹر ڈاکٹر ایم چنا ریڈی نے سرکاری دواخانہ میں تبدیل کردیا لیکن وہاں علاج کی بہت سہولتیں فراہم نہ ہونے کی وجہ سے عوام کا رجحان اس دواخانہ سے علاج حاصل کرنے کی طرف مائل نہیں ہے۔ غرض دورعثمانی میں جہاں کئی عمارتیں اور کئی ڈیم قائم کئے گئے تاکہ عوام کو پینے کے پانی اور زراعت کے لئے پانی کی فراہمی ممکن ہوسکے۔جس سے اندازہ ہوتا ہے کہ میر عثمان علی خاں کے دور کی یادگار عمارتوں میں نہ صرف دواخانے بلکہ بہترین کالجس اور ہائی کورٹ کے علاوہ باضابطہ ریلوے اسٹیشن اور مسافر خانوں کی تعمیر کو نظر انداز نہیں کیا جاسکتا۔ ناپملی ریلوے اسٹیشن کے قریب مسافروں کے لئے میر عثمان علی خاں نے ''سرائے'' قائم کی تھی' جو براڈ گیج ریلوے اسٹیشن کا مرکز قرار دیا جاتا تھا جبکہ میٹر گیج کے اسٹیشن کی حیثیت سے کاچی گوڑہ ریلوے اسٹیشن بھی موجود تھا۔دوسرے مقام سے یہاں اُترنے والے مسافروں کو مفت رہائش کے لئے ریلوے اسٹیشن کے قریب سرائے قائم کی گئی۔جس سے اندازہ ہوتا ہے کہ میر عثمان علی خاں کا ویژن کافی اعلیٰ تھا اور وہ بادشاہِ وقت ہونے کے باوجود عوام کی بھلائی اور ان کی صحت و تعلیم پر خصوصی دلچسپی رکھتے ہوئے خصوصی دواخانے اور مدارس کی بنیاد رکھی۔ یہ ایسے کارنامے ہیں جو آصف جاہ سابع کے دور کی یادگاریں ہیں۔ ہر ریلوے اسٹیشن کی خوبصورت عمارت اور کئی مدارس کی عمارتوں کے علاوہ حیدرآباد سٹی کالج کی عمارت، سکندرآباد میں محبوبیہ کالج کی عمارت کے علاوہ ہر دیہات میں تحصیل کا دفتر اور تحصیل دار کی رہائش گاہ ہی نہیں' بلکہ مسافروں کے لئے اقامت خانے قائم کرنے کے ساتھ ساتھ بس اسٹینڈ کو عوام کی سہولت کے لئے اہمیت دینا بھی میر عثمان علی خاں کے دور کے اہم کارناموں میں شامل ہیں۔

III: دورِ عثمانی کی بیرونی ادبی تحریکات

نواب میر عثمان علی خاں کے دور اقتدار میں جن بیرونی تحریکات اور نظریات کا احیاء ریاست حیدرآباد میں ہوا' ان میں رومانیت کی تحریک، ترقی پسند تحریک، جدیدیت کا رجحان اور مساوات کی تحریک کے علاوہ خواتین کی برتری کی تحریک کو بھی اہمیت حاصل ہے۔ یوروپ میں خواتین کی نمائندہ تحریک Feminism کو اردو میں تانیثیت کا مقام حاصل ہوا۔ اِن تحریکات اور رجحانات کا اثر نہ صرف اردو زبان و ادب بلکہ اردو شاعری پر بھی انتہائی گہرا ہے۔فرانس میں شروع ہونے والی Romanticism کو اردو نثر اور شاعری میں رومانیت کی تحریک کا نام دیا گیا۔اس تحریک نے اس قدر زور پکڑا کہ اس کا اثر سارے ادب پر ہوا۔حیدرآباد کے مصنفین اور شاعروں کا ن رجحان بھی اس تحریک سے مربوط رہا۔اگر چہ حیدرآباد کے مشہور شعراء جنھوں نے ترقی پسندی کی نمائندگی کی اور ان

کی شاعری کے مطالعہ سے خود پتہ چلتا ہے کہ ان شعراء نے ترقی پسندی کے ساتھ ساتھ رومانیت کو بھی فروغ دیا۔اس تحریک کو شمالی ہند میں فروغ حاصل ہوا۔جس کے اثرات جنوبی ہند میں بھی نمایاں ہوتے ہیں۔لازمی ہے کہ مخدوم محی الدین، علی اختر، شاہد صدیقی، سلیمان اریب اور صاحبزادہ میکش جیسے شاعروں کو حیدرآباد کی تاریخ میں ترقی پسند شعراء کی حیثیت سے شناخت دی جاتی ہے۔ان شاعروں نے گوکہ ترقی پسندی کی بھرپور حمایت کی لیکن ان کے ابتدائی کلام میں رومانیت کا اثر غالب نظر آتا ہے۔مخدوم محی الدین کی مشہور نظم ''انتظار'' سے خود اندازہ ہوتا ہے کہ اس ترقی پسند شاعر نے اپنے کلام کا آغاز رومانیت سے کیا۔غرض حیدرآباد کے شعری اور نثری ادب پر میر عثمان علی خاں کے ابتدائی دور میں رومانیت کا اثر غالب رہا۔جس کے بعد سارے ملک کی مختلف زبانوں میں ترقی پسند تحریک کا اثر غالب ہوا۔1936ء میں شروع ہونے والی اس تحریک کے توسط سے مذہبی اقدار کی مخالفت اور اخلاق کے اصولوں کی پامالی کے علاوہ سیاسی تصور کی مخالفت بھی تھی۔جس کی وجہ سے ریاست حیدرآباد میں کمیونسٹ تحریک وجود میں آئی۔جو سیاسی طور پر شاہی کی مخالفت کیا کرتی تھی۔جس کے نتیجہ میں بادشاہ وقت نے نہ صرف کمیونسٹ پارٹی پر پابندی عائد کی بلکہ اس پارٹی کے سربراہوں کو روپوش ہونا پڑا۔اس سلسلہ میں نہ صرف مخدوم محی الدین بلکہ ان کے کئی دوستوں کو جیل جانا پڑا' بلکہ کئی سالوں تک نظر بندی کی زندگی گزارنی پڑی۔اُس دور میں روس کا کمیونسٹ انقلاب ساری دنیا کو اپنے قبضے میں لے چکا تھا۔اردو شاعروں نے یہاں تک لکھ دیا کہ نعوذ باللہ ''خدا مرگیا ہے''، ''خدا کا جنازہ لئے جارہے ہیں فرشتے'' اس کے علاوہ ''خدا کو نیند آ گئی ہے'' جیسے مصرعوں کے ذریعہ مذہب کی مخالفت اور شاہی ہی نہیں' بلکہ جاگیرداری نظام کے خلام باضابطہ منظم تحریک چلائی گئی۔جس کی وجہ سے ریاست حیدرآباد کے بادشاہِ وقت میر عثمان علی خاں کو اس تحریک کے ماننے والوں کے خلاف اقدام کرنے کا حکم دینا پڑا۔اس کے باوجود بھی حیدرآباد کے ادب پر باضابطہ کمیونسٹ نظریات اور ترقی پسند خیالات کا اثر غالب رہا۔ترقی پسندی کے زیر اثر حیدرآباد کی شاعری میں جہاں پابند شعر گوئی کا مزاج عام تھا' وہیں تیز رفتاری کے ساتھ آزاد نظم' معری نظم اور نثری نظم کا سلسلہ شروع ہوا۔حیدرآباد کے شاعروں میں دو مختلف گروہ پیدا ہوگئے۔روایتی پابندیوں کے ساتھ شعر گوئی کا حق ادا کرنے والے شاعروں کو ''روایت پسند'' کا نام دیا گیا۔اور اس کے بجائے روایتوں سے انحراف اور نظم اور شاعری کے ترقی پسند طریقوں کو اختیار کرنے والے شاعروں کو ''ترقی پسند'' کا نام دیا گیا۔اس طرح حیدرآباد کے شاعروں نے روایت پسند اور ترقی پسند شاعروں کا گروہ پیدا ہوگیا۔عام طور پر روایت پسند شعراء میں وہی شعراء شامل تھے' جن کا تعلق پرانے شہر سے تھا۔اس کے بجائے نئی تہذیب اور نئے ذوق وشوق کے علاوہ یوروپی تہذیب اور مغربی طریقوں کو اختیار کرکے زندگی کا عیش پرست رویہ اختیار کرنے والے شعراء کو ترقی پسند کی حیثیت سے مقبولیت

حاصل ہوئی۔ چنانچہ میر عثمان علی خاں کے دور اقتدار کے موقع پر ریاست حیدرآباد میں بیشتر شہری علاقے اور اس میں بسنے والے شاعروں نے ترقی پسندی کے مزاج کو قبول کر لیا تھا' جبکہ مختلف علاقوں اور دیہی علاقوں کے علاوہ شہر سے دور بسنے والے شاعروں نے روایتی انداز کو قبول کیا تھا۔ غرض میر عثمان علی خاں کے دور کی شاعری میں رومانیت کا اثر بھی دکھائی دیتا ہے اور اس کے ساتھ ہی روایتی اثرات کے ساتھ ساتھ ترقی پسند شعری رجحانات کا انداز بھی پایا جاتا ہے۔ اس دور میں کئی زبانوں میں ترقی پسندی کی روایت فروغ پا چکی تھی' کمیونسٹ نظریات کو قبول کرنے والے نہ صرف خود کو کامریڈ قرار دیتے تھے' بلکہ اپنے مخصوص لباس اور رویے سے خود شناخت کئے جاتے تھے۔ اس طرح غزل گوئی ہی نہیں بلکہ نظم گاری کے علاوہ دیگر شعری اصناف کو قبول کرنے والے شاعروں میں روایتی اور ترقی پسند شاعروں کا غلبہ محسوس کیا جا سکتا تھا۔

ریاست حیدرآباد کو ابتداء سے ہی روایت پرستی کا موقف حاصل تھا۔ یہاں کے بادشاہ ہی نہیں' بلکہ عوام نے تہذیب و اخلاق کے علاوہ شائستگی اور مذہب پرستی کا رجحان عام تھا۔ اس کے علاوہ جاگیرداری نظام اور بادشاہ وقت کی طرف سے انعامات اور خلعتیں دینے کے تصور کی وجہ سے ریاست حیدرآباد کو روایتی حکومت کا درجہ حاصل تھا۔ خود بادشاہ وقت ہی نہیں' بلکہ عوام میں بھی روایتی شاعری کو پسند کرنے کا جذبہ موجود تھا۔ یہی وجہ رہی کہ آصف جاہی دور کے آخری بادشاہ میرن عثمان علی خاں کے دور میں روایتی شاعری کو فروغ دینے والے شاعروں اور ادیبوں کی خوب پذیرائی ہوئی۔ سید علی حیدر نظم طباطبائی اور امیر مینائی کے علاوہ جوش ملیح آبادی اور ابوالاثر حفیظ جالندھری کے کلام کو حیدرآبادی باشندوں نے نہ صرف پسند کیا' بلکہ ان کی پذیرائی بھی کی۔ اُس دور میں شاعری کا مذہبی رجحان لے کر فوقیت حاصل کرنے والے شاعروں میں علامہ اقبال اور ان کی شاعری کو بڑی اہمیت حاصل تھی۔ حیدرآبادی تعلیم یافتہ طبقے میں علامہ اقبال کی قدر و منزلت ان کے عہد میں ہی اپنے عروج پر پہنچ چکی تھی۔ چنانچہ علامہ اقبال کو حیدرآباد میں دو مرتبہ مدعو کیا گیا' اور ان کی زندگی میں ہی حیدرآبادی ادب دوستوں نے ''جشن اقبال'' منایا اور حیدرآباد میں اقبال اکیڈیمی کا قیام عمل میں لایا گیا۔ یہی نہیں' بلکہ باضابطہ اقبال فہمی کی نشستوں کا اہتمام بھی سب سے پہلے حیدرآباد کی سرزمین کی دین ہے۔ جس کی وجہ سے علامہ اقبال کی وہ شاعری جس میں اسلامی افکار اور دینی خصوصیات کو اہمیت دی گئی تھی اس کو امتیاز کا درجہ حاصل تھا۔ چنانچہ پابند شاعری کے علمبردار اور شاعری کے توسط سے تصور خودی، تصور عشق، تصور فقر، تصور عورت، تصور مرد کامل، تصور ابلیس اور تصور تعلیم کی خصوصیات کو فلسفہ سے وابستہ کر کے علامہ اقبال نے جس انداز کی شاعری کو فروغ دیا اس کے مداح سارے حیدرآباد میں ہی نہیں' بلکہ ریاست حیدرآباد کے کونے کونے میں موجود تھے۔ جس طرح میر عثمان علی خاں کے دور میں حیدرآباد کو رومانی شاعری اور ترقی

پسند شاعری کے رجحانات کو عبور کرنے کا موقع ملا اسی طرح علامہ اقبال کی پابند شاعری میں موجود فلسفہ کی گونج کو بھی قبول کیا گیا۔ اس طرح میر عثمان علی خاں کے دور کی شاعری کے مطالعہ سے پتہ چلتا ہیکہ اس دور کے شعراء نے شعر گوئی کے دوران توازن برقرار رکھنے پر خصوصی توجہ دی۔ چوں کہ موضوع شاعری سے متعلق ہے اس لئے دور عثمانی کی نثر نگاری سے اجتناب برتتے ہوئے اس حقیقت کا اظہار کیا جارہا ہے کہ ریاست حیدرآباد میں میر عثمان علی خاں کے عہد کی اردو شاعری میں جہاں روایت کا انداز کارفرما ہے' وہیں جدید اور ترقی پسند رجحانات کی پذیرائی بھی محسوس کی جاسکتی ہے۔ غرض ریاست حیدرآباد میں جس طرح رومانیت اور ترقی پسندی کو فروغ حاصل ہوا اُسی طرح پابند شاعری کا رجحان بھی باضابطہ ارتقاء پذیر نظر آتا ہے۔

IV: عہد عثمانی کی فلاحی خدمات

میر عثمان علی خاں کی اقتدار سے سبکدوشی اور راج پرمکھ کی حیثیت سے خدمات انجام دینے کے دوران باضابطہ نظام ٹرسٹ کی جانب سے اقلیتوں کو سہولتیں فراہم کرنے طریقہ جاری رہا۔ مسلم طبقے کے ہر مالی کمزوری رکھنے والے طالب علم کو نظام ٹرسٹ کی جانب سے سالانہ تعلیمی برسری فراہم کی جاتی تھی۔ اسی طرح معذور اور مجبور انسانوں کے لئے سہولتوں کے کئی سلسلے جاری تھے۔ غریبوں کو مفت عینکیں فراہم کرنا اور یتیم و نادار افراد کے لئے باضابطہ ماہانہ وظیفہ نظام ٹرسٹ سے مقرر کیا جاتا تھا۔ ضعیف افراد کی کفالت کے لئے باضابطہ نظام کی جانب سے "انجمن وظیفہ خواران اور ضیف حضرات" کے ذریعہ مفت قیام اور طعام کا انتظام کیا جاتا تھا۔ جسکے لئے باضابطہ عمارت مختص تھی۔ جہاں ضعیف اور بیوہ عورتوں کے قیام اور طعام کا بھرپور انتظام نظام ٹرسٹ کی جانب سے کیا جاتا تھا۔ بیروزگاروں کو نظام ٹرسٹ کی جانب سے باضابطہ بیروزگاری الاؤنس اور صرف خاص کی اولادوں کو مفت تعلیم اور تمام علاج کی سہولتیں فراہم کی جاتی تھیں۔ جس سے اندازہ ہوتا ہے کہ آصف جاہی عہد کے خاتمے اور جمہوریت کے آغاز کے بعد بھی ریاست حیدرآباد میں میر عثمان علی خاں کی حکمرانی کا خاتمہ ہوگیا۔ لیکن ان کی رحلت تک بھی نظام ٹرسٹ کے ذریعہ سے فلاحی کام انجام دیئے جاتے اور ریاست میں بسنے والے کمزور طبقات اور مالی طور پر مفلوک الحال انسانوں کی مدد کے لئے نظام ٹرسٹ کے فلاحی کام جاری تھے۔ غرض میر عثمان علی خاں کے دور میں جس طرح ریاست حیدرآباد کے شہریوں کو سہولت فراہم کی جاتی تھی' اُسی طرح آزادی کے بعد بھی نہ صرف اس ریاست کے باشندے بلکہ کرناٹک اور مہاراشٹرا کے حج کو روانہ ہونے والے مسلم طبقہ کو مکہ اور مدینہ منورہ میں موجود نظام رباط میں مفت قیام اور طعام کی سہولت فراہم کی جاتی تھی۔ جس سے اندازہ ہوتا ہے کہ آزادی کے بعد تک بھی میر عثمان علی خاں کی فلاحی خدمات کا سلسلہ جاری رہا۔ اور حیدرآباد کرناٹک ہی نہیں' بلکہ حیدرآباد مرہٹواڑہ کے باشندوں کو نظام ٹرسٹ سے بے شمار سہولتیں فراہم ہوتی رہیں۔

اس طرح ریاست حیدرآباد کی فلاحی خدمات سے آزادی کے بعد بھی بے شمار باشندوں کو فیض حاصل کرنے کا موقع دستیاب ہوا۔

فلاح و بہبود کے کاموں سے دلچسپی کا سلسلہ اس قدر وسیع تھا کہ میر عثمان علی خاں نے نہ صرف اپنی ریاست کے فلاحی کاموں سے دلچسپی کا مظاہرہ کیا' بلکہ ملک کے مختلف خطوں میں قائم ادارہ جات اور اس کے توسط سے بیرونی ممالک کے اداروں کو بھی امداد کا سلسلہ جاری رکھا۔ آصف سابع نے نہ صرف علی گڑھ مسلم یونیورسٹی، جامعہ ملیہ اسلامیہ اور دوسرے اداروں کو ہی امداد نہیں دی' بلکہ غیر مسلم تنظیموں کو بھی امداد فراہم کر کے رواداری کا ثبوت پیش کیا۔ ان کے دور کی رواداری کا ذکر کرتے ہوئے یہ بتایا گیا ہے کہ ریاست کی ہمہ جہت ترقی کے سلسلہ میں میر عثمان علی خاں نے اہم کارنامے انجام دیئے۔ وہ یہی چاہتے تھے کہ ریاست کی صنعتی ترقی ہی نہیں' بلکہ قدرتی وسائل میں فراوانی اور معاشی ذرائع کی کثرت کے علاوہ نظم ونسق اور انتظام و انصرام میں پائے داری اور نظام عدل و انصاف میں یہ ریاست ہمہ گیر حیثیت کی حامل ہو جائے۔ اس لئے عدلیہ اور انتظامیہ کو علیحدہ کیا۔ تعلیم کا موثر انتظام کرتے ہوئے علمی، دینی، مذہبی مراکز ہی نہیں' بلکہ درسگاہوں کو بھی امدادی سلسلہ جاری کیا۔ ریاست حیدرآباد کی تعلیمی ترقی کی مثال کسی دوسری ریاست میں ملنا ممکن نہیں۔ ریاست کی ہمہ گیر ترقی کے سلسلہ میں حیدرآباد کے نظام نے جن اہم کارناموں کی طرف توجہ دی اس کی طرف اشارہ کرتے ہوئے یہ حقیقت واضح کی گئی ہے۔

> ''اپنی فوج کو عصری تقاضوں کے مطابق تربیت دی جاتی تھی۔ نئے نئے محکمہ جات عمل میں لائے گئے۔ جیسے محکمہ آثار قدیمہ، جنگلات، اراضیات، اسپورٹس، دیہی ترقیاتی محکمہ، محکمہ ہوابازی، دکن ایرویز، صنعتی تحقیق کا محکمہ، ریلویز جو ایک خانگی اور بیرونی کمپنی کے تحت تھے۔ انہیں نظام اسٹیٹ ریلویز میں تبدیل کیا گیا۔ دیہات میں تحتانی مدارس کھولے گئے۔ کئی عمارتیں، راستے، بڑی بڑی سڑکیں اور پل تعمیر کی گئیں۔ شہروں میں آب رسانی، ڈرینج کا انتظام، بلدیہ کا انتظامی سکہ، نوٹوں کی چھپوائی، اجراء محکمہ اور شماریات، محکمہ کروڑ گیری Custom اور تعلیمات میں اصلاحات و توسیع، عثمانیہ یونیورسٹی کے مطابق نصاب کا اطلاق، جامعہ کے تمام شعبہ جات کی ترقی۔ ایک جامع منصوبہ کے تحت عالیشان عمارت، کھیل کے میدانوں کی تعمیر، اعلیٰ معیاری کتب خانے، محکمہ انڈسٹریز اور اس کے تحت سینکڑوں کارخانے جن میں کپڑا،

شکر، سمنٹ، خوردنی تیل، تمبا کو، شیشہ سازی، کاغذ اور کوئلہ وغیرہ بھی قبل ذکر ہیں۔

آصف سابع کے دور میں اردو زبان نے حیرت انگیز ترقی کی۔ یہاں تک کہ اُس دور میں ٹائپ رائٹر بھی خرید لئے گئے۔ 1936ء میں نواب میر لائق علی خاں وزیر اعظم حیدر آباد دکن نے بودھن ضلع نظام آباد میں ایشیاء کے عظیم شکر سازی کے کارخانہ سے متصل ایک خوبصورت کالونی بنانے کا بھی منصوبہ تیار کرلیا۔ اور اس سلسلہ میں انہوں نے اپنے اعلیٰ عہدیداروں اور اہل کاروں و مزدوروں کی رہائش کیلئے مکانات کی تعمیر کا حکم بھی دیا اور اس طرح نظام شوگر فیکٹری کی تعمیر عمل میں آئی۔ 17ر دسمبر 1938ء کو نظام شوگر فیکٹری کا افتتاح عمل میں آیا۔

حضور نظام کی اس رعایا پروری اور دور اندیشی و منصوبہ بندی نے رعایا کا دل جیت لیا اور ہر طرف ان کی فیاضی اور دریا دلی کے چرچے ہونے لگے۔ نظام شوگر فیکٹری کو اپنی بہترین کارکردگی کی بدولت سارے ایشیاء میں خوب شہرت حاصل ہوئی۔ اور آج بھی شکر سازی کے اس کارخانے سے دنیا بھر کے بے شمار لوگ مستفید ہو رہے ہیں۔ نظام شوگر فیکٹری سے پہلے نظام ساگر کی تعمیر و توسیع عہد عثمانی کا دوسرا بڑا کارنامہ تھا۔ حضور نظام کے چیف انجینئر علی نواز جنگ بہادر نے نہ صرف نظام ساگر کی تعمیر کے لئے مناسب جگہ تلاش کی؛ بلکہ اس پراجکٹ کی تعمیر میں اپنی بے پناہ صلاحیتوں کا ثبوت دیا

1921ء میں نظام ساگر کا نقشہ مرتب کیا گیا اور مسٹر سی پال انجینئر کی زیر نگرانی 1924ء میں اس کا سنگ بنیاد مہاراجہ کشن پرشاد شاد وزیر اعلیٰ ریاست حیدر آباد نے رکھا۔ قریب 12 سال تک جنگی خطوط پر نظام ساگر کی تعمیر کا کام چلتا رہا جس میں ہزاروں لوگوں نے حصہ لیا اور اس طرح نظام ساگر جو حضور نظام کا خواب تھا پائے تکمیل کو پہنچا۔ 1936 میں حضور نظام کے ہاتھوں اس کا افتتاح عمل میں آیا۔ سلطنت آصفیہ کا سنہرا دور 1724ء

سے 1911ء تک رہا۔ اس سلطنت کے آخری فرمانروا اعلیٰ حضرت نظام الملک میر عثمان علی خاں بہادر نے اپنی فہم وفراست اور حب الوطنی کی بدولت سارے ملک میں صنعت وحرفت اور زراعت وآبپاشی اصلاحات کی طرف بھرپور توجہ دی۔

نظام ساگر و نظام شوگر فیکٹری کے ساتھ ساتھ انہوں نے 1340 ف میں ایک الکوحل فیکٹری کا قیام کاماریڈی ضلع نظام آباد میں عمل میں لایا تاکہ لوگوں میں خوشحالی آئے اور انہیں روزگار کے مواقع فراہم ہوسکے۔ حضور نظام کے دور کو تعمیری کاموں کا ایک یادگار دور بھی کہا جاتا ہے۔ حضور نظام چیف انجینئر علی نواز جنگ بہادر کی صلاحیتوں اور دوراندیشوں کے باعث ضلع نظام آباد نے بھی (جو کہ حضور نظام کا پسندیدہ ضلع تھا) بے پناہ ترقی کی۔(3)

ان حوالوں سے خود اندازہ ہوتا ہے کہ نواب میر عثمان علی خاں نے اپنی ریاست کی ہمہ گیر ترقی پر خصوصی توجہ دی۔ جس کی وجہ سے ریاست میں خوبصورت عمارتیں، باغات، محلات، دلکش نظارے، ادارے، درسگاہیں، عدالتیں اور مختلف محکموں کے ذریعہ ریاست کی بھلائی کے کام میں بڑھ چڑھ کر حصہ لیا۔ شہر حیدرآباد میں جہاں امرائے پائیگاہ نوابوں کے خاندان ہی نہیں' بلکہ جاگیرداروں اور منصب داروں کے خاندان، امیرانہ شان وشوکت سے زندگی گزارتے تھے وہیں چھتریوں، برہمنوں، کائستوں اور دوسرے مذاہب جیسے پارسی، سکھ، عیسائی اور جین مت کے علاوہ بدھ مت کے ماننے والے بھی عالی شان زندگی گزارتے تھے۔ شہر حیدرآباد کو آصف جاہی امراء کی جاگیروں سے آراستہ کیا گیا تھا۔ ریاست حیدرآباد میں پارسیوں، عیسائیوں سکھوں، انگریزوں اور فرانسیسیوں کی پشت پناہی تھی۔ اس دور میں محکمہ امور مذہبی کا بنیادی مقصد مختلف فرقوں اور طبقوں میں مذہبی اور روحانی ترقی کی سہولت فراہم کرنا تھا۔ اور کسی بھی مذہب یا فرقہ کے فرد یا ادارے کو مذہبی جذبات بھڑکانے کا موقع نہیں دیا جاتا تھا' بلکہ صلح وآشتی کے ماحول میں ریاست حیدرآباد کے باشندے زندگی گذارتے تھے۔ اقتدار سنبھالتے ہی نواب میر عثمان علی خاں نے جن اہم کارناموں پر توجہ دی اس کی طرف اشارہ کرتے ہوئے یہ تفصیلات درج کی گئی ہیں۔

''1911ء میں آصف سابع نے سرکاری ملازمین کے لئے بیمہ فنڈ (حیدرآباد اسٹیٹ لائف انشورنس فنڈ) کا قیام عمل میں لایا۔ ریاست کے انتظام کے لئے برطانوی ہند کی ''آئی سی ایس طرز پر حیدرآباد سیول سرویس

جو اپنی نوعیت کی منفرد تھی۔ جو نظام ہفتم سے قبل شروع ہوئی تھی' لیکن آپ نے غیر فنی محکموں کے اعلیٰ عہدوں پر ایچ سی ایس ہونے کی شرط لازم کی۔ ان عہدہ داروں کی اعلیٰ کارکردگی سے ہی ایچ سی ایس کے معیار کا پتہ چلتا ہے۔ عدلیہ کو انتظامیہ سے علیحدہ کر کے عدلیہ کی آزادی کا عمل برطانوی ہند سے پہلے کیا۔ ٹیلی فون کا آغاز شہر حیدرآباد میں 1885ء سے شروع کیا۔ حیدرآباد ہی ملک بھر میں اہم تجارتی مراکز بن چکا تھا۔ مملکت آصفیہ کا نظم ونسق جدید ترین طرز پر تھا۔ مختلف محکمے اور فنی و غیر فنی عہدیدار ہر سطح پر تھے۔ اپنا آڈٹ سسٹم اکاؤنٹنٹ جنرل کے تحت تھا۔ اسی طرح حیدرآباد اسٹیٹ بینک کا قیام 1942ء میں عمل میں لایا گیا۔ اور سقوط حیدرآباد تک صرف چھ سال میں ترقی کی۔

آصف سابع اپنی ذات پر خرچ کم کرتے تھے۔ وہ خود پر دوسروں کے حقوق زیادہ پسند کرتے تھے۔ ایک مرتبہ کمبل 15 کی جگہ 18 روپئے میں خریدا جس پر انہوں نے عہدیداروں کو 15 روپئے کی کمبل خریدنے کا اشارہ دیا۔ اسی وقت دہلی کی جامع مسجد کے صحن میں فرش کے لئے چار لاکھ چندہ مانگا گیا تو آپ نے 16 لاکھ دیئے۔ اس کے علاوہ بہ حیثیت حکمراں تمام ملازمین کو چھ ماہ کی تنخواہ بطور قرض دینے کا اعلان بھی کر دیا۔ بعد میں قرض معاف بھی کر دیئے گئے۔ مکہ و مدینہ کے حرمین شریفین میں بجلی کا انتظام اپنے محل سے پہلے کیا۔ یہ تو شہر حیدرآباد کی روایت ہی رہی ہے' قلی قطب شاہ نے قلعہ گولکنڈہ کے احاطہ سے باہر شہر کو آباد کرنے کے لئے علاقہ چچلم کو منتخب کیا تھا اور چار مینار کی تعمیر کے ساتھ شہر حیدرآباد کی بنیاد رکھی تھی۔ نیز رعایا کے آرام دہ رہن سہن و تجارت وغیرہ کے لئے بنیادی سہولتیں فراہم کی تھیں۔ وقت کے ساتھ ساتھ اس علاقہ کے چاروں طرف خوب ترقی اور وسعت ہوتی گئی۔ قطب شاہی عہد کے بعد آصف جاہی سلاطین نے بھی یہاں پر مختلف عمارتیں تعمیر کیں اور کئی اہم شعبے قائم کئے جو آج بھی حیدرآباد کی عظمت ظاہر کرتے ہیں۔ عرصہ دراز سے ہی یہ

علاقہ مختلف مذاہب سے تعلق رکھنے والے عوام وخواص پسندیدہ مقام رہا ہے۔ آپسی خلوص، محبت، بھائی چارگی اور رواداری کے ساتھ برسوں سے یہاں لوگ مقیم ہیں۔ حیدرآباد کی مشترکہ تہذیب کے کئی ایک منفرد نمونے آج بھی یہاں دیکھنے کو ملتے ہیں۔ یہاں کے مقیم معمر افراد کی بول چال اور رہن سہن سے ہم یہ بالکل بھی تفریق نہیں کر سکتے کہ وہ کس مذہب سے تعلق رکھتے ہیں۔ وہ صرف حیدرآبادی لگتے ہیں۔ حال تک بھی یہاں بے شمار دیوڑھیاں موجود تھیں۔ جن میں امیر وکبیر افراد کے ساتھ ساتھ ماماؤں وخواصوں کی دیوڑھیاں بھی ہوا کرتی تھیں۔ یہ عمارتیں ایک شاندار و روادار ماضی کی شان وشوکت کی داستانیں سناتی تھیں۔ یہ داستانیں ایک ایسی مثالی ریاست کی تھیں جہاں نہ صرف نواب وامراء شان وشوکت سے رہا کرتے تھے' بلکہ اعلیٰ حضرت میر عثمان علی خاں کے خاص نوکر اور محلات پر فائز مامائیں بھی نہایت وضع داری کے ساتھ رہا کرتی تھیں۔ ملازم افراد کی آمد ورفت کے لئے اعلیٰ حضرت نے ''کھاچر'' گاڑیاں رکھوائی تھیں۔ اس سواری کے ذریعہ ملازم اپنی دیوڑھیوں سے سفر کرتے تھے۔ اس علاقہ میں ماما جمیلہ کی دیوڑھی آج بھی خاصی مقبول ہے۔ وہیں مسجد الماس ایک حبشی غلام کی جانب سے بنائی گئی مسجد ہے۔ یہ مثالیں دراصل ہمیں بتاتی ہیں کہ حیدرآباد کی تہذیب وتمدن کتنی منفرد رہی تھی۔ شاندار ماضی کی وہ روایتیں اب بڑی حد تک ختم ہوگئیں۔ وہ عظیم عمارتیں اب بوسیدہ ہو چلی ہیں یا بدلتے وقت کے ساتھ آج نئی عمارتوں میں تبدیل ہوگئی ہیں۔ آج شہر حیدرآباد بہت دور دور تک پھیل گیا ہے۔ نئی نئی بستیاں آباد ہوئی ہیں۔ لیکن آج بھی اصل حیدرآباد اور اس کی خاص تہذیب ہم کو پرانے شہر میں ہی دیکھنے کو ملتی ہے''۔(4)

7: ریاست حیدرآباد کے حدودِ اربع

دکن کے علاقہ میں ریاست حیدرآباد کو سب سے بڑی حکومت کا درجہ حاصل تھا۔ نہ صرف اس علاقہ میں بسنے والے باشندوں کی زندگی خوشحال تھی اور وہ کم آمدنی میں بھی خوش وخرم رہنے کے عادی ہو چکے تھے۔ غربت سے نچلی سطح

پر زندگی گزارنے والوں کے لئے امراء اور جاگیردار ہی نہیں، بلکہ منصب داروں کی طرف سے ماہانہ وظیفہ مقرر ہوتا تھا۔ اور علاج و معالجہ کے دوران کسی انسان کی معذوری پر حکومت کی جانب سے وظیفہ مقرر کیا جاتا تھا۔ اسی طرح بیواؤں اور مفلسوں کے لئے ریاست حیدرآباد کے خصوصی محکمے سے امداد فراہم کی جاتی تھی۔ ریاست حیدرآباد ایک وسیع وعریض حکومت تھی۔ اور اس حکومت کے حدودِ اربع اتنے وسیع تھے کہ اس ریاست کی آبادی اور بسنے والے لوگوں کی تعداد میں بھی فرق ہوتا رہا۔ تاریخی پس منظر میں حقائق کا انکشاف کرتے ہوئے یہ لکھا گیا ہے۔

> ''ریاست حیدرآباد کا رقبہ (82698) مربع میل تھا۔ آبادی 1941ء کی مردم شماری کے مطابق ایک کروڑ 64 لاکھ تھی۔ مسلمان تقریباً 30 لاکھ 18 فیصد تھے۔ ہندو بہ شمول پسماندہ طبقات وقبائل 77 فیصد تھے۔ 60 لاکھ 36 فیصد پسماندہ طبقات و قبائل کے مقابلے میں اعلیٰ ذاتوں کے ہندو 67 لاکھ 41 فیصد تھے۔ جغرافیائی نقشہ ہر دور میں بدلتا رہا۔ 17 ستمبر 1948ء تک جب ہندوستانی فوجوں نے نظام کی حکومت کا خاتمہ کیا۔ اس وقت تک 86 ہزار مربع میل پر پھیلا ہوا تھا۔ 1923ء میں خلافت عثمانیہ کے خاتمہ کے بعد اسلامی مملکتیں جو باقی تھیں، سعودی عرب، افغانستان وایران وغیرہ پر مشتمل تھیں۔ لیکن خوشحالی و شان وشوکت کے لحاظ سے ریاست حیدرآباد کو بین الاقوامی حیثیت حاصل تھی۔

آصف جاہ ثانی نے مرہٹوں کے درمیان پُرامن تعلقات برقرار رکھنے میں اہم رول نبھایا تھا۔ ڈھونڈھا جی پنت کے ایک بیٹے رینو کا داس کو رائے رایاں دیانت ونت اور راجا شام راج کا خطاب دیا۔ 13ویں صدی میں دکن کا کتیہ خاندان کے زیر اثر تھا۔ اس کے بعد مسلمانوں کے قبضہ وتصرف میں آ گیا۔ پھر نظام اسٹیٹ ایک خودمختار سلطنت بنادی گئی۔ اس وقت یہاں پر زیادہ تر زراعت کی جاتی تھی لیکن زیادہ تر قحط سالی ہوتی تھی۔ ایسے سخت حالات میں نظام ہفتم میر عثمان علی خاں نے قریب 5 کروڑ کے خرچ سے نظام ساگر بنوایا اور نظام شوگر فیکٹری بھی بنوائی تا کہ مفلوک الحال اور غریب عوام روزگار سے جڑ سکیں۔ ان کی فیاضی سے مستفید ہونے کے لئے ملک کی

مختلف ریاستوں سے ہندومسلم، سکھ، عیسائی، گجراتی، پنجابی، مہاراشٹرین اور کریلین سب ہی ریاستوں کے سبھی لوگ دکن اسٹیٹ میں تیزی سے داخل ہوتے رہے"۔(5)

میر عثمان علی خان نے ریاست کی ترقی اور عوام کی بھلائی کے لئے وہ تمام کارنامے انجام دیئے جو کسی بھی ملک وقوم کی بھلائی میں اہمیت کے حامل ہوتے ہیں۔ تاریخ کا یہ زرین باب اُس وقت ختم ہوجاتا ہے جب کہ پولیس ایکشن کے بعد بھی آصف جاہ سابع نے اپنی ریاست کی ترقی اور عوام کی بھلائی کے اہم کارنامے انجام دیئے۔ حتیٰ کہ ان کے انتقال تک بھی یہ سلسلہ جاری رہا غرض 24رفروری 1967ء کو میر عثمان علی خاں نے کنگ کوٹھی کے علاقہ میں اپنی آخری سانس لی۔ اور انتقال کے بعد انہیں آصف جاہی بادشاہوں کی آخری آرام گاہ یعنی مکہ مسجد کے احاطہ میں نہیں کیا گیا' بلکہ کنگ کوٹھی کے علاقہ میں اپنی والدہ کے قریب مسجد جودی میں 27رفروری 1967ء کو دفن کئے گئے۔ اس طرح آصف جاہی سلطنت کے ساتویں بادشاہ کے انتقال کے ساتھ ریاست حیدرآباد کے عوامی ہردل عزیز فرمانروا کا خاتمہ ہوگیا۔ غرض شاہی دور کا خاتمہ درحقیقت ریاست حیدرآباد سے فلاحی کاموں کے خاتمہ کا ذریعہ تصور کیا جاتا ہے۔ غرض اپنی بادشاہت کے خاتمہ کے بعد بھی میر عثمان علی خاں نے ریاست حیدرآباد کے علاقوں اور اس کے باشندوں کی خدمت کے لئے بیش بہا خدمات انجام دیئے جو دکن کی تاریخ ہی نہیں' بلکہ پورے ہندوستان کی تاریخ میں یادگار کا درجہ رکھتے ہیں۔

مصادر ومنابع باب سوم

(1) مقدمہ تاریخ دکن ازعبدالمجید صدیقی' ادارہ ادبیات اردو حیدرآباد۔ 1940ء صفحہ 88-87

(2) مقدمہ تاریخ دکن ازعبدالمجید صدیقی' ادارہ ادبیات اردو حیدرآباد۔ 1940ء صفحہ 89-88

(3) شوکت عثمانیہ مرتبہ ڈاکٹر محمد رحیم الدین انصاری، تلنگانہ اسٹیٹ اردو اکیڈیمی حیدرآباد۔ 2020ء صفحہ (204-205

(4) شوکت عثمانیہ مرتبہ ڈاکٹر محمد رحیم الدین انصاری، تلنگانہ اسٹیٹ اردو اکیڈیمی حیدرآباد۔ 2020ء صفحہ (207-208

(5) شوکت عثمانیہ مرتبہ ڈاکٹر محمد رحیم الدین انصاری، تلنگانہ اسٹیٹ اردو اکیڈیمی حیدرآباد۔ 2020ء صفحہ (208-209

باب چہارم

آصف جاہ سابع کی اردو شاعری

آصف جاہی سلطنت کے ساتویں بادشاہ کی حیثیت سے شہرت رکھنے والے نواب میر عثمان علی خاں کی ادب دوستی اور ادب شناسی ہی نہیں بلکہ ادب پروری اور شعر گوئی کے چرچے ان کے دور میں بھی جاری تھے اور بعد کے دور میں بھی اس کا سلسلہ جاری رہا۔نواب میر عثمان علی خاں کو شاعری ورثے میں ملی تھی،ان کے جداعلیٰ نواب قمرالدین علی خاں اردو اور فارسی کے شاعر تھے،اس کے بعد کے بادشاہوں میں بھی شعروادب کا ذوق تھا۔خود نواب میر عثمان علی خاں کے والد نواب میر محبوب علی خاں نے بھی فارسی اور اردو میں شعر گوئی کا حق ادا کیا۔یہی چیز جذبہ میر عثمان علی خاں کو بھی ورثے میں ملا تھا۔ان کی تعلیم وتربیت شہانہ انداز سے ہوئی تھی، پرانی حویلی میں پیدا ہونے والے اس شہزادے کی ذہنی اور جسمانی تربیت پر خصوصی توجہ دی گئی، برطانوی حکومت شہزادے کی تعلیم پر انگریز سپرنٹنڈنٹ مقرر کرنا چاہتی تھی،تاکہ ان کی تعلیم کا ہمہ جہت معقول انتظام ہوسکے۔غرض انہوں نے عربی، فارسی، اردو، انگریزی کی تعلیم کے ساتھ ساتھ فوجی ورزش کے طریقے سیکھے،انگریز اساتذہ کی نگرانی میں انگریزی زبان سیکھائی گئی،مشہور انگریز سپرنٹنڈنٹ برائن ایگرٹن 20 سال تک میر عثمان علی خاں کے ساتھ رہے،ابتدائی 12 سال انہوں نے شہزادے کو تعلیم دی،اس کے بعد میر عثمان علی خاں کو برٹش گورنمنٹ اجمیر کی مایو کالج اور امپیرئیل کو آپ ملٹری ٹریننگ کے لئے بھیجا جانا طئے تھا،لیکن نواب میر محبوب علی خاں نے کتابی تعلیم کے ساتھ ساتھ عملی تعلیم کا انتظام کیا۔غرض 16 اپریل 1906ء میں شہزادے میر عثمان علی خاں کی شادی جہانگیر نواز جنگ کی صاحبزادی عظیم النساء بیگم کے ہمراہ بڑے اہتمام کے ساتھ انجام دی گئی۔شادی کے بعد شہزادے کو نظام حکومت کے مختلف علاقوں جیسے میدک، بیدر، اورنگ آباد وغیرہ کے عملی انتظامی دوروں کے لئے بھیجا گیا۔غرض سلطنت کے مختلف علاقوں اور مختلف محکمہ جات کے انتظامیہ کو سمجھنے کے لئے میر عثمان علی خاں کو عملی طور پر کام کرنے کا موقع ملا فراہم کیا گیا۔29 اگست

1911ء بروز منگل نواب میر محبوب علی خاں کے انتقال کے بعد نواب میر عثمان علی خاں کی تخت نشینی انجان دی گئی، جس کے بعد انہوں نے اقتدار سنبھالنے کے بعد اپنی طبیعت کو انکساری، سادگی اور شائستگی کے علاوہ حلم برداری میں صرف کی۔ انہوں نے اپنی تمام زندگی صرف دو شیروانیوں میں بسر کی۔ کچھ نئے لباس ضرور بنوائے جو سرکاری تقاریب اور مخصوص موقعوں پر استعمال کئے جاتے تھے۔ انہوں نے اپنی زندگی کو کفایت شعاری سے گذارا، لیکن عوام اور تعلیمی اداروں کی کفالت کے لئے بڑی فیاضی کے ساتھ لاکھوں روپے امداد فراہم کردی، کیونکہ شاعری انہیں ورثے میں ملی تھی اور میر عثمان علی خاں کا ضخیم دیوان شائع بھی ہو چکا ہے اور ان کی شاعری کے مقطعوں سے خود ظاہر ہوتا ہے کہ خدا شناسی اور بندہ پروری ان کی شعری خصوصیت تھی۔ انہوں نے اپنے دور کے تقاضوں کا لحاظ کرتے ہوئے ایسے تمام اشعار لکھے، جس کے ذریعہ ان کی شاعری کے محاسن ظاہر ہوتے ہیں، وہ نہ صرف غزل گوئی کہ ماہر تھے، بلکہ قطعات لکھنے اور دہلوی ولکھنوٴ رنگ میں شعر کہنے کے ساتھ ساتھ اپنے تجربات اور زندگی کی حقیقتوں کے علاوہ اخلاقیات اور حسن وعشق کے موضوعات کو منفرد لب ولہجہ سے پیش کرنے میں بڑے ماہر تھے، ان کی شاعری میں صنعتوں کا استعمال بھی موجود ہے، وہ نہ صرف شاعری کے ماہر تھے بلکہ چھوٹی اور بڑی بحروں میں غزل لکھ کر اپنے فن کا مظاہرہ کرتے تھے۔ یہ ثبوت فراہم نہ ہوسکا کہ میر عثمان علی خاں نے اپنی عمر کے کس حصہ میں شاعری کا آغاز کیا، البتہ اتنا ضرور ہے کہ انہوں نے نہ صرف حمد ونعت کے اشعار لکھے بلکہ دوسرے شاعروں کی طرح بے پناہ جذبۂ محبت اور عقیدت کے ذریعہ شاعری کو اثر آفرینی کی فضاء سے معمور کیا، جس کی وجہ سے ان کی شاعری نہ صرف انکساری کا وسیلہ بن جاتی ہے، بلکہ انتظامی امور اور شاہی کے فرائض انجام دیتے ہوئے انہوں نے جس کی شاعری کی اس سے خود اندازہ ہوتا ہے کہ انہیں شاعری کی ہر صنف پر اظہار خیال کا کمال حاصل تھا۔ اگر چہ میر عثمان علی خاں نے دہلوی رنگ اور لکھنوی رنگ میں غزلیں لکھی ہیں، جس کا اثر یہی ہوتا ہے کہ داغؔ دہلوی کے انداز کو انہوں نے پسند کیا تھا، جبکہ لکھنوٴ کے دو اہم اساتذہ امیر مینائی اور فصاحت جنگ جلیل مانکپوری کی شاگردی میں زندگی گذاری تھی، اس لئے دبستانِ لکھنوٴ کا اثر ان کی شاعری پر غالب آتا ہے۔ میر عثمان علی خاں کے غزلوں کے مقطعے جتنے اہم اور یادگار کا درجہ رکھتے ہیں، ان سے خود اندازہ ہوتا ہے کہ بادشاہ وقت کو اپنے جاہ وجلال سے دلچسپی نہیں، بلکہ خدا کی مہربانی اور رسولؐ کی محبت سے خصوصی دلچسپی ہے۔ ان کی دو غزلوں کے مقطعے پیش ہیں، جن میں شاعر نے خدا کے فضل اور اس کی عنایتوں کو پیش نظر رکھ کر شعر گوئی کا حق ادا کیا ہے، جس کا اظہار کرتے ہوئے پروفیسر فاطمہ پروین یہ لکھتی ہیں۔

عثماں یہ اس کا فضل ہے تجھ پر کہ بے سوال ۔۔۔ نعمت سے اپنی، دامنِ مقصود بھر دیا

☆

نجات کی کوئی صورت نہ تھی مگر عثماں — خدا کے فضل سے عصیاں سے مجھ کو پاک کیا

حمدیہ ونعتیہ اشعار پیش کرنے کا رواج اردو کے تقریباً تمام شاعروں کے پاس ملتا ہے۔اعلیٰ حضرت نواب میر عثمان علی خاں کی پاس اس روایت کی پیروی میں حمد ونعت کا سرمایہ تو ملتا ہی ہے لیکن ان کی انفرادیت یہ ہے کہ اس میں ان کے خلوص، ان کے جذبۂ محبت ان کی بے انتہاء عقیدت نے اثر آفرینی کی ایک ایسی فضاء خلق کی ہے جو بہت کم شعراء کے پاس ملتی ہیں۔مثالیں پیش ہیں۔

یا خدا اوج پہ آئے یہ مقدر اپنا — قدمِ پاک پیمبرؐ کے ہوں اور سر اپنا
خواب میں دولت پابوس ہوئی مجھ کو نصیب — واہ کیا آج ہے بیدار مقدر اپنا
خوف پھر پرسشِ اعمال کا کیا ہو عثماں — ہوگا حامی جو وہاں شافعِ محشر اپنا

قطعہ

سب رسولوں پہ ہے یوں ختمِ رسل کو تفضیل — جیسے قرآن پسِ توریت و زبور و انجیل
قد بے سایہ ہے شاہد کہ شہؐ طیبہ کا — نہ ہے ثانی نہ ہے ہم سر نہ ہے کوئی تمثیل

☆

احمدؐ سا کوئی اور بشر ہو نہیں سکتا — اللہ کا منظورِ نظر ہو نہیں سکتا
محبوب کو خالق نے وہاں اپنے بلایا — جس جا پہ فرشتوں کا گذر ہو نہیں سکتا

قطعہ

لذت عجیب آج ہے مئے کے سرور میں — جلوہ بھی خوب آج ہے یہ کوہِ طور میں
شہر نجف سے آتی ہے کانوں میں یہ صدا — عثماں ہے آج شاہِ نجف کے حضور میں

رتبہ ملا علیؑ کو ہے رب قدیر سے — روشن ہوا ہے نام بھی اسمِ کبیر سے
سن لو کہ جانشین پیمبر علیؑ ہوئے — اعلان بھی ہوا ہے یہ خم غدیر سے
مولد یہ کہتا جاتا ہے پیش جہاں یہی — روشن ہوا ہے کعبہ بھی بدرِ منیر سے

(1)

میر عثمان علی خاں نے اپنی شاعری کو اظہار کا وسیلہ بناتے ہوئے یہ ثابت کرنے کی کوشش کی کہ انہوں نے شعر گوئی کے لئے دہلوی انداز ہی نہیں بلکہ لکھنوی انداز کے ساتھ ساتھ حیدرآبادی انداز کو بھی اظہار کا ذریعہ بنایا۔ یہی وجہ ہے کہ ان کی شاعری میں اِن تینوں طریقوں کی نمائندگی موجود ہے۔ میر عثمان علی خاں نے اپنے لئے نام کا جز عثماں کو ہی تخلص مقرر کیا تھا، ان کے والد کے دور میں 1905ء تک استاد شاہ کی حیثیت سے نواب مرزا خاں داغ دہلوی کو شہرت حاصل تھی اور ان کی لکھی ہوئی غزلیں شام تک کوٹھوں پر پہنچ جاتی اور مجرا کرنے والیوں کی زبان سے ادا ہوتی تھیں، جس سے اندازہ ہوتا ہے کہ حیدرآباد کی سرزمین کو دہلی اور لکھنؤ کے انداز نے متاثر کیا تھا، چنانچہ اِن طریقوں سے استفادہ کرنے کا ثبوت دینے کے لئے میر عثمان علی خاں نے اپنی شاعری کے انداز کو اِن تین طریقوں سے مربوط کر کے شاعری کا رجحان پیش کیا۔ سب سے پہلے ان کی شاعری میں موجود دہلوی انداز کو بطور نمونہ پیش کیا جاتا ہے۔

دہلوی انداز

الٰہی خیر ہو بدلے ہوئے ہیں یار کے تیور　　ستم آیا، غضب آیا، بلا آئی، فضا آئی

☆

نگاہیں قہر ڈھائی ہیں ادائیں دل لبھائی ہیں　　قیامت جس کو کہتے ہیں تری اٹھتی جوانی ہے

☆

نہ ظالم باز آیا جور و جفا سے　　اگر ہم مر گئے تیری بلا سے

☆

ہماری جاں گئی تیری دل لگی ٹھیری　　سکھایا کس نے ادا کو تری قضا ہونا

لکھنوی انداز

کام تو نے عجب غیرتِ شمشاد کیا　　داغ لالے کو دیا سرو کو آزاد کیا

☆

جلوۂ حسن وہ اپنا جو دکھا دیتے ہیں　　صورتِ آئینہ حیران بنا دیتے ہیں
حسن کے واسطے زیبا ہے ستانا دل کا　　ستم و جور بھی ظالم کے مزا دیتے ہیں
ان حسینوں کے نہ تو پیچ میں آنا عثماں　　یہ دغا باز ہیں دل لے کے دغا دیتے ہیں

حیدرآبادی انداز

مجھے تم دیکھ کر سمجھو کہ چاہت ایسی ہوتی ہے
محبت وہ بری شے ہے کہ حالت ایسی ہوتی ہے

خدا کی شان ہم کو دیکھ کر اب وہ بھی کہتے ہیں
جو ہم پر مرمٹے ہیں ان کی صورت ایسی ہوتی ہے

خدا کو مان اے بت تو بھی تو غیروں پہ مرتا ہے
بس اب تو تو نے دیکھا اس کی قدرت ایسی ہوتی ہے

تمنا ہے گلے سے میرے آ کر وہ لپٹ جائیں
رقیبوں سے کہوں دیکھو عنایت ایسی ہوتی ہے

شب ہجراں جو قسمت سے مرے گھر میں تم آجاتے
تو میں تم کو دکھا دیتا مصیبت ایسی ہوتی ہے

یہ ہے تاثیر جذب دل کی عثمان اب وہ کہتے ہیں
محبت جیسی تم نے کی محبت ایسی ہوتی ہے
(2)

الف۔ آصفِ سابع کی غزل کا انداز:

میر عثمان علی خاں کی شعر گوئی بلاشبہ روایتی غزل کی توسیع کا درجہ رکھتی ہے، جس میں دہلوی اور لکھنوی انداز کے علاوہ حیدرآبادی انداز بھی کھل کر سامنے آتا ہے، اگر چہ قطب شاہی بادشاہوں کے دور میں اور پہلے اور دوسرے آصف جاہی دور کے بادشاہوں کے دور کے شاعروں کے کلام میں بھی دہلوی اور لکھنوی انداز کی جھلکیاں دکھائی نہیں دیتیں، لیکن میر عثمان علی خاں کے عہد کی خوبی یہ رہی ہے کہ اردو شاعری کے دیگر اساتذہ دہلی اور لکھنؤ سے علاقہ رکھتے تھے اور ان کی شاعری سند کا درجہ حاصل کر چکی تھی، اس لئے حیدرآباد کے ساتویں بادشاہ نے دہلوی اور لکھنوی انداز پر اپنی دسترس کا ثبوت دینے کے لئے میر عثمان علی خاں نے اپنی شاعری اور اظہاری کیفیت کو نمائندگی دی ہے۔ شاعری کا روایتی مزاج بطورِ خاص سلطان میر عثمان علی خاں کے شعری ورثے کا اہم حصہ ہے، اگر چہ میر عثمان علی خاں کے دور میں ادب اور ادبیات کی روشنی میں ایسی شعر گوئی پر توجہ دی جانے لگی تھی جو ترقی پسند اور جدیدیت کی شاعری کا درجہ رکھتی تھی۔ 1936ء کے بعد اردو شاعری میں ترقی پسندی اور جدیدیت کے زیر اثر کئی تبدیلیاں رونما ہوگئیں، جس کے تحت انگریزی شعری اصناف اور نظمیہ خصوصیات کے علاوہ ہندوستان کی دوسری زبانوں سے اردو میں اصناف کا تبادلہ ہونے لگا، تاہم میر عثمان علی خاں نے اپنی شاعری کے لئے صنفی تجربوں کو اہمیت نہیں دی بلکہ ان کے آبا و اجداد کی روایت پر ثابت قدمی سے قائم رہے۔ یہی وجہ ہے کہ میر عثمان علی خاں کی شاعری میں نہ تو ترقی پسندی کا رجحان دکھائی دیتا ہے اور نہ ہی انہوں نے جدیدیت کے نئے امکانات جیسے علامت نگاری، حقیقت پسندی، عریاں حقیقتوں کا ظہور اور یوروپی زندگی کے طریقوں کو اختیار کرنے کی طرف کوئی توجہ نہیں دی،

چنانچہ اپنے افرادِ خاندان کو بھی پابند کیا کہ وہ علامت نگاری اور حقیقت نگاری کے پس منظر میں عریاں حقیقتوں کو پیش کرنے کی طرف مائل ہوں، یہی وجہ ہے کہ میر عثمان علی خاں کی شاعری میں دکھاوا اور عصری خصوصیات کا انداز موجود نہیں، بلکہ وہ جذبات اور احساسات کی پیشکش کے لئے باضابطہ ادب کا استعمال کرتے ہیں۔ انہوں نے اپنی شاعری کو نہ تو کسی تحریک سے وابستہ رکھا اور نہ ہی کسی رجحان کو اہمیت دے کر اپنے کلام کا وسیلہ بنایا۔ یہی وجہ ہے کہ میر عثمان علی خاں کے سارے کلام میں یا تو روحانیات کا سلسلہ دکھائی دیتا ہے یہ پھر رومانیت کی تیز رفتار لہر ان کی شاعری کو اظہار کا وسیلہ بنادیتی ہے، وہ اپنے کلام میں سادہ اور پروقار الفاظ استعمال کر کے شعر گوئی کی روایتی خصوصیات کو پیش نظر رکھتے ہیں۔ یہی وجہ ہے کہ میر عثمان علی خاں کی شاعری میں روایات کا اثر دکھائی دیتا ہے، لیکن وہ روایت پسندی کی بھیڑ میں خود گم نہیں ہو جاتے بلکہ جدید لفظیات اور جدید تراکیب کا استعمال کر کے شاعری کی شمع جلائے رکھنے اور مفہوم کی تازگی کو قارئین تک پہنچانے کی ضرورت پر زور دیتے ہیں۔ جس کو سمجھنے کے لئے ان کی غزل کے چند اشعار ملاحظہ ہوں، جس کے ذریعہ ان کے مزاج اور آہنگ کی بھرپور نمائندگی ہوتی ہے۔ چند اشعار ملاحظہ ہوں۔

رہ کے گلشن میں پھنسے صورتِ بلبل عثماں — رنگ و بو بن کے ہمیں سب سے جدا رہنا تھا

☆

رحم اس میں نہ وفا اس میں نہ الفت اس میں — حیف صد حیف کہاں جا کے لگا دل اپنا

ایسے دشمن کو کروں کس کے حوالے عثماں — اب تو دو بھر ہوا جاتا ہے مجھے دل اپنا

غمزہ ہے قہر، ناز ہے آفت، بلا ہے چشم — کس کس کا میری جان پہ عثماں ستم نہیں

☆

نہ صبر آتا ہے دم بھر نہ چین آتا ہے — ہجوم یاس مرے دل کو کھائے جاتے ہیں

(3)

ب۔ آصفِ سابع کے دور میں شاعری کے انداز:

ان اشعار سے خود اندازہ ہوتا ہے کہ میر عثمان علی خاں نے اپنے کلام میں جدت طرازی اور فکر و فلسفہ کی نمائندگی کی طرف کوئی خاص توجہ نہیں دی، کیونکہ ان کے دور تک شاعری کا اسلامی رجحان بھی عام ہو چکا تھا، جس کے ذریعہ علامہ اقبال نے باضابطہ اسلامی افکار کو شاعری کا وسیلہ بنا کر تصورِ خودی، تصورِ عشق، تصورِ فقر، تصورِ عورت اور تصورِ مردِ کامل ہی نہیں بلکہ تصورِ تعلیم اور تصورِ ابلیس کے توسط سے اسلامی افکار کو نمائندگی دی۔ ان ہی کے دور میں نعتیہ شاعری کو اہمیت دینے والے شعراء کو بھی اہم مقام حاصل ہوا۔ چنانچہ رضا خاں بریلوی جیسے مذہبی شاعر کی شعر

گوئی ''حدائق بخشش'' کی اشاعت عمل میں آئی، اسی دور میں مشہور لکھنوی شاعری محسن کاکوروی نے نعتیہ قصیدہ ''مدیح خیرالمرسلین'' لکھ کر اردو دنیا میں کامیابی حاصل کی۔ خود بادشاہ سلامت میر عثمان علی خاں کے اعزاز واکرام کے علاوہ مالی امداد کے نتیجہ میں ابوالاثر حفیظ جالندھری نے اردو میں ''شاہ نامہ اسلام'' تحریر کر کے شہرت حاصل کی۔ خود نواب میر عثمان علی خاں کے شہزادے کے دربار سے وابستہ اور ان کی عنایت کردہ دارالترجمہ میں ملازمت اختیار کرنے والے جوش ملیح آبادی نے غزل کی شاعری کے علاوہ نظم کی شاعری کو فروغ دیتے ہوئے سمندر کے تلاطم کو نمائندگی دیتے ہوئے شاعری کی، تو انہیں شاعر شباب، شاعر خمریات اور شاعر انقلاب کے نام سے شہرت حاصل ہوئی۔ غرض میر عثمان علی خاں کے عہد میں شاعری کے غزلیہ انداز ہی نہیں بلکہ نظمیہ انداز میں بھی تبدیلی پیدا ہو چکی تھی، چنانچہ نظم لکھنے کے طریقوں میں باضابطہ روایتی نظم، وطنی نظم، انقلابی نظم، قومی نظم، جدید نظم، آزاد نظم، معریٰ نظم، نثری نظم اور دوسری زبانوں سے منتقل ہونے والی شعری اصناف کو بھی نظم کی حیثیت سے اردو میں قبول کیا گیا تھا۔ غزل کی شاعری نہ صرف ہزل اور ریختی سے وابستہ ہو گئی تھی، بلکہ انگریزی زبان سے پیروڈی، سانیٹ، ترائلے کے طریقے اردو شاعری میں مروج ہو چکے تھے۔ ہندی زبان سے باضابطہ گیت اور دوہے اردو شاعری کا حصہ بن چکے تھے، یہی نہیں بلکہ پنجابی زبان کی نظم ماہیا اور جاپانی زبان کی شاعری ہائیکو کا چلن اردو میں عام ہو چکا تھا۔ قدیم اردو شاعری کی تین رکنی صنف ثلاثی یا تثلیث کا چلن بھی عام ہو چکا تھا۔ ان تمام تبدیلیوں کو اردو شاعری نے قبول کر لیا تھا، لیکن حیدرآباد کے شاعروں اور خود میر عثمان علی خاں کی شاعری کے مطالعہ سے اندازہ ہوتا ہے کہ انہوں نے یوروپی زبانوں کے شعری وصف اور ہندوستانی زبانوں کے مختلف شعری انداز سے استفادہ کی طرف توجہ نہیں بلکہ روایتی انداز کی طرف مائل ہو کر غزل گوئی کو اپنے اشعار کا وسیلہ بنایا، جس کی وجہ سے میر عثمان علی خاں کی شاعری میں نہ تو نظم کا انداز دکھائی دیتا ہے اور نہ ہی رنگین غزل اور جدید غزل کے امکانات نظر آتے ہیں، وہ نظم کے روایتی انداز یعنی مثلث، مربع مخمس، مسدس اور مثمن کے علاوہ ترکیب بند اور ترجیع بند کے علاوہ مستزاد جیسے شعری رویہ کو اختیار کرنے کی طرف توجہ دیتے ہیں، جبکہ ان کے عہد میں نہ صرف جوش ملیح آبادی بلکہ جامعہ عثمانیہ سے تعلیم حاصل کرنے والے سکندر علی وجد جیسے شاعر نے بھی نظم کے رویہ کو اختیار کرتے ہوئے اپنی شاعری میں روایتی نظم کے مختلف انداز کو نمایاں کیا تھا۔ چونکہ نواب میر عثمان علی خاں جیسے شاعر کو اردو میں غزل گو، نعت گو، حمد گو اور قطعہ نگار شاعر کی حیثیت سے شہرت حاصل ہوئی، اس لئے ان کی شاعری میں نظم کے رجحانات اور اس کی ہیتوں کو تلاش کرنا مناسب نہیں ہے۔ غرض حیدرآباد کے شاعروں کی طویل فہرست میں کئی ایسے شعراء موجود ہیں، جنہوں نے غزل، نظم، قصیدہ، مرثیہ، مثنوی اور رباعی کے علاوہ دیگر شعری اصناف کی آبیاری کی، لیکن میر عثمان علی خاں غزل کی شاعری کی آبیاری میں

مصروف نظر آتے ہیں، یہی وجہ ہے کہ ان کی غزلیہ شاعری میں روایتی افکار اور رومانی خصوصیات کا اثر غالب نظر آتا ہے۔

ج۔ آصفِ سابع کی شاعری میں اشرافیہ کا انداز:

ان کی شاعری میں حسن وعشق کا وانداز نمایاں ہے جسے انگریزی زبان میں Aristotile Love کی حیثیت سے شہرت رکھتا ہے۔ عام زبان میں اشرافیہ کی محبت کو Aristotile Love کہا جاتا ہے، لیکن درحقیقت حسن وعشق کے معاملات میں کئی بھی فرد یکطرفہ محبت کی نمائندگی کرے تو اس قسم کی محبت کو ارسطوئی محبت کے نام سے یاد کیا جاتا ہے۔ میر عثمان علی خاں کے والد محترم نواب میر محبوب علی خاں نے برجستہ ایک مصرعہ اس طرح کہا تھا۔

وہ حسنِ زن سہی، شہریار ہم بھی ہیں

اس مصرعہ سے خود شاعر کی عظمت اور اس کے اشرافیہ کا اندازہ ہوتا ہے۔ یہی رنگ میر عثمان علی خاں کی شاعری کا وصف بن جاتا ہے، جس میں یکطرفہ محبت کو اہمیت حاصل ہے یعنی میں کسی حسین سے ضرور پیار کرتا ہوں اور اس سلسلہ میں مجھے کوئی علم نہیں کہ وہ بھی پیار کرتا ہے یا نہیں۔ اس قسم کی محبت کی روش کو عام طور پر ارسطوئی محبت کا نام دیا جاتا ہے۔ میر عثمان علی خاں کی شاعری کے مطالعہ سے محبوب کی اسی خصوصیت کا پتہ چلتا ہے۔ اس دور کے دیگر شعراء کے کلام میں اس قسم کی خصوصیت کا فقدان پایا جاتا ہے۔ اسی لئے اپنی ارسطوئی محبت کے نتیجہ میں میر عثمان علی خاں غزلیہ شاعری کے ذریعہ انفرادیت کا مقام حاصل کر لیتے ہیں۔

آصف جاہ سابع نے ورثے میں شاعری حاصل کی تھی، ان کے جداعلیٰ سے لے کر نہ صرف ان کی ذات تک بلکہ ان کے بعد کے نسلوں میں بھی اردو شاعری کا ذوق جاری رہا۔ اپنے عہد کے نامور شعراء سے شاعری اور فن عروض پر مہارت حاصل کی تھی، جس طرح نواب میر عثمان علی خاں کی شاعری کو غزلیہ شاعری کی حیثیت سے مقام حاصل ہے اور ان کے شعری مجموعے شائع ہو چکے ہیں، اسی طرح ان کے دوسرے صاحبزادے پرنس معظم جاہ شجیع کو بھی شاعری سے لگاؤ تھا، وہ نہ صرف شعر گوئی کا اہتمام کرتے تھے، بلکہ ان کے دربار میں شاعری اور شاعروں کا اجتماع ہوتا تھا۔ ان کی غزلیں حیدرآباد کی سرزمین میں باضابطہ مختلف گلوکاروں نے نہ صرف گائی ہیں بلکہ ڈومنیاں بھی ان کا کلام ساز پر پیش کیا کرتی تھیں۔ صاحبزادۂ اول پرنس اعظم جاہ کو بھی شاعری سے لگاؤ تھا، لیکن وہ شاعری کرنے سے احتیاط برتتے تھے۔ میر عثمان علی خاں کی طرح ان کے دوسرے صاحبزادے معظم جاہ شجیع نے غزل کا بہت بڑا ذخیرہ چھوڑا ہے۔ نواب میر عثمان علی خاں کا کلام بھی شائع ہو چکا ہے، ان کے کلام میں سب سے بڑی تعداد غزلوں کی ہیں، جس کے بعد انہوں نے قصائد اور قطعات لکھنے پر توجہ دی، ان کی شاعری میں رباعیات کا بھی مختصر ذخیرہ

ہے، اگرچہ میر عثمان علی خاں نے شیعہ مسلک کو اختیار کرلیا تھا اور باضابطہ ماہ محرم میں غم حسین منانے اور مجالس میں شرکت کرنے کو لازمی قرار دیتے تھے، ہر محرم کی سات تاریخ کو بی کے الاوہ پر حاضری دینا اور ان کے ذریعہ تعمیر کردہ ''عزا خانہ زہرا'' کی مجالس میں بطور خاص شریک ہونا ان کا مشغلہ تھا، شاعروں کا کلام دلچسپی سے سنتے اور شہادتِ کربلا پر لکھے ہوئے مرثیوں پر مبارکباد دینے کے علاوہ شاعروں کو اعزاز و اکرام سے نوازتے بھی تھے، اس کے باوجود بھی ان کے کلام میں مرثیے کا انداز دکھائی نہیں دیتا، البتہ انہوں نے اردو کی مشہور شعری صنف یعنی مثنوی نگاری پر بھی کوئی توجہ نہیں دی۔ فنی اعتبار سے انہوں نے اردو شاعری کی تمام اصناف پر عبور حاصل کیا تھا، روایتی شعری اصناف جو عربی اور فارسی سے اردو میں منتقل ہوئی تھی، ان میں لازمی ہے کہ غزل کو امتیاز کا درجہ حاصل تھا۔ اس کے علاوہ مثنوی، مرثیہ، قصیدہ، رباعی، شہر آشوب، ریختی اور نظم نگاری کو اردو شاعری میں اہم مقام حاصل تھا۔ میر عثمان علی خاں نے اردو کی تمام شعری اصناف کی طرف توجہ دینے کے بجائے صرف غزل، قطعہ، رباعی اور روایتی انداز پر خصوصی توجہ دی جس کی وجہ سے ان کے کلام میں جدید اردو شعری اصناف اور نظم کے علاوہ آزاد نظم اور معریٰ نظم کا تصور نہیں پایا جاتا، بلکہ ان کا سارا کلام دہلوی انداز، لکھنوی انداز اور حیدرآبادی انداز سے وابستہ ہے۔ انہیں اساتذہ کا کلام زبانی یاد تھا اور برجستہ اشعار سنانے اور شاعروں کا کلام سن کر داد دینے کی بھی خصوصی عادت تھی۔ بیرونی علاقوں سے اور دوسرے ممالک سے حیدرآباد آنے والے شاعروں کو وہ اپنی محفلوں میں نہیں بلاتے تھے، لیکن بیشتر ان کے صاحبزادے معظم جاہ شجیع کے مہمان ہوا کرتے تھے، جہاں دربار نہ صرف مشاعرے مقرر ہوتے تھے، بلکہ شاعروں کو کئی دن تک مہمان رکھ کر ان کی قدر افزائی کی جاتی تھی۔ آصف جاہی دربار کے آخری دور کے بہت سے معاملات کو اس دور کے مشہور شاعر اور درباداری میں پیش پیش رہنے والے شاعر نذر علی درد کاکوروی کی کتاب ''دربارِ دُربار'' کے مطالعہ سے اندازہ ہوتا ہے کہ میر عثمان علی خاں ہی نہیں بلکہ ان کے صاحبزادے بھی شاہانہ فراخدالی کا مظاہرہ کرتے تھے۔ ''دربارِ دُربار'' میں شاہی دربار کے عجیب و غریب مرقعہ تحریر کئے گئے ہیں، جن سے اندازہ ہوتا ہے کہ نہ صرف شعر گوئی اور بذلہ سنجی کی محفلیں دربار کو گرمانے اور اہل دربار میں شوخی اور ظرافت کو پھیلانے کا سبب بنا کرتی تھیں۔ حقیقت میں حیدرآباد کے میر عثمان علی خاں اور ان کے صاحبزادے معظم جاہ شجیع کے دربار کو موتیوں کو لٹانے والا دربار قرار دیا جائے تو بیجا نہ ہوگا۔ میر عثمان علی خاں کے خاندان سے تعلق رکھنے والے بے شمار صاحبزادگان کو نہ صرف شعر گوئی سے دلچسپی اور شاعری سے مکمل تعلق خاطر رہا، خود میر عثمان علی خاں کے عہد میں ہی صاحبزادہ ارادت جہاں دار جاہی، صاحبزادہ میر نجم الدین علی خاں، صاحبزادہ جہاں دار افسر اور صاحبزادہ نقی علی خاں صائب اور موجودہ دور میں پرنس شہامت جاہ بہادر کے توسط سے حیدرآباد کی سرزمین میں اردو شاعری کا چراغ

روشن ہے، جن میں بیشتر شاعروں نے اپنے کلام کو غزل اور قصیدے سے مربوط رکھنے کے ساتھ ساتھ واقعات کربلا کے بیان اور حضرت علیؓ ہی نہیں بلکہ حضرت سیدنا امام حسینؓ اور سیدنا امام حسنؓ کے علاوہ امام قاسمؓ اور حضرت عباسؓ کی مدحت میں منقبتیں لکھیں اور حضرت فاطمہ الزہراؓ کی شان میں منقبت لکھ کر شاعری کے حسن و کمال کی نمائندگی پر توجہ دی۔ غرض اکثر صاحبزادگان نے غزل کے علاوہ عقیدتمند شاعری کی روایت کو فروغ دیتے ہوئے اہل بیت اطہار کی مدحت کا طریقہ اختیار کیا، جو شاعری کی مذہبی روش کی بہترین علامت ہے، بلکہ آصف جاہی خاندان سے تعلق رکھنے والی بے شمار شہزادیاں اور صاحبزادگان سے تعلق رکھنے والی خواتین نے بھی اہل بیت اطہار کی منقبت کو اپنی شاعری کا وسیلہ بنایا، اس طرح میر عثمان علی خاں نے جس طرح شعر گوئی کی طرف توجہ دیتے ہوئے اپنے خاندان میں اردو شاعری کی جوت جگائی، اسی طرح ان کے خاندان سے وابستہ صاحبزادگان اور صاحبزادیوں نے بھی شعر گوئی کا حق ادا کر کے اس فن پر اپنی دسترس کا ثبوت فراہم کیا، غرض میر عثمان علی خاں کی شاعری کو پابند شاعری کا درجہ دیا جاتا ہے، انہوں نے اپنے دور کے ترقی پسند رجحانات اور اس کے بعد جدیدیت پسندی کے رویوں کو اختیار کرنے سے پرہیز کیا، لیکن ان کے کلام میں صنائع و بدائع ہی نہیں بلکہ شعری حسن کاری کی تمام خصوصیات موجود ہیں۔ ہر شاعر نے اپنے دور کے تقاضوں اور نامرادیوں کا شکوہ کیا ضروری کیا ہے، حالانکہ بادشاہ وقت ہونے کے باوجود بھی میر عثمان علی خاں زمانے کے بدلنے کی شکایت اس انداز کرتے ہیں، یہ شکایت ہر شاعر کے کلام کی خصوصیت ہے، لیکن بادشاہ وقت نے خوبصورت توجیہہ کے ساتھ زمانے کے بدلنے کی شکایت بہت ہی رومانی انداز میں پیش کی ہے۔ ان کا شعر ملاحظہ ہو۔

کسی معشوق سے رنگِ تلون اس نے سیکھا ہے
ہے انداز سے پہلو بدلتا یہ زمانہ ہے

میر عثمان علی خاں کی شاعری کا رنگ منفرد ہی نہیں بلکہ لب ولہجہ بھی منفرد ہے، وہ نہ صرف غزل کی شاعری میں نئے موضوعات، تجرباتِ زندگی اور اخلاقیات کی نمائندگی کرتے ہیں، بلکہ دنیا کی حقیقت اور حُسن وعشق کے موضوعات کو بھی پیش کر کے شاعری کے اپنے انداز کی نمائندگی بھی کرتے ہیں۔ یہی وجہ ہے کہ انہوں نے طویل بحروں میں ہی نہیں بلکہ مختصر بحروں میں بھی غزلیں لکھ کر موضوعات کا حق ادا کرنے کی کوشش کی۔ ذیل میں مختلف موضوعات کی نمائندگی کرنے والی شاعری کا نمونہ پیش کیا جا رہا ہے۔

د۔ شاعری میں موضوعات اور صنعتوں کا استعمال:

اپنے عہد کی شاعری سے استفادہ اور معاصر شعراء کے کلام سے استفادہ کسی بھی شاعر کے فن کے کلام کی

دلیل ہوتی ہے، ہر شاعر اپنے خیال کو منفرد اور اس کے موضوع کو جداگانہ حیثیت سے پیش کرنے میں مصروف رہتا ہے۔ اس خصوص کی نمائندگی میر عثمان علی خاں کے کلام میں بھی دکھائی دیتی ہے۔ چند اشعار بطور نمونہ پیش ہیں جن میں موضوعات کا تنوع ہی نہیں بلکہ شعری حسن کاری بھی نمایاں ہوتی ہے۔

عثماں تو کرچکا ہے ہزاروں کا امتحاں — بے شر ہوں جو کہ ایسے بہت کم بشر ملے
نہیں گردش سے فرصت ایک دم بھی اہل دنیا کو — گزر اس دائرے میں صورت پرکار کرتے ہیں

☆

کوئی مونس نہیں، ہمدم نہیں غم خوار نہیں — صرف اک غم ہے جو دم بھرتا ہے غم خواری کا
عثماں مثالِ شمع رہے دم بخود مدام — ظاہر کبھی زباں سے نہ سوزِ دروں کیا

(4)

اشعار میں موضوعات کا تنوع خود یہ بتاتا ہے کہ شاعر کو کلام لکھنے میں بڑا خلاقانہ عبور حاصل ہے، جس طرح وہ موضوعات کو ندرت کو قائم رکھ سکتا ہے، اسی طرح اپنی شاعری کو صنعتوں سے آراستہ کرکے شعر کے حُسن میں اضافہ کرنے کی کوشش بھی کرتا ہے۔ بلاشبہ میر عثمان علی خاں کی تربیت انتظامی اور فوجی پس منظر میں ہوئی، لیکن ان کے مزاج اور فطرت کا رجحان لامحالہ انہیں فطرت پرستی اور رومانیت کی طرف مائل کرتے ہے، چنانچہ ذیل میں ان کے چند ایسے اشعار بھی پیش کئے جارہے ہیں، جن میں نئے موضوعات کی نمائندگی اور صنعتوں کی برجستہ استعمال کا ثبوت ملتا ہے۔ اس دوران سلاست، روانی، برجستگی اور بے ساختگی کے علاوہ صنعتوں کے استعمال کے باوجود بھی شاعرانہ حُسن میں کمی نہ آنے دینے کا انداز ملاحظہ ہو۔

رنج و ملال، آہ و فغاں، درد و عشق و غم — چھوڑیں گے ساتھ ہجر میں یہ تین چار کب
(صنعت جمع)

وہ ماہِ جبیں شب کو جو آنکھوں سے نہاں ہے — خورشید قیامت نظر آتا ہے قمر آج
(صنعتِ تضاد)

چمن کا رنگ یہ کہتا ہے مجھ سے اے عثماں — خزاں ہوا ہوئی موسم بہار کا پہنچا
(محاورہ بندی)

دم دیدار جو غش آنے لگا موسیٰ کو — یہ ندا آئی کہ اے طالب دیدار یہ کیا
آسماں مجھ سے پھرا تھا تو پھرا تھا لیکن — بے سبب پھر گئی مجھ سے نگہٗ یار یہ کیا

(تکرارِ لفظی)

سنتے ہیں بار بار نہیں بات بات پر
نکلی مگر زباں سے کبھی تیرے ہاں نہیں

(تضاد اور تکرار)

(5)

غزل کی شاعری کو روایتی انداز سے استعمال کرتے ہوئے شاعروں نے محبوب کی چال کو قیامت کی چال سے تعبیر کیا ہے، لیکن ایک بادشاہ وقت اور دولت کی فراوانی رکھنے والے فرد کے لئے محبوب کی چال اور اس کی خصوصیت کو محسوس کرنے کا انداز جداگانہ ہوتا ہے، چنانچہ بادشاہ کی حیثیت سے میر عثمان علی خاں نے محبوب کی چال کی عظمت اور اس کی برتری کو اہمیت دیتے ہوئے خالص رومانی انداز سے شعر کو واضح کیا ہے اور محبوب کے چہرے کی خوبصورتی کو بیان کرنے کے ساتھ ساتھ نئے انداز کی حسن تعلیل کو بھی پیش نظر رکھا ہے، جس کا انداز ملاحظہ ہو۔

ناز و ادا سے آپ کا آنا تو دیکھئے
تعظیم کو کھڑی ہے قیامت بھی راہ میں

عثماں یہاں یگانہ و بیگانہ کون ہے
جس رخ کو دیکھتا ہوں وہی روئے یار ہے

اے شیخ بحث کیجئے لیکن ادب کے ساتھ
حضرت سے آپ، آپ سے تم، تم سے تو نہ ہے

☆

غم فراق کو دیرینہ آشنا سمجھے
ہم ابتدائے محبت کو انتہا سمجھے

☆

اب تو گزر رہی ہے عجب اضطراب میں
بیٹھے بٹھائے پڑ گیا دل کس عذاب میں

بادِ صبا جو چھیڑتی ہے اس کو بار بار
برہم ہے زلف یار بھی کس پیچ و تاب میں

(حسن تعلیل)

(6)

شاعر عام طور پر تقلید سے پرہیز اور اپنی جدت طرازی سے دنیا کے موضوعات کی نمائندگی پر خصوصی توجہ دیتا ہے، یہی وجہ ہے کہ شاعرانہ انداز نے نہ صرف نیا پن بلکہ شعر کی نمائندہ تعریف سے شعر کے حُسن میں اضافہ ہونے کے ساتھ ساتھ شاعر کے خیال کی ندرت بھی واضح ہو جاتی ہے، اس انداز کو محسوس کرنے کے لئے بادشاہ وقت کے کلام کی اس روش کو محسوس کیجئے، جو آہوں کے تیر شہاب کی تشبیہ سے نئے مفہوم کو واضح کرنے میں اپنے تخیل کی جداگانہ ندرت کو شامل کرتا ہے۔

غیر سے کہہ دو یہ عثماں کہ ذرا بچ کے رہے   میری آہیں ہیں کہ یہ تیرِ شباب آتے ہیں

بلاشبہ شاعر کو الفاظ کا جادوگر کہا جائے تو بیجا نہ ہوگا جو اپنے شعروں سے نہ صرف طلسمات کا کام لیتا ہے، بلکہ شعری لفظیات کے ذریعہ ایسی حُسن کاری کو نمائندگی دیتا ہے کہ ہر شعر رواں اور دل پر اثر کرنے کی تاثیر رکھتا ہے،اس خصوص میں شفق پھولنا شعرا کا محبوب موضوع رہا ہے۔اعلیٰ حضرت نے بھی اس پر اظہارِ خیال کیا ہے۔شعر دیکھئے اور لطف لیجئے۔

شیشہ و جام میں کیا ہے یہ نہ پوچھو عثماں   بے خودی جام میں ہے بے خبری شیشے میں

اردو شاعری کے مزاج میں یہ خصوصیت داخل ہے کہ ہر شاعر اپنے محبوب سے شکایت کرتا ہے اور اس کی بے اعتنائی اور ستم گاری پر نہ صرف اشعار لکھتا ہے، بلکہ اپنی طبیعت کی گرانی کو بھی واضح کرتا ہے، اردو کے اکثر شعراء نے محبوب کو دیکھتے ہی اس کے جور و ستم بھول جانے کی بات پیش کی ہے،اعلیٰ حضرت کے پاس اس خیال کی ندرت ملاحظہ ہو۔

شکوۂ جورِ تجھے دیکھ کے ہم بھول گئے   آنکھ ملتے ہی ستم گر یہ ستم بھول گئے

اردو کی غزلیہ شاعری ہی نہیں بلکہ حمد و نعت و منقبت اور مثنوی و مرثیہ کے علاوہ رباعی و قطعہ کی شاعری میں سب سے زیادہ کار آمد شعری حُسن تشبیہ اور استعارے کا ہوتا ہے، جس کی وجہ سے نہ صرف معنی و مفہوم کی وسعت کا اندازہ ہوتا ہے، بلکہ کسی موضوع کو پیش کرنے کے معاملہ میں شاعر کی تخیلاتی زندگی کی گہرائی کا بھی پتہ چلتا ہے، بادشاہ وقت نے بھی اپنی شاعری میں بے شمار تشبیہات کا استعمال کیا اور خوبصورت تلمیحات اور استعارے بھی استعمال کئے،اس سلسلہ میں ایک خوبصورت تشبیہ ملاحظہ فرمایئے۔

تلوار میں چھری میں نہ خنجر میں ہے کہیں   جو کانٹ چھانٹ آپ کی تیغِ ادا میں ہے

اردو کی شاعری میں یا سیاست کے امام اور غزل کی شاعری کو انفرادیت سے وابستہ کرکے ریختہ کے علاوہ واسوخت وابستہ کرنے والے میر تقی میر کو یہ اعزاز حاصل ہے کہ انہوں نے اپنے دور کے تباہ کاریوں کو دیکھتے ہوئے شاعری میں ایسے نہج کا آغاز کیا کہ جس کی وجہ سے تمام تر شاعری وزن، بحر اور قافیہ و ردیف کے علاوہ خیال کی ندرت سے وابستہ ہو جانے کے باوجود بھی ایسی ہو کہ جو شاعری ہونے کے باوجود بھی نثر کا لطف دیتی ہو، تو اس شاعری کو اردو کے نقادوں نے سہل ممتنع کی اصطلاح سے وابستہ کیا۔ بے شمار شعراء نے اس روش کو اختیار کیا۔آصف جاہی دور کے بادشاہ میر عثمان علی خاں نے بھی جس انداز سے سہل ممتنع کا فن کاری کا استعمال کیا ہے،اس کی خوبی اور خصوصیت کو محسوس کیجئے۔

ہزار بار کہا لاکھ بار سمجھایا کبھی نہ آپ مرے دل کا مدعا سمجھے

عام طور پر انسان کی یہ فطرت ہوتی ہے کہ وہ تکلیف میں غمزدہ ہوجاتا ہے اور خوشیوں میں خود کو کامیاب تصور کرتا ہے، لیکن شاعروں کا تصور اس انداز سے جداگانہ خصوصیات کا حامل ہوتا ہے، میر عثمان علی خاں کی اسی غزل کے ایک شعر کو ملاحظہ فرمائیے، جس میں تکلیف کے دوران لطف لینے کی بات پیش کی گئی ہے۔

تڑپنا، لوٹنا دل کا عجب کچھ لطف دیتا ہے محبت میں ہمارا رنگ بھی کیا عاشقانہ ہے

زمانے کے رنگ بدلنے اور آسمان کے ستم ڈھانے کے ساتھ ساتھ اردو کے شعراء نے اپنی محبوب کے رویہ کے تبدیل کرنے کو بھی شاعری کا وسیلہ بنایا ہے، لیکن میر عثمان علی خاں کی شاعری کا امتیاز یہ ہے کہ وہ محبوب کے بدلتے ہوئے رنگ پر افسردہ نہیں بلکہ انہوں نے محبوب کی بدلتی ہوئی آنکھوں گردش زمانہ سے تعبیر کرکے خیال کی ندرت اور اظہار کی جدت کو پیش کیا ہے۔

نگاہِ ناز کیا کیا رنگ دکھلاتی ہے عاشق کو تری آنکھوں کی گردش ہے کہ نیرنگ زمانہ ہے

سارے عالم کو بے چینی کا وسیلہ قرار دیا گیا ہے۔ اکثر شعراء نے دنیا میں رہتے ہوئے کسی قسم کا سکون حاصل نہ ہونے اور زندگی بے چین گذر جانے کی طرف اشارہ دیا ہے، اس مرحلہ کو میر عثمان علی خاں نے بھی محسوس کیا ہے، چنانچہ وہ لکھتے ہیں چین سے نہ رہنے دینے کا شکوہ کرتے ہوئے عام طور پر شعرائے آسماں، زمانہ، محبوب کو موردِ الزام ٹھہراتے ہیں۔ شاہ عثمان اپنے چین کو بے چینی میں بدلنے کی وجہ اپنے دل کو قرار دیتے ہیں کہتے ہیں۔

کبھی نہ چین سے رہنے دیا ہمیں عثماں ہمارے اس دل بے تاب سے خدا سمجھے

بیشتر شعراء نے اساتذہ کے مصرعوں پر اپنی غزلیں لکھ کر کامیابی کے جھنڈے گاڑے ہیں، استاد شاعر کی غزل کے معیاری شعر کی مناسبت سے اسی بحر اور قوافی اور ردیف کے ساتھ غزل لکھنا اور اساتذہ کے معیار سے بلند معیار قائم کرنا بہت دشوار کام ہوتا ہے، اس مرحلہ میں بھی میر عثمان علی خاں نے اپنی فطرت کی نمائندگی کرتے ہوئے واضح کیا ہے کہ وہ اساتذہ کے اشعار پر غزل لکھنے میں مہارت رکھتے ہیں، چنانچہ مشہور شاعر کا مشہور مصرعہ ہے۔

''جو خدا ہم کو دکھائے گا وہ ہم دیکھیں گے''

اس مصرعہ اور اس میں موجود حقیقت پسندی کا لطف لیتے ہوئے اپنی رنگین غزل کے دوران مصرعہ کی حقیقت کو پیش کرنے کے لئے سلطان العلوم نے بھی طویل غزل لکھی ہے، اس طویل غزل کے چند اشعار بطور نمونہ اس لئے پیش ہیں کہ اندازہ لگایا جاسکے کہ اساتذہ کے مصرعوں پر شعر لکھنے کا انداز بھی سلطان العلوم کو اپنی شاعری میں انفرادیت بخشنے کا ذریعہ بنتا ہے۔ سلطان العلوم کی ایک طویل غزل کے اشعار ملاحظہ ہوں۔

تیرے سب ظلم و ستم جور و جفا دیکھیں گے
جب تو جو ہم کو دکھائے گا خدا دیکھیں گے

خون عشاق ترے ہاتھوں سے ہوں گے کب تک
رنگ لائے گی کہاں تک یہ حنا دیکھیں گے

شب فرقت کی جو ہم دست درازی سے بچے
ہاتھا پائی کا شب وصل مزا دیکھیں گے

لوگ رکھتے ہیں عبث خواہش دیدار محال
آنکھ جس رخ پہ نہ ٹھہری اسے کیا دیکھیں گے

منہ کی کھائیں گے عدو میری شکایت کرکے
وہ برائی کا نتیجہ بھی برا دیکھیں گے

بھول جائیں گے مسیحا بھی کرامت اپنی
گر تمہارے لب اعجاز نما دیکھیں گے

دل کو صد چاک تو ہوجانے دو شانے کی طرح
بل کو لینا ترا اے زلف دو تاہ دیکھیں گے

اب تو یہ دیکھ رہے ہیں کہ ہے دم آنکھوں میں
آگے فرقت میں خدا جانے کہ کیا دیکھیں گے

عام طور پر طویل بحروں کا انتخاب کر کے اپنے خیالات کی کہکشاں سجانا بہت آسان ہے، لیکن مختصر اور چھوٹی بحر کے ذریعہ خیال کی بلندی اور افکار کی پاکیزگی کو نمائندگی دینا بہت مشکل کام ہے، ایک بادشاہ بیک وقت نہ صرف مشکل کاموں سے گذرتا ہے، بلکہ آسان کاموں کو بھی انجام دینے کی صلاحیت رکھتا ہے، میر عثمان علی خاں کے غزلوں کے شعری مجموعے میں جہاں طویل بحروں میں غزلیں موجود ہیں، وہیں درمیانی بحروں کے علاوہ مختصر بحروں میں بھی غزلوں کا ذخیرہ موجود ہے۔ ان کی چھوٹی بحر میں لکھی ہوئی ایک غزل کا نمونہ پیش ہے، جس میں ان کی فنکارانہ صلاحیت کا اظہار ہوتا ہے، غزل کے اشعار ملاحظہ ہوں۔

تیغ پر تیغ کیا لگائی ہے
واہ کیا ہاتھ کی صفائی ہے

وعدۂ وصل سن کے اے ظالم
جان میں جان آج آئی ہے

دی جگہ مجھ کو یار نے دل میں
یہ مرے بخت کی رسائی ہے

ید بیضا بھی جس پہ ہو قرباں
واہ کیا پنجۂ حنائی ہے

بات میں بات کیا نکالی ہے
اس کی جو بات ہے نرالی ہے

جام مے دے کے ساقیا تونے
تن بے جاں میں جان ڈالی ہے

کس کو سمجھا رہا ہے تو ناصح
دل بھی اک رند لا اُبالی ہے

(7)

شاعری کے لئے عمدہ خیال، موزوں لفظیات کے علاوہ برجستہ گوئی کے ساتھ ساتھ تسلسل وروانی کو پیش نظر رکھا جاتا ہے، اس پس منظر میں لکھی جانے والی شاعری قافیہ وردیف ہی نہیں بلکہ اظہار کی تمام کیفیات سے آراستہ

ہوتو ہی شاعری کا وصف حاصل ہوتی ہے، ورنہ شاعری اپنے وقار سے ہٹ کر تک بندی کا ذریعہ بن جاتی ہے، میر عثمان علی خاں کے ہر شعر میں جاہ وجلال نہیں اور شاہی وراثت کا انداز نہیں دکھائی دیتا، بلکہ وہ بہت ہی نزاکت کے ساتھ شعر کو تخیل کا ہم نوا بنا کر نغمگی اور موسیقی کو شعر کا وسیلہ بنا دیتے ہیں، یہی وجہ ہے کہ ان کی شاعری میں حُسن کاری اور فن کی باریک بینی واضح ہوتی ہے۔ کوئی بھی شعر بے وزن نہیں اور کسی بھی شعر کو وزن سے خارج یا پھر شاعرانہ امکانات سے دوری اختیار کرنے والا قرار دیا جاسکتا ہے، بلکہ وہ شاعری میں اہم محاورات اور تشبیہات ہی نہیں بلکہ استعارے کی دنیا آباد کرنے میں کامیاب ہو جاتے ہیں، ان کی شاعری میں موجود محاورے کے حُسن کو ملاحظہ کرنے کے لئے باضابطہ میر عثمان علی خاں کی شاعری میں محاورہ بندی کے عنوان سے ان کے کارناموں کو واضح کیا جا رہا ہے۔

ہ۔ آصف سابع کی شاعری میں محاورہ بندی:

نواب میر عثمان علی خاں کی شعری روایت میں نہ صرف شاعری کی خوبو باقی ہے، بلکہ وہ روایات سے استفادہ کرنے کو شاعری کا وسیلہ سمجھتے ہیں، یہی وجہ ہے کہ ان کے کلام میں نہ تو عصری حسیت کا انداز نمایا ہوتا ہے اور نہ ہی وہ ترقی پسندی اور جدیدیت کے رویہ کو قبول کر کے ایسی شاعری کرنے پر توجہ دیتے ہیں، جو شاعری سے زیادہ معمہ یا پہیلی کا ذریعہ بن جاتی ہے۔ میر عثمان علی خاں اپنی شاعری میں دور از کار تشبیہات سے بھی پرہیز برتا ہے، وہ اساتذہ کی شاعرانہ موشگافیوں سے بھی اجتناب برتتے ہیں، جس کا مقصد یہی ہے کہ شعر کو وہ نہ صرف قابل تفہیم بنانا چاہتے ہیں، بلکہ اظہار کی پوری طاقت کے ساتھ قاری کے ذہن کا علمبردار بنا دیتے ہیں، یہی وجہ ہے کہ ان کی شعر گوئی میں ابہام اور پیچیدہ روایت کا دخل نہیں ہوتا، گو کہ وہ بادشاہ وقت ہیں اور انہیں تمام عیش وعشرت کا سامان موثر ہے اس کے علاوہ ان کی زندگی میں کوئی غم یا افسردگی کا مرحلہ نہیں، وہ جس چیز کو چاہتے ہیں، حاصل ہو جاتی ہے، اس کے باوجود بھی ایک عام انسان کی طرح انہوں نے شاعری کو جذبات، احساسات اور تجربات ہی نہیں بلکہ افکار کی نمائندگی کا وسیلہ بنا دیا۔ علامہ اقبال کی طرح وہ شاعری میں کسی فکر کو نمایاں نہیں کرتے بلکہ عام شاعروں کی طرح جذبات اور احساسات کی نمائندگی کرتے ہوئے مفہوم کی خصوصیت کو واضح کرنے پر خصوصی توجہ دیتے ہیں۔ ان کے کلام کو پڑھتے ہوئے کہیں بھی یہ احساس نہیں ہوتا کہ یہ امیرانہ ٹھاٹ باٹ اور شاہانہ معیار ورتبہ کے شاعر کا کلام ہے، بلکہ وہ عام شاعروں کی طرح زندگی کے تجربات سے استفادہ کر کے اور اظہار کے توسط سے معنی ومفہوم کی بلندی کو پیش کرتے ہوئے خیال کی نذاکت ونفاست کو بھی نمایاں کرنے میں کامیاب ہو جاتے ہیں۔ ان کی غزلوں میں یہی انداز واضح ہوتا ہے کہ شاعر نے اپنی برتری کے ثبوت کے لئے شاعری نہیں کی بلکہ شعر گوئی کے نمائندہ اوصاف کے واضح کرنے کے لئے شاعری پر خصوصی توجہ دی ہے۔ میر عثمان علی خاں کا دور ایک ایسا دور تھا جبکہ شہر حیدرآباد میں دہلی

اور لکھنؤ ہی نہیں بلکہ بھوپال، رامپور اور عظیم آباد کے علاوہ مدراس کے باشندے بھی اس ریاست کو اپنا مسکن بنا چکے تھے، جس کی وجہ سے اردو شاعری کے محاوروں میں شعوری اور لاشعوری طور پر مقامی انداز کی نمائندگی کرتے ہیں۔ آصف جاہ سابع کی شاعری کے مطالعہ سے اندازہ ہوتا ہے کہ انہوں نے خوبصورتی اور بے ساختگی کو خصوصی وسیلہ بنایا ہے۔ جس کے ساتھ ہی وہ نہ صرف مختلف محاروں کو شاعری میں استعمال کر کے اپنے مزاج کی نمائندگی کا ثبوت دیتے ہیں۔ انہوں نے بڑی ہی نزاکت کے ساتھ اپنی شاعری میں محاورات کی دنیا سجائی ہے۔ ایسے محاورات میں داد دینا، بیٹھے بٹھائے، دیکھا دیکھی، آپس میں چل جانا، قسمت کا پیچ، آپس میں چوٹ، پھانس کلیجہ سے نکل جانا، دل پہلو سے نکل جانا، کہیں کا نہ رکھنا، ایک نہ ماننا، ہوش کی دوا لینا، دل کی لگی، آنکھ لڑنا، سر پر وبال آنا، آنکھوں میں کھٹکنا، خون کی گرمی، مہر و مہ چکر میں آنا، دماغ آسماں پر، جامے سے باہر ہونا، ایک انار سو بیمار، مٹی میں ملا دینا، شگوفہ کھلنا یا کھلا دینا جیسے بیسویں محاورے بڑی ہی چابک دستی سے استعمال ہوئے ہیں۔ مثالیں دیکھئے۔

تیری نگاہ پھرتے ہی آپس میں چل گئی — دل مجھ سے اور دل سے میں بیزار ہوگیا

ارماں نکلتا نہیں کوئی مرے دل سے — دل ہی مرے پہلو سے نکل جائے تو اچھا

کیا خوب ہے گر وصل کا اقرار وہ کرلیں — باتوں میں مرا کام نکل جائے تو اچھا

یادِ مژۂ یار کھٹکتی ہے جو پیہم — یہ پھانس کلیجے سے نکل جائے تو اچھا

کہتا ہے یہی حسرت دیدار میں عثماں — یارب مرا ارمان نکل جائے تو اچھا

چیدہ چیدہ غزلوں سے کچھ اور مثالیں دیکھئے۔

عاشق بھی ہوا ہائے تو کس دشمن دیں کا — کمبخت دل زار نے رکھا نہ کہیں کا

لاکھ سمجھاتے رہے ایک نہ مانی تو نے — تجھ سے نادان نہ کوئی دل شیدا دیکھا

چارہ گر ہوش کی تو اپنے دوا کر پہلے — میں ہوں بیمار محبت مرا درماں کیسا

جادو بھری نگاہ کو ہم جانتے اگر — پہلے ہی آنکھ یوں نہ لڑاتے کسی طرح

کیا اس پہ سایہ پڑ گیا زلف دراز کا — آہِ رسا کا کیوں ہے دماغ آسمان پر

تدبیر کریں لاکھ تو بے سود ہے عثماں — جا سکتے ہیں تقدیر کے چکر سے نکل کر

حکومت اور اقتدار کا حصول انسان کو مزید بلندیوں کا بھوکا بنا دیتا ہے۔ اعلیٰ حضرت خدا کی طرف سے ملنی والی سوغات پر خوش اور مطمئن نظر آتے اور کہتے ہیں۔

اب تو کسی عروج کی حسرت نہیں رہی — جی بھر گیا ہے اپنا جو اقبال و جاہ سے

اپنی بخشش اور آخرت کی فکر انہیں ہمیشہ دامن گیر رہی چنانچہ اس کے لئے خدائے بزرگ و برتر سے ہمیشہ عفوو معافی کے طلب گار رہے۔

بخشش کے واسطے یہی کافی ہے اے غفور
عثمان منفعل ہے جو اپنے گناہ سے

منفعل ہونے کے بعد عثمان کا فضل باری پر اٹوٹ ایقان دیکھئے۔

فضل باری پر بھروسہ تھا جو اے عثماں ہمیں
آخرش اس کی ہمارے حال پر رحمت ہوئی

عثمان کا اللہ تعالیٰ کے ساتھ ساتھ حبیب خدا کی یاد ملاحظہ ہو۔

فلک ہزار مخالف ہو خوف کیا عثماں
کفیل جب ہے خدا بھی تیرا پیمبرؐ بھی

اعلیٰ منتظم، بہترین فرماں روا، معیاری انساں، کامیاب شاعر غالباً انہیں کے لئے میر تقی میر نے کہا ہوگا۔

مت سہل انہیں جانو پھرتا ہے فلک برسوں
تب خاک کے پردے سے انساں نکلتے ہیں

(8)

میر کی شاعری میں جن معاملات کی نمائندگی کا پتہ چلتا ہے، اس سے خود اندازہ ہوتا ہے کہ جس طرح شاعر کا پیدا ہونا آسان کام نہیں، اسی طرح کسی بادشاہ وقت کی جانب سے شاعری کے اس انداز کو نمائندگی دینا بہر حال ایسا عمل ہے جسے کسی امیر کے ذریعہ غربت کا کام انجام دینے سے تعبیر کیا جاسکتا ہے۔ لازمی ہے کہ مفلسی اور ناداری زندگی گذارنے والے کے تجربات سے کسی بادشاہ یا امیر کو سابقہ نہیں پڑتا کیونکہ اس کی زندگی شاہانہ ٹھاٹ باٹ سے عبارت ہوتی ہے، لیکن بادشاہ کا بھی عام انسان کی طرح سوچنا اور اپنے تجربات کو شعر گوئی کے ذریعہ پیش کرنے کی صلاحیت سے یہ اندازہ ہوتا ہے کہ ہر انسان پیدائش سے لے کر وفات تک خوشی اور غم کا مجسمہ ہے، جس سے وہ ہر وقت نبرد آزما ہوتا ہے، اس لئے اس کے تجربات بھی شاہی زندگی گذارنے کے باوجود عوامی جذبات کے مماثل ہوتے ہیں، جس کا ثبوت میر عثمان علی خاں کی شاعری سے حاصل ہوجاتا ہے، اس لئے میر عثمان علی خاں کی شاعری کو شاہانہ مزاج اور امیرانہ کروفر کی شاعری کی حیثیت سے نہیں بلکہ عام انسان کی شاعری کی حیثیت سے اہمیت دی جاتی ہے، بعض ناقدین نے برسبیل تذکرہ اس حقیقت کو دہرایا ہے کہ سلاطین اور خواتین کی شاعری نا قابل بھروسہ ہوتی ہے کیونکہ ان دونوں معیارات سے وابستہ افراد یا خواتین خود لکھنے کے بجائے کسی سے لکھوانے کا کام انجام دیتی ہیں، لیکن جس طرح دکن کے مشہور شاعر اور بادشاہ وقت سلطان محمد قلی قطب شاہ اور عبداللہ قطب شاہ کے علاوہ ابوالحسن تانا شاہ نے بادشاہت کرتے ہوئے شعر گوئی کو اظہار کا وسیلہ بنایا، اسی طرح میر عثمان علی خاں بھی شاہی کروفر کے شاعر تھے لیکن ان کی شاعری عام انسان کے جذبات کی نمائندگی کرتی ہے اور ان کا دیوان یہ ثابت کرتا ہے کہ آبائی ورثے

میں ملی ہوئی شاعری کو میر عثمان علی خاں نے اپنے گلے سے لگایا، جس کے بعد ان کے چھوٹے بیٹے اور پوتوں نے بھی شعر گوئی کو اظہار کا ذریعہ بنایا، اس لئے بادشاہ وقت کی شاعری پر کسی قسم کا شک وشبہ مناسب نہیں اور یہ بھی حقیقت ہے کہ بادشاہ وقت نے اپنے والد سے فن شاعری کا مزاج حاصل کیا تھا اور بادشاہ ہونے کے ساتھ ساتھ عوام کے درد وغم اور ان کے اشتراک میں شریک ہونا، میر عثمان علی خاں کی فطرت کا حصہ تھی، اسی لئے عثمان علی خاں کی شاعری پر کسی قسم کی شک کی گنجائش نہیں، کیونکہ انہوں نے باضابطہ اساتذہ سے استفادہ کر کے شعر گوئی کو اپنے اظہار کا ذریعہ بنایا تھا۔ اس دور میں بادشاہ وقت کا کلام کسی اخبار یا رسالہ میں شائع ہوتا تو کلام کے آخر میں بادشاہ کے کلام کی سند کے لئے استاد کی رائے بھی درج کی جاتی تھی۔ باضابطہ میر عثمان علی خاں کا کلام شائع ہونے کے آخری حصہ میں ''رائے استاد جلیل، بہت خوب، بہت بہتر'' لکھا جاتا تھا، جس سے خود اندازہ ہوتا ہے کہ بادشاہ کے لکھے ہوئے کلام پر استاد کی نظر گذرنے کے بعد ہی اس کی اشاعت عمل میں لائی جاتی تھی اور اشاعت کے دوران باضابطہ ان کے استاد کی رائے کا شامل ہونا اس بات کی دلیل ہے کہ خود استاد محترم نے تصدیق کی ہے کہ کلام بادشاہ کا ہے اور اس میں شامل شاعرانہ خصوصیات کی تعریف کرتے ہوئے بادشاہ وقت کی رائے زنی کو شامل کیا جاتا تھا، اس طرح اس دور کے ہندوستان ہی نہیں بلکہ حیدرآباد اور دوسرے علاقوں کے رسائل میں میر عثمان علی خاں کا کلام شائع ہوتا رہا اور اس کی تعریف وتوصیف کے باضابطہ گن بھی گائے جاتے رہے، البتہ بادشاہ وقت نے کسی وقت بھی کسی مشاعرے میں اپنا کلام سنا کر سامعین کو متوجہ کرنے کی کوشش نہیں کی۔ کلام سنانا بادشاہ کے وقار کے خلاف تھا، البتہ بادشاہ وقت چاہے تو اپنا کلام کسی شاعر کے حوالے کر کے اسے پڑھنے کی اجازت مرحمت فرماتا تھا، اس طرح میر عثمان علی خاں کی شاعری اور اس کی اشاعت کے ساتھ ساتھ محفلوں میں اسے پڑھنے کے آداب بھی مقرر تھے، جس کے بغیر کلام کی اشاعت اور اس کی سماعت ممکن نہیں تھی۔ میر عثمان علی خاں کی برجستہ گوئی بھی اپنی جگہ مسلمہ تھی، جس کی تفصیلات نذر علی درد کاکوروی کی مشہور کتاب ''دربار دُربار'' میں درج ہے۔ غرض بادشاہ کا دربار ہی نہیں بلکہ عوام میں بھی بادشاہ وقت کی شاعری کو قدر کی نگاہ سے دیکھا جاتا تھا۔ ایچ ای ایچ دی نظامس چیرٹیبل ٹرسٹ کی جانب سے میر عثمان علی خاں کا پورا دیوان چار جلدوں میں شائع ہو چکا ہے، لیکن وہ دیوان اب دستیاب نہیں ہے، ضرورت ہے کہ اس کی دوبارہ اشاعت اور ان کے کلام پر تحقیقی وتنقیدی جائزے پیش کر کے باضابطہ بادشاہ وقت کے کلام کی ادبی اور فنی خصوصیت کو واضح کیا جائے۔ غرض آنے والے محققین اور ناقدین کے لئے بلاشبہ یہ بات حد درجہ کھلا ہے اور اندازہ ہوتا ہے کہ کس قسم کے ادبی کام کے ذریعہ شاہ وقت کی شاعرانہ خصوصیات کو منظر عام لانے کا موقع حاصل ہوگا۔ اس خصوص میں کوئی خصوصی پراجکٹ یا کسی اہم ادارہ کی جانب سے اس کام کی تکمیل کی جائے تو مناسب ہے۔

باب پنجم

آصف جاہ سابع کے عہد کے نامور شعرأ

میر عثمان علی خاں کا عہد 1911ء میں ان کے اقتدار پر آنے سے لے کر 18 ستمبر 1948ء تک قائم رہا۔ وہ نہ صرف ساتویں نظام کی حیثیت سے شہرت رکھتے ہیں بلکہ انہوں نے بڑی شاندار زندگی گذارتے ہوئے انگریزوں سے بھی تعلقات قائم رکھے اور ہندوستانی حکمرانوں کو بھی اپنے کارناموں سے متاثر کیا ہے۔ اگرچہ پولیس ایکشن کے بعد نواب میر عثمان علی خاں کی حکمرانی باقی نہ رہی لیکن 1967ء تک وہ ریاست حیدرآباد کے مختلف اہم کارنامے اور فلاحی سرگرمیوں سے دلچسپی لیتے رہے۔ آزادی کے بعد بھی ان کو راج پرمکھ کی حیثیت سے ہندوستانی حکومت نے قبول کیا لیکن ساری زندگی انڈین یونین سے کوئی وظیفہ قبول نہیں کیا بلکہ فلاحی کارنامے انجام دینے میں پیش پیش رہے۔ آزادی کے بعد سے لے کر موجودہ دور تک انہوں نے سب سے پہلے نظامس آرتھوپیڈک ہاسپٹل قائم کیا پھر ان کے تعلق سے خاندان رکھنے والے نواب میر برکت علی خاں مکرم جاہ نے اپنی اہلیہ کے نام پر اسریٰ دواخانہ قائم کیا۔ نظامس آرتھوپیڈک ہاسپٹل کو حکومت نے اپنے زیر انتظام لے کر باضابطہ نظامس انسٹیٹیوٹ آف سائنس کا نام دیا اور اسریٰ دواخانہ کو اویسی ہاسپٹل کے نگرانکاروں نے اپنی میڈیکل کالج کے استفادہ کے لئے استعمال کرنا شروع کیا۔ جس کے بعد آصف جاہی خاندان کے سربراہوں نے ایک نیا دواخانہ ''پرنس درشہوار'' ہاسپٹل قائم کیا جو بچوں کے علاج اور دیگر علاج کے لئے شہرت کا حامل ہے۔ جب ہندوستان اور پاکستان کی جنگ ہوئی تو وزیر اعظم ہند لال بہادر شاستری نے فوجیوں کی مدد کے لئے عوام سے امداد طلب کی، تو نواب میر عثمان علی خاں نے لال بہادر شاستری کو سونے میں تول کر ان کے وزن کے برابر سونا ہندوستانی حکومت کو بطور تحفہ دے دیا۔ جس سے اندازہ ہوتا ہے کہ حکومت سے سبکدوش ہونے کے بعد بھی حیدرآباد کے نظام نے مختلف فلاحی اور سماجی کاموں میں اپنی دلچسپی دکھائی۔ نظام کے دور تک ہر بڑے عہدیداروں کے مکان پر مشاعرے ہوتے اور بڑے مشاعروں کے لئے بادشاہ وقت کی طرف سے امداد فراہم کی جاتی۔ خود نواب میر عثمان علی خاں کے دربار

سے وابستہ شاعروں کا گروہ موجود تھا۔ جب عثمان علی خاں کو راج پرمکھ بنادیا گیا تو ان کے بیٹے پرنس معظم جاہ شجیع کے دربار سے وابستہ شعراء کی سرپرستی کا سلسلہ جاری رہا۔ یہی نہیں بلکہ پرنس نقی علی خاں صاحب اور پرنس شہامت جاہ بہادر نے آصف جاہی دور کے مشاعروں کی روایت کو قائم رکھا ہے، جس سے خود اندازہ ہوتا ہے کہ آصف جاہی بادشاہوں کو اردو شعر و ادب سے ہی دلچسپی نہیں تھی بلکہ اردو اور فارسی کے علاوہ عربی اور دوسری زبانوں سے شعر و ادب کی نمائندگی کرنے والوں کو وہ نہ صرف دربار میں اعزاز دیتے بلکہ ان کی کفالت کے لئے بھی ذمہ داری قبول کرتے تھے۔ یہ سلسلہ اگرچہ 1948ء میں پولیس ایکشن کے دوران بند ہوگیا تھا لیکن آخری دور تک معظم جاہ شجیع کے دربار سے شاعروں کی وابستگی اور مختلف مشاعرے منعقد ہونے کے علاوہ ملک کے بڑے شاعروں کو ان کے دربار میں مدعو کرنے کی روایت بھی قائم تھی۔ شجیع کے انتقال کے بعد پرنس شہامت جاہ نے آصف جاہی سلطنت کی شعر و ادب اور شاعری سے دلچسپی کی سرپرستی کو آج بھی جاری رکھا ہے اور ان کے مکان پر منعقد ہونے والے مشاعروں میں خاص لوگوں کو مدعو کیا جاتا اور انہیں اعزاز سے نوازا بھی جاتا ہے۔ جس سے خود اندازہ ہوتا ہے کہ آصف جاہی خاندان کے افراد نے شعر و ادب کی روایت کو جاری رکھنے میں اپنی خدمات کا سلسلہ جاری رکھا ہے۔

نواب میر عثمان علی خاں کے عہد کو آصف جاہی سلطنت کے درخشاں عہد سے تعبیر کیا جاتا ہے کیونکہ اس دور میں نہ صرف ریاست حیدرآباد میں شعر و ادب کی سرگرمیوں کا سلسلہ جاری تھا بلکہ ملک کے دوسرے علاقوں سے منتقل ہوکر شہر حیدرآباد میں سکونت اختیار کرنے والے شاعروں کی سرگرمیاں بھی عروج پر تھیں۔ اس زمانہ میں شمالی ہند کے باشندوں کو خاص اصطلاح کے ساتھ ''ہندوستانی'' کے نام سے یاد کیا جاتا تھا اور مقامی باشندوں کو جو اصطلاح رواج پائی تھی وہ ''ملکی'' کہلاتی تھی۔ اس تفریق کے باوجود بھی حیدرآباد کی سرزمین نے بے شمار شعراء کو مدعو کیا گیا اور انہوں نے اپنی زندگی اسی سرزمین پر گذاری۔ آصف جاہی دور کے ساتویں بادشاہ نواب میر عثمان علی خاں کے دور میں نہ صرف اردو نثر کو ہمہ جہت ترقی کا موقع حاصل ہوا بلکہ اردو شاعری کی ہر صنف کو فروغ حاصل ہوا۔ اگرچہ دبستانِ دہلی، دبستانِ لکھنؤ، رامپور، بھوپال اور عظیم آباد کے شعر و ادب کی شناخت مٹ رہی تھی لیکن ریاست حیدرآباد کی شعر گوئی اور شاعروں کی شہرت کو چار چاند لگ رہے تھے۔ میر عثمان علی خاں کے عہد میں شعر گوئی کا حق ادا کرنے والے افراد میں پانچ اہم قسم کی درجہ بندی کی جاسکتی ہے۔ جس کے تحت ذیل میں عنوانات بھی قائم کئے جارہے ہیں۔

1. میر عثمان علی خاں کے دور کے درباری شعراء
2. میر عثمان علی خاں کے دور کے بیرونی شعراء
3. میر عثمان علی خاں کے دور کے دیہی شعراء
4. میر عثمان علی خاں کے دور کے غزل گو شعراء
5. میر عثمان علی خاں کے دور کے غزل کے علاوہ دوسری اصناف کی نمائندگی کرنے والے شعراء

یہ حقیقت ہے کہ جن علاقوں میں دربار قائم رہے اور جاگیرداری نظام کا سلسلہ فروغ پاتا رہا ان علاقوں میں دو اہم شعری اصناف کو فروغ حاصل ہوا۔ جاگیرداری نظام کے توسط سے باضابطہ جس صنف کو سب سے بڑی اہمیت حاصل ہوئی وہ درحقیقت قصیدہ کی صنف تھی، جو عربی اور فارسی زبان سے ہوتی ہوئی اردو میں داخل ہوئی تو اردو کے شاعروں نے قصیدہ کو دو مختلف طریقوں میں تقسیم کر دیا جس کے تحت مدحیہ یا تہنیتی قصیدہ اور ہجویہ یا بے عزتی کو پیش کرنے والا قصیدہ۔ اردو کے شاعروں نے دونوں قسم کے قصیدے لکھے، اس کے علاوہ نامور شاعروں نے باضابطہ نعتیہ قصیدہ لکھ کر پیغمبر اسلامؐ کی زندگی اور ان کی خدمات کا اعتراف کیا۔ اس کے علاوہ قصیدہ کو جس قافیہ پر ختم کیا جاتا ہے اس کے نام پر بھی لامیہ قصیدہ، نونیہ قصیدہ اور میمیہ قصیدہ کے نام سے اہمیت حاصل ہوتی ہے۔ حیدرآباد کی سرزمین میں شاہ پرستی اور امیر و امراء کی تعریف و توصیف کے مواقع دستیاب تھے، اس لئے قصیدہ کی صنف کو وقار کا درجہ حاصل ہوا۔ بادشاہ کی تخت نشینی یا پھر اس کی سالگرہ کے علاوہ صحت یابی اور کسی خوشی کے موقع پر قصیدے لکھنے کی روایت عام تھی۔ یہی نہیں بلکہ امیروں اور مالداروں کے گھرانوں میں بھی خوشی کے موقع پر انجام دی جانے والی تقاریب کے دوران شاعروں کو خصوصی اعزازیہ دے کر ان سے قصائد لکھائے جاتے تھے۔ شادی بیاہ کے موقع پر حیدرآبادی شاعروں نے مرد نوشہ کی حمایت میں نہ صرف قصیدہ لکھ کر ''سہرا'' کی روایت کا آغاز کیا، اسی طرح خاتون کی شادی کے موقع پر ''وداعی'' لکھ کر قصیدہ کی خصوصیت کو برقرار رکھا۔ یہی نہیں بلکہ قصیدہ لکھنے کی پرانی روایت یعنی غزل کی ہیئت کو استعمال کرنے کے بجائے شاعروں نے مثلث، مربع، مخمس، مسدس اور مثمن انداز سے سہرے اور وداعی کو اہمیت دی۔ اگر نواب میر عثمان علی خاں کی دور کی شاعری کا احاطہ اصناف شعری کے پس منظر میں کیا جائے تو دشواری یہ ہوگی کہ کئی شعراء بیک وقت حمد و نعت و منقبت ہی نہیں بلکہ قصیدہ و مرثیہ اور اس کے ساتھ غزل کی شاعری کے ماہر قرار دیئے گئے۔ کئی شعراء نے اگرچہ رباعی کی صنف میں شہرت حاصل کی اور مرثیہ کی صنف کو بھی حیدرآباد کی سرزمین سے وقار بخشا لیکن وہ غزل کے شاعر کی حیثیت سے بھی شہرت یافتہ قرار دئے گئے۔ اس لئے اصناف شاعری کے اعتبار سے میر عثمان علی خاں کے دور کی شعر گوئی کا جائزہ لیا جائے تو احاطہ نہ صرف طویل ہو جائے گا بلکہ مقالہ کی ضخامت میں بھی اضافہ ہو جائے گا۔ اس لئے اس بات کو پیش نظر رکھا گیا کہ اس دور کے بیشتر شعراء کو تعارف دینے کے لئے ان کی تاریخ پیدائش کو بنیاد بنا کر کارناموں کا احاطہ کیا جائے، تاکہ میر عثمان علی خاں کے دور کے مختلف النوع اصناف شعری کی نمائندگی کرنے والے شاعروں کو ان کے دور اور زمانہ کے لحاظ سے پیش کرتے ہوئے ان کی صلاحیتوں کا اعتراف کیا جائے۔ اگر میر عثمان علی خاں کے دور کے اردو شاعروں کے کارناموں کو پیش نظر رکھا جائے تو حسب ذیل اصناف کی نمائندگی کرنے والے شاعروں کی تفصیلات دستیاب ہوتی ہیں، جن کے تحت ہر صنف

شاعری کا احاطہ ہوتا ہے لیکن میر عثمان علی خاں کے دور کے شاعروں کے کارناموں کو پیش کرنے کے لئے اصناف کی بنیاد پر نہیں اور نہ ہی ان کی انفرادیت کی بنیاد پر نمائندگی دی جارہی ہے بلکہ ہر شاعر کی تاریخ پیدائش کو بنیاد بنا کر اس باب میں تفصیلات درج کی جائیں گیں۔ اس سے قبل ڈاکٹر عطاء اللہ خاں نے اپنے تحقیقی مقالے ''شعرائے محبوبی'' کے عنوان میر عثمان علی خاں آصف جاہ سابع کے والد نواب میر محبوب علی خاں کے دور کے شاعروں کا تفصیلی جائزہ لیا ہے۔ ان کے نقوش پر یہ باب نہیں لکھا جارہا ہے بلکہ پوری چھان بین اور تحقیق کے ساتھ اس حقیقت کی نمائندگی پر توجہ دی جارہی ہے کہ میر عثمان علی خاں کے عہد کے حیدرآبادی شاعروں نے جن جن شعری اصناف کو اظہار کا ذریعہ بنایا انہیں عنوان کے طور پر پیش کیا جارہا ہے، لیکن کسی بھی مرحلہ میں شعری صنف کی بنیاد پر شاعروں کی تفصیلات پیش نہیں کی جائیں گی بلکہ ان کی سوانح کے پس منظر میں تاریخ پیدائش کو مدنظر رکھ کر تاریخی ترتیب کے تحت شاعروں کا تعارف پیش کیا جارہا ہے جنہوں نے نواب میر عثمان علی خاں کے عہد میں اپنی شعر گوئی کی بنیاد رکھتے ہوئے حیدرآبادی شاعر کی حیثیت سے شہرت کے حامل قرار دئے گئے۔ اس دور کے کئی شاعر ایسے بھی ہیں جن کی تاریخ پیدائش اور تاریخ وفات کے بارے میں بھی تفصیلات عدم دستیاب ہیں۔ کئی شعراء تو ایسے گذرے ہیں جنہوں نے شاعری کو اظہار کا ذریعہ ضرور بنایا لیکن گمنامی کی زندگی بسر کی۔ ان کے احوال بھی دستیاب نہیں ہوتے اسی لئے اس قسم کے شعراء کو بھی عہد عثمانی کے شعراء کی حیثیت سے پیش کرنا سخت دشوار ہے۔ غرض عہد عثمانی میں اردو، عربی اور فارسی زبان کی شاعری کا حق ادا کرتے ہوئے عام طور پر شاعروں میں حسب ذیل اصناف کی آبیاری کی۔ صرف موضوع مناسبت سے یہ درجہ بندی کی جارہی ہے جبکہ شاعروں کی درجہ بندی اصنافِ شعری کے ذریعہ دشوار ہے۔ ذیل کی اصناف میں حیدرآبادی شاعروں نے اپنی فکر کے جوہر دکھائے۔

1. عہد عثمانی میں غزل گو شعراء
2. عہد عثمانی کے نظم گو شعراء
3. عہد عثمانی کے رباعی گو شعراء
4. عہد عثمانی کے قصیدہ نگار شعراء
5. عہد عثمانی کے مرثیہ نگار شعراء
6. عہد عثمانی کے منظوم سیرت نگار
7. عہد عثمانی کے شہر آشوب نگار
8. عہد عثمانی کے ریختی گو شعراء
9. عہد عثمانی کے قدیم نظم گو شعراء
10. عہد عثمانی کے جدید نظم گو شعرا
11. عہد عثمانی میں آزاد اور معریٰ نظم
12. عہد عثمانی میں گیت کی روایت
13. عہد عثمانی میں دوہا کی روایت
14. عہد عثمانی میں ہائیکو نظم
15. عہد عثمانی میں اردو ماہیا
16. عہد عثمانی میں نعت گوئی
17. عہد عثمانی میں حمد نگاری
18. عہد عثمانی میں منقبت نگاری
19. عہد عثمانی میں مناجات کی روایت
20. عہد عثمانی میں متصوفانہ شاعری
21. عہد عثمانی کے صوفی شعراء
22. عہد عثمانی میں سانیٹ نگاری
23. عہد عثمانی میں ترائیلے کی روایت
24. عہد عثمانی میں ہندی چھند کا

استعمال

25. عہدعثمانی کی شاعری میں فارسی انداز 26. عہدعثمانی کی شاعری میں ہندی انداز

27. عہدعثمانی میں عربی تراکیب کی شاعری 28. عہدعثمانی میں منظوم ترجموں کی روایت

29. عہدعثمانی کی طنزیہ ومزاحیہ شاعری اور 30. عہدعثمانی میں پیروڈی کی خصوصیت

اگر میر عثمان علی خاں کے عہد کے شاعروں کے کلام کا احاطہ کیا جائے تو ان شاعروں نے بے شمار موضوعاتی خصوصیات کو پیش نظر رکھ کر شعر گوئی کا رویہ اختیار کیا۔ اس لئے عثمانی عہد کے شاعروں کا احاطہ اصناف سخن کے پس منظر میں کئے جانے کے بجائے صرف اور صرف ان کے عہد اور تاریخی پس منظر میں کیا جارہا ہے۔

میر عثمان علی خاں آصف سابع کے معاصرین کے کارناموں کو پیش کرنے اور ان کے عہد کی خصوصیات کی نمائندگی کے لئے اس باب کو تین مختلف ذیلی عنوانات سے وابستہ کیا گیا ہے، جس کے ذریعے نہ صرف قدر عریضی سے قبل حیدرآباد میں شعر گوئی کے خدمات انجام دینے والے شاعروں کے احوال اور ان کے کارناموں کو بیان کیا جائے گا، بلکہ ان کے دور میں شعر گوئی کے توسط سے اظہار خیال کو نمائندگی دینے والے شاعر اور پھر ان کے آخری دور کے معاصرین کی خصوصیات کو نمائندگی دی جائے گی۔ اس بھرپور نمائندگی کے لئے کتاب کے اس باب کو تین ذیلی عنوانات سے وابستہ کیا گیا ہے، جو حسب ذیل ہیں۔

الف۔ انیسویں صدی کے آخری دہائیوں کے عثمانی معاصرین

ب۔ بیسویں صدی کے ابتدائی نصف صدی کے عثمانی معاصرین

ان عنوانات کے پیش نظر نہ صرف قدر عریضی سے قبل کے حیدرآبادی شعراء کے کارناموں کی نمائندگی پر توجہ دی جائے گی، بلکہ ان کی تاریخ پیدائش کے دور سے لے کر انیسویں صدی کی ابتدائی ربع صدی میں کام انجام دینے والے شاعروں اور پھر آخر میں نصف صدی کے معاصرین کو ان کے کارناموں کے ساتھ پیش کیا جائے گا۔ ابھی تک حیدرآباد کی شاعری اور شاعروں سے متعلق جتنے بھی تذکرے لکھے گئے اور کارناموں کو پیش کیا گیا۔ ان کے دوران نہ تو حروف تہجی اہمیت دی گئی اور نہ ہی تاریخ پیدائش کو بنیاد بنا کر حالات پیش کرنے کا طریقہ اختیار کیا گیا۔ پہلی مرتبہ اس مقالہ کے باب سوم میں حیدرآباد کے شاعروں اور ان کے کارناموں کو معاصرین کے پس منظر میں پیش کرنے کے دوران ہر شاعر کی تاریخ پیدائش کو بنیاد بنا کر ترتیب کو نمائندگی دی گئی ہے۔ اس اعتبار سے قدر عریضی کی پیدائش سے قبل کے معاصرین میں ابتدائی نام سید علی حیدر نظم طباطبائی اور راجہ نرسنگھ راج عالی کے علاوہ عزیز جنگ ولا اور مہاراجہ کشن پرشاد کے نام پیش نظر آتے ہیں، جنہوں نے حیدرآباد کی سرزمین میں اردو شاعری کی روایت کو فروغ

دینے میں اہم کارنامے انجام دیئے۔ چنانچہ اس باب کی اہمیت کو تحقیقی اور تنقیدی انداز سے فروغ دینے کے لئے سن واری اساس پر شاعروں کے کارناموں کو معاصرین کی انداز سے نمائندگی دی جارہی ہے۔

الف۔ انیسویں صدی کے آخری دہائیوں کے عثمانی معاصرین

1. سید علی حیدر نظم طباطبائی

لکھنو کی سرزمین میں 1269 ھ مطابق 1852 ء میں پیدا ہونے والے سید علی حیدر نظم طباطبائی کو اودھ کے مشہور اور ممتاز گھرانے کے عالم و فاضل بزرگ کا درجہ حاصل رہا۔ جنہوں نے لکھنو کے شہزادوں کے اتالیق کی حیثیت سے خدمات انجام دیں۔ مٹیا برج کلکتہ میں واجد علی شاہ کے انتقال کے بعد سید علی حیدر نظم طباطبائی حیدرآباد چلے آئے اور نظام کالج میں اردو کے پروفیسر مقرر ہوئے۔ 30 سال تک ملازمت انجام دینے کے بعد وظیفہ حسن خدمت پر سبکدوش ہوئے۔ وہ نہ صرف استاد سخن تھے، بلکہ منظوم ترجموں کے علاوہ شعری اصطلاح سازی کے لئے بھی شہرت رکھتے ہیں۔ دارالترجمہ جامعہ عثمانیہ میں ناظر ادبی اور مذہبی کی حیثیت سے خدمات انجام دیں اور مناظر قدرت ہی نہیں، بلکہ اخلاقیات اور مختلف موضوعات پر نظمیں لکھ کر روایتی نظم نگاری کی بنیاد رکھی۔ ان کی نظموں میں روانی، محاورات کی دلکشی اور تشبیہات کی ندرت کے ساتھ ساتھ شگفتگی بھی پائی جاتی ہے۔ ان کی جدت پسند طبعیت میں پابند نظم کے علاوہ نظم معریٰ لکھنے کا انداز موجود تھا عبدالحلیم نے سب سے پہلے اپنے رسالہ ''دلگداز'' کے ذریعہ آزاد اور معریٰ نظم کی بنیاد رکھی تھی۔ ان کا کارنامہ یہی ہے کہ انگریزی کے مشہور شاعر تھامس گرے کی نظم کا منظوم ترجمہ ''گورغریباں'' کے عنوان سے پیش کیا۔ ان کی لکھی ہوئی ''شرح دیوان غالب'' آج بھی قدر کی نگاہ سے دیکھی جاتی ہے۔ شعری مجموعہ ''صوت تغزل'' انتقال سے پہلے شائع ہوا۔ 23 مئی 1933 ء کو وفات پائی۔ ادیب، نقاد اور شاعر کے علاوہ نظم نگاری کی حیثیت سے علی حیدر نظم طباطبائی کو تلنگانہ کے اہم شاعر کا درجہ حاصل ہے۔ (1)

سید علی حیدر نام اور نظم تخلص اختیار کیا۔ 1270 ھ م 1853 ء میں لکھنؤ میں پیدا ہوئے اور ننھیال میں پرورش پائی۔ منشی مینڈو لال زار سے تعلیم حاصل کی۔ ملا طاہر نحوی سے عربی کی تعلیم لی۔ ان کی باضابطہ تعلیم کلکتہ میں قائمۃ الدین کے ذریعہ ہوئی۔ شہزادے مرزا کام بخش کی تعلیم کے لئے ان کا تقرر ہوا اور کلکتہ میں مقیم ہوئے۔ 1305 ھ م 1887 ء میں جب نواب واجد علی شاہ کا انتقال ہوا تو وہ حیدرآباد منتقل ہوگئے۔ پہلے کتب خانہ آصفیہ کے مہتمم اور پھر نظام کالج کے عربی کے پروفیسر مقرر ہوئے۔ جس کے بعد عثمانیہ یونیورسٹی کے دارالترجمہ کے رکن رہے۔ آصف جاہ سابع کے شہزادوں کی تعلیم بھی ان کے سپرد تھی۔ آصف سابع کے مقربین میں شمار کئے جاتے تھے۔ 1352 ھ م 1933 بمقام حیدرآباد انتقال ہوا اور وہیں آسودۂ خاک ہوئے۔ ''شوکت عثمانیہ'' میں شامل مضمون کے

ذریعہ ڈاکٹر حکیم رئیس فاطمہ نے لکھا ہے کہ:

نظم طباطبائی فضل و کمال اور شعر و سخن میں مسلم الثبوت استاد تھے۔ ان کا کلام معرکتہ الآرا ہے۔ روانی اور برجستگی شاعر سے جوش طبیعت کا اظہار ہوتا ہے۔ الفاظ کی تازگی سے کلام میں نگینے جڑے ہوئے معلوم ہوتے ہیں۔ ان کے قصائد مشہور ہیں ان میں سب سے زیادہ تر سیرت الٰہی سے متعلق ہیں۔ مثلاً بعثت و فتح مکہ' معراج' ہجرت' غزوہ بدر وغیرہ۔ ان قصائد میں بلاغت، تشبیہ و استعارات کا استعمال جس خوبی سے کیا گیا ہے وہ نہ صرف قابل ستائش ہے بلکہ اردو میں میر انیس کے بعد کسی نے نہیں لکھا۔ حقیقت میں وہ اعجاز ہے۔

انگریزی نظموں کے تراجم بھی مولانا کا ایک خاص کمال ہے۔ یوں تو انگریزی نظموں کے اکثر و بیشتر ترجمے ہوئے ہیں مگر نظم نے جو مایہ کمال اپنے ترجموں میں دکھلایا ہے وواقعی وہ ان ہی کا حصہ ہے۔ انہوں نے جس نفسات و عمدگی سے اکثر مایہ ناز اعلیٰ درجہ کی نظموں کو بہترین اردو کے قالب میں ڈھالا ہے۔ اس کے استاد ان فن معترف و مداح ہیں۔ نواب آصف جاہ سابع ان کی بڑی تعظیم و تکریم کرتے تھے اور وہ بھی اس خصوصیت پر تادم زیست نازاں تھے۔ وہ نہ صرف محقق و ناقد تھے بلکہ بلند پایہ شاعر بھی تھے۔ عربی، فارسی اور اردو میں متعدد کتابیں لکھیں جن میں شرح دیوان غالب، تلخیص عروض و قافیہ اور نظموں وغزلوں کے مجموعے ان کی زیست ہی میں زیور طبع سے آراستہ ہوکر شہرت و مقبولیت حاصل کر چکے ہیں۔ ان کے دیوان کا نام ''صوتِ تغزل'' نیچرل شاعری کے اعلیٰ نمونے بھی ان کے کلام میں ملتے ہیں۔ پروفیسر اشرف رفیع نے اپنے ڈاکٹریٹ کا مقالہ ''نظم طباطبائی۔ حیات اور کارناموں کا تنقیدی جائزہ'' اس دور کی صدر شعبہ اردو پروفیسر رفیعہ سلطانہ کی نگرانی میں پیش کر کے 1969ء میں ڈگری حاصل کی۔ اس مقالہ میں انہوں نے نہ صرف علی حیدر علی نظم طباطبائی کی سوانح اور شعر و ادب کی خدمات کے علاوہ باضابطہ دارالترجمہ کے توسط سے انجام دینے والی خدمات اور حیدرآباد کی شعر و شاعری کے معیار کو بلند کرنے کے علاوہ منظوم ترجموں کی روایت کے ذریعہ تھامس گیرے کی مشہور نظم The Village Church Yard کا اردو ترجمہ ''گورِغریباں'' کے زیرعنوان پیش کر کے شہرت حاصل کی۔ غرض آصف جاہ سابع کے چاہنے والے اور ان کے شہزادوں کی تعلیم و تربیت پر اثر انداز ہونے والے شخص کی حیثیت سے علی حیدر نظم طباطبائی کو امتیازی حیثیت حاصل ہے۔

2. راجہ نرسنگھ راج عالی

حیدرآباد کے ادبی پس منظر میں کائستھ گھرانے کے افراد کی خدمات کو نظرانداز نہیں کیا جاسکتا۔ حیدرآباد کی سرزمین میں راجہ نرسنگھ راؤ بہادر کو سیاسی اعتبار سے ہی نہیں' بلکہ ادبی اعتبار سے بھی بڑا اہم مقام حاصل ہے۔ نرسنگھ

راج عالی کی پیدائش 1854ء میں حیدرآباد کے کائستھ گھرانے میں ہوئی' مدرسہ عالیہ سے انہوں نے میٹرک تک تعلیم حاصل کی۔ خانگی طور پر فارسی' ہندی اور مرہٹی زبانوں پر مکمل عبور حاصل کیا۔ ان کی صلاحیتوں کو دیکھتے ہوئے مہاراجہ کشن پرشاد ان پر خاص عنایت کی اور ریلوے میل سرویس میں ملازمت سے وابستہ کردیا۔ وظیفہ پر سبکدوشی کے موقع تک وہ مہتمم ریلوے میل سرویس کے عہدہ پر فائز رہے۔ انہیں سرکشن پرشاد بہادر کی زندگی میں خاص مصاحب کا درجہ حاصل تھا۔ وہ حیدرآباد کے قدیم تہذیب اور تمدن کے علمبردار تھے اور آخری عمر تک بھی اس تہذیب پر قائم رہے۔ راجہ نرسنگھ راج نے فصاحت جنگ جلیل کی شاگردی اختیار کی۔ طبیعت میں روانی اور زبان میں سادہ اور سلیس اظہار کا سلیقہ موجود تھا۔ چنانچہ انہوں نے غزل ہی نہیں' بلکہ رباعی کے طرز کو اپنالیا' جس کے ذریعے اخلاق اور تصوف کے موضوعات کو پیش کرنے میں کامیابی حاصل کی۔ 1957ء میں وفات پائی۔ اس اعتبار سے راجہ نرسنگھ راج عالی نے اپنی زندگی کے 103 سال اس دنیا میں گزارے۔ ان کی غزلوں میں حسن وعشق کے معاملات کی گونج اور رباعیات میں تہذیب واخلاق کی نمائندگی واضح ہوتی ہے۔ ایک غزل اور چند رباعیات بطور نمونہ پیش ہیں۔

نہیں بھاتی ہیں دور کی باتیں   سنو موسیٰ سے طور کی باتیں
زاہد خشک کچھ سنا پی کر   ہم سنیں گے سرور کی باتیں
سنتے سب کچھ ہیں واعظوں سے مگر   کون جانے قبور کی باتیں
تجھ کو زیبا ہے اور معاف بھی ہیں   اے جوانی قصور کی باتیں
رند مدہوش ہیں مگر کیسی   کررہے ہیں شعور کی باتیں
بت خدا بن گئے معاذ اللہ   نہیں اچھی غرور کی باتیں
یار کی باتیں کرنے والوں سے   ایسی ہیں جیسے حور کی باتیں
تلملانا' تڑپنا' جاں دینا   ہیں دل نا صبور کی باتیں
تشنہ لب کے لئے ہیں آب حیات
عالی اپنے حضور کی باتیں

نرسنگھ راج عالی کی شاعری اردو تہذیب وثقافت کی علامت ہے اور انہوں نے کائستھ گھرانے کے فرد ہونے کے باوجود ایک اہل زبان کی طرح اردو میں شعرگوئی کا حق ادا کرکے یہ ثابت کردیا کہ اردو زبان ہندوستانیوں کی زبان ہے اور ان کی شعرگوئی سے نتیجہ اخذ ہوتا ہے کہ آزادی کے بعد تک بھی اردو زبان کو اپنی مادری زبان کا درجہ دینے والے ہندو طبقے کے افراد بھی اس زباں کی خصوصیات کو اہمیت دیتے تھے۔ اردو شاعری میں سب سے مشکل فن

کی حیثیت سے رباعی کو اہمیت حاصل ہے، جبکہ نرسنگھ راج عالی نے رباعیات بھی لکھیں۔ اس طرح وہ نہ صرف علامہ قدر عریضی کے سینئر معاصر ہیں، بلکہ ان کی طرح رباعیات لکھ کر اپنے فن کی بھرپور نمائندگی کا حق ادا کرتے ہیں۔ چند رباعیات بطور نمونہ پیش ہیں۔

حق والو بتاؤ حرم و دیر کہاں جب ایک وطن میں ہو تو پھر بیر کہاں
خالق دونوں کا جب نہیں دو عالی ہندو مسلم ہیں ایک غیر کہاں

☆

ہتھیار لگا کے اب اکڑنا چھوڑو بھائی بھائی سے یوں بگڑنا چھوڑو
مارو گے کسے مار کے کیا پاؤ گے پھل للہ تم آپس کا جھگڑنا چھوڑو

☆

آپس کے نزاعات میں دعویٰ کیا اپنوں سے پرایوں کا شکوہ کیسا
بھائی بھائی جو عالی کہلاتے ہیں ہندو مسلم میں ہائے جھگڑا کیسا

☆

آئی نہیں کچھ بات سمجھ میں واللہ بیجا ہوا کیسا یہ تصادم واللہ
اک ملک میں رہتے ہوئے آپس میں لڑیں لاحول ولاقوۃ الاباللہ

غزل کے علاوہ رباعی گوئی کے ذریعے بھی عالی نے اپنے عمدہ خیالات کی بھرپور نمائندگی کی ہے اور اندازہ ہوتا ہے کہ قدر عریضی کے عہد میں عالی جیسے کائستھ شاعر نے رباعی کی صنف کو جاری رکھنے میں اہم کردار نبھایا ہے۔ اسی طرح رگھویندر راؤ جذب عالپوری اور آر آر سکسینہ الہام جیسے شاعروں نے حیدرآباد کی سرزمین میں باضابطہ رباعی کی صنف کو جاری وساری رکھنے میں اہم کارنامہ انجام دیا۔ چنانچہ نرسنگھ راج عالی غزل کے علاوہ رباعی کے اہم شاعر کی حیثیت سے اہمیت کے حامل حیدرآبادی شعراء میں شمار کئے جاتے ہیں۔ (2)

3. ڈاکٹر احمد حسین مائل

حیدرآباد کی سرزمین میں جدید طب کی خصوصیات کے ساتھ اس پیشے کو محبوب مشغلہ بنانے والے ڈاکٹر احمد حسین مائل نے 1274ھ مطابق 1857ء میں حیدرآباد میں آنکھیں کھولیں۔ جدید طب کے ماہر ہونے کی وجہ سے انہیں بہت جلد حیدرآباد کے ڈاکٹروں میں شہرت حاصل ہوگئی۔ وہ نہ صرف اپنے دور کے قادر الکلام شاعر تھے، بلکہ پختہ مشق اور پر گو غزل خواں کی حیثیت سے شہرت حاصل ہوئی۔ ان کی غزلوں میں شوخی، رندی، سرمستی اور

سرشاری کے علاوہ معرفت کی جھلکیاں بھی دکھائی دیتی ہیں۔ جس طرح انہوں نے پیشہء طب کو اپنا محبوب مشغلہ بنایا' اسی طرح شاعری سے بھی بڑا لگاؤ تھا۔ یہی وجہ رہی کہ ان کے شاگردوں کی تعداد بھی بہت زائد تھی۔ شہر حیدرآباد میں میر شمس الدین فیض کے بعد ڈاکٹر احمد حسین مائل کو دکن کے استاد سخن کی حیثیت سے شہرت حاصل تھی۔ انہوں نے ہر صنف سخن میں طبع آزمائی کی۔ ان کا آبائی وطن مدراس تھا' لیکن حیدرآباد میں اس طرح رنج بس گئے تھے کہ اپنی شاعری کے ذریعے اہل وطن شاعروں کے احساس پسی کو دور کرنے میں منظّم کوشش کو جاری رکھا۔ انہوں نے اپنے کلام میں اس دور کے اعتبار سے نہ صرف جذبات نگاری اور معاملہ بندی پر خصوصی توجہ دی' بلکہ کسی حد تک عریاں جذبات کو بھی غزل میں پیش کرنے کا اہم کارنامہ انجام دیا۔ یہی وجہ ہے کہ ان کی شاعری میں ایسا کلام بھی ملتا ہے' جو موجودہ دور کے مذاق پر گراں گزرتا ہے۔ انہوں نے اپنی تمام زندگی میں پندرہ ہزار اشعار لکھے اور ان کے تین شعری مجموعے شائع ہو چکے ہیں۔ ڈاکٹر احمد حسین مائل کا دیوان ''تحفہء دکن'' کے نام سے 1897ء میں مفید عام پریس آگرہ سے شائع ہوا۔ وظیفہ پر سبکدوشی کے بعد شہر حیدرآباد میں اپنے پیر و مرشد حضرت آغا داؤدؒ کی درگاہ سے قریب محلّہ آغا پورہ میں قیام کیا اور 22/رمضان 1332ھ مطابق 1913ء کو انتقال کیا اور اپنے مرشد کی درگاہ کی سیڑھیوں کے سامنے مغربی گوشہ میں پیونت خاک ہوئے۔ احمد حسین مائل نے ایک اہم کارنامہ یہ انجام دیا کہ دہلی اور لکھنؤ کے شاعروں کے کلام کے مزاج سے مطابق اپنی غزلیں لکھ کر انہیں شائع کیا۔ غرض وہ اپنے دور کے نہ صرف غزل گو شاعر تھے' بلکہ رباعیات کے ذریعے بھی انہوں نے شہرت حاصل کی۔ قدر عریضی کے مقابلہ میں وہ 43 سال زائد عمر کے حامل تھے' لیکن مائل نے قدر عریضی کی طرح غزل اور رباعی کی صنف پر خصوصی توجہ دی۔ ان کی غزلیہ خصوصیات کو نمائندگی دینے کے لئے منتخب غزل کے چند اشعار پیش ہیں۔

خیالوں میں نگاہوں میں تمہیں ہو	پھر اس پر یہ غضب پردہ نشیں ہو
حرم میں دیر میں کب تک پکاروں	مجھے آواز دو گر تم کہیں ہو
دکھائے ایک رنگ انکار و اقرار	نہیں میں ہاں ہو اور ہاں میں نہیں ہو
نہیں یہ زندگانی موت سے کم	کہ اے جاں ہم کہیں ہیں تم کہیں ہو
ملے گی ہم کو جنت یا کہ دوزخ	ہمارا فیصلہ یا رب یہیں ہو
خدا کی بات موسیٰ کو مبارک	ہمارے کان ہوں تیری نہیں ہو

سلام اس کو کیا تو ہنس کے پوچھا
تمہارا نام کیا مائل نہیں ہو

مائل نے جس طرح غزل کی شاعری میں حسن وعشق اور معاملہ بندی کو پیش نظر رکھا ہے۔اس کے مقابل رباعیات میں دنیا کی بے ثباتی اور انسان کی زندگی کی بے بسی کونمائندگی دینے میں کامیابی حاصل کی ہے۔ابتداء سے ہی رباعی جیسی صنف کا مزاج رشد وہدایت رہا ہے' اس لئے اردو کے بیشتر رباعی گوشعراء نے فارسی رباعی گوئی کی طرح اس صنف کومخصوص ناصحانہ خیالات کے لئے استعمال کیا ہے۔یہی انداز مائل کی رباعیات میں بھی دکھائی دیتا ہے۔چندرباعیات بطورنمونہ پیش ہیں۔

میں حشر میں بے یار و مددگار آیا　　خود سر پہ گناہوں کا لئے بار آیا
دیکھا جو مجھے دور سے اک دھوم مچی　　رحمت یہ پکاری وہ گنہگار آیا

☆

پیری میں شباب کی نشانی نہ ملی　　افسوس متاع زندگانی نہ ملی
جو کچھ کھویا تھا ڈھونڈھ کر پایا　　ہر چیز ملی مگر جوانی نہ ملی

مائل کی باعیات کا انداز بلاشبہ فارسی رباعیات سے ہم آہنگ نظر آتا ہے' لیکن انہوں نے اردوشاعری کے مزاج کے عین مطابق رباعی کی خصوصیت کو بھی پیش نظر رکھا اور لفظوں کی بندش اور اظہار کی خصوصیات کو پوری صلاحیت کے ساتھ پیش کر کے ثابت کردیا کہ وہ رباعی کے نمائندہ شاعروں میں شمار کئے جاتے ہیں۔(3)

پیشہ سے ڈاکٹر اور شاعری سے دلچسپی کا ثبوت دیتے ہوئے مائل تخلص اختیار کیا۔انہیں حیدرآباد کے ممتاز شاعروں میں شمار کیا جاتا ہے۔مائل کی پیدائش 1274ھ م 1857ء میں ہوئی۔ان کے والد حاجی محمد رضا حسین، نظام کے صرف خاص میں میرمنشی تھے۔ان کا خاندانی سلسلہ شمالی ہند کے قاضی گوپاموی سے تھا اور مدراس سے والا جاہی خاندان سے تعلق رکھتے تھے۔ابتدائی تعلیم والدین سے حاصل کی۔انگریزی،اقلیدس،حساب اور دیگر علوم میں کافی عبور حاصل کیا۔1292ھ م 1875ء میں ڈاکٹریٹ کی سند حاصل کی۔مائل کوطب یونانی اور ہومیو پیتھک سے بڑی دلچسپی تھی اور وہ اپنے فن میں حد درجہ ماہر تھے۔طب کے بعد شاعری ہی ان کا دلچسپ مشغلہ تھی۔وہ طبعی شاعر تھے اور انہوں نے فارسی میں اپنے والد رضا سے اصلاح لی۔بعد میں محمد سرفراز علی وصفی لکھنؤ سے اصلاح لینی شروع کی۔شمالی ہند کے مشہور شعراء امیر،میر،سودا،انیس،جرأت اور داغ کے قافیہ اور ردیف کو قائم رکھتے ہوئے ان کی بہروں میں طویل غزلیں لکھ کر شہرت حاصل کی۔مائل کی طبیعت کی جولانی اور سخن کے ولولے میں استاد کو بہت جلد ان کی طرف مائل کردیا،جس کی وجہ سے وہ صرف 30 سال کے وقفہ میں استادِسخن بن گئے۔ مائل حیدرآبادی کو حضرت آغا زداؤدؒ سے بیعت تھی اور ان کی فرمائش پر ہی مشہور نظم ''میلا دمبارک''،لکھی جس کے بعد مائل حیدرآبادی

نے سوائے نعت شریف کوئی اور کلام نہیں لکھا۔ مائل کی وفات 22 رمضان 1332ھ م 1913ء کو ہوا اور اپنے پیر ومرشد کی درگاہ میں سپرد لحد ہوئے۔ مائل کی شاعری کے تین مجموعے ''نورظہور'' اور ''ظہورنور'' کے علاوہ ''تحفہ دکن'' کے نام سے مشہور ہیں۔ ان کا آخری کلام 1314ھ م 1897ء میں شائع ہوا۔ ان کے شعری مجموعہ کا کمال یہی ہے کہ انہوں نے ہر غزل پر اپنی عمر بھی درج کی ہے، جوان کی شاعری کے وقت موجود تھی۔ ''تحفہ دکن'' میں مائل نے چار ہزار اشعار کا دیوان مدون کیا ہے۔ اسی دور تک ان کا نعتیہ کلام بھی ترتیب پا چکا تھا۔ ان کے دیوان میں بے شمار غزلیں، مرثیے، رباعیاں اور معراج نامے موجود ہیں۔ مائل کے کلام کے مطالعہ سے اندازہ ہوتا ہے کہ وہ قادرالکلام شاعر تھے اور وہ سنگلاخ زمینوں میں طبع آزمائی کرتے تھے۔ جس سے ان کی کلام پر قدرت کا پتہ چلتا ہے۔ مائل کے کلام میں متعدد غزلیں ایسی ہیں جو اردو کے مقبول اور معروف اساتذہ کی خاص غزلوں کے جواب میں لکھی گئی ہیں۔ شمالی ہند کے اکثر شعرا اور اہل ذوق مائل کی زبان پر قدرت اور کلام میں برجستگی ہونے کے قائل رہے ہیں۔ غرض حیدرآباد کے ایسے شاعر جس نے محبوب علی خاں کے دور میں شہرت حاصل کی اور نواب میر عثمان علی خاں کے اقتدار کے دوران اس دنیا سے کنارہ کشی اختیار کرلی۔ اس طرح عہد عثمانی کے ابتدائی شعراء میں اہم مقام رکھنے والے شاعر مائل قرار دئے جاتے ہیں۔ یہ بتایا جاتا ہے کہ نواب میر محبوب علی خاں نے اپنے استاد داغ دہلوی سے مائل کے بارے میں دریافت فرمایا تو داغ نے جواب دیا کہ وہ شاعر تو اچھے ہیں لیکن شمالی ہند کے شاعروں پر چوٹ کرتے ہیں۔ اس طرح مائل کی شاعری کے مزاج کا بھی اندازہ ہوتا ہے۔ سنٹرل یونیورسٹی آف حیدرآباد سے ڈاکٹر سید محبوب حسین کی نگرانی میں ڈاکٹر سید حشمت النساء نے ''مائل حیدرآبادی۔ حیات اور کارنامے'' مقالہ لکھ کر ڈاکٹریٹ کی ڈگری حاصل کی۔

4. عزیز جنگ ولا

احمد عبدالعزیز نام' خان بہادر عزیز جنگ خطاب اور ولا تخلص تھا۔ 1860ء میں ضلع نیلور مدراس میں پیدا ہوئے اور 9 برس کی عمر میں اپنے والد کے ہمراہ حیدرآباد آئے۔ فارسی اور عربی علوم کی تکمیل کے بعد ملازمت اختیار کی۔ عدالت دیوانی خورد سے ملازمت کا آغاز کیا اور اپنی صلاحیتوں کی بنیاد پر کلکٹر کے عہدہ تک پہنچے۔ وہ محقق' شاعر' ادیب' مورخ اور عالم زبان کی حیثیت سے شہرت رکھتے تھے جن کی وفات 1924ء میں ہوئی۔ ان کی شاعری میں روایتی رنگ جھلکتا ہے۔ انہوں نے طویل بحروں اور مختصر بحروں میں بھی غزلیں لکھی ہیں۔ ایک غزل کے چند اشعار ملاحظہ ہو:۔

اے میرے مہرباں ادھر آؤ   آج تک تھے کہاں ادھر آؤ

روٹھ کر جا رہے ہو خلوت سے کیوں ہوئے بدگماں ادھر آؤ
کون تم کو بلا رہا ہے اُدھر تم نہ جاؤ وہاں ادھر آؤ
نہ پھرو یوں اندھیری راتوں میں یار تم ہو جواں ادھر آؤ
رہنے دو جام بس وہیں زاہد ہوگئی ہے اذاں ادھر آؤ
صحبت غیر سے کرو پرہیز تم ہو کمسن میاں ادھر آؤ

ادھر اور ردیف اور گماں' وہاں' جواں اور اذاں کے قافیہ کے ساتھ عزیز جنگ ولا نے آزادی سے پہلے حیدرآباد کی سرزمین میں غزل مسلسل کی روایت کوفروغ دیا تھا جس سے تلنگانہ میں غزل مسلسل لکھنے والے شاعر کا پتہ چلتا ہے۔(4)

اہل نوائط سے تعلق رکھنے والے احمد عبدالعزیز کو آصف جاہی دربار سے شمس العلماء اور عزیز جنگ کے خطاب سے نوازا گیا اور انہوں نے خود کے لئے ولا تخلص مختص کیا۔ ساری عمر اہم خدمات اور مستعدی سے کام کرنے میں مصروف رہے۔ آخری لمحات تک ذوق مطالعہ جاری رہا۔ انہیں عہد محبوبیہ کے شاعروں میں ہی نہیں بلکہ عہد عثمانی کے شاعروں میں بھی شمار کیا جاتا ہے۔ ان کے دور کے مصنفین اور مولفین کو ان کی ذات سے بیش قیمت مدد ملتی رہی۔ محمد عمر نے اپنی کتاب میں یہ لکھا ہے کہ ان کی زندگی حیدرآباد کی زندہ تاریخ تھی۔ ان کے خاندان میں حیدرآبادی معاشرت اور یہاں کے رسم ورواج کے علاوہ علمی کارناموں کی جھلکیاں نظر آتی ہیں۔ انہوں نے متعدد علمی اور تاریخی کتابوں کو پیش کر کے شہرت حاصل کی۔

عزیز جنگ ولا کی تاریخ پیدائش 1277ھ م 1860ء لکھی ہوئی ہے۔ وہ ابھی 9 برس کی عمر کے ہوئے تھے کہ اپنے والد بزرگوار کے ساتھ حیدرآباد تشریف لائے اور یہیں پر عربی، فارسی کی تکمیل کی۔ انہیں عہد کے اہم عالم اور شاعر کے علاوہ ادیب کا درجہ حاصل ہے۔ جنہوں نے شعروسخن کے علاوہ مختلف موضوعات پر کتابیں تحریر کی۔ جن کی تفصیلات نصیرالدین ہاشمی نے ''دکن میں اردو'' میں شامل کی ہیں۔ عزیز جنگ ولا فارسی اور اردو زبان میں کلام لکھا کرتے تھے۔ دونوں زبانوں میں ان کا کلیات مرتب ہو چکا ہے۔ انہوں نے دونوں زبانوں میں حضور اکرم صلی اللہ علیہ وسلم کا سراپا قلمبند کر کے شہرت حاصل کی۔ کئی استادانِ سخن سے مشورہ کیا۔ ان کی فارسی تصانیف میں فارسی کلیات ''تصویر بلاغت'' اور ''محبوب السیر'' مقبولیت رکھتے ہیں۔ انہوں نے ''آصف اللغات'' کا سلسلہ شروع کیا، جس کی چند جلدوں کی اشاعت کے بعد کام رک گیا۔ ان کی لکھی ہوئی جملہ 14 تصانیف اور تالیفات یادگار کا درجہ رکھتی

ہیں۔اردو شاعری میں انہوں نے فصاحت جنگ جلیل اور علی اختر سے اصلاح حاصل کی۔عزیز جنگ ولا نہ صرف پر گو بلکہ قادرالکلام شاعر تھے۔نثر میں ان کی کتابیں ''تصویر نور'' اور ''تاریخ النوائط'' مشہور ہوئی۔ ولا کے کلیات میں غزلیں، قصائد اور رباعیات شامل ہیں۔ان خودنوشت سوانح عمری مشہور رسالہ ''معیار فصاحت'' میں شامل ہے۔ولا کے کلام میں جذبات، احساسات کے علاوہ ہمدردی وغمگساری کے علاوہ وطن پرستی کے جذبات اور سادگی سے التفات کے علاوہ تاثیر ہی نہیں یاس وحسرت کے علاوہ سوز وگداز ہی نہیں بلکہ بے تکلفی، بلندی خیال اور روانی کا احساس ہوتا ہے۔وہ محاوروں کے استعمال میں بڑے شدید واقع ہوئے ہیں۔دکنی محاورات کو بھی بے تکلف کے ساتھ استعمال کرتے ہیں۔ان کی وفات 1344ھ م 1925ء میں ہوئی اور وہ حیدرآباد میں مدفون ہیں۔ان کے خاندان کے اہم شخص ڈاکٹر حسن الدین احمد نے ولا اکیڈیمی قائم کی اور کئی کتابیں لکھنے کے علاوہ اردو میں ''ساز مشرق'' کی دو جلدیں اور ''سازِ مغرب'' کی 12 جلدیں شائع کر کے انگریزی کے اردو منظوم ترجموں کو یکجا کیا اور ''اردو الفاظ شماری'' جیسی کتاب کے ذریعہ شہرت حاصل کی۔غرض ولا اکیڈیمی سے ہی ماہنامہ رسالہ ''رفتارِادب'' شائع ہوتا تھا۔غرض حیدرآباد کی سرزمین میں اس خاندان کی ہمہ جہت خدمات کو نظرانداز نہیں کیا جاسکتا۔

5. لقمان الدولہ دل

محمد حیدر خان نام اور دل تخلص کیا کرتے تھے' جبکہ مدرسہ طبابت کے مایہ ناز فرزند ہونے کے نتیجے میں انہیں فن طب پر کافی مہارت حاصل تھی اور ان کی مہارت کو محسوس کرتے ہوئے شاہی طبیب کا درجہ حاصل ہوا۔نواب میر محبوب علی خاں نے انہیں اشرف الحکماء' فلاطون جنگ اور لغمان الدولہ کے خطابات سے نوازا اور 2000 روپے ماہانہ تنخواہ مقرر کی۔یہی نہیں بلکہ لوازمات خانی اور بہادری یعنی نوبت کے علاوہ روشن چوکی اور عماری سے سرفراز کیا۔ ان کی پیدائش 1277ھ مطابق 1860ء میں بمقام حیدرآباد ہوئی اور حیدرآباد میں اکیس سال تک طبابت کا پیشہ اختیار کرتے ہوئے وظیفہ حسن خدمت پر سبکدوش ہوگئے۔تخلص دل کے ذریعے روایتی شاعری کی خصوصیات کو اجاگر کیا اور ادب کی خدمت انجام دیتے ہوئے 1340ھ مطابق 1921ء کو اس جہان فانی سے کوچ کیا اور درگاہ حضرت شاہ خاموشؒ کے احاطہ میں مدفون ہوئے۔لقمان الدولہ کو طبابت کے علاوہ فنون لطیفہ سے بڑا شغف تھا' وہ نہ صرف شاعر ہی نہیں تھے بلکہ موسیقی اور مصوری میں بھی خاصا دخل تھا۔انہوں نے موسیقی کے موضوع پر ایک اہم کتاب لکھی تھی' جو آج دستیاب نہیں ہے' بلکہ ان کی بنائی ہوئی تصویریں اور شبیہہ اہمیت کے حامل ہیں۔علامہ قدر عریضی کی پیدائش سے تقریباً 23 سال قبل پیدا ہوئے اور ان کے انتقال سے زائد از 66 سال بعد قدر عریضی کی رحلت ہوئی' لیکن حضرت دل کو اس لئے محاصر کا درجہ دیتے ہوئے ان کا تعارف پیش کیا جارہا ہے کہ وہ بھی روایتی

شاعری کے علمبردار رہے ہیں۔انہوں نے ساری زندگی غزل گوئی میں صرف کی۔حضرت دل کو دکن کے مشہور صوفی حضرت شاہ خاموشؒ سے بعیت حاصل تھی اور وہ حفیظ الدین یاز سے مشورہ سخن کیا کرتے تھے۔ان کے کلام پر فارسی شعراء خواجہ حافظ' مولانا روم اور ملا جانی کا اثر دکھائی دیتا ہے۔اردو شعراء میں نے مومن خاں مومن کے اثرات کو قبول کیا۔اردو دیوان کے علاوہ جامی کی مشہور شعری کتاب ''لوائح جامی'' کا منظوم ترجمہ ''تجلیات دل'' کے عنوان سے پیش کیا اور علم طب سے متعلق مشہور تالیف ''ہدایت الرضاء'' پیش کی' جو شائع ہو چکی ہے۔ان کی غزلوں میں روایتی جنگ جھلکتا ہے۔انداز شاعری کو محسوس کرنے کے لئے ایک غزل کے چند اشعار ملاحظہ ہوں۔

در کو تمہارے چھوڑ کے کس در پہ جائیں ہم — منہ پھیر کے یہاں سے کسے منہ دکھائیں ہم

گراف کریں تو آگ فلک کو لگائیں ہم — کھینچیں جو آہِ سرد جہنم بجھائیں ہم

معشوق گر خفا ہو تو منت سے خوش کریں — دل اپنا روٹھ جائے تو کیوں کر منائیں ہم

اے موت زندہ باش کہ بروقت آگئی — کرتے تھے بریا سے بہت التجائیں ہم

لقمان الدولہ دل کو اگر چہ قدر عریضی سے بہت پہلے حیدر آباد میں پیدا ہونے کا موقع ملا اور انہوں نے غزل کی روایت کو فروغ دینے کے بہت عرصہ بعد 1901ء میں قدر عریضی کی پیدائش ہوئی' جس کے اعتبار سے حضرت دل کوئ ِ قدر عریضی کے معمر معاصرین میں شمار کیا جاتا ہے۔(5)

6. کاظم علی باغ

داغ کے ممتاز تلازمہ میں سید کاظم علی باغ کا شمار ہوتا ہے۔وہ علی گڑھ میں پیدا ہوئے اور ان کے آباواجداد ایران کے سبزہ زار سے ترک وطن کر کے مغلوں کے زمانے میں ہندوستان آئے۔باغ کی ابتدائی زندگی کا اہم حصہ آگرہ' جونپور اور میسور میں گزرا' پھر انہوں نے حیدر آباد کو اپنا وطن ثانی بنالیا۔حیدر آباد کے مشہور شاعر علی اختر کو سید کاظم علی کے بیٹے ہونے اور نظر حیدر آبادی کو ان کے پوتے ہونے پر فخر حاصل تھا۔اپنے تخلص کی موزونیت کے اعتبار سے استاد داغ سے تلمذ حاصل کر کے باغ نے داغ کے رنگ میں شعر لکھے۔ان کی تاریخ پیدائش دستیاب نہیں ہے' لیکن انتقال کی تاریخ 1942ء کے دوران یہ بتایا گیا کہ وفات کے وقت کی ان عمر 80 سال تھی' تو اس اعتبار سے 1862ء کی ان کی تاریخ پیدائش تقرار دی جاسکتی ہے۔انتقال کے بعد موسیٰ ندی کے کنارے کاچی گوڑہ کے قبرستان میں دفن ہوئے۔انہوں نے باقاعدہ ملازمت نہیں کی۔حیدر آباد میں انہوں نے ٹھیکہ داری کی ذمہ داری قبول کی اور بڑی خوشحال زندگی بسر کرتے رہے۔1922ء اور 1928ء کے دوران ان کا گھر واقع جامباغ اندرون چادر گھاٹ کو طرحی مشاعروں کے مرکز کا درجہ حاصل تھا' جہاں سبھی قابل ذکر شعراء شریک ہوتے اور اپنا

کلام پیش کرنے کی سعادت حاصل کرتے تھے۔ کلام پیش کرنے والوں میں اساتذہ بھی شامل تھے۔ مشاعرے میں پڑھی جانے والی غزلوں کا انتخاب اس دور کے حیدرآباد سے شائع ہونے والے ماہنامہ ''تاج'' میں شائع ہوا کرتا تھا۔ طویل بحروں کے علاوہ مختصر بحروں میں بھی غزلیں لکھنے میں انہیں کمال حاصل تھا۔ انہوں نے اپنی غزلوں میں حسن و عشق کے معاملات کے ساتھ ساتھ اپنے دور کی سرگرمیوں کو بھی پیش کیا' جس کو سمجھنے کے لئے ایک غزل ملاحظہ ہو۔

مٹادو نقش ہستی کا نشاں تک　　جیئے اب کون مرگِ ناگہاں تک
شرارے میری آہِ آتشیں کے　　ستارے بن کے پہنچے آسماں تک
کہوں کب تک فسانہ دردِ دِل کا　　سناؤں داستانِ غم کہاں تک
سہوں کب تک جفائے نامرادی　　اٹھاؤں بار ناکامی کہاں تک
نشانِ منزلِ مقصود مل جائے　　پہنچ جاؤں جو گردِ کارواں تک

باغ حیدرآبادی کی غزلوں میں اس دور کی روایتی خصوصیات جلوہ گر نظر آتی ہیں اور یہی انداز علامہ قدر عریضی نے بھی اختیار کیا تھا۔ اگرچہ باغ کی رحلت کے وقت حیدرآباد کی سرزمین میں ترقی پسند تحریک کی روایات کام کرنے لگی تھیں اور اس لب ولہجہ کے ذریعے غزل کو پیش کرنے کا آغاز ہو چکا تھا' لیکن باغ کی شاعری کے ساتھ ساتھ قدر عریضی کی شاعری میں بھی روایات کا انداز پوری طرح جلوہ گر نظر آتا ہے۔(6)

7. فصاحت جنگ جلیل

جلیل حسن نام اور حیدرآباد کے فرماں رواں کی جانب سے فصاحت جنگ کا خطاب دیا گیا' جس کی وجہ سے فصاحت جنگ جلیل کی حیثیت سے شہرت کے بام عروج پر پہنچ گئے۔ جلیل حسن کا وطن لکھنؤ کا ایک قصبہ مانک پور تھا' اس لئے وہ اپنے نام کے ساتھ جلیل مانکپوری کی حیثیت سے شہرت رکھتے ہیں۔ 1280ھ مطابق 1863ء میں پیدا ہوئے۔ بچپن سے ہی شعروشاعری سے لگاؤ تھا۔ چنانچہ حضرت امیر مینائی سے شاعری میں استفادہ کیا اور 1317ھ مطابق 1899ء میں اپنے استاد امیر مینائی کے ہمراہ حیدرآباد آئے اور ساری زندگی حیدرآباد میں بسر کی۔ حیدرآباد پہنچنے کے بعد ایک ہفتہ کے دوران امیر مینائی کا انتقال ہو گیا اور مہاراجہ کرشن پرشاد شاد کی عنایت کی نتیجہ میں جلیل مانکپوری کو دکن میں قدم جمانے اور پھلنے پھولنے کا موقع حاصل ہو گیا۔ اس دور میں وزیراعظم کرشن پرشاد نے دو اہم گلدستے ''دبدبہء آصفی'' اور ''محبوب الکلام'' کی اشاعت کا آغاز کیا تو اس کام کی ترتیب وتدوین کا کام انہوں نے فصاحت جنگ جلیل کو سونپ دیا۔ جب داغ دہلوی کا انتقال ہو گیا تو دکن کے فرمانروا میر محبوب علی خاں آصف

نے فصاحت جنگ جلیل کو اپنا استاد مقرر کیا اور ان سے مشورہ سخن کرنے لگے۔ جب 1329ھ مطابق 1911ء میں چھٹے نظام کا انتقال ہو گیا' تو ساتویں نظام کی حیثیت سے میر عثمان علی خاں نے اقتدار سنبھالا تو ان کے دور میں بھی حضرت جلیل کو بادشاہ کے استاد کا درجہ حاصل ہوا اور فصاحت جنگ کے خطاب سے نوازا گیا۔ فصاحت جنگ جلیل دنیا کی شان و امارت رکھنے کے باوجود بھی فقیرانہ اور درویشانہ زندگی بسر کی۔ عمر کے آخری حصہ میں دنیا سے پرہیز کرنے لگے تھے اور بیمار ہونے کے بعد یکم رصفر 1365ھ مطابق 1945ء کو انتقال ہوا تو خطہ صالحین میں مدفون ہوئے۔ جلیل مانکپوری کی شاعری میں مسرت کا رنگ جھلکتا ہے اور ان کی شاعری پرانے تغزل کی یادگار رہے۔ جلیل کو قدیم رنگ اور روایتی آہنگ کے استاد شاعر کا درجہ حاصل ہے۔ معنی آفرینی اور نازک خیالی کے علاوہ صوفی اور سادگی ان کی غزلوں میں اپنا اثر دکھاتی ہے' جس کے ساتھ زباں کی نکھری ہوئی خصوصیت اور موسیقیت کی وجہ سے جلیل کا کلام ہر ایک پر اثر انداز ہوتا ہے۔ ان کی شاعری میں موجود ہلکا ہلکا ترنم در حقیقت بہتے دریا کی خصوصیت کو واضح کرتا ہے۔ انہیں اپنے دور کے سب سے بڑا شاعر ہونے کے علاوہ زبان کے مسلم الثبوت استاد کے علاوہ صحیح معنی میں امام الفن کا درجہ حاصل ہو جاتا ہے۔ ان کا دیوان زبان کے سکوں کا ٹیکسال نظر آتا ہے۔ شاعرانہ خصوصیات کی نمائندگی کے لئے ایک غزل کے چند اشعار ملاحظہ ہوں۔

نگاہ برق نہیں چہرہ آفتاب نہیں
وہ آدمی ہے مگر دیکھنے کی تاب نہیں

جواب خشک سنوں ساقیا یہ تاب نہیں
جواب دے کہ نہ دے یہ نہ کہہ شراب نہیں

سنا تھا ہم نے کہ ٹھنڈک سے نیند آتی ہے
مگر یہ دیدۂ تر آشنائے خواب نہیں

ہمیں تو دور سے آنکھیں دکھائی جاتی ہیں
نقاب لپٹی ہے اس پر کوئی عتاب نہیں

چمک دمک رخ روشن کی ہے شباب کے ہاتھ
یہ دوپہر ہے تو ڈھلنے کا آفتاب نہیں

پئے بغیر چڑھی رہتی ہے حسینوں کو
وہاں شباب ہے کیا کم اگر شراب نہیں

وہ اپنے عکس کو آواز دے کے کہتے ہیں
ترا جواب تو میں ہوں مرا جواب نہیں

گنہ گنہ نہ رہا اتنی بادہ نوشی کی
اب ایک شغل ہے کچھ لذت شراب نہیں

بتوں سے پردہ اٹھانے کی بحث ہے بیکار
کھلی دلیل ہے' کعبہ بھی بے نقاب نہیں

ہلال ہی کا تماشا ہے بدر سے پہلے
لٹا رہے ہیں وہ حسن اور ابھی شباب نہیں

جلیل ختم نہ ہو دور جام مینائی
کہ اس شراب سے بڑھ کر کوئی شراب نہیں

فصاحت جنگ جلیل کو اپنے عہد کے نامور شاعر کی حیثیت سے شہرت حاصل ہوئی اور وہ حیدرآباد ہی نہیں، بلکہ سارے ہندوستان میں غزل کے مایہ ناز شاعر کی حیثیت سے شہرت کے حامل رہے۔ ان کے صاحبزادے علی احمد جلیلی ہی نہیں، بلکہ چچازاد اور تایازاد بھائی بھی شعروادب کے توسط سے شہرت کے حامل رہے اور حیدرآباد کے ادبی ورثہ میں جلیلی خاندان کی خدمات کو کسی اعتبار سے بھی نظر انداز نہیں کیا جاسکتا۔ (7)

8. سید جلال الدین توفیق

حیدرآباد کے ایک ایسا خاندان میں سید جلال الدین توفیق کا جنم ہوا، جو اپنے علم وفضل اور رشد وہدایت سے مشہور تھا۔ ان کے نانا سید احمد مرحوم کے مقام میں جلال الدین توفیق کی ولادت 1281ھ مطابق 1864ء کو ہوئی۔ ان کے نانا کا مکان سکندرآباد میں واقع تھا۔ جلال الدین توفیق کو اپنے دور کے بلند پایہ اور مقبول شاعر کی حیثیت سے شہرت حاصل تھی۔ ان کی غزل گوئی میں غالب اور مومن کا اثر دکھائی دیتا ہے۔ شاعری کے ذریعے خیال بندی، معنی آفرینی، سوز وگداز اور درد وتاثیر کی نمائندگی اور کائنات کی رنگارنگی کو مشاہدے کے انداز میں پیش کرنا سید جلال الدین توفیق کی امتیازی خصوصیت ہے۔ شاعری میں خوش اسلوبی کے ساتھ شعر کو حسن کاری سے وابستہ کرنا جلال الدین توفیق کی امتیازی خصوصیت ہے۔ ان کے طرز سخن میں انفرادیت موجود ہے، لیکن کلام کے دوران تصوف اور معرفت کا رنگ انتہائی گہرا ہوجاتا ہے۔ آخری زندگی میں انہوں نے ترک دنیا کا طریقہ اختیار کر کے گوشہ نشینی کو اپنا مزاج بنالیا تھا۔ غرض 16/ ذی الحجہ 1339ھ مطابق 1920ء توفیق کی وفات ہوئی۔ ان کے دیوان ''فانوس خیال'' کا پہلا ایڈیشن 1922ء میں انتقال کے بعد شائع ہوا، جبکہ دوسرا ایڈیشن ان کے فرزند مولوی سید امیر الدین توصیف نے اکتوبر 1936ء میں شائع کیا۔ فارسی زبان میں بھی ان کا ایک دیوان موجود ہے، جس میں اخلاق وحکمت اور تصوف ومعرفت کی خصوصیات کو اجاگر کیا گیا ہے۔ جلال الدین توفیق نے علم عروض پر بھی کئی کتابیں لکھیں۔ وہ نہ صرف انتہائی خوش اخلاق، آزاد مشرب اور خدارسیدہ انسان تھے۔ انہوں نے غزلوں کے علاوہ موضوعاتی نظمیں بھی پیش کیں اور مذہبی موضوعات کو بھی غزل کے انداز میں پیش کر کے حمد ونعت اور منقبت ہی نہیں، بلکہ مناجات اور اسلامی اہم واقعات کو منظوم انداز سے پیش کرنے میں کامیابی حاصل کی۔ شاعری میں حسن وعشق کی واردات کے ساتھ ساتھ توفیق نے مذہبیات اور اخلاقیات کے ساتھ ساتھ روحانیات کو بھی بھرپور نمائندگی دی ہے۔ ان کے کلام کی خصوصیات کو محسوس کرنے کے لئے غزل کے چند اشعار ملاحظہ ہوں۔

اس نے کہا ہستی تری میں نے کہا جلوہ ترا   اس نے کہا پھر نیستی میں نے کہا پردا ترا
اس نے کہا جانا مرا میں نے کہا میری اجل   اس نے کہا پھر زندگی میں نے کہا آنا ترا

اس نے کہا شام بلا میں نے کہا گیسو ترے
اس نے کہا صبح صفا میں نے کہا چہرا ترا
اس نے کہا تو کون ہے میں نے کہا نقش قدم
اس نے کہا منزل تری میں نے کہا کوچا ترا
اس نے کہا کیا کام ہے میں نے کہا خدمت تری
اس نے کہا کیا نام ہے میں نے کہا بندا ترا
اس نے کہا دل لے گیا؟ میں نے کہا ہاں لے گیا
اس نے کہا وہ کون تھا میں نے کہا غمزا ترا
اس نے کہا کیا دل میں ہے میں نے کہا کہ الفت تری
اس نے کہا کیا سر میں ہے میں نے کہا سودا ترا
اس نے کہا کس سے گلہ میں نے کہا تقدیر سے
اس نے کہا تقدیر کیا میں نے کہا منشاء ترا
اس نے کہا شب کون تھا میں نے کہا توفیق تھا
اس نے کہا وہ کون ہے میں نے کہا شیدا ترا

جلال الدین توفیق کو اپنے دور کے اساتذہ شعراء میں اپنا مقام حاصل تھا اور انہوں نے شعر گوئی کے انداز کو فروغ دیتے ہوئے حیدرآباد میں باضابطہ ادبی دبستان کی روایت کو قائم رکھا اور ان کی شعر گوئی میں روایتی انداز پوری طرح جھلکتا ہے اور انہوں نے حیدرآباد کی سرزمین سے غزل کے اسی انداز کی نشاندہی کی' جو اس دور کے شاعروں میں دبستان دہلی اور دبستان لکھنؤ کے توسط سے فروغ پارہا تھا۔(8)

9. مہاراجہ کشن پرشاد شاد

حیدرآباد کی سرزمین میں کائستھ گھرانے کے افراد کی تہذیبی اور علمی خدمات کو نظرانداز نہیں کیا جاسکتا۔ اس خاندان کے لوگ نہ صرف انتظامی صلاحیتوں کے مالک رہے' بلکہ شعروادب کی ترقی میں بھی بڑھ چڑھ کر حصہ لیتے رہے۔ مہاراجہ کشن پرشاد شاد کو ریاست حیدرآباد کے مشہور شاعر اور پیشکار کے علاوہ وزیراعظم مہاراجہ چندولال شاداں کے نواسے ہونے پر فخر حاصل تھا۔ وہ 28رفروری 1864ء کو اپنے نانا راجہ نریندر پرشاد کے گھر میں پیدا ہوئے۔ ان کی ابتدائی تعلیم وتربیت نانا کی نگرانی میں ہوئی۔ عربی' فارسی' فلسفہ اور منطق کی تعلیم کے لئے قابل اساتذہ کا انتخاب کیا گیا۔ مدرسہ عالیہ سے انگریزی تعلیم حاصل کی۔ نانا کے انتقال کے بعد اپنی موروثی خدمت یعنی پیشکاری پر سرفراز ہوئے۔ عمدہ صلاحیتوں کے نتیجے میں انہیں ریاست حیدرآباد میں طویل عرصے تک مدارالمہام اور صدرالمہام کے علاوہ صدراعظم کے عہدہ پر فائز کیا گیا۔ کشن پرشاد کو فنون لطیفہ سے بڑی دلچسپی تھی اور بڑے اہتمام سے وہ اپنی کوٹھی پر مشاعرے منعقد کیا کرتے تھے اور ان مشاعروں میں حیدرآباد کے بڑے بڑے شاعر شریک ہوا کرتے تھے۔ مہاراجہ کشن پرشاد نہ صرف شاعروں کی دل کھول کر ہمت افزائی کرتے' بلکہ ان کی سرپرستی بھی کیا کرتے تھے۔ انہوں نے ساری زندگی ہندو مسلم اتحاد کی نمائندگی میں گزاردی۔ وہ ہمیشہ یہی کہا کرتے تھے کہ

ریاست حیدرآباد میں جب تک ہندو مسلم اتحاد قائم رہے گا' یہاں کی ریاست امن و امان اور ساری دنیا میں شہرت کا درجہ رکھے گی۔ غرض کشن پرشاد کو تصنیف و تالیف سے بڑی دلچسپی تھی۔ خود بھی شاعر تھے اور شعر گوئی کا حق ادا کرنے والے شاعروں کو اعزاز سے نوازتے تھے۔ مہاراجہ کشن پرشاد نے نظم و نثر میں تقریباً ساٹھ کتابیں یادگار چھوڑی ہیں' جن میں سے چند کتابوں کے نام حسب ذیل ہیں۔ باغ شاد' بیاض شاد' جذبات شاد' رباعیات شاد' مثنوی آئینہ وجود' پریم درپن' جلوہ کرشن اور جام جہاں نما وغیرہ۔ کشن پرشاد نے ابتدائی زمانے میں نواب میر محبوب علی خاں آصف سے تلمذ حاصل کیا' پھر داغ دہلوی کے شاگرد ہوگئے۔ جس کے بعد اپنا اردو کلام فصاحت جنگ جلیل کو دکھایا کرتے تھے' جبکہ فارسی کلام کے لئے مفتی ضیاء یار جنگ کی خدمات حاصل کی گئیں تھیں۔ شاد نے تقریباً تمام شعری اصناف میں طبع آزمائی کی ہے۔ ان کے کلام میں تصوف کا رنگ غالب ہے۔ غزلوں میں عاشقانہ مضامین اور شوخی کے علاوہ معاملہ بندی اور جذب و مستی کا اظہار بڑے لطیف انداز سے کرتے ہیں۔ ان کی زبان انتہائی سلیس اور انداز بیان شگفتہ ہونے کے علاوہ ان کا تخئیل کافی بلند ہے۔ وہ اپنے دور کے کہنہ مشق شاعر اور وسیع النظر ادیب کے علاوہ اہم سرکاری عہدوں پر فائز رہے۔ 9 مئی 1940ء کو مہاراجہ کشن پرشاد کا انتقال ہوا اور سرکاری فرمان کے ذریعے ساری ریاست میں ایک دن کا سوکھ منایا گیا۔ پرانے پل کے دروازہ کے داہنی جانب ندی کنارے مہاراجہ چندولال اور مہاراجہ نریندر کے درمیانی خالی حصے میں ان کی سمادھی بنائی گئی۔ ان کی غزلوں میں عاشقانہ رنگ جھلکتا ہے۔ جبکہ رباعیات میں فکر کی بالیدگی نظر آتی ہے۔

اے عشق تو نے ہم پہ ستم کیا کیا نہیں
وہ کونسا ہے رنج جو ہم پر ہوا نہیں

رنج و غم و مصیبت و درد و الم بتو
ہم نے تمہارے عشق میں کیا کچھ سہا نہیں

روز شمار میں ہی نہ ہو جس کا کچھ شمار
جو روجفا کی تیری فلک انتہاء نہیں

تم کو علاج کی ہے عبث فکر اے مسیح
جز وصل اس مریض کی کوئی دوا نہیں

ظاہر ہے ذرہ ذرہ میں وہ مثل آفتاب
واعظ بتادے مجھ کو کہ کس جا خدا نہیں

جز ذات حق ہے سب کو فنا اے جناب خضر
دنیا میں کوئی آکے ہمیشہ رہا نہیں

جن کو غرور مال تھا وہ اب کہاں رہے
روئے زمیں پہ ملتا کسی کا پتا نہیں

منت سے پاؤں آپ کے پڑھتا ہوں بار بار
کیا لائق قبول مری التجاء نہیں

ناحق ہے دور وہم سے یہ شیخ و برہمن
شہہ رگ سے ہے قریب وہ ہم سے جدا نہیں

قسمت میں جس کے جو ہے وہی پیش آئے گا
اے چرخ پیر تجھ سے ہمارا گلا نہیں

نفرت ہے کس لئے تجھے زاہد شراب سے کیا مرشدوں کا تونے پیالہ پیا نہیں
ہو خاتمہ بخیر مرادیں بر آئیں سب
اس کے سوائے شاد کا کچھ مدعا نہیں

مہاراجہ کشن پرشاد نے شاعری کے توسط سے مثنوی، مرثیہ، قصیدہ، رباعی اور نظم کے علاوہ دوسری ذیلی اصناف میں بھی اظہار خیال کیا ہے۔ جس طرح غزل میں ان کے شاعرانہ افکار واضح ہوتے ہیں۔ اسی طرح رباعی کے توسط سے بھی انہوں نے اپنے اہم کارنامے انجام دیئے ہیں۔

چنانچہ ان کی چند رباعیات بطور نمونہ پیش کی جارہی ہیں۔

ذلت سے بہت دہر میں عزت کم ہے تکلیف بہت سی ہے فراغت کم ہے
سو بار کیا تجربہ میں نے اے شاد دنیا میں بہت رنج ہے راحت کم ہے

☆

ہندو ہیں کسی راہ پہ اے شاد اڑے مسلم ہیں کسی راستے پر جا کے کھڑے
عارف تو پہنچ چکے جہاں جانا تھا میں تو کے سبھی شاد پڑے ہیں جھگڑے

☆

اپنی اور غیر کی بھی حالت دیکھی شاہوں کی فقیروں کی بھی صحبت دیکھی
پرساں نہیں کوئی بھی کسی کا اے شاد دنیا میں عجب ہم نے قیامت دیکھی

☆

دنیا کے بدلتے ہیں ہمیشہ احوال ہوجاتا ہے ہر شئے کا یقیں وہم و خیال
شادی ہو جہاں میں شاد تجھ کو یا غم اس کی نہ خوشی کر تو نہ کر اس کا ملال

☆

آلام و مصائب کا نہ کر تو شکوا اندوہ جہاں سے تو نہ کر آہ و بکا
مایوس نہ ہو خدا کی رحمت سے شاد کردے گا وہ مدعا کو تیرے پورا

غزل کی طرح رباعی کے توسط سے بھی مہاراجہ کشن پرشاد نے اپنی خصوصیات کو نمائندگی دی ہے، ان کی غزلوں میں جس طرح حسن وعشق کے معاملات کی نمائندگی ملتی ہے، اس کے برعکس رباعیات میں اخلاق اور تہذیب کے علاوہ روحانیات اور تصوف کے مزاج کی جھلکیاں بھی نمایاں ہوتی ہیں۔ جس سے اندازہ ہوتا ہے کہ مہاراجہ کشن

پرشاد قدر عریضی کی عمر سے کہیں زیادہ طویل العمر تھے۔ ایک اعتبار سے مہاراجہ کشن پرشاد قدر عریضی سے زائد از 34 سال زیادہ عمر کا عرصہ گزار چکے تھے' لیکن ان کی غزلوں کے علاوہ رباعیات میں بھی وہی حسن دکھائی دیتا ہے' جو اردو رباعیات کی فطری خصوصیت یعنی رشد و ہدایت کا انداز نمایاں ہے۔(9)

10. لمعہ حیدر آبادی

سید نوازش علی نام' لمعہ تخلص' سادات موسوی سے تعلق رکھتے تھے۔ 1868ء میں حیدر آباد میں پیدا ہوئے۔ ان کے والد میر کاظم علی خان شعلہ اور دادا میر احمد علی خان شہید اردو اور فارسی کے صاحب دیوان شاعر گزرے ہیں۔ دار العلوم سے درسی تعلیم حاصل کرنے کے بعد صدر محاسبی کا امتحان کامیاب کیا اور 1851ء میں ملازمت سے وابستہ ہوگئے۔ ان کی اخلاقی نظمیں 1340 سے 1346ء تک پنجاب یونیورسٹی' الہ آباد یونیورسٹی اور حیدر آباد دکن کے تعلیمی نصاب میں شامل رہیں۔ ان کی سات کتابیں اردو' عربی اور فارسی میں شائع ہوچکی ہیں' جسے ان کے برادر زادے برق موسوی نے اپنے پاس محفوظ رکھا ہے۔ حیدر آباد کی سرزمین میں 1924ء کو انتقال ہوا۔ ان کی نظموں کے ذخیرے میں سے چند اشعار بطور نمونہ پیش کئے جاتے ہیں۔

شیریں کلامی

گر ہے منظور کہ تقریر میں پیدا ہو اثر کوئی افسوس نہیں شیریں سخنی سے بہتر
جو ہر تیغ زباں کو یہ جلا دیتی ہے میٹھی باتوں میں ہے اعجاز مسیحا کا اثر
ملکِ دل فتح کرے' تیغ زبان شیریں اس کے قبضہ سے یہ اقلیم نہ ہوگی باہر
میٹھی باتوں میں ادا کیجئے ہر مطلب دل زہر بھی دیجئے کسی کو تو ملا کر شکر
حضرت موسیٰ و ہارونؑ کو ہوا حکم خدا کہ بہ لینت کریں' فرعون سے باتیں بنا کر
اس سے بہتر نہیں آویزۂ گوشِ شنوا نرم الفاظ ہیں سامع کے لئے لعل و گہر
مثلِ فرہاد ہیں سب محو کلامِ شیریں ہمہ تن گوش ہے گلُ نغمۂ بُلبُل سن کر

لمعہ حیدر آبادی کی نظموں میں اخلاقی اور تہذیبی رچاؤ نمایاں نظر آتا ہے اور ان کی نظموں میں روایت کا اثر واضح ہے۔ تلنگانہ کے اہم نظم گو شاعروں میں پروفیسر وحید الدین سلیم کو بھی امتیازی مقام حاصل ہے۔(10)

11. پروفیسر وحید الدین سلیم

وحید الدین نام اور سلیم تخلص 1869ء میں پانی پت کے اوسط گھرانے میں پیدا ہوئے۔ اسی علاقہ سے

مڈل امتحان کامیاب کیا۔ مولانا فیض الحسن سہارنپوری سے عربی، تفسیر اور فقہ کی تعلیم حاصل کی اور حدیث کا درس لیا ۔مولانا عبدالواحد ٹونکی سے منطق اور فلسفہ پڑھا۔ انٹرنس کامیاب کرنے کے بعد منشی فاضل کی سند حاصل کی۔ ان کی صلاحیتوں کی وجہ سے چار روپے مہینہ وظیفہ مقرر ہوا۔ غرض ابتداء میں بہاولپور کالج میں ملازمت اختیار کی پھر رامپور کے ہائی اسکول میں صدر مولوی مقرر ہوئے۔ طب کی تعلیم حاصل کر کے ایلو پیتھک دواخانہ شروع کیا۔ مولانا حالی کی جوہر شناسی نے انہیں علی گڑھ پہنچایا۔ سرسید سے وابستگی کے بعد اپنی لیاقت میں اضافہ کیا اور سرسید کے رسالہ ''علی گڑھ گزٹ'' اور ''تہذیب الاخلاق'' کے لئے مضامین لکھے۔ رسالہ ''معارف'' جاری کیا اور 1912ء میں لکھنو کے رسالہ ''مسلم گزٹ'' کے ایڈیٹر مقرر ہوئے۔ جامعہ عثمانیہ کے قیام کے بعد حیدرآباد مدعو کئے گئے اور دارالترجمہ میں وضع اصطلاحات کمیٹی کے سربراہ مقرر ہوئے۔ ہمہ صفت انسان تھے۔ ''وضع اصطلاحات'' ان کی مشہور کتاب ہے اس کے علاوہ مولانا کے مضامین ''افادات سلیم'' کے نام سے مشہور ہیں اور ان کی شعری مجموعہ ''افکار سلیم'' کے نام سے شائع ہوئے ا۔ جامعہ عثمانیہ سے وظیفہ پر سبکدوشی کے بعد اپنے وطن پانی پت چلے گئے اور وہیں 1929ء میں انتقال ہوا۔ ان کی نظموں میں منظر نگاری اور کیفیت کو نمائندگی دینے کا بڑا کمال حاصل ہے۔ ان کی ایک نظم کے چند اشعار بطور نمونہ پیش ہیں:

ایک نظم

جب نیم کی شاخیں ٹھنڈی ہوا کھا کھا کے تھرکنے لگتی ہیں　　پھر زریں کرنیں سورج کی پتوں پہ چمکنے لگتی ہیں

پتوں کی رگوں میں نیم کا رس ہے دوڑتا پوری سرعت سے　　یہ ریشہ دوانی دیکھ کے میں تصویر بنا ہوں حیرت سے

کیا فیض الٰہی کی کرنیں پڑھتی نہیں مجھ پر شام وسحر　　کیا موج نسیم رحمت حق چلتی نہیں مجھ پر آٹھ پہر

پھر کیا ہے کہ نیم کا جوشِ نمو پاتا نہیں اپنے سینے میں　　دل مردہ ہے، افسردہ ہے، مشغول نہیں رس پینے میں

محروم ہے فیض سے دل میرا فیضان میں تم غرقاب رہو　　اے نیم کے متوالے پتو، سرسبز رہو، شاداب رہو

وحیدالدین سلیم نے مولانا حالی کی نظم نگاری کی روایت کو جاری رکھتے ہوئے منظر کشی اور فطرت پرستی کے علاوہ نیچرل شاعری کی خصوصیات کو برقرار رکھا۔ حیدرآباد میں ایک اہم شاعر کی حیثیت سے نظم کی خصوصیت کو اہم مقام دینے والے شاعر مولانا ظفر علی خان کو اہم مقام حاصل ہے۔(11)

12. مولانا ظفر علی خان

سیالکوٹ کی سرزمین میں 1870ء میں پیدا ہونے والے ظفر علی خان نے ابتدائی تعلیم وزیر آباد مشن اسکول میں حاصل کی۔ پٹیالہ سے میٹرک کامیاب کیا اور 1882ء میں ایف اے کا امتحان کامیاب کرنے کے بعد وہیں سے بی اے ہیں اعلیٰ نشانات سے کامیابی حاصل کی۔اس وقت خواجہ غلام الثقلین کے مستعفی ہوجانے کی وجہ سے نواب محسن الملک کے پرائیویٹ سکریٹری کی حیثیت سے ذمہ داری نبھائی اوران ہی کا سفارشی خط لے کر حیدرآباد پہنچے۔ پہلے فوج میں ملازمت کی اور پھر دارالترجمہ جامعہ عثمانیہ سے منسلک ہوگئے۔ چند ہی دنوں میں اسسٹنٹ رجسٹرار مقرر ہوئے اور میر عثمان علی خان کے ولیعہد کے اتالیق مقرر کیئے گئے۔ایک اہم عہدیدار کی ہجو لکھنے کی وجہ سے ناراضگی کے نتیجہ میں استعفیٰ دے دیا لیکن عزیز مرزا نے مولانا کو بمبئی بلایا اور لیجسلیٹیو اسمبلی کے رجسٹرار مقرر ہوئے۔اسی زمانے میں لارڈ کرزن کی کتاب ''خیابان فارسی'' کا اردو ترجمہ کیا اور پنجاب یونیورسٹی سے پانچ سو روپے انعام دیا گیا۔آصف جاہ سادس میر محبوب علی خان نے تین ہزار روپے انعام کی رقم پیش کی۔انھو ں نے افسانوی مجموعے ''سیر ظلمات''، ''فسانہ لندن'' اور سنہری گونگا'' کے ترجمے پیش کیئے۔موسیٰ ندی کی طغیانی سے متاثر ہوکر مولانا نے طویل نظم لکھی۔ساری زندگی مذہب اور ادب کی خدمت میں گزاردی۔ ''دکن ریویو' رسالہ جاری کیا اور اپنے وطن سے شائع ہونے والے رسالہ ''زمیندار'' کا صحافتی حق ادا کیا۔ بہرحال ایک تقریب میں ماخوذ ہونے کی وجہ سے انہیں پانچ سال کی جیل بھگتنا پڑا۔وہ بہترین صحافی' مترجم اور خطیب ہی نہیں' بلکہ شاعر اور ادیب بھی تھے۔ان کے مجموعہ کلام ''بہارستان''، نگارستان اور چمنستان'' کے نام سے شائع ہوچکے ہیں۔اس کے علاوہ روح معانی اور حبسیات کے علاوہ ارمغان قادیان جیسے مجموعے پیش کیئے۔داغ دہلوی سے شاگردی اختیار کی اور 1957ء میں انتقال کیا۔ان کی نظموں میں جمہوری انداز اور انقلابی رجحان نمایاں نظر آتا ہے۔ان کی مشہور نظم ''دعا'' کے چند اشعار ملاحظہ ہوں:

دعا

الٰہی برق غیرت کی تڑپ مجھ کو عطا کردے — مجھ جیسے آتشِ زیرپا کو ساتھ ہی آتش نوا کردے
میری تقریر سحر آلود میں کر وہ اثر پیدا — کہ اہل درد کے حلقوں میں اک محشر بپا کردے
دیا ہے علم اگر تونے تو ساتھ اس کے عمل بھی ہو — شرح لیس للانسان الا ما سعی کردے

بتادوں گا کہ خاک اب ہندیوں اکسیر بنتی ہے

میری ملکوں کو جاروبِ حریم مصطفیٰ کردے

مولانا ظفر علی خان نے بیک وقت نثر، شاعری اور نظم نگاری کے توسط سے حیدرآبادی ادب کے نام کو سربلندی عطا کی۔ وہ نظم کے مایہ ناز شاعروں میں شمار کئے جاتے ہیں۔(12)

13. ضامن کنتوری

سید محمد ضامن نام اور ضامن تخلص تھا۔ ضلع بارہ بنکی کے علاقے کنتور میں 6/ذی الحجہ 1290ھ کو پیدا ہوئے۔ جن کی سن عیسوی 1873ء برآمد ہوتی ہے، لیکن حال ہی میں ضامن کنتوری کی لکھی ہوئی ''شرح دیوان غالب'' کی تدوین پروفیسر اشرف رفیع نے انجام دی ہے تو اس میں انہوں نے ضمن کنتوری کی تاریخ پیدائش 25/جنوری 1875ء تحریر کی ہے۔ ان کے والد شیخ امام بخش ناسخ کے شاگرد میر لطف اللہ قدر سے تلمذ حاصل کر چکے تھے، جن کے کئی شاگرد شہرت یافتہ ہو چکے تھے۔ ضامن کنتوری نے اپنی تاریخ پیدائش خود نوشت میں تحریر کی ہے، جس کے مطابق 6/ذی الحجہ 1290ھ برآمد ہوتی ہے۔ 13 سال کی عمر میں 1883ء کے دوران حیدرآباد منتقل ہوئے۔ مدرسہ اسلامیہ سکندرآباد سے تعلیم مکمل کرنے کے بعد علی گڑھ چلے گئے اور حسرت موہانی کے ہمدرد قرار پائے۔ اس طرح ان کی شعری خصوصیات اور ترجمہ نگاری کی نمائندگی کرنے لگے۔ ان کے مورخین میں یہ غلط لکھا ہے کہ بچپن میں چھ سات سال کی عمر کے دوران اپنے والد حبیب کنتوری کے ساتھ حیدرآباد آ گئے اور عمر یہی بسر کردی۔ حتیٰ کہ انتقال کے بعد یہیں پیونت خاک ہوئے۔ عربی اور فارسی کی تکمیل کے بعد انگریزی میں انٹر کا امتحان کامیاب کیا۔ تعلیم ختم کرنے کے بعد ملازمت اختیار کرلی، چنانچہ دفتر بگھی خانہ میں انگریزی کے مترجم مقرر ہوئے۔ ابتداء سے ہی فن شعر اور علم عروض کے علاوہ حافیہ سے فطری لگاؤ تھا۔ اپنے والد کو رہنماء بنایا اور شعر گوئی پر خصوصی توجہ مرکوز کی، جس کے نتیجہ میں زندگی میں ہی استاد فن کی حیثیت حاصل کرلی۔ اردو اور فارسی دونوں زبانوں میں شاعری کرتے تھے اور کمال یہی تھا کہ انہوں نے کئی انگریزی نظموں کے اردو میں ترجمے بھی انجام دیئے۔ یعنی انگریزی شاعر کے اردو میں ترجمہ کرنے کی مہارت بھی حاصل تھی۔ شاعر ہونے کے باوجود ضامن کنتوری نے اپنے قلم سے زبان وادب کی بڑی خدمت انجام دی۔ ان کی لکھی ہوئی تصانیف اور تراجم کی فہرست حسب ذیل ہے۔

(1) نیرنگ مقال (کلیات اردو)، (2) ارتنگ خایل (دیوان فارسی)، (3) طریق سعادت (نثر) اور (4) بالک پھلواری (نظم)، (چھوٹے بچوں کے لئے)، (5) قواعد کنتوری (دو جلدیں)، (6) عبرت کدہ سندھ

(تاریخ)'(7) ارمغان فرنگ (مشہور انگریزی شعراء کا تذکرہ اوران کی نظموں کا ترجمہ)'(8) شہید وفا (ٹین سن کی ''رینک آرڈن'' کا ترجمہ)'(9) آوارہ وطن (گولڈ اسمتھ کی ''ٹراولر'' کا ترجمہ)

پروفیسر اشرف رفیع نے حضرت ضامن کنتوری کی اہم کتاب ''شرح دیوان غالب'' کی اشاعت آندھرا پردیش اردو اکیڈیمی کے تعاون سے 2012ء میں مکمل کی اور بتایا ہے کہ اس شرح کا کام کام انہوں نے 25رڈسمبر 1934ء کو مکمل کرلیا تھا۔ انگریزی شاعری کے ترجموں کے ساتھ ساتھ غالب کے دیوان کی جامع لغت سے اندازہ ہوتا ہے کہ ضامن کنتوری نہ صرف اپنے عہد کے اہم شاعر تھے' بلکہ بیک وقت انہیں شعر گوئی اور ترجمہ نگاری پر کمال حاصل تھا۔ ان کی عمر کی 67 سال کو بنیاد بنا کر یہ اندازہ لگایا جاسکتا ہے کہ 1984ء میں ان کا انتقال ہوا۔ غرض اپنے عہد کے مایہ ناز شاعروں میں ضامن کنتوری کا شمار ہوتا ہے۔ ان کے شعری لب ولہجہ کو سمجھنے کے لئے غزل کے چند اشعار بطور نمونہ پیش ہیں۔

جز فریب آگہی رنگ تما شا کچھ نہیں — اک ذرا جھپکی پلک نیرنگ دنیا کچھ نہیں
بزم یہ قائم رہے' برہم نہ ہو تیرا مزاج — میں نہ بولوں منہ سے کچھ یوں ہے تو اچھا کچھ نہیں
ہے وہی جلوہ نظر میں جو نظر سے ہے نہاں — آنکھ کا پردہ دکھانے کو ہے پردا کچھ نہیں
یہ سمجھ لو دل میں بے عاشق کے معشوقی کہاں — گر تمہیں پردا نہیں مجھ کو بھی پردا کچھ نہیں
ضامن اب کھلنے لگی ہیں شاعری کی دقتیں — ہم تو سمجھے تھے یہ فن دشوار ایسا کچھ نہیں

ضامن کنتوری نہ صرف مستقل مزاج اور ہمدرد دل کے مالک انسان تھے' بلکہ ان کے دل میں اردو زبان و ادب کی خدمت کا جذبہ موجود تھا۔ یہی وجہ رہی کہ غزل گوئی اور نظم گوئی کو ہی اظہار کا ذریعہ نہیں بنایا' بلکہ ترجمہ نگاری اور نثر میں شرح نگاری کو فوقیت دیتے ہوئے منفرد کارنامے انجام دینے کی جدوجہد کی' جس میں وہ پوری طرح کامیاب رہے۔ یہی وجہ ہے کہ ضامن کنتوری کی ہمہ جہت خدمات کو قدر کی نگاہ سے دیکھا جاتا ہے اور انہوں نے حیدرآباد کی سرزمین سے وابستگی اختیار کر کے اپنے فن اور صلاحیتوں کا بھرپور مظاہرہ کیا۔(13)

14. شوکت بلگرامی

بلگرام سے حیدرآباد منتقل ہونے والے نامور خاندان سے تعلق رکھتے ہیں۔ ان کا نام سید کاظم حسین تھا' جبکہ شاعری کے لئے شوکت کے تخلص کو منتخب کیا۔ شوکت بلگرامی کی تاریخ پیدائش 1293ھ درج ہیں جس کے مطابق سن عیسوی 1876ء برآمد ہوتی ہے' جس کے تحت یہ اندازہ ہوتا ہے کہ قدر عریضی سے عمر میں شوکت بلگرامی میں پچیس سال کا فرق تھا۔ شوکت بلگرامی کو غزل کے علاوہ رباعی سے بھی خصوصی دلچسپی تھی۔ انہوں نے اپنے والد

حاجی سید علی حسن سے عربی زبان کا علم حاصل کیا اور سید نثار حسین عظیم آبادی سے عربی ادب کا مطالعہ کیا۔ فارسی زبان وادب کے لئے انہوں نے آغا مرزا جواد طہرانی سے استفادہ کیا' جبکہ مدرسہ اعزہ میں شریک ہو کر انگریزی ادب کی تعلیم حاصل کی۔ ابتدائی عمر سے ہی شعر و سخن کا ذوق رہا اور کبھی کبھی شعر کہہ لیتے اور گھر کے ملازم کو سنایا کرتے تھے۔ جب ان کے والد نے اس ذوق کا اندازہ لگایا تو اپنے بیٹے کے فطری ذوق کو فروغ دینے کے لئے امانت لکھنوی کے شاگرد فصاحت لکھنوی اور پھر امیر مینائی کی شاگردی میں پیش کیا۔ شوکت بلگرامی نے غزل گوئی اور قصیدہ نگاری کے علاوہ مسدس بھی لکھے اور اس کے ساتھ ہی قیام کی رباعی کا ترجمہ بھی پیش کیا۔ جس سے اندازہ ہوتا ہے کہ کسی بھی زبان کی شعری روایت کو اپنی زبان میں پیش کرنے کا انہیں کمال حاصل ہے۔ شاعری کا ترجمہ حد درجہ مشکل ہوتا ہے' لیکن شوکت بلگرامی نے عمر قیام کی بے شمار رباعیوں کا ترجمہ کر کے اردو دنیا میں انہیں زندہ رکھنے کا کارنامہ انجام دیا۔ غرض 1924ء میں شوکت بلگرامی کا انتقال ہوا اور حیدرآباد میں سپرد خاک ہوئے۔ ان کی ترجمہ شدہ چند رباعیات کا انتخاب پیش ہے۔

وہ جوش بہار آبشار و لب کشت | جام مئے وہ دست ساقی حور سرشت
اس دور نشاط و بے خودی میں شوکت | دوزخ ہو نصیب جو یاد آئے بہشت

☆

ہوں غرق گناہ جوش غفراں سے کہاں | ہے قلب سیاہ نور ایمان سے کہاں
فردوس اگر فقط عبادت کا عوض | اے بار الہ تیرا احسان ہے کہاں

☆

ہر گناہ میں جو مستی ہوتی | بدنام کبھی نہ مئے پرستی ہوتی
میں نشے سے جس طرح ہوا ہوں بے خود | مدہوش یوں ہی تمام ہستی ہوتی

☆

شوکت دوزخ کا دل جلانے والا | گلزار جناں پہ خار کھانے والا
کہتا ہے خدا سے رحم کر شان خدا | تو کونسے کرم سکھانے والا

(14)

15. شوکت علی خاں فانی بدایونی

اردو شاعری میں غم پسندی اور یاسیت کو فروغ دینے والے فانی بدایونی تعلق اگرچہ حیدرآباد سے نہیں' لیکن

حیدرآباد کی شاعری میں انہوں نے علامہ قدر عریضی کی پیدائش سے زائد از اکیس سال قبل اپنی شاعری کے انداز کو بھرپور نمائندگی دی۔ شوکت علی خاں نام اور فانی تخلص کے ذریعے اپنے پیدائشی وطن کا لاحقہ لگا کر فانی بدایونی کی حیثیت سے ہندوستان گیر شہرت کے حامل اس شاعر نے 13رڈسمبر 1879ء میں بدایون کے مقام پر آنکھیں کھولی۔ 1901ء میں بریلی کالج سے بی اے کا امتحان کامیاب کیا اور 1908ء میں ایل ایل بی کی ڈگری حاصل کی۔ لکھنؤ، آگرہ، بدایون اور بریلی میں وکالت کا پیشہ اختیار کیا، لیکن اس پیشے سے فطری لگاؤ نہیں تھا، اس لئے کامیابی حاصل نہ ہوسکی۔ آخر اپنا پیشہ ترک کر کے حیدرآباد میں اردو کی سرپرستی کی بنیاد پر 1932ء میں شہر حیدرآباد کا رخ کیا اور مستقل طور پر سکونت اختیار کر گئی۔ مہاراجہ کشن پرشاد نے فانی بدایونی کی سرپرستی فرمائی اور انہیں سررشتہ تعلیمات سے وابستہ کر کے حیدرآباد کے پرانے شہر میں آباد سب سے مشہور دارالشفاء ہائی اسکول کے صدر مدرس کی حیثیت سے ملازمت سے وابستہ کر دیا۔ فانی بدایونی کو موجودہ دور کے ممتاز غزل شعراء میں شمار کیا جاتا ہے۔ وہ میر تقی میر کی طرح قنوطیت پسند اور نشاط غم کا نمونہ بن جاتی ہیں۔ یہی وجہ ہے کہ ان کی شاعری میں غم حیات کے علاوہ غم جاناں اور غم دوراں کے ساتھ ساتھ غم روزگار کی خصوصیات جلوہ گر نظر آتی ہے۔ جس کا نتیجہ یہ ہے کہ ان کی شاعری میں سوز و گداز کی لہر دوڑتی ہوئی نظر آتی ہے۔ زندگی میں وصول ہونے والی ناکامیوں اور مایوسیوں کا اثر ان کی شاعری پر پڑا، جس کی وجہ سے انہوں نے تمام تر شاعری کو درد و غم میں ڈوبی ہوئی شاعری کی حیثیت سے پیش کیا۔ زندگی میں حزن و ملال کی کیفیت اور کثرت کی وجہ سے وہ کبھی مایوس نہیں ہوئے، بلکہ انہوں نے ہر مایوسی کے ذریعے امید کی جھلک کو نمائندگی دی ہے۔ یہی وجہ ہے کہ فانی کی زبان میں شگفتگی، روانی اور خیالات کی کثرت کے علاوہ اسالیب کی بلندی اور ندرت بھی اپنا اثر دکھاتی ہے۔ ان کی ہر غزل کسی نہ کسی خاص کیفیت اور خاص اثر کی نمائندہ ہوتی ہے۔ والہانہ جذبات کا اظہار اور لطافت زبان کے علاوہ نزاکت بیان کے مخصوص اور انفرادی انداز کی وجہ سے فانی کی شاعری غم و یاز کا ایک ایسا ذریعہ بن جاتی ہے کہ جس کی وجہ سے ہر شعر درد بھرے راگ کا وسیلہ بن جاتا ہے۔ فانی بدایونی کا انتقال 1941ء میں ہوا اور درگاہ حضرات یوسف شریفؒ صاحب کے احاطہ میں مدفون ہوئے۔ غرض ان کی شاعری میں غم واندوہ کی کیفیت اور اظہار کی برجستگی اس انداز سے جلوہ گر ہے کہ ہر شعر اپنی تصویر آپ بن جاتا ہے۔ ان کی کئی غزلیں ساز پر گائی جا چکی ہیں اور ان کا کلیات بھی مختلف پبلشرس نے شائع کیا ہے۔ غزل کی رنگینی کے ساتھ ساتھ انسانی وجود کی بے کیفی ہی نہیں، بلکہ زندگی کی کم مائیگی کو فانی نے اپنی غزلوں میں شامل کر کے یاسیت اور غمگینی کو نمائندگی دی ہے، جس کو بطور نمونہ پیش کرتے ہوئے ان کے غزل کے چند اشعار بطور نمونہ پیش کئے جاتے ہیں۔

مال سوز غم ہائے نہانی دیکھتے جاؤ
بھڑک اٹھی ہے شمع زندگانی دیکھتے جاؤ
چلے بھی آؤ وہ ہے قبر فانی دیکھتے جاؤ
تم اپنے مرنے والے کی نشانی دیکھتے جاؤ
ابھی کیا ہے کسی دن خوں رلائے گی یہ خاموشی
زبان حال کی جادوبیانی دیکھتے جاؤ
غرور حسن کا صدقہ کوئی جاتا ہے دنیا سے
کسی کی خاک میں ملتی جوانی دیکھتے جاؤ
ادھر منہ پھرکر کیا ذبح کرتے ہو ادھر دیکھو
مری گردن پہ خنجر کی روانی دیکھتے جاؤ
بہار زندگی کا لطف دیکھا اور دیکھو گے
کسی کا عیش مرگ ناگہانی دیکھتے جاؤ
سنے جاتے نہ تھے تم سے مرے دن رات کے شکوے
کفن سرکاؤ میری بے زبانی دیکھتے جاؤ

وہ اٹھا شور ماتم آخری دیدار میت پر
اب اٹھا چاہتی ہے نعش فانی دیکھتے جاؤ

اردو شاعری کی تاریخ میں میر تقی میر کے بعد فانی بدایونی کو یہ مقام حاصل ہے کہ انہوں نے اپنی شاعری کو یاسیت اور غم انگیزی سے وابستہ کر کے ایک جانب تو فلسفہء غم کی شدت کو نمایاں کیا ہے' تو اس کے ساتھ ہی یہ ثابت کیا ہے کہ غم کسی اعتبار سے چھینا نہیں جاسکتا' جبکہ خوشیاں انسان سے چھینی جاسکتی ہے۔ غرض ہندوستان کی مختلف جامعیات میں فانی بدایونی کی شاعری پر تحقیقی مقالے لکھے جاچکے ہیں۔ جامعہ عثمانیہ کے مایہ ناز اردو کے پروفیسر اور سابق صدر شعبہ اردو مغنی تبسم نے فانی پر تحقیقی کام انجام دے کر نہ صرف ان کے کلام کو جاویدہ بنادیا' بلکہ ''فانی کی نادر تحریروں'' اور ان کے کلام کے تجزیے کے ذریعے ثابت کردیا کہ فانی کی زندگی اور ان کے کلام میں موجود یکسانیت درحقیقت ان کی ذات کو المیہ سے تعبیر کیا جاتا ہے۔ غرض اپنے عہد کے نامور غزل گو شاعر کی حیثیت فانی بدایونی نے حیدرآباد میں اس وقت زندگی گزاری اور غزل کی شاعری کو فروغ دیا جبکہ علامہ قدر عریضی کو اس شہر کی ادبی ساکھ کو مضبوط کرنے کا موقع حاصل ہوا تھا۔(15)

16. سید حیدر پاشاہ قادری حیدر

حیدرآباد کی سرزمین میں 18/رجب 1298ھ مطابق 1880ء میں پیدا ہونے والے سید حیدر پاشاہ قادری حیدر نے پنجاب یونیورسٹی کے امتحانات منشی اور مولوی نے کامیابی حاصل کی' جس کے بعد ذاتی پریشانیوں کی وجہ سے تعلیم جاری نہ رکھ سکے۔ 1318ھ مطابق 1900ء میں محکمہ کوتوالی اضلاع میں ملازم ہوگئے۔ مختلف اضلاع پر پولیس انسپکٹر کے عہدہ پر فائز رہتے ہوئے اکیس سال بعد ملازمت سے سبکدوشی اختیار کی۔ شعرگوئی کے شوق کے نتیجے میں غزل کہنے لگے۔ پہلے انہوں نے حضرت ہاتف مرحوم کو کلام سکھایا اور ان کے انتقال کے بعد توفیق کو اپنا کلام

دکھانے لگے اور آخر میں طویل عرصے تک خاموشی کے بعد حضرت غلام دستگیر ابر مرحوم سے شاگردی قبول کی۔ آخری عمر میں حیدر پاشاہ حیدر کو ضامن کنتوری مرحوم کے تلازمہ میں شمار کیا جانے لگا۔ وہ ایک کہنہ مشق اور پرگو استاد سخن رہے ہیں۔ قدیم رنگ تغزل میں اچھی غزلیں کہنا ان کا امتیاز ہے۔ الفاظ کی بندش، محاورے کی چستی کے علاوہ شوکت الفاظ اور روزمرہ کی خصوصیت کو اپنے اشعار میں پیش کرنے کا کمال رکھتے ہیں۔ طویل عمری کے باوجود مشاہروں میں شریک ہونا اور غزل سنانا ان کی فطرت کا حصہ ہے۔ قدیم مکتب خیال کے شاعروں میں حیدر کو بڑی عزت کی نگاہ سے دیکھا جاتا ہے۔ انہوں نے حیدرآباد کی سرزمین میں غزل گو شاعر کی حیثیت سے شہرت حاصل کی۔ غزل کی رنگینی اور مزاج کی بوقلمونی کو انہوں نے اپنی شاعری میں شامل کیا، جس کا انداز ان کی غزلوں میں جھلکتا ہے۔ ان کی غزل کے اشعار ملاحظہ ہو۔

احساس توقع کے قرباں ہر شب کی سحر ہوجاتی ہے ۔۔۔ جب ذوق نظر بڑھ جاتا ہے تسکین نظر ہوجاتی ہے

اخفائے محبت کی خاطر میں ضبط کی کوشش کرتا ہوں ۔۔۔ جب فصل بہاراں آتی ہے وحشت کو خبر ہوجاتی ہے

دشمن بھی نگہباں ہوتا ہے اللہ جو حافظ ہوجائے ۔۔۔ آتی ہے نشیمن پر جو بلا خود برق سپر ہوجاتی ہے

یہ دردِ جگر ہے دردِ جگر اف کر کے نہ کھودے اس کا اثر ۔۔۔ توہین کمال عشق نہ کر غم میں بھی بسر ہوجاتی ہے

دامان محبت چاک نہ کر بے کس کی تمنا خاک نہ کر ۔۔۔ جو آہ نکلتی ہے دل سے مجبور ہوجاتی ہے

ہر لمحہ فرقت شام الم ہر لحظۂ دوری ہجر کی شب ۔۔۔ وہ شب شب ہجراں ہی کب ہے جس شب کی سحر ہوجاتی ہے

ہے شیر خدا کی شان نظر دیکھا ہے اس میں نے اکثر
آتی ہے جو مشکل اے حیدر مجروح نظر ہوجاتی ہے

روایتی غزل کی خصوصیات کو پیش نظر رکھتے ہوئے حیدر قادری نے اپنے دور کی روایت کو باقی رکھا۔ وہ بلاشبہ علامہ قدر عریضی کے دور کے ایسے شاعر ہیں، جنہوں نے غزل کے توسط سے اپنی شناخت بنائی اور حیدرآبادی تہذیب وثقافت میں غزل کی روایت کو فروغ دینے میں اہم کارنامہ انجام دیا۔ حیدر قادری کی وفات کے بارے میں تفصیلات عدم وصول ہیں، لیکن قدر عریضی کے عہد کے شاعر کی حیثیت سے ان کا تعارف اہمیت کا حامل ہے، کیونکہ وہ قدر عریضی کے اہم معاصرین میں شمار کئے جاتے ہیں۔(16)

17. میر محمد علی مسرور

میر محمد علی نام اور مسرور تخلص اختیار کر کے اہل بیت اطہار کی زندگیوں پر مرثیہ نگاری کا حق ادا کرنے والے ایک اہم شاعر کی حیثیت سے شہرت رکھتے ہیں۔ محمد علی مسرور کی پیدائش 1298ھ مطابق 1880ء میں بمقام حیدرآباد ہوئی۔ اردو اور فارسی کی تعلیم گھر پر اپنے والد سے حاصل کی۔ ادبیات عربی، منطق اور حدیث کی تکمیل آقا سید علی شوستری سے حاصل کی، جو حرف عام میں حسو میاں کے نام سے شہرت رکھتے تھے۔ مولانا عبدالصمد، مولوی احمد اللہ حسینی اور مولوی غلام عابد کے علاوہ مولانا علی نقی سے حدیث کی تعلیم حاصل کی۔ فقہ اور شرح کبیر کے درس آقا مرزا حبیب اللہ اور مولوی سید کاظم طباطبائی سے حاصل کئے۔ تفسیر میں اپنی کوشش سے مہارت حاصل کی اور وکالت کی سند حاصل کرنے کے باوجود اچھے قانون داں قرار پائے، لیکن پیشے کو اپنے مزاج سے موافق نہ پا کر وکالت ترک کر دی۔ البتہ ایک جاگیر میں منصفی کی حیثیت سے عہدہ قبول کر لیا۔ اپنی خودداری اور اصول پرستی کی وجہ سے چند برسوں سے زیادہ ملازمت نہ کر سکے اور ساری زندگی افلاس اور تنگ دستی میں گزار دی۔ 14 برس کی عمر میں شعر کہنا شروع کیا۔ اظہر حسین ناجی سے شاعری میں استفادہ کیا۔ اپنے دور کے قادرالکلام شاعروں میں شمار کئے جاتے ہیں۔ شاعری کی تقریباً تمام اصناف جیسے غزل، رباعی، قطعہ، قصیدہ، سلام، نوحہ اور مرثیے میں طبع آزمائی کی۔ لیکن سفر آخرت کے لئے مدح آل نبی اور ماتم داری شہید کربلا کو ہی زاد راہ بنایا اور 15 محرم 1370ھ مطابق 1950ء کو اس دنیا سے کنارہ کشی اختیار کر لی۔ مسرور کی زندگی کے آخری ایام بہت تکلیف دہ تھے۔ ان کے 13 لڑکے اور لڑکیاں تھیں۔ کوئی بھی زندہ نہ رہا، بیوی کا بھی انتقال ہو گیا، جس کی وجہ سے تنہا رہنے لگے تھے۔ حیدرآباد میں مسرور کے بے حساب شاگرد بھی موجود ہیں۔ ضرورت اس بات کی ہے کہ ان کے کلام کو یکجا کر کے شائع کیا جائے اور ان کی روح کو تسکین پہنچائی جائے۔ مسرور نے مرثیہ نگاری، نوحہ اور سلام جیسی اصناف میں روایتی مرثیہ نگاری کی خصوصیت کو برقرار رکھا۔ چنانچہ ان کے مرثیوں میں لکھنؤ کے انیس اور دبیر کے دور کی یاد تازہ ہو جاتی ہے۔ غزلیں، نظمیں، رباعیات کا ذخیرہ دستیاب نہ ہو سکا، اس لئے ان کی شاعری سے ایک سلام کے چند اشعار پیش کئے جاتے ہیں۔

جز ولائے حق مرے دل میں کسی کی جا نہیں
کچھ دنوں جس میں رہے ہوں بت یہ وہ کعبہ نہیں

داغ جلتے ہیں جو دل کے منہ سے کیوں نکلے گی آہ
گلخن خورشید سے ہرگز دھواں اٹھتا نہیں

بند ہیں آنکھیں تصور میں مزے ہیں دید کے
چاند زہرا کا نگاہوں سے کبھی ہٹتا نہیں

کیں مرے سینہ پہ دامن ڈالتے ہوا ے کلیم
یہ مرا داغ جگر ہے کچھ ید بیضا نہیں

آبلہ پائی عابد سے بڑھی شان کرم
کربلا سے شام تک پیاسا کوئی کانٹا نہیں

اپنا بس کیا یہ خدا کی دین ہے وہ جس کو دے　　　کیا کرے مسرور گر لطف زباں پایا نہیں

مسرور کی شاعری میں اپنے مسلک کا رنگ اور شیعہ جذبات کی بھرپور عکاسی محسوس کی جاسکتی ہے اور انہوں نے شاعری کے ذریعہ مذہب پرستی اور واقعات کربلا کی پیشکشی پر عمدہ انداز سے شعر گوئی کے وصف کو نمایاں کیا ہے۔ غرض ان کی غزلیں اور رباعیات کے علاوہ دیگر شعری رویے اور دیگر اصناف کا ذخیرہ حاصل نہ ہوسکا اور ان کے کلام کا قلمی نسخہ عدم دستیاب ہے' اس لئے ان کے ایک سلام کو بطور اقتباس پیش کر کے ان کی شعری حسیت کو نمائندگی دی گئی ہے۔(17)

18. نثار یار جنگ مزاج

سید نثار احمد نام اور نثار یار جنگ کے خطاب سے نوازے گئے۔ علی گڑھ میں پیدا ہوئے' داغ دہلوی کے شاگرد رہے۔ پہلے اورنگ آباد پھر رائچور سے ہوتے ہوئے عثمان آباد میں زندگی گزاری۔ حیدرآباد کے تمام اضلاع کی سیر کی۔ 1948ء میں حیدرآباد کی سکونت ترک کر کے کراچی چلے گئے۔ ترقی کرتے ہوئے اول تعلقداری یعنی کلکٹر کے عہدہ تک پہنچے اور وظیفہ حسن خدمت پر سبکدوش ہوگئے۔ 72 سال کی عمر میں 1952ء میں انتقال ہوا۔ ان کی شعری مجموعہ ''کیفیات'' کے نام سے 1946ء میں شائع ہوا۔ غزل کے معتبر شاعر کی حیثیت سے روایتی غزل کو پیش کرنے میں انہیں کمال حاصل تھا۔ ان کی ایک غزل کے منتخبہ اشعار ملاحظہ ہوں۔

وہ عشوۂ دزدیدہ نظر یاد نہیں ہے　　　اے بانی بیداد یہ بیداد نہیں ہے

کس منہ سے کروں منزل غربت کی شکایت　　　گھر جب سے چھٹا ہے مجھے گھر یاد نہیں ہے

اتنا تو مجھے یاد ہے کچھ اس نے کہا تھا　　　کیا اس نے کہا تھا مجھے یاد نہیں ہے

منزل کو گلہ ہے مری بے راہ روی کا　　　یاں جنبش پا بھی مری آزاد نہیں ہے

قیدی ہے مزاج اس بت کافر کا ازل سے　　　صد شکر کہ اس قید کی معیاد نہیں ہے

نہیں ہے ردیف اور یاد' بیداد' آزاد اور معیاد کی قافیہ کے ساتھ مزاج نے اس غزل میں روایتی شعری حسن کی نمائندگی کو بطور خاص پیش کیا ہے۔(18)

19. یاس یگانہ چنگیزی

اردو ادب میں ''غالب شکن'' جیسی کتاب لکھ کر تنقید کی عجیب وغریب روایت کو فروغ دینے والے یاس یگانہ چنگیزی بیک وقت غزل گو شاعر اور اپنے عہد سے بے نیازی اختیار کرنے والے ایک ایسے شاعر تھے' جن کی

پیدائش 1883ء میں بمقام عظیم آباد ہوئی۔ ان کا پورا نام مرزا واجد حسین تھا۔ پہلے یاس تخلص اختیار کیا' پھر بعد میں یگانہ تخلص کی حیثیت سے شہرت حاصل کی۔ شعر و شاعری کا شوق بچپن سے تھا۔ تعلیم سے فراغت کے بعد شاعری کی طرف مکمل توجہ مبذول کی۔ سب سے پہلے انہوں نے شاد عظیم آبادی کے شاگرد بے تاب سے مشورہ کیا' پھر بعد میں شاد کے شاگرد ہو گئے۔ 1904ء میں یگانہ نے عظیم آباد میں ملازمت کی تلاش کی اور کلکتہ چلے آئے۔ وہاں بیمار ہونے پر انہیں علاج کے لئے لکھنؤ لایا گیا۔ لکھنؤ کی ادبی فضاء انہیں اتنی پسند آئی کہ یہیں کے ہو رہے اور ایک معزز گھرانے میں شادی بھی کر لی۔ لکھنؤ میں قیام کے دوران انہوں نے پیارے لال رشید سے مشورہ حاصل کیا اور لکھنؤ کے مشاعروں میں ان کا کلام مقبول ہونے لگا' لیکن عجلت پسند اور حد درجہ خفا ہونے کے مزاج کے مالک یگانہ چنگیزی کی اہل لکھنؤ سے بن نہیں پائی' چنانچہ عزیز لکھنوی' محشر لکھنوی اور صفی لکھنوی سے اختلاف کیا۔ یگانہ نے لکھنؤ کے تمام شعراء پر خوب اعتراض کئے اور انہوں نے بھی یگانہ کو نیچا دکھانے کے لئے کوئی کسر باقی نہ رکھی۔ لکھنؤ سے دل برداشتہ ہو کر یگانہ نے دکن کا رخ کیا اور حیدر آباد میں مدتوں تک سب رجسٹرار کے عہدہ پر فائز رہے اور پنشن حاصل کرنے کے بعد لکھنؤ واپس ہوئے اور فروری 1956ء کو ان کا انتقال لکھنؤ میں ہوا۔ یاس یگانہ چنگیزی اپنے لب و لہجہ کے اعتبار سے حد درجہ منفرد غزل گو شاعر قرار دیئے جاتے ہیں۔ زبان پر انہیں بڑی قدرت حاصل تھی۔ غزلوں کے علاوہ انہوں نے رباعیات لکھنے پر بھی خصوصی توجہ دی۔ ان کی غزلوں کی طرح رباعیات بھی امتیازی حیثیت کی حامل ہیں۔ یہ بھی حقیقت ہے کہ غزل گوئی میں یاس یگانہ چنگیزی کو ان کا صحیح مقام نہ مل سکا۔ حقیقت میں دیکھا جائے تو وہ اپنے معاصرین میں حسرت موہانی اور فانی بدایونی سے کسی طرح کم رتبہ شاعر نہیں ہیں۔ یگانہ کی تصانیف میں ''نشترِ یاس''، ''چراغِ سخن''، ''آیاتِ وجدانی''، ''غالب شکن''، ''ترانہ'' اور ''گنجینہ'' جیسے اہم کارنامے اہمیت کے حامل ہیں۔ ان کی غزل میں طنز کا تیکھا پن اور زمانے سے شکایت کا لب و لہجہ پوری طرح اجاگر ہو جاتا ہے۔ طویل غزلیں لکھنے اور اپنی زندگی کی بے بسی کو غزل میں پیش کرنے میں انہیں کمال حاصل تھا۔ غرض ساری زندگی غزل گوئی اور رباعی گوئی میں صرف کر دی۔ لکھنؤ والوں نے ان کی مخالفت کا حد درجہ برا انتقام لیا' جس کے بعد انہوں نے کنارہ کشی اختیار کر لی اور اسی حالت میں اس دنیا سے رخصت ہو گئے۔

جب تک خلش درد خدا داد رہے گی ۔۔۔ دنیا دل ناشاد کی آباد رہے گی
روح اپنی ہے بیگانہ ہر جنت و دوزخ ۔۔۔ گم ہو کے ہر اک قید سے آزاد رہے گی
دل اور دھڑکتا ہے اوبگا قفس میں ۔۔۔ شاید یہ زباں تشنۂ فریاد رہے گی
جو خاک کا پتلا وہی صحرا کا بگولا ۔۔۔ مٹنے پہ بھی اک ہستی برباد رہے گی

شیطان کا شیطان فرشتہ کا فرشتہ انسان کی یہ بوالعجبی یاد رہے گی
ہاں وسعت زنجیر تک آزاد بھی ہوں میں ہستی مری مجموعۂ اضداد رہے گی
ہر شام ہوئی صبح کو اک خواب فراموش دنیا یہی دنیا ہے تو کیا یاد رہے گی
بندۂ فطرت مجبور ہوں مختار نہیں ہاں ندامت میں ہے شک جرم سے انکار نہیں
روش خامۂ قسمت کبھی ہموار نہیں گردش بخت سیہ گردش پرکار نہیں
شش جہت میں ہے ترے جلوہ بے فیض کی دھوم کاج مجرم ہیں مگر آنکھ گنہگار نہیں
اے زہر بخت کہ سر تیری امانت کے سواء
نشۂ دولت دنیا سے گرا نبار نہیں

یاس یگانہ چنگیزی کو اردو کے مشکل پسند شاعروں میں شمار کیا جاتا ہے اور انہوں نے اپنے عہد کی سب سے مشکل ترین صنف یعنی رباعی گوئی کی طرف بھی خصوصی توجہ دی۔ اس اعتبار سے وہ علامہ قدر عریضی کے معاصرین میں غزل گوئی کے علاوہ رباعی گوئی کی وجہ سے شہرت کے حامل قرار دیئے جاتے ہیں۔ ان کی رباعی گوئی کی خصوصیت کو نمائندگی دینے کے لئے چند رباعیات کا انتخاب پیش ہے۔

کیا جانے یہ کمبخت ہیں بندے کن کے اللہ ہی پھیرے تو پھیریں دن ان کے
جینے کا ہنر سیکھیں تو کیوں کر سیکھیں جیتے مردے جو سانس لیں گن گن کے

☆

کہتے ہیں کہ شیطان کبھی سوتا ہی نہیں انسان سے غافل کبھی ہوتا ہی نہیں
واعظ بھی مگر کم نہیں کچھ شیطاں سے موقع کوئی ہاتھ آئے تو کھوتا ہی نہیں

☆

فانوس خودی میں آپ مستور ہیں ہم پردہ یہ اٹھے تو نور ہی نور ہی ہیں ہم
دیکھا تو سہی تو نے مگر کیا دیکھا جتنے نزدیک اتنے ہی دور ہیں ہم

☆

مردوں کو کشاں کشاں لئے پھرتی ہے پھرتے ہیں جہاں جہاں لئے پھرتی ہے
منہ موڑ کے لکھنؤ سے پہنچے ہیں دکن تقدیر کہاں کہاں لئے پھرتی ہے

☆

مہماں نہ سہی ایک مسافر ہی سہی　　دل رکھ لے بلا سے بار خاطر ہی سہی
ساقی دکن ہم بھی ترے دور میں ہیں　　اول نہ سہی تو سب سے آخر ہی سہی

یگانہ کی رباعیات میں پندونصائح کا انداز نمایاں ہے اور اندازہ ہوتا ہے کہ انہوں نے اپنی رباعی گوئی کے ذریعے فن کی روایتی خصوصیت کو پیش نظر رکھا ہے اور حیدرآباد کی سرزمین میں زندگی گزارتے ہوئے حضرت امجد اوران کے مزاج کی نمائندگی کو باضابطہ رباعی کا وسیلہ بنایا ہے۔(19)

20. مرزانظام شاہ لبیب

حیدرآباد کی سرزمین میں تیموری خاندان سے تعلق رکھنے والے مرزانظام شاہ نام اور لبیب تخلص تھا۔ ان کا خاندانی سلسلہ بہادرشاہ ظفر سے ملتا ہے۔ 1883ء میں بمقام دہلی پیدا ہوئے اور 9 برس کی عمر میں اپنے والد مرزاخاور کے ہمراہ حیدرآباد پہنچے۔ عربی، فارسی اور دینی علوم میں غیر معمولی قابلیت حاصل کی اور حیدرآباد پہنچنے کے بعد عربی اور فارسی کے علاوہ اردو میں شاعری کا سکہ جمایا۔ انہوں نے اپنی مادری زبان اور عربی کے علاوہ فارسی میں تعلیم والد سے حاصل کی اور پھر حیدرآباد کے مشہور مدرسہ دارالعلوم میں داخل ہوئے۔ پنجاب یونیورسٹی سے عربی اور فارسی کی سندیں حاصل کیں۔ حیدرآباد پہنچنے کے بعد ہندی اور تلگو میں بھی مہارت حاصل کی اور انگریزی سے بھی واقفیت حاصل کی۔ ابتداء میں بارہ، تیرہ سال تک سررشتہ مال میں ملازمت کی اور جب محسوس کیا کہ ملازمت کے دوران علمی اور ادبی مذاق کا خون ہو رہا ہے اور ترقی بھی نہیں ملتی تو ملازمت کو خیرباد کہہ کر حیدرآباد سے نکلنے والے اس دور کے اخبار ''مشیر دکن'' میں منیجر کی حیثیت سے ملازمت کا آغاز کیا۔ بعد کے دور میں اس اخبار کی ادارت بھی ان ہی کے سپرد کی گئی، جس کے بعد انہوں نے اپنا خود مطبع ''محبوب پریس'' قائم کر کے ماہانہ رسالہ ''افادہ'' جاری کیا۔ یہ رسالہ اس زمانے میں بڑی عزت کی نظر سے دیکھا جاتا تھا۔ اس رسالے کے ذریعے مرزانظام شاہ لبیب نے انجمن ترقی اردو کو شہرت دلانے کی طرف توجہ دی اور پہلی مرتبہ غزل گوئی کے علاوہ نظم نگاری کو فروغ دینے کا سلسلہ شروع کیا۔ چنانچہ اچھی نظم لکھنے والے شاعر کو صلہ کے طور پر ایک اشرفی انعام میں دی جاتی تھی۔ رسالہ ''افادہ'' کی اشاعت بڑھ کر ماہانہ بارہ، تیرہ ہزار تک ہوگئی تھی۔ جنگ عظیم کے دوران شدید مالی نقصانات کی وجہ سے رسالے کی اجرائی ختم کردی گئی۔ اپنی عمر کے 34، 35 سال کے دوران مرزالبیب پر فقیری کا رجحان غالب ہوا۔ چنانچہ انہوں نے اپنا گھربار چھوڑ کر ایک شاہ صاحب کے گھر میں نو، دس سال تک قیام کیا اور اپنا پورا کلام تلف کردیا۔ انہوں نے کئی کتابیں لکھیں۔ حیدرآباد میں انہیں علمی، ادبی ماحول حاصل ہوا۔ ابتداء میں اپنا تخلص صدر رکھا۔ اردو اور فارسی میں غزلیں اور قصیدے لکھے۔ ابتداء میں داغ مرحوم کو دوچار غزلیں دکھائی تھیں، اس کے علاوہ شعرگوئی میں والد مرحوم

مرزا خاور کے علاوہ آ قا سید علی شوستری، مرزا منیر الدین ضیاء اور حبیب کنتوری سے مشورہ کیا۔ لیکن باقاعدہ کسی کے شاگرد کی حیثیت سے مشہور نہیں ہوئے۔ مرزا لبیب کا کارنامہ یہ ہے کہ جب 1923ء میں مہاراجہ کشن پرشاد نے حضرت امیر خسروؒ کے پیر بھائی اور دولت آباد کی سرزمین میں مدفون حضرت امیر حسن اعلیٰ سجزیؒ کے قلمی کلیات کی تصحیح کا کام شروع کیا تو مرزا لبیب کی خدمات حاصل کی گئیں۔ چنانچہ اسی سال ''کلیات حسن سجزی'' کی اشاعت عمل میں آئی۔ بابائے اردو مولوی عبدالحق نے 1937ء میں مرزا لبیب کو ''مثنویاں مولانا روم'' کو اردو میں منتقل کرنے کی گذارش کی۔ چنانچہ ان کا اردو ترجمہ ''حکایات رومی'' کے عنوان سے شائع ہوا۔ جس کا پہلا حصہ 1939ء اور دوسرا حصہ 1940ء میں شائع ہوا۔ مرزا لبیب کی علمی و ادبی خدمات بہت زیادہ ہیں۔ انہوں 1940ء میں اردو کی علامات اوقاف پر اہم کتاب ''رموز اوقاف'' شائع کی۔ فارسی میں لکھی ہوئی حضرت شاہ بانی میاںؒ کی کتاب ''سلوک قلندری'' کا اردو ترجمہ پیش کیا، جس کی اشاعت عمل میں آ چکی ہے۔ مولانا روم کی تعلیمات پر تبصرہ کرتے ہوئے ''تعلیمات رومی'' کی تحریر شروع کی، لیکن اس کام کو وہ انجام نہ دے سکیں۔ ان کی نظموں، غزلوں اور گیتوں کا مجموعہ ''آتش خنداں'' 1960ء شائع ہوا۔ انہوں نے 63 برس کی عمر پائی۔ آخری زمانے میں بمبئی چلے گئے تھے تا کہ ادھورے کاموں کی تکمیل کر سکے، لیکن کینسر جیسے مرض میں مبتلا ہو کر بمبئی میں 1946ء کے دوران انتقال کر گئے۔ ہمہ جہت خصوصیات کے مالک صوفیانہ مزاج اور قلندرانہ طبیعت رکھنے والے مرزا لبیب شعر و ادب کے پارکھ اور عربی اور فارسی میں ترجمہ کرنے والی صلاحیتوں کے بے مثل انسان تھے اور ان کی غزلوں میں حسن و عشق کی واردات اور صوفیانہ مزاج کا امتزاج پایا جاتا ہے۔ ان کی شعری خصوصیت کو محسوس کرنے کے لئے ایک غزل بطور نمونہ پیش کی جارہی ہے، جس میں دنیا کی بے ثباتی اور انسانی زندگی کی مجبوریوں کو بہت ہی دلچسپ انداز سے نمایاں کیا گیا ہے۔

خوشی نا خوشی دن گزر جائیں گے — تری رہگزر ہی میں مرجائیں گے
بلا سے لگے داغ و ریوزگی — تجھے ڈھونڈتے در بدر جائیں گے
نہیں پائے جاتے تو یوں ہی سہی — تصور سے بچ کر کدھر جائیں گے
شکایت نہیں کوچہ یار کی — یہی آسماں ہے جدھر جائیں گے
محبت کے دریا کا ساحل کہاں — جو ڈوبیں گے وہ پار اتر جائیں گے
نشاں زندگی کا تڑپ ہے لبیب — مریں گے تو سب زخم بھر جائیں گے

مرزا لبیب کی شاعری کے رجحان سے خود اندازہ ہوتا ہے کہ وہ روایت پرست شاعر ہیں اور ان کے کلام میں روایتی انداز کے ساتھ شاعرانہ حسن کاری اور پھر صوفیانہ بے نیازی کی جھلکیاں بھی نمایاں ہیں۔ اندازہ ہوتا ہے کہ

انہوں نے اپنی زندگی کو قلندرانہ اور صوفیانہ انداز سے گزارا۔ اسی کا اثر ان کی شاعری میں جھلکتا ہے۔ اندازہ ہوتا ہے کہ دنیا سے بے نیازی ان کی فطرت کا حصہ تھی۔ اس لئے شاعری میں بھی انہوں نے اسی انداز کو ملحوظ رکھتے ہوئے یہ کوشش کی کہ دنیا کی رفتوں اور رونقوں سے دوری اختیار کی جائے، بہر حال ان کے کلام میں ایک خدا پرست اور رازی بہ رضا بندہ کا اظہار نمایاں ہوتا ہے۔(20)

21. امجد حیدرآبادی

سید احمد حسین نام اور امجد تخلص اختیار کیا۔ حیدرآباد کی سرزمین میں 6/رجب 1303ھ مطابق 1885ء میں صبح کے وقت پیدا ہوئے۔ ان کے والد صوفی سید رحیم علی انتہائی نیک اور خدا ترس انسان تھے اور ان کے دادا سید کریم حسین بھی مذہب اور عقیدے کے پابند تھے۔ امجد حیدرآبادی کی ابتدائی تعلیم میں والدہ کا بہت بڑا کردار رہا ہے۔ حیدرآباد کی سرزمین سے امجد حیدرآبادی نے رباعی کی صنف کو ایسی اہمیت دلائی کہ جس کے نتیجہ میں نہ صرف امجد حیدرآبادی کو ''شہنشاہ رباعیات'' کا خطاب دیا گیا، بلکہ پھر ''خیام دکن'' اور ''سرمد ہند'' کے خطاب سے نوازا گیا۔ ابتدائی تعلیم حاصل کرنے کے بعد امجد حیدرآبادی نے جنوبی ہند کی قدیم دینی درسگاہ جامعہ نظامیہ میں شرکت حاصل کی۔ جہاں چھ سال تک تحصیل علم میں مصروف رہے اور علمی ذوق کے ساتھ ساتھ اکتساب علم میں پیش پیش رہے۔ جامعہ نظامیہ کے اساتذہ میں انہیں مذہب، فلسفہ اور منطق سے دلچسپی پیدا کی، جس کی وجہ سے ان کے ادبی ذوق میں نکھار پیدا ہوا۔ امجد حیدرآبادی کی پہلی شادی 1903ء میں ہوئی، ان کی ابتدائی ملازمت کا آغاز بنگلور کے سٹی ہائی اسکول میں پندرہ روپے ماہانہ ملازمت سے ہوا، جس کے بعد دفتر صدر محاسبی میں تھرڈ گریڈ ملازمت اختیار کی اور 1932ء میں وظیفہ پر سبکدوش ہوگئے۔ 1908ء کی موسیٰ ندی کی طغیانی میں ان کا گھر تباہ ہوگیا۔ رفیق حیات اور ان کی لڑکی اعظم النساء سیلاب میں بہہ گئی۔ اس حادثے کا اثر امجد کے ذہن پر شدید رہا۔ یہی وجہ رہی کہ انہوں نے اپنی نظم ''قیامت صغریٰ'' میں اس المناک واقعہ کی تصویر کشی کی ہے۔ 31/جنوری 1955ء کو ادارہ ادبیات اردو حیدرآباد نے امجد حیدرآبادی کی ڈائمنڈ جوبلی تقریب منعقد کی۔ 1958ء میں ساہتیہ اکیڈیمی آندھراپردیش نے اعتراف خدمات کے طور 500 روپے کیسہ زر پیش کیا۔ 29/مارچ 1961ء کو رات کے ساڑھے گیارہ بجے امجد حیدرآبادی کا انتقال ہوگیا اور انہیں درگاہ حضرت شاہ خاموشؒ کے احاطہ میں پیوند خاک کیا گیا۔ اردو دنیا میں امجد حیدرآبادی کو رباعی گو شاعر کی حیثیت سے شہرت حاصل ہے۔ انہوں نے نثر اور نظم میں اپنی یادگار کتابیں چھوڑی ہیں۔ ''جمال امجد'' کے ذریعے انہوں نے اپنی خودنوشت سوانح کا احاطہ کیا ہے۔ ''حکایات امجد'' میں ان کے مضامین موجود ہیں، جس کے ذریعے انہوں نے چھوٹی چھوٹی حکایتوں کے ذریعے اخلاقیات اور پند و موعظت کے

مختلف نکات پیش کئے ہیں۔ان کی مشہور نظموں میں ''دنیا اور انسان' میری قمری' ماں اور بچی' ایک بے کس کا خواب اور جنت کی ڈاک نمائندہ نظموں میں شمار کیا جاتا ہے۔ امجد نے عربی اور فارسی کے علاوہ ہندی کی تضمینیں بھی پیش کیں۔ ان کی شاعری اور ادب دوستی کا انداز اس طرح سے پیش کیا گیا ہے۔

''امجد کا اصل کارنامہ ان کی رباعیاں ہیں۔امجد نے تصوف کو' برائے شعر گفتن خوب است'' کے طور پر رسمی انداز میں نہیں اپنایا تھا اور نہ سامعین کو مرعوب اور متاثر کرنے اصطلاحوں کے گورکھ دھندے میں ان کے ذہن کو الجھایا تھا۔تصوف سے امجد کو فطری لگاؤ تھا۔وہ ایک صوفی منش اور درویش صفت انسان تھے۔قناعت' خودداری' انسان دوستی' راست گفتاری اور صداقت پسندی ان کی فطرت ثانی تھی۔تصوف ان کی رگ و پے میں سرایت کر گیا تھا اور یہ موضوع ان کے لئے جز و زندگی اور وجہ سخن بن گیا تھا۔ امجد کی رباعیوں کا ایک وصف یہ ہے کہ وہ سادہ اور سلیس لفظوں میں بلند اور اعلیٰ ترین خیال پیش کرنے پر قادر ہیں۔وہ اپنے شعری تفکر سے قاری کو چونکا دیتے ہیں۔امجد کی رباعیوں میں اخلاقی نکات ہی نہیں آیات قرآن کی طرف بھی بلیغ اشارے کئے گئے ہیں اور قرآنی حوالے بھی موجود ہیں:

اس سینے میں کائنات رکھ لی میں نے
کیا ذکر صفات ذات رکھ لی میں نے
ظالم سہی جاہل سہی نادان سہی
سب کچھ سہی تیری بات رکھ لی میں نے

وحیدالدین سلیم نے امجد کے بارے میں کہا تھا ''امجد کی ٹکر کا کوئی رباعی کہنے والا شاعر نہیں ہے'' (بحوالہ عبدالقادر سروری' جدید اور شاعری صفحہ 303)۔اصغر نے بھی متصوفانہ مسائل سے اپنے کلام میں معنویت کی پیدا کی تھی لیکن امجد نے صوفیانہ کلام کو عوامی زبان اور سادہ ابلاغ کے وسیلے سے ادا کر کے اپنی جدت اور سلاست کا ثبوت دیا ہے۔

امجد باتوں باتوں میں تصوف کے اہم نکات کی تشریح کر جاتے ہیں۔امجد نے اپنی رباعوں میں نظریہء ہمہ ادست کی نیرنگیاں دکھائی اور ہیں سادگی میں پرکاری کے

جوہروں کی آب وتاب سے اپنے قاری کو متاثر کیا ہے'

واجب سے ظہور شکل انسانی ہے
وحدت میں دوی کا وہم نادانی ہے
دھوکا ہے نظر کا ورنہ ہر شئی ہمہ ادست
گرداب حباب موج سب پانی ہے

سلوک کی اولین منزل یہ ہے کہ انسان اپنے وجود کی نفی کرے۔

بے خود میں رہوں تو ہو قریں آتا ہے
اس پردے میں وہ پردہ نشیں آتا ہے
وہ جب آتا ہے نہیں رہتا ہوں
میں جب رہتا ہوں وہ نہیں آتا ہے

☆☆☆

ہیں مست مئے شہود تو بھی
ہیں مدعی نمو تو بھی میں بھی
یا تو ہی نہیں جہاں میں یا میں ہی نہیں
ممکن نہیں دو وجود تو بھی میں بھی

امجد کی رباعیوں میں ڈرامائی عناصر کی پذیرائی بھی ان کی انفرادیت کی مظہر ہے۔ ان کی رباعیوں کا آخری مصرعہ نہایت جامع' معنویت سے معمور اور تینوں مصرعوں کا لب لباب ہوتا ہے اور پڑھنے والے کو تازگی خیال اور پیش کشی کی ڈرامائیت سے چونکا دیتا ہے۔ تصوف میں تزکیہ نفس کی بڑی اہمیت ہوتی ہے اور یہی سلوک کی پہلی منزل ہے' جس کے طرف امجد نے بار بار اشارہ کیا ہے' دیناوی محبت اور دولت کی حرص یا اقتدار کی خواہش کو امجد نے بے حقیقت بتایا ہے اور کہتے ہیں:

دولت کا غرور سب ہوائی نکلا
سونے کا پہاڑ آج رائی نکلا

میں تاج شہنشی سمجھتا تھا جسے
تقدیر سے کاسہ گدائی نکلا

امجد کی رباعیوں میں اخلاق آموزی اور متصوفانہ نکات کی فراوانی ہے اور انہوں نے تصوف کے مسائل کو اپنی رباعیوں میں بڑی سہولت اور آسانی کے ساتھ سریع الفہم بنا کر پیش کر دیا ہے۔ امجد اپنی رباعی گوئی کی بہترین صلاحیتوں کی وجہ سے خیام اور سرمد سے مشابہت رکھتے ہیں۔(21)

امجد حیدرآبادی کو رباعیات کے شہنشاہ کا درجہ حاصل ہے اور ان ہی کے دور میں حضرت قدرعریضی نے غزل کے علاوہ رباعی گوئی کی طرف توجہ دی۔ لازمی ہے کہ امجد حیدرآبادی کی بصیرت اور ان کی فکری صلاحیت کے پس منظر کو ابھی تک ساری اردو دنیا کے شاعروں کے کلام میں دکھائی نہیں دیتی' اس لئے قدرعریضی کی رباعیات اور امجد حیدرآبادی کی رباعیات کا تقابل ممکن نہیں۔ اس معاملے کو یہی کہا جاسکتا ہے کہ آسمان اور زمین کی نسبت قائم کرنا ممکن نہیں۔ غرض امجد حیدرآبادی کی روایات کو آگے بڑھانے کا کام قدرعریضی نے انجام دیا۔ اس لئے امجد حیدرآبادی کو ایک جانب تو قدرعریضی کے معاصر کا درجہ حاصل ہے' تو اس کے ساتھ ہی یہ خوبی بھی واضح ہوتی ہے کہ امجد حیدرآبادی بہرحال رباعی کی دنیا کے بے مثال آسمان ہے اور ان سے قدرعریضی نے مکمل طور پر استفادہ کیا ہے۔ تاہم ان کے معاصر کی حیثیت سے امجد حیدرآبادی کے کلام کی خصوصیات کو معاصرین نے پیش کرنا لازمی ہے۔ اس طرح قدرعریضی کے نامور معاصرین کی نمائندگی واضح ہوتی ہے۔ غرض اٹھارہویں صدی کے آخری دہائیوں میں پیدا ہونے والے قدرعریضی کے معاصرین کی سوانح اور ان کے کارناموں کو پیش کر کے یہ ثابت کیا جارہا ہے کہ قدرعریضی کی پیدائش 1901ء سے بہت پہلے یعنی 1852ء سے لے کر 1900ء تک جن شعراء نے پیدائشی خصوصیات کے ساتھ دنیا میں زندگی گزاری۔ ان کے حالات پیش کر کے یہ ثابت کیا جارہا ہے کہ حیدرآباد کی سرزمین میں خود مقامی شاعر ہی موجود نہیں تھے' بلکہ ہندوستان کے مختلف خطوں سے ترک وطن کر کے حیدرآباد میں اقامت اختیار کرنے والے شاعر بھی تھے' جن کا مکمل جائزہ اس معاصر نمائندگی کے ذریعے واضح کیا جارہا ہے۔
(22)

22. عظمت اللہ خاں عظمت

دہلی کی سرزمین میں پیدا ہونے والے اور وہیں ابتدائی تعلیم کی تکمیل کے بعد کم عمری میں اپنے والد کے ہمراہ حیدرآباد کو اپنا مسکن بنانے والے محمد عظمت اللہ خاں 1887ء کو دہلی میں پیدا ہوئے۔ ریسیڈنسی اسکول سے

میٹرک کا امتحان کامیاب کیا۔ والد کے انتقال کے بعد اجمیر شریف جا کر وہاں کے کالج میں شرکت حاصل کی اور بی اے کا امتحان امتیاز کے ساتھ کامیاب کر کے حیدرآباد لوٹ گئے ہیں۔ حیدرآباد میں محکمہ تعلیمات میں مددگار ناظم کی خدمت پر مامور ہوئے۔ عظمت اللہ خاں کو حیدرآباد کے شاعروں میں اس لئے بھی اہم مقام حاصل ہے کہ وہ انہوں نے اپنی فکری صلاحیتوں سے اردو شاعری کے خیال اور بیان کو نئے سانچوں میں ڈھالنے کی کامیاب کوشش کی۔ وہ ایک حساس اور دردمند شاعر ہونے کے ساتھ ساتھ صاحب طرز انشاپرداز اور مفکر بھی تھے۔ ان کی نظموں کے موضوعات اور بحریں بالکل مختلف ہیں۔ وہ نئی اور اچھوتی بحروں کا انتخاب کر کے شعر گوئی کا حق ادا کرنے میں بڑا کمال رکھتے تھے۔ زبان کی شیرینی، تخئیل کی بلندی اور اسلوب کی دلکشی ان کی شاعری میں اہمیت کی حامل ہے۔ انہوں نے ہندی شاعری کی، شگفتہ بحروں اور رسیلے الفاظ کو بڑی بے تکلفی کے ساتھ اپنی نظموں میں استعمال کیا ہے۔ یہی وجہ ہے کہ ان کی شاعری اردو اور ہندی کے جھگڑوں کو مٹانے میں اہم کارنامہ انجام دیتی ہے۔ اگر یہ کہا جائے تو بے جانہ ہوگا کہ عظمت اللہ خاں عظمت نے صحیح معنوں میں شاعری کے ذریعے ہندوستانی گوفروغ دینے میں بڑا اہم کارنامہ انجام دیا۔ وہ ایک ایسے شاعر ہیں، جن کی نظمیں اردو کے معیاری رسالوں میں شائع ہوتی رہتی ہیں اور ہر اہم ادبی رسالہ ان کی شاعری کو پیش کرنے پر فخر کا درجہ رکھتا ہے۔ عظمت اللہ خاں کی نظم نگاری اس قدر مقبول ہوئی کہ دوسروں نے شعراء نے بھی اسی طرز میں شاعری کرنے کو ترجیح دی۔ ذمہ داریوں کا بوجھ اور کام کی کثرت کی وجہ سے ان کی صحت پر برا اثر پڑا اور مرض دق میں مبتلا ہو کر 1927ء کو صرف چالیس کی عمر میں وفات پائی۔ ان کی نظموں کا مجموعہ "سریلے بول" کے عنوان سے 1940ء میں ان کی بیگم صاحبہ نے شائع کیا، جس میں ان کی شاعری کا دلکش انداز نمایاں ہوتا ہے۔ غرض نظم نگاری کے لئے انہوں نے اچھوتا انداز اختیار کیا، جس سے ان کی شاعری کا انداز ہندی گیتوں سے قریب ہو جاتا ہے۔ ان کی ایک نظم کے چند اشعار ملاحظہ ہوں۔

مرزا عظمت اللہ خاں نے غزل کے بجائے نظم کا انداز اختیار کیا اور وہ علامہ قدر عریضی کے دور کے ایسے حیدرآبادی شاعروں میں شمار کئے جاتے ہیں کہ جن کی نظم نگاری میں سارے ہندوستان کو اپنی جانب متوجہ کر لیا اور وہ روایتی شاعری سے نئے انداز کو انتخاب کرنے میں پوری طرح کامیاب رہے۔ (23)

23. حکیم وائسرائے وہمی

حیدرآباد کی سرزمین میں جہاں مسلم طبقے نے اردو زبان وادب کی ترقی وترویج کے لئے اپنی خدمات انجام دیں، وہیں حیدرآباد کے کائستھ خاندان سے تعلق رکھنے والے افراد کی خدمات کو بھی نظرانداز نہیں کیا جاسکتا۔ وائسرائے نام اور وہمی تخلص تھا۔ 28/ذیقعدہ 1308ھ مطابق 1890ء کو حیدرآباد میں پیدا ہوئے۔ ان کے والد

ڈاکٹر کرپاشنکر حشم کا تعلق راجہ شیوراج دھرم ونت کے خاص رشتہ داروں میں ہوتا تھا۔ وائسرائے کی ابتدائی تعلیم گھر پر ہوئی، جس کے بعد سٹی ہائی اسکول سے میٹرک کا امتحان کامیاب کیا اور طبابت کی تعلیم حاصل کرنے کے لئے مدرسہء طبیہ یونانی حیدرآباد میں داخلہ حاصل کیا۔ تعلیم کے اختتام کے بعد والد کے ساتھ مطب کیا اور سرکاری دواخانوں میں بھی ملازمت اختیار کی، لیکن بڑی طویل مدت تک اپنے خانگی دواخانے میں علاج و معالجے کی سہولت فراہم کرتے رہے۔ وہمی کو طبابت کی طرح شاعری بھی ورثے میں ملی تھی اور انہوں نے نادر علی برتر کی شاگردی اختیار کی۔ انہوں نے ہر صنف سخن میں کلام لکھا، ان کا اہم ترین کارنامہ ''تلسی کرت رامائن'' کا منظوم ترجمہ ہے۔ انہوں نے اس ترجمے کا آغاز بیوی کی فرمائش پر کیا تھا۔ جس میں کمال یہ ہے کہ ایک قافیہ استعمال کیا گیا ہے۔ وہمی کی ''رامائن منظوم'' میں چھ ہزار اشعار موجود ہیں، جو 1960ء میں شائع ہوئی، جس کی اشاعت پر آندھرا پردیش ساہتیہ اکیڈیمی نے انہیں 1961ء میں 500 روپے کے انعام سے نوازا۔ مذہبی عقیدت کا انداز ان کی شاعری میں موجود ہے اور انہوں نے ہندوستان کے مذہبی خیالات کو اردو شاعری میں منتقل کرنے کا کارنامہ انجام دیا۔ ان کی غزلیں اور رباعیات اور دوسری شعری اصناف میں اظہار خیال کے نمونے عدم دستیاب ہیں، اس لئے ان کے مذہبی خیالات سے وابستہ ایک نظم کا انتخاب پیش کیا جاتا ہے اور اس نظم میں انہوں نے مثنوی کے انداز کو پیش کر کے خیالات کی کہکشاں سجائی ہیں۔

سری رگھوناتھ دیا کے سوامی — نرگن ہو تم انتر یامی
دینا ناتھ دیا کے ساگر — سرشٹی کے تم ہی ہو اجاگر
رام اجسنما۔ پورن کا ما — دسرتھ نندن۔ بل کے دھاما
آپ دھنش دھاری کے داتا — سیاپتنی، کونسلا ماتا
آنند کے اور سکھ کے ساگر — نرگن اور سگن پر میشر
دو کھہ ہرتا ہو دن دیا لو — تم رکشھک تم ہی کرپالو
سکھ سمپت کے دینے والے — پاپوں کو ہر لینے والے
آپ کی لیلا کوئی کیا جانے — سنت ہی کچھ اس کو پہچانے
سیا بررام چھما کیجئے گا — داس پہ اپنے دیا کیجئے گا
تم ہی سے کلیان ہمارا — تم ہی میں ہے دھیان ہمارا
کشٹ کلیش مٹا سب دیجئے — ممتا، موہ بھگا سب دیجئے
پوجا روز کرے جو تمہاری — کشٹ ہیں مٹتے اس کے بھاری

من کرم بچن سے داس تمہارا — اس پاپی کا تم ہی سہارا
چار پدارتھ میں نہیں چاہوں — آپ کی اک بھگتی بس پاؤں
من میں مرے بس جاؤ داتا — تم اور جنک دلاری ماتا

وہمی کی شاعری اور اس میں موجود شعری حسیت کے علاوہ زبان کا انداز یہ بتاتا ہے کہ انھوں نے شاعرانہ انداز کی بھرپور نمائندگی کی اور اس کے ہی حیدرآباد کی سرزمین کی خصوصیات کو پیش نظر رکھتے ہوئے شعرگوئی کے ایوان سجانے میں کامیاب ہے۔(24)

24. علی اختر مرحوم

علی اختر مرحوم کا آبائی وطن علی گڑھ تھا۔ وہ 10 شوال 1311ھ مطابق 1893ء کو بمقام رامپور پیدا ہوئے۔ابتدائی تعلیم فارسی اور عربی میں حاصل کی۔ مسلم ہائی اسکول اٹاوہ اور علی گڑھ کے بعد سینٹ جارج کالج آگرہ میں تعلیم حاصل کی اور اپنے والد کاظم علی باغ کے ہمراہ حیدرآباد کا ارادہ کیا۔مرہٹواڑہ کے ضلع بیڑ میں سکونت اختیار کی۔ وہیں پر ان کی شادی ہوئی اور بڑے لڑکے اختر حامد نظر پیدا ہوئے۔ چند دنوں بعد حیدرآباد منتقل ہو کر سکونت اختیار کرلی ابتدائی طور پر محکمہ معتمدی مال گزاری میں تقرر ہوا۔پھر محکمہ آبکاری میں سررشتہ دار اور پھر انسپکٹر کی حیثیت سے کارگزار رہے۔پولیس ایکشن کے چند سال بعد محکمہ معتمدی تعمیرات میں رجسٹرار رہےاور 1949ء میں پاکستان چلے گئے جہاں 11 جنوری 1958ء کراچی میں انتقال ہوا۔ 1941ء میں غزلوں کا مجموعہ ''انوار'' شائع ہوا۔1948ء میں 1200 اشعار کی طویل نظم ''قول فیصل'' نگار بک ڈپو سے شائع ہوئی۔ان کے مزید دو مجموعے مرتب ہو چکے تھے۔ بلند پایہ شاعر اور نظم نگار تھے۔1913ء کے بعد سے زیادہ تر مضامین لکھے۔ ان کی نظموں میں فلسفیانہ انداز موجود ہے جبکہ رومانی طرز بھی دکھائی دیتا ہے۔رسالہ نگار کے ایڈیٹر نیاز فتح پوری نے ان کی شاعری اور نظم نگاری کی اہمیت کو اجاگر کیا ہے۔ان کی ایک مختصر نظم کے چند اشعار بطور نمونہ پیش ہیں:

دکن کی صبح

اللہ رے دکن کی بہاریں دکن کی صبح — جیسے ہجوم لالہ و گل میں چمن کی صبح
شبنم ے موتیوں سے درخشاں سمن کی صبح — یعنی حریفِ عالم غربت وطن کی صبح
پرچم کھلا ہوا وہ خزاں میں بہار کا — منظر وہ دیدنیء ہے افقِ زر نگار کا
شاخوں پہ گل لطافت صہبا لیے ہوئے — زندانِ مست ساغر و مینا لیے ہوئے

ذرے تمام وسعت صحرا لیے ہوئے	غنچے سرور و نور کی دنیا لیے ہوئے
موجوں میں خم وہ گیسوئے عنبر سرشت کے	ہر سو کھلے ہوئے وہ دریچے بہشت کے
رنگیں پہاڑیوں پہ وہ کرنوں کا اضطراب	سبزے کی وہ بہار وہ شبنم کی آب و تاب
وہ رنگ و بو کی موج رواں اور وہ رقص آب	وہ ندیوں کا حسن وہ بہتی ہوئی شراب
لہروں کو رشتۂ مہ و پرویں کیے ہوئے	کرنیں بساطِ خاک کو رنگیں کیے ہوئے

(25)

25. ہوش بلگرامی

سید ناظر الحسن نام اور ہوش تخلص تھا۔ ہوش یار جنگ کے خطاب سے نوازے گئے ستمبر 1893ء میں بلگرام کے خطہ میں پیدا ہوئے ڈاکٹر سید علی بلگرامی میں سرپرستی حاصل رہی۔ ان کے انتقال کے بعد ہوش 1914ء میں حیدرآباد چلے آئے۔ انہیں شہر بدر بھی کیا گیا تو ہوش نے رامپور میں سکونت اختیار کی۔ وہ نثر نگاری اور نظم نگاری میں بھی اہم مقام رکھتے تھے۔ غزلوں کا مجموعہ ''سرودِ غم'' کے نام سے شائع ہوا۔ نثر نگاری کا مجموعہ ''عروس ادب'' کے نام سے مشہور ہے۔ ان کی مثنوی ''طوفان محبت'' بڑی اہمیت کی حامل ہے۔ غرض 19 نومبر 1955ء کو ہوش کا انتقال ہوگیا۔ نظموں، غزلوں اور مثنویوں کے علاوہ نثر میں بھی اپنے کارنامے پیش کیے۔ ان کی غزلوں میں غیر مردف کلام بھی موجود ہے۔ ان کی غیر مردف غزل کے چند اشعار پیش ہیں:۔

بدل گیا ہے زمانے میں مقصد تخلیق	خدا کرے کہ ملے سب کو درد کی توفیق
مری زباں سے نہ سن ہم نشیں حدیث بہار	خزاں رہی ہے ازل سے مرے چمن کی رفیق
غم ایک منزل غم ایک ہے، زمانے کی	یہ عشرتوں کے ہیں دھوکے جنھوں نے کی تفریق
کہیں مریض محبت کی اس ٹوٹ نہ جائے	چلے بھی آؤ کہ اچھی نہیں ہے اب تعویق
غم حیات سے انسان بچ نہیں سکتا	ہزار بار یہ دنیا نے کرلیا تحقیق
رہِ حیات سے تنہا گذر رہا ہوں میں	نہ غمگسار ہے کوئی مرا نہ کوئی رفیق
ابھی شرافتِ انساں کی شان باقی ہے	کہ جی رہے ہیں زمانے میں ہوش جیسے خلیق

ہوش بلگرامی نے کسی بھی قسم کی ردیف کے استعمال کے بغیر تخلیق، توفیق، رفیق، تفریق اور تحقیق کے قافیوں

کے ذریعہ اپنی اس غزل کو غیر مردف انداز سے پیش کیا ہے۔ اور اندازہ ہوتا ہے کہ ہوش بلگرامی کی شاعری میں روایتی غزل کا انہماک پوری طرح واضح ہے۔(26)

26. مرزا عصمت اللہ بیگ عصمت

اردو کے صاحب طرز انشا نگار اور طنز و مزاح کی شاعری کے لئے شہرت رکھنے والے مرزا عصمت اللہ بیگ کا پیدائشی وطن دہلی ہے۔ لیکن سترہ سال کی عمر میں حیدر آباد آ گئے۔ ایک اندازہ کے مطابق 1894ء میں دہلی میں پیدا ہوئے۔ حیدآباد میں منتقل ہونے کے بعد یہیں ملازمت کی اور وظیفہ پر سبکدوش ہونے کے بعد اسی سرزمین میں سپرد خاک ہوئے۔ مرزا عصمت اللہ بیگ نے 1942ء میں فوجیوں کی دلچسپی کے لئے ایک ماہوار رسالہ ''جیت'' کا آغاز کیا' جو چار سال تک جاری رہا۔ عمر کے آخری حصے میں انہوں نے ہفتہ وار مزاحیہ اخبار ''تماشا'' کی ادارت کرنے لگے۔ فطرت میں چونکہ ظرافت اور مزاح کا عنصر غالب تھا' اس لئے ان کی شاعری میں زندہ دلی اور بذلہ سنجی کا انداز نمایاں ہوتا ہے۔ ہنسی ہنسی میں طنز نشتر چلانا ان کی شاعری کا امتیاز ہے۔ انہوں نے ماحول اور زندگی کے مسائل سے نظموں کے موضوعات کا انتخاب کیا۔ شعر و سخن کی محفلوں میں اپنے مزاحیہ کلام سے اہل محفل کو ہنسانے پر مجبور کر دیتے تھے۔ ان کی نظموں کے مجموعے ''کاک ٹیل'' اور ''انوار تبسم'' شائع ہو چکے ہیں۔ ساٹھ سال کی عمر میں 28/اکتوبر 1954ء کو انتقال کیا۔ جبکہ اکتوبر 1955ء میں بڑے پیمانے پر حیدرآبادیوں میں ''یوم عصمت'' کی بنیاد رکھ کر اس مزاحیہ اور طنزیہ شاعر کی خدمات کا اعتراف کیا۔ عصمت اللہ بیگ نے موضوعاتی نظموں کے ذریعے طنز و مزاح کے اظہار کو مکمل شعری حیثیت سے نمائندگی دی۔ ایک مزاحیہ نظم کے چند اشعار ملاحظہ ہوں۔

جب رکھتے ہو تم ابروئے خم دار وغیرہ ۔۔۔ کیوں باندھے پڑے پھرتے ہو تلوار وغیرہ
تھے کل تو ہزاروں سربازار وغیرہ ۔۔۔ اور اب تو نظر آتے ہیں دو چار وغیرہ
ہے بخل کا جن لوگوں کو آزار وغیرہ ۔۔۔ ہے راس انہیں شربت دینار وغیرہ
جس روز سے کپڑے پہ مقرر ہوا راشن ۔۔۔ ڈھونڈے سے بھی ملتی نہیں شلوار وغیرہ
تھی پھس پھسی تقریر تو لیڈر کی ولیکن ۔۔۔ اس پر بھی اسے مل گئے کچھ ہار وغیرہ
سچ یہ ہے کہ انسان پہ جب وقت ہے پڑتا ۔۔۔ دشمن کو بھی کہہ لیتا ہے سرکار وغیرہ
جب میں نے غزل ان کو سنائی تو وہ بولے ۔۔۔ کیوں شعر میں تو لاتا ہے ہر بار وغیرہ
داعنا کی گل افشانی کا بس ہے یہ خلاصہ ۔۔۔ سو بار چنانچہ ہے تو سو بار وغیرہ
غیروں کی وہ حالت ہے کہ بس دم ہی نکل جائے ۔۔۔ ننگی نظر آجائے جو تلوار وغیرہ

آتے ہی مرے بزم کا ہے رنگ بدلتا
اٹھ اٹھ کے کھسک جاتے ہیں اغیار وغیرہ

واللہ سمجھ میں مری کچھ بھی نہیں آتا
جب پڑھتا ہوں غالب کے میں اشعار وغیرہ

مدت سے مری اُن کی نہیں خط و کتابت
ہاں بھولے سے چل جاتے ہیں کچھ تار وغیرہ

تشہیر دواؤں کی ہے اور فلموں کی تعریف
ان سے ہی بھرے رہتے ہیں اخبار وغیرہ

عصمت کو نہیں ملتا کبھی لفظ جو موزوں
لے آتا ہے اشعار میں بیکار وغیرہ

غزل کی شاعری کو طنز وظرافت سے وابستہ کرتے ہوئے عصمت اللہ بیگ نے حیدرآباد کی شاعری میں باضابطہ اکبرالہ آبادی کی روایت کو فروغ دینے میں کامیابی حاصل کی۔ چنانچہ ان کی شعری حسیت سے اندازہ ہوتا ہے کہ اپنے دور کے شعری اظہار سے الگ یعنی طنز ومزاح کو شاعری میں شامل کر کے عصمت اللہ بیگ نے حیدرآبادی شاعری کے روایتی انداز میں نمایاں کامیابی حاصل کی ہے۔اس طرح وہ حیدرآباد کے طنز ومزاح کے نظم نگار اور غزل گو شاعر کی حیثیت سے اپنی مقام رکھتے ہیں۔ (27)

27. رگھوبندر راؤ جذب

پنڈت گھرانے میں پیدا ہونے والے رگھویندر راؤ جذب کا وطن کرناٹک کے علاقہ گنگاوتی ضلع رائچور سے وابستہ ہے۔ وہ 20/اپریل 1894ء کو پیدا ہوئے۔ وہ ابھی دو سال کی عمر کے تھے کہ عالم پور کی ایک شریف خاندان اور دولت مند خاتون سیتابائی نے انہیں لے پالک بنالیا۔ پنڈت جذب نے انہی سے تلگو زبان سیکھی' جبکہ پنڈت راجہ رام مرسو سے فارسی زبان کا درس حاصل کیا۔ کرناٹک کے مشہور صوفی حضرت سید مخدوم حسینی عرف خواجہ پیرانؒ سے عربی صرف ونحو میں مہارت حاصل کی۔ اس دور کے پنڈتوں کی صحبت میں رہ کر سنسکرت زبان میں کمال حاصل کیا' جبکہ کنڑی زبان ان کی مادری زبان تھی۔ ادیب فاضل اور منشی فاضل کی تعلیم حاصل کی' جوڈیشیل کا امتحان کامیاب کرنے کے بعد پندرہ سال تک عالم پور میں وکالت کا پیشہ اختیار کیا۔ 1912ء سے شعر کہنے لگے۔ شوکت میرٹھی سے تلمذ حاصل کیا۔ حیدرآباد کے حضرت امجد حیدرآبادی کی صحبت سے فیض یاب ہونے کی وجہ سے غزل کے علاوہ رباعی میں بھی اظہار خیال کیا۔ عالم پور میں بزم سخن کی بنیاد رکھی اور بارہ سال تک ماہانہ مشاعرہ منعقد کیا کرتے رہے۔ ادارہ ادبیات اردو کی جانب سے ان کے رباعیات کے مجموعے کو ''ارمغان جذب'' کے نام سے شائع کیا۔ سنسکرت' تلگو اور کنڑی کی کئی نادر کتابوں کے اردو میں منظوم ترجمے کئے۔ ان کا اہم کارنامہ یہی ہے کہ انہوں نے کنڑی اور اردو لغت مرتب کی' جن میں بیشتر کتابیں شائع نہ ہوسکیں۔ حیدرآباد اور بیرونی حیدرآباد کئی مشاہروں کی

صدارت انجام دیتے رہے ہیں۔1956ء میں آل آندھرا اردو مجلس کی کانفرنس میں انہیں ''خیام آندھرا'' کا خطاب دیا گیا اور اس کے بعد سے مسلسل حیدر آباد میں سکونت اختیار کر لی۔ ضعیفی کی وجہ سے آخری عمر میں سماعت اور بصارت میں فرق آ گیا تھا۔ انہوں نے نام و نموس سے دور رہ کر اخلاق و نصیحت کو اپنی شاعری کا موضوع بنایا۔ اردو زبان سے سچے محبت کرنے والے قرار دیئے جاتے ہیں اور وہ مسلسل اردو کی خدمت میں مصروف رہے۔ یہی نہیں بلکہ انہوں نے سنسکرت اور مقامی زبانوں کے خیالات کو اردو میں منتقل کرنے کی کامیاب کوشش کی۔ غرض ریاست آندھرا پردیش کے قیام کے بعد حیدر آباد میں ان کا دیہانت ہو گیا۔ ان کی غزلیں اور چند رباعیات بطور نمونہ پیش کی جارہی ہیں۔

پھولوں سے، بلبلوں سے، گلستاں سے کھیلئے ۔۔۔ وحشت نہ ہو تو فصل بہاراں سے کھیلئے
ہر موج سے اٹھایئے سینے میں موج نو ۔۔۔ طوفان صرف کھیل ہے طوفاں سے کھیلئے
بازیچۂ وفا ہے شہادت گہہ جنوں ۔۔۔ کہتا ہے زخم زخم نمک داں سے کھیلئے
تیر نگاہ ناز کو اک شغل چاہیئے ۔۔۔ دل کام کا نہیں تو رگ جاں سے کھیلئے
یہ بھی تو کھیلتے ہی رہے زندگی کے کھیل ۔۔۔ صحرا میں خاکِ سنجر و خاقاں سے کھیلئے
سہلایئے نہ ہاتھ سے تلووں کے آبلے ۔۔۔ یہ کھیل نوک خار مغیلاں سے کھیلئے
کب تک یہ صبح و شام کے دلچسپ سلسلے ۔۔۔ کب تک نظام گردش دوراں سے کھیلئے
مایوسیوں کے دشت میں آوارگی فضول ۔۔۔ امید ہی کے گوشۂ و اماں سے کھیلئے
وحشت میں کھیل کود کے ساماں یہی تو ہیں ۔۔۔ دامن سے کھیلئے کہ گریباں سے کھیلئے
یہ کھیل قومیت کی حدوں میں خراب ہے ۔۔۔ ہندو سے کھیلئے نہ مسلماں سے کھیلئے

اے جذب خوب کھیلئے جذبات سے مگر
زنہار بھی نہ دین اور ایماں سے کھیلئے

جذب نے غزل کے شاعری کو حسن و عشق کے معاملات سے نکال کر عصری مسائل سے وابستہ کرنے میں کامیابی حاصل کی ہے۔ جبکہ ان کی رباعیات میں بھی زندگی کی حقیقتیں اور رشد و ہدایت کی پاکیزگی کا انداز واضح ہوتا ہے؛ جس کے نمائندگی کے لئے چند رباعیات پیش ہیں۔

ہنگامۂ عیش و کامرانی کب تک ۔۔۔ یہ جوش بہار حسن فانی کب تک
ہے عالم رنگ و بو ہوا کا جھونکا ۔۔۔ اے جذب یہ ایام جوانی کب تک

☆

ہستی ہے موہوم شباب ہستی اُلٹے گا کوئی دم میں نقاب ہستی
میخانۂ دنیا میں نہ لے ہاتھ میں جام آلودۂ زہر ہے شراب ہستی

رگھویندراؤ جذب نے غزل اور رباعی جیسی اصناف کے علاوہ سنسکرت، مرہٹی، کنڑی اور تلگو کی شاعری کے اہم رجحانات کو بھی اردو میں پیش کرنے کا کارنامہ انجام دیا ہے۔انہیں بلا شبہ قدر عریضی کی پیدائش سے صرف چار، پانچ سال پہلے دنیا میں اپنا وجود دکھانے کا موقع ملا اور انہوں نے قدر عریضی کی طرح غزل کے علاوہ رباعی گوئی پر اظہار خیال کر کے اپنے معاصر شعراء میں امتیازی مقام حاصل کر لیا ہے۔(28)

28. شبیر حسن جوش ملیح آبادی

بیسویں صدی میں جدید اردو نظم کی روایت کو فروغ دیتے ہوئے بیک وقت غزل اور نظم کی شاعری کو فروغ دینے والے جوش ملیح آبادی کو اردو دنیا میں شاعر شباب، شاعر خمریات اور شاعر انقلاب کی حیثیت سے شہرت حاصل ہے۔ جوش ملیح آبادی نے نہ صرف کلاسیکی شعری مزاج کو زندہ رکھا، بلکہ اس کی توصیف کا کارنامہ بھی انجام دیا۔ان کی شاعری میں فطرت کا حسین انداز اور انقلاب کی جدید کیفیت دکھائی دیتی ہے۔شعری مزاج کی تشکیل میں جوش نے انہی خصوصیات کو پیش نظر رکھا ہے۔ جوش ملیح آبادی کی پیدائش 1896ء میں بمقام ملیح آباد ہوئی۔ جوش کے پر دادا فقیر محمد گویاں اپنے دور کے مشہور شاعروں میں شمار کئے جاتے ہیں۔ جوش کا خاندان اپنی دولت اور امارت کے علاوہ شعری ذوق کی وجہ سے کافی شہرت رکھتا تھا۔ان کا خاندان اہمیت کا حامل تھا۔ جوش کی ابتدائی زندگی فارغ البالی اور آرام و آسائش میں گزری۔ ان کی آباواجداد فریدی پٹھان کے نام سے شہرت رکھتے تھے۔ جو درہ ٔ خیبر سے ہندوستان میں داخل ہوئے اور یہی سکونت اختیار کر لی۔ جوش کے پر دادا فقیر محمد خاں گویاں شاعر اور ادیب کی حیثیت سے مشہور تھے۔انہوں نے نثر میں ''بستان حکمت'' اور ''دیوان گویاں'' یادگار چھوڑا ہے۔ جوش کی ابتدائی تعلیم گھر پر ہوئی۔ آگرہ میں سینٹ پیٹر اسکول میں تعلیم حاصل کی۔ سینئر کیمرج تک جوش کی باقاعدہ تعلیم ہوئی۔ ذاتی مطالعہ اور علمیت کی وجہ سے جوش ابتدائی عمر سے ہی مقبول ہو گئے تھے۔1916ء میں جب ان کے والد کا انتقال ہوا تو حالات سے مجبور ہو کر خاندانی رائج سے دوری اختیار کی اور تلاش معاش کی طرف متوجہ ہوئے۔ جوش کو نو سال کی عمر سے ہی شعر گوئی کا شوق تھا۔ گھر میں شعر و ادب کا ماحول ہونے کی وجہ سے انہوں نے بہت جلد ادب کی آبیاری کی طرف توجہ دی۔ ان کے والد نے جوش کے مزاج کو دیکھتے ہوئے اس دور کے نامور استاد عزیز لکھنوی کے شاگرد بنا دیا۔اس طرح جوش نے اپنے دور کے ابتدائی کلام کو پیش کرنے میں سبقت حاصل کر لی۔ابتدائی دور میں جوش کی

غزل سن کر وحیدالدین سلیم نے قہقہہ لگایا تھا' لیکن رفتہ رفتہ جوش کی اپنی شاعری کے لئے نئی منزل کی تلاش کر لی۔ غرض اپنے وطن میں مناسب آمدنی کا موقع نہ ملنے کی وجہ سے جوش نے حیدر آباد کا رخ کیا۔ مہاراجہ کشن پرشاد کی سفارشی خطوط کے ذریعے جوش ملیح آبادی نے 1924ء میں حیدر آباد کا رخ کیا اور ان کی صلاحیتوں کو دیکھتے ہوئے حیدر آباد کے آخری نظام میر عثمان علی خاں نے جامعہ عثمانیہ کے ''دارالترجمہ'' میں ناظر ادبی کی حیثیت سے ان کا تقرر عمل میں آیا۔ غرض جوش نے حیدر آباد میں اپنی بھرپور صلاحیتوں کا استعمال کیا اور انہوں نے اس حقیقت کا اعتراف بھی کیا ہے کہ دارالترجمہ سے وابستگی کے نتیجے میں انہیں کافی فائدہ پہنچا۔ 1934ء میں شاہی عتاب کے نتیجے میں جوش کو حیدر آباد چھوڑنا پڑا' لیکن ان کی شاعری میں غزلوں کے ساتھ نظموں میں بھی بانکپن دکھائی دیتا ہے۔ منظر نگاری میں ان کا جواب نہیں۔ جوش نے اپنی ابتدائی دور سے ہی ترقی پسند تحریک کے رویے کو اختیار کر لیا تھا اور باضابطہ کمیونسٹ تحریک سے اپنی ہم آہنگی جتائی تھی۔ حیدر آباد سے علحدگی کے بعد جوش نے دہلی سے رسالہ ''کلیم'' جاری کیا۔ فلموں کے لئے گیت لکھے اور کچھ عرصے کے بعد حکومت کے مشہور رسالے ''آج کل'' کے مدیر اعلیٰ بھی مقرر ہوئے۔ 1956ء میں پاکستان چلے گئے اور اس سرزمین سے یادگاران کی خودنوشت سوانح ''یادوں کی برات'' شائع ہوئی۔ غرض 22/فروری 1982ء کو جوش کا پاکستان میں انتقال ہو گیا' انہیں ہندوستان جیسی شہرت پاکستان میں حاصل نہ ہو سکی' ان کی شاعری میں رومانیت اور حقیقت کا امتزاج پایا جاتا ہے۔ ان کی شاعری ادب لطیف کا بہترین نمونہ ہے۔ مختلف اوقات میں جوش ملیح آبادی کے شعری مجموعے ''شعلہ و شبنم' حرف و حکایت' جنون و حکمت' فکر و نشاط' آیات و نغمات' عرش و فرش' سنبل و سلاسل' سیف و سبو' سموم و صبا' الہام و افکار'' اور ''رامش و رنگ'' کے نام سے شائع ہوئے۔ جوش کے مرثیے اور رباعیات بھی کافی مشہور ہوئے۔ ان کے مرثیوں کے مجموعے ''آوازِ حق' حسین اور انقلاب'' اور ''مجرد و مفکر'' کے نام سے شائع ہو چکے ہیں۔ انقلابی تصورات اور تحریک آزادی میں ان کے کارنامے ناقابل فراموش ہیں۔ ان کے مضامین کے مجموعے ان کے مضامین کے مجموعے ''مقالات زریں'' اور ''اوراق سحر'' کے نام سے شائع ہو چکے ہیں۔ 1945ء سے 1941ء تک جوش کے لکھے ہوئے مضامین ''اشارات'' کے نام سے شائع ہوئے۔ جوش کی رومانیت کو ڈاکٹر عبدالودود خاں نے اپنی کتاب ''اردو میں ادب لطیف'' کے ذریعے واضح کیا ہے۔ جوش ملیح آبادی کو اردو میں احتجاجی نظموں کی شروعات کرنے کی وجہ سے بڑی مقبولیت حاصل ہے۔ ان کی مشہور انقلابی نظم ''ایسٹ انڈیا کمپنی کے فرزندوں کے نام'' تاریخی اہمیت کی حامل ہے۔ انہوں نے جارج ششم کی جشن تاج پوشی کے موقع پر غم و غصے کا اظہار کرتے ہوئے نظم کی بنیاد رکھی تھی۔ غرض وہ ایک وطن پرست اور حریت پسند شاعر تھے' جن کے کلام میں گھن گرج اور دریا کا تلاطم دکھائی دیتا ہے۔ ان کی مشہور نظم اور

غزل بطور نمونہ پیش ہے، جبکہ انہوں نے رباعیات، قطعات اور نظم نگاری کے ذریعے تمام تر زندگی پابند شاعری میں گزاری اور وہ اس بات کا اقرار کرتے ہیں کہ حیدرآباد میں قیام کی وجہ سے ان کی شاعری ہی نہیں، بلکہ نثر نگاری پر بھی نمایاں اثرات مرتب ہوئے۔ (29)

29. سید علی منظور

تلنگانہ کے مشہور علاقہ حیدرآباد کے پختہ مشق اور پرگو شاعروں میں سید علی منظور منظورؔ کا شمار ہوتا ہے۔ وہ 19 ستمبر 1896ء کو حیدرآباد میں پیدا ہوئے۔ منشی فاضل کا امتحان کامیاب کرنے کے بعد محکمہ طبابت میں اہلکار کی حیثیت سے ملازم ہو گئے اور ساری عمر اسی جائیداد پر قائم رہتے ہوئے وظیفہ حسن خدمت پر سبکدوشی اختیار کی۔ وظیفہ پر علحدگی کے بعد 11 نومبر 1955ء کو وفات پائی۔ غزل اور نظم لکھنے میں بڑا کمال حاصل تھا۔ شاعری میں زندگی کی ترجمانی کو اہمیت دی۔ گوشہ نشین اور نعت پسند شاعر تھے۔ ان کا کلام ہندوستان اور پاکستان کے بے شمار رسائل و جرائد میں شائع ہوتا رہا۔ اگرچہ منظور کی تعلیم وتربیت قدیم ماحول میں ہوئی، لیکن وہ زندگی کے نئے تقاضوں سے بھرپور آگہی رکھتے تھے۔ ان کی نظموں اور غزلوں کا سرمایہ ترقی پسندی کی نشاندہی کرتا ہے۔ ان کا پہلا مجموعہ ''کلام منظور'' کے نام سے شائع ہوا تھا جس کے بعد دو مجموعے ''نمود زندگی'' 1940ء اور ''ترجمان زندگی'' 1954ء میں شائع ہوئے جس کے ایک سال بعد وہ اس دنیا سے رخصت ہو گئے۔ ان کی غزلوں اور نظموں میں بلا کی روانی اور برجستگی موجود ہے۔ ایک نظم کے چند بند بطور نمونہ ملاحظہ ہوں:

جوانی

جوانی حسینوں کی ہنس مکھ جوانی   فقط شادمانی فقط کامرانی
جوانی ہے قدرت کی وہ مہربانی   جسے اہل دل کہتے ہیں زندگانی
نگاہوں کی مستی جوانی کا جوہر
جوانی ہے کیا ؟ زندگانی کا جوہر

جوانی صباحت جوانی ملاحت   جوانی لطافت جوانی نفاست
جوانی سے وابستہ ہر زندہ دولت   صباحت ' ملاحت ' نفاست ' لطافت
جوانی صباحت کی شیریں زبانی
جوانی ملاحت کی شیوہ بیانی

جوانی کی خوش وضع بنیاد محکم   جوانی کا پرچم ہوا ہی نہیں خم
یہ گلپاش موسم یہ گلپوش عالم   یہ دستِ حنائی یہ رنگین پرچم
مسرت جوانی کے گن گا رہی ہے
جوانی کے پرچم کو لہرا رہی ہے
جوانی کے عالم میں نیا غزل خواں   جوانی کے موسم میں دل سب کا شاداں
دل آرا جوانی کے جاں بخش ارماں   جوانی کے قبضے میں درویش وسلطاں
جوانی کو آتا ہے قابو میں لانا
جوانی نے سیکھا ہے جادو جگانا
جوانی کا منظر سنہرا سنہرا   دسہرا بھی میور کا ساد سہرا
پیام محبت جوانی کا چہرا   جوانی کے سر ہے محبت کا سہرا
جوانی محبت کی راہوں سے واقف
جوانی عداوت کی چالوں سے خائف

(30)

30. علامہ حیرت بدایونی

سید حسن نام اور حیرت بدایونی کی حیثیت سے شہرت رکھنے والے حیدرآبادی شاعر کی پیدائش 15 ربیع الاول 1314ھ مطابق 1896ء میں بمقام بدایوں ہوئی۔ ان کے آباواجداد خاندانی زمیندار تھے۔ اس کے علاوہ حکومت کے اعلیٰ عہدوں پر فائز ہونے کے ساتھ ساتھ شعر گوئی کا یہ شعور بھی رکھتے تھے۔ حیرت بدایونی نے مدرسہ قادریہ اور مدرسہ شمس العلوم بدایوں میں عربی اور قرآنی علوم کی تکمیل کی۔ الہ آباد یونیورسٹی سے ملا کی سند حاصل کی اور پنجاب یونیورسٹی سے منشی عالم، منشی فاضل اور مولوی فاضل کے امتحانات کامیاب کیئے۔ 14 سال کی عمر میں غزل لکھنی شروع کی۔ ابتداء میں حسن اور بعد میں حیرت تخلص اختیار کیا۔ خاص بات یہ رہی کہ علامہ حیرت بدایونی نے کسی استاد کے سامنے زانوئے ادب تہہ نہیں کیا۔ 1922ء میں حیدرآباد آئے اور آصفیہ اسکول میں درس وتدریس کا کام انجام دیا۔ نواب صاحب کلیانی کے استاد مقرر ہوئے۔ مہاراجہ سرکشن پرشاد وزیراعظم ریاست حیدرآباد کے مصاحبوں میں

شامل ہوئے۔ مہاراجہ نے امور مذہبی میں تقرر کردیا' وظیفہ تک اسی عہدہ پر فائز رہے' حیدرآباد میں زندگی گزاری اور پھر اپنے وطن میں واپسی کا ارادہ نہیں کیا۔ ہندوستان گیر سطح پر مشاعروں میں مدعو کئے جاتے رہے ہیں اور حیدرآباد ریڈیو سے بھی ان کا کلام نشر ہوتا ہے۔ طویل عمری کے بعد حیدرآباد ہی میں انتقال کیا اور یہیں سپرد خاک ہوئے۔ ان کی غزلوں میں حسن و عشق کی فراوانی اور واردات قلبی کا رجحان نمایاں نظر آتا ہے۔ ان کی غزل کے چند اشعار ملاحظہ ہوں:

کسی سے بھی بلندی عشق کی جانی نہیں جاتی
خرد بھی ماورائے حد امکانی نہیں جاتی

اک ایسی بھی حقیقت جلوہ فرما ہے دو عالم میں
جو اپنی بے نقابی پر بھی پہچانی نہیں جاتی

جہاں سے ابتدائے جلوہ بیرنگ ہوتی ہے
وہاں تک بھی مگر تخئیلِ انسانی نہیں جاتی

بساط زندگی کتنی ہی خار آلود ہو لیکن
بساط آرزو کی گل بدامانی نہیں جاتی

تری ہستی بھی وہ ناقابل انکار ہستی ہے
وہاں منوائی جاتی ہے جہاں مانی نہیں جاتی

حیرت بدایونی نے اس غزل میں امکانی' پہچانی' انسانی' بدامانی جیسے قافیوں کے ذریعہ غزل کو انگیز کیا ہے جبکہ دورکنی طریقے کو اختیار کرکے ''نہیں جاتی'' ردیف کے ذریعہ غزل کی رنگینی میں اضافہ کیا ہے۔ اپنے عہد کے نامور شعراء میں شمار کئے جاتے ہیں۔

تلنگانہ میں غزل کے توسط سے اہم نام حاصل کرنے والے شعراء میں سید احمد حسین امجد' علی اختر مرحوم 'عبدالقیوم خان باقی' میر شمس الدین فیض مرحوم' بشیر النساء بیگم بشیر' معین الدین بزمی' جلال الدین توفیق' ابن احمد تاب' راگھویندر راؤ جذب عالم پوری' سید احمد حسرت ترمذی' حیدر پاشاہ قادری' سید عبدالصمد ساز رضوی' لطیف شریف ساجد مرحوم' بہبود علی صفی اورنگ آبادی' طالب رزاقی' بانو طاہرہ سعید' راجہ نرسنگھ راج عالی' سید امین الدین عشرت' فانی بدایونی' قمر سادی 'رضی الدین حسن کیفی' کنول پرشاد کنول' ڈاکٹر احمد حسین مائل' سید علی منظور' صاحبزادہ میر محمد علی خان میکش' مجیب خیرآبادی' سید علی حیدر نظم طباطبائی' مرزا تجمل حسین' نجم آفندی' میر خیرات علی ندیم' عامتہ الکریم' خورشید نظیر' محمد علی نیر' سکندر علی وجد' وحید اختر' محسن جلگانوی' ڈاکٹر رؤف خیر' ڈاکٹر فاروق شکیل' نظیر علی عدیل' اور ایسے ہی بے شمار شعراء موجود ہیں جنہوں نے آزادی کے بعد بھی اور آج 21 ویں صدی میں غزل کی روشنی کو فروغ دینے میں پیش پیش نظر آتے ہیں۔ اگر ہر دور کے غزل گو شعراء کے صرف نام گنائے جائیں تو طویل فہرست ہوجائے گی اس لئے اہم شعراء کے تعارف کے بعد دیگر اہم شعراء کے ناموں پر اکتفا کیا جارہا ہے۔ اسی دور میں

ترقی پسند غزل اور جدید غزل کے شعراء میں بھی اردو غزل اور نظم کی خدمت کا کارنامہ انجام دیا۔(31)

31. محمد عبدالقدیر حسرت صدیقی:

1288ھ م 1871ء میں محمد عبدالقدیر حسرت صدیقی حیدرآباد میں پیدا ہوئے، ان کے والد کا نام مولانا محمد عبدالقادر صدیقی تھا، جو نظام قضات عروب مقرر تھے۔ ابتدائی تعلیم والد کے زیر سایہ ہوئی، پھر مشہور مدرسہ دارالعلوم سے فارغ التحصیل ہوئے۔ پنجاب یونیورسٹی سے مولوی عالم، منشی فاضل اور مولوی فاضل کا امتحان امتیاز کے ساتھ کامیاب کیا اور اپنے زمانہ کے مشہور علماء سے درسِ نظامی کی تکمیل کی۔ مولانا حسرت کو عربی، فارسی، منطق، فلسفہ، فقہ، حدیث اور تفسیر کے علاوہ ہیئت پر کافی عبور حاصل تھا۔ ان کی دلچسپی کا موضوع تصوف تھا، چنانچہ تمام تر شاعری میں تصوف کا رنگ جھلکتا ہے۔ علم حاصل کرنے کے بعد دارالعلوم میں مدرس مقرر ہوئے، جس کے بعد عربی ادب کے استاد مقرر کئے گئے۔ جامعہ عثمانیہ کا قیام عمل میں آیا، تو صدر شعبہ دینیات مقرر کئے گئے۔ 1343ھ م 1924ء کو وظیفہ حسن خدمت پر سبکدوش ہوئے۔ طویل عمر زندگی گذارنے کے بعد 1962ء میں ان کا انتقال ہوا، صدیقی گلشن میں آرام فرما ہیں۔ کم عمری سے ہی شعر گوئی اور موسیقی کے علاوہ بنوٹ، کشتی اور فنون حرب سے خاص شغف تھا۔ ان کی مشہور تصانیف اور تفسیر صدیقی شائع ہو چکی ہے۔ اردو کلام کی بھی اشاعت عمل میں آچکی ہے۔ انہوں نے بیک وقت عربی، فارسی، اردو اور ہندی زبانوں میں شاعری کی ان کے کلام میں قصائد، نعت، غزل اور پند و نصائح کا دفتر موجود ہے۔ ان کی تصانیف میں ''الدین''، ''حکمتِ اسلامیہ''، ''معیارالکلام''، ''معارف''، ''التعلیم الطبعی فی اللسانِ عربی'' وغیرہ یادگار ہیں۔ غرض وہ اپنے دور کے نامور شعراء میں شمار کئے جاتے ہیں۔ (32)

32. نوشابہ خاتون

تلنگانہ کی سرزمین میں زندگی گزارتے ہوئے 1900ء میں امروہہ کی سرزمین میں پیدا ہونے والی نوشابہ خاتون' عبدالحق قریشی نائب ناظم پولیس کی صاحبزادی تھیں۔ والد کے ساتھ بچپن ہی میں حیدرآباد آگئیں اور یہیں پر تعلیم و تربیت کا انتظام ہوا۔ لاہور سے مولوی کا امتحان کامیاب کرنے کے بعد 1924ء میں بی اے کا امتحان کامیاب کیا۔ انہیں جامعہ عثمانیہ کی پہلی خاتون گریجویٹ کا درجہ حاصل ہے۔ گریجویشن کے بعد وہ ویمنس کالج میں عربی' فارسی اور انگریزی کی لکچرر مقرر ہو گئیں۔ کمسنی سے ہی شعر کہتی تھیں۔ منطق' فلسفہ اور عربی ادبیات کے مطالعہ کی وجہ سے شاعری میں کسی استاد کے مشورہ کی ضرورت باقی نہیں رہی ۔ انہوں نے کبھی بھی روایتی شاعری نہیں کی' بلکہ اخلاقی' اصلاحی اور مدحیہ نظموں کو پیش کرنے میں کامیابی حاصل کی۔ طویل عرصہ پہلے ان کا شعری مجموعہ''

موج تخئیل'' شائع ہوا۔اس کی اشاعت کے بعد ہی ان کا ذہنی توازن بگڑ گیا۔طویل عرصہ تک بقید حیات رہیں' لیکن فاطر العقل زندگی گزاری۔ وہ ٹیچرس ٹریننگ کالج کے لکچرر ملا فخر الحسن کی اہلیہ تھیں۔ان کی تاریخ وفات کے بارے میں کوئی ثبوت نہیں ملتا۔ان کی ایک نظم بطور نمونہ پیش ہے:

اژدر ابر کوہ سے ہونے لگا گہر فشاں چوٹی بھی کس شکوہ سے بادلوں سے ہے ہمعناں

دامنِ کوہسارِ سبز وادی و شاخسار سبز

آئی ہے جو بہار سبز

سارے ہیں برگ و بارسبز

فرشِ زمیں زمرّدیں نیلگوں چتر آسما موج ہوا ہے عنبریں' قطعہ ہے سارا بوستاں

قلّئہ کوہسار برف نظر پر بہار برف

کیوں نہ ہو آبدار برف

یاں ہے گہر نثار برف

اپنے دور کی ایسی شاعرہ جس نے غزل کے علاوہ نظم کے انداز کو فروغ دیتے ہوئے تلنگانہ میں خواتین کی شعر گوئی کی روایتی کو فروغ دیا اور انہوں نے نظم کی شاعری کے توسط سے اپنے اظہار کی بوقلمونی کو ظاہر کرنے میں کامیابی حاصل کی۔انہوں نے اپنے دور کے ترقی پسند اور جدیدیت پسند رویہ سے وابستگی اختیار کئے بغیر نظم کے انداز کو بھر پور نمائندگی دی۔(33)

ب۔ بیسویں صدی کی ابتدائی نصف صدی کے عثمانی شعراء

1. غلام طیب

یکم نومبر 1901ء کو ضلع بارہ بنکی کے ایک گاؤں میں پیدا ہونے والے غلام طیب نے ابتدائی تعلیم گھر پر حاصل کی اور مزید تعلیم کے سلسلے میں لکھنؤ میں مقیم ہوگئے' وہیں سے کیننگ کالج میں بی اے تک تعلیم حاصل کی' مگر 1921ء میں سیاسی ہلچل کی وجہ سے بی اے کی تعلیم ترک کرنا پڑا اور حیدرآباد چلے آئے۔ جہاں ملازمت سے وابستہ ہونے کے بعد جامعہ عثمانیہ سے نہ صرف بی اے کا امتحان کامیاب بلکہ حیدرآباد کی حکومت نے ٹریننگ کے لئے ڈھاکہ بھیجا' واپسی پر نارمل اسکول میں چند روز کام کیا اور پھر مولوی عبدالحق نے انہیں اورنگ آباد کالج بلا لیا۔ یہاں پچیس سال تک اردو ادب اور اخلاقیات پڑھاتے رہے' جس کے ساتھ انجمن ترقی اردو اورنگ آباد میں مولوی

عبدالحق کے مددگار بھی رہے۔ 1948ء کے بعد ملازمت سے سبکدوشی کے بعد مسلسل حیدرآباد میں رہنے لگے۔ غلام طیب کو ابتداء سے ہی شعر گوئی کا شوق تھا' جس کے ساتھ ادبی مضامین اور افسانے بھی لکھا کرتے تھے۔ ان کے مضامین' افسانے اور نثری خاکے ''دیس کہانی'' کے علاوہ ''پریم میلہ'' اور ''بدلہ'' نامی کتابوں میں شائع ہو چکے ہیں۔ مجموعہ کلام تیار ہو چکا تھا' مگر شائع نہ ہو سکا۔ غلام طیب نے شعر و ادب سے دوری اختیار کر لی ہے اور ان کی ساری توجہ قرآن' حدیث اور الہیات پر مرکوز ہے۔ حال ہی میں ان کی تشریحات ''تجلیات حق'' کے نام سے شائع ہو چکی ہیں۔ توحید پر ایک جامعہ مقالہ انگریزی میں لکھا ہے' جس کی طباعت باقی ہے۔ انہوں نے ''نفسیات قرآن و حدیث'' پر تحقیقی کام کا آغاز کیا تھا' جس کی تکمیل کے بارے میں کوئی ثبوت نہیں ملتا۔ غلام طیب کا یہ خیال تھا کہ اگر نوجوان شعراء کو بلند مقام حاصل کرنا ہے تو انہیں قرآن' رامائن اور انجیل کو بار بار پڑھنا چاہئے۔ انہیں غزلیں' نظمیں ہی نہیں بلکہ مذہبی خصوصیات کو بھی اشعار کی حیثیت سے پیش کیا۔ خیال کو پیش کرنے اور اظہار کی گرفت کو شاعری میں نمایاں کرنے میں انہیں بڑا کمال حاصل تھا۔ ان کی نظمیں طویل اور فن شاعری سے وابستہ ہیں۔ حوالے کے لئے ان کی طویل نظم ''فوق البشر'' کے چند بند پیش ہیں۔

باغ ہستی کی چھبن دیکھ خس و خار نہ دیکھ — زندگانی کے تلے موت کے آثار نہ دیکھ
پاؤں پھیلانے سے ہو جاتی ہے کھوٹی منزل — راستہ دیکھ ابھی سایہ دیوار نہ دیکھ
وہم سو طرح کے ہیں حد نظر سے آگے — جو نظر آئے وہی دیکھ نظر پار نہ دیکھ
نغمہء روح کو ہر ساز اڑا دیتا ہے — بربط و دف ہے کہ زنجیر کی جھنکار نہ دیکھ
زندگی غم کے سہارے بھی گزر جاتی ہے — کون مشتاق ہے اور کون ہے بیزار نہ دیکھ
تجھ کو جانا ہے اگر شمس و قمر سے آگے — تھام لے ہاتھ جنوں کا در و دیوار نہ دیکھ
مفت بکنے میں مزا اور ہی کچھ ہے طیب — پھینک دے جنس گراں چشم خریدار نہ دیکھ

غلام طیب کی غزل گوئی میں وہی انداز جلوہ گر نظر آتا ہے' جو روایتی غزل کی امتیازی خصوصیت ہے اور انہوں نے غزل کے بدلتے ہوئے انداز اور ترقی پسند تحریک کے زیر اثر پیدا ہونے والی تبدیلی کو خاطر میں نہیں لایا' بلکہ اپنے انداز کی نمائندگی پر توجہ دی' جس سے اندازہ ہوتا ہے کہ وہ حیدرآباد کے روایتی شاعری کے علمبردار اور قدر عریضی کی طرح شعری روایت کی پاسداری کے نمائندہ تھے۔ (34)

2. تمکین سرمست

حیدرآباد کی سرزمین میں پیدا ہونے والے سید محمد قادر الدین خاں کے نام سے مشہور شخص نے شاعری کا

آغاز کیا تو اپنی شاعری کی خصوصیت کو واضح کرنے کے لئے تمکین تخلص اختیار کیا اور خاندانی بزرگ کا لقب ''سرمست'' کو تخلص کے ساتھ شریک کرلیا۔ وہ حیدرآباد کے قدیم اور معزز گھرانے سے تعلق رکھتے ہیں۔ فارسی اور عربی میں اچھی مہارت حاصل کی، کسی بھی مدرسے یا کالج سے تعلیم حاصل نہیں کی، لیکن انگریزی زبان پر بھی خاصا عبور حاصل ہے۔ شاعری سے فطری لگاؤ ہونے کی وجہ سے کم عمری میں شعر گوئی کی طرف توجہ دی اور ابتدائی تین، چار غزلیں فصاحت جنگ جلیل کو دکھائیں، جس کے بعد مشہور شاعر سید علی حیدر نظم طباطبائی سے مشورہ کیا۔ کبھی بھی ملازمت کا طوق اپنی گردن میں نہیں ڈالا۔ ساری زندگی منصب اور جاگیر پر گزاردی، لیکن قناعت ان کی فطرت کا خصوصی وصف تھا۔ کچھ دن فلمی کاروبار پر بھی توجہ دی، لیکن شاعرانہ اور لاابالی فطرت کی وجہ سے آگے نہ چل سکے۔ تمکین سرمست کو علم عروض اور زبان پر بڑا عبور حاصل تھا۔ انہوں نے نظمیں بھی لکھیں، لیکن غزل کی شاعری میں طبعی مناسبت ظاہر ہوتی ہے۔ تمکین سرمست کا کلام کتابی شکل میں شائع نہ ہوسکا اور ان کی نظمیں بھی دستیاب نہیں ہیں۔ چند منتخب نظمیں اور غزلیں دستیاب ہوئی ہیں، جن میں سے بطور نمونہ پیش ہیں۔

یہ سادگی اور یہ پرکاری ہر ایک کے بس کا کام نہیں
ہر جام ہے ساقی کا لیکن ساقی کا کوئی جام نہیں

بے وجہ تڑپ بے وجہ سکوں تکلیف نہیں آرام نہیں
اک درد ہے ایسا بھی دل میں جس درد کا کوئی نام نہیں

یہ تو ہے آل خزاں جسکو سمجھے ہوئے ہو تم موسم گل
انجام ہے کوئی اور ہی شئے آغاز کی ضد انجام نہیں

قیدی بھی وہی ہیں قفس بھی وہی عنوان اسیری بدلا ہے
اب کوئی اسیر دام نہیں اور کون اسیر دام نہیں

اے دوست جو حالت ہے دل کی کسطرح کہوں اور کس سے کہوں
کیونکر یہ کوئی باور کرلے آرام ہے اور آرام نہیں

اب دورستم اور دورکرم میں اس سے زیادہ فرق نہیں
بدنام بہت تھا دورستم اور دورکرم بدنام نہیں

میخانہ ہے رندوں کے دم سے اور رند ہی پیاسے رہ جائیں
ہے جرأت رندانہ کی کمی ساقی پہ کوئی الزام نہیں

ہستوں کو رلانا آساں تھا روتوں کو ہنسانا مشکل ہے
بے فائدہ کیوں زحمت کیجئے یہ آپ بس کا کام نہیں
اللہ رے سرور بے طلبی مسرور ہے دل ساغر خالی
یہ تشنہ لبی یہ سرمستی تمکین کچھ آساں کام نہیں

تمکین سرمست نے اپنی تاریخ پیدائش درج نہیں کی، لیکن ''حیدرآباد کے شاعر'' اشاعت کے وقت ان کی عمر 56، 57 برس بتائی گئی ہے۔ اس اعتبار سے چونکہ حیدرآباد کے شاعر کی اشاعت کا سن 1956ء بتایا جاتا ہے، تو اس اعتبار سے ان کی تاریخ پیدائش 1901ء یا 1902ء قرار دی جاسکتی ہے۔ اس طرح غزل کی شاعری کے ساتھ ساتھ نظم نگاری کو فروغ دینے میں تمکین سرمست کی خدمات کو نظر انداز نہیں کیا جاسکتا۔ (35)

3. اکبر وفا قانی

حیدرآباد کی ادبی سرگرمیوں میں شعر گوئی کے توسط سے اہم مقام حاصل کرنے والے شاعروں میں اکبر فا قانی کی خدمات بڑی اہمیت کی حامل ہیں۔ انہوں نے شعر گوئی کے ساتھ ساتھ نثر نگاری کے علاوہ ادب اور آرٹ کی ترقی میں صرف کی۔ حیدرآباد میں پیدا ہوئے اور ان کا نام سید محمد اکبر تھا۔ جامعہ عثمانیہ سے بی اے ایل ایل بی کا امتحان کامیاب کرنے کے بعد وکالت کے پیشہ کو پسند کیا۔ طالب علمی کے زمانے سے شاعرانہ اور حسن کارانہ صلاحیتوں کا اظہار ہونے لگا تھا۔ اکبر وفا قانی کی شہرت ان کے ایک اہم ڈرامے ''آرٹ کریٹک'' کی وجہ سے ہوئی اور انہوں نے آرٹ کی ترقی کے لئے ایک ہفت روزہ ''حسن کار'' شائع کرنا شروع کیا، جو اردو دنیا میں شاید پہلا اخبار تھا جس میں آرٹ کی خوبیوں کو اجاگر کیا جاتا تھا۔ مصوری اور حسن کاری کو فنون لطیفہ میں اہم مقام حاصل ہے۔ ملک کے بٹوارے کے بعد اکبر وفا قانی نے نومبر 1948ء میں کراچی کا رخ کیا اور پاکستان کے مشہور اخبار ''ڈان'' کے لئے ہفتہ وار مضامین لکھنے لگے۔ امپورٹ اور ایکسپورٹ کمپنی میں مراسلہ نگاری کی۔ نیشنل اڈوائزر کے لئے فیچرس اور ایکانکی ڈرامے لکھے اور پیر بخش کالونی میں مدرسہ کا آغاز کیا۔ ٹرسٹ سرامک انڈسٹریز میں آرٹ اڈوائزر کی خدمات انجام دیں۔ پڑوسی ملک سے شائع ہونے والے اخبارات جیسے روزنامہ ''المنتظر'' اور روزنامہ ''انقلاب'' کے علاوہ ہفتہ وار ''اکنامکس'' کے ایڈیٹر کی حیثیت سے شہرت حاصل کی۔ لیکن اسی دوران وکالت کے پیشہ کو دوبارہ شروع کردیا اور اپنی فرصت کے اوقات میں انہوں نے دکن کی تاریخ پر تاریخی ناول لکھنے کا آغاز کیا۔ اس طرح اکبر وفا قانی کی عمر ''حیدرآباد کے شاعر'' جیسی کتاب کے دوران یہ بتایا گیا ہے کہ 55، 56 سال رہی ہوگی۔ انہوں نے نظم نگاری کو اظہار کا ذریعہ بنایا اور کئی انگریزی نظموں کے اردو میں ترجمے پیش کرکے کامیاب مترجم کی حیثیت سے شہرت حاصل

کی۔ منظوم ترجمے کی بنیادوں سے وہ پوری طرح واقف تھے۔ ان کی ایک نظم ''زمانہ اور میں'' درحقیقت شیکسپیر کے سانیٹ کے انداز پر لکھی ہوئی نظم ہے' جو بطور نمونہ پیش کی جارہی ہیں۔

زمانے نے مجھے آوارہ رکھا مجھے اپنی حقیقت سے کیا دور
تلاش غیر میں مصروف میں تھا مری ہستی رہی خود مجھ سے مستور
جوانی رنگ و مستی کا تلاطم بڑے طوفان' ہنگاموں کے لمحات
لڑکپن زندگانی کا تبسم بڑھاپا یاد ماضی کی کرامات
دماغ و ذہن کی دولت کا مالک رہا لیکن رہیں صاحب زر
ہمیشہ میں رہا دنیا کا سالک وہ میں جس کا گدا خورشید خاور

نظم کی روایتی خصوصیات کو استعمال کرتے ہوئے اکبر وفا قانی نے اس احتیاط کو پیش نظر رکھا کہ نظموں کو طویل انداز سے دور رکھا جائے' جس طرح محمد امیر نے اپنی نظموں کو اختصار سے وابستہ رکھا' اسی طرح اکبر وفا قانی کی نظموں میں بھی یہی خصوصیات جلوہ گر نظر آتی ہیں۔ حیدرآباد کی سرزمین میں غزل گوئی کے ساتھ ساتھ نثر نگاری کی طرف توجہ دینے والے شاعروں کی بھی کمی نہیں۔ ایسے ہی اہم شاعروں میں اکبر وفا قانی کا شمار ہوتا ہے' جنہوں نے نظم کو فنی اعتبار سے طوالت کے انداز سے ہٹا کر اختصار کے انداز سے وابستہ کیا۔ اس طرح وہ اپنی شاعری کی عمدہ خصوصیات کی وجہ سے اہمیت کے حامل شاعر قرار دیئے جاتے ہیں۔ (36)

4. بدر شکیب

بدرالدین خان نام اور شکیب تخلص کیا کرتے تھے۔ حیدرآباد میں پیدا ہوئے اور کالج کی سرگرمیوں میں دلچسپی لیتے ہوئے شاعری کے ساتھ ساتھ نثر نگاری کی طرف بھی خصوصی توجہ دی۔ جامعہ عثمانیہ سے بی اے ایل ایل بی کا امتحان کامیاب کرنے کے دوران عثمانیہ یونیورسٹی کے مشہور مجلّہ ''مجلّہ عثمانیہ'' کے مدیر کی حیثیت سے شہرت حاصل کی۔ ایل ایل بی کی ڈگری حاصل کرنے کے بعد وکالت شروع کی۔ ایک وکیل ہی نہیں' بلکہ عوامی کارکن کی حیثیت سے بدر شکیب کو امتیازی مقام حاصل ہوا۔ ہندوستان کی تقسیم کے بعد 1949ء میں پاکستان چلے گئے اور وہیں پر کراچی میں آخری دم تک اردو شاعری اور نثر نگاری کی خدمت انجام دیتے رہے۔ اگرچہ وہ شاعر تھے' لیکن ان کے علمی جوہر شاعری سے زیادہ نثر نگاری میں اہمیت کے حامل ہوگئے۔ ان کی دو کتابیں ''نظر کے دھوکے'' (افسانوں کا مجموعہ) اور ''تاثرات یوروپ'' حیدرآباد میں قیام کے دوران ہی شائع ہوچکی تھیں۔ پاکستان منتقل ہونے کے بعد ان کی کئی کتابیں شائع ہوئیں' جن میں ''اردو صحافت'' اور ''اسلام اور جنسیات'' کے موضوع پر شائع ہوئیں۔ اردو

صحافت کے ذریعے انہوں نے دراصل انیسویں صدی کی اردو صحافتی خصوصیات پر تحقیقی مقالہ پیش کیا اور اسے جامعہ پنجاب اور جامعہ کراچی کے شعبہ صحافت میں گریجویشن کے بعد کے نصاب میں حوالہ جاتی کتاب کی حیثیت سے شامل کیا گیا ہے۔ اسلام اور جنسیات پر ان کی لکھی ہوئی کتاب کو اپنی نوعیت کی پہلی کتاب کا درجہ حاصل ہے، جس میں انہوں نے مختلف اقوام اور ملتوں میں جنسی تعلیمات اور اس کی روایت کے تقابلی مطالعہ کے ساتھ اسلامی اصولوں کے پس منظر میں جائزہ لے کر حقائق کی نشاندہی کی ہے۔ حیدرآباد کے شاعر جیسی کتاب کی اشاعت کے دوران ان کی عمر کا اندازہ 54، 55 سال لگایا گیا ہے۔ جس سے اندازہ ہوتا ہے کہ انہوں نے بیسویں صدی کے آغاز میں ہندوستان کی سرزمین میں اپنی آنکھیں کھولیں۔ غرض ان کی نظموں میں روایتی انداز کی جھلک نمایاں ہے اور انہوں نے پابند نظموں کے ذریعے اپنے افکار کی نمائندگی کی طرف خصوصی توجہ دی ہے۔ ان کی ایک نظم ''آبشار'' بطور نمونہ پیش کی جارہی ہیں، جو مسدس کی ہیئت میں روایتی شاعری کی دلیل بن جاتی ہے۔

بزم ہستی میں مری زیست سراپا سیماب ‏ ‏ ‏ ‏ قوتیں برق کی رگ رگ میں ہیں میری بے تاب
سازعشرت بھی ہوں اور غم کا ہوں پردرد رباب ‏ ‏ ‏ ‏ دیکھنے والے پہ موقوف ہے میرا تب و تاب
اشک کی طرح رواں سلسلہء گوہر ہوں
اپنے سینے میں دبائے ہوئے اک محشر ہوں

سوئے پستی جو بلندی سے گزر ہے میرا ‏ ‏ ‏ ‏ اک بجلی ہے کہ سیال جگر ہے میرا
شفق صبح کی رنگینی میں گھر ہے میرا ‏ ‏ ‏ ‏ نالہء دل بھی عجب زود اثر ہے میرا
چیر کر کوہ کے دل کو میں نکل آیا ہوں
کوئی فرہاد ہوں پتھر کا جگر لایا ہوں

میری افتادگی ہے باعث تزئین جہاں ‏ ‏ ‏ ‏ شورشوں میں ہے چھپی آتش دور جہاں
ہر ادا سے مری رنگینی فطرت ہے عیاں ‏ ‏ ‏ ‏ جوش ہوں کوئی سراپا کہ ہوں حسن جہاں
حق کی قدرت کا تماشہ نظر آتا ہوں میں
ہے زبوں حال پہ آنکھوں میں سماتا ہوں میں

نظم کے معنی ہی تسلسل کی لڑی میں خیالات کو پیش کرنا ہوتا ہے۔ اس خصوص میں بدر شکیب نے نظمیہ خصوصیات کی پاسداری کرتے ہوئے لفظوں کی بندش اور اظہار کے چست انداز کو مکمل قابو میں رکھا ہے اور اندازہ ہوتا ہے کہ زبان و بیان ہی نہیں، بلکہ اظہار کو تسلسل سے وابستہ کرنے میں بدر شکیب کو بڑا کمال حاصل تھا۔ جیسا کہ بتایا

جا چکا ہے کہ کتاب میں ان کی تاریخ پیدائش درج نہیں۔حیدر آباد کے شاعر کی اشاعت 1962ء میں ہوئی اور اس وقت ان کی عمر 54 ‘55 سال رہی ہو تو لازمی طور پر ان کی تاریخ پیدائش 1907ء برآمد ہوتی ہے۔اس طرح انہیں اپنے عہد میں قدر عریضی کے راست معاصر کا درجہ حاصل ہو جاتا ہے۔(37)

5. فضل الرحمٰن

اردو کے مشہور ڈرامہ نگار' شاعر اورادیب کی حیثیت سے فضل الرحمٰن نومبر 1901ء کو حیدرآباد میں پیدا ہوئے۔نظام کالج حیدرآباداوردکن کالج پونے سے تعلیم حاصل کرنے کے بعد بمبئی یونیورسٹی سے 1923ء میں بی اے آنرس کا امتحان کامیاب کیا۔دکن کالج پونے سے فیلو کا اعزاز دیا گیا' حیدرآباد واپسی کے بعد سٹی کالج میں معاشیات کے لکچرر مقرر ہوئے۔پونے میں قیام کے دوران وطن کی آزادی کی تحریکوں میں حصہ لیا۔کئی سال تک عوامی تحریکوں سے وابستہ ہونے کی وجہ سے ملازمت انجام نہ دے سکے۔1938ء میں دکن ریڈیو کے نائب ناظم مقرر ہوئے اور ریڈیونشریات کی معلومات کے لئے حکومت کی جانب سے بی بی سی لندن بھیجے گئے ۔1941ء میں دکن ریڈیو کے ناظم اور پھر محکمہ تعلیمات' حیدرآباد کے ناظم اعلیٰ بنائے گئے اوراسی عہدہ سے وظیفہ حسن خدمت پر سبکدوش ہوئے۔ان کے ڈراموں کے مجموعے ہی نہیں' بلکہ شعری مجموعے بھی شائع ہو چکے ہیں۔ان کی نظموں کے دو مجموعے ''دھوپ چھاؤں'' 1945ء اور ''نقش حیات'' 1947ء میں شائع ہو چکے ہیں۔انہوں نے مہاتما گوتم بدھ کی زندگی کے منظوم حالات' 1952ء میں پیش کئے۔1954ء میں ڈرامہ ''سقراط'' اور 1956ء میں ڈرامہ ''چنگیز'' پیش کیا۔گوئٹے کی ڈرامائی نظم ''ہیلینا'' کا منظوم ترجمہ پیش کیا۔ساہتیہ اکیڈیمی حکومت ہند کی طرف سے انہیں اعزاز دیا گیا اور مشہور انگریزی ڈرامہ ''سمندری لٹیرے'' کو اردو میں ترجمہ کر کے پیش کیا۔بے شمار صلاحیتوں کے مالک فضل الرحمٰن کو قومی کونسل برائے فروغ اردو زبان کے سربراہ کی حیثیت سے شہرت حاصل ہوئی ۔ان کے ابتدائی ڈرامے '' ظاہر اور باطن' نئی روشنی اور حشرات الارض اور آئندہ زمانہ' کے علاوہ کارخانے کو اسٹیج کیا جاتا رہا' چنانچہ ان کے ڈرامے حیدرآباد اور دہلی ریڈیو اسٹیشن سے پیش ہوتے رہے۔سو سال کی عمر میں 2001ء کے دوران ان کا انتقال ہو گیا۔نظم نگاری میں امتیازی مقام کے حامل رہے ہیں۔ان کی ایک دلفریب نظم کے بند ملاحظہ ہوں:

میٹھے سپنے

وہ دل کا سہارا آئے گا
وہ آنکھ کا تارا آئے گا
اک روز اسی دکھ نگری میں
وہ راج دلارا آئے گا

پھٹ جائیں گے غم کے سب بادل
پڑ جائے گی جگ میں اک ہلچل
پھر اپنی بلندی پر جس دم
قسمت کا ستارا آئے گا

چمکے گا فلک کے ماتھے پر
تاروں کا روپہیلا سا جھومر
جب اہل وطن کی محفل میں
محفل کا وہ پیارا آئے گا

اسباب بنیں گے جینے کے
دن آئیں گے امرت پینے کے
پیاسوں کے لبوں تک خود بڑھ کر
ساگر کا کنارا آئے گا

آزادی کی دیوی بن ٹھن کر
بیٹھے گی دلوں کی مسند پر
پھر حسن کی بجلی چمکے گی
پھر لطف تماشہ آئے گا

(38)

6۔ امیر احمد عصر:

ان کے والد کا نام میر بندہ علی تھا، جداعلیٰ کے کارناموں کے صلہ میں آصف جاہ کے دربار سے خطاب خانی اور جاگیر عطاء ہوئی تھی، جس کی وجہ سے عصر کو تاحیات سرکاری منصب ملتا رہا۔ ان کے دور کو 1224ھ م 1809ء اور 1321ھ م 1903ء سے تعبیر کیا جاتا ہے۔ حیدرآباد میں انتقال کیا اور تکیہ مغل انجن باؤلی کے احاطہ میں مدفون ہوئے۔ انہیں اپنے عہد کے استاد شاعر میر شمس الدین فیض سے تلمذ حاصل تھا۔ جن سے انہوں نے عقیدتمندی کے ساتھ طریقت اور معرفت کے طریقے سیکھے۔ ''تلامذہ فیض کا تذکرہ نعتیہ کلام 1309ھ م 1891ء میں شائع ہوا۔ انہوں نے چار دیوان غزلیات کے اور ایک دیوان رباعیات کا پیش کیا ہے۔ کتب خانہ آصفیہ میں عصر کا قلمی دیوان موجود ہے جو نہایت ضخیم ہے۔ ان کی اکثر غزلیں طویل ہوتی ہیں۔ اس کے علاوہ ان کی غزلیات کے تین دیوان عدم دستیاب ہیں۔ عصر لاولد تھے اور ان کے تلامذہ کی طویل فہرست تھی، جن میں نواب وزیر علی خاں، آصف، عزیز جنگ ولا اور صاحبزادہ میر مصطفیٰ علی اشد وغیرہ قابل ذکر ہیں۔ عصر جیسے شاعر کی قادر الکلامی اور محاورہ بندی کے علاوہ ضرب الامثال اپنی جگہ مسلمہ تھی۔ ان کی شاعری میں برجستگی، سادگی، سلاست اور روانی کا حسن پایا جاتا ہے۔ اگرچہ عصر کا زمانہ فیض کے زمانہ کے بعد کا ہے لیکن ان کے شاگردوں نے میر عثمان علی خاں کے عہد میں اپنے کلام سے عوام کو محظوظ کیا۔ (39)

7. محمد امیر

اورنگ آباد کی سرزمین سے تعلق رکھنے والے محمد امیر کی پیدائش 1906ء بتائی جاتی ہے۔ انہوں نے میٹرک تک تعلیم اورنگ آباد میں حاصل کی اور پھر حیدرآباد کی جامعہ عثمانیہ سے 1925ء میں بی اے کا امتحان کامیاب کیا اور 1926ء میں علی گڑھ مسلم یونیورسٹی سے بی ٹی میں کامیابی کے بعد سررشتہ تعلیم سے منسلک ہوگئے۔ ساری عمر درس و تدریس میں گزاردی۔ سن 1960ء میں دل کے عارضہ سے محمد امیر کا انتقال ہوگیا۔ انتقال کے وقت وہ گورنمنٹ ملٹی پرپس ہائی اسکول گلبرگہ کے ہیڈ ماسٹر تھے۔ محمد امیر کو علی گڑھ کے نامور استاد اور جامعہ عثمانیہ کے صدر شعبہ اردو کے علاوہ دارالترجمہ جامعہ عثمانیہ کے وضع اصطلاحات کمیٹی کے رکن مولانا محمد وحید الدین سلیم کے چہیتے شاگردوں میں شمار کیا جاتا ہے اور انہوں نے اپنی ادبی زندگی کا آغاز ہی وحید الدین سلیم کی سرپرستی میں کیا۔ زندگی میں انہوں نے غزل گوئی کے خلاف کام کیا اور شاعری کا آغاز کیا تو نظم نگاری سے دلچسپی لی۔ ان کی طبع زاد اور انگریزی سے ترجمہ شدہ نظموں کا مجموعہ ''من کی بانسری'' کے نام سے 1927ء میں شائع ہوئی۔ اگرچہ نظم نگاری کی حمایت کرتے رہے، لیکن بہت جلد نظم نگاری سے بھی توجہ ہٹ گئی۔ آخری عمر میں انہوں نے خود کو سائنس اور نفسیات کی تعلیم و تدریس کے لئے مختص کر دیا تھا۔ انہوں نے پابند نظموں کے ساتھ ساتھ آزاد نظم کی روایت کو بھی فروغ دیا۔

طویل نظموں کے ساتھ ساتھ مختصر نظمیں بھی ان کی شاعری کا قیمتی اظہار بن کر نمایاں ہوتی ہیں۔ان کی ایک مختصر لیکن پابند نظم کی چند اشعار معہ عنوان پیش ہیں۔

میری طرح تمہیں بھی بڑھاپا نصیب ہو — آئے تمہاری عمر میں بھی شام زندگی
حاصل تمہاری زیست کا آغاز میں نہیں — تم کو ابھی ہے دیکھنا انجام زندگی
کل تک اڑائے بادہ گلرنگ کے مزے — پینا ہے آج درد مئے جام زندگی

روایتی نظم نگاری کے انداز کو محمد امیر نے علی گڑھ کی صلاحیتوں کے طور پر استعمال کیا' چونکہ خواجہ الطاف حسین حالی نے نیچرل نظم کی بنیاد رکھی تھی اور وہ سرسید کے نامور رفقاء میں شامل کئے جاتے تھے۔جبکہ وحید الدین سلیم کو بھی علی گڑھ سے وابستگی کا شرف حاصل تھا' اس لئے انہوں نے روایتی نظم کو اظہار کا ذریعہ بنا کر نہ صرف موضوعاتی نظموں کی بنیاد رکھی' بلکہ نظموں کو اختصار کے ساتھ پیش کر کے نظم نگاری کو جدت طرازی سے وابستہ کیا' ورنہ اس دور کے بیشتر نظم گو شعراء طویل نظموں کی روایت کے قائل تھے۔جبکہ محمد امیر نے مختصر نظموں کا سلسلہ شروع کر کے اپنی نظموں گوئی سے دلچسپی کا ثبوت پیش کیا۔(40)

8. طاہر علی خان مسلم

میر طاہر علی خان نام اور مسلم تخلص تھا۔10 اپریل 1906ء میں شہر حیدرآباد کے ایک جاگیردار خاندان میں پیدا ہوئے۔ان کا نصبی سلسلہ بخارہ کے بادشاہو سے جاملتا ہے۔نظام کالج سے انٹرمیڈیٹ کی کامیابی کے بعد 1924ء میں کیمبرج میں داخلہ لیا۔ہائیڈل برگ جرمن میں تقابلی لسانیات' بین الاقوامی سیاسیات اور صحافت کی تعلیم حاصل کی۔سوئٹزرلینڈ کی دو جامعات سے ڈگریاں حاصل کیں۔غرض ہندوستان ہی نہیں' بلکہ یوروپی مما لک میں تعلیم حاصل کر کے سوئٹزرلینڈ سے ڈاکٹریٹ کی ڈگری حاصل کی۔ہسپانوی زبان اور ادبیات کے مطالعہ کے لئے غرناطہ کا دورہ کیا۔حیدرآباد لوٹے تو نظام کالج اور جاگیردار کالج میں فارسی' عربی' لاطینی' جرمنی اور فرانسیسی زبانو ں کے استاد مقرر ہوئے۔پنڈت موتی لال نہرو کی ایماء پر لائیف انشورنس میں ملازمت اختیار کی۔جب حیدرآباد میں دکن ریڈیو کی ابتداء ہوئی تو مسلم صاحب کو باب حکومت اور اطلاعات عامہ سے وابستگی کا موقع ملا۔مسلم نے سید علی حیدر نظم طباطبائی سے تلمذ حاصل کیا تھا۔انہوں نے غزلیں اور طویل نظموں کے علاوہ تین ہزار اشعار پر مثنوی بھی لکھی۔غرض آزادی کے بعد وہ اس دنیا سے رخصت ہوگئے۔ان کی غزل کے چند اشعار پیش ہیں:۔

میں خزاں رسیدۂ ہجر ہوں تو نویدِ فصلِ بہار دے — مجھے اپنی دید سے شاد کر میری زندگی کو سنوار دے

یہ امید و بیم کی کشمکش یہ تلاطمِ غمِ زندگی　　نہ تو بخت بد مجھے چین دے نہ تو عشق صبر و قرار دے
ترے حسن کی ہے شہنشہی نہیں جبر و قدر کا مسئلہ　　جسے چاہے قید سے چھوڑ دے جسے چاہے جان سے مار دے
نہیں زہد مسلم بادہ کش اثر نصیحتِ چارہ گر　　نہیں رسمِ میکدہ مُفلسوں کو شراب کوئی اُدھار دے

حیدرآباد کے باوقار شاعر حضرت مسلم نے اپنی غزل میں دے ردیف کے استعمال کے ذریعہ بہار' سنوار 'قرار اور ادھار کے قافیے استعمال کر کے مردف غزل کی بھرپور نمائندگی کی ہے اور ان کی شاعری میں روایت کا انداز نمایاں نظر آتا ہے۔(41)

9. ابوظفر عبدالواحد

تلنگانہ میں حیدرآباد کی سرزمین سے وابستہ ابوظفر عبدالواحد کا آبائی وطن الہ آباد ہے۔لیکن ان کی پیدائش حیدرآباد میں ہوئی' عبدالواحد نام اور ابوظفر کنیت تھی۔جس سے ان کے نام کی تاریخی حقیقت واضح ہوتی ہے۔ان کی تاریخ پیدائش 1315ھ مطابق 1907ء برآمد ہوتی ہے۔ابتداء میں انہیں ریسیڈنسی اسکول میں شریک کیا گیا۔پھر اس کے بعد 1914ء میں مڈل اسکول کا امتحان کامیاب کیا۔1917ء میں چادر گھاٹ ہائی اسکول سے ہائیر سکنڈری کا امتحان کامیاب کرنے کے بعد 1921ء میں نظام کالج سے بی اے اور 1924ء میں علی گڑھ سے فارسی میں ایم اےکیا' جبکہ 1930ء میں انگریزی سے ایم اے کا امتحان کامیاب کیا۔سٹی کالج میں انگریزی کے لکچرر مقرر ہوئے۔پھر ریڈر کے عہدہ پر ترقی کی۔ملازمت کے آخری زمانے میں محبوب کالج کے پرنسپل بنائے گئے۔وظیفہ پر سبکدوشی کے بعد اردو کالج کے پرنسپل مقرر ہوئے اور ساری زندگی ادب اور تاریخ کی خدمت میں گزاردی۔علم عروض' تاریخ اور ادبیات سے خصوصی دلچسپی تھی اور کئی کتابوں کے ترجمے بھی انجام دیئے۔شعر و ادب میں روایتی انداز کی جھلک دکھائی دیتی ہے۔تاریخی کتاب ''تمدن عتیق''اور'' آہنگ شعر'' لکھ کر شہرت حاصل کی۔ان کی نظموں میں سے ایسی نظم کو نمائندگی دی جارہی ہے جس میں ان کے انداز کا انوکھا پن ظاہر ہوتا ہے:

کنول کھلے ہیں جل ' پی پی
قازوں نے لی 'قیں قیں کی
چھیڑی پپیہے نے '' پی پی ''
دھوم مچی تالاب کنارے
گاؤں میں اِک تالاب کنارے

مہ رُویوں نے گہنے ! اتارے
ابھرے ' ڈوبے وہ جل تارے
کوئی ڈوبا شرم کے مارے !
وہ نکلیں ! کچھ ' لے کر گاگر
چلیں لچکتی پانی بھر کر
لوٹ رہے ہیں ماتھے پہ جھومر
سُبحان اللہ ! صبح کا منظر !

ابوظفر عبدالواحد کے کلام میں گیت کا انداز اوران کی شاعری میں فطری مناظر کی دلکشی دکھائی دیتی ہے۔وہ ہندوستانی تناظر میں اردو شاعری کو پیش کرنے میں پوری طرح کامیاب رہے۔انہوں نے اردو ادب کوانگریزی اور دوسری زبانوں کے ادبیات سے ہم آہنگ کرنے میں کامیابی حاصل کی۔اس لئے وہ اردو کے اہم نظم نگار شعراء میں شمار کئے جاتے ہیں۔(42)

10. عبدالقیوم خان باقی

حیدرآباد کی سرزمین میں تعلیم وتدریس کے علاوہ انتظامی اموراور موسیقی سے دلچسپی رکھنے والے اہم فرد کی حیثیت سے پروفیسر عبدالقیوم خان باقی مرحوم کواہم مقام حاصل ہے۔وہ 30 ستمبر 1907ء کوحیدرآباد کے ایک خوشحال گھرانے میں پیدا ہوئے۔عثمانیہ یونیورسٹی سے فارسی ادب میں ایم اے کی ڈگری حاصل کی۔1937ء میں بحیثیت مدرس ملازمت کا آغاز کیا۔1942ء میں جامعہ عثمانیہ کے شعبہ اردو میں لکچرر بنائے گئے۔پھر دارالعلوم کالج ' چادرگھاٹ کالج اورسٹی کالج میں پرنسپل کی حیثیت سے کام کیا۔آخری زمانے میں نظام کالج میں اردو کے لکچرر کی حیثیت سے خدمات انجام دیں۔شعروادب کے علاوہ فنون لطیفہ سے انہیں فطری لگاؤ تھا۔انگریزی زبان وادب اورتنقید پر بھی گہری نظرتھی؛ جس کی وجہ سے پروفیسر باقی مرحوم نے کئی انگریزی نظموں کے اردو تراجم پیش کئے۔وہ نہ صرف حسن کارانہ دماغ لے کر پیدا ہوئے تھے؛ بلکہ اکثر شعروادب کے جمالیاتی پہلو پر بھی غور کیا کرتے تھے۔مشہور کتاب'' فاؤسٹ'' کا اردو ترجمہ کیا۔انگریزی اوپیرا کواردو میں پیش کرنے کا کارنامہ انجام دیا۔انہوں نے غزل کے مقابلہ میں نظموں کی تحریر پرتوجہ دی۔انداز بیان اورطرز تخیل منفرداور جداگانہ ہونے کے علاوہ زندگیکی نفسیات' تجربات اور مشاہدات کے علاوہ شعور کی پختگی کو کلام میں پیش کرنے کا فریضہ انجام دیتے ہیں۔1954ء میں

اچانک دل کا دورہ پڑنے سے اس دنیا سے رخصت ہو گئے اور درگاہ حضرت سردار بیگ صاحبؒ کے قبرستان میں سپرد خاک کئے گئے۔ ان کی ایک مشہور نظم کے چند اشعار بطور نمونہ پیش کئے جا رہے ہیں:

اندھیری رات

اندھیرا چھا گیا تھا خاک کی رنگیں فضاؤں پر
نقاب شب پڑی تھی دہر کی شیریں اداؤں پر

گل و غنچہ بیابان چمن، کہسار اور وادی
حریم ناز، گورستان، ویرانہ اور آبادی

شب تاریک کی آغوش میں بیہوش ہوتے تھے
ترانے زندگی کے ہر طرف خاموش ہوتے تھے

سیاہی کے بلند ایوان میں سنسان خاموشی
اندھیرے کے کھلے میدان میں انجام خاموشی

سیاہی کی چمک، بالیں پہ شمع نور کے بدلے
ہوائے وادیء ایمن، چراغ طور کے بدلے

کھلی جب آنکھ دیکھا اک اندھیرا بزمِ ہستی پر
امنڈ آئی تھی اک کالی گھٹا آنکھوں کی بستی پر

نظر نور آشنا تھی، اڑ چلی افلاک کی جانب
ستاروں کی طرف،ایوانِ آتش ناک کی جانب

نظر کے ساتھ میری روح بھی پرواز میں آئی
چلی اڑتی ہوئی انجم کی بزم ناز میں آئی

جہاں آنکھوں کے آگے برق پارے جھلملائے تھے
جہاں اک رفعتِ قدسی میں تارے جھلملائے تھے

شبستانِ فلک میں نور کے لاکھوں جہاں پیدا
چمکتی بجلیوں میں سرخ اور نیلے مکاں پیدا

سہانی چاندنی ،زریں فضائیں، نور کے دریا
بہے جاتے ہیں گویا سامنے کا فور کے دریا

اندھیری رات میں میری نظر نے یہ سماں دیکھا
سیاہی کی زمیں پر جلوہ زارِ آسماں دیکھا

کہا بیتاب ہوکر میری روحِ جاودانی سے
کہ حاصل روشنی کر اس فضائے آسمانی سے

شعاعِ چرخ رنگیں سے بڑھا تابندگی اپنی
جہاں کے نور و ظلمت میں نہ الجھا زندگی اپنی

(43)

11. مخدوم محی الدین

حیدرآباد کی سرزمین میں غزل اور نظم کے توسط سے امتیازی مقام حاصل کرنے والے مخدوم محی الدین کو تلنگانہ کے ضلع میدک میں پیدا ہونے کا شرف حاصل ہے۔ 1908ء میں پیدائش کے بعد 1937ء میں جامعہ عثمانیہ سے ایم اے کی ڈگری حاصل کی طالب علمی کے زمانہ سے ہی مخدوم محی الدین کی صلاحیتوں کا اظہار ہونے

لگا تھا۔1933ء میں شعر گوئی کا آغاز کیا اور بہت جلد ترقی پسند شاعروں کی صف میں شامل ہوگئے۔تعلیم سے فراغت کے بعد مخدوم نے سٹی کالج میں ملازمت کی۔عوامی تحریکوں میں حصہ لینے کی وجہ سے ملازمت سے استفادہ دے دیا۔دوسری جنگ عظیم کے دوران حکومت جب کمیونسٹوں کو گرفتار کر رہی تھی تو مخدوم روپوش ہوگئے۔پولیس ایکشن کے بعد 1952ء میں وہ باہر آئے اور حکومت حیدرآباد کی لیجسلیٹو اسمبلی کے انتخابات میں حصہ لیا اور رکن منتخب ہوئے۔مخدوم کی شاعری میں خلوص' صداقت پسندی اور خود اعتمادی کے علاوہ نوجوان نسل کو فکر وعمل کی ترغیب دینے کا انداز پایا جاتا ہے۔انہوں نے عشقیہ نظمیں بھی لکھیں اور انقلابی نظمیں لکھ کر شہرت حاصل کی۔1935ء میں ان کی دو کتابیں ''ٹیگور'' اور ''ہوش کے ناخن'' ڈرامہ شائع ہوا۔مخدوم نے روس اور چین ہی نہیں' بلکہ مغربی اور مشرقی یوروپ کا سفر کیا۔ان کی نظموں کا مجموعہ ''سرخ سویرا'' 1945ء میں شائع ہوا جس کے بعد 1958ء میں اضافہ کے ساتھ شائع کیا گیا۔موجودہ دور میں مخدوم کا تمام تر شعری ورثہ ''بساطِ رقص'' کے عنوان سے شائع ہو چکا ہے۔15 اگست 1965ء کو دلی کے مشاعرہ میں شرکت کے بعد انتقال ہوگیا اور دلی سے ان کی میت حیدرآباد لائی گئی اور 25 اگست 1965ء کو حیدرآباد میں تدفین عمل میں آئی۔وہ غیر طبقاتی سماج اور انسان دوستی کے قائل رہے اور شاعری کو بھی اسی انداز سے نمائندگی دی۔انہوں نے پابند نظم کے علاوہ آزاد نظم کی روایت کو بھی فروغ دیا۔ان کی ایک نظم بطور نمونہ پیش ہے:

آج کی رات نہ جا

رات آئی ہے' بہت راتوں کے بعد آئی ہے
دیر سے' دور سے آئی ہے' مگر آئی ہے
مرمریں صبح کے ہاتھوں میں چھلکتا ہوا جام آئے گا
رات ٹوٹے گی' اُجالوں کا سلام آئے گا

آج کی رات نہ جا

زندگی لُطف بھی ہے' زندگی آزار بھی ہے
ساز و آہنگ بھی' زنجیر کی جھنکار بھی ہے
زندگی دید بھی ہے' حسرت دیدار بھی ہے

(44)

12. احمد معین بزمی

حیدر آباد کی سرزمین سے وابستہ احمد معین الدین بزمی نے 7/جنوری 1912ء حیدر آباد کے پرانے شہر میں آنکھیں کھولیں، مقامی مدارس سے تعلیم حاصل کرتے ہوئے انہوں نے جامعہ عثمانیہ سے بی اے اور ایل ایل بی کی ڈگری حاصل کی اور پھر ملازمت سے وابستہ ہوگئے۔ مختلف محکموں میں کام انجام دیتے ہوئے محکمہ آبکاری آندھرا پردیش میں منتظم کی حیثیت سے کارگزار رہے۔ طالب علمی کے زمانے سے ہی شعر کہنے کا ذوق فروغ پاچکا تھا۔ ابتداء میں سید علی منظور مرحوم سے تلمذ حاصل کیا۔ جامعہ عثمانیہ میں تعلیم کے دوران پروفیسر عبدالقیوم خاں باقی مرحوم سے مشورۂ سخن کیا۔ ان کی شاعری کے بیس سال 1958ء مکمل ہو چکے تھے۔ ان کے پڑھنے کا انداز بھی عوام میں پسند کیا جاتا تھا، مشاعروں میں ان کے کمال کو قدر کی نگاہ سے دیکھا جاتا تھا۔ غزلوں میں ظاہری اور معنوی خوبیاں موجود ہیں۔ عاشقانہ جذبات اور کیفیات کو پیش کرنے میں وہ پوری طرح کامیاب ہیں۔ حالانکہ ان کے دور میں ترقی پسند تحریک کو شہرت حاصل ہو چکی تھی، لیکن بزمی نے شعر گوئی کے لئے روایتی انداز کی خصوصیت کو پسند کیا۔ یہی وجہ ہے کہ ان کی شاعری کا رجحان روایت پرست غزل گوئی سے وابستہ ہے۔ حسن سے وابستگی اور عشق کی بے چینی کو پیش کرنے میں بزمی کا کوئی جواب نہیں۔ وہ طویل غزلیں لکھنے میں بڑی مہارت رکھتے تھے۔ کیفیات اور معاملات عشق کی نمائندگی ان کی شعر گوئی کا امتیازی وصف ہے۔ ان کا انتقال ۔۔۔۔۔۔۔۔ میں ہوا۔ ملاحظہ کے لئے ایک غزل کے چند اشعار بطور نمونہ پیش ہیں۔

زندگی کی خاطر ہم انقلاب سے گزرے — عزم کامراں لے کر اضطراب سے گزرے
آج بھی وہی میکش جام کو ترستے ہیں — بارہا جو ساقی کے انتخاب سے گزرے
مائل تغیر ہے اب نظر ستمگر کی — ہم جو آزمائش میں کامیاب سے گزرے
میکدہ میں کیا ہوگی مجھ سے میکشی ساقی — جبکہ میرا ہر ساغر احتساب سے گزرے
ہم تری تجلی کی جستجو میں روز و شب — آفتاب سے گزرے ماہتاب سے گزرے
شمع انجمن تیری بے حسی کو کیا کہئے — کیسے کیسے پروانے پیچ و تاب سے گزرے
اس طرح گزرتا ہوں جلوہ ہائے رنگیں سے — چاند جیسے گردش میں آفتاب سے گزرے
عالم محبت میں کچھ سکوں نہیں ملتا — ہم بہر قدم بزمی اضطراب سے گزرے

بزمی جیسے روایتی شاعر کو حیدر آباد میں روایتی غزل کے خیالات پیش کرنے کی وجہ سے شہرت حاصل ہوئی اور انہوں نے جامعہ عثمانیہ کے سپوت کی حیثیت سے غزل کی رنگینی کو پورے وقار کے ساتھ پیش کرنے کا اہتمام کیا،

اس طرح ان کی غزل گوئی روایات سے وابستہ اور حسن وعشق کی سرگرمیوں کی نمائندہ شاعری کہلاتی ہے۔

(45)

13. ریورینڈ ریحانی

ایس ایس ہینسن نام اور ریحانی تخلص تھا۔ 1912ء میں بمقام لکھنؤ پیدا ہوئے۔ ابتداء زندگی مسلمان کی حیثیت سے گزاری اور پھر بعد میں عیسائی مذہب اختیار کرلیا۔ ابتدائی تعلیم گھر پر ہوئی شاعری میں شاداں بلگرامی سے تلمذ حاصل کیا۔ فارسی درسیات کی تکمیل بھی ان کے ذریعے کی۔ انٹر کا امتحان کامیاب کرنے کے بعد انگریزی میں پادری کے پنچ سالہ نصاب کی تکمیل کی اور اس امتحان میں اول نمبر حاصل کیا' جس کے بعد جنوبی ایشیاء کے میتھوڈسٹ چرچ کی نگرانی ان کے سپرد ہوئی۔ حیدرآباد کانفرنس کے رکن بنائے گئے۔ طویل عرصے تک یوروپین اور ہندوستانی درسگاہوں میں معلم کی حیثیت سے فرائض انجام دیتے رہے۔ پانچ سال تک حیدرآباد میتھوڈسٹ چرچ کے پاسٹر رہے۔ طویل عرصے سے مسیحی تعلیمات کو اردو ادبیات میں منتقل کرنے اور بائبل کے مراسلاتی کورس کے ناظم مقرر ہوئے۔ ریحانی کو شاعری سے فطری لگاؤ ہے۔ نوجوانی کے زمانے سے ہی شعر کہنے لگے۔ اردو شاعری کے لئے انہوں نے اثر لکھنوی سے ارادت حاصل کی۔ شاعری میں طرز ادا اور زبان کی صحت پر خصوصی توجہ دیتے ہیں۔ ان کے کلام کا مجموعہ مرتب ہو چکا ہے' لیکن اشاعت عمل میں نہیں لائی گئی۔ شاعری میں انہوں نے غزل کی طرف خصوصی توجہ دی ہے۔ چنانچہ ان کی شاعری میں غزل کا رچاؤ پوری طرح نمایاں نظر آتا ہے۔ ان کی غزلوں میں روایتی کی جھلک نمایاں ہے اور اپنے کلام کے ذریعے انہوں نے غزل کی روایتی حسیت کو پوری طرح مائل کے ساتھ پیش کرنے میں کامیابی حاصل کی ہے۔

حال دل ناشاد سنایا نہیں جاتا   ہوتا ہے کہاں درد بتایا نہیں جاتا
تزئین گلستاں کی جنہیں دھن ہے وہ سن لیں   لاتے ہیں بہاروں کو بلایا نہیں جاتا
لو! چاند میں ہے چھاؤنی چھانے کا ارادہ   اور اجڑا نگر دل کا بسایا نہیں جاتا
اپنوں کی نوازش کا یہ احسان ہے کیا کم   غیروں پہ بھی الزام لگایا نہیں جاتا
صہبائے غم دوست سے رہتا ہے جو سرشار   ہر شخص کو وہ جام پلایا نہیں جاتا
یہ کون طاعت کا مقام آیا ہے یا رب   کیوں دست دعا مجھ سے اٹھایا نہیں جاتا

ریحانی بہار آئے چمن میں کہ خزاں آئے
تسکین کا ساماں کبھی پایا نہیں جاتا

ریحانی کی غزل کی صلاحیت بلاشبہ انہیں لکھنوی دبستان کی روایت سے وابستہ کرتی ہے اور اندازہ ہوتا ہے کہ انہوں نے لکھنؤ میں تعلیم حاصل کرنے کے نتیجے میں شعرگوئی کو بھی اسی خصوصیات سے وابستہ رکھا۔ اگرچہ انہوں نے مسیحی تعلیمات اور عیسیٰ علیہ السلام کے کارناموں کو بھی منظوم انداز سے پیش کیا ہے، لیکن اردو شاعری میں غزل گو شاعر کی حیثیت سے اپنا امتیازی مقام رکھتے ہیں۔ (46)

14. نیاز حیدر

حیدرآباد کے ترقی پسند شاعروں میں شمار کئے جاتے تھے۔ انہوں نے اپنی شاعری کو محنت کش عوام کے لئے مختص کر دیا تھا۔ سید نیاز حیدر نام اور ابتداء میں ناکام تخلص کیا۔ بعد میں بغیر تخلص کے شاعری کرنے لگے۔ آبائی وطن رائے بریلی میں 1913ء میں پیدا ہوئے۔ بچپن لاتور ضلع عثمان آباد میں گزارا اور جوانی کا زمانہ حیدرآباد میں مصروف رکھا۔ عثمان آباد سے میٹرک کا امتحان کامیاب کرنے کے بعد حیدرآباد آئے اور کالج میں داخلہ لیا۔ اعلیٰ تعلیم جاری رکھنے کے بجائے شاعری کی اور ترقی پسندی سے وابستگی اختیار کی۔ 1948ء میں نیاز حیدر نے حیدرآباد سے سفر کر کے ہندوستان کے مختلف شہروں میں تھوڑی تھوڑی مدت کے لئے قیام کیا اور پھر ہمیشہ کے لئے دہلی میں بس گئے۔ نیاز کی عوامی شاعری کافی شہرت کی حامل رہی ہے۔ وہ اپنی پرجوش نظموں کے ذریعہ مشاعرے لوٹ لیتے تھے۔ نیاز حیدر نے تین ڈرامے ''سٹی کی گاڑی، ''شکنتلا'' اور ''امراپالی'' اسٹیج کر کے ناچ ناٹک کی بنیاد رکھی جس میں گانے اور مکالمے بھی خود نیاز حیدر نے لکھے تھے۔ وہ بہت پرگو واقع ہوئے تھے۔ ان کی طویل نظم ''جمال مصر'' کتابی شکل میں شائع ہو چکی ہے۔ قلندرانہ مزاج کی وجہ سے کتابوں کی اشاعت پر توجہ نہیں دی۔ انقلابی خیالات اور شاعری کی وجہ سے 1949ء میں چند ماہ کے لئے نظر بند رہے۔ اپنی بعض نظموں کا ہندوستان کی دوسری زبانوں اور انگریزی زبانوں میں ترجمہ کیا اور ہندوستانی وفد کے ساتھ مشرقی جرمنی کا دورہ کیا۔ ان کے انتقال کی وجہ سے انقلابی نظم کی روایت کا سلسلہ ٹوٹ گیا۔ ان کی ایک نظم کے چند بند ملاحظہ ہوں:

ایک رات ایک دن

سحرآفریں سخن کے طلسم اور کمالِ فن
میری کرشمہ ساز طبعیت کے سو جتن
نغمۂ غزل'' خروشِ مگر سوز و دل شکن
حرفِ عروج آدم و آزادی وطن

ہر چند میں ہوس خالقِ ایجاد و طرحِ نو
ہے ماورائے تابِ سخن و صفِ صبح نو
نرمی شعاعِ مہر کی ہے نگہبانِ صبح
ہے ضامن حیات یہی صبح جان صبح
ہر نود میدہ غنچہء دل داستان صبح
موج نسیم امن مئے عارفان صبح
ایسی حسین صبح بعید از قیاس تھی
یہ رحمتِ عظیم جو لینن کے پاس تھی
(47)

15. سکندرعلی وجد

اگر چہ سکندر علی وجد کا تعلق مہاراشٹرا کی سرزمین سے ہے' لیکن ان کی پیدائش کے وقت ان کا وطن اور اورنگ آباد بھی دکن کی سرزمین میں شامل تھا اور ریاست حیدرآباد کا اہم شہر قرار دیا جاتا تھا۔ سکندر علی وجد کی پیدائش کے بارے میں یہ حقیقت واضح کی گئی ہے کہ وہ ضلع اورنگ آباد کے تعلقہ ویجاپور میں 1914ء کو پیدا ہوئے' لیکن وجد صاحب نے اپنی تاریخ پیدائش 1912ء بتائی ہے۔ غرض اپنے گاؤں میں ابتداء تعلیم حاصل کرنے کے بعد اورنگ آباد آ گئے' ان کے والد کا نام سید عبدالغفور تھا' جو گاؤں کے پٹیل کی حیثیت سے شہرت رکھتے تھے۔ اورنگ آباد آنے کے بعد سکندر علی وجد نے عثمانیہ انٹرمیڈیٹ اورنگ آباد سے انٹر کا امتحان کامیاب کیا اور پھر حیدرآباد آ کر 1935ء میں بی اے کی ڈگری حاصل کی۔ 1936ء میں حیدرآباد سیول سروس امتحان میں شریک ہوکر کامیابی حاصل کی اور سررشتہء عدالت میں مجسٹریٹ کے عہدہ پر تقرر عمل میں آیا۔ جس کے بعد وقفہ وقفہ سے وہ ناندیڑ' پربھنی اور مرہٹواڑہ کے دوسرے علاقوں میں مجسٹریٹ کی حیثیت سے خدمات انجام دیتے رہے۔ فطری طور پر شاعری کا ذوق تھا۔ اورنگ آباد کالج کے شاعرانہ ماحول میں انہوں نے نہ صرف شعرگوئی کی ابتداء کی' بلکہ ان کی شاعری کو طالب علمی کے زمانے میں ہی مقام حاصل ہوا۔ 1930ء میں ان کی شاعری کی ابتدائی اور جب جامعہ عثمانیہ میں

تعلیم حاصل کرتے ہوئے وجد کو شاعرانہ ماحول حاصل ہوا تو اپنے فن کے گوہر دکھانے کے مواقع مل گئے۔ جامعہ عثمانیہ میں وجد کے ساتھیوں میں میکش مرحوم، مخدوم مرحوم، صمد رضوی ساز اور شعیب حزیں جیسے خوش فکر اور زندہ دل شاعروں سے رابطہ رہا۔ جس کی وجہ سے جامعہ عثمانیہ میں وجد کی شاعری کے نغمے گونجنے لگے۔ غرض وہ بہت کم عرصے میں حیدرآباد ہی نہیں، بلکہ سارے ہندوستان کے مشہور شاعر کی حیثیت سے مقبول ہو گئے۔ ان کا پہلا مجموعہ عبدالحق اکیڈمی حیدرآباد میں 1944ء میں ''لہو ترنگ'' کے نام سے شائع کیا، جس میں ان کی نظمیں اور غزلیں شامل ہیں۔ وجد کو بیک وقت نظم لکھنے اور غزل میں اظہار خیال کرنے کا انداز حاصل تھا۔ ان کی نظموں میں جوش اور عزم ہی نہیں، بلکہ غزلوں میں حسن و عشق کی جھلکیاں نمایاں ہوتے ہیں۔ ان کی مشہور نظموں میں اجنتہ ایلورا، تاج محل، عبدالرزاق لاری، رقاصہ اور جامعہ عثمانیہ کے فرزندوں کے نام سے اندازہ ہوتا ہے کہ انہیں نظم نگاری میں بڑا کمال حاصل تھا۔ حسن و بیان کے تاثر کے کمال کی وجہ سے شاعری مکمل طور پر خیال کی رعنائی کا ذریعہ بن جاتی ہے۔ سکندر علی وجد کا دوسرا مجموعہ '' آفتاب تازہ '' 1952ء میں جنتا پرکاشم لمیٹڈ حیدرآباد میں خاص اہتمام کے ساتھ شائع کیا، جس میں ان کی 1948ء تک کی نظمیں اور غزلیں شامل ہیں۔ ''انتخاب کلام وجد'' کے دو ایڈیشن 1952ء اور 1957ء میں انجمن ترقی اردو علی گڑھ کی جانب سے شائع کئے گئے۔ جس کے بعد سکندر علی وجد نے اپنی تحریر میں لکھا ہوا شعری مجموعہ ''بیاض مریم'' شائع کیا۔ اپنی زندگی میں انہوں نے دیوان مرتب کر لیا تھا۔ وہ نہ صرف مہاراشٹرا میں مجسٹریٹ کی حیثیت سے مشہور ہوئے، بلکہ مہاراشٹرا اسٹیٹ اردو اکیڈمی کے چیرمین اور پھر قومی کونسل برائے فروغ اردو زبان نئی دہلی کے سربراہ کی حیثیت سے بھی کارنامے انجام دیتے رہے۔ ان کی شاعری میں مترنم بحروں کا انداز دکھائی دیتا ہے۔ بڑے وضعدار اور خلیق انسان تھے۔ سکندر علی وجد کی زندگی میں ڈاکٹر رفیق زکریا نے ڈسمبر 1982ء کے دوران ''جشن وجد'' کا انعقاد عمل میں لایا، جس میں سارے ہندوستان کے ادیب و شاعر شریک ہوئے تھے۔ سکندر علی وجد کو وطن سے بھی بڑی محبت تھی اور ان کی حب وطن سے متعلق نظمیں بھی یادگار کا درجہ رکھتی ہیں۔ 16 رمئی 1983ء کو سکندر علی وجد کا بمقام اورنگ آباد انتقال ہو گیا اور تدفین میونسپل کارپوریشن کے روبرو مسجد کے قبرستان میں عمل میں آئی۔ وجد کے انتقال کے بعد ان کے کلیات کی اشاعت پر توجہ دی گئی۔ چنانچہ ان کا تمام تر کلام یکجا کر کے ''جمال اجنتا، جلال ہمالہ'' کے زیر عنوان 1986ء میں پروفیسر مجید بیدار نے ڈاکٹر صفی الدین صدیقی اور ڈاکٹر مظہر محی الدین کی معاونت سے شائع کیا۔ اس طرح وجد صاحب کا غیر مجموعہ کلام بھی اس کلیات میں شامل ہے۔ وجد صاحب حد درجہ نفیس مزاج اور شاعرانہ خیالات کے مالک تھے۔ ان کی اہلیہ زبیدہ خاتون لاولد رہی۔ لیکن سکندر علی وجد نے خدا کی اس اعانت پر شکرگزاری کا طریقہ اختیار کیا۔ غرض وجد کو اپنے دور میں ہی نہیں،

بلکہ آج بھی ان کے کلام کی وجہ سے شہرت حاصل ہے۔ کئی اہم غزل گو نغمہ نگاروں نے ان کے کلام کو ساز پر پیش کر کے شہرت حاصل کی۔ ان کی غزلوں میں حسن و عشق سے زیادہ مستقبل شناسی کی خصوصیت موجود ہے۔ چنانچہ ان کی غزل کے انداز میں لکھی ہوئی ایک نظم پیش ہے، جس کا عنوان سکندر علی وجد نے ''گل فشاں'' رکھا تھا۔

گل فشاں

مسکراؤ، خوشی کی بات کرو رونے والو! ہنسی کی بات کرو
یہ اندھیرے کے تذکرے کب تک دوستو! روشنی کی بات کرو
خوں فشاں موت آئے گی اک دن گل فشاں زندگی کی بات کرو
اہل محفل اداس بیٹھے ہیں اب کوئی دل لگی کی بات کرو
بات جب ہے کہ دشمنوں سے بھی جب کرو دوستی کی بات کرو
پھول مرجھا گئے تو کیا غم ہے کھلنے والی کلی کی بات کرو

کل کی باتیں کریں گے کل والے
وجد تم آج ہی کی بات کرو

وجد کی شاعری میں نغمگی ہی نہیں، بلکہ جمالیات کی خصوصی روش بھی دکھائی دیتی ہے۔ وہ بیک وقت کامیاب غزل گو ہی نہیں، بلکہ اہم نظم نگار شاعروں میں شمار کئے جاتے ہیں۔ اورنگ آباد کی سرزمین سے اپنا نام روشن کرنے کے باوجود بھی وجد کو حیدرآباد کے اہم شاعروں اور جامعہ عثمانیہ کے سپوتوں میں شمار کیا جاتا ہے۔(48)

16. بشیر النساء بیگم بشیر

بشیر النساء بیگم صاحبہ بشیر دکن کی کہنہ مشق اور واحد خاتون شاعر ہیں جن کا کلام علمی و ادبی حلقوں میں قدر کی نگاہوں سے دیکھا جاتا ہے۔ اردو کے اکثر معیاری رسالوں میں ان کی نظمیں اور غزلیں شائع ہو چکی ہیں۔ بشیر 1915ء میں شہر حیدرآباد میں پیدا ہوئیں۔ بچپن سے شاعری کا ذوق تھا اور شروع ہی سے علمی و ادبی ماحول میں ان کا نشو و نماء ہوا۔ ان کے شوہر مرزا ضامن علی صاحب غازی بھی ایک صاحب ذوق انسان تھے۔ اسی سنجوگ نے بشیر کی شاعرانہ صلاحیتوں کو مزید ابھارا۔ ان کی شاعری احساسات، تاثرات اور قلبی واردات کی آئینہ دار ہے۔ جب کوئی جذبہ ان کی طبعیت پر شدت سے طاری ہوتا ہے تو ان کا دل اس کی ترجمانی پر مجبور ہو جاتا ہے، اور ان کے دلی تاثرات اشعار کی صورت میں جلوہ گر ہوتے ہیں۔ خواتین کی علمی ادبی محفلوں میں جب وہ اپنا کلام سناتی ہیں تو سراپا شعر اور مجسم شعریت بن جاتی ہیں۔

ڈاکٹر اقبال سے بہت متاثر ہیں اس لئے ان کی اکثر نظموں اور غزلوں میں اقبال کا رنگ جھلکتا ہے۔ ان کا مجموعہ کلام ''آئینہ شعر'' 1948ء میں ادارہ ادبیات اردو کی طرف سے شائع ہوا تھا۔ حیدرآباد ریڈیو سے ان کا کلام کئی بار نشر ہو چکا ہے۔ وہ ایک اچھی انشاء پرداز بھی ہیں، مختلف علمی، ادبی موضوعات پر ان کے مضامین شائع ہو چکے ہیں۔ نظم نگاری میں بشیر النساء بیگم نے اپنا امتیاز برقرار رکھا ہے۔ ان کے ایک تعزیتی انداز کو پیش کرنے والی نظم کے دو بند ملاحظہ ہوں:

اقبالؒ کی آرام گاہ

ملت کی بے حسی سے تنگ آ کے سو گیا ہے   دنیا کی شورشوں سے اکتا کے سو گیا ہے !
آہستہ چل صبا یاں، کیا تجھ کو ہو گیا ہے ؟
پچھلے پہر کی کوئل ! اے صبح کی موذن !   کیوں شور کر رہی ہے، بے چین ہے تو کس بن؟
آ دیکھ اس جگہ پر، وہ تیرا ہمنوا ہے !
اے چاند! تجھ کو جس نے شاعر کا دل کہا تھا   قومی نشاں کا تجھ کو منصب عطا کیا تھا
وہ میر کارواں اب، مرقد میں سو رہا ہے !
ساکت ہے کیوں ہمالہ اب کس کا منتظر ہے!   اس رفعتِ بیاں پر اب کون مقتدر ہے ؟
وہ نغمہ سنج تیرا خاموش ہو گیا ہے !
اے آبِ رودِ گنگا، وہ دن ہیں یاد تجھ کو؟   کیا کیا بتا رہا تھا، اک خوش نہاد تجھ کو!
فطرت کا وہ سندیسی، دنیا سے جا چکا ہے !
اے شام کی دلہن کو مہندی لگانے والے !   اس کو ذرا جگا دے، سب کو جگانے والے!
مور اور چکور جاگے، اقبال سو رہا ہے !

(49)

17. خورشید احمد جامی

جدیدیت پسند شاعر، ادیب اور نثر نگار ہونے کے علاوہ باضابطہ بچوں کے لئے شاعری اور جدید شعری اصناف میں اظہار خیال کرنے کی وجہ سے خورشید احمد جامی حیدرآباد کی سرزمین میں انتہائی اہمیت کے حامل شاعر تھے

خورشید احمد نام، جامی تخلص، 1915ء میں حیدر آباد کے قدیم اور ذی علم خاندان میں پیدا ہوئے۔ ابتدائی تعلیم کے بعد 1933ء میں پنجاب یونیورسٹی سے منشی فاضل کا امتحان درجہ اول سے کامیاب کیا۔ طالب علمی کے زمانے سے ہی مطالعہ کا ذوق تھا۔ نتیجہ یہ کہ خیال اور فکر کو نئے نئے راستے دکھاتے ہوئے مشق سخن جاری رکھا۔ نظم اور غزل دونوں میں طبع آزمائی کی۔ ابتدائی دور میں وضاحت جنگ جلیل، علی اختر اور جوش ملیح آبادی سے مشورہ سخن کیا۔ ان کی بے شمار تصانیف منظر عام پر آچکی ہیں۔ وہ ایک کہنہ مشق اور پر گو شاعر ہونے کے علاوہ اچھے نثر نگار بھی ہیں۔ ان کی تصانیف میں شرارے، شمع حیات، نقوش، منزل کی طرف، نشان راہ، تاروں کی دنیا، گاندھی جی اور جواہر لال نہرو جیسی کتابیں شائع ہوچکی ہیں۔ جامی نے مختلف سماجی اور قومی عنوانات پر بھی نظمیں لکھی ہیں۔ ان کی شاعری میں قدیم رنگ کی شاعری اور ترقی پسند رجحانات کا خوشگوار امتزاج دکھائی دیتا ہے۔ یہی وجہ ہے کہ وہ غزل ہی نہیں، بلکہ نظم میں بھی سوز وگداز، جذبات کی فراوانی اور وطن پرستی کے جذبات کو نمائندگی دینے میں کامیاب ہوجاتے ہیں۔ خورشید احمد جامی کے انتقال کے بعد ان کے شاگردنے رسالہ ''برگ آوارہ'' کا جامی نمبر شائع کیا اور ان کی شاعری کو ہی نہیں، بلکہ نثر اور صحافتی زندگی کے مختلف انداز کی نشاندہی کی۔ وہ بیک وقت غزل اور نظم کے اہم شعراء میں شمار کیے جاتے ہیں۔
ان کی ایک نظم کے چند بند بطور نمونہ پیش ہیں:

الجھن

جہاں فروز سہی تیرے حسن کی تابش
مرے جہانِ محبت کو جگمگا نہ سکی
غمِ حیاتکے بڑھتے ہوئے دھندلکے میں
خوشی کی ایک کرن بھی قریب آ نہ سکی

ترا فریب وفا بھی قبول تھا مجھ کو !
جہاں کی ریت مگر ساز گار ہو نہ سکی !
وہ اک خلش جو ترے عشق کی امانت تھی
مرے لئے خلشِ انتظار ہو نہ سکی !

یہ گرد و پیش کا ماحول ہی کچھ ایسا ہے
قدم قدم پہ امیدوں کا لٹ رہے سہاگ
تصوراتِ محبت پگھلتے جاتے ہیں !
کچھ اتنی تیز ہے افلاس و احتیاج کی آگ

ضمیر وقت کی بے چین کروٹوں میں ابھی !
اسی طرح کی ہزاروں کہانیاں ہوں گی !

سلگتی کانپتی افلاس و غم کے شعلوں میں

نہ جانے اور بھی کتنی جوانیاں ہوں گی !

غزل کے علاوہ نظم کی شاعری میں بھی خورشید احمد جامی نے اپنے انفرادی مزاج کی نمائندگی کی ہے۔انہوں نے روایتی شاعری سے استفادہ اور ترقی پسند شاعری کے امتزاج سے اپنی غزلوں اور نظموں کو شاہکار بنانے میں کامیابی حاصل کی ہے۔غرض ان کی رحلت سے حیدرآباد کے اہم نظم گو اور غزل گو شاعر کے افکار کے خاتمہ کا پتہ چلتا ہے۔(50)

18. علی احمد جلیلی

حیدرآباد کی سرزمین میں اتر پردیش سے ترک وطن کر کے سکونت اختیار کرنے والے بادشاہ وقت کے استاد محترم فصاحت جنگ جلیل مانکپوری کے صاحبزادہ علی احمد جلیلی 22/جون 1915ء کو حیدرآباد میں پیدا ہوئے اور اپنے نام کے جز کو تخلص کا ذریعہ بناتے ہوئے والد کے نام کے جز کو بھی شامل کر دیا۔علی تخلص اور والد کے نام کی مناسبت سے جلیلی اختیار کر کے علی احمد جلیلی کے قلمی نام سے شہرت حاصل کی۔اپنے والد محترم اور دکن کے استاد شاعر کی طرح انہیں بھی علم عروض اور شاعری کے اہم نکات سے کماحقہ واقفیت حاصل ہے۔خاندانی شرافت اور ہمدردی کے جذبہ فطرت میں کوٹ کوٹ کر بھرا ہوا ہے۔ابتدائی تعلیم اور والد سے کسب فیض کے بعد 1949ء میں اردو ادب میں جامعہ عثمانیہ سے ایم اے کی ڈگری حاصل کی اور بی ایڈ کی ڈگری حاصل کرنے کے بعد سررشتہ تعلیم سے منسلک ہوگئے۔اپنی زندگی کا بیشتر حصہ محبوب نگر کی سرزمین میں گزارا۔چنانچہ ان کی شاگردوں کی کثیر تعداد محبوب نگر ضلع اور اس کے اطراف واکناف میں پھیلی ہوئی ہے۔شاعری ورثہ میں ملی ہے اور فن شاعری کے علاوہ علم عروض میں اپنے والد سے مہارت حاصل کی۔ان کی ادبی زندگی کا آغاز 1939ء سے ہوتا ہے۔ابتداء میں غزلیں لکھی، پھر نظم گوئی کی طرف متوجہ ہوئے۔ان کی شاعری کا بہت بڑا سرمایہ غزلوں پر مشتمل ہے۔ان کی ابتدائی نظموں کا مجموعہ 1945ء میں ''رباب'' کے نام سے شائع ہوا۔علی احمد جلیلی نے مضامین بھی لکھے اور افسانوں کے علاوہ حیدرآباد ریڈیو کے لئے منظوم ڈرامے اور ترانے بھی پیش کئے۔تحقیق وتنقید سے بھی خصوصی دلچسپی رہی۔چنانچہ جامعہ عثمانیہ سے ڈاکٹریٹ کی ڈگری حاصل کی۔قدیم رسائل میں علی احمد جلیلی کی تاریخ پیدائش 1915ء درج ہے، جبکہ حال ہی میں حیدرآباد کے اردو شعراء نمبر ماہنامہ ''شاداب'' میں 1993ء میں شائع کیا، تو علی احمد جلیلی نے اس جریدہ کے لئے اپنا سوانحی خاکہ پیش کیا، تو تاریخ پیدائش 1921ء درج کی ہے۔جس کے بعد آندھراپردیش اردو اکیڈیمی نے

2000ء میں ''آندھراپردیش کے اردوادیبوں اورشاعروں کی ڈائرکٹری'' شائع کی'تو اس انتخاب میں علی احمد جلیلی کی تاریخ پیدائش 22/جون 1921ء تحریر کی گئی ہے اور ڈاکٹریٹ کے لئے مقالہ پیش کرنے کی تاریخ 1991ء درج ہے۔غرض اردو لکچرر کی حیثیت سے وظیفہ پر سبکدوش ہوئے۔شاعر اور تنقید کے علاوہ تحقیق اور نثر کی کئی اصناف میں اظہار خیال ان کی خصوصیت ہے۔محبوب نگر کی انجمن ترقی اردو سے وابستہ رہے۔انجمن ترقی پسند مصنفین کے رکن رہے اور ابوالکلام آزاد اورینٹل ریسرچ سنٹر کی خدمات بھی انجام دیتے رہے۔ان کی شائع شدہ کتابوں کی تعداد 16 بتائی گئی ہے'جس کے تحت پہلا شعری مجموعہ ''رباب'' کے نام سے شائع ہوا اور پھر 1970ء میں شعری مجموعہ ''نقش قدم'' کی اشاعت عمل میں آئی۔ 1977ء میں دوسرا شعری مجموعہ ''شہرتمنا'' کے علاوہ 1981ء میں ''اندھیرے اجالے'' کی اشاعت عمل میں آئی۔1982ء میں علی احمد جلیلی نے ''مکاتیب جلیل'' کی تدوین عمل میں لائی اور 1984ء میں تنقیدی کتاب ''نئی غزل میں منفی رجحانات'' پیش کر کے تنقیدی رجحانات کوفروغ دینے میں اہم کارنامہ انجام دیا۔1985ء میں ''کائنات جلیل'' اور 1987ء میں شعری مجموعہ ''منظرمنظر'' کی اشاعت عمل میں آئی۔جس کے بعدانہوں نے شاعری کے ساتھ ساتھ تنقید پر خصوصی توجہ دی۔جس کا نتیجہ یہ ہوا کہ 1992ء میں ''اردو کا عروض'' اور 1993ء میں ''فصاحت جنگ جلیل'' جیسی تنقیدی کتابیں تحریر کر کے ادبی سرمایہ کوحیدرآباد کی سرزمین سے مربوط کرنے میں کامیابی حاصل کی۔ان کی شعری رویہ اور اظہار کی جدت کو پیش نظر رکھتے ہوئے حیدرآباد کے کل ہند مشاعروں میں بحیثیت شاعر پیش کیا جاتا رہا۔اس کے علاوہ انہوں نے تنقیدی کتاب ''بت خانہ جلیل'' 1994ء میں اور 1996ء میں ''لہو کی آنچ'' جیسے شعری مجموعہ کو پیش کیا اور 1997ء میں ''نقد ونگاہ'' کے نام سے تنقیدی مجموعہ پیش کیا۔آندھراپردیش اردو اکیڈیمی نے ان کی مجموعی خدمت کے اعتراف میں 1994ء کے دوران ''کارنامہ حیات'' کے اعزاز سے نوازا۔وہ حیدرآباد میں شاعر ہی نہیں' بلکہ اپنی تنقیدی خدمات کی وجہ سے شہرت کے حامل رہے۔ترقی اردو بیورو نئی دہلی نے حیدرآباد کے توسط سے جب اردو انسائیکلوپیڈیا کی تیاری کا آغاز کیا تو اس پراجیکٹ کے وہ اسسٹنٹ ایڈیٹر رہے۔پاکستان کے مشہور رسالہ ''نقوش'' کی جانب سے 1989ء میں شاعری پر اعزاز سے نوازا گیا۔1992ء میں شاعری اور تنقید کے اہم کارناموں کے نتیجے میں انہیں ''شمس آف حیدرآباد'' کے اعزاز سے نوازا گیا۔جبکہ 1995ء میں اندرا گاندھی نیشنل یونٹی ایوارڈ براہ شاعری وتنقید کا اعزاز دیا گیا۔جبکہ 1996ء میں بابل ریڈی فاؤنڈیشن کا ایوارڈ شاعری اور تنقید کے لئے پیش کیا گیا۔ساری زندگی میں انہوں نے جدہ' سعودی عربیہ کا سفر کیا اور تمام زندگی ادب کی خدمت میں گزاردی' جبکہ 2012ء میں جلیل منزل میں انتقال ہوا اور چادرگھاٹ کے آبائی قبرستان میں سپرد خاک کئے گئے۔ بیک وقت شاعری اور نثر نگاری کے علاوہ

تحقیق وتنقید ہی نہیں' بلکہ افسانوں اور ڈرامہ کی اصناف کو فروغ دینے میں علی احمد جلیلی کے کارنامے ناقابل فراموش ہیں۔ انہوں نے نظم نگاری کے ساتھ ساتھ غزل گوئی میں بھی کمال حاصل کیا۔ اگرچہ آبا'ی طور پر وہ روایتی شاعری کے دبستان سے تعلق رکھتے تھے' لیکن انہوں نے اپنے عہد کے تقاضوں کو پیش نظر رکھتے ہوئے روایتی انداز کے علاوہ ترقی پسند اور جدید انداز کی لفظیات کو بھی اپنی شاعری میں پیش کرنے کا کارنامہ انجام دیا۔

تم میرے لئے یارو کچھ شمعیں جلا لاؤ پھر جا کے ہواؤں کو چپکے سے بلا لاؤ
کم دیر وحرم سے ہیں کب نقش قدم ان کے نظروں سے انہیں چومو' پلکوں سے اٹھا لاؤ
ہم دیکھ کے ہی اس کو پیاس اپنی بجھالیں گے تصویر کوئی بہتے دریا کی بنا لاؤ
دستے ہوئے زخم اس کے مہکیں گے ہر صورت تم لاکھ بدل اپنا پھولوں سے سجالاؤ
بے گور وگفن کیوں لاش امید کی رہ جائے حسرت کی زمیں کھودو زخموں کی قبا لاؤ

اس دور میں جینا ہے گر تم کو علی احمد
قرطاس و قلم پھینکو' تلوار اٹھا لاؤ

علی احمد جلیلی نے شاہی دور بھی دیکھا اور حیدرآباد کے آخری تاجدار نواب میر عثمان علی خاں کے عہد کی یادگار خصوصیات کے ساتھ آزادی کے بعد بھی روایات کا پاس ولحاظ رکھتے ہوئے عصر حاضر کی خصوصیات کو اپنی شاعری میں شامل کرنے کا نتیجہ یہ رہا کہ ترقی پسند مصنفین اور ان کے ہمنوا گروہ میں وہ کافی شہرت کے حامل رہے۔ غرض ان کی شاعری میں عصری حسیت اور اظہار کی بوقلمونی کا اظہار واضح نظر آتا ہے۔ (51)

19. نور محمد نور

حیدرآباد کی سرزمین میں شعروادب کے توسط سے اہمیت حاصل کرنے والے اشخاص میں جہاں ہندو طبقے کے افراد پیش پیش نظر آتے ہیں' وہیں سکھ اور عیسائی ہی نہیں' بلکہ کائستھ طبقے کے علاوہ شیعہ اور سنی ہی نہیں' بلکہ مہدوی سادات بھی شعروسخن کی ترویج میں پیش پیش رہے۔ چنانچہ سید نور محمد کا تعلق بھی مہدوی سادات کے اکیلوی خاندان سے ہوتا ہے اور انہوں نے اپنے نام کے جز کو ہی تخلص کے طور پر استعمال کیا۔ 13 نومبر 1915ء کو حیدرآباد میں پیدا ہوئے۔ ابتدائی تعلیم گھر پر ہوئی' پھر دارالعلوم حیدرآباد سے 1932ء میں میٹرک کا امتحان کامیاب کیا۔ انٹر میں داخلہ لیا تھا کہ معاشی پریشانیوں اور خانگی حالات کی وجہ سے سلسلہ تعلیم کو ختم کرنا پڑا۔ دس سال کے طویل عرصے تک اپنے آبائی زمینات کی نگرانی اور انتظامی امور میں وقت گزارا' لیکن زمیندارانہ ماحول میں خود کو ڈھال نہ سکے' جس کا نتیجہ یہ ہوا کہ 1943ء میں جامعہ عثمانیہ میں داخلہ لیا اور 1945ء میں بی اے کا امتحان کامیاب کیا۔ اس امتحان

میں کامیابی کے بعد نور محمد کی علم کے پیاس میں اضافہ ہوگیا۔ لیکن حالات ناسازگار ہونے کی وجہ سے آگے تعلیم حاصل کرنے کا موقع دستیاب نہیں ہوا۔ غرض انہوں نے انکم ٹیکس ڈپارٹمنٹ میں کلرک کی حیثیت سے ملازمت کا آغاز کیا۔ ذہین اور کارگزار ہونے کے علاوہ ایمانداری ان کا خصوصی وصف تھا۔ چنانچہ بغیر کسی سفارش کے وہ ترقی کرتے گئے اور ملازمت کے چوتھے سال کی گزیٹیڈ عہدہ پر فائز ہوگئے' جس کے بعد انہیں بورڈ آف ریونیو آندھراپردیش میں کمرشیل ٹیکسس کے ایڈیشنل اسسٹنٹ سکریٹری کی حیثیت سے خدمات انجام دینے کا موقع ملا۔ ہائی اسکول کے زمانہ سے ہی نور محمد کی فطرت میں موجود شاعرانہ صلاحیت واضح ہونے لگی۔ ملازمت کے دوران دفتری مصروفیات اور ذمہ داریوں کے علاوہ صحت کی خرابی اور گھر کے مسائل کی وجہ سے وہ پوری طرح شاعری کی جانب متوجہ نہیں ہوسکے' لیکن کسی نہ کسی طرح وقت نکال کر شعر کہنے قدرت رکھتے تھے۔ انہوں نے فارسی میں بھی شاعری کی اور اردو میں بھی کمال لکھا' لیکن کسی شعری مجموعہ شائع نہ ہوا۔ خاندانی شرافت کے نتیجے میں نور محمد انتہائی کٹر مذہبی آدمی قرار دیئے جاتے رہے' ان کے دور میں تصوف کے ذریعہ غلو کا طریقہ اختیار کیا گیا تھا' جو انہیں سخت ناپسند تھا۔ یہی وجہ رہی کہ ساری زندگی صالح روایات کی طرف متوجہ رہے اور شاعری میں بھی کفریہ کلمات کو پیش کرنے سے گریز برتا۔ حتیٰ کہ اپنے اشعار کو کفر کی حدوں تک بھی پہنچنے نہیں دیا۔ شاعر کے علاوہ نور محمد نور پیکر صدق و صفا تھے۔ اس لئے ان کی شاعری میں بھی وہی کیفیت نمایاں نظر آتی ہے۔ وہ چند ایسے افراد میں شمار کئے جاتے ہیں کہ جن سے مل کر اگلی شرافت کے نمونے زندہ ہوجاتے تھے۔ غرض انہوں نے شعر گوئی کے ذریعے خیالات کے ایسے رویہ کو پیش کیا' جس میں غلو کے بجائے حقیقت کا انداز نمایاں ہوتا ہے۔

ہمارے جرم ہماری خطا کا ذکر آیا
کہیں نہ اس نگہ فتنہ زا کا ذکر آیا

وہ کررہے تھے سکون حیات کی باتیں
کسی کے لب پہ دل مبتلا کا ذکر آیا

کلی کلی نے کیا کھل کھلا کے قطع کلام
چمن میں صبح جو باد فنا کا ذکر آیا

چلی تھی بات ترے گیسوئے معنبر کی
تو جاں نوازی موج صبا کا ذکر آیا

ہمارے دوش پہ بارجہاں کی بات چھڑی
تمہارے ہاتھ پہ بارحنا کا ذکر آیا

سبک روی کا ملا مشورہ اسیروں کو
تو پھر گرانی زنجیر پا کا ذکر آیا

ہوئی جو دیر و حرم کی بیان رعنائی
مری زباں پہ تیرے نقش پا کا ذکر آیا

زبان و پاس ولحاظ اور روایتی انداز کی نمائندگی کے ساتھ ساتھ حسن و عشق کے معاملات کو اجاگر کرنا نور محمد نور

کی شاعری کی امتیازی خصوصیت ہے اور اندازہ ہوتا ہے کہ انہوں نے اپنے عہد کی بھرپور نشاندہی کرتے ہوئے غزل کی کائنات کو سجایا اور سنوارا۔ حتیٰ کہ اپنے عہد کے اہم شاعروں میں شمار کئے جاتے رہے۔(52)

20. کاوش حیدرآبادی

حیدرآباد کی سرزمین میں جہاں مہدوی پٹھانوں میں اپنی بہادری اور شجاعت کے کارنامے انجام دیئے' وہیں شعرگوئی کے طریقے کو اختیار کر کے ادب دوستی اور ادب فہمی کے انداز کو بھرپور نمائندگی دی۔ کاوش حیدرآبادی کا پورا نام محمد کبیر خان تھا اور انہوں نے کاوش حیدرآبادی کے نام سے شعرگوئی کا طریقہ اختیار کیا۔ ان کی تاریخ پیدائش بمقام حیدرآباد 1916ء درج ہے۔ انہوں نے ابتدائی تعلیم آصفیہ ہائی اسکول میں حاصل کی' پھر دارالعلوم کے علاوہ سٹی کالج سے تعلیم کا سلسلہ جاری رکھا۔ کاوش کی ادبی زندگی کا آغاز 1935ء میں ہوا' جبکہ انہوں نے غزل گوئی کے علاوہ نظم گوئی کی طرف بھی توجہ دی۔ چنانچہ 1945ء میں ان کی نظموں کا مجموعہ ''آتش پارے'' کی اشاعت عمل میں آئی۔ 1948ء میں کاوش حیدرآبادی نے ''دائرہ'' کے نام سے ماہنامہ شروع کیا' جو دو سال جاری رہنے کے بعد بند ہو گیا۔ جس سے اندازہ ہوتا ہے کہ حیدرآباد کے پولیس ایکشن کے دوران انہوں نے اردو رسالے کی بنیاد رکھ کر زبان و ادب کی خدمت کا کارنامہ انجام دیا۔ کاوش حیدرآبادی کو غزل سے زیادہ نظم نگاری کا شوق تھا۔ انہوں نے غزلیں بھی لکھیں اور اظہار خیال کے دونوں طریقوں کو فروغ دینے کی کوشش کی۔ ان کی نظموں کے مقابلے میں غزلوں کا پلڑا بھاری ہے۔ نمونہ کلام کے لئے غزل کے چند اشعار پیش ہیں۔ انہوں نے طویل اور مختصر بحروں کے استعمال کے ذریعہ سادہ اور عام زبان میں شعری حسیت کو نمایاں کرنے میں کامیابی حاصل کی ہے۔ چند اشعار ملاحظہ ہو۔

دل کی قسمت کہاں سورہی ہے — ہر نفس اک جفا ہورہی ہے
موت کی ٹھوکروں میں ازل سے — زندگی آبرو کھو رہی ہے
دہر پر ظلمتیں چھا رہی ہیں — صبح اپنی ضیاء کھو رہی ہے
ایک دنیا کو میں رو رہا ہوں — ایک دنیا مجھے رو رہی ہے
ہوش میں آ' ذرا سونے والے — رات گزری سحر ہورہی ہے

اعتبار ہوا کیا ہے کاوش
جو اِدھر سے اُدھر ہورہی ہے

غزل کی شاعری میں احساسات کی گرمی کو پیش کرنے کا خصوصی انداز کاوش حیدرآبادی کے کلام میں واضح

ہوتا ہے۔ اندازہ ہوتا ہے کہ وہ استادانہ صلاحیت کے ساتھ غزل لکھنے میں کافی عبور رکھتے ہیں۔ یہی وجہ ہے کہ ان کی غزل کی شاعری اپنے زمانے کا اظہار بن کر ظاہر ہوتی ہے۔ غرض کاوش حیدرآبادی کی تاریخ وفات دستیاب نہیں اور ان کا انتقال کہاں پر ہوا اس کی تفصیلات بھی عدم دستیاب ہیں۔ (53)

21. برق موسوی

حیدرآباد کی سرزمین میں ابتدائی طور پر شاعری کے توسط سے فروغ پانے اور بعد میں طنز و مزاح کی دنیا میں نثر نگار کی حیثیت سے مقبول ترین ادیب برق موسوی کا پورا نام میر کاظم علی ہے اور انہوں نے تخلص برق اختیار کر کے شعر گوئی کی طرف توجہ دی۔ 1916ء میں بمقام حیدرآباد پیدا ہوئے۔ ان کا تعلق موسوی سادات میں ہوتا ہے۔ نام کی مناسبت سے تخلص کے ساتھ برق موسوی کی حیثیت سے مقبول ہوئے۔ شاعری انہیں ورثہ میں حاصل ہوئی ہے۔ اپنے والد حکیم میر نادر علی رعد اور چچا حکیم میر نوازش علی لمعہ اور دادا میر کاظم علی شعلہ ہی نہیں، بلکہ پڑدادا میر احمد علی شہید دہلوی سے ہوتے ہوئے شاعری انہیں ورثہ میں ملی ہے۔ ان کے پڑدادا شہید دہلوی کو شاہ نصیر دہلوی کے شاگرد ہونے کا شرف حاصل تھا، جو سکندر جاہ کے دربار کے شاعروں میں شمار کئے جاتے تھے۔ برق موسوی کا خاندان اور قریبی رشتہ دار کافی تعلیم یافتہ تھا اور وہ بھی اعلیٰ تعلیم حاصل کرنے کا شوق رکھتے تھے۔ لیکن ابھی بارہ برس کے تھے کہ والدہ کے انتقال کے بعد باضاطہ نصابی تعلیم حاصل کرنے سے محروم ہونا پڑا۔ برق موسوی نے جب ہوش سنبھالا تو نظامیہ طبیہ کالج حیدرآباد میں داخلہ لے لیا، لیکن یہاں بھی کامیابی حاصل نہیں کر سکے اور کوئی سند حاصل نہیں ہوئی۔ اس کے باوجود بھی بحیثیت طویل ملازمت مل گئی، اس سلسلے میں حیدرآباد سے دور تعینات کیا گیا، اس لئے انہوں نے ملازمت چھوڑ دی، کچھ دن بیکاری میں گزارنے کے بعد محکمہ صدر محاسبی میں ہنگامی جائیداد پر مامور ہوئے۔ جب یہ ملازمت بھی ختم ہوگئی تو حکیم شمس اللہ قادری کے ادارہ تاریخ میں چند ماہ انتہائی قلیل معاوضہ پر مسودہ نویسی اور صاف نویسی کا کام کرنے لگے۔ حسن اتفاق سے ایک فارسی رسالہ کا ترجمہ کرنے کی بدولت انہیں بغیر سند کے محکمہ چنگی میں تقرر ہوگیا اور ترقی کرتے ہوئے سیلس ٹیکس آفس میں صیغہ دار کی حیثیت سے خدمات انجام دینے لگے۔ اگرچہ برق موسوی کی تعلیم ادھوری رہی، لیکن انہوں نے ذاتی طور پر فارسی اور انگریزی میں اتنی قابلیت پیدا کر لی کہ اردو کے علاوہ فارسی میں بھی شعر کہتے تھے اور انگریزی سے اردو میں روانی کے ساتھ ترجمہ کرنے کا ہنر بھی آ گیا تھا۔ اس طرح برق موسوی کو فارسی اور اردو شاعری کے ساتھ ساتھ انگریزی شاعری کے ترجمے کرنے میں بڑا کمال حاصل ہوگیا اور وہ اپنے عہد میں مشہور شاعر اور منظوم مترجم کی حیثیت سے شہرت کے حامل قرار دیئے گئے۔

ابتدائی عمر سے ہی برق موسوی نے شعر کہنا شروع کیا۔ ان کی غزلوں کا پہلا انتخاب ''گل رنگ'' 1936ء

میں شائع ہوا' جبکہ ان کی شاعری کی بنیاد 1929ء سے قائم ہوتی ہے۔ ان کی نظموں کا پہلا مجموعہ ''عقل وجنوں'' 1940ء میں شائع ہوا۔ 1943ء میں ان کی بہاریہ نظموں کا دوسرا مجموعہ ''کنول'' کے نام سے 1948ء میں شائع ہوا۔ انہوں نے ایک طویل نظم ''دکن کا ترانہ'' تحریر کی اور 1939ء میں ''سواگت'' کے عنوان سے ایک طویل ہندی نظم ''دیوناگری'' رسم الخط میں شائع ہو چکی ہے۔ اس کے علاوہ ایک طویل نظم 'ہفت انجم' 1400 اشعار پر مشتمل ہے' جبکہ برق موسوی کی مشہور مثنوی ''شاہ نامہ ءآصفیہ'' 300 صفحات پر محیط ہے۔ گذشتہ پندرہ سالوں میں ہر صنف میں کہے ہوئے کلام کا انتخاب شائع کرنے والے تھے' لیکن یہ مرحلہ التواء کا شکار رہا۔ برق موسوی کو نہ صرف پرگو شاعر اور کہنہ مشق استاد کا درجہ حاصل ہے۔ انہوں نے شاعری میں کسی کی شاگردی اختیار نہیں کی' لیکن ان کے بے شمار شاگرد موجود ہیں۔ شاگردوں کی فہرست میں ان کی بیوی فاطمہ ثریا بھی شامل ہیں۔ غرض فارسی' اردو اور ہندی میں شاعری کرنے کے ساتھ ساتھ غزل اور نظم کے علاوہ منظوم ترجموں کی روایت کے ذریعے برق موسوی نے حیدرآباد کے نام کو عالمگیر شہرت سے وابستہ کر دیا۔ ان کی نظموں میں ''بشارت'' اور ''صبح آزادی'' کے علاوہ ''ہم لوگ'' کو بڑی اہمیت حاصل ہے' جس کے ذریعے انہوں نے ملک کی آزادی اور آزاد قوموں کے باشندوں کے کارناموں کو پیش کرنے میں کامیابی حاصل کی ہے۔ ان کی نظموں میں بہاریہ خصوصیات کا پرتو دکھائی دیتا ہے اور وہ نظم کے ذریعے باہمی میل جول اور آپسی تعلقات کی بحالی کا اظہار کرتے ہیں۔ انہوں نے غزل ہی نہیں' بلکہ مخمس اور مسدس کے علاوہ مثنوی کی ہیئت میں بھی نظمیں لکھیں۔ جبکہ غزلوں میں حسن و عشق کا اظہار کے ساتھ ساتھ رندانہ خیالات کی نمائندگی پر بھی توجہ دی ہے۔ علامہ قدر عریضی کی خوبی یہی تھی کہ وہ نہ صرف نظم اور غزل کے شاعر تھے' بلکہ رباعیات کے شاعر کی حیثیت سے ان کا مقام کافی بلند تھا۔ چنانچہ برق موسوی کی شاعری میں بھی رباعیات کا انداز دکھائی دیتا ہے۔ ابتداء میں غزل کے چند اشعار اور پھر چند رباعیات بطور نمونہ پیش ہیں۔

جس کے سینہ میں اضطراب نہیں
زندگی اس کی کامیاب نہیں

میری نظریں ہیں خود نقاب ان کا
ان کے رخ پر کوئی نقاب نہیں

جانے کیوں اہل زر کو رغبت ہے
آدمی کا لہو شراب نہیں

ساری پابندیاں ہیں سچ کے لئے
جھوٹ پر کوئی احتساب نہیں

دل ہے عزم حیات سے خالی
جام موجود ہے شراب نہیں

کم نہیں نشہ سخن مجھ کو
حاجت نشہ شراب نہیں

آہ اے برق موسوی یہ دور

صبح ہے اور آفتاب نہیں

برق موسوی اس دور کے پروردہ ہیں، جبکہ عالمی سطح پر روایتی شاعری دم توڑنے لگی تھی اور اس کے بجائے شاعری کے نئے رجحانات کو قبول کرتے ہوئے ترقی پسند شاعری کو فروغ حاصل ہو رہا تھا۔ بطور نمونہ درج کی ہوئی غزل کے الفاظ اور اس میں مستعمل اظہار کا رویہ خود بتا تا ہے کہ برق موسوی نے روایتی حسن وعشق پرستی کے بجائے عصری حالات اور معاملات کو پیش کرنے میں کامیابی حاصل کی ہے۔ غزل کے بعد ان کی چند رباعیات بطور نمونہ پیش ہیں۔

قطرہ ہی رہا، قطرے سے طوفاں نہ بنا
ذرہ رہا، ذرے سے بیاباں نہ بنا
بننے کو یہ نادان خدا بن بیٹھا
انسان، مگر آج تک انساں نہ بنا

☆

دکھ جھیلے بغیر، سکھ کا دعویٰ جھوٹا
شاداب ہے خون دل سے ہر گل بوٹا
جب غم کے ہمالیہ کو کاٹا ہم نے
تب جا کے کہیں خوشی کا چشمہ پھوٹا

☆

بے چین ہیں، بے تاب ہیں دنیا کے مکیں
اِک لحظہ سکون دل کو میسر ہی نہیں
''آرام'' کے سب حرف جدا ہیں بالکل
مل سکتا ہے آرام بھی دنیا میں کہیں

☆

الفت میں تری اشک بہتا لیتا ہوں
تجھ سے درِ تحسین بہا لیتا ہوں
اک بیت جو کہتا ہوں تری الفت میں
اک بیت جناں اس کا صلہ لیتا ہوں

☆

دل اپنا غنی رکھو کہ دولت ہے یہی
مغموم کو خوش کردو، مسرت ہے یہی
کمزور کے 'کام آؤ' یہ ہے طاقت
خدمت کرو انساں کی، عبادت ہے یہی

☆

انسان ازل سے ہے بلا کا محتاج
درویش غذا کا، شاہ اشتہا کا محتاج
تیمور کی قبر سے یہ آتی ہے صدا
پاپوش کا کوئی، کوئی پا کا محتاج

جس طرح نظم نگاری اور غزل گوئی کے علاوہ ترجمے کی خصوصیت سے برق موسوی نے شہرت حاصل کی۔

اسی طرح ان کی رباعیات میں بھی فن کی خوبی کا اظہار ہوتا ہے۔ ہندوستان کی آزادی کے بعد بھی وہ مختلف عہدوں پر فائز رہے اور ۔۔۔۔۔۔ ء میں انتقال فرمایا۔ ان کی رحلت سے بیک وقت مثنوی' قصیدہ' رباعی' مرثیہ' غزل اور نظم کے علاوہ بہار یہ شاعری اور رباعی کی امتیازی خصوصیت کا خاتمہ ہوگیا۔ (54)

22. تحسین سروری

حیدرآباد کی سرزمین میں باضابطہ نظم نگاری اور غزل گوئی کے ذریعے شہرت حاصل کرنے والے میر کاظم علی کی پیدائش 1917ء میں ہوئی اور انہوں نے اپنا تخلص تحسین اختیار کر کے والد کے نام کے لاحقہ کو استعمال کر کے تحسین سروری کے نام سے شہرت حاصل کی۔ وہ حیدرآباد کے نواحی قصبہ میں پیدا ہوئے' جوان کے آباء واجداد کی جاگیر تھا۔ تحسین کی پیدائش سے قبل ہی ان کی خاندانی امارات کا خاتمہ ہوگیا تھا۔ خاندانی جھگڑوں اور ناسازگار حالات کی وجہ سے ان کے والد نے وکالت کا پیشہ اختیار کیا اور تحسین کو اپنی مرضی کے مطابق تعلیم سے وابستہ نہ کرسکے۔ اس کے باوجود تحسین کو علم حاصل کرنے کا بے حد شوق تھا' چنانچہ انہوں نے اپنی صلاحیت بڑھانے کے لئے کم عمری میں اساتذہ کے دیوان اور عروض وقافیہ پر لکھی ہوئی کتابیں اور صنائع وبدائع ہی نہیں' بلکہ بلاغت کے موضوعات پر بے شمار کتابوں کا مطالعہ کیا اور حیدرآباد شہر میں انہیں ایسا ماحول میسر آیا کہ جس کی وجہ سے تحسین بھی شاعری کی دنیا میں ابھرتے ہوئے شاعر کا مقام حاصل کرنے میں کامیاب ہوگئے۔ ان کے دور میں حیدرآباد کا ماحول ہی ایسا تھا کہ جس کے نتیجے میں باضابطہ شعر گوئی سے رغبت پیدا ہونا فطری بات تھی۔ ان کا دور نواب میر عثمان علی خاں کے اقتدار کا دور ہے۔ اس دور میں شعروادب ہی نہیں' بلکہ صحافت اور دیگر شعبہ جات کی ترقی کا سلسلہ تیز رفتاری کے ساتھ جاری تھا۔ تحسین کو لکھنے پڑھنے سے بڑی دلچسپی تھی' اس لئے انہوں نے اپنی پہلی ملازمت کا آغاز ''دکن نیوز سروس'' میں اطلاعات کی فراہمی کا فریضہ انجام دیا۔ پھر اس کے بعد نظام شوگر فیکٹری میں ملازمت کی اور پھر حیدرآباد کے مشہور علمی وادبی ادارہ جسے ڈاکٹر سید محی الدین قادری زور نے قائم کیا تھا اور ''ادارہ ادبیات اردو'' کی حیثیت سے شہرت رکھتا تھا۔ اس ادارہ میں کام کرنے لگے۔ 1948ء میں حیدرآباد کی مشہور نشرگاہ ''دکن ریڈیو'' سے وابستہ ہوگئے' جہاں انہیں اسکرپ رائٹر کی خدمات انجام دینے کا موقع ملا۔ 18/ستمبر 1948ء کو حیدرآباد میں پولیس ایکشن اور آخری نظام میر عثمان علی خاں کی حکومت کے خاتمے اور انڈین یونین میں حیدرآباد کے انضمام کے بعد انہوں نے ترک وطن کر کے کراچی کا سفر کیا اور وہاں ریڈیو پاکستان کے اسکرپ رائٹر کی حیثیت سے شہرت حاصل کی۔ پاکستان میں بابائے اردو مولوی عبدالحق نے تحسین سروری کی قابلیتوں کو دیکھتے ہوئے انجمن ترقی اردو پاکستان میں انہیں شعبہ مطبوعات کے منتظم کی حیثیت سے تقرر دیا۔ اس دوران تحسین سروری کو مولوی عبدالحق

اور قاضی احمد میاں جونا گڑھی کی عالمانہ صحبتوں سے فیض حاصل کرنے کا موقع ملا اور تاریخ زبان و ادب کے علاوہ لغات اور کلاسیکی ادب سے دلچسپی کا نتیجہ یہ ہوا کہ انہوں نے بے شمار تحقیقی اور تنقیدی کتابوں کی تدوین کے لئے اپنی ذات کو مختص کر دیا۔ تحسین سروری نے نہ صرف اردو کی پہلی مثنوی ''کدم راؤ پدم راؤ'' کی تدوین میں ڈاکٹر جمیل جالبی کی مدد کی، بلکہ انجمن ترقی اردو پاکستان کی فہرست مطبوعات کی ترتیب میں بھی بڑا اہم کارنامہ انجام دیا۔ ان کے تحقیقی کارناموں میں لکھنؤ کے نواب مرزا سعادت یار خاں رنگین کی مسدس کو ''مسدس رنگین'' کے نام سے شائع کیا۔ اپنے تحقیقی اور تنقیدی مضامین کا مجموعہ ''مضامین سروری'' کے نام سے پیش کیا۔ لکھنؤ کے آخری بادشاہ واجد علی شاہ اختر کی فارسی تصنیف کا اردو میں ترجمہ انجام دے کر اسے ''پری خانہ'' کے نام سے شائع کیا۔ مرزا غالب کی ایک نایاب تصنیف ''قادر نامہ'' کی اشاعت کی تکمیل کی۔ تحسین نے پاکستان کے ادارہ مقتدرہ قومی زبان کی بھی خدمت انجام دی۔ غرض شاعری میں نظم نگاری اور غزل گوئی کی وجہ سے شہرت حاصل کی۔ ان کی نظموں میں پابند نظموں کے علاوہ آزاد نظموں کا رجحان بھی پایا جاتا ہے۔ غزلوں میں قدیم و جدید کا سنگم محسوس کیا جاسکتا ہے۔ ان کی ایک دلچسپ غزل کے اشعار بطور نمونہ پیش ہیں۔

نہ کوئی گل، نہ ہے گلشن ہمارا　　تہی جب سے ہوا دامن ہمارا
جنوں کیسا یہ کیسی وحشتیں ہیں　　گریباں ہے نہ پیراہن ہمارا
کہیں کیا اور ہم اپنی زباں سے　　کہ تم پر حال ہے روشن ہمارا
تمہیں سمجھا ہے جب سے دوست اپنا　　زمانہ ہوگیا دشمن ہمارا
جو نغمہ تھا وہ نالہ بن گیا ہے　　یہاں تک آگیا ہے فن ہمارا

عدو پر مہرباں ہیں وہ جو تحسیں
ہے یہ بھی ایک حسن ظن ہمارا

تحسین سروری کی شاعری میں روایت کی گھن گرج اور حسن و عشق کی بے تابی کی کیفیت جلوہ گر ہے۔ انہوں نے غزل کی شاعری کو عصری تقاضوں کے بجائے روایتی خصوصیات سے وابستہ رکھا ہے۔ لیکن ان کی شاعری میں بعض اوقات عصری حسیت کا رنگ بھی جھلکتا ہے۔ تحسین سروری نے ۔۔۔۔۔۔ء میں انتقال کیا اور شاعر سے زیادہ محقق اور نقاد کی حیثیت سے شہرت رکھتے ہیں۔ (55)

23. اثر مجیدی

حیدر آباد کی سرزمین میں پیدا ہونے والے اور شاعری کو اظہار کا ذریعہ بنا کر خیالات کی کہکشاں سجانے

والے اثر مجیدی کا پورا نام سید مقبل الرحمٰن تھا اور اثر تخلص کرتے تھے۔ اثر مجیدی کے قلمی نام سے شعر گوئی کا آغاز کیا۔ ابتدائی دور سے ہی شاعری شروع کی۔ ان کی تاریخ پیدائش تحریر نہیں ہے' البتہ ''حیدر آباد کے شاعر'' کی اشاعت کے وقت ان کی عمر 45 سال بتائی گئی ہے' کیونکہ سلیمان اریب نے ''حیدر آباد کے شاعر'' 1962ء میں شائع کی۔ اس اعتبار سے ان کی تاریخ پیدائش 1917ء برآمد ہوتی ہے۔ ان کے سوانحی حالات اور تاریخ پیدائش کے بارے میں تفصیلات عدم دستیاب ہیں۔ حیدر آباد میں شادی کیا اور پولیس ایکشن کے بعد حیدر آباد کو خیر باد کہہ کر تلاش معاش کے لئے بمبئی چلے گئے' اس کے بعد ڈھاکہ کا سفر کیا' پھر بمبئی میں قیام اختیار کیا۔ شاعری کا فطری لگاؤ موجود ہے۔ ایسا محسوس ہوتا کہ ان کا کلام خود ان کی فطرت کے مطابق وہ شاعری کو نام ونمود کا ذریعہ نہیں بناتے' یہی وجہ ہے کہ ان کے کلام میں جذب جیسی کیفیت موجود ہے۔ ان کے کلام کا نمونا پیش ہے۔

وفور عشق کے جذبات ہم سمجھتے ہیں — ہم اہل دل ہیں ہر اک بات ہم سمجھتے ہیں
ان آنسوؤں کی حقیقت تجھے نہیں معلوم — انہیں تلافیء مافات ہم سمجھتے ہیں
خطا معاف ہمیں مشورے قبول نہیں — ہمارے جو بھی ہیں حالات ہم سمجھتے ہیں
حیات نو بھی جنہیں محترم سمجھتی ہے — وہ کونسی ہیں روایات ہم سمجھتے ہیں
ہماری گود میں کانٹے بھرے ہوئے ہیں دوست — اسے بہار کی سوغات ہم سمجھتے ہیں
کہاں پہنچ کہ اثر زندگی سنورتی ہے
وہ کونسے ہیں مقامات ہم سمجھتے ہیں

نور محمد نور کی شاعری میں کرب ذات اور کرب کائنات کی جھلکیاں نمایاں ہیں اور اندازہ ہوتا ہے کہ ان کے عہد میں اگر چہ ترقی پسند شاعری کا شور مچ چکا تھا۔ حیدر آباد ہی نہیں' بلکہ بمبئی میں ترقی پسند شاعروں کو شہرت حاصل ہو چکی تھی' لیکن نور محمد نور نے اپنی روایتی خصوصیات کو برقرار رکھتے ہوئے غزل کی شاعری میں کیفیات کی نمائندگی کو پیش نظر رکھا۔ یہی وجہ ہے کہ ان کے غزلوں میں ایک قسم کی کسک اور تڑپ کی خصوصیت نمایاں ہوتی ہے۔ غرض نور محمد نور کو بھی حیدر آباد کے ایسے شاعروں میں شمار کیا جاتا ہے' جنھوں نے شہرت سے دوری اختیار کرتے ہوئے علامہ قدر عریضی کی طرح شعر گوئی کو حسیت کا وسیلہ بنایا۔ (56)

24. حمید الدین شاہد

خواجہ حمید الدین نام اور شاہد تخلص رہا۔ 4 اکتوبر 1917ء میں بمقام حیدر آباد پیدا ہوئے۔ جامعہ عثمانیہ سے اردو میں ایم اے کیا اور لکچرر مقرر ہونے کے بعد 14 سال تک جامعہ عثمانیہ کے کئی کالجوں میں استاد کی حیثیت

سے خدمات انجام دیتے رہے۔ وہ 1938ء سے 1948ء تک ادارہ ادبیات اردو کے مہتمم مقرر ہوئے۔ ڈاکٹر زور کے مداحوں میں تھے سب رس کی ادارہ سنبھالی اور جامعہ عثمانیہ کے اکیڈیمک کونسل کے ممبر اور فیکلٹی آف آرٹس کے رکن رہے۔ ابوالکلام آزاد اورینٹل انسٹی ٹیوٹ، مجلس اشاعت دکنی مخطوطات اور دکن ساہتیہ پرکاش کمیٹی کی مشترکہ مجلس انتظامی کے رکن ہونے کے علاوہ فائن آرٹس اکیڈیمی کے نائب صدر بھی رہے۔ ان کی کئی تصانیف ہیں جن میں اردو کا قدیم تر سائنسی ادب' 'یادگار صفی' ' حیدرآباد کے شاعر' اور ارمغان امجد' ادبی مطالعے اور سرگزشت ادارہ' ' اہمیت کی حامل ہیں۔ حیدرآباد سے ترک وطن کر کے کراچی پہنچے اور وہاں ڈاکٹر زور کی یاد میں '' سب رس '' رسالہ نکالتے رہے اور وہیں پر انتقال کیا۔ نثر کے ساتھ شاعری سے بھی بڑی دلچسپی تھی۔ غزل کی روایتی خصوصیات کو پیش نظر رکھ کر شاہد نے تلنگانہ کی غزلیہ شاعری کے رنگ کو واضح کیا ہے۔ چند اشعار ملاحظہ ہوں:۔

اگر کوئی مرا ہم دم نہیں ہے مجھے اس کا ذرا بھی غم نہیں ہے
تری بے التفاتی کے مقابل مرا جذبِ محبت کم نہیں ہے
کسی کے دل میں کیا ہے کون جانے دلِ انساں تو جامِ جم نہیں ہے
ترا غم جب سے مجھ کو مل گیا ہے جہاں کا اور کوئی غم نہیں ہے
مآلِ گلستاں کیا جانے کیا ہو کہ چشمِ گُل ابھی پُر نم نہیں ہے
جہانِ بیش و کم میں رہنے والو رہِ اُلفت میں بیش و کم نہیں ہے

خواجہ حمید الدین شاہد نے اپنی روایتی غزل کے ذریعہ نہیں ہے ردیف کو نبھانے کے لئے غم، کم، نم اور دم کے قافیے استعمال کر کے غزل کی روایت کا پاس ولحاظ رکھا ہے۔ اس طرح ان کی روایتی غزل اپنے اظہار کے اعتبار سے اہمیت کی حامل ہے۔(57)

25. اکبر حیدرآبادی

اکبر علی خان نام اور اکبر حیدرآبادی کے نام سے اردو کے ادبی حلقوں میں پہچانے جاتے ہیں۔ حیدرآباد کے قدیم اور وضعدار خاندان کے چشم و چراغ ہیں۔ سینئر کیمبرج کا امتحان کامیاب کرنے کے بعد کچھ مدت تک حیدرآباد کے اسکول آف ہارٹ میں مصوری سیکھی، پھر بمبئی کے جے جے اسکول آف آرٹس میں چند سالوں تک فن تعمیر کی تعلیم حاصل کی۔ 1955ء میں فن تعمیر میں اعلیٰ تعلیم حاصل کرنے کی غرض سے انگلستان چلے گئے اور وہاں سے آکسفورڈ میں مستقل سکونت اختیار کی۔ جہاں انہوں نے ایک مشہور انشورنس فرم میں ملازمت اختیار کی اور ایک

اطالوی لڑکی سے شادی کرلی۔ اکبر حیدرآبادی کو شاعری کا ذوق ورثہ میں ملا تھا' ان کی مرزا نصراللہ خاں فدائی اصفہانی فارسی کے صاحب دیوان شاعر اور مورخ کی حیثیت سے مشہور تھے اور انہیں آصف جاہی دربار سے دولت یار جنگ کے خطاب سے نوازا گیا تھا۔ اکبر حیدرآبادی کو غزل گوئی سے خصوصی دلچسپی ہے۔ یہی وجہ ہے کہ ان کے غزلوں میں فنی رچاؤ کے ساتھ تغزل کی فراوانی بھی دکھائی دیتی ہے۔ ان کی شاعری بلاشبہ روایت سے بغاوت کی دلیل نہیں' بلکہ روایت کی توسیع کی حصہ بن جاتی ہے۔ ان کی شاعری پر ترقی پسند اثرات کو محسوس کیا جاسکتا ہے۔ ''حیدرآباد کے شاعر'' جیسی کتاب کی تدوین کے دوران سلیمان اریب نے ان کی عمر 35 سال لکھی ہے' جس سے اندازہ ہوتا ہے کہ ان کی تاریخ پیدائش 1919 قرار پاتی ہے۔ ساری زندگی یوروپی ماحول میں گزاری' لیکن ادب کی ہندوستانی روایت کو پیش نظر رکھ کر غزل کی دنیا کو سنوارتے رہے۔ غرض اپنے دور کے اہم شعراء کے پس منظر میں غزل کو نمائندگی دے کر اردو کی ادبی شناخت کو یوروپی دنیا میں مقبول بنانے کا کارنامہ انجام دے رہے ہیں۔ ان کی غزل کے چند اشعار بطور نمونہ پیش ہیں۔

جس حال میں بھی تیرے طلب گار ملے ہیں — ہر وقت تری یاد سے سرشار ملے ہیں
ہے دل میں ابھی تک خلش شوق ملاقات — یوں ان سے تصور میں کئی بار ملے ہیں
رسوائے خرد بھی ہوئے بدنام جنوں بھی — کیا کیا نہ ہمیں عشق میں آزاد ملے ہیں
ہے عام زمانے میں ترے حسن کا شہرہ — ہر شہر میں کچھ تیرے گرفتار ملے ہیں
ہنگامے دنیا میں کشاکش کی بدولت — زنداں میں جو بچھڑے تو سردار ملے ہیں

اکبر ہے ابھی یاد وہ ہنگام جدائی
جب ہم سے وہ بچشم گہر بار ملے ہیں

اکبر حیدرآبادی وضعدار شخصیت کے حامل اور یوروپی دنیا میں اپنی فکر کی جولانی کی وجہ سے شہرت کے حامل رہے اور انہوں نے غزل کی دنیا سے شہرت حاصل کی۔ یوروپی ممالک میں اردو کے جھنڈے گاڑنے والے ابتدائی حیدرآبادیوں میں اکبر حیدرآبادی کا شمار ہوتا ہے اور ان کی شعر گوئی کے نتیجے میں یوروپی دنیا میں بھی اردو شاعری اور مشاعروں کو فروغ حاصل ہو رہا ہے۔(58)

26. امیر احمد خسرو

امیر احمد نام اور خسرو تخلص 1919ء میں حیدرآباد میں پیدا ہوئے۔ بچپن ہی سے اپنے بڑے بھائیوں نظامی اور خورشید احمد جامی کی وجہ سے خسرو کو بھی ادبی ماحول ملا۔ طالب علمی کے زمانے ہی سے خسرو نے مشق سخن جاری

رکھا۔ جامعہ عثمانیہ سے گریجویشن کرنے کے بعد آل انڈیا ریڈیو میں ملازم ہوئے اور پروگرام ایگزیکٹیو کے عہدے سے ہوتے ہوئے اسٹیشن ڈائرکٹر کے عہدہ تک ترقی کرتے چلے گئے۔ خسرو نے شعروشاعری بھی کی اور بچوں کے لئے بھی بہت کچھ لکھا۔ ریڈیائی ڈرامے، غنایئے اور خاکے بھی لکھے۔ ان کی نظموں اور غزلوں کا مجموعہ ''صبح فردا'' کے نام سے شائع ہوا۔ طویل عرصہ تک شعر و ادب کی خدمت انجام دیتے ہوئے اس دنیا سے رخصتی اختیار کی۔ انہوں نے نظموں اور غزلوں کا وقیع ذخیرہ چھوڑا ہے۔ شعرگوئی کا آغاز اگرچہ روایتی انداز سے کیا، لیکن ترقی پسند شعرو ادب کے پابند رہے۔ جبکہ ان کے بھائی خورشید احمد جامی نے ترقی پسندی اور جدیدیت کے پس منظر میں اپنی غزلوں اور نظموں کی روایت کو جاری وساری رکھا۔ امیر احمد خسرو کی شعری حسیت سے اندازہ ہوتا ہے کہ انہوں نے تلنگانہ کی سرزمین میں حیدرآباد کی شعری روایت کو برقرار رکھا۔ اس طرح ان کی شاعری کے غزلیہ انداز کو سمجھنے کے لئے غزل کے چند اشعار پیش ہیں:۔

آج آہوں میں گیت ڈھلتے ہیں غم کے انداز کچھ بدلتے ہیں
یوں مچلتے ہیں اشک مژگاں پر جیسے تاروں کے دیپ جلتے ہیں
اپنی راہوں میں ہم بہ عزم ویقیں منزلیں ساتھ لے کے چلتے ہیں
ان کا لطف و کرم بجا، لیکن کیا مقدر بھی وہ بدلتے ہیں
تیری محفل کو ساتھ ہی لے کر تیری محفل سے ہم نکلتے ہیں
احترام بہار میں خسرو آج پھر زخم خوں اگلتے ہیں

اس غزل میں ہیں ردیف کا استعمال کرتے ہوئے امیر احمد خسرو نے بدلتے، چلتے، نکلتے اور اگلتے ہیں کے قافیہ کے ذریعہ غزل کی روایتی حسیت کو پیش کرنے میں کامیابی حاصل کی ہے۔ اس طرح وہ تلنگانہ میں اردو کے اہم غزل گو شعراء میں شمار کئے جاتے ہیں۔(59)

27. عبدالقوی

عربی نسل سے تعلق رکھنے والے عبدالقوی 1920ء میں بمقام حیدرآباد پیدا ہوئے۔ ان کے والد سعید بن عوض سلطان مکلہ کے پرسنل سکریٹری تھے۔ انہیں گھر میں تمام آرام وآسائش میسر تھا۔ پڑھنے کی سہولتیں مہیا ہونے کے ساتھ ساتھ قوی کو اس لئے خاندان میں اہمیت حاصل تھی کہ وہ دوسرے بھائی اور بہنوں سے زیادہ ذہین اور شوقین تھے۔ چنانچہ انہوں نے چادرگھاٹ ہائی اسکول سے میٹرک کا امتحان درجہ اول میں کامیاب کیا اور پہلا

مقام حاصل کرنے پر انہیں شاکر گولڈ میڈل پیش کیا گیا۔ انہوں نے 1940ء میں نظام کالج سے بی اے کا امتحان بھی اعزاز اور امتیاز کے ساتھ کامیاب کیا۔ ان کی اس کامیابی پر مدراس یونیورسٹی کے حاجی بڈھن پرائز سے نوازا گیا۔ شاعری کا شوق قوی کو بچپن سے تھا۔ ابھی ہائی اسکول میں تھے کہ شعر کہنے لگے۔ پہلے انہوں نے کیپٹن اعجاز علی شہرت کو اپنا کلام دکھایا' پھر اس کے بعد فانی بدایونی کے شاگردوں میں شامل ہو گئے۔ گریجویشن کی کامیابی کے بعد عبدالقوی نے انجمن امداد باہمی کے رسالے ''گاؤں سدھار'' کے ایڈیٹر کی حیثیت سے کام کرنے لگے۔ لیکن افسوس کے بے شمار صلاحیتوں سے وابستہ عبدالقوی کی عمر ابھی 23 سال ہوئی تھی کہ 1943ء میں ان کا انتقال ہو گیا۔ ان کا شعری مجموعہ ''احساسات قوی'' کے نام سے شائع ہو چکا ہے۔ انہوں نے اپنی شاعری کے لئے غزل کے انداز کو پسند کیا۔ روانی اور سہل ممتنع میں شعر کہنے میں بڑا کمال رکھتے ہیں۔ انہوں نے چھوٹی بحروں ہی نہیں' بلکہ طویل بحروں میں بھی نظم لکھی ہیں۔ روانی کے ساتھ شعر کہنا اور خیال کو صداقت کے ساتھ نمائندگی دینا ان کی غزل کی خصوصیت ہے' اسی خصوصیت کی نمائندگی کرنے والی ایک غزل کے چند اشعار بطور نمونہ پیش ہیں۔

ہے تصور کسی کی قامت کا　　　ایک ہنگامہ ہے قیامت کا
زلف برہم کو اپنی دیکھئے آپ　　　یہی نقشہ ہے میری وحشت کا
یہ جو دل ہے ہمارے سینے میں　　　آئینہ ہے تمہاری صورت کا
کچھ سمجھ کر وہ بگڑے بیٹھے ہیں　　　اب تو موقع نہیں شکایت کا
صاف کہتی ہے یہ چمن کی بہار　　　پھول ہے چور تیری رنگت کا

اے قوی مٹ گیا زمانے سے
ساتھ اس دل کے نام الفت کا

قوی کی شاعری میں روایتی انداز پوری طرح جلوہ گر ہے اور انہوں نے شعر گوئی کے توسط سے جس انداز کو پسند کیا تھا۔ وہ بلاشبہ غزل کا انداز تھا۔ ان کے انتقال سے بہت پہلے حیدر آباد کی سرزمین میں 1936ء کے بعد ترقی پسند تحریک کو شہرت حاصل ہو چکی تھی' لیکن قوی شاعری پر ترقی پسندی کے اثرات نہ ہونے کے برابر ہے' بلکہ انہوں نے روایتی غزل کی خصوصیات کو پیش نظر رکھ کر اظہار خیال کی بے ساختگی کو نمایاں کرنے میں کامیابی حاصل کی۔(60)

28. اوج یعقوبی

سید عبدالقدیم نام اور ابتداء میں اختر تخلص کیا پھر بعد میں اوج تخلص اختیار کر کے اپنے والد کا لاحقہ لگا کر یا

جس کی وجہ سے اوج یعقوبی کی حیثیت سے شہرت کے حامل قرار دیئے گئے۔ اوج یعقوبی کو شعر گوئی میں بڑا کمال حاصل رہا۔ ان کی شاعرانہ خدمات کو محسوس کرتے ہوئے ریاست آندھرا پردیش کے وزیر اعلیٰ ٹی انجیا نے انہیں ''ملک الشعراء'' کے خطاب سے نوازا۔ ایک اندازہ کے مطابق 1920ء میں حیدرآباد میں پیدا ہوئے اور 20 اور 22 سال کی عمر میں شعر کہنے لگے۔ ساری زندگی شعر و ادب کی خدمت میں گزار دی۔ بزرگان دین سے بڑی عقیدت تھی، ان کی محبوب ترین صنف سخن غزل رہی ہے اور غزل میں ہر قسم کے مسائل اور مضامین کو بیان کر کے اوج یعقوبی نے روایتی شاعروں میں ہی نہیں، بلکہ ترقی پسند اور جدید شاعروں میں بھی نام کمایا ہے۔ ہر سال اورنگ آباد کے صوفی بزرگ کے عرس شریف میں شریک ہوا کرتے تھے اور وہاں کے مشاعرہ کی صدارت انہی کے سپرد ہوتی تھی۔ غرض 2003ء میں اورنگ آباد کی سرزمین میں ہی آخری سانس لی اور ان کی لاش کو حیدرآباد لا کر مسجد الٰہی کے قبرستان میں سپرد لحد کیا گیا۔ اپنے دور کے نمائندہ غزل گو شعراء میں اوج یعقوبی کا شمار ہوتا ہے۔ وہ قدیم اور جدید کے فرق کو ختم کر کے غزل کی آن بان بڑھانے والے شاعروں میں شمار کئے جاتے ہیں۔ ان کی غزل کے چند اشعار ملاحظہ ہوں:۔

تم غزل چاہتے ہو مجھ سے غزل کب ہوگی　　　زخم کچھ ابھریں گے، فریاد مرتب ہوگی
مدتوں رات رہی، پر یہ گماں تک بھی نہ تھا　　　دامن صبح میں بھی تیرگی شب ہوگی
درد سے چھیڑ کا آغاز ہوا ہے لیکن　　　بات بڑھ جائے کسی وقت تو بے ڈھب ہوگی
عام ہوگا چلن ساقی، جمہور، نواز　　　یا یہی ''خوئے طلب''، ''تشنگیٔ لب'' ہوگی
کتنی راتوں سے لڑے ہائے اس امید پہ ہم　　　اب سحر ہوگی، اندھیروں کو شکست اب ہوگی
دیکھ کر پھولوں کے تیور، لرز اٹھے گی خزاں　　　سحر ایسی بھی چمن میں کبھی یارب ہوگی؟

اوج یعقوبی نے غزل کی شاعری کے ذریعہ اپنے مقام و مرتبہ کو بلند رکھا۔ ان کے شعری مجموعے ''گرفت نظر'' کی اہمیت اپنی جگہ مسلمہ ہے اور اندازہ ہوتا ہے کہ اوج نے غزل کی شاعری میں روایت سے استفادہ بھی کیا اور اس کے ساتھ ہی جدید رجحانات سے بھی وابستہ رکھا۔ اس لئے ان کی شاعری میں غزل کا انداز جداگانہ ہے، جس میں ان کے ذاتی وصف کی خصوصیت جلوہ گر نظر آتی ہے۔ (61)

29. اختر الزماں ناصر

سید اختر الزماں نام اور ناصر تخلص کے ذریعے شاعری کا ایوان سجانے والے اختر الزماں ناصر کا وطن

شہراورنگ آباد ہے۔ اسی شہر میں ان کی پیدائش 1921ء میں ہوئی۔ 1942ء میں جامعہ عثمانیہ سے بی اے کی ڈگری حاصل کی اور پھر 1946ء میں ناگپور یونیورسٹی سے اردو میں ایم اے کا امتحان کامیاب کیا۔ ابتداء سے ہی محکمہ تعلیمات سے وابستہ رہے۔ حیدرآباد کے انڈین یونین میں انضمام سے پہلے اورنئی ریاست تلنگانہ کی تشکیل کے موقع پر بھی وہ حیدرآباد کے مختلف اضلاع میں انگریزی کے استاد کی حیثیت سے شہرت کے حامل رہے اور آخری عمر میں مرہٹواڑہ کے کئی علاقے جیسے ناندیڑ اور پربھنی کے علاوہ اونگ آباد میں بھی شعبہ تعلیمات سے مدرس کی حیثیت سے کارگزار رہے۔ اختر الزماں ناصر کی شاعری کا آغاز 1935ء سے ہوتا ہے جبکہ ان کی عمر صرف 14 سال تھی۔ ابتداء سے ہی ان کی شاعری کا انداز انتہائی سنبھلا ہوا ہے اور کلام میں پختگی موجود ہے۔ اختر الزماں ناصر نے اس دور کی ادبی سرگرمیوں میں مصروف پہلے اورنگ آباد اور پھر حیدرآباد میں شاعری کی زینت بڑھانے والے حضرت درد کاکورویؒ سے شاعری کے رموز حاصل کئے۔ مطالعہ کافی وسیع تھا اور علامہ اقبال کی شاعری سے دلچسپی کے نتیجے میں انہیں ماہر اقبالیات کا موقف حاصل ہوا۔ چنانچہ وظیفہ پر سبکدوشی کے بعد نہ صرف ناندیڑ بلکہ اورنگ آباد کی اقبال اکیڈیمی میں علامہ اقبال کی شاعری اور ان کے کارناموں پر مسلسل لکچر دیتے رہے۔ جبکہ حیدرآباد میں جب علامہ اقبال کی صدی تقاریب کا اہتمام عمل میں آیا، تو اختر الزماں ناصر کو بطور خاص اورنگ آباد سے حیدرآباد مدعو کیا گیا۔ شاعری کے ذریعے انہوں نے نظموں اور غزلوں کی بنیاد رکھی۔ روایتی غزل کے ساتھ ساتھ جدید غزل کے انداز کو بھی اپنے کام میں شامل کیا۔ وہ بیک وقت قدیم وجدید کے نمائندہ شاعر قرار دیئے جاتے ہیں، لیکن ان کی شاعری میں اقبال کے افکار اور ان کی شعری خصوصیات وصف دکھائی نہیں دیتا۔ طویل عمری کے باوجود بھی شعبہ تدریس سے وابستہ رہے۔ اورنگ آباد کے خانگی مدرسے فاطمہ گرلز ہائی اسکول اور پھر شہراورنگ آباد میں قائم دینی درسگاہ ''کاشف العلوم'' کے عربی طلبہ کو انگریزی سکھانے پر مامور ہوئے۔ ان کی حیات میں شہراورنگ آباد کے باشندوں نے باضابطہ طور پر ''جشن اختر الزماں ناصر'' کا اہتمام کیا۔ شہراورنگ آباد کی علمی وادبی تنظیموں سے وابستہ رہے اور مذہبی تنظیموں کو بھی تعاون دیتے رہے۔ ان کے صاحبزادے جاوید ناصر ترقی پسند شاعروں میں شمار کئے جاتے ہیں۔ اختر الزماں ناصر کو شہراورنگ آباد میں مولوی صاحب کے نام سے شہرت حاصل ہوئی، جبکہ ان کے صاحبزادے آل انڈیا ریڈیو سے وابستہ رہے۔ 2003ء میں مولوی اختر الزماں ناصر کا انتقال ہوگیا اور ان کے انتقال کے چند سالوں کے بعد ان کے صاحبزادہ جاوید ناصر بھی اس دنیا سے انتقال کر گئے۔ جیسا کہ بتایا جاچکا ہے کہ اختر الزماں ناصر کی زندگی میں حیدرآباد کے ادبی ماحول اور اس علاقے کی ادبی نشستوں کا بہت بڑا دخل رہا ہے۔ اس لئے ساری عمر وہ حیدرآبادی تہذیب اور ادب کی نمائندگی کرتے رہے۔ ان کی غزل کے چند اشعار بطور نمونہ پیش ہیں۔

پیمانِ روز اول، یوں یاد آگیا تھا | وہ ضد سے بھولتے تھے میں بھی سمجھ رہا تھا
رک رک کے ادب جفائیں مجھ خوگر جفا پر | وہ دن نہ بھولیئے گا یہ شوق جب نیا تھا
یوں ہی نہیں ہوئے ہیں مشہور یہ فسانے | ہم نے بھی کچھ کہا تھا تم نے بھی کچھ کہا تھا
اظہار مدعا پر میں ہی نہیں ہوا خوش | چہرے پہ آپ کے بھی اک رنگ آگیا تھا
ہے ترک دوستی کی اتنی ہی بس کہانی | آواز تم نے جب دی میں دور جاچکا تھا

ساقی نے خود سمیٹے مینا و جام ناصر
مجھ کو تو آخر دم پھر ہوش آگیا تھا

اختر الزماں ناصر نے دردکاکوروی سے تلمذ حاصل کر کے شعری روایت کی خصوصیت کو حاصل کیا، لیکن ان کی شاعری میں روایات کے ساتھ ساتھ جدید افکار کی نمائندگی بھی جلوہ گر ہے۔ان کے صاحبزادے جاوید ناصر نے والد کے نقش قدم پر چلتے ہوئے روایات کا پاس ولحاظ نہیں رکھا، بلکہ جدید اور ترقی پذیر رجحانات کو اپنے اظہار کا ذریعہ بنایا۔ چنانچہ اختر الزماں ناصر کی شاعری سے جداگانہ انداز جاوید ناصر کی شاعری میں دکھائی دیتا ہے۔غرض بیسویں صدی کی تیسری دہائی میں پیدا ہونے والے اورنگ آباد کی سرزمین کے شاعر اختر الزماں ناصر کو بلاشبہ غزل کی شاعری کے اعتبار سے علامہ قدیر عریضی کے معاصر کا درجہ حاصل ہے۔فرق صرف اتنا ہے کہ قدر عریضی نے غزل کی شاعری پر پوری توجہ مرکوز کی، لیکن رباعیات کو اظہار کا ذریعہ بنایا، جبکہ اختر الزماں ناصر غزل اور نظم کے شاعر کی حیثیت سے مشہور ہوئے۔(62)

.30

30. ابن احمد تاب

حیدرآباد کے خوش فکر شاعروں میں شمار کیئے جاتے ہیں۔حیدرآباد کے قدیم شہر میں 1923ء کو پیدا ہوئے ۔جامعہ نظامیہ اور پھر کائستھ پاٹھ شالہ سے تعلیم حاصل کی۔1953ء میں حیدرآباد سے ''اردو'' نامی رسالہ جاری کیا اور مختلف ادبی اداروں کے لئے کام کرتے رہے۔15 سال کی عمر میں شعرگوئی کی طرف توجہ دی۔ابتداء میں سید حیدر پاشاہ حیدر سے مشورہ کیا۔جس کے بعد صفی اورنگ آبادی سے فیض حاصل کیا۔غزل اور نظم دونوں میں اظہار خیال کرتے ہیں، لیکن غزلوں میں سوز وگداز اور زندگی کی تڑپ دکھائی دیتی ہے۔کلام میں پختگی اور طبعیت میں بلا کی

روانی ہے۔ان کا کلام معیاری رسالوں میں شائع ہوتا رہتا ہے اور ریڈیو سے بھی نشر ہوتا رہتا ہے۔اردو زبان کی خدمت کرتے ہوئے انہوں نے سفر آخرت اختیار کیا۔نمونہ کے طور پر ان کی غزل کے چند اشعار ملاحظہ ہوں:

نہ تخت و تاج نہ ہم اقتدار مانگتے ہیں — نظر کی روشنی دل کا قرار مانگتے ہیں
یہ کیا غضب ہے کہ ارباب گلستاں ہوکر — گلوں سے قیمتِ فصلِ بہار مانگتے ہیں
کچھ ایسے ہاتھ بھی پھیلے ہیں صحن گلشن میں — جو گل سے حسن، کلی سے نکھار مانگتے ہیں
قبائے ہوش کی زینت بڑھانے اہل خرد — جنوں سے جیب وگریباں کے تار مانگتے ہیں
کھنچ آئے پیر مغاں جس میں میکدہ کا مزاج — اب ایسا جام تیرے بادہ خوار مانگتے ہیں
کبھی تم ان کے بھی حسنِ طلب کی داد تو دو — تمہیں سے تم کو جو بے اختیار مانگتے ہیں

(63)

31. خواجہ شوق

تلنگانہ کی سرزمین میں حیدرآباد ہی نہیں، بلکہ سارے دکن کی ادبی صورتحال کو پیش نظر رکھ کر غزل اور حمد ونعت کی روایات کو فروغ دینے والے شاعروں میں خواجہ شوق کو اہم مقام حاصل ہے۔خواجہ معین الدین نام اور شوق تخلص تھا۔1342ھ مطابق 1923ء میں بمقام حیدرآباد پیدا ہوئے۔والد کے بچپن میں گزر جانے کی وجہ سے تعلیم حاصل نہ کرسکے۔منشی فاضل کا امتحان کامیاب کرنے کے بعد ایچ ای ایچ دی نظامس پرائیویٹ اسٹیٹ میں ملازمت اختیار کی۔21، 22 سال تک وہیں کام کرتے رہے۔مشق سخن کے سلسلہ میں ابتداء میں مفتی میر اشرف علی مرحوم سے مشورہ کیا جس کے بعد صفی اورنگ آبادی کے شاگرد مقرر ہوئے اور صفی اورنگ آبادی کے ارشد تلامذہ میں شمار کئے جاتے رہے ۔ان کی ادبی صلاحیتوں اور کارناموں کے پیش نظر آندھرا پردیش اسٹیٹ اردو اکیڈیمی نے انہیں مخدوم ایوارڈ سے سرفراز کیا۔غزل کی پوری روایتوں اور خصوصیات کے ساتھ شعر گوئی کا حق ادا کرتے ہیں ۔2014ء میں اس دنیا سے کوچ کیا۔ساری زندگی عقیدت پرستی اور ارادت مندی میں گزار دی۔صفی کی شاگردگی کی خصوصیت ان کے کلام کا حصہ ہے۔ایک غزل ملاحظہ ہو:

یہ کیا پیام اس نگہِ کم سخن میں ہے — اِک موج اضطراب رواں جان وتن میں ہے
انسان حسنِ جلوۂ ظاہر میں کھوگیا — اب روشنی دلوں میں نہیں انجمن میں ہے
اک فاصلہ ہے قربِ لطافت بجائے خود — ہونے کو یُوں تو پھول میں بوروح تن میں ہے

جلوؤں کے واسطے کوئی قید لباس کیا　　　تو مرکز نگاہ ہے جس پیرہن میں ہے

پنہاں ہے شوق دیدۂ ظاہر پرست سے　　　وہ اِک شعور خاص جو دیوانہ پن میں ہے

خواجہ شوق کو غزل گوئی میں امتیازی مقام حاصل ہے۔ اس غزل میں انہوں نے تن' من' دھن اور پیرہن کے قوافی کے ساتھ میں ہے ردیف کے توسط سے غزل کے آہنگ اور ترنم آمیزی کو نمائندگی دی ہے۔ اس طرح ان کی غزلوں کے مجموعوں کے علاوہ نعت کے مجموعے ''صلی علیٰ'' کئی بار بھی شائع ہو چکے ہیں۔ (64)

32. اختر عادل

حیدرآباد میں پیدا ہونے والے اختر شاہ خان کی پیدائشی نام سے شہرت رکھنے والے شاعر نے اختر عادل قلمی نام کے ساتھ حیدرآبادی شعروادب کی خصوصیات میں اہم کارنامے انجام دیئے۔ وہ 7/ جنوری 1924ء کو بمقام حیدرآباد پیدا ہوئے۔ سٹی کالج سے میٹرک کا امتحان کامیاب کیا اور علی گڑھ مسلم یونیورسٹی سے انٹر کرنے کے بعد بی اے اور ایم اے کا امتحان عثمانیہ یونیورسٹی سے کامیاب کیا۔ جون 1955ء میں بحیثیت لکچرر عثمانیہ یونیورسٹی کے ملحقہ کالجوں میں اردو کے استاد کی حیثیت سے شہرت رکھتے ہیں۔ انہوں نے ورنگل کالج پر بھی ملازمت کے کارنام انجام دیئے اور آخری عمر میں حیدرآباد لوٹ آئے۔ نظام کالج میں صدر شعبہ اردو کی حیثیت سے خدمات انجام دیتے ہوئے ملازمت سے سبکدوشی اختیار کی۔ اختر عادل نے شاعری کا آغاز گیتوں سے کیا۔ یہی بھی حقیقت ہے کہ اردو میں کامیاب اور اچھے گیت بہت کم لکھے گئے ہیں۔ اس کی سب سے اہم وجہ یہی ہے کہ اردو بحر میں ہندوستانی موسیقی کے مزاج سے میل کھانے والا انداز موجود نہیں' اس لئے ہندی گیت کی خصوصیت کو اختیار کرنا پڑتا ہے۔ اختر عادل نے اس راز کو پہچان لیا۔ چنانچہ اپنے گیتوں میں نغمگی پیدا کرنے کے لئے انہوں نے نہ صرف ہندی بحروں کا استعمال کیا' بلکہ ہندی کے علاوہ برج بھاشا کے الفاظ کو برجستگی کے ساتھ استعمال کر کے اردو گیت میں نئے انداز کی خصوصیت پیدا کی۔ گیتوں کے علاوہ اختر عادل نے نظموں اور غزلوں میں اظہار خیال کیا ہے۔ ایسا محسوس ہوتا ہے کہ وہ گیتوں کے علاوہ نظموں اور غزلوں کی زبان میں رس گھول رہے ہیں اور ان کی شاعری میں کوئل کوک کی خصوصیت نمایاں ہوتی ہے۔ غرض اختر عادل کو حیدرآباد کے ان شاعروں میں شمار کیا جاتا ہے' جنہوں نے اردو اور ہندی کی لفظیات کو شاعری میں استعمال کر کے شعوری طور پر دو زبانوں کی امتیازی خصوصیات کو پیش کرنے میں کامیابی حاصل کی۔ اختر عادل کا ابتدائی شعری مجموعہ ''کلپنا'' 1964ء سے قبل شائع ہو چکا تھا۔ اردو کے استاد اور تنقیدی نظریات کے حامی ہونے کی وجہ سے ان کی نثر میں بھی تنقیدی اور تحقیقی شعور بھی نمایاں ہوتا ہے۔ انہوں

نے گیتوں اور نظموں کے ساتھ غزلوں میں بھی نغمگی کو پیش نظر رکھا ہے۔ ان کا انتقال 1980ء کے بعد ہوا۔ کلام کی خصوصیت کو نمائندگی دینے کے لئے غزل کے چند اشعار پیش ہیں۔

ہاں برا ہو زندگی اس گردش ایام کا — صبح گزری بھی نہ تھی اور وقت آیا شام کا
میں یہ سمجھا تھا کہ دل سے عقل آگے ہے بہت — فرق نکلا ان میں لیکن صرف اک دوگام کا
اے نسیم جانفزا تو کل بھی آئے گی مگر — مجھ گل پژمردہ کو آنا ترا کس کام کا
دے دیا ہے ہاتھ میں اک جام مئے کیا کم ہے یہ — گو شکست جستجو ہے فلسفہ خیام کا

موت سے کہہ دو کہ خواب جنگ نہ دیکھا کرے
میری دنیا کوئی گہوارا نہیں آلام کا

حیدرآبادی شعروادب کے حوالے سے اختر عادل نے اپنے افکار کے ذریعے ہندی انداز کی گیت کی روایت کو اردو میں فروغ دے کر شاعری کے فطری انداز کے بجائے اردو اور ہندی کے ملے جلے انداز سے استفادہ کیا۔ انہوں نے علامہ قدر عریضی کے دور میں غزلیں لکھیں اور گیت کے علاوہ نظموں کے ذریعے شاعری کی نمائندگی پر خصوصی توجہ دی۔ وہ اپنے عہد کے غزل، نظم اور گیت لکھنے والے حیدرآباد کے نمائندہ شاعروں میں شمار کئے جاتے ہیں۔ (65)

33. وحید اختر

اورنگ آباد کی سرزمین سے تعلق رکھنے والے وحید اختر کی تاریخ پیدائش 12 راگست 1925ء بتائی جاتی ہے، جنہوں نے 1950ء میں میٹرک کا امتحان کامیاب کرنے کے بعد 1954ء میں جامعہ عثمانیہ سے بی اے اور 1956ء میں ایم اے کا امتحان درج اول میں کامیاب کیا۔ ہر امتحان میں اعزاز کے ساتھ کامیابی حاصل کرنا ان کی ذہانت اور علمی شوق کا ثبوت رہا۔ ان اعلیٰ صلاحیتوں کی وجہ سے عثمانیہ یونیورسٹی میں انہیں فیلوشپ مقرر کی اور پی ایچ ڈی ڈگری کے لئے انہوں نے ''خواجہ میر درد کے نظریہ تصوف'' پر تحقیقی مقالہ لکھ کر اعزاز حاصل کیا۔ وحید اختر کو حیدرآباد کے ترقی پسند شاعروں میں شمار کیا جاتا ہے اور وہ وجہ ہی نہیں، بلکہ مخدوم کے بھی ساتھیوں میں شمار کئے جاتے ہیں۔ وہ بیک وقت شاعر وادیب ہی نہیں، بلکہ تنقیدی صلاحیتوں سے وابستہ اہم قلمکار کی حیثیت سے شہرت رکھتے ہیں۔ ان کی پہلی نظم 1949ء شائع ہوئی تھی، جس کے بعد بے شمار نظمیں اور غزلیں لکھیں، جس پر باضابطہ شعری مجموعہ شائع کیا جاسکتا ہے، لیکن انہوں نے کبھی اس پر توجہ نہیں دی۔ فطرت کا رجحان نظم کی طرف زیادہ ہے اور نظم کے ذریعے وہ زبان و بیان کے علاوہ حسن وخیال کے ساتھ ساتھ مضمون آفریں کو بھی خصوصی توجہ دیتے ہیں۔ اپنے

مطلب کو ادا کرنے کے لئے الفاظ کی بندش اور تشبیہ اور استعارے کے استعمال کے لئے وہ شاعری پر قدرت رکھنے کا صاف اعلان کرتے ہیں۔ غزلوں میں بانکپن اور حسن کا نکھار ہی نہیں، بلکہ عشق و محبت کا سوز و گداز بھی پایا جاتا ہے۔ ان کا کلام ہندو پاک کے مشہور رسائل میں شائع ہوتا رہا اور مختلف ریڈیو اسٹیشنوں سے ان کا کلام بھی نشر ہوتا رہا۔ اورنگ آباد میں قیام کے دوران کالج کے رسالے ''نورس'' اور جامعہ عثمانیہ کے رسالے ''مجلّہ عثمانیہ'' کے مدیر رہ چکے ہیں اور حیدر آباد سے ترقی پسند مزاج کی نمائندگی کرنے والے سلیمان اریب کے اردو جریدہ ''صبا'' کے مجلس ادارت میں بھی وابستہ رہے۔ ماسکو ریڈیو سے اردو پروگراموں کی نشریات کے لئے ان کا انتخاب عمل میں آیا، جس کے بعد انہوں نے ایران کا دورہ بھی کیا اور آخر میں علی گڑھ مسلم یونیورسٹی کے شعبہ اردو میں پروفیسر کی حیثیت سے خدمات انجام دیتے رہے۔ علی گڑھ میں ہی 1986ء میں انتقال کیا۔ ان کی نظموں میں جتنا درد دکھائی دیتا ہے، وہی خوبی غزلوں میں بھی نمایاں ہوتی ہے۔ ایک غزل کے چند اشعار ملاحظہ ہوں۔

کیوں تری قندلبی، خوش سخنی یاد آئی — زہر افشانی دنیائے دنی یاد آئی
پئے گل گشت چمن پھر دل دیوانہ چلا — پھر تری سروقدی، گل بدنی یاد آئی
جب کسی جسم پہ سجتے ہوئے دیکھا ہے لباس — تیری خوش قامتی، خوش پیرہنی یاد آئی
درد سینے میں وہ اٹھا ہے کہ جاں جاتی ہے — ہائے کن آنکھوں کے ہیروں کی کنی یاد آئی
یوں نبا ہا ترا وعدہ ترے غم نے برسوں — غم ایام کی پیماں شکنی یاد آئی
یاد آئی نہ کبھی بے سر و سامانی میں — دیکھ کر گھر کو غریب الوطنی یاد آئی
جام اٹھاتے ہی دل امڈا تو بھر آئیں آنکھیں — چشم ساقی تری ساغر شکنی یاد آئی

آج دکھلاتے گل افشانی گفتار وحید
لگ گئی چپ جو وہ غنچہ دہنی یاد آئی

وحید اختر نے مذہب اور تصوف کے علاوہ جمالیاتی احساس کی خصوصیت کو اپنی شاعری میں بھرپور انداز سے نمائندگی دی ہے۔ گو کہ وہ ترقی پسند شاعر اور روایات سے منحرف ہیں، لیکن ان کی شاعری میں حسن و عشق کی کرشمہ سازی کے علاوہ زندگی کی بے ثباتی کے علاوہ اس کے کرب کی خصوصیت اور سیاسی بے اعتدالی کی خصوصیات جلوہ گر نظر آتی ہیں۔ انہوں نے اپنے مسلک کی نمائندگی کرتے ہوئے مشہور تحقیقی و تنقیدی کتاب ''واقعہ کربلا بحیثیت شعری استعارہ'' پیش کر کے اردو شاعری کی انفرادیت کو نمائندگی دی ہے۔ (66)

34. خیرات ندیم

میر خیرات علی نام اور خیرات ندیم کے قلمی نام سے سنجیدہ فکر شاعروں میں شمار کئے جاتے ہیں ۔ ان کی پیدائش 1925ء میں شہر حیدرآباد میں ہوئی ۔ انٹرمیڈیٹ کی تعلیم حاصل کرنے کے بعد سررشتہ تعلیمات سے وابستہ ہو گئے ۔ فطری ذوق کے نتیجہ میں شعر گوئی اختیار کی اور نظموں کے علاوہ غزلیں بھی لکھنے لگے ۔ ابتداء میں فانی بدایونی سے استفادہ کیا جس کے بعد علی اختر اور پروفیسر باقی مرحوم سے مشورہ کیا ۔ ان کے انتقال کے بعد خورشید احمد جامی سے فیض حاصل کیا ۔ غزل اور نظم لکھنے میں بڑا کمال حاصل ہے ۔ ان کے تین شعری مجموعے شائع ہو چکے ہیں جن میں ''موباف سحر'' کو اہم مقام حاصل ہے ۔ ان کا کلام معیاری رسالوں میں شائع ہوتا رہتا ہے ۔ انتقال کے بعد بھی اپنے کلام کی وجہ سے شہرت رکھتے ہیں ۔ ان کی ایک غزل بطور نمونہ پیش ہے:

حسرتِ سفر اتنی معتبر نہیں ہوتی — مشکل سفر جب تک ہم سفر نہیں ہوتی
شب کی اکھڑی سانسوں میں ڈوبنے لگے تارے — دیکھئے سحر کب تک جلوہ گر نہیں ہوتی
وہ بھی آج کہتے ہیں منزلوں کا افسانہ — منزلوں کی خود جن کو کچھ خبر نہیں ہوتی
عزمِ زندگی خود ہی حادثوں کا خالق ہے — آندھیاں تو ہوتی ہیں برق گر نہیں ہوتی
جس میں ایک طوفاں ہو عزم زندگی کا — ایسی کوشش پیہم بے اثر نہیں ہوتی
آرزو بدلتی ہے شعلہء بغاوت سے — آرزو کی جب کوئی رہ گزر نہیں ہوتی
جل اٹھیں ندیمؔ آخر مشعلیں حقائق کی — شاعری مسائل سے بے خبر نہیں ہوتی

(67)

35. میر ہاشم

حیدرآباد کی سرزمین میں دیہی علاقوں سے ترقی کرتے ہوئے اردو شعر و ادب کی دنیا کو سنوارنے والے میر ہاشم کا تعلق کسی دور میں محبوب نگر کے موضع اور موجودہ دور میں رنگاریڈی ضلع کے تعلقہ مغل گدہ سے تعلق رکھنے والے میر ہاشم کی پیدائش حیدرآباد میں ہوئی اور انہوں نے حیدرآباد سے ہی گریجویشن کی کامیابی کے بعد جامعہ عثمانیہ سے ایل ایل بی کی ڈگری حاصل کی ۔ انہوں نے ادبی دنیا میں نام کمانے کے لئے بی اے کے بجائے بی کام کا امتحان کامیاب کیا ۔ اس وقت تک حیدرآباد کے کئی علاقے تلنگانہ سے علحدہ کر کے مہاراشٹرا میں شامل کر دیئے گئے تھے ۔ جن میں مرہٹواڑہ کے چار اضلاع بھی شامل تھے ۔ انہوں نے اپنی ادب دوستی اور وکالت کی صداقت کو فروغ دینے کے لئے مرہٹواڑہ کے مشہور علاقے پربھنی کا انتخاب کیا اور وہیں وکالت کے ذریعے شہرت حاصل کی ۔ پربھنی میں

میونسپل چیرمین مقرر ہوئے اور شعر گوئی کے نتیجے میں پربھنی کی سرزمین کو ادب آباد بنا دیا۔ ان کی پیدائش حیدرآباد میں 1928ء میں ہوئی اور ریاست حیدرآباد انضمام کے بعد مرہٹواڑہ کا رخ کیا۔ اپنی عمر کے بارہ' تیرہ سال کے دوران ہی شعر موزوں کرنے لگے۔ تاہم بزرگوں کے خوف سے شاعری کا اظہار نہیں کیا۔ یہی وجہ ہے کہ ان کی ادبی زندگی کا آغاز باضابطہ طور پر 1951ء سے ہوتا ہے۔ ابتداء سے ہی انہوں نے کمیونسٹ نظریات کو وسیلہ بنایا اور اپنے عہد میں ترقی پسند تحریک کے نظریات سے استفادہ کیا۔ یہی وجہ رہی کہ ان کی شاعری میں نظم اور غزل کے علاوہ آزاد شاعری کا پرتو دکھائی دیتا ہے۔ نو' دس سال تک مہاراشٹرا میں کمیونسٹ پارٹی کی نمائندگی کرتے رہے اور پربھنی میونسپل بورڈ کے چیرمین مقرر ہونے کے بعد انہوں نے نظم اور غزل کے توسط سے خیالات کی اکسائی کا کارنامہ انجام دیا۔ ان کی شاعری میں مخدوم کے انقلابی رجحان اور ترقی پسند تحریک کے مساوات کے تقاضے کی دلیل ملتی ہے۔ انہوں نے شاعری کو عصر حاضر کے تقاضوں سے ہم آہنگ کامیابی حاصل کی۔ غرض حیدرآباد سے منتقل ہوکر پربھنی میں اور پھر شہر اورنگ آباد میں انہوں نے جج کی حیثیت سے خدمات انجام دے کر وظیفہ پر سبکدوشی اختیار کی۔ ان کی شاعری کے کئی مجموعے شائع ہو چکے ہیں اور انہوں نے آخری عمر میں قرآن وحدیث اور سیرت کے مطالعے کے توسط سے نہ صرف اسلامیات کو فروغ دینے کی کوشش کی' بلکہ قرآنی تعلیمات کو انگریزی میں پیش کرنے کے لئے مشہور کتاب " Fragrance of the Book" تحریر کر کے اپنی مذہب دوستی کا ثبوت دیا۔ شاعری میں اکمل رہے اور کئی رسالوں میں میر ہاشم نمبر شائع کئے۔ مالیگاؤں سے مرتب ہونے والا سہ ماہی رسالہ ''توازن'' کا میر ہاشم نمبر بڑی اہمیت کا حامل ہے۔ نظم اور غزل کے علاوہ آخری عمر میں انہوں نے نعتیہ شاعری کی طرف بھی توجہ دی۔ چنانچہ آزاد نظم میں نعت کو پیش کرنے کا انداز ان کی خصوصی توجہ کا مرکز ہے۔ ان کی غزلیہ شاعری کے انداز کو سمجھنے کے لئے چند اشعار بطور نمونہ پیش ہے۔

جرعہء مئے سے فزوں تر اب غم دل ہوگیا
دل کو بہلانا کسی صورت سے مشکل ہوگیا

ان بہاروں پر ہمارا آج کوئی حق نہیں
جن بہاروں میں ہمارا خون شامل ہوگیا

کس طرح آئے ہیں وہ بے اختیاری دیکھئے
اب انہیں اندازہ مجبوری دل ہوگیا

ساز بے آواز ہیں' نغموں میں کوئی رس نہیں
اک ترے جانے سے یہ کیا رنگ محفل ہوگیا

حادثات دل گئے تو دل کی دھڑکن بھی گئی
جب میں طوفاں سے بچا تو نذر ساحل ہوگیا

میر ہاشم نے طویل عمر پائی اور اورنگ آباد کے ادبی حلقوں سے باضابطہ رابطہ رکھا۔ ان کے صاحبزادوں نے کلیات بھی شائع کیا۔ غرض 2004ء میں شعر وادب کی خدمت انجام دیتے ہوئے میر ہاشم نے اس دنیا سے خیر باد

کہا۔(68)

36. راشد آذر

حیدر آباد کے ایک علم دوست اور خوشحال گھرانے میں پیدا ہونے والے راشد علی خان کے والد پروفیسر حسین علی خان مرحوم انگریزی ادب کے بہت بڑے اسکالر تھے اور انہیں فارسی کے علاوہ اردو ادب سے بھی خصوصی دلچسپی تھی۔ 1930ء میں پیدا ہونے والے راشد علی خان نے نظام کالج میں تعلیم حاصل کی۔ عثمانیہ یونیورسٹی سے 1953ء میں بی اے اور 1955ء میں ایل ایل بی کی ڈگری حاصل کی۔ 1963ء میں بی ایڈ کا امتحان کامیاب کیا اور دو سال تک وکالت کے پیشہ میں قسمت آزمائی کرتے رہے۔ اس کے بعد ایک کمپنی میں آٹھ مہینے کام انجام دیا۔ بچپن ہی سے شعر گوئی اور آرٹ سے خصوصی لگاؤ رہا۔ ان کی نظمیں ترقی پسند خیالات کی نمائندہ اور غزلوں میں بھی یہی انداز نمایاں نظر آتا ہے۔ آخری دور میں راشد آذر نے رباعی گوئی کی طرف توجہ دی اور اس فن میں کامیابی کے ساتھ اپنے افکار کو پیش کرنے کا سلیقہ ظاہر کیا۔ راشد آذر حیدر آباد کی تہذیب اور اخلاص ہی نہیں، بلکہ شرافت کے بہترین نمونہ تھے۔ ان کے شعری مجموعوں میں ''نقش آذر'' 1963ء ''صدائے تیشا'' 1972ء کے علاوہ ''آب دیدہ''، خاک انا اور ''زخموں کی زبان'' ہی نہیں بلکہ ''منزل شوق' ''جمع وخرچ وفاء'' اور ''اندوختہ'' کی اشاعت عمل میں آچکی ہے۔ اس کے علاوہ ان کی تحقیقی کتاب ''میر کی غزل گوئی۔ ایک جائزہ'' شائع ہو چکی ہے۔ ان کی کتابوں پر آندھرا پردیش، اتر پردیش اور بہار اردو اکیڈیمیوں سے اعزازات حاصل ہو چکے ہیں۔ انہوں نے باضابطہ طور پر انجمن ترقی پسند مصنفین سے وابستگی کو جاری رکھا۔ 2017ء میں ان کے انتقال کے بعد ترقی پسند نظم اور غزل کے علاوہ جدید رباعی گو شاعر کا حیدر آباد سے رشتہ ٹوٹ گیا۔ ان کی پابند نظموں کے علاوہ آزاد اور معریٰ نظموں کا بھی بہت بڑا ذخیرہ موجود ہے۔ ان کے شعری مجموعے بھی شائع ہو کر منظر عام پر آچکے ہیں۔ ان کی ایک نظم کے چند اشعار ملاحظہ ہوں:

نقش تازہ

فکر آذر نے تراشے تھے خیالوں میں صنم   آتشِ گل سے حسیں، موجِ تبسم سے گداز
جو حقیقت سے جلا پا نہ سکے ٹوٹ گئے   اک ہزیمت نے عیاں کر دیئے سب زیست کے راز

فکر فردا نے پھر اک بار سجا رکھے ہیں   میرے ماضی کے جھروکوں میں پرانے اصنام

ان کے ماتھے پہ دمکتی ہے لہو کی بندی ان کے چہرے پہ منقش ہے مرے شوق کا نام

خون میں ڈوبی ہوئی سرخ کرن پھوٹی ہے میری یادوں کے دمکتے ہوئے رخساروں سے
میرے ماضی کے شبستاں میں دیئے جلتے ہیں روشنی دل میں ہوئی درد کے انگاروں سے

آج پھر دل کی تمناؤں نے بیدار کیا آج پھر میں نے اسی شوق سے کچھ سوچا ہے
ایک امیدِ غم آگہیں کا سہارا لے کر میں نے ہر یاد کے ماتھے سے لہو پونچھا ہے

ہر تمنا کو کسی یاد نے چمکایا ہے غم نے تاریک تخّیل کو ضیا بخشی ہے
کش مکش حسرت و امید کی آمیزش ہے زیست کے ہاتھ کو محنت نے حنا بخشی ہے

جب کبھی زیست کے ہر رنگ کو مبہم پاکر یاس امید کی تصویر مٹا دیتی ہے
آرزو یادکی بکھری ہوئی کرنیں لے کر پردہء دل پہ نیا نقش بنادیتی ہے

(69)

37. عبدالرؤف عروج

حیدرآباد کے مذہبی گھرانے میں پیدا ہونے والے عبدالرؤف عروج کی تاریخ پیدائش 1930ء درج ہے۔ان کے جداعلیٰ صوفیاء کرام میں شمار کیئے جاتے ہیں، جن کا مزار آج بھی سرورنگر میں خاص و عام کی زیارت کا ذریعہ بنا ہوا ہے۔عبدالرؤف عروج کی ابتدائی تعلیم شہراورنگ آباد میں ہوئی۔عبدالرؤف عروج کے خاندان میں مذہبی ماحول ہونے کی وجہ سے شعر گوئی کو انتہائی برا تصور کیا جاتا تھا۔لیکن وہ پہلے شخص ہیں جنھوں نے تعلیم و تربیت کے دوران ہی شعر گوئی کے طرف متوجہ ہو گئے۔عثمانیہ کالج اورنگ آباد سے نکال دیئے جانے کی وجہ سے عروج اپنی تعلیم کے سلسلے کو جاری نہ رکھ سکے، البتہ 15/اگست 1947ء سے خاندانی روایات سے بغاوت کرتے ہوئے انہوں نے شاعری کا آغاز کر دیا اور اپنے عہد کے اہم ترقی پسند شاعروں میں شمار کیئے جانے لگے۔پولیس ایکشن

کے کچھ عرصے بعد عروج نے اورنگ آباد سے کراچی کا سفر کیا اور وہیں ملازمت اختیار کرلی۔ انہوں نے صحافت کو اپنی زندگی کا لازمہ بنادیا۔ چنانچہ دس سے بارہ سال تک یکے بعد دیگرے پاکستانی رسالے ''نیرنگ'' کے علاوہ ''زینت'' اور ''کاروان'' ہی نہیں' بلکہ ''نیاراہی'' اور ''مشرق'' کے بعد ''الشجاع'' کے ادارتی فرائض انجام دیتے رہے۔ انہوں نے صحافتی زندگی میں کامیابی حاصل کی۔ ان کے صحافتی مضامین اور اداریوں کو بڑی اہمیت حاصل رہی۔ وہ نہ صرف ذہین اور پرگو شاعر تھے' بلکہ شاعری کی ہر صنف کو اظہار کا ذریعہ بنایا۔ تحقیق اور تنقید کا مزاج بھی ان کی فطرت میں شامل ہے۔ خاص طور پر نظم نگاری اور غزل گوئی اور خصوصی توجہ دی۔ ان کی نثری کتابوں میں تحقیق و تنقید کے علاوہ علم وفن کی نمائندگی بھی دکھائی دیتی ہے۔ صحافت سے وابستہ رہتے ہوئے انہوں نے ایک ساتھ پانچ کتابیں پیش کیں جن میں ''میر اور عہد میر'' اور ''غالب کا دوسرا دیوان'' کے علاوہ ''مصحفی کی مثنوی نگاری'' اور ''اردو مثنوی کے پانچ سو سال'' کی اشاعت سے اندازہ ہوتا ہے کہ انہیں تنقیدی اور تحقیقی زبان پر بھی قدرت حاصل ہے۔ آخری عمر میں انہوں نے سودا کے تنقیدی شعور اور اسپرنگر کے تذکرے پر تحقیقی کام کا آغاز کیا تھا۔ غرض اردو زبان وادب کی خدمت انجام دیتے ہوئے صحافت کو پیشہ بنا کر عبدالرؤف عروج نے پاکستان ہی نہیں' بلکہ ہندوستان میں بھی شہرت حاصل کی۔ ان کی بے شمار نظموں میں پابند شاعری کا رجحان نمایاں ہے۔ چنانچہ ان کی مشہور نظم وجدان' پرستیدم' دریچہ' خدنگ جستہ' آہٹ کے علاوہ یہ 'ایک چاند اور ایک شام'' کو بڑی اہمیت حاصل ہے۔ انہوں نے اپنی نظم ''کہانی'' میں شعرگوئی کے ذریعے فنکار کی تخلیقی صلاحیت کا اعتراف کیا ہے۔ غزل میں حسن وعشق کی صلاحیتوں کے بجائے دنیا کی حقیقتوں کو پیش کرنے کے قائل رہے۔ اس لئے ان کی ایک منتخب نظم بطور نمونہ پیش ہے۔

جو رسم کہ ہم سوختہ جانوں سے چلی ہے   اس دور کے افسانوں کا عنوان جلی ہے
پہنچے ہیں بہت دور ترے غم کے اجالے   ظلمت کدہ روح ستاروں کی گلی ہے
اے چاند ستارو! کبھی تم نے اسے دیکھا   وہ نور جو انساں کا نصیب ازلی ہے
آوارگی شوق سلامت کہ جنوں نے   گرد رہ حالات بھی چہرے پہ ملی ہے
کیا کیا افق ذہن پہ لہرائے ہیں جگنو   جس وقت تری چھب کی کوئی بات چلی ہے
اک جشن چراغاں کی حسیں یاد میں ہم نے   جو شمع جلائی وہی تا صبح جلی ہے
اس ساعت فصل گل و لالہ کی بدولت   خوشبو مرے آنگن میں ہر اک سو سے بسی ہے
اب اس کو عروج ان کی تمنا ہی کھلائے

ہر شعر مرا دیر سے منہ بند کلی ہے

عبدالرؤف عروج کو حیدرآباد میں بھی شاعر اور ادیب کے علاوہ صحافی کی حیثیت سے اہم مقام حاصل تھا اور انہوں نے پڑوسی ملک کی سرزمین میں بھی اسی حیثیت سے شہرت حاصل کی اور ادبی دنیا میں محقق اور نقاد کی حیثیت سے بھی شہرت رکھتے ہیں۔ غرض 1967ء میں عبدالرؤف عروج کا انتقال ہوگیا اور وہ کراچی کی خاک پرورده قرار دیئے گئے۔(70)

38. شفیق فاطمہ شعریٰ

شفیق فاطمہ نام اور شعریٰ تخلص کیا کرتی تھیں۔ سہارنپور میں 17 رمئی 1930ء کو پیدا ہوئیں۔ ان کے آباء واجداد مروان سے آکر ہندوستان میں آباد ہوگئے تھے۔ شعریٰ کے والد ملازمت کے سلسلے میں طویل عرصے تک ناگپور میں رہے اور پھر وہاں سے ہجرت کر کے 1947ء میں ان کا چھوٹا سا خاندان اورنگ آباد منتقل ہوگیا اور یہیں بس گیا۔ شفیق فاطمہ شعریٰ کا گھرانہ مذہبی نظریات اور اعتقادات کا پرورده تھا۔ ان کا ننھیالی سلسلہ امام ابن طیمیہ ٗامام غزالی ٗ شاہ اسماعیل شہید اور سرسید کا پرستار تھا اور ددیال میں تصوف کے علاوہ شیعیت حیرت انگیز طور پر گڈمڈ ہوگئی تھی۔ بیعت کا سلسلہ بھی جاری تھا اور مجلسوں کے انعقاد کے ساتھ ساتھ عرس کی سرگرمیاں بھی جاری رہتی تھیں۔ ایسے ملے جلے ماحول میں شفیق فاطمہ شعریٰ کی تعلیم وتربیتی ان کے والد خود ایم اے تھے اور انگریزی کے علاوہ فارسی کی ٹھوس قابلیت رکھتے تھے۔ لیکن اپنی لڑکیوں کے لئے اسکول کی تعلیم کی مخالف تھے ٗ جس کی وجہ سے شعریٰ نے اردو اور فارسی گھر پر ہی اپنے والدہ سے پڑھی اور ان کے والدہ بھی شعروادب کا پاکیزہ ذوق رکھتی تھیں اور کبھی کبھی شعر بھی کہتی تھیں ٗ اسی لئے شعریٰ نے اپنی بچپن میں ہی غالب سے لے کر حافظ اور رومی تک کی تمام تر شاعری کو پڑھ لیا تھا۔ پھر جب ان کی بڑی بہن انیس فاطمہ نے ضد کر کے والد سے عربی پڑھنے کی اجازت لی تو ان کا گھر فقیروں اور مجذوبوں کی ضیافت خانے میں تبدیل ہوگیا۔ جس کی وجہ سے بریلی ٗ ندوہ اور دیوبند کے علماء دیوان خانے میں مہمان رہتے اور ان کی کتابیں گھر کی زینت بنی رہتی تھیں۔ شفیق فاطمہ شعریٰ نے ان تمام کتابوں کے مطالعے کے ذریعے اپنے علم میں اضافہ کیا۔ لیکن جب اورنگ آباد آگئیں تو کتابوں کے مطالعے کے بجائے سابق کے مطالعے سے جو بصیرت حاصل کی تھی ٗ اسے بدلتے ہوئے حالات کے پس منظر میں پیش کرنا شروع کیا۔ انہوں نے محسوس کرلیا تھا کہ قدیم تعلیم سے کوئی فائدہ پہنچنے والا نہیں ہے ٗ اسی لئے نئے سرے سے صلاحیتوں کا استعمال کیا جانا چاہئے۔ چنانچہ انہوں نے انگریزی سیکھنا شروع کیا اور ان کی ذہانت کا نتیجہ یہ رہا کہ وہ بی اے کا امتحان فرسٹ ڈویژن میں پاس ہوئیں جس کے بعد بی ایڈ کیا اور اورنگ آباد گرلز ہائی اسکول میں انگریزی کے علاوہ مرہٹی زبان پڑھانے کے لئے

استاد کی حیثیت سے خدمات انجام دینا شروع کیا۔ شعریٰ کی شعرگوئی کا آغاز 1951ء میں اور 1952ء کے درمیان ہوا، جبکہ انہوں نے اردو میں منظوم ترجموں کی بنیاد رکھی۔ ترجموں سے جب بیزار ہوئیں تو انہوں نے طبع زاد نظمیں لکھنے کی طرف توجہ دی اور چند ہی برسوں میں پردہ نشین شاعرہ کی حیثیت سے وہ محفلوں میں شریک ہونے لگیں اور ان کے کلام کو لوگ پسند کرنے لگے۔ ہندوستان میں بہت سارے لوگ عورتوں کے شعر کہنے پر مخالفت کرتے ہیں، لیکن شفیق فاطمہ شعریٰ کی نظمیں پڑھنے سے اندازہ ہوتا ہے کہ ان کی شاعری بلاشبہ افکار کی بہترین نتیجہ ہے۔ ان کا مشہور شعری مجموعہ ''گلہ صفورہ'' کے نظمیں فکر وفن کی موثر نمائندہ ہیں۔ شعریٰ کا کمال یہی ہے کہ وہ حافظ اور عربی داں ہونے کی وجہ سے اردو شاعری میں عربی تراکیب اور الفاظ کے استعمال پر خصوصی توجہ دیتی ہیں۔ شادی ہوگئیں تو شوہر کے ساتھ حیدرآباد منتقل ہوگئیں اور ممتاز کالج میں اردو کی لکچرر کی حیثیت سے خدمات انجام دینے لگیں۔ ان کا شعری شعور نظموں کی نمائندگی کرتا ہے، لیکن غزلیں لکھنے میں بھی انہیں کمال حاصل تھا۔ ممتاز کالج سے وظیفہ پر سبکدوش ہونے کے بعد حیدرآباد میں ہی رہ گئیں اور شوہر کے انتقال کے بعد تنہا زندگی گزاری۔ حتیٰ کہ 2004ء میں اس دارفانی سے کوچ کیا۔ ان کی نظموں میں فکر وفن کی گھن گرج ہی نہیں، بلکہ مذہبی پاکیزگی کے علاوہ تہذیب واخلاق کی شائستگی بھی دکھائی دیتی ہے۔ طویل نظمیں لکھنے میں انہیں خاصا کمال حاصل ہے۔ ان کی بیشتر نظموں میں پابند شاعری کا رجحان جھلکتا ہے اور انہوں نے اسی انداز کو اظہار کا ذریعہ بنایا ہے۔ ان کی طویل نظم کے چند بند ملاحظہ ہوں۔

اب انتظار کی گھڑیاں گراں نہیں ہوں گی　　　وہ میرے فصل گذشتہ کے ہم سفر آئے
چہک رہے ہیں گھنی پتیوں میں چھپ چھپ کر　　　یہ مجھ کو موسم گل میں کبھی نہیں بھولے
ہمیشہ یاد کی زنجیر میں اسیر آئے
ہر اک بہار میں بانغمہ و نفیر آئے

اسی جہاں میں کچھ ایسے بھی لوگ رہتے ہیں　　　کہ خواب میں بھی کبھی بھول کر نہیں آتے
رتیں بدلتی ہیں موسم خرام کرتے ہیں　　　بھڑک کے شمع رہ انتظار بجھتی ہے
نہ کوئی نامہ نہ کوئی پیام آتا ہے
عجب اندھیرے میں ہم صبح و شام کرتے ہیں

وہ تاجدار چمن فصل گل کی شہزادی　　　اگل رہی ہے لہو دیر سے ہے فریادی
ارے ارے کہیں شق ہو نہ جائے دل اس کا　　　وہ اس کا ضبط وہ اس کی تڑپ وہ اس کا خروش
اک آبشار نواگر رہا ہے تھم تھم کر

کبھی یہ زمزمہ دلکشا نہ ہو خاموش

ذراسی ننھی سی منقار کی نئے نازک　　　لنڈھا رہی ہے خماروں کے خم خیالوں میں

اڈ رہی ہے خنک کونپلوں میں شیریں آنچ　　　لہوتپاں ہے شگوفوں کے سرخ گالوں میں

ٹپک رہا ہے ہواؤں سے شہد ناب کا کیف

انڈیل کے کوئی پی لے اسے پیالوں میں

شفیق فاطمہ شعریٰ کی نظم نگاری میں فن کا رچاؤ اور فکر کی گہرائی کا ثبوت ملتا ہے۔ان کی شاعری پر پروفیسر مغنی تبسم نے ''شعر وحکمت'' کا خصوصی گوشہ شائع کیا تھا۔جس میں ان کے اظہار اور فن کی گہرائی و گیرائی کو مکمل نمائندگی دی گئی ہے۔اگر چہ شعریٰ کی تربیت اورنگ آباد میں ہوئی' لیکن آخری زندگی کا بہت بڑا حصہ حیدرآباد میں گزارا اوران کی شاعری میں حیدرآبادی طرز وانداز کے علاوہ مشرقی شعری روایت کی خصوصیت جلوہ گر ہے۔اسی لئے شفیق فاطمہ شعریٰ کو حیدرآباد کی نظم گو شعراء میں اہم مقام حاصل ہے اورانہوں نے قدر عریضی جیسے اہم رباعی گوشاعر کی قدر و منزلت کو اہمیت دی ہے' اسی لئے ان کے تعارف کے ذریعے شعر گوئی کا تجزیہ کیا جارہا ہے۔(71)

39. حمایت علی شاعر

شہر اورنگ آباد کی سرزمین سے شہرت حاصل کرنے والے ترقی پسند شاعر اور حیدرآباد کی سرزمین میں صحافت سے وابستگی اختیار کرنے کے بعد پاکستان کا سفر کیا اور وہیں فلمی دنیا میں شہرت کے حامل قرار دیئے گئے۔ حمایت علی نام اور شاعر تخلص کرنے والے اورنگ آبادی تخلیق کار کے والد کا نام میر تراب علی تھا۔1930ء میں وہ اورنگ آباد میں پیدا ہوئے۔ان کے والد پولیس کے ملازم تھے' جس کی وجہ سے ان کے سخت گیر رویے پر وہ اپنی تعلیم جاری نہ رکھ سکے۔میٹرک تک تعلیم حاصل کرنے کے بعد زندگی کے مسائل میں الجھ کر رہ گئے۔اورنگ آباد چھوڑ کر حیدرآباد آ گئے اور مختلف اخبارات اور رسائل میں کام کرنا شروع کیا۔حتیٰ کہ ہاکر کی حیثیت سے بھی زندگی گزاری۔ 1947ء میں حیدرآباد کے ''دکن ریڈیو'' سے وابستہ ہو گئے اور 1950ء تک ریڈیو میں صداکاری اور اداکاری کے ذریعے روزگار فراہم کرتے رہے۔ جب 1950ء کے اواخر میں ملازمت سے علحدہ کر دیا گیا' تو ایسے حالات پیدا ہو گئے کہ جس کی وجہ سے سڑکوں' گلیوں اور مختلف مقامات پر گھوم کر اخبارات اور رسائل بیچتے تھے۔اس مجبور زندگی سے تنگ آ کر بمبئی کا رخ کیا اور فلمی دنیا میں قسمت آزمائی کی۔ جب کوئی کام بن نہ سکا تو 1951ء میں پاکستان چلے گئے اور وہاں ریڈیو پاکستان کی کراچی یونٹ میں انہیں ملازمت مل گئی اور اسی محکمہ سے وابستہ رہتے ہوئے ایم اے تک تعلیم حاصل کی اور مقامی کالج میں اردو کے لکچرر کی حیثیت سے مشہور ہو گئے۔حمایت علی شاعر کی ادبی زندگی کا

آغاز 1947ء میں ہوا، جبکہ وہ صرف 17 برس کے تھے۔ 1950ء تک انہوں نے اپنی نظموں کا مجموعہ مرتب کیا، لیکن شائع نہ ہوسکا۔ پاکستان میں شاعری کی مشق کرتے ہوئے ریڈیو کی ملازمت بھی کی اور تعلیم کی طرف بھی توجہ دی۔ چنانچہ بی اے اور ایم اے کے امتحان کامیاب کیئے اور 1956ء میں ان کا شعری مجموعہ ''آگ میں پھول'' شائع ہوچکا ہے۔ انہوں نے اخباروں کے لئے منظوم ڈرامے لکھے، ان کے منظوم ڈراموں کے دو مجموعے ''مہران موج'' اور ''دستک'' کے نام سے شائع ہوچکے ہیں۔ ان کے نثری ڈراموں کا مجموعہ ''برزخ'' کے زیر عنوان شائع ہوچکا ہے۔ پاکستان کے حیدرآباد سندھ میں قیام کے دوران انہوں نے دوماہی رسالہ ''شعور'' جاری کیا، جو دو سال کے بعد بند ہوگیا۔ حیدرآباد سندھ میں انہوں نے ثقافتی انجمن ''ارژنگ'' کی بنیاد رکھی، جو پاکستان میں اسٹیج ڈرامے کی ترقی وترویج کے لئے اہمیت کی حامل سمجھی جاتی ہے۔ پاکستان میں مقبول اور نوجوان شاعر کی حیثیت سے ہی نہیں، بلکہ فلمی نغمہ نگار کی حیثیت سے بھی شہرت رکھتے ہیں۔ انہوں نے بعض انگریزی نظموں کے علاوہ پاکستان کی علاقائی زبانوں کی نظمیں بھی اردو میں منتقل کی اور فلمی دنیا میں گیت کار کی حیثیت سے مشہور ہوئے۔ ان کی شاعری میں ترقی پسند مزاج کی جھلکیاں ملتی ہیں اور انہوں نے ساری زندگی جدوجہد کرنے اور مزدوروں کی حمایت کرنے میں گزاردی۔ کئی بار ہندوستان کے کل ہند مشاعروں میں مدعو کئے گئے اور حیدرآباد کی سرزمین پر بھی مشاعروں کے ذریعے شرکت کرتے رہے۔ ملازمت سے سبکدوشی کے بعد انہوں نے عالمی اردو مشاعروں میں شرکت کرکے شہر اورنگ آباد ہی نہیں، بلکہ حیدرآباد کے نام کو روشن کرنے کا کارنامہ انجام دیا۔ ان کے کئی فلمی گیت پاکستان میں شہرت کا درجہ رکھتے ہیں۔ ان کی مشہور نظم ''بنگال سے کوریا تک'' کے ذریعے اندازہ ہوتا ہے کہ واقعات اور حالات کو نظم کرنے میں حمایت علی شاعر کو بڑا کمال حاصل ہے۔ ان کے کئی فلمی نغمے مقبول ہوئے۔ کئی شعری اور تحقیقی ہی نہیں، بلکہ تنقیدی مضامین کے مجموعے بھی شائع ہوچکے ہیں۔ ان کی شاعری اور نثر نگاری کا سفر جاری ہے۔ عمر کے آخری حصہ میں اپنے صاحبزادوں کے ساتھ زندگی گزارنے کی توقع لے کر انہوں نے کینیڈا کا رخ کیا۔ آخری عمر میں انہوں نے اپنے سوانحی حالات کو منظوم انداز میں پیش کرنے کا آغاز کیا تھا۔ چنانچہ 1986ء میں اورنگ آباد پہنچے تو وہاں پر انہوں نے اپنی منظوم سوانح کے اشعار بھی پیش کئے، جس میں اورنگ آباد کی سرزمین کی خصوصیات کو نظم کیا تھا۔ ان کی مشہور نظموں میں ''بنگال سے کوریا تک'' اور ''ایک مسرت ایک موت'' ہی نہیں، بلکہ ''وداع'' اور ''جنگ کے میدان میں'' کو کافی شہرت حاصل ہوئی۔ ان کی چند نظموں میں ''آگ میں پھول'' اور ''شعلہ بجھ گئے'' کو بڑی شہرت حاصل ہوئی۔ ان کی نظموں کا طویل سلسلہ ہے اور انہوں نے ساری زندگی پابند شاعری کی روایت کو برقرار رکھا۔ ترقی پسند نظریات کے حامل ہونے کی وجہ سے ان کی آزاد نظموں میں بھی بڑا درد چھپا ہوا ہے۔ انہوں نے اردو

میں تین مصرعوں پر مشتمل نظم ''ثلاثی'' کی بنیاد رکھی اور ''ثلاثی'' ہی نہیں، بلکہ نظموں کے مجموعے بھی شائع ہوتے رہے۔ جس طرح انہوں نے ابتدائی زندگی مفلسی اور نادانی میں گزاری، اسی طرح آخری زندگی آرام و آرائش میں بسر کر دی۔ غرض کینیڈا کے ماحول میں زندگی گزارتے ہوئے اپنی طویل بیماری کی وجہ سے مشاعروں میں شرکت سے دوری اختیار کی اور 1918ء میں انتقال کے بعد کینیڈا میں ہی مدفون ہوئے۔ نظم کی شاعری کی حیثیت سے شہرت رکھنے کے نتیجے میں ان کی ایک نظم کے چند اشعار ملاحظہ ہوں۔

آئینہ خانہء تصور میں — ایک اک نقش ابھرتا آتا ہے
اور کچھ دیر تھر تھراتے ہی — آپ ہی آپ ڈوب جاتا ہے
وہ برستے لپکتے شعلوں میں — دوڑتے، چیختے، چٹختے سر
دیوہیکل گرجتے طیارے — خاک برسر دھواں دھواں منظر
سڑتی گلتی کریہہ لاشوں کے — خون میں تر، ہر ایک راہگذر
دل کو اپنی خبر نہ اوروں کی — بہکی بہکی ہوئی ہر ایک نظر
شام، زخموں سے چور چور نڈھال — صبح کے لب خموش، آنکھیں تر
جس طرف بھی نگاہ پڑجاتی — موت منہ پھاڑے بڑھتی آتی تھی
زندگی کے حسیں گلابوں کو — اپنے پیروں سے روند جاتی تھی
ہر طرف تھے ہزارہا انساں — اور ہر سو۔ مہیب تنہائی
ناگ کی طرح خوف پھن پھیلائے — ذہن مبہوت، آنکھ پتھرائی
آہٹ آہٹ پہ وہ دہلتے دل — کس پہ کیا جانے کیا گھڑی آئی
گونج اٹھی فضاء میں کوئی چیخ — اور نظروں میں موت ابھر آئی
چھپتی پھرتی تھی کونے کونے میں — زندگی سہمی سہمی گھبرائی
موت کی زد میں آرزوئے حیات — دل میں کتنی شدید ہوتی ہے
ان تماشائیوں کو کیا معلوم — جن کے گھر روز عید ہوتی ہے
میں بہ ہر گام چلتا رہتا ہوں — میں کہاں ہوں؟ میری حیات کہاں
میری دلہن کہ جس کے سینے میں — مامتا کا غرور ہے پنہاں
اور میری بہن کہ جس کے خواب — جانے کن جنتوں میں ہیں رقصاں

جس کی خاطر اٹھا کے رکھا ہے ماں نے اپنے جہیز کا ساماں
زہر کس طرح پی رہے ہوں گے ان کے دل کے نئے نئے ارماں
اور یکلخت اک دھماکے سے دل کی دنیا دہل دہل جاتی
ٹوٹ جاتا ہر اک یقین حیات زندگی، موت سے بدل جاتی

انسانی زندگی کی اونچ نیچ اور ملک ہی نہیں، بلکہ عالمی سیاسی اور معاشی حالات کو منظوم کرنے میں حمایت علی شاعر کو بڑا کمال حاصل ہے اور انہوں نے شاعری کے توسط سے جارحانہ سیاست کے خلاف آواز اٹھانے کا کارنامہ انجام دیا ہے اور غزل کی شاعری سے زیادہ نظم کی شاعری کے ذریعے زندگی کی اہمیت اور انسانوں کی ضرورت کو بے کراں صلاحیتوں کے ساتھ پیش کرنے میں کامیابی حاصل کی ہے۔ اس طرح حمایت علی شاعر کی نظم نگاری، غزل گوئی، ثلاثی اور فلمی گیتوں کی خصوصیت کے ساتھ ساتھ ان کی منظوم سوانح عمری سے اندازہ ہوتا ہے کہ شاعری پر عبور رکھنے والے اورنگ آباد کے اس شاعر نے پاکستان کا سفر کیا اور پھر کینیڈا میں آخری عمر کے لمحے گزارتے ہوئے سفر آخرت بھی اختیار کرلیا۔ لیکن ان کا شعری سرمایہ یہ ثابت کرتا ہے کہ انہوں نے ادب ہی نہیں، بلکہ سماج اور معاشرے کی بدلتی ہوئی حالتوں کے شاعروں میں پیش کرنے کا کارنامہ انجام دیا ہے۔ (72)

40. تاج مہجور

حیدرآباد کے اہم شاعروں میں امتیازی مقام رکھنے والے تاج مہجور کا پورا نام سید تاج الدین ہے، جبکہ تاج مہجور کے نام سے شہرت حاصل کی۔ 27 مارچ 1931ء کو ضلع نلگنڈہ میں پیدا ہوئے۔ وہیں سے میٹرک کا امتحان کامیاب کیا، پھر جامعہ عثمانیہ سے انٹرمیڈیٹ میں کامیابی کے بعد محکمہ آبکاری میں سب انسپکٹر ہوگئے۔ ان کا تبادلہ پروبیشن پر بمبئی میں ہوگیا تو ملازمت سے علحدگی اختیار کی اور بھونگیر میں تجارت سے وابستہ ہوگئے۔ تعلیم کے دوران مستقلاً دو تین سال حیدرآباد میں قیام کے بعد تاج مہجور یہاں کے ادبی ماحول سے دور رہے، لیکن ان کی شاعری میں فطری احساسات اور ادبی ماحول کی سرگرمی ہونے کی وجہ سے انہیں غزل اور نظم کے اچھے شاعر کی حیثیت سے شہرت رکھتے ہیں۔ ان کی ایک مشہور نظم ملاحظہ ہوں:

تنہائی

شب کے سینے پہ سلگتے ہوئے مہتاب کا داغ چشم بے خواب کا خاموش تماشائی ہے
کوئی دَم ساز نہیں شمع تمنا کے سوا پھر وہی رات ہے میں ہوں وہی تنہائی ہے

کوئی دستک ہوئی در پر تھی زنجیر بجی　　　صرف اِک دل کے دھڑکنے کی صدا آتی ہے
زندگی کی طرف سُنسان ہیں ساری راہیں　　　اجنبی شکل کو بھی آنکھ ترس جاتی ہے

اور کچھ بھی نہیں شمع تمنا کے سوا　　　کتنی راتوں کی طرح آج بھی جل جائے گی
اپنی ہی آگ میں خود آپ پگھل جائے گی

تاج مہجور بیک وقت غزل اور نظم کے اہم شاعروں میں شمار کئے جاتے ہیں اور انہوں نے تلنگانہ کی سرزمین میں شعروادب کے توسط سے روایتی انداز کے ساتھ ساتھ ترقی پسند انداز کو بھی فروغ دیا۔ ان کی شاعری میں انقلابی رجحان کی کمی، لیکن جذبات اور احساسات کی نیرنگی ضرور محسوس کی جاتی ہے۔(73)

41. عزیز قیسی

حیدرآباد میں ترقی پسند تحریک سے متاثر ہوکر شعروادب کو اظہار کا ذریعہ بنانے اور غزلوں اور نظموں کے ساتھ ہی فلمی گیتوں کو نئی زندگی بخشنے والے عزیز قیسی کا پورا نام عزیز محمد خاں تھا۔ وہ 1931ء میں حیدرآباد کی سرزمین میں پیدا ہوئے۔ شعرگوئی کی شروعات کی تو قیسی کو تخلص کے طور پر نہیں، بلکہ قلمی نام کا حصہ بنا کر عزیز قیسی کے نام سے شہرت حاصل کی۔ ان کی تعلیم کی ابتداء مذہبی انداز سے ہوئی۔ 13، 14 برس کی عمر میں قرآن کی تعلیم، قرأت اور ترجموں کے علاوہ تفسیر کے ساتھ مکمل کرلی۔ جس کے بعد دارالعلوم کالج سے میٹرک کا امتحان کامیاب کیا اور انٹرمیڈیٹ میں زیرِ تعلیم تھے کہ معاشی مجبوریوں کی وجہ سے تعلیم جاری رکھ نہ سکے۔ چنانچہ انہوں نے صحافتی زندگی کا آغاز کیا۔ اسی دوران عزیز قیسی کی شاعری کو اعتبار کا درجہ حاصل ہوا اور انہوں نے حیدرآباد کی کمیونسٹ تحریک سے وابستگی اختیار کی اور عملی حصہ بھی لینا شروع کیا۔ 1954ء میں انہوں نے سرکاری ملازمت قبول کرلی اور 1956ء میں گریجویشن کی تکمیل کی۔ 1957ء میں ملازمت سے استعفیٰ دے کر بمبئی چلے گئے اور پھر فلموں کے لئے مکالمے، گیت، کہانی اور منظرنامے لکھنے کی کامیاب کوشش کی۔ عزیز قیسی کو ڈرامہ اسٹیج کا وسیع تجربہ تھا۔ وہ نہ صرف اسٹیج کے لئے ڈرامے، گیت، ترانے اور کورس کے علاوہ شیڈو پلے لکھنے میں بڑے ماہر تھے۔ طالب علمی کے زمانے میں انہوں نے ڈراموں میں اداکاری کا حق ادا کرکے اپنے فن کے جوہر دکھائے۔ نئی نسل کے ذہین شاعروں میں عزیز قیسی کا شمار ہوتا ہے، جنہیں شاعری کی ہر صنف پر استادانہ قدرت حاصل ہونے کا امتیاز حاصل تھا۔ اگرچہ وہ نظم کے

شاعروں میں شمار کئے جاتے ہیں' لیکن نظموں کے دوران امیجری اور ڈکشن کے علاوہ فنی رچاؤ کو کام میں لاتے ہوئے نظم کی زندگی کو روشن مستقبل سے آراستہ کر دیتے ہیں۔انہوں نے پابند نظموں کے علاوہ آزاد نظمیں بھی لکھیں اور اپنی شاعرانہ صلاحیتوں کو فلم انڈسٹری کے لئے بھی استعمال کیا۔ساری زندگی بمبئی میں گزاری اور فلمی دنیا کے نامور ادیبوں میں شمار کئے جاتے رہے۔بمبئی میں ہی انتقال ہوا اور ان کے صاحبزادہ نے حیدرآباد سے ''رنگ و بو'' جیسے جریدہ کا آغاز کر کے اردو کی خدمت کا فریضہ انجام دیا ہے۔فرسودہ نظام اور روایتی خصوصیات کے علاوہ سیاسی بازیگری پر طنز کرنا ان کی شاعری کی خصوصیت ہے۔ چنانچہ انہوں نے نظم کے توسط سے نہ صرف معاشرے اور سیاست پر طنز کیا ہے' بلکہ شاعری کے ذریعے معاشرے کو نیا پیام دے کر اپنی صلاحیتوں کا اظہار کیا ہے۔نمونے کے طور پر ان کی ایک نظم کے چند اشعار ملاحظہ ہوں۔

دہانِ زخم

زاغوں کی عریض مملکت کا — فرماں ہے کہ گیت بند کیجئے
ہاں نالہ کبھی کبھی روا یہ — نغمے کا تو نام بھی نہ لیجئے
نغمہ جو کبھی لبوں پہ ابھرا — گھٹ گھٹ کے سسک گیا گلو میں
سینے میں تڑپ گیا تڑپ کر — بے تاب اتر گیا لہو میں
بھرتا رہا زہر مدتوں تک — اظہار کی خواہش نمو میں
بنتا رہا بے حدود قلزم — سینے کی ذراسی آب جو میں
لب چھین لئے تھے قافلوں نے — اے کاش وہ زخم بھی نہ دیتے
سو کام لئے تھے گرجنوں سے — اتنا تو خرد سے کام لیتے
مقتل ہے جہاں نغمہ ونے — بس میں ہو تو یہ جہاں مٹا دے
اٹھتے ہیں دہان زخم سے گیت — پہرہ ہے کہاں کوئی صدا دے

لفظوں کی بندش اور اظہاری کیفیت کو فطرت کے عین مطابق پیش کرنے کا ہنر عزیز قیسی کو خوب آتا ہے اور وہ اپنی شاعری کے ذریعے کیفیاتی فضاء منظم کرنے میں اپنی مثال آپ قرار دیئے جاتے ہیں۔غرض ان کی نظموں میں بلا کا ترنم اور گیتوں میں نغمگی کی خصوصیت نمایاں ہوتی ہے۔انہوں نے شاعر کے ساتھ ساتھ نثر نگار کی حیثیت سے بھی اپنا مقام بنالیا ہے۔اس طرح ان کی شعری اور نثری خصوصیات اس قابل ہیں کہ انہیں حیدرآباد کے اہم شاعروں میں جگہ دی جائے۔(74)

42. غفور انیس

محمد عبدالغفور نام اور غفور انیس کے نام سے شہرت رکھتے ہیں۔ ان کا آبائی وطن حیدرآباد رہا ہے' لیکن وطن ثانی کی حیثیت سے بیجاپور کی نمائندگی ہوتی ہے۔ 1931ء میں غفور انیس کی پیدائش شولاپور میں ہوئی' بچپن کا زمانہ بڑی غربت میں گزرا' کیونکہ ان کے والد کی تنخواہ انتہائی کم تھی' جبکہ خاندان بہت بڑا تھا۔ لیکن انیس نے پڑھنے سے جی نہیں چرایا اور ناسازگار حالات کے باوجود 1947ء میں اینگلو اردو ہائی اسکول شولاپور سے میٹرک کا امتحان کامیاب کیا اور پھر 1951ء میں دیانند اینگلو ویدک کالج سے فارسی میں بی اے آنرز کیا اور 1953ء میں اسماعیل یوسف کالج بمبئی سے اردو میں ایم اے کا امتحان کامیاب کیا۔ ان کی دلی خواہش تھی کہ وہ کسی کالج میں اردو کے لکچرر کی حیثیت سے خدمات انجام دیں۔ لیکن لکچرر کی اہلیت کے لئے ڈاکٹریٹ کی ڈگری موجود نہیں تھیں۔ بالآخر حیدرآباد میں اکاؤنٹنٹ جنرل کے دفتر میں ملازم ہوگئے اور جب ان کا تبادلہ ناگپور ہوگیا تو انہوں نے سرکاری ملازمت ترک کرکے سرونٹس آف انڈیا سوسائٹی کے زیر اہتمام انگریزی میں شائع ہونے والے روزنامے ''ہت واد'' میں سب ایڈیٹر کی حیثیت سے کام کرنا شروع کیا۔ غفور انیس کی ادبی زندگی کا آغاز ہندوستان کی آخری کے ایک سال بعد کا دور قرار دیا جاتا ہے۔ وہ نہ صرف اردو میں شعر و ادب پیش کرنے کے خواہاں تھے' بلکہ انگریزی اخبارات میں اردو زبان و ادب اور اس کے رفتار کے بارے میں مضامین بھی لکھتے رہتے تھے۔ ناگپور میں انگریزی رسالہ سے علحدگی اختیار کرنے کے بعد انہوں نے بمبئی کے انگریزی روزنامہ ''فری پریس جنرل'' میں سب ایڈیٹر کی حیثیت سے ملازمت کا آغاز کیا۔ غرض وہ اردو کے منفرد نظم گو شعراء میں شمار کئے جاتے ہیں اور انہوں نے سب سے پہلے انگریزی شاعری کے مختلف نظمیا انداز کو اردو میں پیش کرنے کا کارنامہ انجام دیا۔ گو کہ اختر شیرانی نے بھی انگریزی نظموں کے انداز کو پیش کرنا شروع کیا تھا' لیکن اسی انداز کو برقرار رکھتے ہوئے اردو میں سانیٹ جیسی انگریزی صنف کو پیش کرنے والے غفور انیس کی خصوصیت بھی حد درجے جداگانہ ہے۔ ان کی ایک سانیٹ کے طرز پر لکھی ہوئی نظم کا انداز ملاحظہ ہو۔

عہد نو کا فیصلہ

(سانیٹ کے طرز پر)

زندگی ہنگامۂ ظلمات میں ... سسکیاں بھرتی رہی روتی رہی
زخم ہائے روح کو دھوتی رہی ... غم کے زہریلے کڑے لمحات میں
ذہن انساں میں درخشاں صبح و شام ... لمحہ لمحہ کروٹیں لیتے رہے

شمع عزم نو کو ضو دیتے رہے — فکر کو دیتے رہے جام دوام
آج ہر ذرہ ہے خورشید آشنا — رفعت افلاک ہے محو الم
خوف سے لرزاں ہیں فرسودہ صنم — جیسے طوفاں کی آتی ہو صدا
منظر قدر و قضاء کچھ اور ہے — عہد نو کا فیصلہ کچھ اور ہے

غفورانیس نے انگریزی نظمیا شاعری کے انداز اور رجحان کو ہی نہیں، بلکہ انگریزی شعراصناف کو بھی اردوزبان سے ہم آہنگ کرنے میں تمام تر توجہ صرف کی، اس لئے وہ حیدرآباد میں پیدا ہونے والے شاعروں میں اہم مقام رکھتے ہیں اوران کی شاعری غزل کے بجائے نظم کے انگریزی انداز کی بھرپور نمائندگی کرتی ہے اوران کا کلام زبانی بیان اوراظہار کی لطافت سے پوری طرح آراستہ ہے۔(75)

43. شاذ تمکنت

سید مصلح الدین نام اور شاذ تمکنت کے نام سے اردودنیا میں مشہور ہونے والے شاعر کی پیدائش 31 جنوری 1933ء کو بمقام حیدرآباد ہوئی۔ابتدائی تعلیم سٹی کالج سے مکمل کی اور پھر حیدرآباد انجینئرنگ کالج سے بی اے کا امتحان کامیاب کیا اور جامعہ عثمانیہ سے ایم اے کی تکمیل کی۔1948ء سے شعر کہنے کا آغاز کیا۔طبعیت ی جدت پسندی اور ذہن کی تازگی نے انہیں تیز رفتاری سے منزلیں طئے کرنے کا موقع فراہم کردیا چنانچہ انڈو پاک کے ادبی حلقوں میں بڑی تیزی کے ساتھ شہرت کے حامل ہوگئے۔انہوں نے غزلیں ہی نہیں، بلکہ نظمیں بھی لکھیں۔ان کی شاعری میں ترقی پسند رجحانات کی آئینہ داری نمایاں ہوتی ہے۔شوکت الفاظ اور مضمون آفرینی کے علاوہ خیال کی بلندی کو پیش کرنے میں وہ پوری طرح کامیاب ہیں۔شاذ تمکنت کی غزلوں میں جذبے اوراحساسات کے علاوہ زندگی کے چھپے ہوئے راز نمایاں کرنے کی کوشش موجود ہے۔انہوں نے موزوں الفاظ کے ذریعہ سادگی میں پرکاری اور بے تکلفی کو بڑی صناعی کے ساتھ پیش کیا ہے ۔ابتداء میں انوارالعلوم کالج میں اردو کے لکچرر کی حیثیت سے خدمات انجام دیتے رہے اور آل انڈیا ریڈیو سے ان کے غنایئے، منظوم ڈرامے اور گیت نشر ہوتے رہے۔حیدرآباد کے علاوہ عالمی کل ہند مشاعروں میں شرکت کی اور ناموری حاصل کی۔چند سال پونے کالج میں ملازمت انجام دی ۔پھر جامعہ عثمانیہ میں ریڈر کی حیثیت سے تقرر ہوا اور صحت کی ناسازی کی وجہ سے عثمانیہ یونیورسٹی کی ملازمت انجام دیتے ہوئے اس دنیا سے رخصت ہوگئے۔ان کی زندگی میں مجموعہ کلام ''تراشیدہ'' شائع ہو چکا تھا ۔انتقال کے بعد دہلی سے ''کلیات شاذ تمکنت'' کی اشاعت عمل میں آئی۔اس طرح وہ بیک وقت غزل اور نظم کے اہم شاعروں میں شمار کئے جاتے ہیں۔ان کی ایک نظم کے چند اشعار ملاحظہ کیجئے:

آب وگل

مجھے یاد پڑتا ہے اک عمر گزری
لگاوٹ کی شبنم میں لہجہ ڈبوکر
کوئی مجھ کو آواز دیتا تھا اکثر
بلاوے کی معصومیت کے سہارا
میں آہستہ آہستہ پہنچا یہاں تک
یہ ہر سمت انبوۂ آوارگان تھا

''کہو کیا تم ہی نے پکارا تھا مجھ کو
کہو کیا تم ہی نے پکارا تھا مجھ کو
مگر مجھ سے انبوہِ آوارگاں نے
ہراساں ہراساں پریشاں پریشاں
کہا صرف اتنا نہیں وہ نہیں ہم
ہمیں بھی بلاکر کوئی چھپ گیا ہے

میر عثمان علی خاں نے نہ صرف شعروادب کی سرپرستی انجام دی بلکہ اہل قلم حضرات کی قدرافزائی کے طریقہ کو بھی جاری رکھا۔ مختلف کالجوں ، جامعات، مدرسہ، انجمنوں اور بڑے بڑے اداروں کو بیش بہا امداد فراہم کی۔ مولوی نصیرالدین ہاشمی نے اپنی مشہور کتاب ''دکن میں اردو'' کے توسط سے مختلف اربابِ قلم کو نواب میر عثمان علی خاں کے ذریعہ امداد فراہم کرنے کا تفصیلی جائزہ اس طرح پیش کیا ہے، جوحسب ذیل ہے۔

''مدیر پیسہ اخبار لاہور کو سالانہ ایک ہزار، تصانیف امیر خسرو کی طباعت کے لئے پندرہ ہزار، شفقت علی خاں شاہ جہاں پوری کو کتب کے سلسلے میں پانچ سو، عبدالرؤف صاحب شوق کو مثنوی ''مرقع رحمت'' کے لئے پانچ سو روپیہ یک مشت اور پانچ جلدوں کی خریداری کا حکم سید سجاد حسین صاحب ایڈیٹر اودھ پنچ کی بیوہ کے لئے پانچ سو کلدار، فریداحمد صاحب عباسی کو بہ صلہ تصنیف پانچ سو بنگلور انڈین انسٹیٹیوٹ آف سائنس کو دس ہزار سالانہ، آل انڈیا ایجوکیشنل کانفرنس کو سالانہ چھ ہزار تصانیف کے لئے یک مشت ایک لاکھ اکہتر ہزار پانچ سو روپے، محبّ الحق صاحب بانکی پوری کو پانچ سو یک مشت اور پچاس روپے ماہ وار، عبداللہ خاں صاحب کی کتابوں کے لئے پانچ سو یک مشت، سید یٰسین علی صاحب مصنف تفسیر کو پچاس روپے ماہوار، سید محمد حسین صاحب اغلب موہانی کو تصنیفات کے صلے میں پچاس ماہ وار، مولوی عبدالحلیم صاحب شرر کو پانچ سو ماہ وار، ظفر علی خاں کو چھ سو اور ان کے لڑکے اختر علی کو ماہانہ دو سو روپے، عبداللہ خاں صاحب کسمنڈی کو دو سو روپے ماہوار، انجمن ترقی اردو کو وضع اصطلاحات کے لئے سالانہ تیس ہزار روپے کی امداد دی گئی۔ (76)

44. رحمٰن جامی

محمد عبدالرحمٰن نام اور رحمٰن جامی کے نام سے ادبی دنیا میں شہرت کے حامل ہیں۔ ان کے والد قاری شیخ محمود

اپنے دور کے ممتاز قاریوں میں شمار کیے جاتے تھے۔ وہ 8 اکتوبر 1934ء کو محبوب نگر کے علاقہ میں پیدا ہوئے۔ شعر شاعری کا بچپن سے لگاؤ تھا۔ حیدرآباد منتقل ہوئے تو اقلیم ادب اور انجمن ترقی اردو ہی نہیں، بلکہ اردو مجلس اور مرکز ادب سے وابستگی اختیار کی۔ مکتب شاداب اور بزم تحقیق کے کارواں سالار رہے۔ ادارہ ذہن جدید اور بزم رنگ ونور کے سرپرست کی حیثیت سے مختلف خدمات انجام دیتے رہے۔ حد درجہ پر گو شاعر ہیں اور ان کے شعری مجموعہ وقفہ وقفہ سے شائع ہوتے رہے ہیں۔ ان کی نعتوں کا مجموعہ ''محمد مصطفیٰ میرے'' سب سے پہلے 1990ء میں شائع ہوئی اور پھر اس کے تین اڈیشن شائع ہوگئے۔ ان کا پہلا شعری مجموعہ 1990ء میں شائع ہوا۔ امریکہ میں بسنے والے حیدرآبادیوں نے اس کے تین ایڈیشن شائع کیے۔ جس کے بعد 2001ء میں ''فسطاط'' 2002ء میں ''ارغن'' 2002 ''سبو'' 2003ء میں ''میکدہ'' اور اسی طرح 2005ء میں بے خودی اور دوآبہ شائع ہوئے۔ 2006ء میں مے اور خمار کی اشاعت عمل میں آئی۔ 2007ء میں شعری مجموعہ ''نشہ'' اور 2008ء میں ''کیف'' کی اشاعت کے بعد 2009ء میں ''سرور'' اور 2018ء میں ''ساقیا'' کی اشاعت عمل میں آئی۔ 2020ء میں شعری مجموعہ ''پیر مغاں'' زیر اشاعت ہے جب کہ بچوں کی نظموں کا انتخاب ''جہان اطفال'' کی اشاعت اسی سال ممکن ہے۔ شاعری کی تمام اصناف اور جدید انگریزی اور دوسری زبانوں کی اصناف کو اردو میں برتنے کا خاص سلیقہ ہے۔ غزل، نظم اور گیت کے علاوہ فلمی نغمہ نگاری سے بھی دلچسپی رکھتے ہیں۔ ان کا خاص میدان غزل گوئی ہے۔ رحمٰن جامی کا ادبی سفر جاری ہے، ان کی ایک غزل بطور نمونہ پیش ہے:

پھول پھینکے ہیں کہ میری راہ میں پتھر پھینکے
جس کو جو پھینکنا ہے سوچ سمجھ کر پھینکے

لے اٹھے گی تو یہ عکس بھی چھن جائے گا
پرسکوں جھیل میں اب کوئی نہ کنکر پھینکے

لفظ ہیں پھول بھی لفظ ہیں پتھر بھی مگر
لفظ کچھ اور ہی تھے اس نے جو مجھ پر پھینکے

میں گنہگار سہی مجھ پہ بقول عیسیٰؑ
جو گنہگار نہیں ہے وہی پتھر پھینکے

ہائے لوگوں نے یہ سمجھا کہ ہے نشہ یہ بھی
توبہ کرنے کے لئے میں نے تو ساغر پھینکے

میں نے بچ بچ کے دکھایا ہے ہر اک بار اسے
جال دنیا میں ہر بار برابر پھینکے

خاموشی میری ہمیشہ ہی میری ڈھال بنی
طنز کے تیر تو اس شوخ نے اکثر پھینکے

حال اپنا جو چھپانا ہے کسی کو تو وہ
گھر کا کوڑا بھی نہ دروازہ کے باہر پھینکے

اس کو یہ بات ذرا یاد دلادو جامؔی
جس کا شیشہ کا مکاں ہے وہ نہ پتھر پھینکے

(77)

45. مضطر مجاز

سید غلام حسین رضوی نام' مضطر مجاز کے قلمی نام سے شہرت حاصل کی' والد کا نام سید زوار حسین رضوی تھا۔ ان کی پیدائش 13 فروری 1935ء کو شہر حیدرآباد میں ہوئی' عثمانیہ یونیورسٹی سے 1955ء میں بی کام کا امتحان کامیاب کیا اور سرکاری ملازمت انجام دیتے ہوئے وظیفہ پر سبکدوش ہوگئے۔ شعر گوئی اور نثر نگاری میں بڑا کمال رکھتے ہیں۔ کئی فارسی کتابوں کا منظوم ترجمہ انجام دیا اور اپنی شاعری کے ذریعہ بھی شہرت حاصل کی۔ انہیں ترجمہ اور تبصرہ سے بھی خصوصی دلچسپی ہے۔ حیدرآباد سے شائع ہونے والے روزنامہ منصف کے ''ادبی ایڈیشن'' کے سربراہ قرار دیئے گئے اور حیدرآباد کی کئی علمی اور ادبی انجمنوں سے وابستہ رہے۔ خاص طور پر حیدرآباد لٹریری فورم سے وابستگی اٹوٹ رہی۔ انہوں نے علامہ اقبال کی مشہور فارسی نظم ''پس چہ باید کرد'' کا منظوم ترجمہ 1975ء میں ''طلوع مشرق'' کے نام سے کیا۔ 1977ء میں ''ارمغان حجاز'' کا منظوم اردو ترجمہ پیش کیا۔ 1979ء میں ان کی طبع زاد نظموں اور غزلوں کا مجموعہ ''موسم سنگ'' شائع ہوا۔ 1981ء میں انہوں نے علامہ اقبال کے فارسی کلام ''جاوید نامہ'' کا منظوم ترجمہ پیش کیا۔ 1994ء میں ان کی غزلوں کا مجموعہ ''اک سخن اور'' کی اشاعت عمل میں آئی۔ 1996ء میں مضطر مجاز نے اقبال کی مشہور نظم ''پیام مشرق'' کا منظوم ترجمہ پیش کیا اور 1996ء میں طویل نظم شہر بقاء کی اشاعت عمل میں لائی۔ ان کے شعری مجموعہ پر اتر پردیش اردو اکیڈیمی' مغربی بنگال اردو اکیڈیمی' آندھرا پردیش اردو اکیڈیمی کی جانب سے اعزازات سے نوازا گیا اور کارنامہ حیات سے بھی نوازے گئے۔ انہوں نے اردو کی خدمت کے لئے انگلستان' اقوام متحدہ' امریکہ' اردو مجلس لندن' علی گڑھ المنائی اسوسی ایشن' شکاگو کی دعوت پر بیرونی ممالک کا سفر کیا توسیعی خطبوں کے علاوہ مشاعروں میں بھی شریک رہے۔ ان کا کلیات ''طلسم مجاز'' کی حیثیت سے شائع ہو چکا ہے۔ وہ غزل اور نظم کے اہم شاعروں میں شمار کئے جاتے ہیں' لیکن غزل کے ذریعہ اظہار کی طاقت کو نمائندگی دینے میں پوری طرح کامیاب ہیں۔ ان کی غزل کے چند اشعار ملاحظہ ہوں:

یہ بات آپ سے کہنا بہت ضروری ہے — یہی کہ چپ بھی نہ رہنا بہت ضروری ہے
ہمارے شہر کے حالات جاننے کے لئے — ہمارے شہر میں رہنا بہت ضروری ہے
کہیں تو آپ سے وہ بات ہم کہیں کیسے — جو بات آپ سے کہنا بہت ضروری ہے
ملمع سازی لفظ و بیاں سے کیا ہوگا — اب ایک حرف برہنہ بہت ضروری ہے

یہ طئے ہے جب کہ ہر ایک رنگ ہے اسی کا رنگ ہر ایک رنگ میں رہنا بہت ضروری ہے
یہ جان وتن کے لئے دکھ اٹھائے گی کیا کیا اب اس مقام کا ڈھئنا بہت ضروری ہے
دیا ہے آپ کو مضطر یہ مشورہ کس نے ہمیشہ موج میں رہنا بہت ضروری ہے

(78)

46. زبیر رضوی

امروہہ کی سرزمین میں پیدا ہونے کے بعد حیدرآباد کا رخ کرنے والے زبیر رضوی نے اپنی زندگی کا بہت بڑا حصہ حیدرآباد میں گزارا۔ ان کا پورا نام زبیر احمد رضوی تھا اور 1936ء میں امروہہ میں پیدا ہونے کے بعد حیدرآباد کو وطن ثانی بنالیا۔ ان کے والد نے 35 سال تک حیدرآباد میں محکمہ تعلیمات سے وابستگی اختیار کی اور ان کے تمام خاندان کے لوگ اعلیٰ عہدوں پر فائز رہے۔ ان کا علمی ذوق بھی یہیں پروان چڑھا اور ادبی ماحول میں حیدرآباد کی سرزمین کو اپنا وطن تسلیم کرتے ہوئے 1950ء میں شاعری کا آغاز کیا۔ 1951ء میں میٹرک کامیاب کرنے کے بعد اقتصادی حالات کی خرابی کی وجہ سے تعلیم ترک کردی اور حیدرآباد کو بھی وداع کرنا پڑا۔ وہ دہلی پہنچے اور ہمدرد دواخانہ میں ملازم ہوگئے۔ دن میں دفتر میں کام کرنے کے بعد شام کے اوقات میں مقامی کالج میں انٹرمیڈیٹ اور بی اے کی جماعتوں کو پڑھایا کرتے تھے۔ فارسی اور اردو امتحانات میں ان کے کئی طالب علم گریجویشن کا امتحان کامیاب کرچکے ہیں۔ دہلی پہنچنے کے بعد آل انڈیا ریڈیو دہلی اور دوردرشن سے وابستہ رہے۔ کئی شعری مجموعے شائع ہوئے اور دہلی سے ایک سہ ماہی جریدہ ''ذہن جدید'' کی اشاعت عمل میں لائی جس کے کئی اہم خصوصی نمبر شائع ہوئے 2016ء میں اس دنیا سے کوچ کیا۔ زبیر رضوی کو نثر نظم ہی نہیں، بلکہ غزل کی شاعری سے بھی بڑی دلچسپی تھی۔ انہوں نے پابند نظموں کے علاوہ آزاد نظموں کے علاوہ طویل اور مختصر بحروں میں شاعری بھی کی۔ ان کے کئی شعری مجموعے شائع ہوچکے ہیں۔ ان کی غیر مردف طویل بحر میں لکھی ہوئی غزل کے چند اشعار ملاحظہ ہوں:

رات یوں دل کی ویرانیوں کے قریں تیری یادوں نے جشن بہاراں کئے
مقبرے کی منڈیروں پہ جیسے کوئی تیرگی میں جلاتا رہا ہو دیئے

بھینی بھینی ہوا بھیگی بھیگی فضاء نقرئی بادلوں کے سفینے لئے
خامشی سے مری جانے کیا کہہ گئی رات بھر ساغر ناب چھلکا کئے

گرمئی بزمِ حسن جواں رہ گئی ' عظمتِ سادگی بُتاں رہ گئی !
بات جانے پہنچتی کہاں سے کہاں، تم نے اچھا کیا میرے لب سی دیئے

ان دنوں میری دنیا میں کوئی نہیں، ایک پَل کے لئے راحتیں بخش دے
بارہا ' ساقیا انجمن میں تری، میں کہ جھوما کیا دیر تک بے پیئے

دلِ گیا جذبہء عاشقی بھی گیا ،خواہش لذتِ سنگِ در بھی گئی
دورحاضر نے وہ غم دیا ہے مجھے، جس نے الفت کے سارے نشاں دھودیئے

یہ الم یہ ستم راستے پُر خطر، راہرو تیرا ثابت رہے ہر قدم
وقت کی باگ ہاتھوں میں اُن کے رہی، تیز دھاروں کی آغوش میں جو جیئے

زبیر رضوی نے اس غزل میں ردیف کا استعمال کئے بغیر قوافی کے طور پر دیئے، لئے، کئے، جیئے، پیئے کا استعمال کر کے اپنی غزل کو غیر مردف غزل بنا دیا ہے۔ وہ ترقی پسند شاعروں کی صف میں پیش پیش نظر آتے ہیں۔ اس دور کے دیگر ترقی پسند غزل گو شعراء میں عبدالمتین شاہد صدیقی، سید مصلح الدین شاذ تمکنت، منوہر لال شارب، محمد عظمت اللہ خان عظمت، قمر ساحری، سید مظہر حسین قیصر، کنول پرشاد کنول، صاحبزادہ میکش حیدرآبادی، مخدوم محی الدین اور خورشید نذیر کے نام اہمیت کے حامل ہیں جنہوں نے ترقی پسند اور جدید غزل کے حوالے سے تلنگانہ کا نام روشن کرنے میں کامیابی حاصل کی۔(79)

47. متین سروش

مرزا متین احمد بیگ نام اور سروش تخلص کیا کرتے تھے۔ ادبی دنیا میں متین سروش کے نام سے شہرت حاصل کرنے میں کامیاب ہوگئے۔ متین سروش کا آبائی وطن قصبہ جے گھا ضلع جونپور رہا ہے۔ ان کا بچپن بھوپال میں گزرا، بھوپال سے انہوں نے میٹرک کا امتحان کامیاب کیا۔ بھوپال سے اورنگ آباد آئے اور ان کے انٹرمیڈیٹ کا امتحان

کامیاب کرنے کے بعد بی اے کی تعلیم کی غرض سے 1939ء میں حیدرآباد آ گئے۔ علالت کی وجہ سے تعلیم جاری نہ رکھ سکے اور 1941ء میں بھوپال چلے گئے۔ 1946ء تک سروش نے حصول معاش کے لئے اخبار نویسی انجام دیں اور سرکاری دفاتر کی خاک بھی چھانی۔ آخر 1946ء میں حیدرآباد کا رخ کیا۔ 1947ء میں حیدرآباد سے بی اے کا امتحان کامیاب کرنے کے بعد سروش کو دکن ریڈیو میں ملازمت کا موقع حاصل ہوگیا۔ ان کی پہلی ملازمت اورنگ آباد میں دکن ریڈیو کے برانچ پر جاری رہی' پھر اس کے بعد ان کا تبادلہ حیدرآباد ہوگیا۔ 1948ء کے بعد حیدرآباد ریاست کے ہندوستان میں انضمام کی وجہ سے ''دکن ریڈیو'' کا خاتمہ ہوگیا اور اس کے بجائے ''آل انڈیا ریڈیو'' کا سلسلہ شروع ہوا۔ انہوں نے پہلے رانچی میں اردو کے پروگرام اگزیکیٹو کی حیثیت سے خدمات انجام دیں اور پھر وہاں سے گلبرگہ اور حیدرآباد کے آل انڈیا ریڈیو پر مامور رہے۔ آخری عمر میں متین سروش کی خدمات گلبرگہ ریڈیو اسٹیشن سے ختم ہوگئیں۔ سروش کو بچپن سے ہی شاعری اور انشاپردازی کا شوق تھا' لیکن ذہنی بالیدگی اور تربیت کے معاملے میں وہ یہ سمجھتے ہیں کہ اورنگ آباد اور حیدرآباد کی سرزمین میں ان کی ادبی تربیت کا سلسلہ جاری رہا۔ متین سروش کو حیدرآباد کے ان شعراء میں شمار کیا جاتا ہے' جو جامعہ عثمانیہ کے سپوتوں میں اہم مقام رکھتے ہیں۔ متین سروش کی تاریخ پیدائش اور تاریخ وفات کا علم نہیں۔ ''حیدرآباد کے شاعر'' جیسی کتاب کی اشاعت کے وقت متین سروش کی عمر 42 سال لکھی گئی ہے اور اس کتاب کے دیباچے کی اشاعت سلیمان اریب نے 1962 تحریر کی ہے۔ اس طرح متین سروش کی تاریخ پیدائش 1920ء قرار پاتی ہے۔ متین سروش کی علمی وادبی خدمات کی نمائندگی کرتے ہوئے گلبرگہ یونیورسٹی سے اردو میں ایم فل کا مقالہ لکھا جاچکا ہے' جو عدم دستیاب ہے' کیونکہ یہ مقابلہ متین سروش کی زندگی میں شائع ہوا تھا' اس لئے ان کی تاریخ وفات کے بارے میں بھی تفصیلات نہیں ملتیں۔ ان کی شاعری میں روایتی انداز کے ساتھ ساتھ جدید انداز کی خصوصیات بھی جلوہ گر ہیں۔ نثر اور نظم پر یکساں عبور رکھتے ہیں اور غزل کی شاعری میں ان کا انداز منفرد ہے۔ بلاشبہ ان کی شاعری کو قدیم اور جدید کا سنگم قرار دیا جائے تو بے جانہ ہوگا۔ ان کی ایک غزل کے چند اشعار ملاحظہ ہوں۔

دل ایک سادہ محبت شعار لے آئے
بسا کے جام میں خوشبوئے یار لے آئے

دم ماہ شاں زلف خم بہ خم ہے وہی
کوئی حکایت نوغم گسار لے آئے

ہجوم لالہ و گل کا جواب کیا دیتے
وطن کی یاد غریب الدیار لے آئے

یہ کیا ہوا کہ جو خلاق رنگ و نکہت تھے
خزاں فروش بہاروں کا پیار لے آئے

جدا ہے ذوق طلب آج ناز محبوبی
نگاہ لطف و لب نغمہ بار لے آئے

نئی ادا کے ہیں مشتاق آئینہ خانے
نئے طراز جنوں حسن یار لے آئے

نئی شراب' نیا شیشہ' بادہ خوار نئے بہار نو چمن روزگار لے آئے
خفا ہوں ہم سے نگاران شہر کیوں نہ سروش
بنا کے دل کو حریف بہار لے آئے

متین سروش کی تربیت میں نہ صرف جامعہ عثمانیہ کے اساتذہ اور حیدرآباد کی اہم شخصیتوں کا مزاج شامل ہے' بلکہ وہ طالب علمی کے زمانے سے ہی شاعری کے ترقی پر رجحانات سے وابستہ رہے تھے۔ غرض ان کے انتقال سے اردو شاعری کے رواں اور ملے جلے نظریات کا خاتمہ ہو جاتا ہے۔ (80)

48. ڈاکٹر محسن جلگانوی

جلگاؤں کی زمین میں پیدا ہونے والے غلام غوث خاں نے قلمی نام محسن جلگانوی کی حیثیت سے شہرت حاصل کی۔ ان کے والد مولانا عبدالواحد نقشبندی اہم عہدہ پر فائز تھے۔ وہ علاقہ چوپڑا (مصطفیٰ آباد) میں 15 اکتوبر 1939ء کو پیدا ہوئے۔ والد کے ساتھ حیدرآباد آ گئے اور عثمانیہ یونیورسٹی سے 1978ء میں ایم اے کا امتحان کامیاب کیا۔ ساؤتھ سنٹرل ریلوے میں ریٹائرڈ آفیسر کی حیثیت سے ملازمت سے سبکدوشی اختیار کی۔ ساری ملازمت سکندرآباد کے علاقہ میں انجام دی اور سکندرآباد کے شاعروں کی تخلیقات کو پیش کرنے کے لئے ''سکندرآباد کی ادبی دستاویز'' پیش کی۔ ابتداء سے ہی شاعری کی طرف جھکاؤ رہا لیکن نثر نگاری کی طرف بھی توجہ دی چنانچہ سنٹرل یونیورسٹی آف حیدرآباد سے اردو میں ایم فل اور پی ایچ ڈی کی ڈگری حاصل کی۔ ابتداء سے ہی حیدرآباد لٹریری فورم کے جنرل سکریٹری اور اردو رائٹرس فورم کے سربراہ کے علاوہ ساؤتھ سنٹرل ریلوے ادبی انجمن کے نائب صدر رہے۔ ان کا پہلا شعری مجموعہ ''الفاف'' 1979ء میں شائع ہوا جبکہ 1985ء میں ''پس مرگ'' ترتیب دیا۔ 1996ء میں دوسرا شعری مجموعہ ''تھوڑا سا آسمان زمین پر'' کی اشاعت عمل میں لائی۔ جس پر ساہتیہ کار سنسد بہار سے 1997ء میں جوش ملیح آبادی ایوارڈ سے نوازا گیا اور انہیں باضابطہ کارنامہ حیات بھی پیش کیا گیا۔ روزنامہ ''اعتماد'' کے ادبی ایڈیشن کے سربراہ کی حیثیت سے نئی نسل کی آبیاری کرتے رہے۔ سارے ہندوستان میں ان کے کلام کو پسند کیا جاتا ہے۔ ترقی پسندی اور جدیدیت کا امتزاج ان کی شاعری کا حصہ ہے اس کے علاوہ تحقیقی اور تنقیدی مضامین کے علاوہ موضوعاتی مضامین بھی پابندی سے لکھتے ہیں۔ ان کی شاعری اور نثر ہی نہیں' بلکہ فکر پر دانشورانہ انداز کا غلبہ نظر آتا ہے۔ ان کی غزل کے چند اشعار ملاحظہ ہوں: انہوں نے پابند غزل اور نظم لکھنے کے علاوہ آزاد نظم اور معریٰ نظم کی روایت کو بھی فروغ دینے میں اہم کارنامہ انجام دیا۔ وہ اپنے دور کے اہم غزل گو شعراء میں شمار کئے جاتے ہیں۔ نمونے کے طور پر ان کی ایک غزل ملاحظہ ہو:

یہ زندگی عذاب بھی ہم پر سزا بھی ہے
لگتا ہے اپنے ساتھ کوئی مد دعاء بھی ہے

اندھی گلی کے بھونکتے کتوں کا ڈر نہیں
لیکن گلی میں سایہ سا کوئی کھڑا بھی ہے

بچے بلک رہے ہیں کہ پانی نہیں ملا
کرفیو اٹھے تو مجھ کو لہو بیچنا بھی ہے

دشمن سے بچ بھی جائیں مگر اپنے شہر میں
اپنے محافظوں کا ہمیں سامنا بھی ہے

زخمی بدن گرے ہیں ''ایمرجنسی وارڈ'' میں
یا زندگی سے آخری رشتہ کٹا بھی ہے

محسن صلیب چڑھ کے کہیں مطمئین نہ ہوں
اس مرحلہ کے بعد ابھی خوں بہار بھی ہے

(81)

49. ڈاکٹر رؤف خیر

حیدر آباد کی سرزمین میں اہم اساتذہ سے استفادہ کرتے ہوئے شاعری اور نثر نگاری کی خصوصیات کو نمائندگی دینے والے شاعروں میں محمد عبدالرؤف المعروف ڈاکٹر رؤف خیر کی خدمات کو نظرانداز نہیں کیا جاسکتا۔ انہوں نے شاعری میں غزل کے علاوہ نظم کے ساتھ بے شمار انگریزی کی شعری اصناف کو اردو میں نمائندگی دینے میں کامیابی حاصل کی۔ حیدر آباد کی سرزمین میں 5 نومبر 1948ء کو پیدا ہوئے۔ ابتداء سے ہی شاعری کی طرف جھکاؤ رہا۔ پہلا شعری مجموعہ ''اقراء'' 1978ء میں شائع ہوا جس کے بعد انہوں نے اپنے مسلک کی نمائندگی انجام دینے کے لئے ''حیدر آباد کی خانقاہیں'' جیسی کتاب لکھی۔ ایم اے کی ڈگری حاصل کرنے کے بعد اپنی سابقہ ملازمت یعنی لوور کورٹ سے سبکدوشی اختیار کی اور اردو کے لکچرر کی حیثیت سے کریم نگر میں باضابطہ ملازمت کا آغاز کیا اور ملازمت کے دوران ہی ڈاکٹریٹ کی ڈگری کی بھی تکمیل کی۔ انہوں نے شعری مجموعے ہی نہیں، بلکہ باضابطہ تحقیقی اور تنقیدی کارنامے انجام دینے کے ساتھ تدوین کے کارنامے بھی انجام دیئے۔ 1982ء میں ان کا شعری مجموعہ ''ایلاف'' کی اشاعت عمل میں آئی۔ 1993ء میں ''شہداب'' پیش کیا اور 1997ء میں ''خطہ خیر'' کی اشاعت عمل میں آئی۔ 2001ء میں ''قنطار'' جیسی شعری حسیت کو نمائندگی دی۔ 2007ء میں اپنے مضامین کا مجموعہ ''بچشم خیر'' نام سے شائع کیا۔ تبصروں پر مشتمل مضامین ''حق گوئی و بے باکی'' کی اشاعت 2012ء میں عمل میں آئی اور 2015ء میں بے شمار اہل فن پر لکھے ہوئے خاکوں کو ''مشاہیر'' کے نام سے نمائندگی دی' 2017ء میں علامہ اقبال کی شاعری اور ان کے فن پر مشہور کتاب ''اقبال بچشم خیر'' کی اشاعت عمل میں لائی۔ جبکہ 2019ء میں ان کا شعری مجموعہ ''حرفِ ہزار'' کی اشاعت مکمل ہوئی۔ وظیفہ پر سبکدوشی کے بعد وہ مسلسل شعر گوئی اور تصنیف و تالیف میں

مصروف ہیں ۔ یہ بھی خوش آئند بات ہے کہ دلی کے لال قلعہ میں جب بھی کوئی مشاعرہ منعقد ہوتا ہے تو حیدرآباد سے رؤف خیر کو مدعو کیا جاتا ہے ۔انہوں نے روایتی شاعری کی پاسداری انجام دینے کے ساتھ ساتھ ترقی پسند اور جدید شاعری کی خصوصیات کو بھی شعری حسیت کے طور پر پیش کیا۔عصری عنوانات اور موضوعات کے علاوہ زندگی نئی ترنگ بھی ان کی شاعری کا حصہ ہے۔جس کی خصوصیت کو سمجھنے کے لئے ان کی ایک غزل کے چند اشعار پیش ہیں:

وہ بات اور ہی جو تمہیں سُنانا ہے	سخنوری تو مری بات کا بہانا ہے
ہمیں سنبھال کہ ہیں شاہکارِ کوزہ گری	ہماری خاک تری آگ سے توانا ہے
کوئی نشان لگاتے چلو درختوں پر	کہ اس سفر سے تمہیں لوٹ کے بھی آنا ہے
چلے جو ہم تو کسی نے وداع بھی نہ کیا	ملال یہ کہ ہمارا سفر سہانا ہے
سدا بہار ہے اس کے سخن کی ہریالی	وہ میرے واسطے موسم نہیں زمانہ ہے
مجھے تو چھوڑ کم ازکم سنبھال تو خود کو	میں بے ٹھکانا سہی ' کچھ ترا ٹھکانا ہے
غزل تو جیسی بھی کہتا ہے وہ تو ظاہر ہے	رؤف خیر کا لہجہ بھی شاعرانہ ہے

(82)

50. ڈاکٹر فاروق شکیل

صفی اسکول کے نمائندہ شاعر سید نظیر علی عدیل کے صاحبزادے سید فاروق اعظم شکیل موجودہ دور میں تلنگانہ کی سرزمین سے وابستہ ایک اہم شاعر کی حیثیت سے شہرت حاصل ہے ۔وہ بیک وقت حمد ونعت اور منقبت ہی نہیں کے علاوہ غزل اور نظم کے ایوان سجا کر روایات کی پاس داری اور جدید تقاضوں کی تکمیل کا فریضہ انجام دے رہے ہیں ۔4 ڈسمبر 1952ء کو حیدرآباد کے محلّہ مغل پورہ میں پیدا ہونے والے فاروق شکیل نے اپنی ابتدائی تعلیم کی تکمیل گھر کے ماحول میں کی ۔والد کی تربیت کے بعد دارالعلوم حیدرآباد سے ایس ایس سی کا امتحان کامیاب کیا۔ جامعہ عثمانیہ سے بی اے اور ایم اے کرنے کے بعد اورینٹل کالج سے ڈاکٹریٹ کی ڈگری حاصل کی ۔مرکزی حکومت کے محکمہ پوسٹ اینڈ ٹیلی گراف سے وابستگی اختیار کی اور وظیفہ حسن خدمت پر سبکدوش ہوئے ۔حال ہی میں انہیں اردو اکیڈیمی کا باوقار ایوارڈ مخدوم ایوارڈ سے نوازا گیا ہے۔غزل کی شاعری میں انہیں امتیازی مقام حاصل ہے ۔جدید تراکیب اور عصری افکار کو شاعری کا وسیلہ بنا کر غزل کی روایت کو فروغ دینے میں پوری طرح کامیاب ہیں ۔جدید تقاضوں کے ساتھ غزل لکھنا ان کی امتیازی خصوصیت ہے ۔عصری حالات اور زندگی کے تجربوں کو شاعری کا حصہ

بنا کر انہوں نے غزل کی موضوعاتی خصوصیت کو اہمیت دی ہے۔ ان کے شعری مجموعہ ''سفر سانسوں کا'' 1994ء اور ''شاخِ ثمر بار'' 2005ء میں شائع ہوئے۔ اس کے علاوہ تصنیف و تالیف میں ان کے تبصروں کا مجموعہ ''تنقیدات'' 2005ء میں شائع ہوا۔ ان کا تحقیقی مقالہ ''محاورات صفی کا تنقیدی مطالعہ'' 2019ء میں شائع ہوا۔ انہوں نے اپنے والد کی حمد و نعت کا مجموعہ ''نشاط الثانیہ'' اور ''محاورات عدیل'' کی تدوین کا کارنامہ انجام دیا۔ ان کا شعری سفر جاری ہے۔ غرض ان کی غزلوں میں فن کی ندرت اور اظہار کی بے ساختگی نمایاں نظر آتی ہے۔ اظہار کی ندرت کو سمجھنے کے لئے ان کی ایک غزل کے چند اشعار ملاحظہ ہوں:

دوستی میں دل جو ٹوٹا دشمنی اچھی لگی — روشنی میں لٹ گئے تو تیرگی اچھی لگی

زندگی سے کوئی دلچسپی نہ تھی ہم کو مگر — حادثہ میں بچ گئے تو زندگی اچھی لگی

سینکڑوں پیاسوں کو یہ پانی پلاتے ہیں سدا — رستے جھرنوں کی ہمیں دریا دلی اچھی لگی

فکر ہے کوئی نہ بے خوابی کا کوئی روگ ہے — یہ عنایت ہم پہ غربت کی بڑی اچھی لگی

دیکھ کر اونچے مکانوں میں امیروں کے چلن — ہم کو اپنی جھونپڑی میں مفلسی اچھی لگی

خیر سے اس کی جواں بیٹی جو رخصت ہوگئی — آج برسوں بعد اس کو نیند بھی اچھی لگی

تھا ہمارے ساتھ منزل کا تصور اے شکیلؔ — دوپہر کی چلچلاتی دھوپ بھی اچھی لگی

(83)

51. حسن فرخ

خاندانی نام علی حسن خان اور والد صاحب کا نام مظہر علی خان تھا۔ حیدرآباد کی سرزمین میں 12 اکتوبر 1954ء کو پیدا ہوئے۔ اوپن یونیورسٹی سے گریجویشن کا امتحان کامیاب کرنے کے بعد صحافت سے وابستگی اختیار کی۔ سب سے پہلے روزنامہ ''رہنمائے دکن'' میں نائب مدیر کی حیثیت سے 1974ء سے 1985ء تک کام کیا۔ جس کے بعد قاضی سلیم کے مدعو کرنے پر اورنگ آباد کا رخ کیا۔ مولانا آزاد کالج سے شائع ہونے والے سہ ماہی رسالہ ''غبارِ خاطر'' کی اشاعت اور طباعت کی ذمہ داری قبول کی اور پھر حیدرآباد سے شائع ہونے والے ماہنامہ ''پیکر'' کے مدیر کی حیثیت سے کام کرتے رہے۔ انہوں نے حیدرآباد کے ہفتہ وار اخبار ''تیشا'' میں بھی خدمات انجام دیں۔ آکاش وانی کے نیوز ایڈیٹر کے علاوہ دوردرشن حیدرآباد کے اسسٹنٹ ایڈیٹر کی حیثیت سے کام کرتے رہے۔ آندھرا پردیش اردو اکیڈیمی کے پبلک ریلیشن آفیسر کی حیثیت سے خدمات انجام دیں۔ جدید غزل

گوئی میں ان کا اہم مقام ہے اور انہوں نے حیدرآباد کے مختلف اداروں جیسے ''مصنفین نو'' اور ''حیدرآباد لٹریری فورم'' کے علاوہ ''کاروان ادب'' ہی نہیں' بلکہ ''بزم احباب جلیس'' کے بانی رکن کی حیثیت سے خدمات انجام دیں۔ ان کا پہلا شعری مجموعہ 1975ء میں شائع ہوا۔ جبکہ دوسرا شعری مجموعہ ''مالم یعلم'' 1982ء میں شائع ہوا جبکہ ان کی مرتبہ کتاب ''آبگینے'' 1969ء میں شائع ہوئی۔ شاعری اور صحافت ان کا محبوب مشغلہ ہے۔ آندھراپردیش اور اترپردیش اکیڈیمی ہی نہیں' بلکہ بہار اردو اکیڈیمی سے بھی اعزازات سے نوازتے جاتے رہے ہیں۔ وظیفہ حسن خدمت پر سبکدوشی کے بعد 13 جون 2013ء میں اس دنیا سے سفر اختیار کیا۔ غزلوں اور نظموں میں جدید انداز کی گونج سنائی دیتی ہے۔ ان کی شاعری' عصر حاضر کی بھرپور نمائندگی کا حق ادا کرتی ہے۔ آزاد نظم کے ذریعہ بھی انہوں نے اپنے اظہار کی بالیدگی کو پیش کرنے میں کامیابی حاصل کی۔

یوں سسکتے ہوئے سچائی کا اظہار کرے — جیسے پرشور سڑک پر کوئی بیمار چلے
روکو گر ذلت کے ٹکراؤ کو تم روک سکو — چلتے رہنا ہے تو بے فائدہ پیکار چلے
شہر اپنا ہے کہ فطرت کا جمودی مرکز — سرد اتنا کہ کوئی گالی نہ گفتار چلے
گزرے احساس کومل جائے چکا چوند زبان — ملگجی فکر کا سکہ سرِ بازار چلے
پہلے تہہ خانوں میں ذہنوں کا ذخیرہ کرلو — کیونکہ یہ سوچ ہے تو کیا دھوپ کا بیوپار چلے
نہ رہا تزکیہء نفس بھی ممکن تو حسنؔ — محفلِ عصر میں ماضی کے گنہہ گار چلے

(84)

52. شمس الدین تاباں

صفی اورنگ آباد کے ممتاز شاگردوں میں شمس الدین تاباں کا شمار ہوتا ہے۔ جن کا اصلی نام محمد عزیز اللہ تھا' جبکہ شمس الدین کی کنیت سے مشہور ہوئے' لیکن تخلص تاباں اختیار کیا۔ 1922ء میں حیدرآباد میں پیدا ہوئے' جبکہ ان کے والد کا وطن اورنگ آباد تھا۔ ابھی شمس الدین کی عمر چار مہینے تھی کہ والد کا انتقال ہوگیا۔ ایسے نامصائب حالات میں انہیں مرضی کے موقف تعلیم حاصل کرنے کا موقع دستیاب نہیں ہوا' کسی طرح جامعہ نظامیہ سے منشی فاضل کا امتحان کامیاب کر کے ملازمت اختیار کرلی۔ ابتداء میں شمیم تخلص کیا کرتے تھے' جب صفی اورنگ آباد نے انہیں اپنے ممتاز شاگردوں میں شمار کیا تو نام کی مناسبت سے تخلص اختیار کرنے کا مشورہ دیا' چنانچہ تاباں کے تخلص سے مشہور ہوئے۔ تاباں کو اردو اور فارسی دونوں زبانوں میں عبور حاصل ہے اور ہر دو زبانوں میں طبع آزمائی کرتے ہیں۔

انتہائی نیک اور خلیق ہی نہیں، بلکہ ملنسار انسان کی حیثیت سے شہرت رکھتے ہیں۔ یہی وجہ ہے کہ ان کے نزدیک شاعری کا مقصد بھی انتہائی منزہ ہے۔ حج بیت اللہ سے فارغ ہو چکے ہیں اور ان کے دو بیٹوں میں رؤف رحیم نے سنجیدہ اور مزاحیہ شاعری کی طرف توجہ دی، جبکہ دوسرے بیٹے نے صرف نعتیہ شاعری کو پیش کیا۔ حیدرآباد کے ادبی مشاعروں میں برابر شریک ہوتے تھے اور کل ہند مشاعروں میں سیاست کے نمائندہ شاعروں کی حیثیت سے کلام سنایا کرتے تھے۔ 1982ء میں اس دارفانی سے کوچ کیا۔ ان کی شاعری میں حسن وعشق کی جلوہ سامانی اور باضابطہ دبستان صفی کی رنگین بیانی بھی نمایاں نظر آتی ہے، جس کے ساتھ ہی انہوں نے ترقی پسند کے عناصر کو بھی شاعری کا حصہ بنایا۔ ان کے کلام کا نمونہ پیش ہے۔

یوں حادثے حیات سے شام وسحر ملے — جس طرح بے خبر سیکوئی بے خبر ملے
آشفتگان خاک بسر کو برانہ کہہ — یہ فرش کے مکین ہمیں عرش پر ملے
کیا اپنی دوستی ہے مسافر کی دوستی — جب تم ملے ہو مجھ سے سرہ رہے
کچھ ماہتاب حسن سے کچھ سوز عشق سے — سرگرمئی حیات کو برق و شر رہے
دیکھوں جمال دہر بجائے جمال دوست — فرصت بقدر جنبش مژگاں اگر ملے
ایسی خوشی کے ساتھ ملے مجھ سے غم ترے — جس طرح دوست، دوست سے باہمدگر ملے

تاباں نے ایک ایک کرن پر نگاہ کی
شاید کسی میں کوئی جمال سحر ملے

شمس الدین تاباں نہ صرف وضعدار انسان تھے، بلکہ ان کی شاعری میں بھی وضعداریاں جلوہ گر نظر آتی ہیں۔ وہ اردو غزل کی توانائیوں کو خصوصیات کے ساتھ پیش کرنے میں کمال رکھتے ہیں اور ان کی شاعری میں حددرجے شفافیت دلنوازی کی خصوصیات نمایاں ہے۔ غرض انہوں نے حیدرآباد کی سرزمین میں قدرعریضی کے دور میں زندگی گزارتے ہوئے غزل کی شاعری کو فروغ بخشا، جبکہ علامہ قدرعریضی کو غزل کے ساتھ ساتھ رباعی گوئی میں کمال حاصل تھا۔ (85)

53. قاضی سلیم

ریاست حیدرآباد کے مشہور ضلع اورنگ آباد سے تعلق رکھنے والے قاضی سلیم کا آبائی وطن جالنہ ہے جو ریاست حیدرآباد کے دوران اورنگ آباد کا تعلقہ قرار دیا جاتا تھا۔ موجودہ دور میں مہاراشٹرا کی حکومت نے جالنہ کو بھی ضلع کا درجہ دے دیا ہے۔ قاضی سلیم کے والد جالنہ کے نامور وکلاء میں شمار کئے جاتے تھے۔ قاضی سلیم کی پیدائش

جالنہ میں ہوئی۔ ان کے والد جالنہ سے اورنگ آباد منتقل ہوئے تو قاضی سلیم بھی اورنگ آباد آ گئے۔ ان کی ابتدائی تعلیم حیدرآباد میں ہوئی۔ نامپلی ہائی اسکول کے سابقہ طالب علموں میں ان کا شمار ہوتا ہے۔ ان کی آباء واجداد جاگیر تھے' لیکن والد نے وکالت کے پیشے کو پسند کیا اور قاضی سلیم کو اسی پیشے سے مربوط رکھنے کے لئے علی گڑھ بھیجا۔ یہاں سے انہوں نے بی اے کی ڈگری حاصل کی اور واپسی کے بعد جامعہ عثمانیہ سے ایل ایل بی کا امتحان کامیاب کیا۔ اورنگ آباد ہائی اسکول میں وکالت کرنے لگے۔ ابتداءطور پر قاضی سلیم ترقی پسند شاعری سے متاثر تھے' لیکن وقت گزرنے کے بعد انہوں نے جدیدیت کے رجحان کو اختیار کرلیا۔ انہوں نے غزل کے بجائے نظم نگاری کی طرف خصوصی توجہ دی۔ چنانچہ ساری زندگی آزاد نظموں کے توسط سے شہرت حاصل کی۔ حیدرآباد میں تعلیم حاصل کر کے مرہٹواڑہ کی سرزمین میں شہرت کا ذریعہ بننے والے قاضی سلیم نے کانگریس جیسی سیاسی جماعت سے رکن پارلیمان کے لئے انتخاب میں کامیابی حاصل کی اور پانچ سال تک وہ کانگریس کے رکن پارلیمان کی حیثیت سے اورنگ آباد کی نمائندگی کرتے رہے۔ اگرچہ ترقی پسندی اور جدیدیت کا امتزاج ان کی مزاج میں تھا' لیکن قاضی سلیم نے 1986ء میں شہر اورنگ آباد کے مایہ ناز صوفی اور غزل کے علاوہ مثنوی کے شاعر سراج اورنگ آبادی کے 300 سالہ جشن کا اہتمام کیا۔ آخری عمر میں قاضی سلیم نے مشہور مثنوی ''باغبان وگل فروش'' تحریر کی۔ فطری طور پر قاضی سلیم کا رجحان روایتی شعری کی طرف تھا' لیکن جدید تقاضوں کی تکمیل کے لئے انہوں نے نظم نگاری کے وسیلہ کو استعمال کیا۔ وہ پابند اور آزاد دونوں نظمیں لکھنے میں اپنے فن کی نمائندگی کرتے ہیں۔ ان کی مشہور نظم ''دھرتی تیرا مجھ سا روپ'' کے ذریعے قاضی سلیم نے زندگی کے فلسفے کو بھرپور نمائندگی دی ہے۔ غرض وہ اپنے عہد کے مایہ ناز شاعری قرار دئے جاتے ہیں اور اپنی تعلیم حیدرآباد میں مکمل کرنے کی وجہ سے فخر بھی کرتے ہیں۔ نمونے کے طور پر ان کی نظم کے اشعار ملاحظہ ہو۔(86)

54. سردار الہام

سید سردار علی نام اور الہام تخلص تھا' حیدرآباد کے متوسط گھرانے میں پیدا ہوئے۔ 1950ء میں جامعہ عثمانیہ سے بی اے کیا' ایک اندازہ کے مطابق 1930ء میں بمقام حیدرآباد پیدا ہوئے اور حیدرآباد سے سفر کر کے بمبئی میں ریڈیو سیلون کی کمرشیل سروس سے وابستہ ہوگئے۔ کئی ماہناموں ہفت روزہ اور پندرہ روزہ پرچوں کی ادارت بھی کرچکے ہیں۔ ان کی آٹھ کتابیں' چھ ناول اور دو ترجمے شائع ہوچکے ہیں۔ ان کی نظموں اور غزلوں کا مجموعہ بھی شائع ہوچکا ہے۔ غرض نثر و نظم اور نشریاتی تحریر کی وجہ سے شہرت رکھتے ہیں۔ جب حیدرآباد میں کمیونسٹ پارٹی کی تحریک کو فروغ حاصل ہوا تو وہ اس جماعت سے وابستہ ہوگئے۔ چنانچہ ان کی شاعری میں ترقی پسند انداز کا رنگ

نمایاں نظر آتا ہے۔ انہوں نے اپنی غزل طویل بحر میں لکھی ہے ہوئے جل، عمل، محل اور سنبھل کے قافیے استعمال کرتے ہوئے ''رہے'' ہیں ردیف کی نمائندگی کی ہے۔ 2010ء کے بعد انہوں نے حیدرآباد سے سفر آخرت اختیار کیا۔ غزل کے چند اشعار ملاحظہ ہوں:۔

حیات کی منزلیں ہیں روشن، چراغ راہوں میں جل رہے ہیں

بہ فیضِ ذوقِ یقیں سدا ہم، رہین سعی و عمل رہے ہیں

اٹھو اسیرانِ زر پرستی، مٹا کے آئین کیف و مستی

بدل رہا ہے نظام ہستی، ہزار طوفاں مچل رہے ہیں

بڑھے اجالے، مٹے اندھیرے، کھلے ہیں پھر احمریں پھریرے

خوشا اے گیتی کہ دور افتاد گان منزل سنبھل رہے ہیں

نظر نظر طور جگمگائے، قدم قدم منزلیں تھیں لیکن

بزعمِ تکمیل ہم ازل سے رہ تمنا پہ چل رہے ہیں

سلگ رہے ہیں دل شکستہ میں بیتی یادوں کے چند شعلے

ہیں خودفریبی کے سو بہانے جو آرزو بن کے پل رہے ہیں

سردار الہام کی شاعری میں ترقی پسند اثرات کا رجحان نمایاں ہے اور بلا شبہ ان کو ترقی پسند غزل گو شاعر کی حیثیت سے امتیازی مقام دیا جانا چاہئیے۔ (87)

55. سعادت نظیر

سعادت اللہ خان نام، نظیر تخلص حیدرآباد کے مشہور شاعر ابوالمحاسن متین کے گھر پیدا ہوئے۔ بچپن سے ہی ادبی فضاء میسر آئی۔ نتیجہ یہ کہ شعر وادب کی طرف متوجہ ہوئے۔ ہائی اسکول میں زیر تعلیم تھے کہ والد کے انتقال کی وجہ سے ذمہ داریاں بڑھ گئیں۔ ٹیوشن کرتے ہوئے تعلیم جاری رکھی اور شاعری بھی کی۔ غرض جامعہ عثمانیہ سے اردو میں ایم اے کی ڈگری حاصل کرنے بعد حیدرآباد پبلک اسکول میں استاد کی حیثیت سے ملازمت کا آغاز کیا۔ 1958ء میں ان کی نظموں اور غزل کا پہلا انتخاب ''آب وتاب'' شائع ہوا اور 1969ء میں طلباء کے لئے نظموں کا مجموعہ ''پھول اور کلیاں'' شائع ہوا۔ جبکہ 1907ء میں ان کی موضوعاتی نظموں کے مجموعے ''نوید گل'' کی اشاعت عمل میں آئی۔ بیک وقت بچوں کے ادب اور غزل اور نظم کے شاعر کی حیثیت سے تلنگانہ کے اہم شاعروں میں شمار کئے جاتے ہیں

۔ان کی شاعری میں باضابطہ ترقی پسند انداز کی گونج سنائی دیتی ہے۔غزل کے چند اشعار ملاحظہ ہوں:۔

چلے ہیں لے کے کہاں کارواں؟ خدا معلوم! وہ رہنما ' جنہیں منزل نہ راستا معلوم
نفس نفس ہے جو احساس درد نامعلوم ! کس انتہا کی ہے یہ ابتداء ؟ خدا معلوم
یہ اور بات ہے 'تم بے خبر رہے ورنہ کسے نہیں ہے مرے غم کا ماجرا معلوم
چمن نے خندۂ صبح بہار تو دیکھا مگر قفس پر جو گزری 'چمن کو کیا معلوم
میں ان کی انجمن ناز میں تو بیٹھا ہوں مگر جو دل کا ہے عالم 'کسی کو کیا معلوم
جہاں ہے گریہ شبنم ' وہیں ہے خندۂ گل یہ راز گلشن ہستی کسی کو کیا معلوم
غرورِ جادہ شناسی انہیں کو زیبا ہے جنہیں ہو منزلِ مقصود کا پتا معلوم
مری وفا کو نہیں اُن سے بے رخی کا گلہ مگر کسے ہے یہ معیار عشق کا معلوم
نظیرؔ ! حرفِ غلط' نامرادیء دل ہے جو ہو سلیقۂ اظہارِ مُدعا معلوم

سعادت نظیر نے خدا' راستا' اور پتا جیسے قوافی کے ساتھ معلوم ردیف کو استعمال کر کے باضابطہ طور پر غزل کی ترقی پسند روایت کو فروغ دیا ہے اندازہ ہوتا ہے کہ وہ ترقی پسند شاعری کے نمائندہ غزل گو شاعروں میں شمار کئے جاتے ہیں۔اردو ادب کی خدمت انجام دیتے ہوئے 2008ء میں انہوں نے اس دنیا سے رشتہ منقطع کرلیا۔(88)

56. عبدالرؤف عروج

حیدرآباد کی سرزمین میں شاعری' نثر نگاری اور صحافت کی وجہ سے شہرت حاصل کرنے والے عبدالرؤف عروج 1930ء میں حیدرآبادی گھرانے میں پیدا ہوئے۔ان کے جداعلیٰ صوفی بزرگ کی حیثیت سے شہرت رکھتے ہیں' جن کا مزار سرور نگر میں آج بھی مرجع خلائق ہے۔عروج کی ابتدائی تعلیم اورتربیت اورنگ آباد میں ہوئی۔ان کے قدامت پسند خاندان میں مذہبی ماحول موجود تھا' اس لئے شعر گوئی کو معیوب سمجھا جاتا تھا۔اورنگ آباد سے ان کا سلسلہ تعلیم منقطع ہوگیا اور 15 اگست 1947ء سے باضابطہ خاندانی روایات سے بغاوت کر کے شاعر کی حیثیت سے مشہور ہوگئے ۔پولیس ایکشن کے بعد عروج اورنگ آباد سے کراچی منتقل ہوگئے اور کئی رسالوں کے مدیر کی حیثیت سے کام کرتے رہے۔ان کی اکٹھی پانچ کتابیں مہر اور عہد، میر' غالب کا دوسرا دیوان' مصحفی کی مثنوی نگاری اور اردو مثنوی کے پانچ سو سال' شائع ہوئی۔جبکہ انہوں نے سودا کے تمثیلی شعور پر کام انجام دیا۔عروج ایک پرگو شاعر

رہے اور انہوں نے شاعری کی ہر صنف میں تبادلہ خیال کیا اور دنیا سے رخصت ہوئے۔ غزل اور نظم پر یکساں قدرت حاصل تھی۔ غرض ایک محقق اور نقاد کے علاوہ نظم نگار اور شاعر کی حیثیت سے انہوں نے اپنا مقام پیدا کیا۔ ان کی ایک غزل کے چند اشعار بطور نمونہ پیش ہیں:۔

اک چاند کی لگن میں دیوانے آدمی ہیں — خود اپنی روشنی سے بیگانے آدمی ہیں
اپنا لہو کیا ہے صرف بہار پھر بھی — خود اپنی زندگی میں ویرانے آدمی ہیں
یوں گردشِ زمانہ تقدیر ہو چکی ہے — جیسے بساط غم پر پیمانے آدمی ہیں
اُس شوق کا ستم تھا یا طرز اعتنا تھی — ہم لوگ کیسے جائیں انجانے آدمی ہیں
نااستواریء دل گیتوں سے کم نہ ہوگی — شاید عروجؔ صاحب دیوانے آدمی ہیں

اس غزل کے ذریعہ عبدالرؤف عروج نے قافیہ کے طور پر دیوانے‘ بیگانے‘ ویرانے‘ پیمانے اور انجانے کا استعمال عمل میں لایا ہے‘ جبکہ ’’ آدمی ہیں ‘‘ کی ردیف سے غزل کے حسن میں اضافہ کیا ہے۔ غرض یہ غزل ان کی ترقی پسندی کی دلیل ثابت ہوتی ہے۔ اندازہ ہوتا ہے کہ وہ حیدرآباد کے نمائندہ غزل گو شعراء میں شمار کئے جاتے۔ اور پڑوسی ملک جا کر انہوں نے اپنی شعری روایت کی آبیاری کو جاری وساری رکھا۔(89)

57. طالب رزاقی

سید محمد قطب الدین حسن نام‘ اور طالب رزاقی کے نام سے شہرت رکھنے والے شاعر کا تعلق حیدرآباد کی سرزمین سے ہے۔ اگر چہ ان کے والد کا تعلق لکھنو کی سرزمین سے تھا‘ لیکن والدہ حیدرآباد سے متعلق تھیں۔ طالب رزاقی کو اردو کے مشہور انشاء پرداز مولانا عبدالماجد دریابادی کے بھتیجے ہونے کا شرف حاصل تھا جو ہفتہ وار ’’صدق جدید ‘‘ کے مدیر تھے۔ ابتداء میں عربی اور فارسی کی تعلیم حاصل کرنے کے بعد انگریزی کی تعلیم بھی حاصل کی۔ کم عمری سے ہی شعر گوئی کا ذوق جاری رہا۔ ابتداء میں فانی بدایونی سے اصلاح لی اور ان کے انتقال کے بعد علامہ حیرت بدایونی سے مشورہ کیا۔ علم عروض کا گہرا مطالعہ رکھتے ہیں‘ اسی لئے ہر بحر میں مختلف اصناف سخن پر طبع آزمائی کا موقع حاصل ہے۔ خاص ترنم کے ساتھ کلام پڑھنے کی وجہ سے ان کو بڑی شہرت حاصل ہے۔ ان کے کلام میں خیال کی بلندی اور احساسات کی لطافت کے ساتھ ساتھ موسیقیت بھی پائی جاتی ہے۔ طبعی عمر کو پہنچ کر اس دنیا سے کوچ کیا۔

وہ قافلے جو اپنی جسارت کے بل گئے — آگے نکل گئے بہت آگے نکل گئے
ساقی سے جب نگاہ ملی‘ دور چل گئے — شکوے تمام شکر کے سانچے میں ڈھل گئے

آثار کہہ رہے ہیں کہ منزل قریب ہے　　آؤ چلیں کہ صبح کے تارے نکل گئے
مُتاجرانِ موت کو 'کیا کیا ہوا ملال　　جب ہم نئی حیات کے سانچے میں ڈھل گئے
انسانیت پہ جن کو بڑا ناز تھا کبھی
افسوس ہے کہ آج وہ انساں بدل گئے

(90)

58. راجیشور راؤ اصغر:

بیک وقت نثر نگار اور شاعر تھے، انہوں نے اردو اور فارسی زبانوں میں پچیس کتابیں پیش کیں۔ ان کی اہم کتابوں میں ''نجم اللغات''، ''مفتاح اللغات''، ''افسر اللغات''، ''فرہنگِ فارسی جدید''، ''مجمع الفاظ''، ''مجمع ضرب الامثال'' اور ''القاموس الجدید'' تحریر کیں۔ شاعری میں ان کا دیوان چھپ چکا ہے۔ (91)

59. غلام صمدانی خاں گوہر:

اس دور کے دیگر مشہور شعراء میں غلام صمدانی خاں گوہر نہ صرف نثر نگار تھے بلکہ اچھے شاعر بھی تھے۔ جنہوں نے اردو شاعری میں اپنا دیوان ''نظم گوہر'' پیش کیا۔ وہ ہفتہ وار اخبار ''جلوۂ محبوب'' کے مدیر تھے۔ ان کا ایک ناول ''صادق اور رحیم النساء'' شائع ہو چکا ہے۔ ان کی دیگر مرتبہ کتابوں میں ''ریاض آصف'' دو جلدوں میں اور حیدر آباد کی ضخیم ادبی تاریخ ''تزکِ محبوبیہ'' اور ''دربارِ آصف'' کے نام سے قابل ذکر ہیں۔ (92)

☆☆☆